内蒙古东周北方青铜器

杨建华　赵欣欣／著

上海古籍出版社

图书在版编目(CIP)数据

内蒙古东周北方青铜器/杨建华,赵欣欣著.—上海:上海古籍出版社,2019.4
ISBN 978-7-5325-9048-3

Ⅰ.①内… Ⅱ.①杨… ②赵… Ⅲ.①青铜器(考古)—研究—中国—东周时代 Ⅳ.①K876.414

中国版本图书馆CIP数据核字(2018)第275730号

吉林大学考古学科双一流建设和边疆考古研究中心出版经费资助

责任编辑:王 璐
封面设计:黄 琛
技术编辑:耿莹祎

内蒙古东周北方青铜器
杨建华 赵欣欣 著
上海古籍出版社出版发行
(上海瑞金二路272号 邮政编码200020)
(1)网址:www. guji. com. cn
(2)E-mail:guji1 @ guji1. com. cn
(3)易文网网址:www. ewen. co
常熟市新骅印刷有限公司印刷
开本787×1092 1/16 印张31 插页23 字数518,000
2019年4月第1版 2019年4月第1次印刷
印数:1—2,050
ISBN 978-7-5325-9048-3
K·2583 定价:198.00元

前　　言

中国北方的长城地带是农牧业混合区，农业人群和牧业人群共同居住在这一地区。早在新石器时代，这一地区受到南部中原文化的影响，出现了农业文化，但是随着公元前2千纪初气候的干冷化，生业逐渐转入农牧混合经济，到了公元前1千纪上半叶开始向游牧经济转化。在经济类型发生变化的同时，文化上也更加趋向草原游牧文化，与欧亚草原出现了相似的文化风格，即以短剑等武器、发达的车马器和丰富的动物纹饰三要素为代表，同时由于骑马游牧使得中国北方长城地区的人群交往频繁，在文化上呈现出高度一致性，我们把这种现象称作中国北方文化带的形成，它最终导致欧亚草原东部第一个国家——匈奴帝国的出现。

内蒙古以鄂尔多斯高原和岱海地区为中心的区域，是中国北方长城地带的核心地区，它与西邻的宁夏地区以及东邻的冀北山地有着广泛交往，与南边的赵国等中原文化也有密切联系。内蒙古东周北方文化遗存中最具有代表性的就是青铜器，这些青铜器主要可以分为兵器工具、车马器和服饰品三大类。它们既有自身特色，又与整个长城地带的青铜器有很多相似性。

内蒙古东周北方青铜器自上世纪初以来就受到国外学者以及国内专家的关注，这些外国学者的主要目的是为了收集所谓的“斯基泰”器物。1929年罗斯妥夫采夫（M.Rostovzoff）发现中国北方青铜器中的动物纹与南俄草原的动物纹相似，于是开始寻找动物纹的起源。安特生（J. G. Andersson）的《鄂尔多斯青铜器选集》和《动物纹中狩猎巫术的含义》，萨里莫尼的《卢芹斋收藏的中国—西伯利亚艺术品》，以及江上波夫、水野清一的《内蒙古・长城地带》等是20世纪上半叶外国学者的主要出版物。这些藏品的刊布为研究北方系青铜器积累了资料，具有重要参考价值。

20世纪下半叶中国考古学者开始通过科学发掘的手段获取实物材料。这一时期的主要发现有：1950年在瓦尔吐沟发现的圆雕铜羊、铜鹿等，1958年发现的范家窑子墓葬，1960年发现的水涧沟门墓葬，1962年发现的速机沟墓葬等。遗憾的是这些发现都是零星墓葬，器物多数是征集品，缺少位置关系。从20世纪70年代开始了对墓葬和墓地的科学发掘，首先在内蒙古西部有一系列重大发现：1973年发掘的桃红巴拉墓地清晰地表明了随葬品在墓葬中的位置及其组合关系，使装饰品研究从艺术史角度转变为考古学研究，同时为征集品的研究提供了科学的参考。1973年发现的阿鲁柴登墓葬，1979年发现的西沟畔墓地，1984年发现的石灰沟墓葬，1988年发现的碾房渠墓葬等，出土了一大批华丽精美的金银饰品，充分反映出这一时期社会财富的聚敛程度，并通过不同等级人群在服饰品上的差异体现社会等级的分化。1979年在乌拉特中后旗的呼鲁斯太发掘了三座墓，揭示了内蒙古最北部的阴山山口的文化面貌。可惜这一地区后来一直没有新的发掘资料。

内蒙古东部地区在70年代末进入重要的考古发现时期。1979年发掘的毛庆沟墓地，从蛮汉山南麓北部山脚下依次向南排列共近百座墓葬，其中东西向、有殉牲并随葬北方系青铜器的墓葬共69座。此外还发现了建筑、灰坑以及窑址等与墓地相关的遗迹。该墓地的发掘使人们开始对当地居民的社会组织结构有所认识。随后的崞县窑子墓地揭示了蛮汉山以北的文化面貌。1999年发掘的新店子墓地，2003年发掘的忻州窑子、小双古城墓地，是继毛庆沟墓地之后岱海地区出土北方系青铜器最为丰富的墓葬，为考古研究提供了新的材料和新的视角。2002年至2003年在林西县井沟子遗址发掘的58座墓葬和2座灰坑，为认识长城地带东部早期游牧文化的特征，提供了一批非常关键的材料，并使内蒙古地区北方系青铜器的研究范围从中南部扩展到东北部，对辨识和判定这一地区同类性质遗存具有重要意义。

1986年国内第一部北方系青铜器综合研究专著《鄂尔多斯式青铜器》出版。田广金、郭素新两位先生在书中对鄂尔多斯式青铜器进行了系统的分类和分期，迄今为止仍是研究内蒙古地区北方系青铜器和青铜文化最基本的材料和参考，开创了内蒙古地区鄂尔多斯式青铜器研究的先河。但是这本书出版后已经过去了30年，这期间又有大量的科学发现，因此有必要对这些青铜器进行重新分类分期的系统整理和研究。21世纪以来内蒙古北方青铜器出版了很多图录，其中多是最精美的器物，普通常见的器物涉及不多，而且缺少系统研究。

本书将提供最全的相关方面资料。这里使用的青铜器全部来自科学发掘以及考古人员的现场清理和征集，所以出土地点是可靠的。这在收藏之风盛行、需要对古物进行鉴别的今天是非常有意义的。本书以青铜器为主，也包括了同时期少量的金银器，书中包括这些器物的线图和照片。在以往发表的资料中，由于当时的技术手段，有些线图不够清晰，大多数器物没有发表照片。只有最新发表的《岱海地区东周墓群发掘报告》中发表了较多的普通青铜器的照片。

本书对这些青铜器进行整理后，提出一个全面系统的器类和型的划分。在对这些器类进行划分时，首先是根据形态对器物的名称进行认真分析，同时还参考器物的尺寸和出土位置，例如对服饰品中腰带饰与挂饰的归类。为了慎重起见，与发表时的称呼不同者，均在备注中予以注明。在同一器类中，根据全部器物的比较分析，划分出不同的型与亚型。在同一类器物中通过大量器物的比对找出那些有意义的差别，并以此作为划分的标准。例如数量众多的铜泡饰，经过对全部出土物进行分析比较后，划分出各种型和亚型。铜泡与铜铃既可以是马的装饰，也可以是人的装饰，根据器物的尺寸和出土位置，可以确认它们的功能。这些划分既是对已有器物的分类总结，也为将来新出土器物的分型定式提供了有意义的比照参考。

本书从已有的分期结果出发，对那些有分期意义的器物进行了式别的划分。式的划分既体现了器物的发展演变，也是断代的根据。在收集和整理的这些青铜器中，不是所有的器物都具有发展演变规律并能够分期，当然也不是所有发展演变我们都能够识别出来。所以能够划分式的器类只占青铜器中的一部分，这些大多是非常重要的、出土数量比较多的器物。如在双翼形剑格的剑中，根据剑首的差别分出了不同的型，这些型的短剑再统一分式，又可分为剑格两端上翘的Ⅰ式，近“一”字形的Ⅱ式和两端下垂的Ⅲ式，这种变化代表了此类短剑的早晚演变规律和不同的时期，Ⅰ式出现于早期并延续到中期，Ⅱ式出现于中期并延续到晚期，Ⅲ式是晚期特有的。本书对青铜器年代的确定是根据《春秋战国时期中国北方文化带的形成》一书中对内蒙古东周北方墓葬的分期。在编著本书的同时，我们也编著了《宁夏东周时期北方青铜器》一书，如果把这两本书的分期对照起来看，显示了腰带饰从内蒙古东部到西部并传入宁夏固原地区的发展过程。

通过对所有发表青铜器的系统整理，可以了解每一型器物的数量，从而确定少品种多数量的产品和多品种少数量的产品，了解当时社会的生产以及器物的流行情况；而同一座墓葬中某器物的数量可以说明其使用方式与葬俗，如腰带饰的使用。

最后，本书通过器物出土位置的分析，对某些器物（主要是服饰品）的功能进行了探讨。这既为器物的命名提供了科学根据，也能在今后的科学发掘中得到进一步检验。虽然这些功能分析还不够深入，但是希望能够抛砖引玉，把器物研究上升到对人类行为和社会层面的研究。

全书分为对资料进行整理的上编和对资料进行分析研究的下编，从而把客观的资料整理与主观的研究讨论区分开来。本书的研究既是对以往出土青铜器的系统总结，也是为将来进一步深入研究打下坚实的基础，而且为地方文物部门整理已经发现但是尚未发表的青铜器提供一个科学指导；从更广的视角看，可以为中国北方东周文化带和欧亚草原之间的文化交往提供系统科学的参考资料。

本书图录的收集与整理是由吉林大学边疆考古研究中心当时的在读硕士研究生赵欣欣女士完成的，器物描述、型式与期别划分以及位置和功能研究都是赵欣欣在导师杨建华的指导下完成的，时任内蒙古考古研究所所长的陈永志先生对本书的策划表示支持，考古所的李倩女士提供了少量器物照片。本书的缘起受到吉林大学吴振武教授的鼓励，并得到吉林大学种子基金的资助。

凡　　例

一、本书收录的范围是2016年3月以前正式发表的青铜器，包括科学发掘、清理和征集的，这些器物都有准确的出土地点。

二、全书分为图录和研究上下两编，上编是客观介绍，下编是作者对这些器物分型式和分期以及功能等方面的研究。器物的编排分为兵器工具、车马器和服饰品三大类，每一类按器名编号，例如刀的序号、剑的序号等等。图录中的序号以及型式和分期图中的序号是一致的，由此减少了不必要的重复。在型式划分与分期图中，我们只选取一件有代表性的器物，在图录中我们会尽量全地收录同类器物。例如分期图中的16号器物，在图录中会有与它相同的16–1、16–2等等。

三、在器物描述中有器物的具体出土地点和发表出处、器物的尺寸、文字描述。有些器物发表了在墓葬中的位置，还有少量器物是青铜以外的金属材质，这些都在备注中注明。经过整理分析确定的器名如与发表时不同，则在备注中注明原来的器名。有的器物发表时没有介绍尺寸，作者是根据器物图的比例尺计算的，也一并在备注中注明。

目　　录

下编　器物研究

上 编

器物图录

器物图录参考文献

内蒙古地区出土的青铜器根据用途，基本可以分为三大类：兵器工具、车马器和服饰品。这些器物多是发掘和清理出土的，少量是从当地征集的，都正式发表过。下面是这些器物发表的刊物及论著，本书器物出处即这些文献，便于读者查找。

编号	文　　献
[1]	李逸友：《内蒙古和林格尔县出土的铜器》，《文物》1959年第6期。
[2]	盖山林：《内蒙古自治区准格尔旗速机沟出土一批铜器》，《文物》1965年第2期。
[3]	郑隆：《大青山下发现一批青铜器》，《文物》1965年第2期。
[4]	田广金：《桃红巴拉的匈奴墓》，《考古学报》1976年第1期。
[5]	内蒙古博物馆、内蒙古文物工作队：《内蒙古准格尔旗玉隆太的匈奴墓》，《考古》1977年第2期。
[6]	田广金、郭素新：《内蒙古阿鲁柴登发现的匈奴遗物》，《考古》1980年第4期。
[7]	伊克昭盟文物工作站、内蒙古文物工作队：《西沟畔匈奴墓》，《文物》1980年第7期。
[8]	塔拉、梁京明：《呼鲁斯太匈奴墓》，《文物》1980年第7期。
[9]	内蒙古自治区文物工作队：《凉城饮牛沟墓葬清理简报》，《内蒙古文物考古》第3期，1984年。
[10]	田广金、郭素新：《鄂尔多斯式青铜器》，文物出版社，1986年。
[11]	内蒙古文物工作队：《毛庆沟墓地》，《鄂尔多斯式青铜器》，文物出版社，1986年。
[12]	伊克昭盟文物工作站：《内蒙古准格尔旗宝亥社发现青铜器》，《文物》1987年第12期。
[13]	内蒙古文物考古研究所：《凉城崞县窑子墓地》，《考古学报》1989年第1期。
[14]	伊克昭盟文物工作站：《内蒙古东胜市碾房渠发现金银器窖藏》，《考古》1991年第5期。

（续表）

编号	文　　献
[15]	内蒙古文物考古研究所、包头市文物管理处：《包头西园春秋墓地》，《内蒙古文物考古》1991年第1期。
[16]	伊克昭盟文物工作站、伊金霍洛旗文物保护管理所：《内蒙古伊金霍洛旗匈奴墓》，《文物》1992年第5期。
[17]	伊克昭盟文物工作站：《伊金霍洛旗石灰沟发现的鄂尔多斯式文物》，《内蒙古文物考古》1992年第1—2期合刊。
[18]	崔利明：《内蒙古兴和县沟里头匈奴墓》，《考古》1994年第5期。
[19]	岱海地区考察队：《饮牛沟墓地1977年发掘报告》，载田广金、秋山进午主编：《岱海考古（二）——中日岱海地区考察研究报告集》，科学出版社，2001年。
[20]	内蒙古文物考古研究所：《内蒙古和林格尔县新店子墓地发掘简报》，《考古》2009年第3期。
[21]	内蒙古文物考古研究所：《内蒙古凉城县小双古城墓地发掘简报》，《考古》2009年第3期； 内蒙古自治区文物考古研究所、内蒙古自治区文物保护中心：《岱海地区东周墓群发掘报告》，科学出版社，2016年。
[22]	内蒙古文物考古研究所：《内蒙古凉城县忻州窑子墓地发掘简报》，《考古》2009年第3期； 内蒙古自治区文物考古研究所、内蒙古自治区文物保护中心：《岱海地区东周墓群发掘报告》，科学出版社，2016年。
[23]	邵国田：《敖汉旗铁匠沟战国墓地调查简报》，《内蒙古文物考古》1992年第1—2期合刊。
[24]	内蒙古自治区文物考古研究所、吉林大学边疆考古研究中心：《林西井沟子——晚期青铜时代墓地的发掘与综合研究》，科学出版社，2010年。
[25]	内蒙古自治区文物考古研究所：《凉城县水泉东周墓地发掘简报》，《草原文物》2012年第1期； 内蒙古自治区文物考古研究所、内蒙古自治区文物保护中心：《岱海地区东周墓群发掘报告》，科学出版社，2016年。
[26]	中国青铜器全集编辑委员会编：《中国青铜器全集·第15卷·北方民族》，文物出版社，1995年。
[27]	田广金、郭素新：《北方文化与匈奴文明》，江苏教育出版社，2004年。
[28]	中国内蒙古文物考古研究所、韩国高句丽研究财团：《内蒙古中南部的鄂尔多斯青铜器和文化》，韩国高句丽研究财团，2006年。
[29]	河南博物院编：《匈奴与中原：文明的碰撞与交融》，中州古籍出版社，2012年。
[30]	秦始皇帝陵博物院编，曹玮主编：《萌芽·成长·融合：东周时期北方青铜文化臻萃》，三秦出版社，2012年。

兵器工具类

一、短剑

1

【出土地点】 毛庆沟M59：2

【尺　　寸】 通长27.3厘米

【形制描述】 剑首为写实的双鸟回首；剑格呈翼状，两端上翘。

【发表出处】* ［11］第258页，图三〇：1；［28］第103页

【备　　注】 位于腰部。

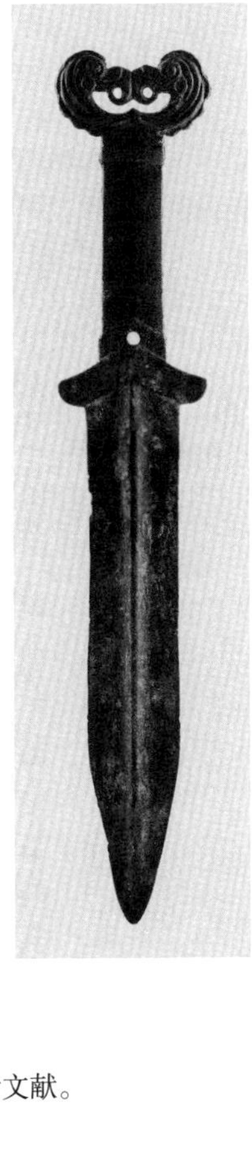

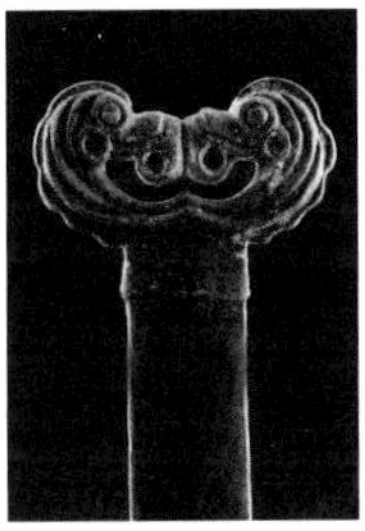

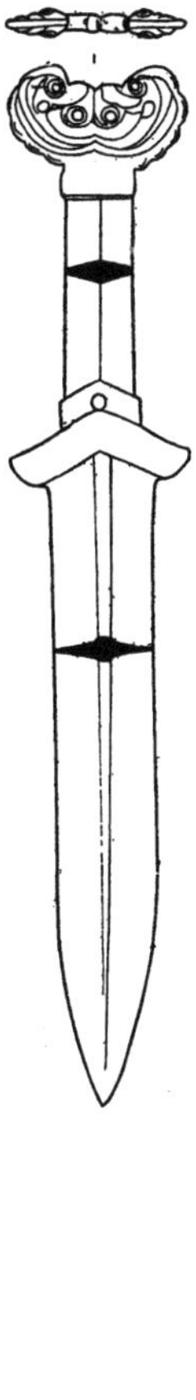

* 见本书器物图录参考文献。

2

【出土地点】　范家窑子

【尺　　寸】　通长25厘米

【形制描述】　剑首为变体双鸟回首，近似双环状；剑格呈翼状；剑身顶端内凹。

【发表出处】　［1］第1页，图三

3

【出土地点】　公苏壕M1 ：5

【尺　　寸】　通长25.3厘米

【形制描述】　剑首为写实的双鸟回首；剑格呈一字形。

【发表出处】　［4］第134页，图五;［26］第15页，图二二

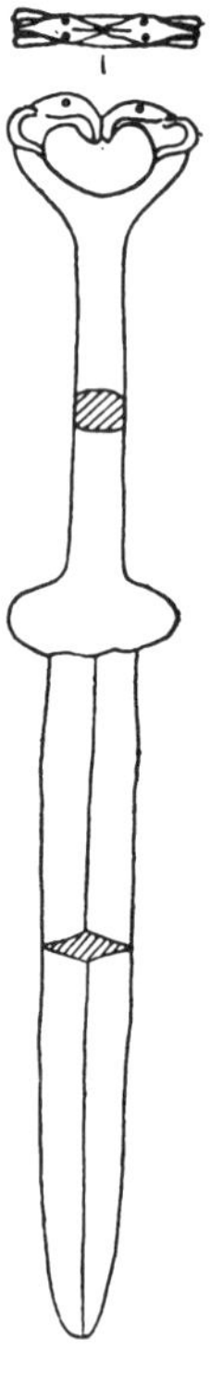

4

【出土地点】 毛庆沟M45 ：3

【尺　　寸】 通长24.8厘米

【形制描述】 剑首为写实的双鸟回首；柄部中间有两道凹槽；剑格略呈一字形。

【发表出处】 ［11］第258页，图三〇 ：3

【备　　注】 位于腰部右侧；墓主为50～55岁男性。

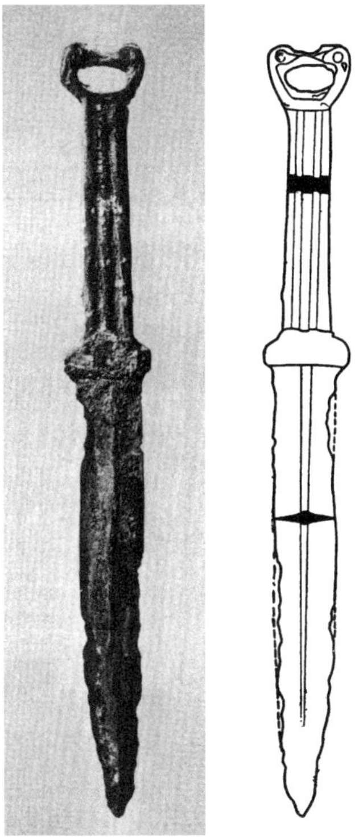

5

【出土地点】 毛庆沟M6 ：12

【尺　　寸】 通长19.5厘米

【形制描述】 剑首为变体双鸟回首；柄部中间有两道凹槽；剑格呈一字形。

【发表出处】 ［11］第260页，图三一 ：1

【备　　注】 位于腰部左侧；铁质；墓主为55岁以上男性。

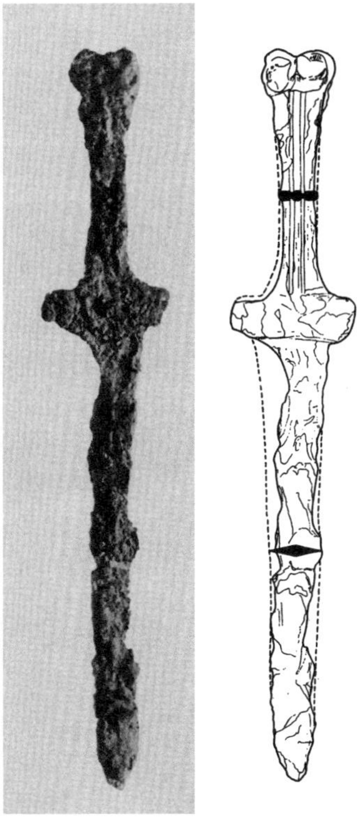

6

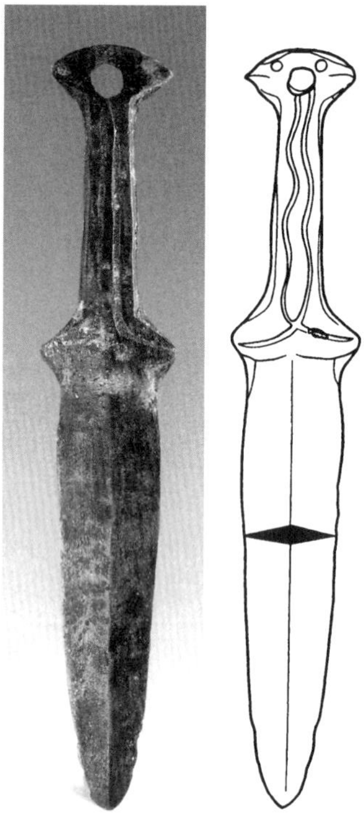

【出土地点】 西沟畔M3：1

【尺　　寸】 通长20.3厘米

【形制描述】 剑首为两兽头相背联结，属双鸟回首的变体；柄部刻有蛇形纹；剑格近双翼形。

【发表出处】 ［7］第4页，图六：3

7

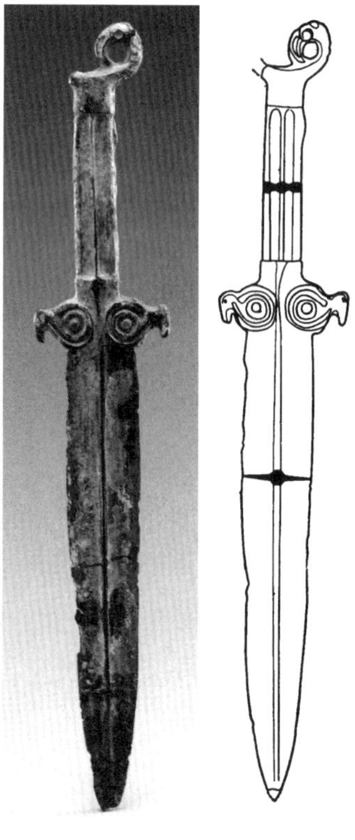

【出土地点】 毛庆沟M58：4

【尺　　寸】 通长30厘米

【形制描述】 剑首为写实的双鸟回首；柄部有两道凹槽；剑格由两个相背鸟形图案组成，呈一字形。

【发表出处】 ［11］第258页，图三〇：4；照片由内蒙古文物考古研究所提供

【备　　注】 位于腰部右侧。

8

【出土地点】 毛庆沟M70：3

【尺　　寸】 通长27.8厘米

【形制描述】 剑首为写实的双鸟回首；柄部中间有凹槽，凹槽内饰斜菱形纹，两侧饰连续三角形图案；剑格由抽象的双鸟头组成。

【发表出处】 ［11］第258页，图三〇：2；［26］第14页，图二一：左数第1件

【备　　注】 位于腰部左侧。

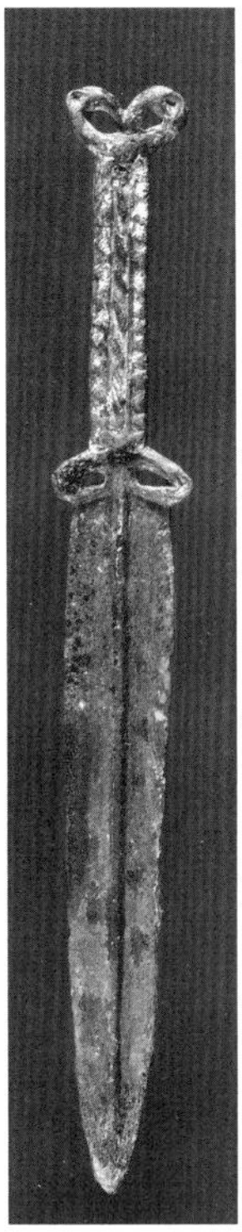

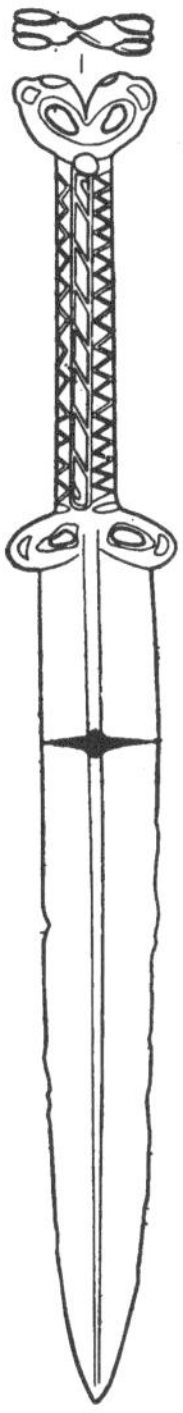

9

【出土地点】 毛庆沟M60：6

【尺　　寸】 通长26.6厘米

【形制描述】 剑首饰圆涡纹，中有两个圆孔；柄部有凹槽、镂空及倒人字纹和斜行短道纹；剑格略呈一字形。

【发表出处】 ［11］第260页，图三一：2

【备　　注】 位于腰部左侧。

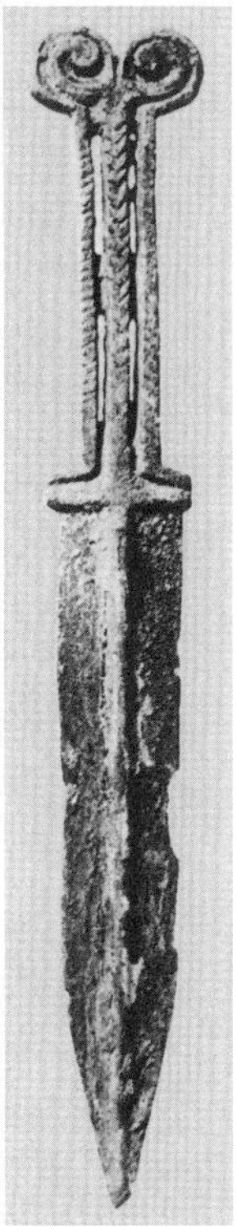

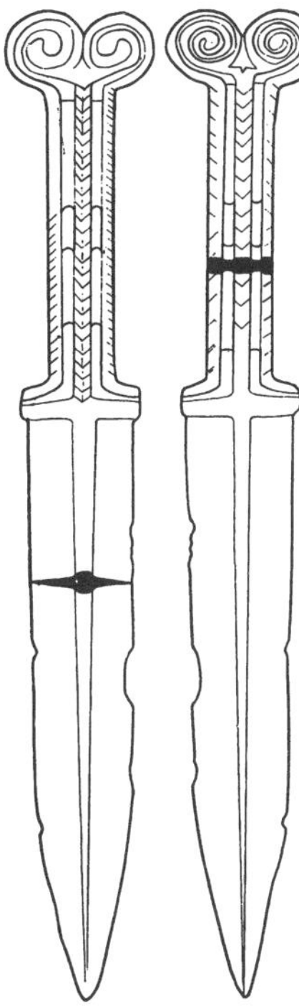

10

【出土地点】 毛庆沟M55 ：5

【尺　　寸】 通长25.2厘米

【形制描述】 剑首为单环状；剑格呈一字形。

【发表出处】 ［11］第258页，图三一 ：3 ;［28］第103页

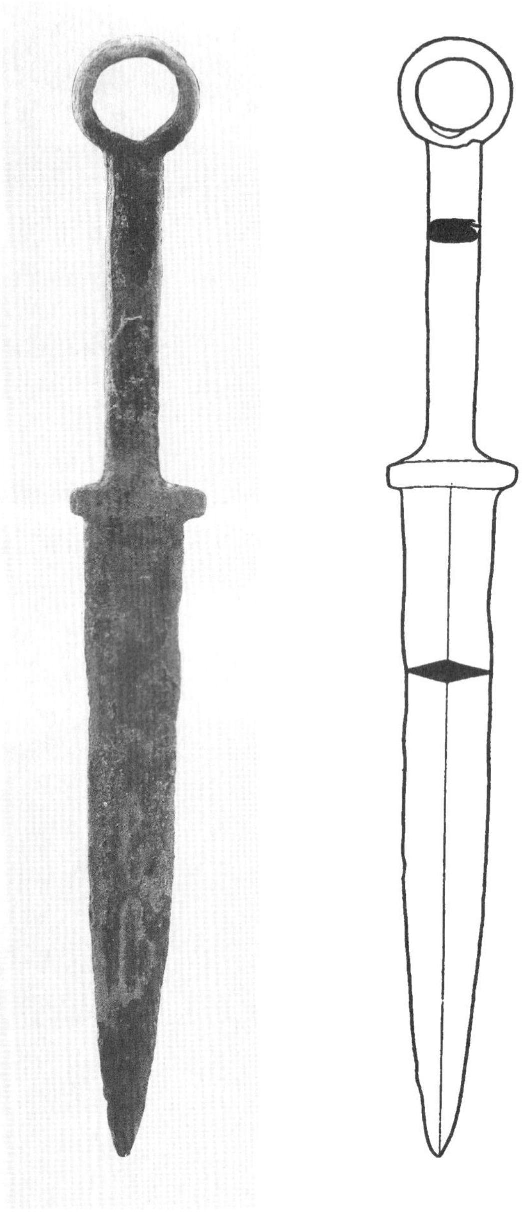

11

【出土地点】 水泉M23：8

【尺　　寸】 通长36厘米

【形制描述】 剑首为单环状；直柄；剑格呈一字形，一侧残缺；剑身外包末端弯曲的剑鞘，表面残存有大量清晰麻织品痕迹。

【发表出处】 ［25］第254页，图一六七：2；彩版四二：1、2

【备　　注】 位于右股骨右侧；铁质。

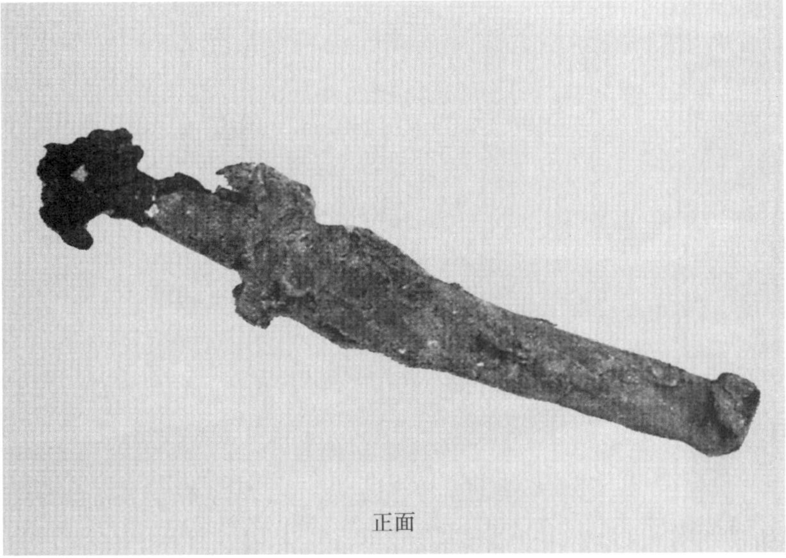

正面

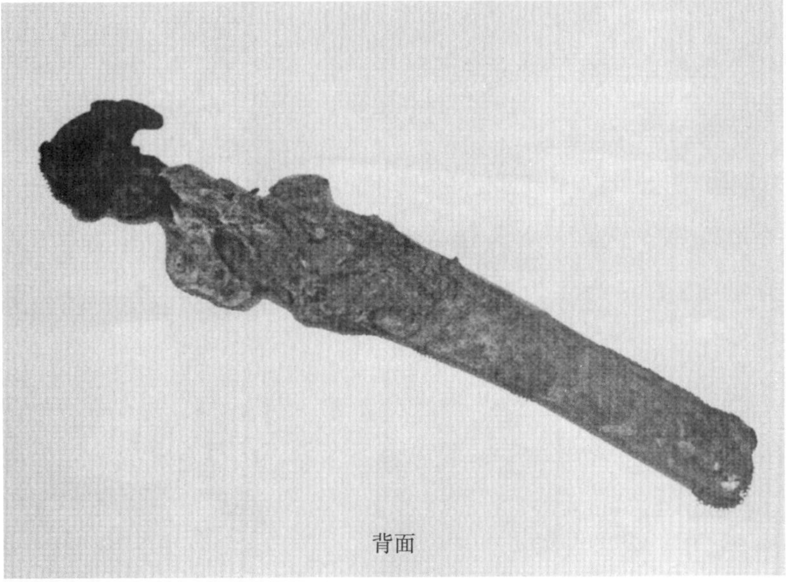

背面

12

【出土地点】 毛庆沟M29：1

【尺　　寸】 通长18.2厘米

【形制描述】 剑首已残，应是单环形；剑格呈翼状两端略下垂。

【发表出处】 [11] 第261页，图三二：1

【备　　注】 铁质。

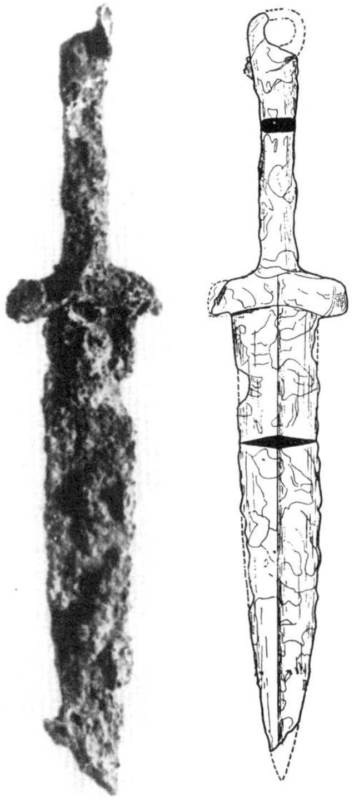

13

【出土地点】 毛庆沟M18：4

【尺　　寸】 通长29.8厘米

【形制描述】 剑首为扁环形；剑柄中间有两道凹槽，凹槽中间有镂孔；剑格呈翼状略下垂。

【发表出处】 [11] 第261页，图三二：2

【备　　注】 位于腰部左侧；铁质，出土时还附有木质剑鞘；墓主为50岁左右男性。

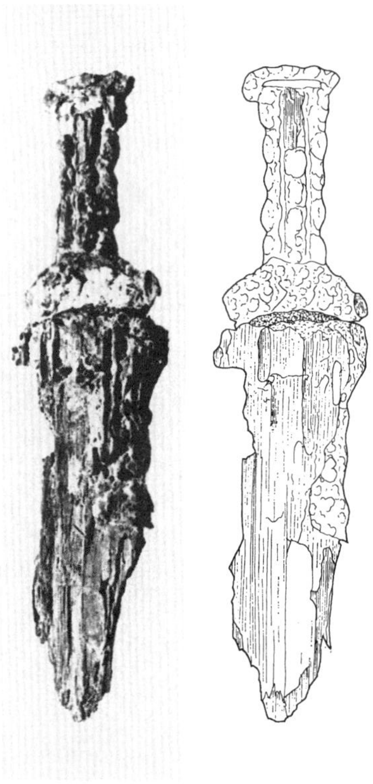

14

【出土地点】　毛庆沟M38：4

【尺　　寸】　通长28厘米

【形制描述】　剑首为扁环形；剑柄中间有两道凹槽，凹槽中间有镂孔；剑格呈翼状略下垂。

【发表出处】　［11］第261页，图三二：3

【备　　注】　位于腰部左侧；铁质；墓主为40～45岁男性。

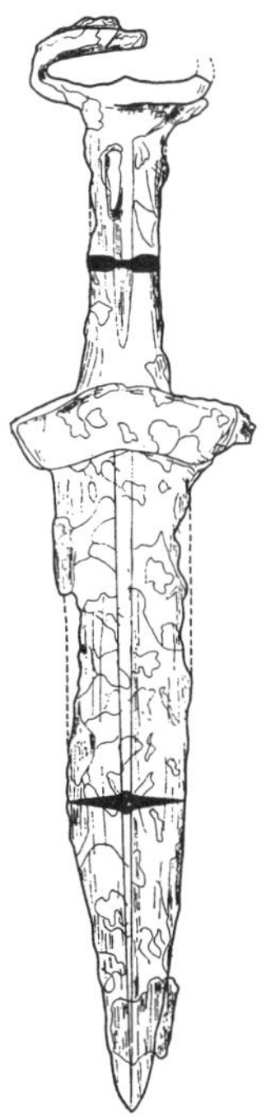

15

【出土地点】　新店子M41：1

【尺　　寸】　通长约27.4厘米

【形制描述】　剑首为圆环形；剑柄上饰V字形纹；剑格横截面为菱形。

【发表出处】　［20］第10页，图九：1；图版二：1

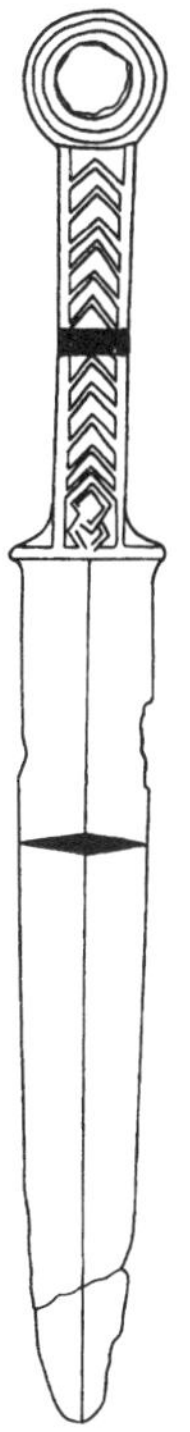

16

【出土地点】 沟里头

【尺　　寸】 通长25厘米

【形制描述】 剑首为一兽头，中有圆孔；剑格近双翼状。

【发表出处】 ［18］第473页，图一

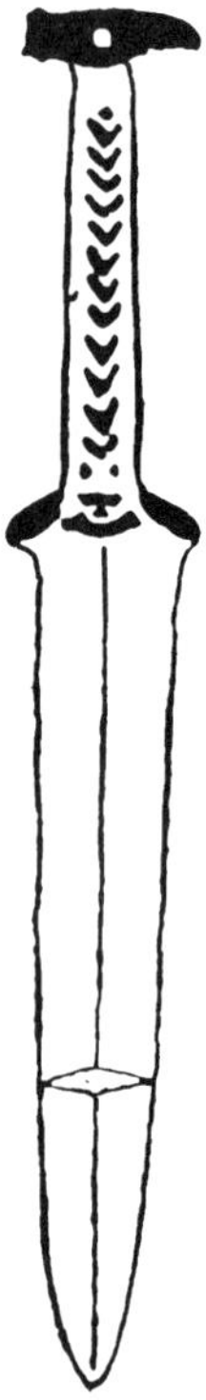

17

【出土地点】 呼鲁斯太M1：3

【尺　　寸】 通长26.7厘米

【形制描述】 剑首呈一字形，两端呈鸟头状；剑柄中间有凹槽，近柄端有孔；剑格呈翼状两端下垂。

【发表出处】 ［8］图版四：1；［26］第14页，图二一：左数第3件

18

【出土地点】 饮牛沟M1：2

【尺　　寸】 通长28.7厘米

【形制描述】 剑首近一字形；柄部有中缝；剑格呈一字形两端下垂。

【发表出处】 ［9］第29页，图七：1

【备　　注】 铁质。

19

【出土地点】 井沟子M3：6

【尺　　寸】 通长39.8厘米

【形制描述】 无首，短茎呈双股叉形，其中一股尖部略残；剑格呈圆凸形。

【发表出处】 ［24］第41页，图一四：19；图版一八：5

【备　　注】 叠压在腰部下方。

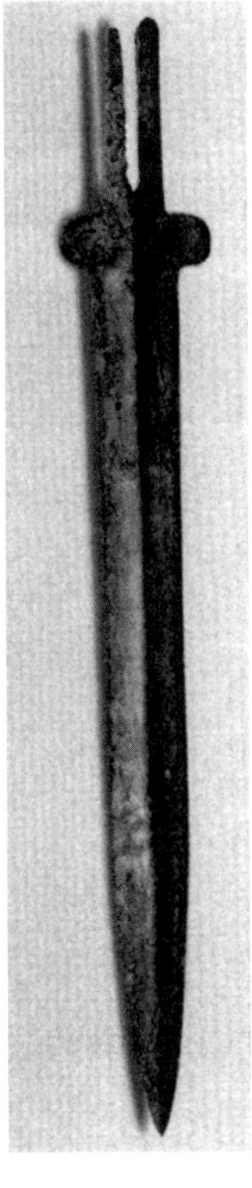

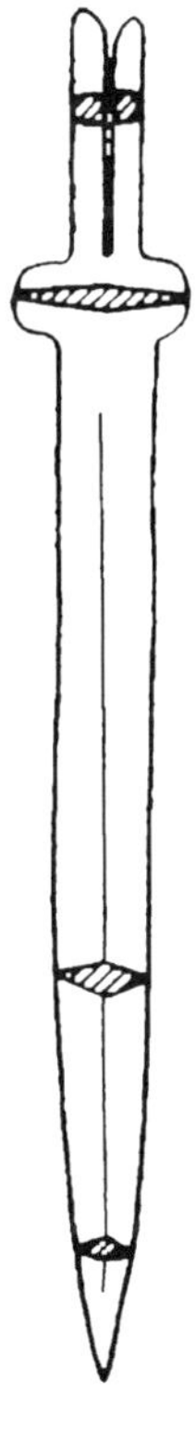

20

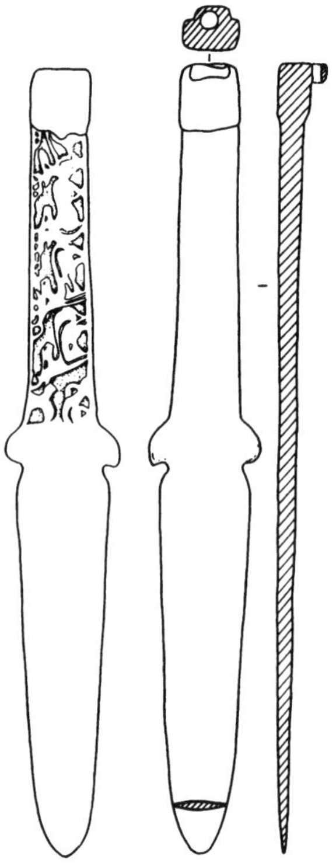

【出土地点】 井沟子M19：6

【尺　　寸】 通长20.8厘米

【形制描述】 柄首一体，剑首加厚；柄部横截面呈长方形，两面均有数只侧立回首的鹿；剑格呈圆凸形，格下有对称凹缺。

【发表出处】 ［24］第96页，图五一：8

【备　　注】 位于墓葬北端陶器以南填土中。

21

【出土地点】 西沟畔M2：20

【尺　　寸】 残长51.2厘米

【形制描述】 无剑首与剑格；柄部外有木质残迹；剑身细长。

【发表出处】 ［7］第6页，图九：1

【备　　注】 铁质。

二、刀

1

【出土地点】 宝亥社

【尺　　寸】 通长23.5厘米

【形制描述】 刀首为环形，柄部饰勾连“S”纹，与刀身的分界清晰。

【发表出处】 [12] 第82页，图六：1；第83页，图九

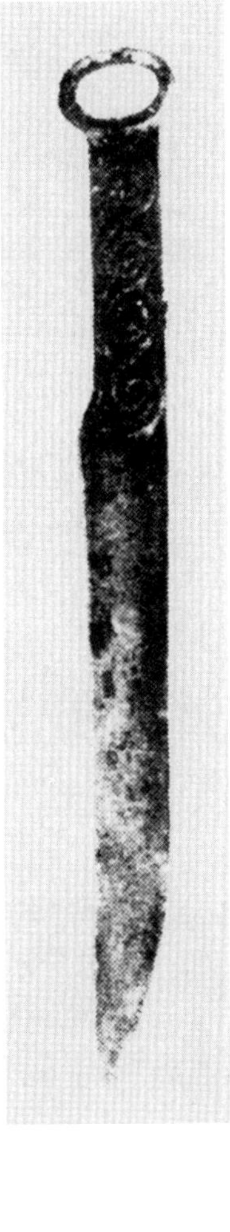

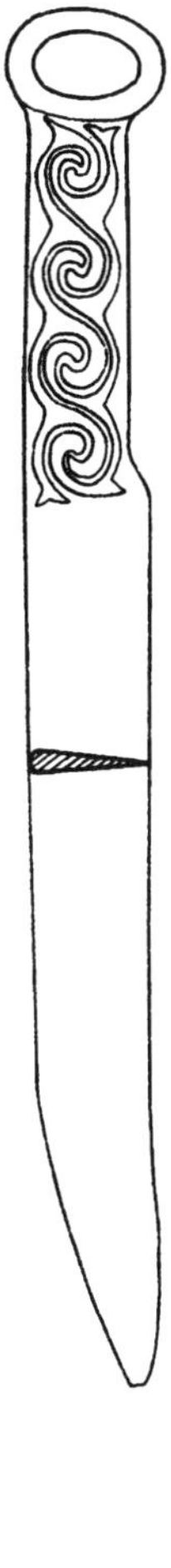

2

【出土地点】 水涧沟门

【尺　　寸】 通长17.5厘米

【形制描述】 刀首为环形，柄部较宽，与刀身的分界清晰，整体呈弧背。

【发表出处】 ［3］第51页，图二：1

3

【出土地点】 明安木独

【尺　　寸】 残长19厘米

【形制描述】 刀首为环形，柄部较宽，与刀身的分界清晰，整体呈弧背，刀尖残。

【发表出处】 ［16］第79页，图一：4

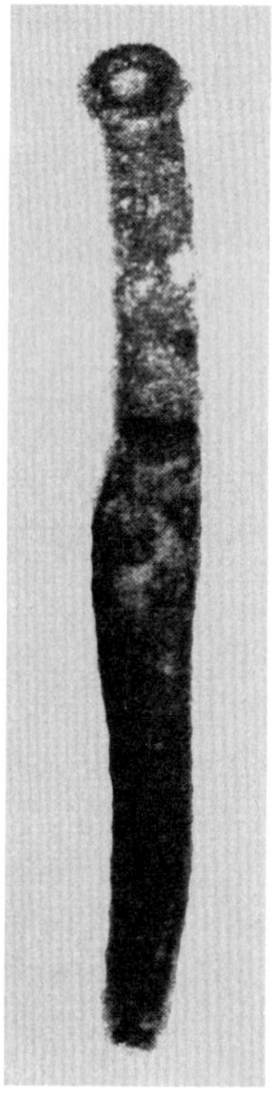

4

【出土地点】　崞县窑子M8：9

【尺　　寸】　残长12.6厘米

【形制描述】　柄首和刀尖已残，柄首有圆孔，柄身之间分界清晰，整体呈弧背。

【发表出处】　［13］第69页，图一二：11

【备　　注】　墓主为33～34岁女性。

5

【出土地点】　水涧沟门

【尺　　寸】　通长18.3厘米

【形制描述】　柄首有三角形孔，柄身之间仍能看出分界，整体弧背不明显。

【发表出处】　［3］第51页，图二：2

6

【出土地点】 范家窑子

【尺　　寸】 通长13.2厘米

【形制描述】 柄首有三角形孔，柄身之间仍能看出分界，整体弧背不明显，尖端残缺。

【发表出处】 ［1］第1页，图四

7

【出土地点】 小双古城M2：1

【尺　　寸】 残长19.8厘米

【形制描述】 柄首有三角形孔，柄稍弯，与刀身之间仍能看出分界，刀尖残。

【发表出处】 ［21］第186页，图一一五：9；彩版三六：3

【备　　注】 位于盆骨及右侧股骨头外侧近墓壁处；墓主为30岁左右北亚男性。

8

【出土地点】 桃红巴拉M5 ：1

【尺　　寸】 通长约16.5厘米

【形制描述】 柄首有椭圆形孔，柄部扁平，与刀身之间仍能看出分界，整体弧背不明显。

【发表出处】 ［4］第134页，图四 ：1

【备　　注】 尺寸根据图中比例尺估算。

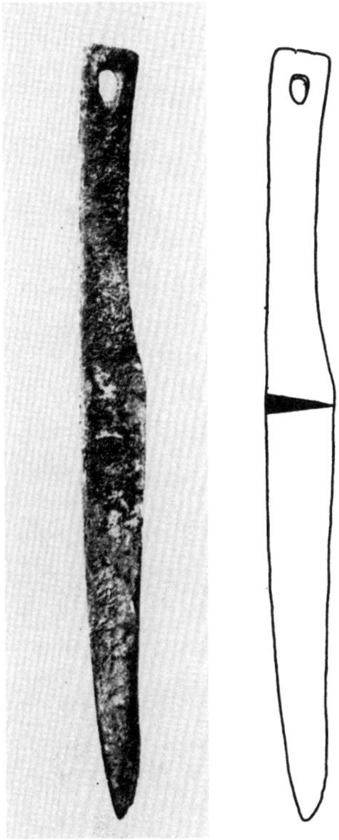

9

【出土地点】 公苏壕M1 ：6

【尺　　寸】 通长约13.4厘米

【形制描述】 柄首有三角形小孔，柄扁平，柄身一体，整体细长近直。

【发表出处】 ［4］第134页，图四 ：2

【备　　注】 尺寸根据图中比例尺估算。

10

【出土地点】	小双古城M9 ： 3
【尺　　寸】	通长16.9厘米
【形制描述】	柄首有不规则小方孔，柄较平直，柄身一体，整体细长近直。
【发表出处】	［21］第202页，图一二七：1；彩版三六：1
【备　　注】	位于右侧桡骨外侧近墓壁处；墓主年龄14～16岁。

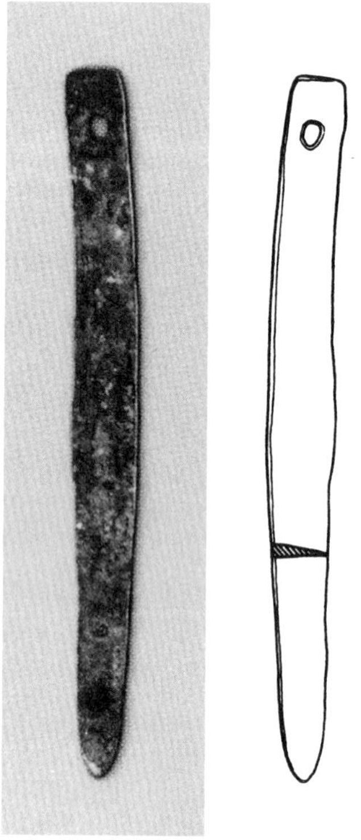

11

【出土地点】	小双古城M15 ： 1
【尺　　寸】	残长16.7厘米
【形制描述】	柄首有圆形小孔，柄较平直，柄身一体，整体细长近直。
【发表出处】	［21］第209页，图一三二：2；彩版三六：2
【备　　注】	位于颈椎及右侧肩胛骨骨面之上；墓主为成年男性。

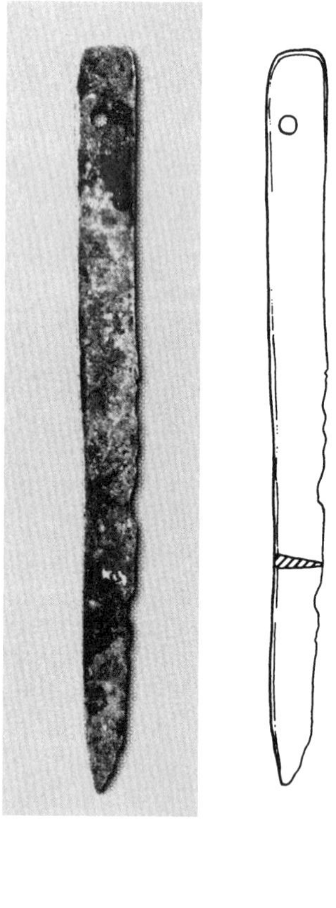

12

【出土地点】 西沟畔M3 ：2

【尺　　寸】 通长21.5厘米

【形制描述】 柄首有圆形小孔，刀柄扁平，上饰蛇形纹三条，弧背凹刃，柄身之间分界不明显。

【发表出处】 ［7］第4页，图六：2

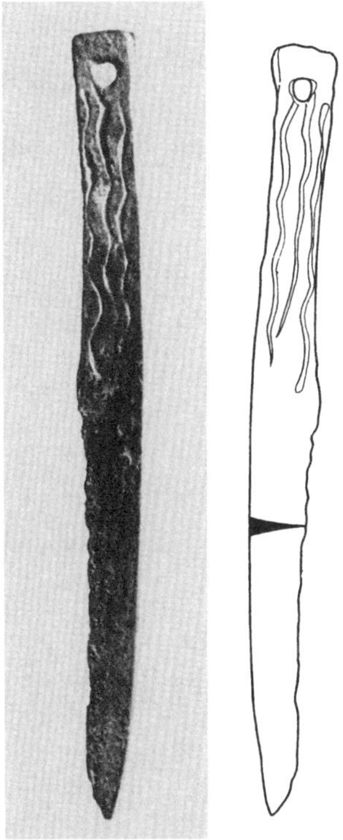

13

【出土地点】 呼鲁斯太M2 ：4

【尺　　寸】 通长19.8厘米

【形制描述】 柄首有不规则小孔，柄微曲，直背刃内收，柄身之间无明显分界。

【发表出处】 ［8］图版四：2

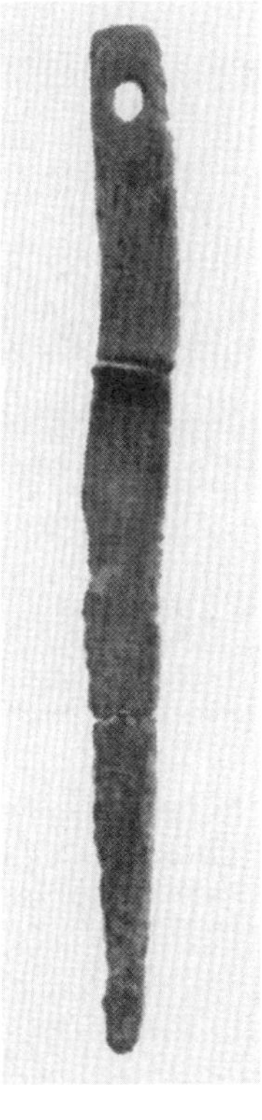

14

【出土地点】 玉隆太2215

【尺　　寸】 通长19.4厘米

【形制描述】 造型粗糙，柄首有小圆孔，柄为扁条形，柄身一体，整体细长近直。

【发表出处】 ［5］第112页，图二：7

15

【出土地点】 西园M7：2

【尺　　寸】 残长约2.75厘米

【形制描述】 柄部残，刀身剖面呈三角形。

【发表出处】 ［15］第19页，图六：5

【备　　注】 尺寸根据图中比例尺估算；墓主年龄1～1.5岁。

16①

【出土地点】 井沟子M23：3

【尺　　寸】 通长13厘米

【形制描述】 无首，柄舌下有两个凸齿，柄身之间有分界；凹背弧刃，刀锋上翘，刀背近柄部一侧起棱。

【发表出处】 ［24］第112页，图六〇：2

【备　　注】 位于腰部附近；墓主为男性。

① 与该器形制相近的还有：

16-2；井沟子M12：13；通长8.7厘米；无首，柄舌下有一凸齿，弧刃，刀锋上翘，刀背一侧起棱，刀锋与柄舌末端残断；［24］第71页，图三五：14；位于墓底北部。

16-3；井沟子M14：5；残长6.1厘米；无首，柄舌末端残，柄身之间有分界，刀背近直，一侧起棱；［24］第80页，图四〇：7；位于北部填土中。

16-4；井沟子M27：2；残长7.8厘米；无首，柄舌末端残，下有一凸齿和凹缺，刀锋略翘，刀背近柄部加厚，一侧有凸棱；［24］第129页，图七一：6；位于墓底东北角。

16-5；井沟子M28：12；残长9厘米；无首，柄舌末端残，下有一不明显的凸齿，刀锋上翘，刀背一侧起棱；［24］第132页，图七三：9；位于上部扰土中。

16-6；井沟子M31：8；残长7.7厘米；无首，柄舌末端残，下有一凸齿，刀锋略上翘，一侧起棱；［24］第141页，图七九：6。

16-7；井沟子M32：2；残长6.9厘米；无首，柄舌末端残，上下各有一小凹缺；［24］第146页，图八二：18；位于墓底中部偏北。

16-8；井沟子M36：10；残长5.8厘米；无首，柄舌末端残，下有一凸齿，刀锋微翘，刀背一侧起棱；［24］第165页，图九三：12；位于墓底北半部。

16-9；井沟子M36：11；残长6.2厘米；无首，柄舌下有一凸齿，刀背一侧起棱，柄舌末端和刀锋均残；［24］第165页，图九三：11；位于墓底北半部。

16-10；井沟子M40：7；残长9.2厘米；无首，柄舌下有一凸齿，刀背一侧起棱，刀锋残；［24］第175页，图一〇一：10；共15件，形制相同。

16-11；井沟子M47：31；残长7.5厘米；无首，柄舌下有一凸齿，刀锋残，刀背近直，一侧起棱；［24］第198页，图一一七：24；位于人骨上半身右侧，墓主为女性。

16-12；井沟子M47：30；残长5厘米；无首，柄舌末端残，刀锋上翘；［24］第198页，图一一七：25；位于人骨上半身右侧，墓主为女性。

16-13；井沟子M49：3；残长10.2厘米；无首，柄舌末端残，下有两个凸齿，刀背近直，一侧起棱；［24］第208页，图一二二：10；位于墓底南部近西壁处。

16-14；井沟子M56：8；残长7.6厘米；刀首和柄端残，刀背有浅凹槽，有木柄和细麻绳痕；［24］第239页，图一四二：10；位于A号人骨与B号人骨髋骨之间，墓主为男性。

16-1

【出土地点】 井沟子M5：16

【尺　　寸】 通长11厘米

【形制描述】 无首，柄舌下有一凹缺和两个不甚明显的凸齿；弧刃，刀锋微上翘，刀背一侧起棱，棱下有一凸线。

【发表出处】 ［24］图版一八：4

【备　　注】 位于右手处。

17

【出土地点】 毛庆沟M75：9

【尺　　寸】 通长18.7厘米

【形制描述】 柄首饰五道横线纹，柄身一体，弧背凹刃，刃部稍残。

【发表出处】 ［11］第262页，图三三：3

【备　　注】 位于腰部左侧。

18

【出土地点】 毛庆沟M27：3

【尺　　寸】 通长18.4厘米

【形制描述】 柄残，整体呈弧背，残留有木质刀鞘。

【发表出处】 ［11］第262页，图三三：4

【备　　注】 铁质；墓主为55岁以上男性。

19

【出土地点】 玉隆太2214

【尺　　寸】 通长9.5厘米

【形制描述】 柄首有圆孔，柄端下突，柄部内有凹槽，柄身一体，刀尖已残，现为二次磨用。

【发表出处】 ［5］第112页，图二：6

20

【出土地点】 小双古城M12：1

【尺　　寸】 残长13.8厘米

【形制描述】 扁圆环首，与刀柄分铸后焊接；整体呈弧背，断面呈三角形。

【发表出处】 ［21］第209页，图一三二：3；彩版三六：4

【备　　注】 位于左侧肋骨骨面之上；墓主为25岁左右东亚女性。

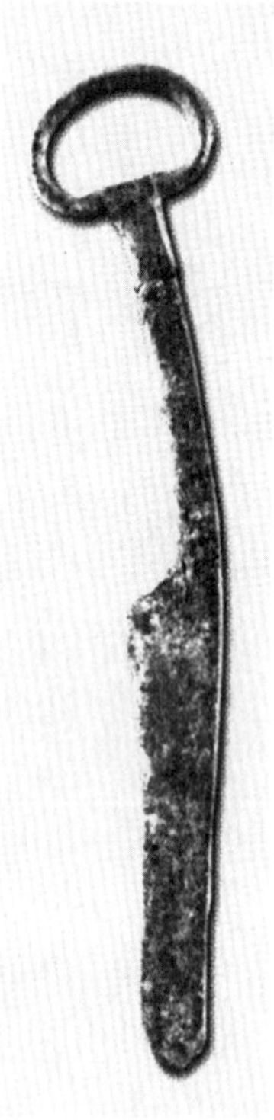

21①

【出土地点】 铁匠沟AM1：2

【尺　　寸】 通长19.8厘米

【形制描述】 环首，与刀柄分铸后焊接在一起，柄部饰两道弦纹，刀尖上翘。

【发表出处】 ［23］第86页，图六：上

【备　　注】 另有一件AM1：3形制相同，无图；墓主为男性。

① 与该器形制相近的还有：

21-1：铁匠沟AM2：4；通长17.9厘米；环首，与刀柄分铸后焊接在一起，整体呈弧背；［23］第86页，图六：下；墓主为男性。

22

【出土地点】 新店子M24：1

【尺　　寸】 通长18厘米

【形制描述】 环首，与刀柄分铸后焊接在一起；整体呈弧背，刀身横截面呈三角形。

【发表出处】 ［20］第10页，图九：8

23

【出土地点】 饮牛沟M1：4

【尺　　寸】 通长15.5厘米

【形制描述】 扁圆环首，直柄，柄、首分铸后焊接在一起；刃部略残，器表锈蚀。

【发表出处】 ［9］第29页，图七：3

【备　　注】 铁质。

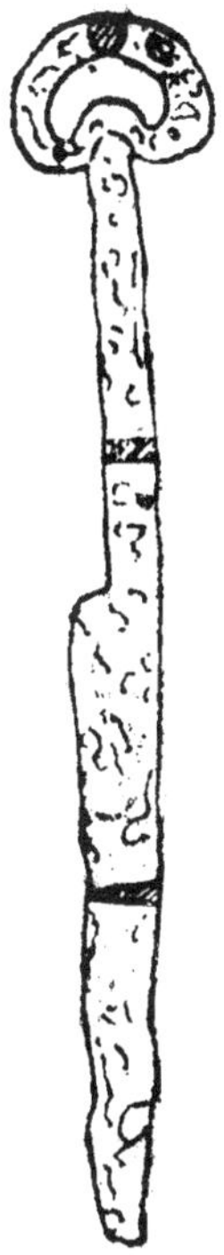

24

【出土地点】 新店子M25：1

【尺　　寸】 通长12.9厘米

【形制描述】 环首，刀柄细长，首、柄连铸；刀身较短，剖面呈三角形。

【发表出处】 ［20］第10页，图九：6

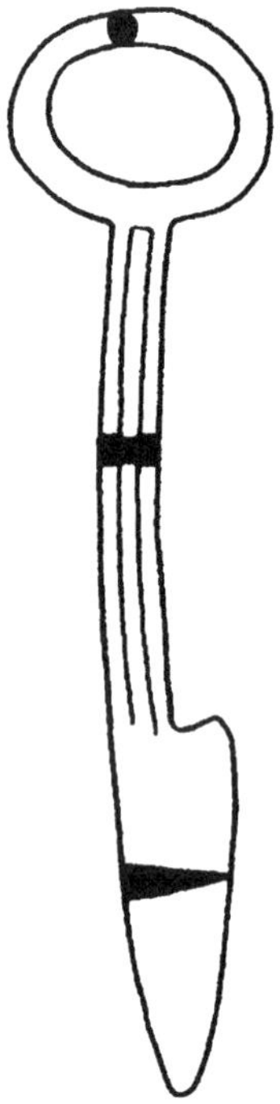

三、鹤嘴斧

1

【出土地点】 明安木独

【尺　　寸】 长11.2、銎径2.9×2.3、孔径0.5厘米

【形制描述】 整体宽扁，两端扁刃，中间有椭圆形銎，銎侧有圆形穿孔。

【发表出处】 ［16］第79页，图一：2；图二

【备　　注】 原器名为镐；銎径根据器物比例估算。

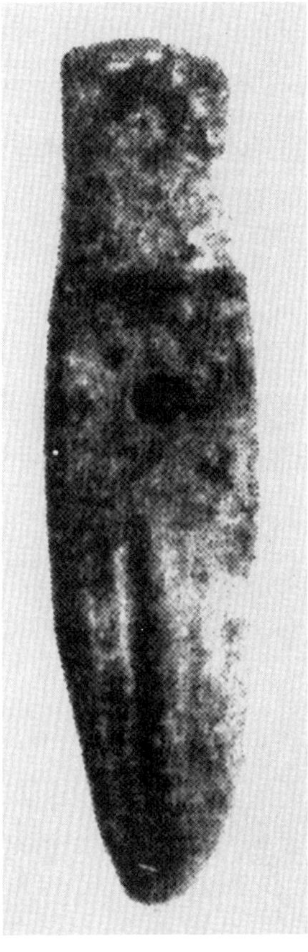

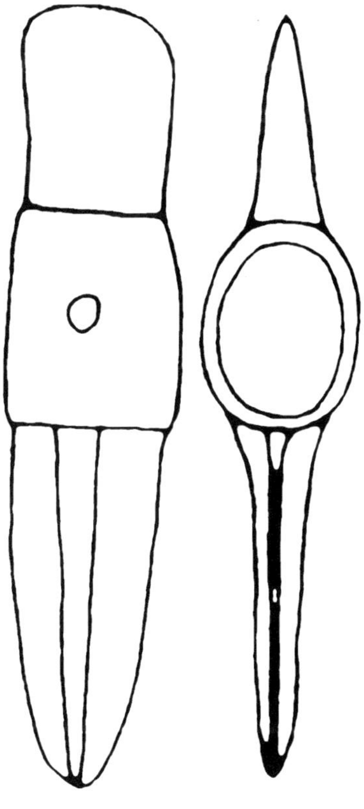

2

【出土地点】 桃红巴拉M1：2

【尺　　寸】 长14.3、刃宽1.6、銎径1.6厘米

【形制描述】 整体粗壮，两端平直近一字形。一端扁刃，另一端呈鹤嘴状，中间有近圆形銎，銎内遗有朽木，应为木柄。

【发表出处】 ［4］第134页；［10］图版三九：2

【备　　注】 位于头骨右侧；墓主为35岁左右男性；合范铸成；刃宽在简报和《鄂尔多斯式青铜器》中的记载分别为0.16和1.6厘米。

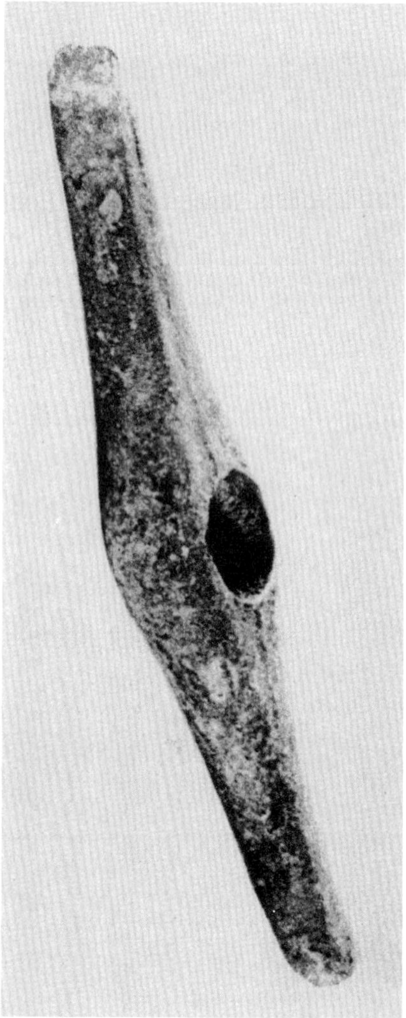

3

【出土地点】 公苏壕M1 ：1

【尺　　寸】 长14、刃宽0.12、銎径1.3厘米

【形制描述】 整体粗壮，两端平直近一字形。一端扁刃，另一端呈鹤嘴状，中间有近圆形銎，銎内遗有朽木，应为木柄。

【发表出处】 ［10］第210页，图五 ：10；照片由内蒙古文物考古研究所提供

【备　　注】 合范铸成；刃宽在简报和《鄂尔多斯式青铜器》中的记载分别为1.2和0.12厘米。

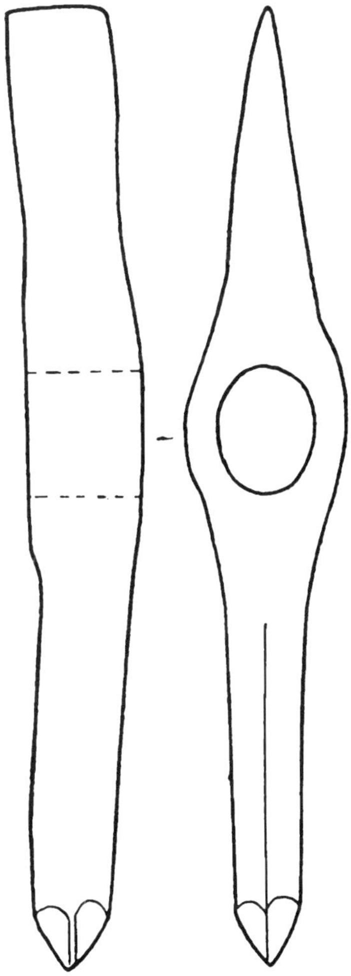

4

【出土地点】 呼鲁斯太M2：1

【尺　　寸】 长18.5、刃宽1.6、銎径2.1厘米

【形制描述】 整体粗壮，两端平直近一字形。一端扁刃，另一端呈鹤嘴状，中间有近圆形銎。

【发表出处】［8］图版四：6

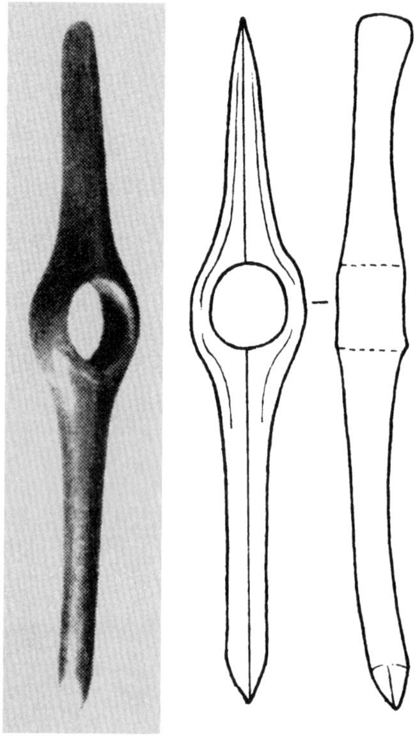

5

【出土地点】 水泉M23：9

【尺　　寸】 长22、刃宽1.3～1.9厘米

【形制描述】 锈蚀严重，中部圆形銎处断裂。一端为柱状体，端部圆润，另一端呈鹤嘴状。

【发表出处】［25］第254页，图一六七：1；彩版四二：3

【备　　注】 位于头骨右侧；铁质。

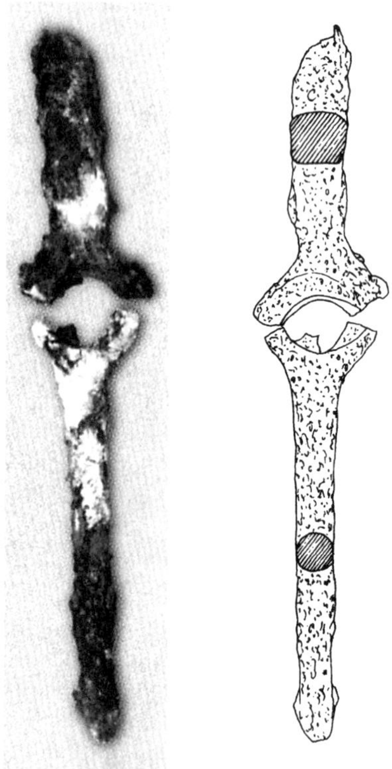

6

【出土地点】 饮牛沟82EM1：3

【尺　　寸】 长17.7、刃宽2.6、銎径2.5厘米

【形制描述】 斧身两端变细，整体略内曲。一端扁刃，一端呈鹤嘴状，中间有圆銎，器表锈蚀剥落。

【发表出处】 [9] 第29页，图七：4；图版七：4

【备　　注】 铁质。

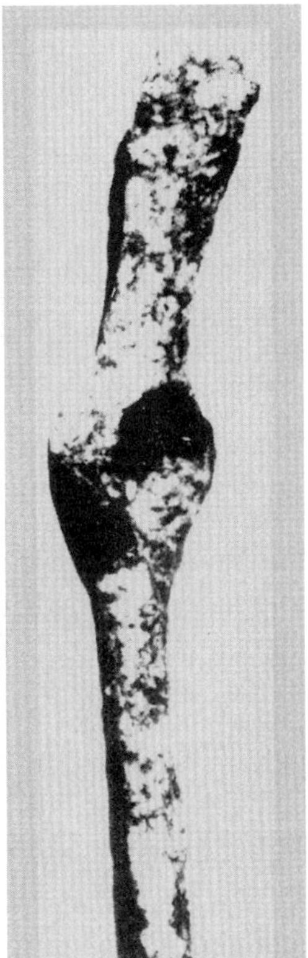

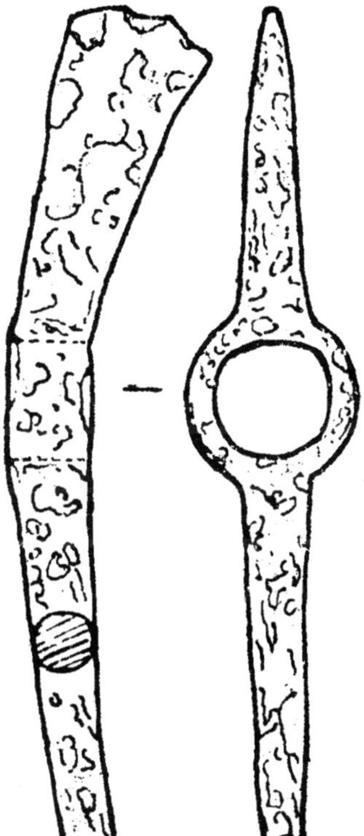

7

【出土地点】 毛庆沟M38：1

【尺　　寸】 长19.6、刃宽2.5、銎径2.1厘米

【形制描述】 斧身两端变细，整体略内曲。一端扁刃，另一端呈鹤嘴状，中间有圆銎。

【发表出处】 ［11］第262页，图三三：5；图版四〇：3

【备　　注】 位于头骨右侧；铁质；墓主为40～45岁男性。

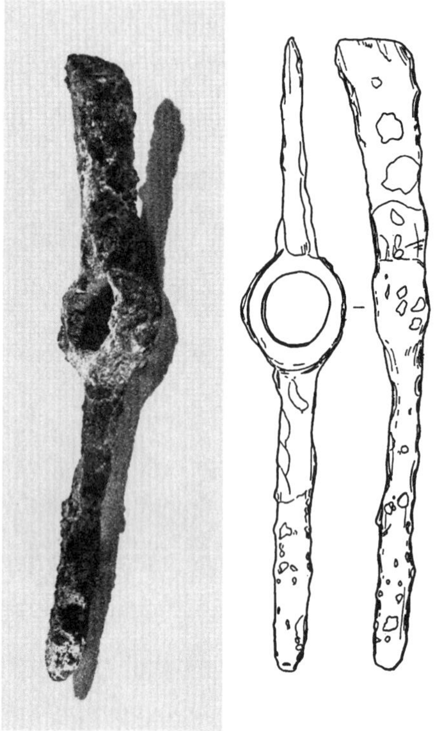

8

【出土地点】 玉隆太2264

【尺　　寸】 长23.5、刃宽3、銎径2.4厘米

【形制描述】 斧身两端变细，整体略内曲。一端扁刃，另一端呈鹤嘴状，中间有圆銎，刃口锋利。

【发表出处】 ［5］第112页，图二：11；图版四〇：4

【备　　注】 原器名为鹤嘴镐；铁质。

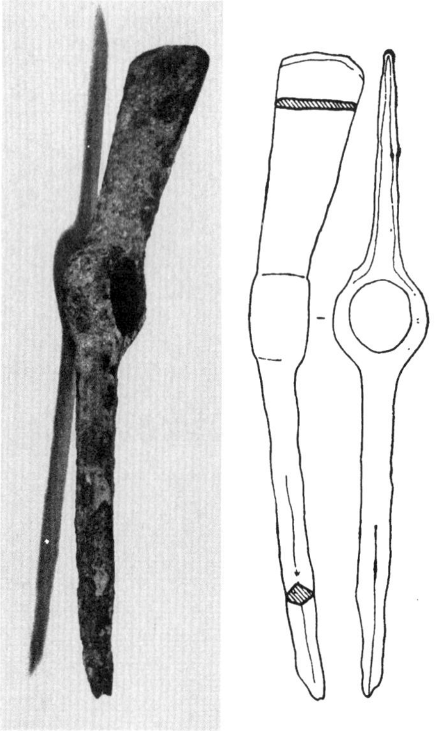

四、镞

1

【出土地点】 西园M5 ：18

【尺　　寸】 长2.5、銎径0.6厘米

【形制描述】 三翼，銎内收，翼后有锋。

【发表出处】 ［15］第18页，图五 ：14

【备　　注】 銎径根据器物比例估算；墓主为25 ～ 30岁男性。

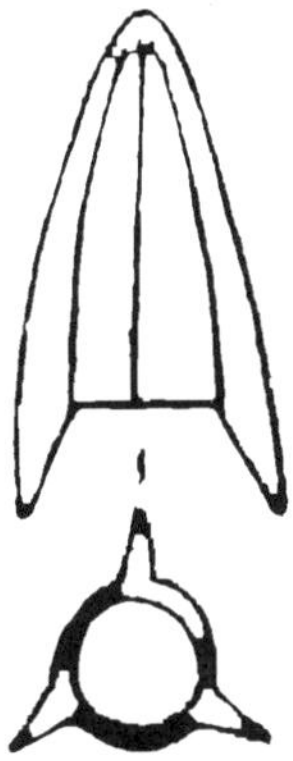

2

【出土地点】 毛庆沟M6 ：5①

【形制描述】 三翼，銎内收，翼后有锋。

【发表出处】 ［11］图版四七 ：8

【备　　注】 尺寸未发表；位于双腿、双脚之间；墓主为55岁以上男性。

3

【出土地点】 毛庆沟M6：5②

【尺　　寸】 长5.4、銎径约0.6厘米

【形制描述】 三翼，銎内收，翼后有锋。

【发表出处】 ［11］第263页，图三四：1；图版四七：9

【备　　注】 銎径根据器物比例估算；位于双腿、双脚之间；墓主为55岁以上男性。

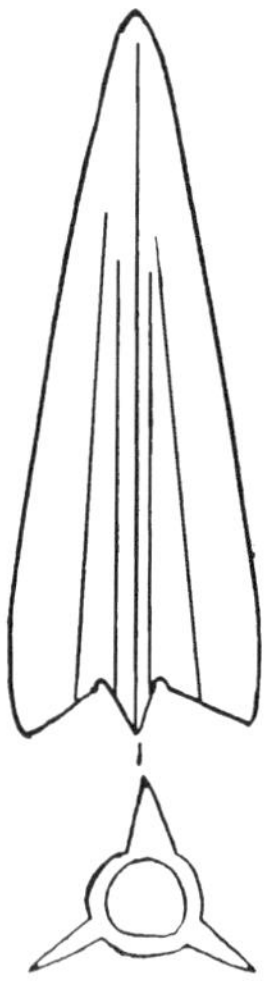

4①

【出土地点】 井沟子M26：20

【尺　　寸】 长3.4、銎径约0.6厘米

【形制描述】 三翼，銎内收，銎身一侧有小孔。

【发表出处】 ［24］第125页，图六八：11

【备　　注】 銎径根据器物比例估算；位于墓底北半部；墓主为少儿。

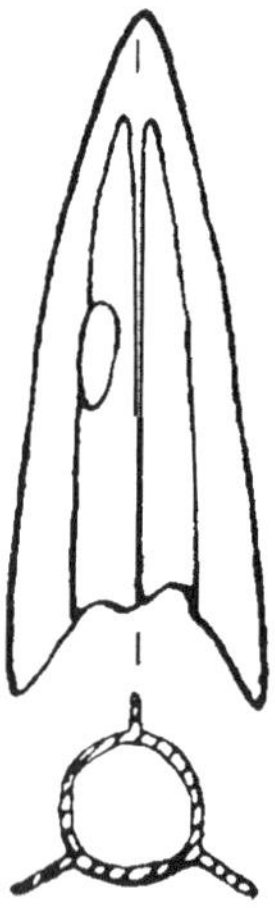

---

① 与该器形制相近的还有：

4-1；井沟子M20：7；残长2.2厘米；三翼，銎内收，镞身一侧有不规则形孔，三翼及銎孔均有残损，銎内尚余朽木痕迹；［24］第100页，图五三：2；墓主为男性。

4-2；井沟子M24：6；长3厘米；三翼，銎内收，两翼尾部残断，镞身一侧有长条形孔；［24］第117页，图六四：10；位于墓底北部近西壁处。

4-3；井沟子M33：5；长3.4厘米；三翼，銎内收，銎部有两个不规则的小孔，翼的后锋稍残；［24］第152页，图八五：10；位于墓底北部陶器附近。

4-4；井沟子M51：10；长3.5厘米；三翼，銎内收，器身有两处凹缺，锋刃部均经打磨；［24］第219页，图一二九：3；位于东南角带领罐之下。

4-5；井沟子M51：11；长3.6厘米；三翼，銎内收，翼尖稍残，器身有砂眼和漏铸现象，锋刃部均经打磨；［24］第219页，图一二九：2；位于墓底中部。

4-6；井沟子M55：28；长3.6厘米；三翼，銎内收，翼残，銎两侧有不规则缺孔；［24］第232页，图一三八：8；位于扰土中。

4-7；井沟子M46：5；长约5厘米；三翼，銎内收，銎身一侧有圆角长方形孔，锋刃经磋磨；［24］图版一八：3；斜向射入人骨右侧髋骨前侧，体型较大，有别于墓地中作为随葬品的其他铜镞，墓主为男性。

5

【出土地点】 铁匠沟采

【尺　　寸】 长约4.2、銎径约0.5厘米

【形制描述】 三翼，銎内收，翼平整。

【发表出处】 ［23］第90页，图一〇：9

【备　　注】 尺寸为测量报告1：1线图所得。

6

【出土地点】 铁匠沟采

【尺　　寸】 残长约2.4、銎径约0.4厘米

【形制描述】 双翼，銎内收，翼微残。

【发表出处】 ［23］第90页，图一〇：7

【备　　注】 尺寸为测量报告1：1线图所得。

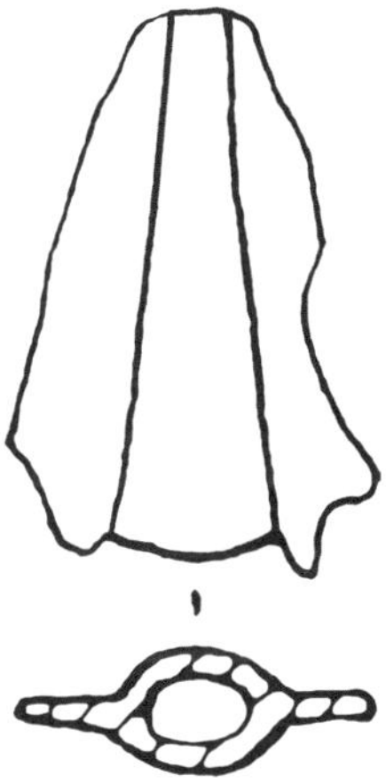

7

【出土地点】 新店子M43：4

【尺　　寸】 长3、銎径约0.5厘米

【形制描述】 三翼，銎内收，翼后有锋。

【发表出处】 ［20］第10页，图九：3

【备　　注】 銎径根据图中比例尺估算。

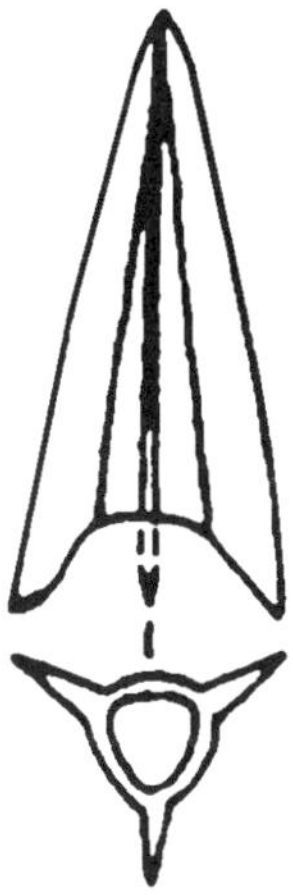

8

【出土地点】 饮牛沟M1：5

【尺　　寸】 长4.5、銎径约0.5厘米

【形制描述】 三翼，銎内收。翼稍残，銎侧有残孔。

【发表出处】 ［9］第30页，图八：6

【备　　注】 銎径根据图中比例尺估算。

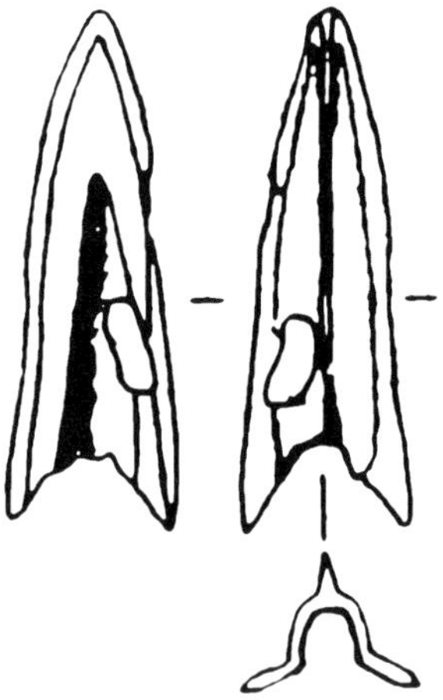

9

【出土地点】 西沟畔M2：5

【尺　　寸】 长3.5、銎径约0.4厘米

【形制描述】 三棱有翼，銎内收，翼后无锋。圆形銎内有木质痕迹。

【发表出处】 ［7］第4页，图六：5

【备　　注】 銎径根据器物比例估算。

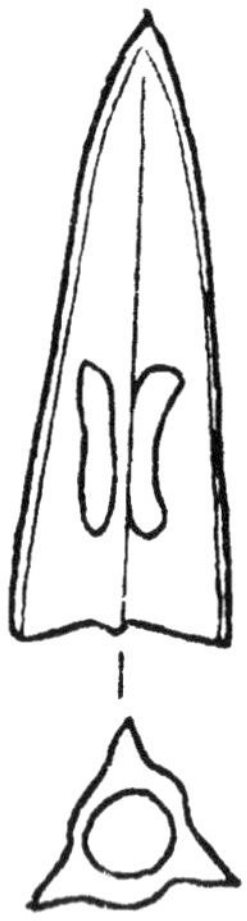

10

【出土地点】 新店子M41：4

【尺　　寸】 长4、銎径约0.5厘米

【形制描述】 三翼，翼后无锋，圆形銎长于三翼后端。

【发表出处】 ［20］第10页，图九：2

【备　　注】 銎径根据图中比例尺估算。

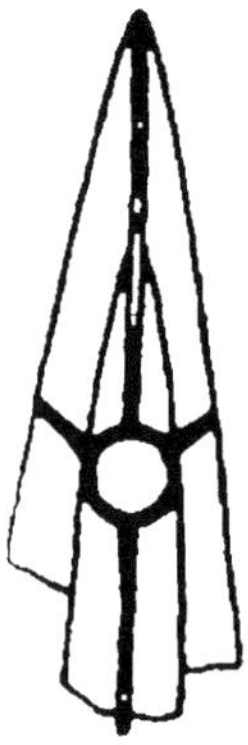

11

【出土地点】 毛庆沟M59：5①

【形制描述】 三棱有翼，下有圆锥形铤。

【发表出处】 ［11］图版四七：4

【备　　注】 尺寸未发表；位于左腿骨附近。

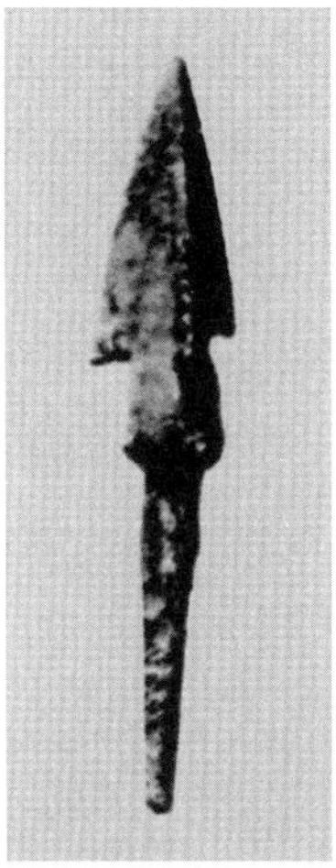

12

【出土地点】 毛庆沟M59：5②

【形制描述】 三棱有翼，下有圆锥形铤。

【发表出处】 ［11］图版四七：5

【备　　注】 尺寸未发表；位于左腿骨附近。

13

【出土地点】 毛庆沟M59：5③

【尺　　寸】 长4.8厘米

【形制描述】 三棱有翼，下有圆锥形铤。

【发表出处】 ［11］第263页，图三四：3；图版四七：6

【备　　注】 位于左腿骨附近。

14

【出土地点】 毛庆沟M59：5④

【形制描述】 三棱有翼，翼后有方形关，下有圆锥形铤。

【发表出处】 ［11］图版四七：7

【备　　注】 尺寸未发表；位于左腿骨附近。

15

【出土地点】 毛庆沟M70：2

【尺　　寸】 长3.3厘米

【形制描述】 三棱有翼，三翼较长，下有铤。

【发表出处】 ［11］第263页，图三四：2；图版四七：10

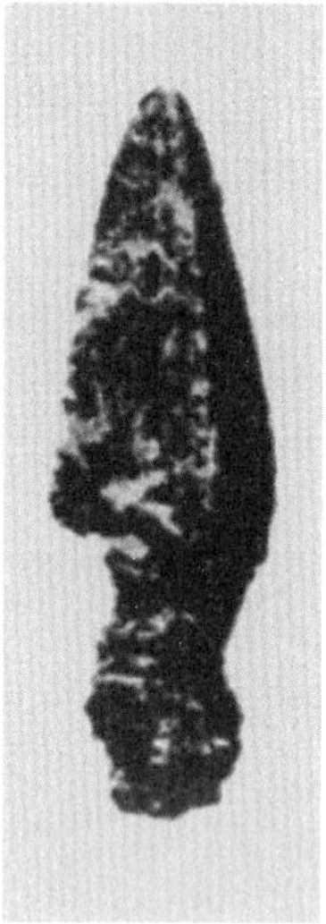

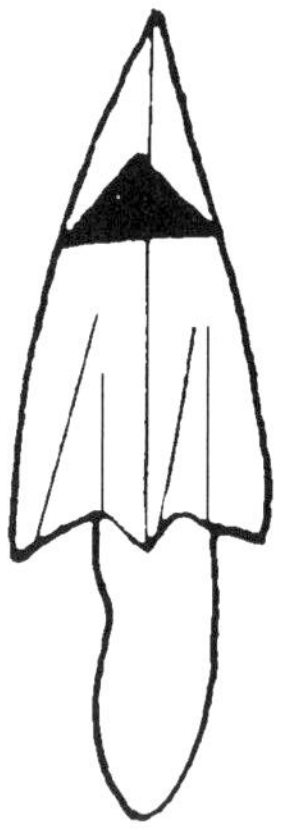

16

【出土地点】 桃红巴拉M1：3

【尺　　寸】 长4.8厘米

【形制描述】 三棱有翼，下有铤。

【发表出处】 ［4］图版二：2

【备　　注】 位于头骨中央；墓主为35岁左右男性。

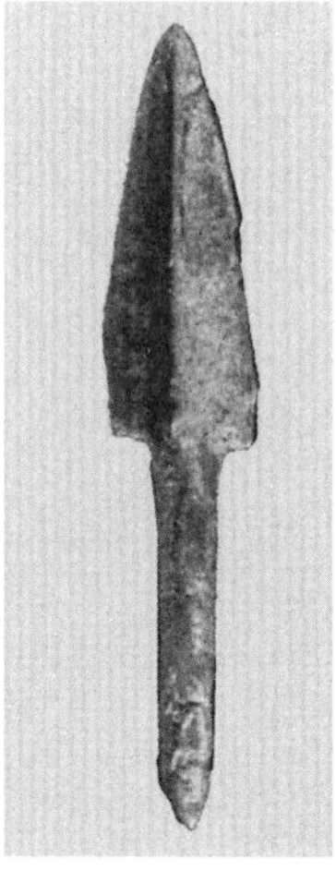

17

【出土地点】 呼鲁斯太M2：6

【尺　　寸】 长3厘米

【形制描述】 三棱有翼，下有铤。铤周围有木质残迹。

【发表出处】 ［8］第11页，图一：1

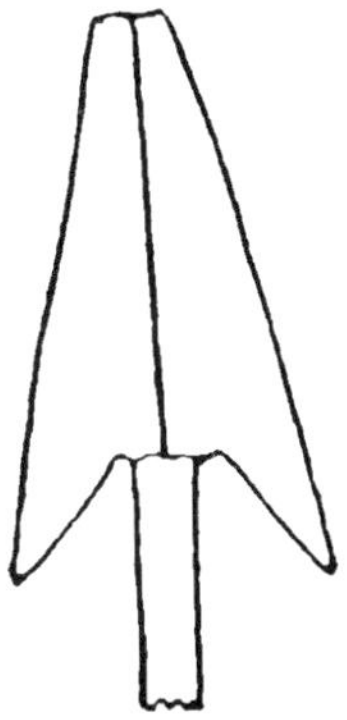

18

【出土地点】 玉隆太2224

【尺　　寸】 长4厘米

【形制描述】 三棱，棱上有三角形镂孔，下有铤。

【发表出处】 ［5］第113页，图三：1

【备　　注】 铤为铁质。

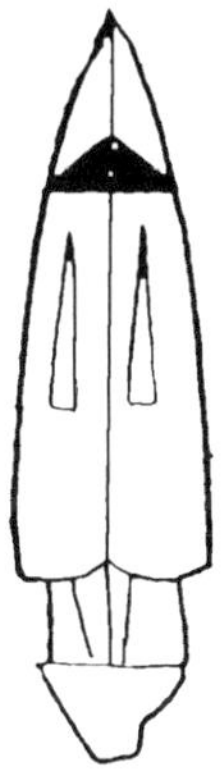

19

【出土地点】 西沟畔M2：6

【尺　　寸】 长4.9厘米

【形制描述】 三棱，下有铤。

【发表出处】 ［7］第4页，图六：4；图版四七：2

【备　　注】 共2件。

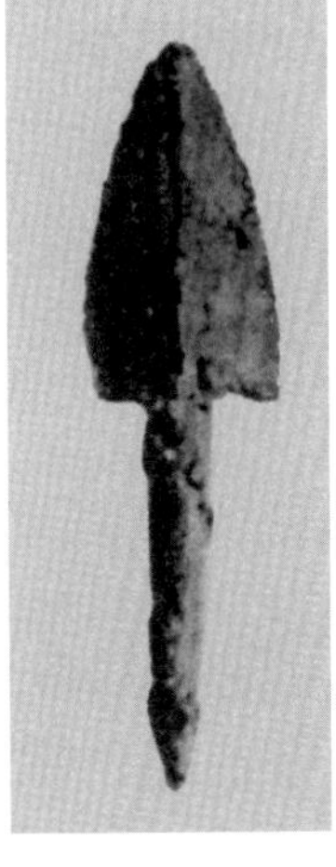

20

【出土地点】 井沟子M46：3

【尺　　寸】 残长1.5厘米

【形制描述】 双翼，下有铤。体型小而短宽，一翼及铤部残。

【发表出处】 ［24］第195页，图一一五：8

【备　　注】 位于填土中部偏东；墓主为男性。

五、斧锛凿锥

1

【出土地点】　明安木独

【尺　　寸】　长13、宽3.2、刃宽4.5、銎口边长3.4×4.2厘米

【形制描述】　斧。长方形扁体，双面弧刃外撇，方形銎，斧身有圆穿。

【发表出处】　［16］第79页，图一：1

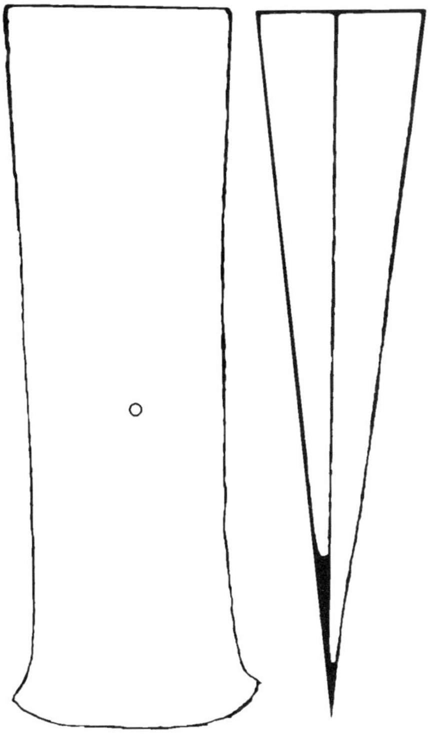

2

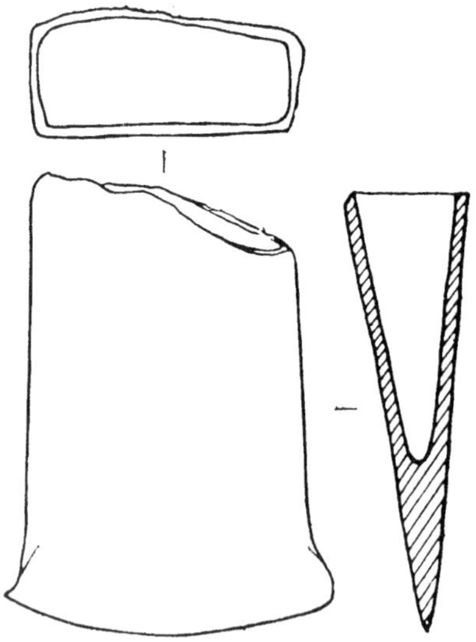

【出土地点】 公苏壕M1：3

【尺　　寸】 长6、宽4、刃宽4.5、銎口边长1.6×3.5厘米

【形制描述】 斧。长方形扁体，双面弧刃外撇，长方形銎，銎口残缺。

【发表出处】 ［4］第134页，图四：3

3

【出土地点】 饮牛沟97YM8：1

【尺　　寸】 长14.4、刃宽4.6、銎口边长5.2×3.1厘米

【形制描述】 斧。长方形扁体，双面刃，长方形銎，斧刃经再次打磨，斧身有孔形缺损，背面略残。

【发表出处】 ［19］第316页，图三三：1；图版五九：2左2

【备　　注】 铁质。

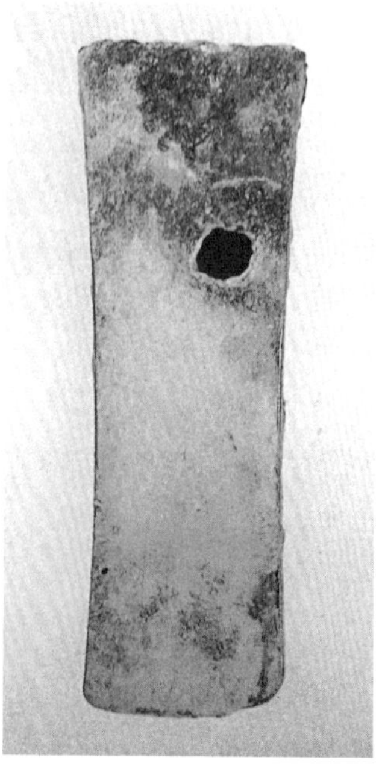

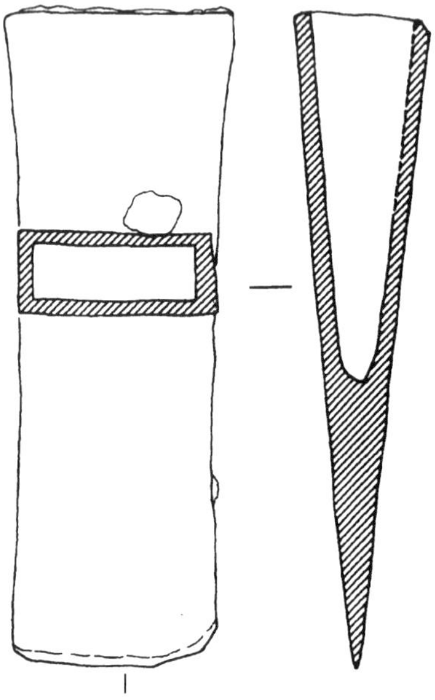

4①

【出土地点】 饮牛沟97YM22 ： 1②

【尺　　寸】 长14、刃宽4.9、銎口边长5.4×3.1厘米

【形制描述】 斧。长方形扁体，双面刃，长方形銎。刃部锈蚀严重，斧身断为两半。

【发表出处】 ［19］第316页，图三三 ： 2；图版五九 ： 2左1

【备　　注】 铁质。

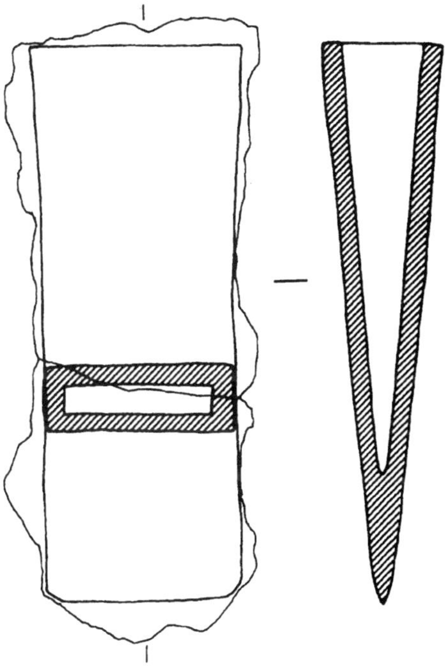

① 与该器形制相近的还有 ：

4-1；饮牛沟97YM10 ： 1；残长6.8、残宽5.5、残厚1.5厘米；仅余残片；［19］第316页，图三三 ： 3，图版五九 ： 2右上；铁质。

② 从报告上看，铁斧饮牛沟97YM22 ： 1与铁钩状器饮牛沟97YM22 ： 1虽编号相同，但不是同一件器物。

5

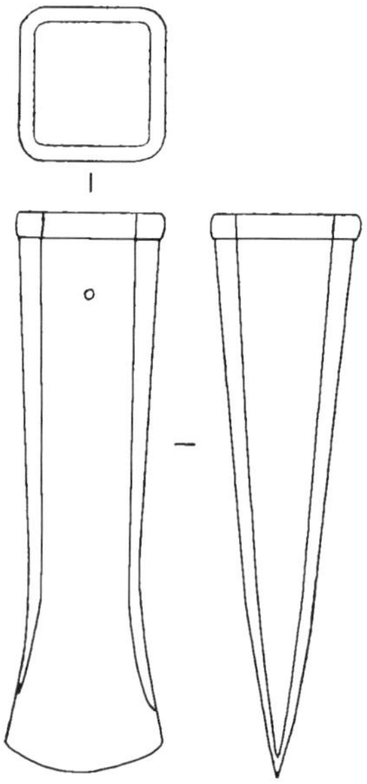

【出土地点】 宝亥社

【尺　　寸】 长11、刃宽3.2、銎口边长3厘米

【形制描述】 斧。方形扁体，双面弧刃外撇，圆角方形銎，銎端有箍，銎下有圆穿。

【发表出处】 ［12］第82页，图六：2

6

【出土地点】 玉隆太2252

【尺　　寸】 残长10、刃宽约4.1、銎口边长4.4×1.4厘米

【形制描述】 锛。长方形扁体，侧面一边垂直，一边稍斜。刃部已残。长方形銎，銎下有近椭圆形穿。

【发表出处】 ［5］第112页，图二：1

【备　　注】 刃宽根据图中比例尺估算。

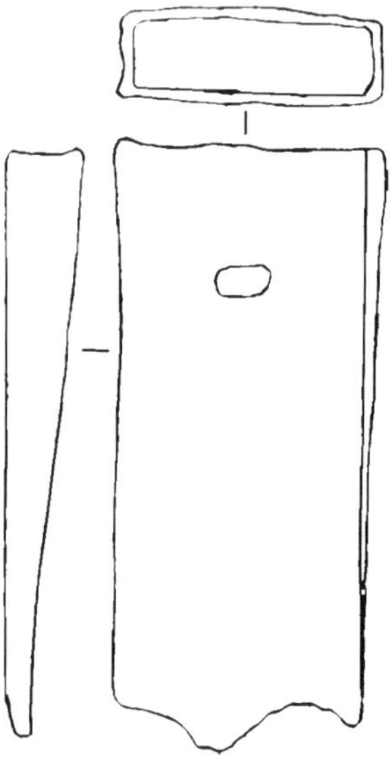

7

【出土地点】 宝亥社

【尺　　寸】 长6.7、銎口边长1.7厘米

【形制描述】 凿。整体似鸭嘴形，单面弧刃，背面略凹，长方形銎，銎下有圆穿。

【发表出处】 ［12］第82页，图六：4

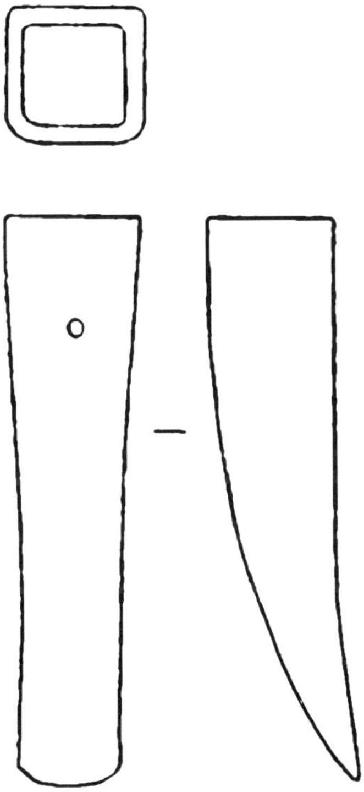

8

【出土地点】　宝亥社

【尺　　寸】　长10.5、銎口边长1.3×1.7厘米

【形制描述】　凿。整体呈长方形，双面弧刃，方形銎。

【发表出处】　［12］第82页，图六：3

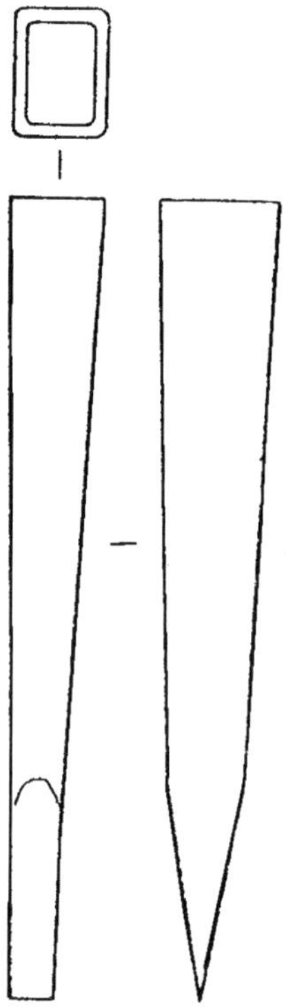

9

【出土地点】　公苏壕M1：4

【尺　　寸】　长4.8、銎径0.9、刃宽0.6厘米

【形制描述】　凿。整体上圆下扁，双面弧刃，圆形銎。

【发表出处】　［4］第134页，图四：4

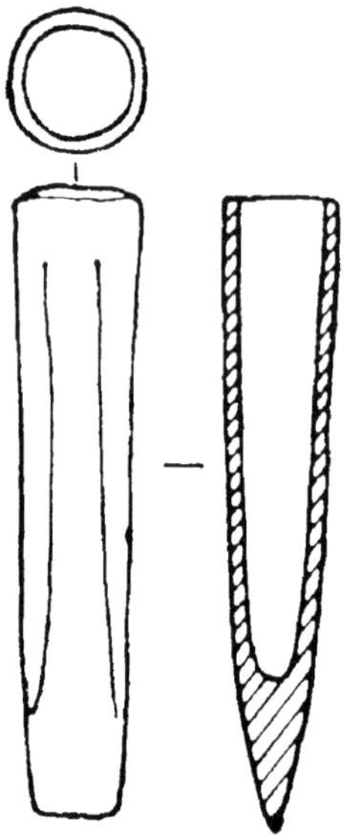

10

【出土地点】 桃红巴拉M1 ：4

【尺　　寸】 长10.6厘米

【形制描述】 锥。无首，锥身横截面呈四棱形，锈着木痕，锋尖锐利磨光。

【发表出处】 ［4］第134页，图四 ：8

【备　　注】 位于头骨下；墓主为35岁左右男性。

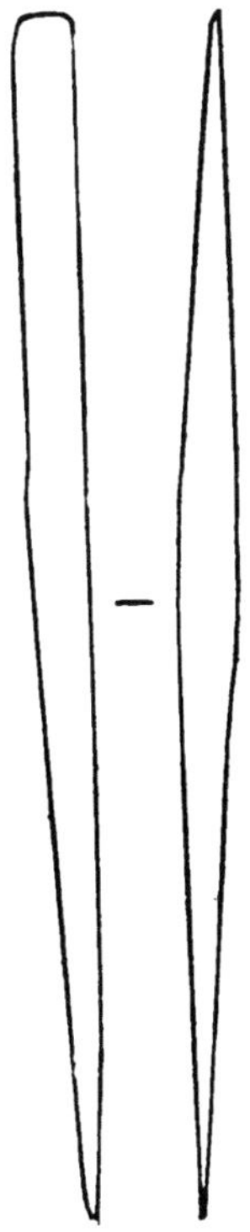

11

【出土地点】 公苏壕M1 ：2

【尺　　寸】 长8.6厘米

【形制描述】 锥。无首，锥身横截面呈四棱形，前端有一凸起，锋尖残。

【发表出处】 ［4］第134页，图四 ：7

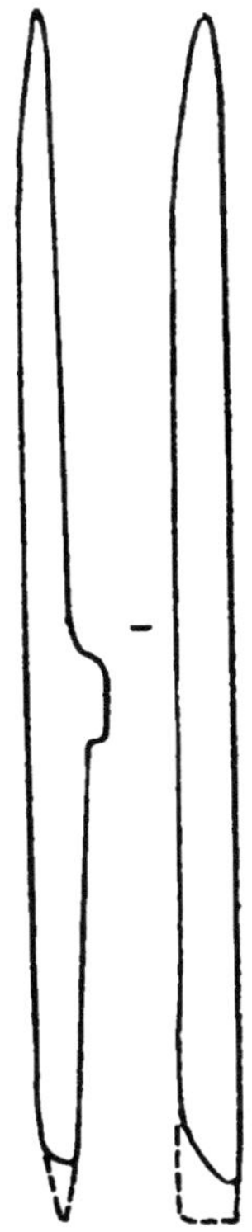

12①

【出土地点】 井沟子M5：15

【尺　　寸】 长5.5厘米

【形制描述】 锥。无首，近锥尖处横截面为方形，近锥尾处横截面为长方形，锥尾略残。

【发表出处】 ［24］第52页，图二一：3

【备　　注】 位于墓底西北壁。

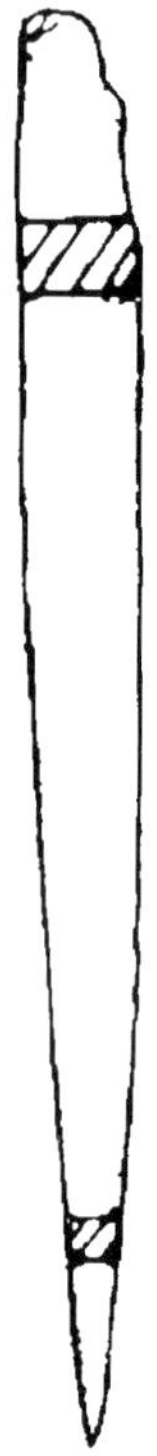

① 与该器形制相近的还有：

12-1；井沟子M23：2；长12.5厘米；无首，锥身横截面呈长方形，锥尾扁薄；［24］第114页，图六二：12；位于腰部附近，墓主为男性。

12-2；井沟子M12：2；长5厘米；无首，近锥尖处横截面呈正方形，近锥尾处横截面呈梯形；［24］第71页，图三五：13；位于墓底北部。

12-3；井沟子M13：32；长2.6厘米；无首，锥尖横截面呈方形，锥身、锥尾横截面为半圆形，锥尖一端稍长；［24］第77页，图三八：28。

12-4；井沟子M22：12；残长1.7厘米；仅余锥尖，横截面呈长方形；［24］第109页，图五八：4；位于墓底中部。

12-5；井沟子M27：3；残长8.8厘米；无首，锥身横截面中部为近圆形，近尖部为四棱形，近尾部为长方形，锥身一侧隐约有绳索状纹；［24］第129页，图七一：5；位于墓底东北角。

12-6；井沟子M36：12-1；残长3.7厘米；无首，锥身横截面呈长方形，锥尾残断；［24］第165页，图九三：13左；位于墓底北半部。

12-7；井沟子M36：12-2；残长5.3厘米；无首，锥身中部横截面呈梯形，锥尾渐薄，似有刃，锥尖残；［24］第165页，图九三：13右；位于墓底北半部。

12-8；井沟子M47：32；长7厘米；无首，近锥尖处横截面呈正方形，近锥尾处横截面为长方形，锥尾有窄刃；［24］第198页，图一一七：10；位于人骨上半身右侧，墓主为女性。

12-9；井沟子M53：2；长6.8厘米；无首，锥身有凹槽，锥尖横截面近菱形，系铸成后又稍经锻打；［24］第226页，图一三四：4。

12-10；井沟子M57：4；长4.2厘米；无首，锥身横截面呈长方形；［24］第244页，图一四五：20。

12-11；井沟子M58：8；长5.8厘米；无首，锥身横截面呈四棱形，较扁平；［24］第250页，图一四八：14；位于人骨左手腕处，墓主为男性。

13

【出土地点】 水泉M6：1

【尺　　寸】 长9.9厘米

【形制描述】 锥。无首，椎身横截面呈方形，锥端至锥尖渐细，锋部尖锐。锥端两侧存有对称长条形凹槽。

【发表出处】 ［25］第230页，图一四二：3

【备　　注】 位于左侧肩胛骨上。

14

【出土地点】 西沟畔M2：22

【尺　　寸】 残长8.8厘米

【形制描述】 锥。卷曲环状首，锥身横截面呈方形，锋尖残。

【发表出处】 ［7］第5页，图八：4

【备　　注】 铁质。

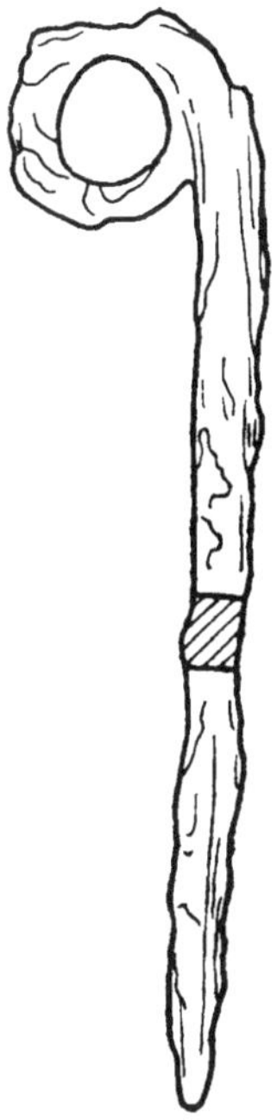

六、针管

1

【出土地点】 毛庆沟M66：6

【尺　　寸】 长4.8、宽1厘米

【形制描述】 长方形管状，正面饰弦纹，背镂空。

【发表出处】 ［11］第284页，图四六：5

【备　　注】 原器名为管状饰。

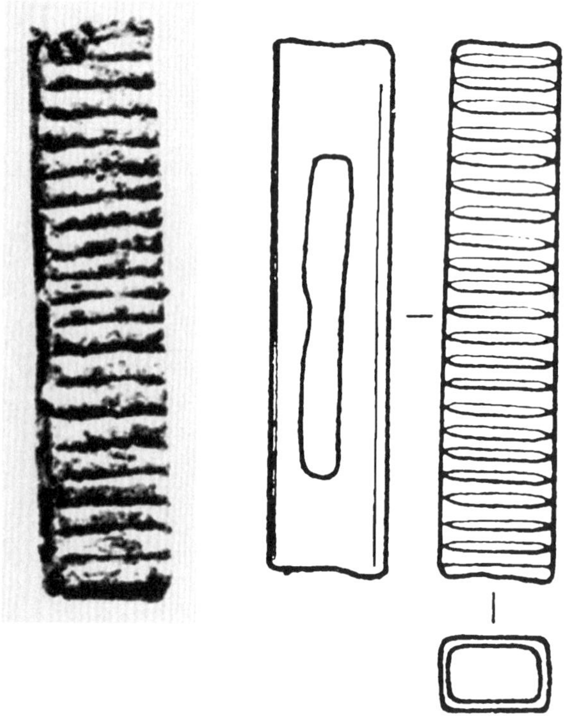

2

【出土地点】 毛庆沟M9 ： 2

【尺　　寸】 长约5.3、宽约1.3厘米

【形制描述】 长方形管状，正面饰对称半月纹与弦纹，背镂空。

【发表出处】 ［11］第284页，图四六 ： 6

【备　　注】 原器名为管状饰；尺寸根据图中比例尺估算；墓主为60岁以上女性。

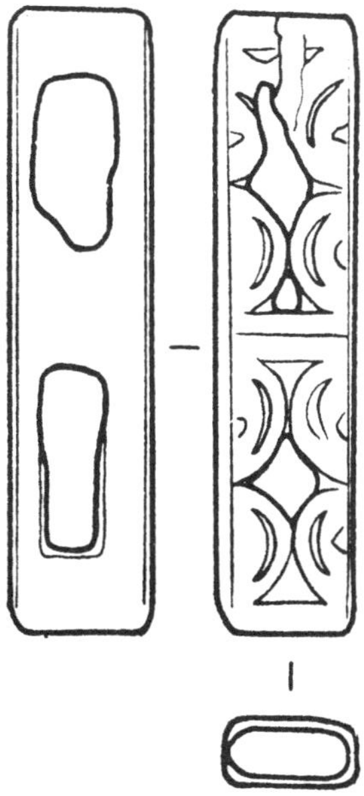

3

【出土地点】 毛庆沟M5 ： 5

【尺　　寸】 长8.9、宽0.9厘米

【形制描述】 长方形管状，正面饰折线纹，背镂空。

【发表出处】 ［11］第284页，图四六 ： 7

【备　　注】 原器名为管状饰；位于腰部正中；墓主为25岁左右女性。

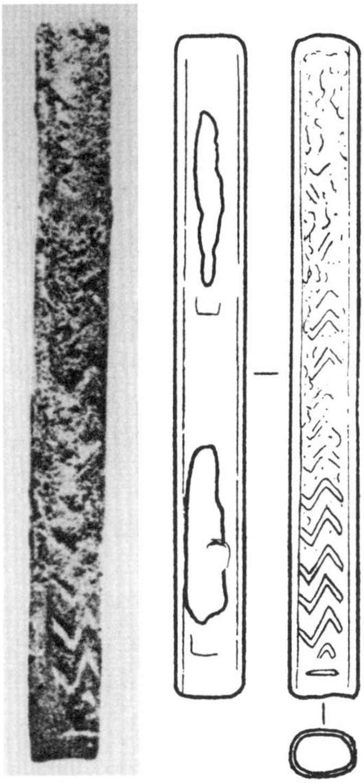

4

【出土地点】 毛庆沟M10：4①

【尺　　寸】 长约6.8、宽约1厘米

【形制描述】 长方形管状，正面饰对称半月纹与弦纹，背镂空。

【发表出处】 ［11］第284页，图四六：8

【备　　注】 原器名为管状饰；尺寸根据图中比例尺估算；位于腰部两侧；墓主为16岁左右女性。

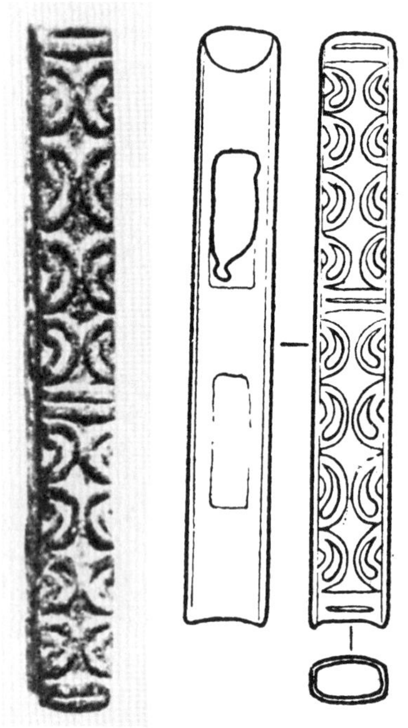

5

【出土地点】 桃红巴拉M5：9

【尺　　寸】 长约5.2厘米

【形制描述】 长方形管状，正面饰对称半月纹与弦纹，背镂空。

【发表出处】 ［4］第136页，图六：3

【备　　注】 原器名为管状饰；尺寸根据图中比例尺估算。

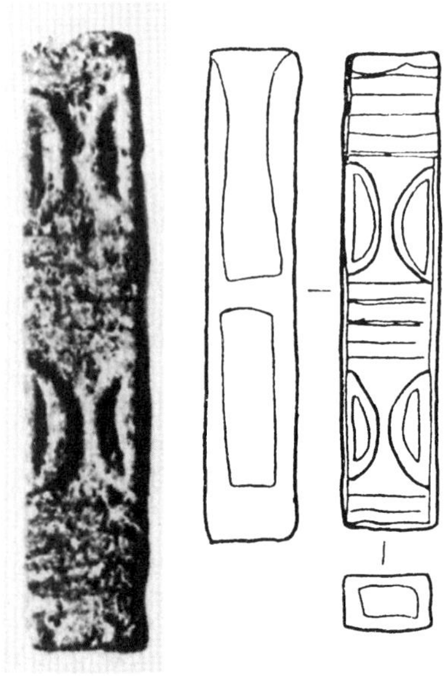

6

【出土地点】 桃红巴拉M1 ： 35

【尺　　寸】 长约4.6厘米

【形制描述】 长方形管状，正面饰对称半月纹与弦纹，背镂空。

【发表出处】 ［4］第136页，图六 ：2

【备　　注】 原器名为管状饰；尺寸根据图中比例尺估算；位于腰部左侧；墓主为35岁左右男性。

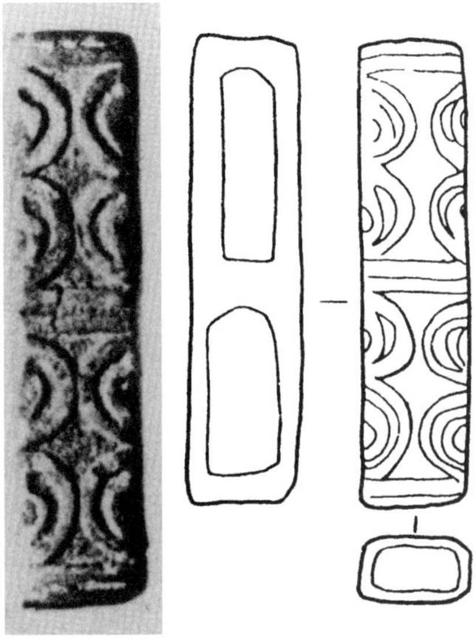

7

【出土地点】 桃红巴拉M1 ： 36

【尺　　寸】 长6.6厘米

【形制描述】 长方形管状，正面饰折线纹，背镂空。

【发表出处】 ［4］第136页，图六 ：1

【备　　注】 原器名为管状饰；位于腰部左侧；墓主为35岁左右男性。

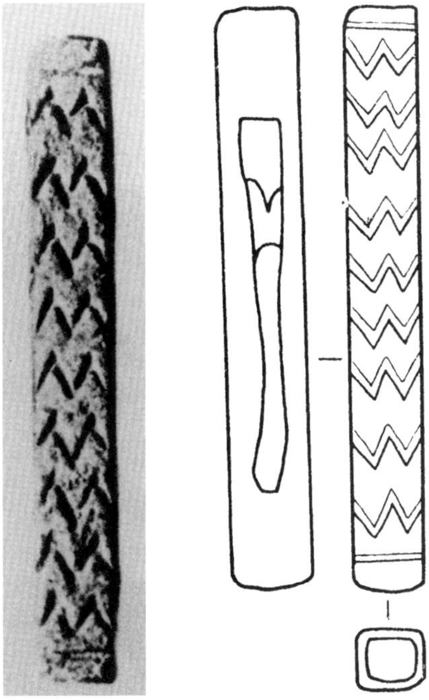

8

【出土地点】　毛庆沟M6：7①

【尺　　寸】　长5.1、直径1厘米

【形制描述】　圆管状，表面饰弦纹。

【发表出处】　［11］第284页，图四六：1；图版八六：2

【备　　注】　原器名为管状饰；位于腰部；墓主为55岁以上男性。

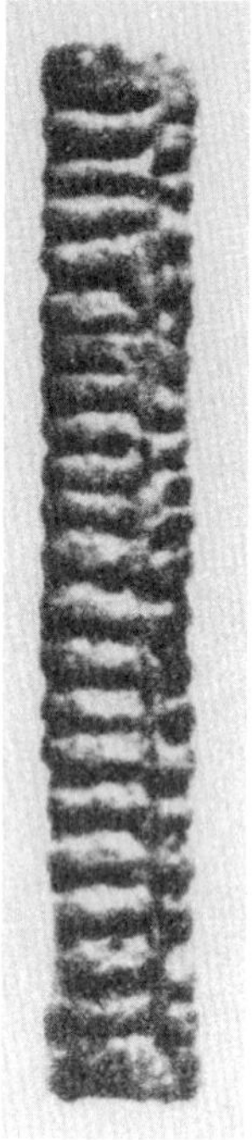

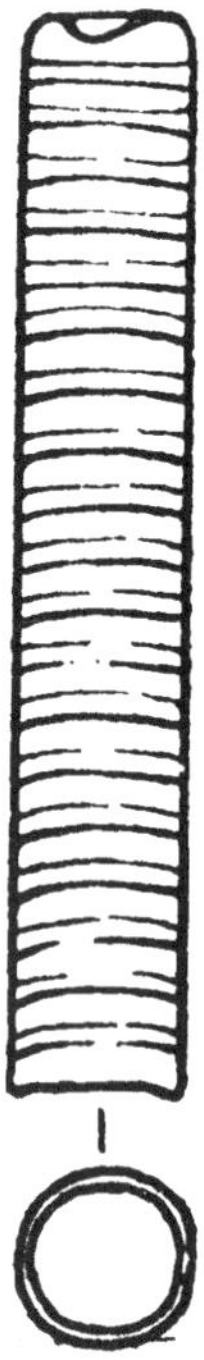

9

【出土地点】　新店子M35：4

【尺　　寸】　长12.6、直径2.2厘米

【形制描述】　圆管状，呈竹节形，分节之间过渡平缓，筒壁较厚。

【发表出处】　［20］第10页，图九：5

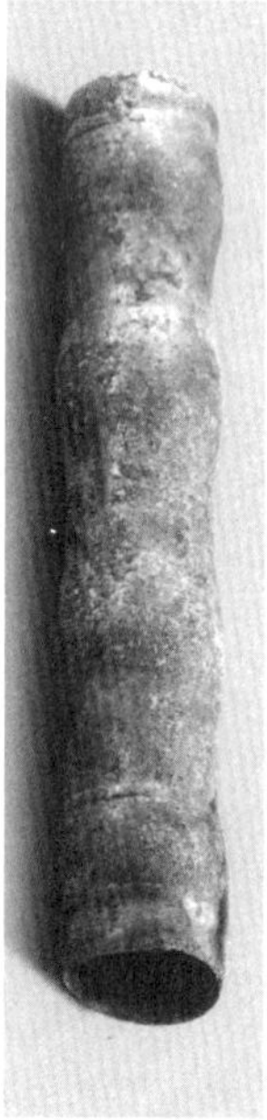

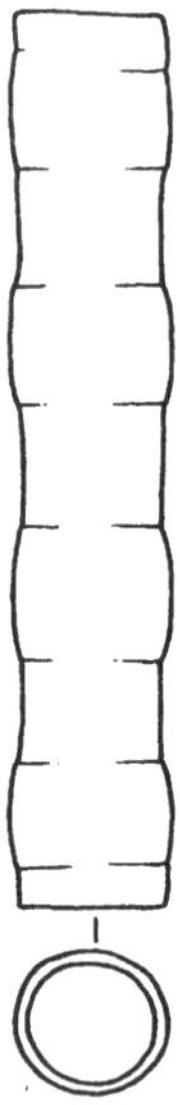

七、其他

1

【出土地点】　桃红巴拉M2 ： 3

【尺　　寸】　高2.1、直径4.2、銎径1.4厘米

【形制描述】　棍棒头。椭圆形，两头圆尖，中有圆銎，内存木柄。

【发表出处】　［4］第134页，图四 ： 5

【备　　注】　原器名为小锤；位于腰部左侧附近；墓主为幼儿。

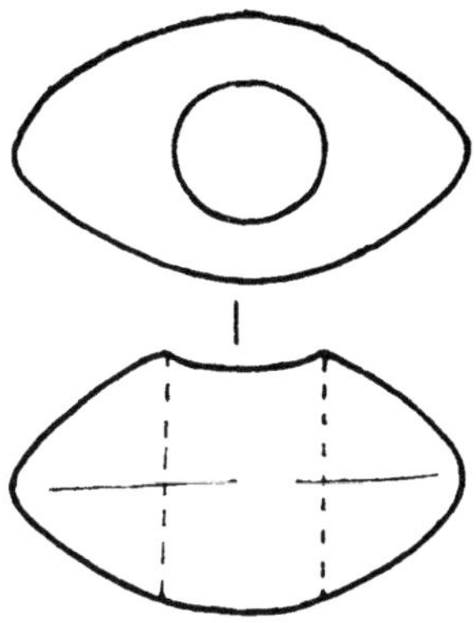

2

【出土地点】　公苏壕M1 ： 7

【尺　　寸】　高3.2、口径2.1厘米

【形制描述】　镦。圆筒状，尖圆形底。

【发表出处】　［4］第134页，图四 ： 6

【备　　注】　原器名为圆锥形器。

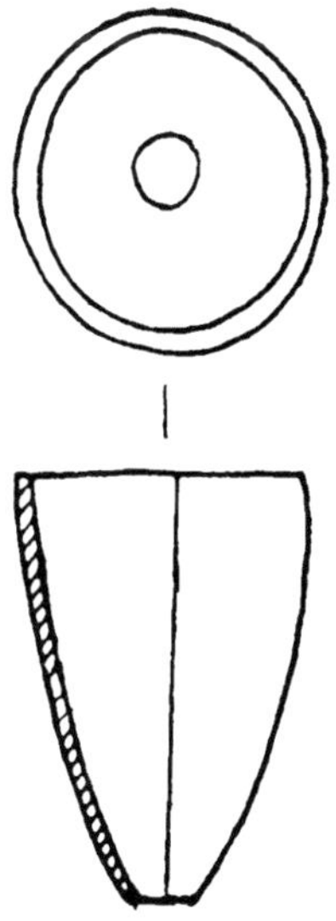

3

【出土地点】 呼鲁斯太M2 ：49

【尺　　寸】 长13.8、口径约4.6厘米

【形制描述】 镦。圆筒状，两侧有两对长方形孔，正面有圆穿。末端一侧有凸起，圜底。

【发表出处】 ［8］图版四 ：5

【备　　注】 原器名为柄形器；口径根据器物自身比例估算。

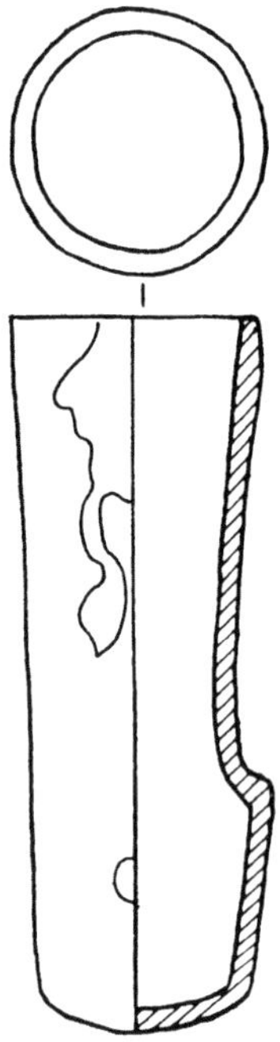

4

【出土地点】 玉隆太2271 ：2

【尺　　寸】 长10、口径3.8厘米

【形制描述】 镦。圆筒状，銎下有圆穿，尖形底。

【发表出处】 ［5］第112页，图二 ：2

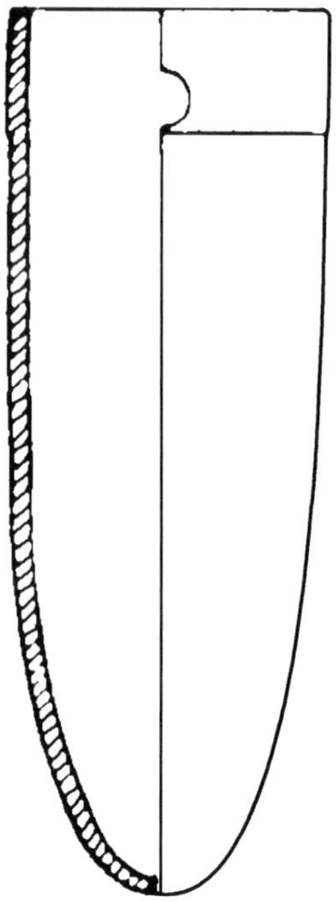

5

【出土地点】 西沟畔M2 ： 71

【尺　　寸】 长6.3、銎径4.3厘米

【形制描述】 镦。圆筒状，銎下有圆穿，尖形底，底部稍残。

【发表出处】 ［7］第9页，图三二

【备　　注】 原器名为镈形器。

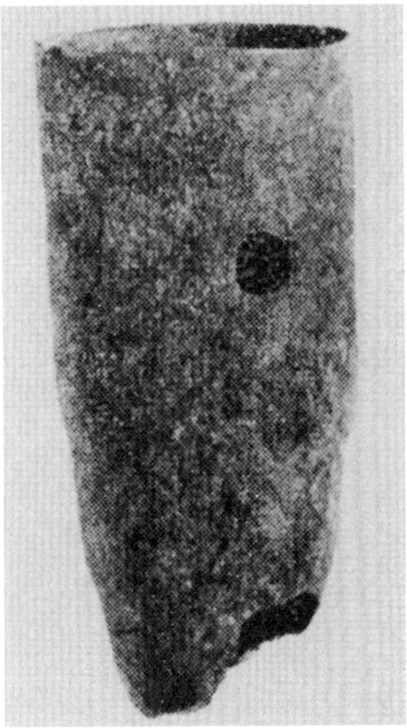

6

【出土地点】 水涧沟门

【尺　　寸】 长约13.3、筒径2 ～ 2.5厘米

【形制描述】 器柄。扁圆筒状，上有四节凸起处。

【发表出处】 ［3］第51页，图二 ： 3

【备　　注】 长度根据图中比例尺估算。

7

【出土地点】 西沟畔M2：21

【尺　　寸】 残长18.2厘米

【形制描述】 勺。椭圆形勺头，长条形柄。

【发表出处】 ［7］第5页，图八：1

【备　　注】 铁质。

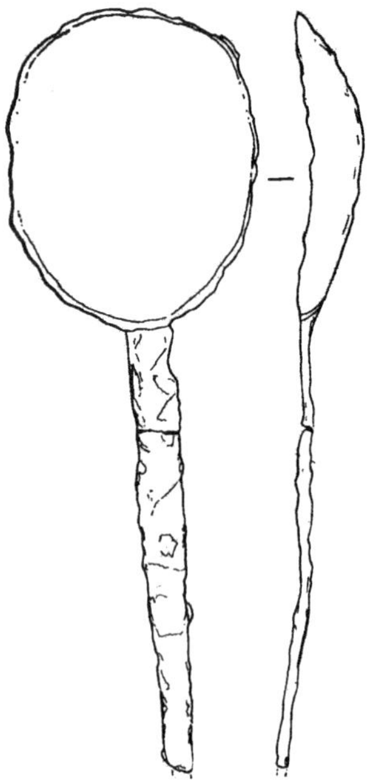

8

【出土地点】 西沟畔M1：3

【尺　　寸】 残长11.2厘米

【形制描述】 尖状器。圆锥状，已残。銎内残存木柄。

【发表出处】 ［10］第362页，图一〇：1

【备　　注】 铁质。

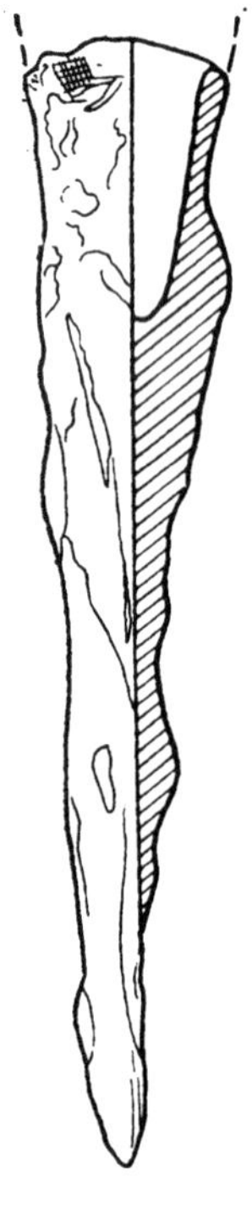

9

【出土地点】 西沟畔M1 ：2

【尺　　寸】 残长10.2厘米

【形制描述】 尖状器。圆锥状，圆形銎内纳木柄，已残。

【发表出处】 ［10］第362页，图一〇 ：2

【备　　注】 铁质。

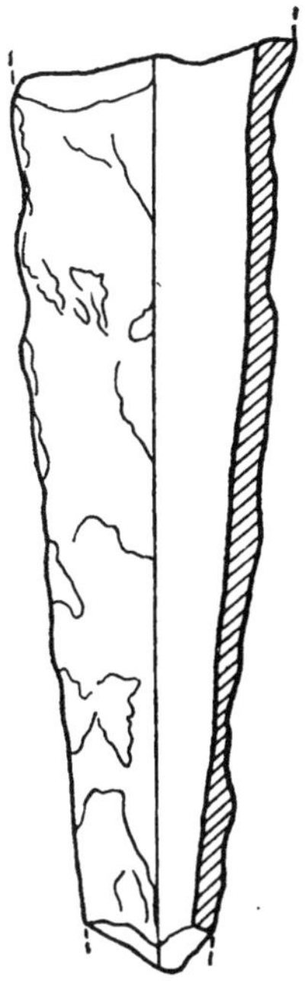

10

【出土地点】 西沟畔M2 ：66

【尺　　寸】 长2.7、下宽3.5厘米

【形制描述】 三角形器。上呈蕈状，下部呈铲状，中间有小孔。

【发表出处】 ［7］第4页，图六 ：7

【备　　注】 铅质，用途不明。

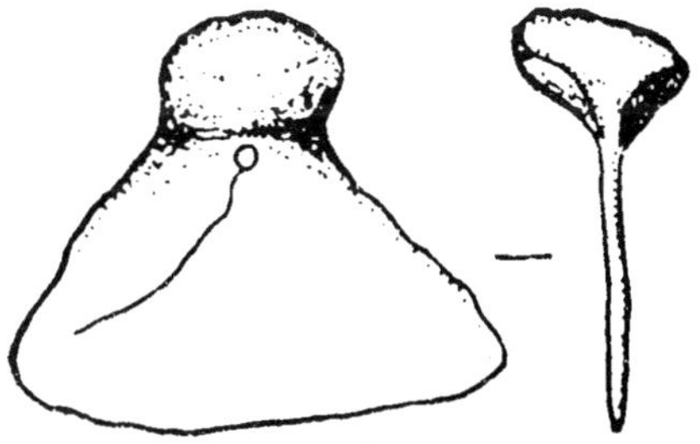

11

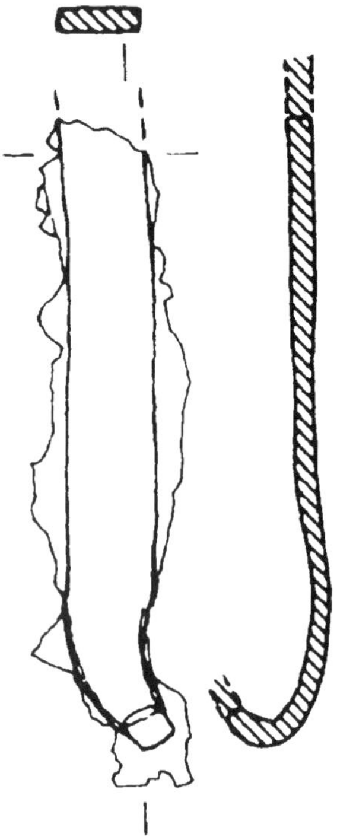

【出土地点】 饮牛沟97YM22：1①

【尺　　寸】 推定长14、銎径5.4×3.1、刃宽4.9、銎深10.6厘米

【形制描述】 钩状器。呈板状，前段渐细，有钩状弯曲。锈蚀严重。

【发表出处】 ［19］第316页，图三三：4

【备　　注】 部分尺寸为原报告推定；铁质。

12

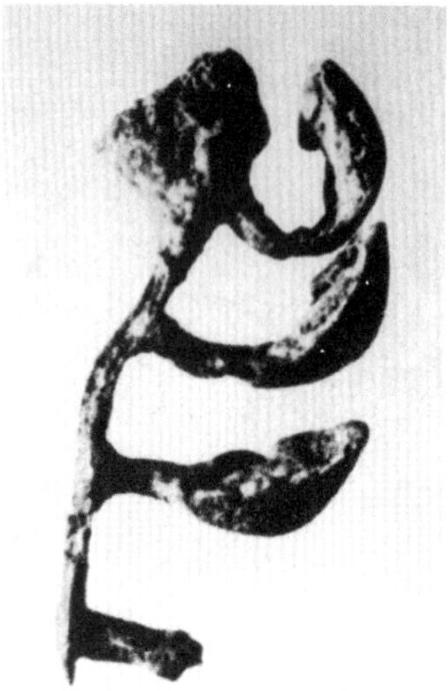

【出土地点】 毛庆沟M58：3

【尺　　寸】 残长6.1厘米

【形制描述】 挂钩。呈多枝状，尖部残。

【发表出处】 ［11］图版一一三：6

【备　　注】 位于腰部右侧。

① 从报告上看，铁钩状器饮牛沟97YM22：1与铁斧饮牛沟97YM22：1虽编号相同，但不是同一件器物。

13

【出土地点】 井沟子M12 ：3

【尺　　寸】 残长2.7厘米

【形制描述】 针。横截面近圆角方形，针尾残断。

【发表出处】 ［24］第71页，图三五 ：12

【备　　注】 位于墓底北部。

14

【出土地点】 井沟子M41 ：38

【尺　　寸】 长13.6厘米

【形制描述】 匕。柄首有一近圆形的孔，器身一侧稍厚。

【发表出处】 ［24］第178页，图一〇三 ：8

【备　　注】 位于右上肢内侧；墓主为女性。

15

【出土地点】 毛庆沟M27：2

【尺　　寸】 长17.3、宽2.4厘米

【形制描述】 矛。锋骹一体，两叶对称，刃部两侧有血槽，中起脊，骹端有钉孔。内残存木柄。

【发表出处】 ［11］第262页，图三三：2

【备　　注】 位于右肩下；墓主为55岁以上男性。

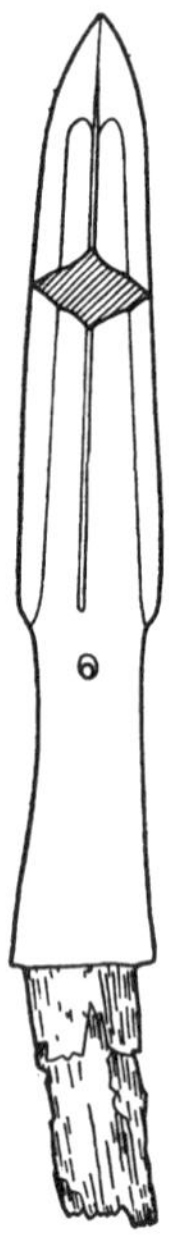

车马器类

一、车器

（一）竿头饰、车辕饰、车軎

1

【出土地点】 玉隆太2245：1

【尺　　寸】 高17.4、身长8.7、銎高5.8、銎内径2.4、壁厚0.2厘米

【形制描述】 立羊形竿头饰。角后斜，体中空，四足内收立于方形銎端。

【发表出处】 ［5］第111页；照片由内蒙古文物考古研究所提供

【备　　注】 原器名为立式羚羊；包括2245：1、2共2件。

2

【出土地点】 玉隆太2265：1

【尺　　寸】 高14.2、身长7、銎高5.2、銎内径1.8厘米

【形制描述】 立兽形竿头饰。头上有圆形銎向前斜伸，四足立于圆形銎端，銎侧有钉孔。

【发表出处】 ［5］第111页；照片由内蒙古文物考古研究所提供

【备　　注】 原器名为立式兽；包括2265：1、2共2件。

3

【出土地点】 速机沟

【尺　　寸】 高16.5、身长8、銎长11.5、銎内径2.2×3.3厘米

【形制描述】 立马形竿头饰。腹中空，四足蜷曲立于方形銎端，銎侧有三个方孔，左右两侧各有两个对称的小圆孔。

【发表出处】 ［2］第44页；照片由内蒙古文物考古研究所提供

【备　　注】 原器名为屈足马形饰件；共2件。

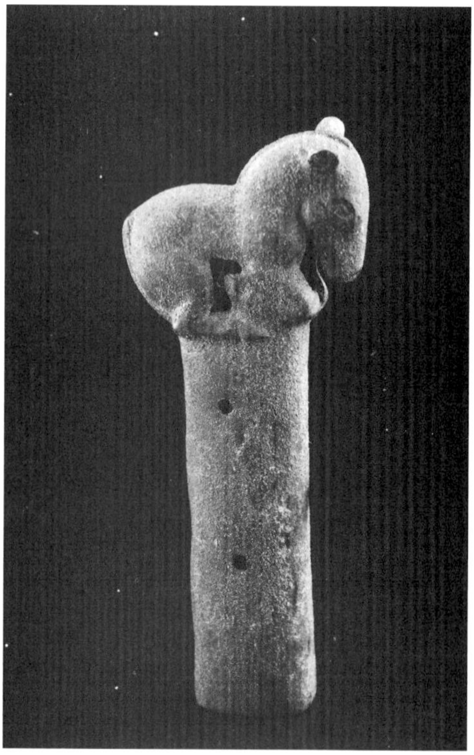

4

【出土地点】 玉隆太2266

【尺　　寸】 高6.5、身长6.7、銎高约2.2厘米

【形制描述】 立马形竿头饰。四足稍内收立于方形銎端，銎侧有圆形钉孔。

【发表出处】 ［5］第111页；［30］第145页：中

【备　　注】 原器名为立式马；銎高根据器物比例估算。

4-1

【出土地点】 玉隆太2253

【尺　　寸】 高6.6、身长6.9、銎高2.2、銎内径1.4×2.7厘米

【形制描述】 立马形竿头饰。四足稍内收立于方形銎端，銎侧有圆形钉孔。

【发表出处】 ［5］图版三：5

【备　　注】 原器名为立式马。

5

【出土地点】 西沟畔M2：9～12

【尺　　寸】 高7.2、身长7.31厘米

【形制描述】 立鹿形竿头饰。头上扁平环状角与短尾相连接，四足内收立于方銎上，銎侧有钉孔。

【发表出处】 ［7］第4页，图六：8；图版一：1

【备　　注】 原器名为鹿形饰；共4件。

6

【出土地点】 速机沟

【尺　　寸】 喙长14.1、颈长3、銎内径2.5厘米

【形制描述】 长喙鹤头形竿头饰。头顶有一不规整长孔，圆形銎，銎侧有一圆孔。

【发表出处】 ［2］第46页，图六：2；［29］第167页：上

【备　　注】 原器名为长喙鹤头形饰件。

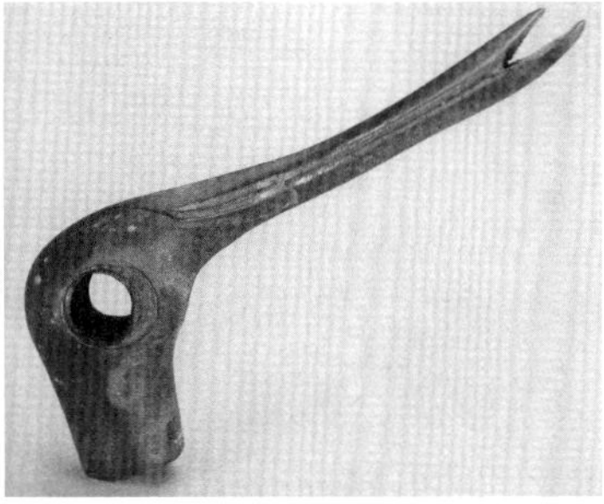

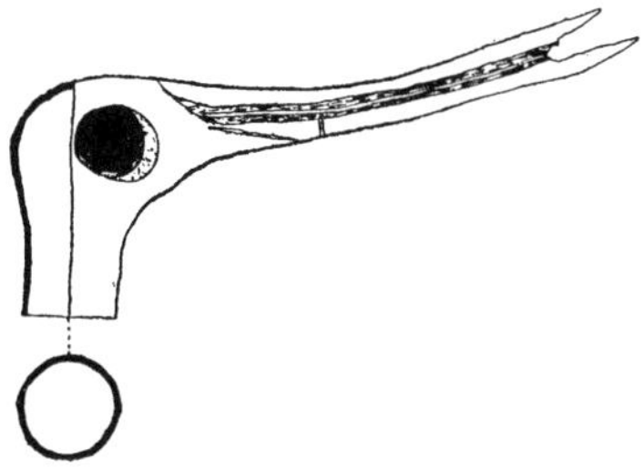

7

【出土地点】 速机沟

【尺　　寸】 长30.5、銎径2.9×3.3、方孔径0.8×1.2厘米

【形制描述】 长喙鹤头形竿头饰。头顶有一方孔，椭圆形銎，銎口微残。

【发表出处】 ［2］第44页；［27］图二四

【备　　注】 原器名为鹤头形饰件。

8

【出土地点】 速机沟

【尺　　寸】 嘴长1.7、颈长0.9、銎内径1.8×1.5厘米

【形制描述】 狼首形竿头饰。双耳皆残，扁圆形銎，銎两侧有对称的圆孔。

【发表出处】 ［2］第46页，图七：1

【备　　注】 原器名为狼头形饰件。

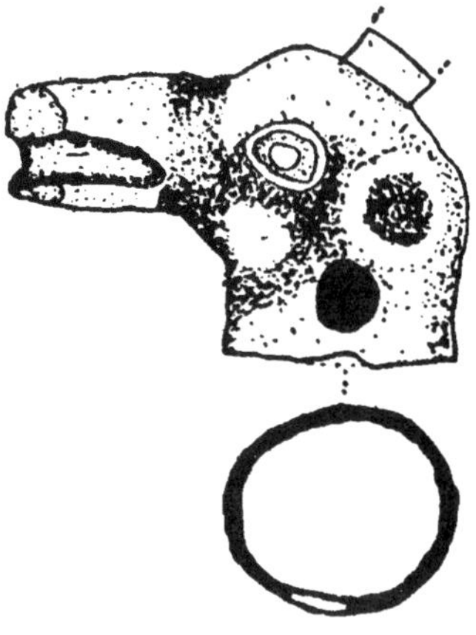

9

【出土地点】 石灰沟

【尺　　寸】 长2.5、宽1.2、球径4.85、銎长5、銎径1.55×2.3厘米

【形制描述】 泡状竿头饰。方形銎，銎两侧有穿，銎下侧有长方形孔。

【发表出处】 ［17］第93页，图二：5；［30］第158页

【备　　注】 报告推测是车辕饰。

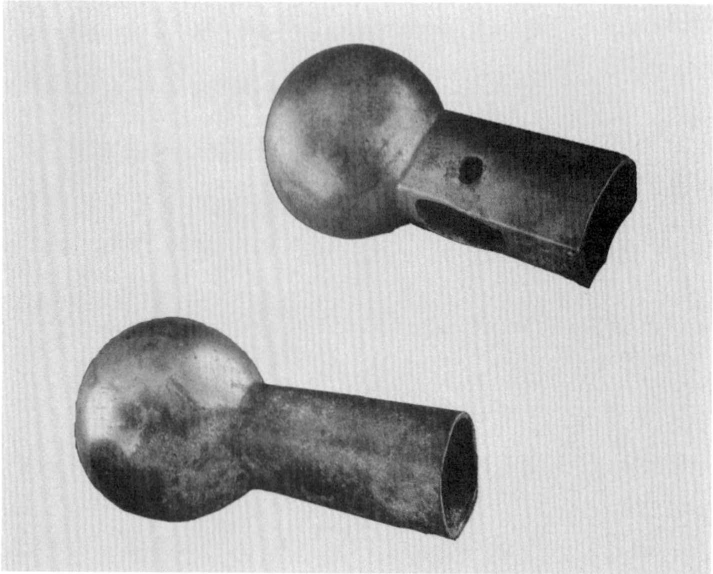

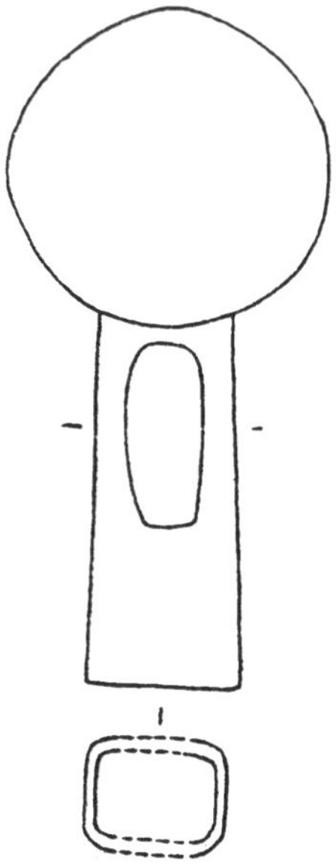

10

【出土地点】 玉隆太2244

【尺　　寸】 长19.5、高11、銎内径5.8厘米

【形制描述】 盘角羊形车辕饰。圆形銎，銎侧有两个方形钉孔，銎下侧有磨过的痕迹。

【发表出处】 ［10］第111页；照片由内蒙古文物考古研究所提供

【备　　注】 原器名为盘角羊饰。

11

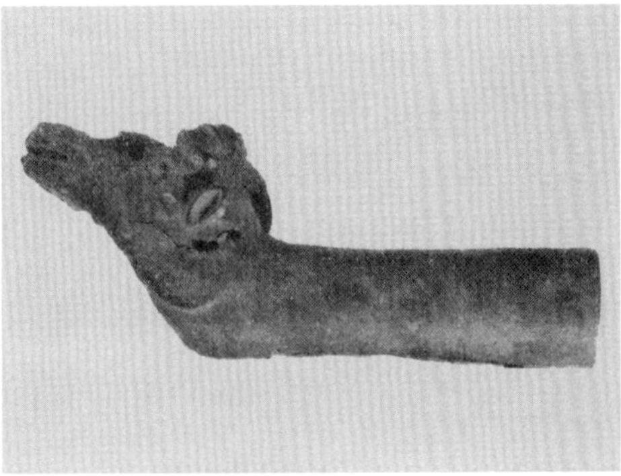

【出土地点】 速机沟

【尺　　寸】 长24.8、颈长14、銎内径4.9×5.1厘米

【形制描述】 盘角羊形车辕饰。圆形銎，銎侧有方孔，孔边有磨光痕迹。

【发表出处】 ［2］第46页，图四

【备　　注】 原器名为羊头形饰件。

12

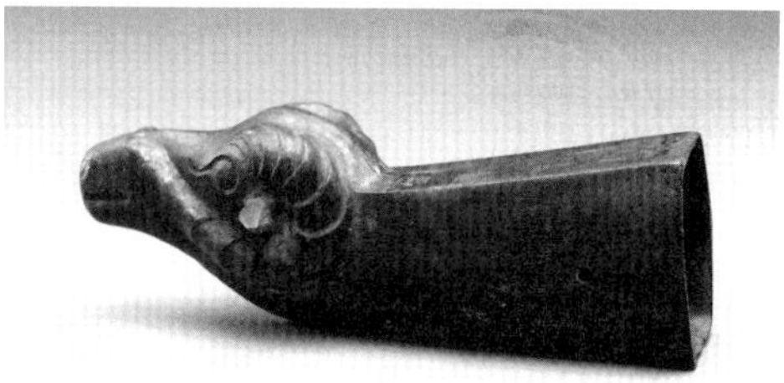

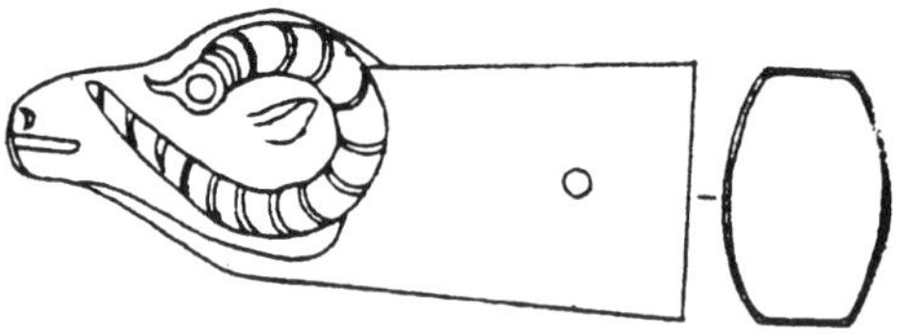

【出土地点】 石灰沟

【尺　　寸】 长18.3、头长9、銎径0.5厘米

【形制描述】 盘角羊形车辕饰。方形銎，两面圆鼓，近銎口有一小钉孔。

【发表出处】 [17] 第94页，图四：6；照片由内蒙古文物考古研究所提供

【备　　注】 原器名为盘角羊形饰件。

13

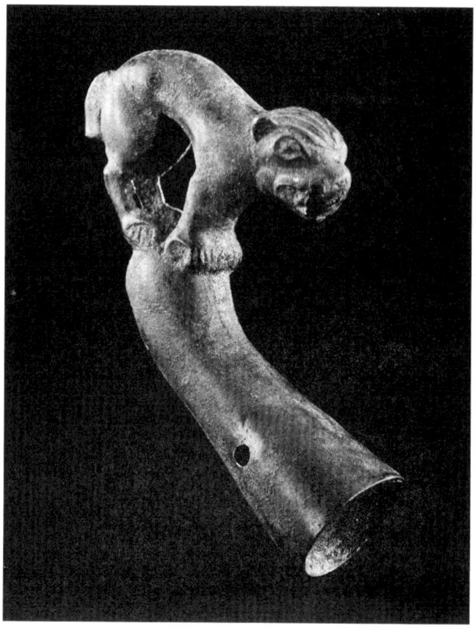

【出土地点】 速机沟

【尺　　寸】 长约13、高5、銎长10、銎内径3.5厘米

【形制描述】 立兽形车辕饰。圆形銎上粗下细，两侧有两个对称的圆孔。

【发表出处】 [2] 第44页；照片由内蒙古文物考古研究所提供

【备　　注】 原器名为狻猊形饰件。

14

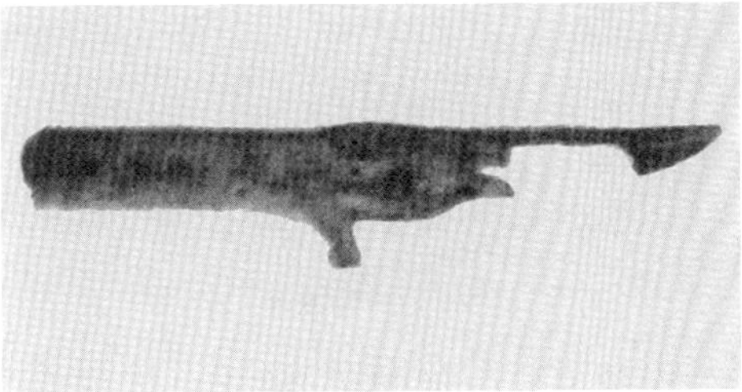

【出土地点】 石灰沟

【尺　　寸】 喙长12.6、颈长9.6、銎径2.5、孔径0.5厘米

【形制描述】 长喙鹤头形车辕饰。喙残，头顶有一长孔凸起，圆形銎，銎侧有钉孔。

【发表出处】 ［17］第93页，图三：右

【备　　注】 原器名为长喙鹤头形饰；共2件。

15

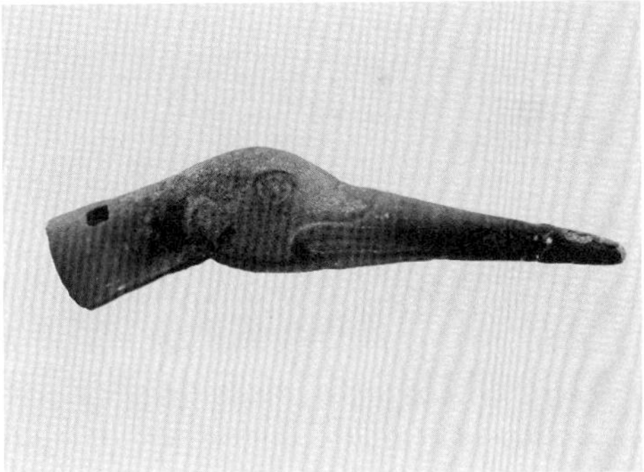

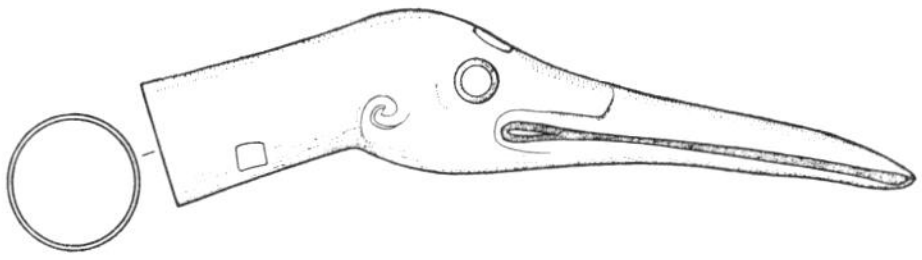

【出土地点】 西沟畔M2 ： 72

【尺　　寸】 长18、銎径3.2厘米

【形制描述】 长喙鹤头形车辕饰。圆形銎，銎侧有方形钉孔。

【发表出处】 ［7］第4页，图六：1；［28］第345页

【备　　注】 原器名为鹤头形饰。

16

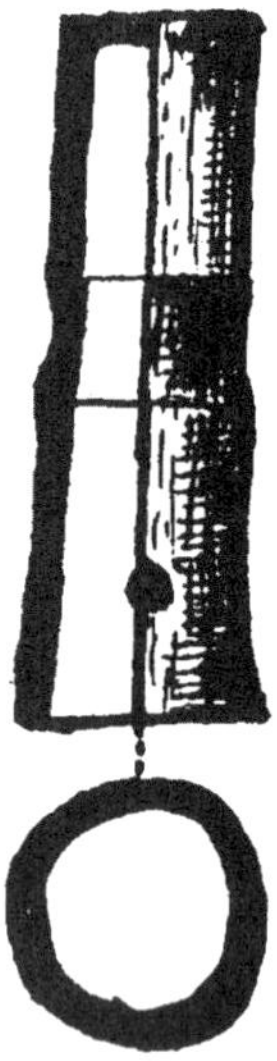

【出土地点】 速机沟

【尺　　寸】 长3.8、上部直径1.2、銎内径1.1厘米

【形制描述】 筒形车辕饰。顶端齐平，上粗下细，束腰，圆形銎。

【发表出处】 ［2］第46页，图七：2

【备　　注】 原器名为帽形饰件。

17

【出土地点】 呼鲁斯太M2：17

【尺　　寸】 长12、上部直径3.9、銎径5厘米

【形制描述】 筒形车辕饰。上粗下细，圆形銎，銎两侧有钉孔。

【发表出处】 ［8］图版四：4

18

【出土地点】 玉隆太2249：1

【尺　　寸】 长8.6、銎径8.3、銎内径5厘米

【形制描述】 近圆柱状车軎。外口小内口大，内口沿向外宽卷，上有四对长方形孔，辖孔外凸呈长方形。近外口处饰一道凸棱。

【发表出处】 ［5］第112页，图二：10

【备　　注】 原器名为有軎无辖的轴头；包括2249：1、2共2件。

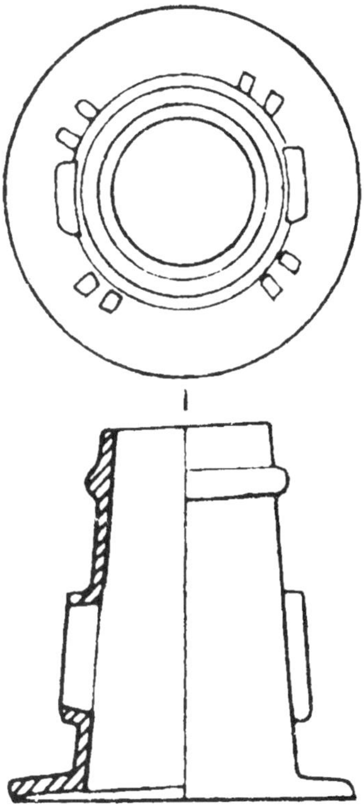

（二）立体动物饰

1

【出土地点】 玉隆太2247

【尺　　寸】 高11.4、长12.3厘米

【形制描述】 卧鹿。头上有枝状角，细腹中空。

【发表出处】 ［5］ 第113页；［30］ 第154页：上

2

【出土地点】 速机沟

【尺　　寸】 高12.4、长10.3厘米

【形制描述】 卧鹿。头上有枝状角，细腹中空，背有凸棱一道。

【发表出处】 ［2］图版六：1

3

【出土地点】 玉隆太2248：2

【尺　　寸】 高9、长12.5厘米

【形制描述】 卧鹿。细腹中空。

【发表出处】 ［5］第113页；照片由内蒙古文物考古研究所提供

【备　　注】 报告认为可能属于明器；包括2248：1～3共3件。

4

【出土地点】 速机沟

【尺　　寸】 高7.7、长10.1厘米

【形制描述】 卧鹿。细腹中空，背有凸棱一道。

【发表出处】 ［2］图版六：4

5

【出土地点】 瓦尔吐沟

【形制描述】 卧鹿。细腹中空。

【发表出处】 ［10］图版一一一：1

【备　　注】 尺寸未发表。

6

【出土地点】 瓦尔吐沟

【形制描述】 卧鹿。臀部及后肢上翘，细腹中空。

【发表出处】 ［10］图版一一一：2

【备　　注】 尺寸未发表。

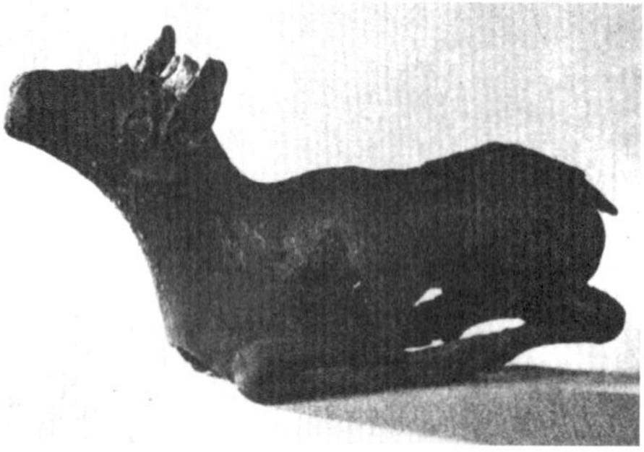

7

【出土地点】 石灰沟

【尺　　寸】 高4.3、长7.9厘米

【形制描述】 卧鹿。短尾，两耳中间可见有两个角根，腹中空。

【发表出处】 ［17］第93页，图二：1；［30］第147页

8

【出土地点】 水涧沟门

【尺　　寸】 高11厘米

【形制描述】 立鹿。头身分铸后焊接。

【发表出处】 [3] 第51页，图一

【备　　注】 共2件。

9

【出土地点】 速机沟

【尺　　寸】 高16.7、长9.5厘米

【形制描述】 立鹿。头上有枝状角，腹中空。

【发表出处】 [2] 图版六：2

10

【出土地点】 速机沟

【尺　　寸】 高12.5、长9.3厘米

【形制描述】 立鹿。腹中空。

【发表出处】 ［2］第372页，图版一二：1左

11

【出土地点】 瓦尔吐沟

【形制描述】 卧羊。头上有弯角。

【发表出处】 ［10］图版一一〇：3

【备　　注】 尺寸未发表。

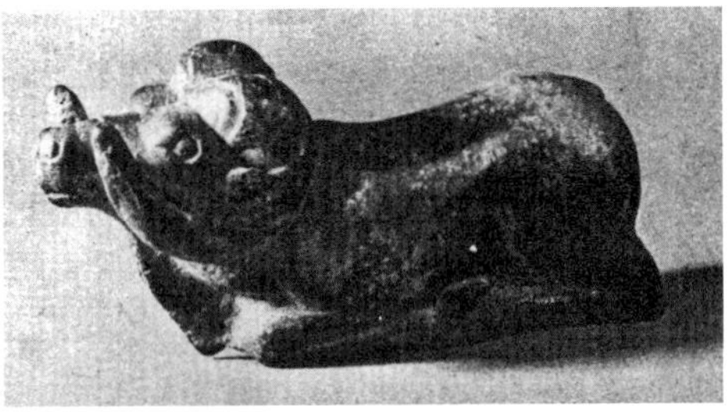

12

【出土地点】 瓦尔吐沟

【形制描述】 立羊。头上有弯角。

【发表出处】 照片由内蒙古文物考古研究所提供，曾发表于［10］图版一一〇：2

【备　　注】 尺寸未发表。

二、马具

1

【出土地点】　明安木独

【尺　　寸】　长20.8厘米

【形制描述】　连环形双环首马衔。与镳相连的外环为双环，外侧环小，为梯形。

【发表出处】　［16］第79页，图一：5

2

【出土地点】　桃红巴拉M1：17

【尺　　寸】　长20厘米

【形制描述】　连环形单环首马衔。与镳相连的外环为单环。

【发表出处】　［4］图版三：17

【备　　注】　衔于马嘴，出土时环内插有木镳。

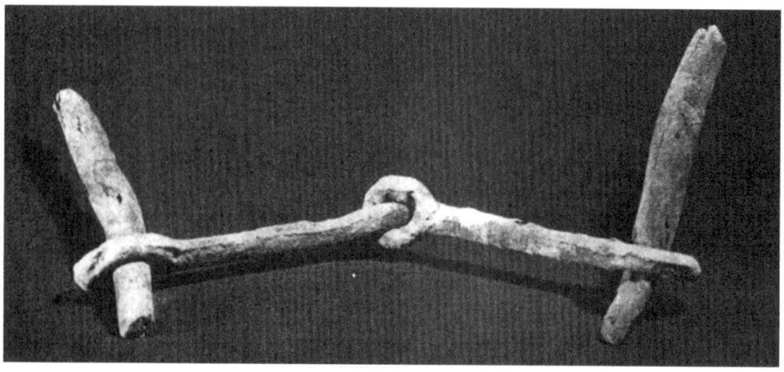

3

【出土地点】　毛庆沟M59：3

【尺　　寸】　长20厘米

【形制描述】　连环形单环首马衔。与镳相连的外环为单环。

【发表出处】　［11］第287页，图四九：2；图版九九：1

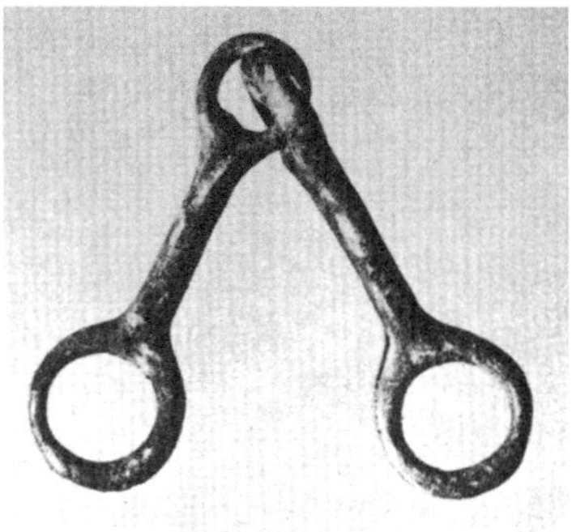

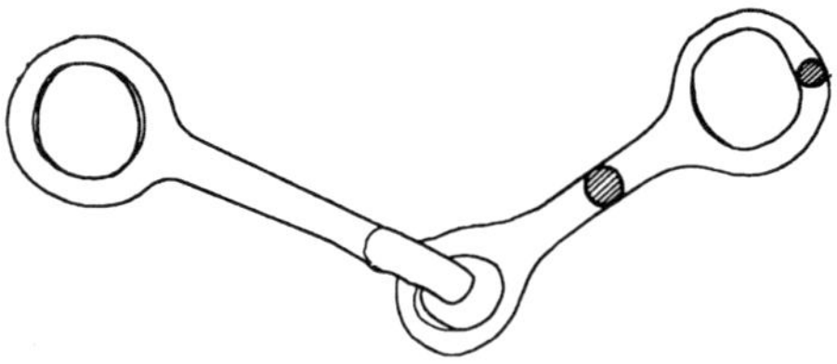

4

【出土地点】　石灰沟

【尺　　寸】　长12.6～12.9厘米

【形制描述】　连环形单环首马衔。与镳相连的外环为单环。

【发表出处】　［17］第93页，图二：4

【备　　注】　共2件。

5

【出土地点】 西沟畔M2 ：23

【尺　　寸】 长约12厘米

【形制描述】 连环形单环首马衔。与镳相连的外环为单环。

【发表出处】 ［7］第5页，图八 ：3

【备　　注】 尺寸为估算；铁质。

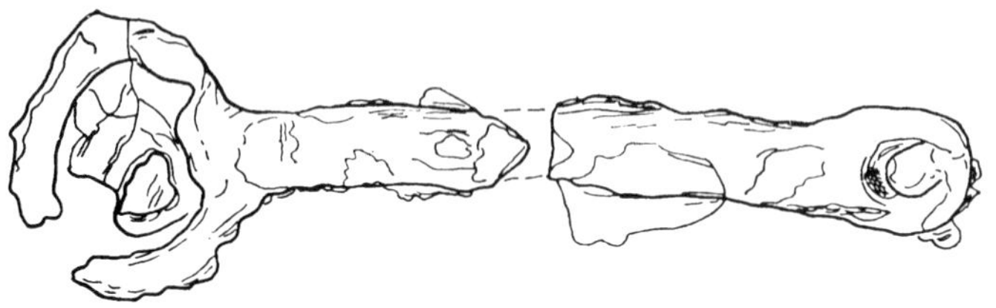

6

【出土地点】 西沟畔M2 ：25

【尺　　寸】 残长11.2厘米

【形制描述】 马镳。已残，两端宽处呈铲状，中间有两个孔。

【发表出处】 ［7］第5页，图八 ：2

【备　　注】 共2件；铁质。

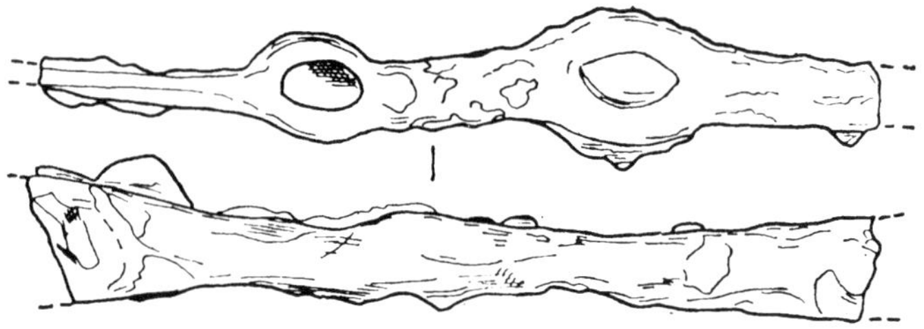

7

【出土地点】 毛庆沟M59：4②

【尺　　寸】 长1.9厘米

【形制描述】 方形节约，无钮。扁体，中间有十字形孔。

【发表出处】 ［11］第287页，图四九：1；图版一〇一：1～4

【备　　注】 包括M59：4①～④共4件。

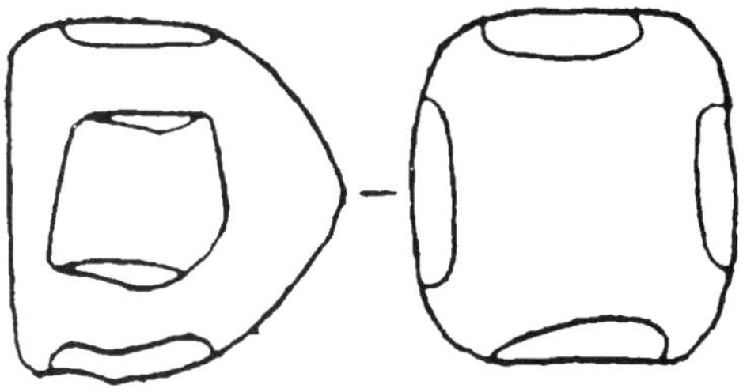

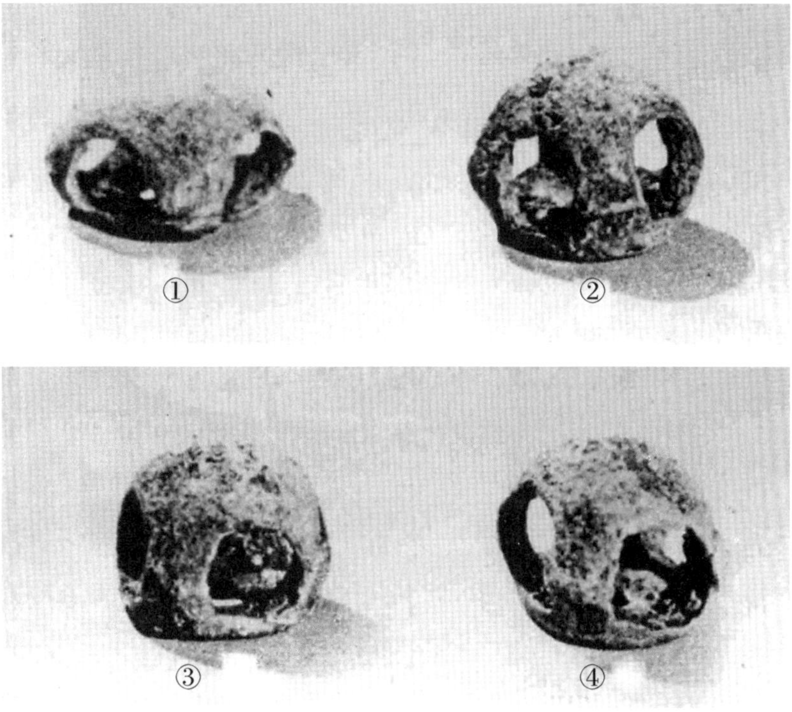

8

【出土地点】 新店子M37：9

【尺　　寸】 长2.4厘米

【形制描述】 “十”字形节约，无钮。四边各凸出一长方形端口，正面有圆形割槽，背面有近三角形割槽。

【发表出处】 ［20］第7页，图六：3；图版四：4

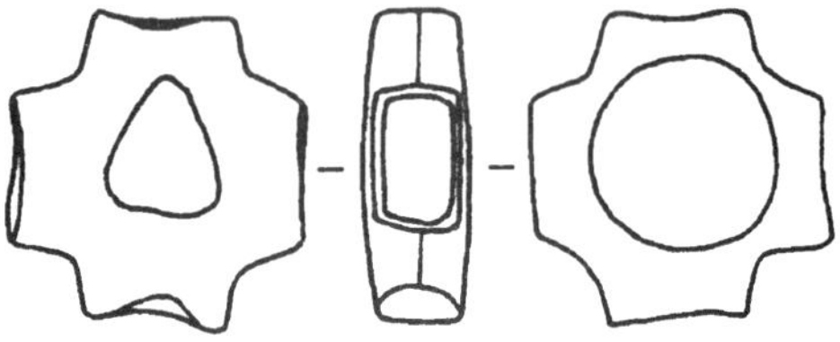

9

【出土地点】 忻州窑子M59：16

【尺　　寸】 长2厘米

【形制描述】 “十”字形节约，无钮。四边各凸出一长方形端口，正面饰一圈竖向长方格纹，背面有方形割槽。

【发表出处】 ［22］第150页，图九二：13；彩版三〇：10

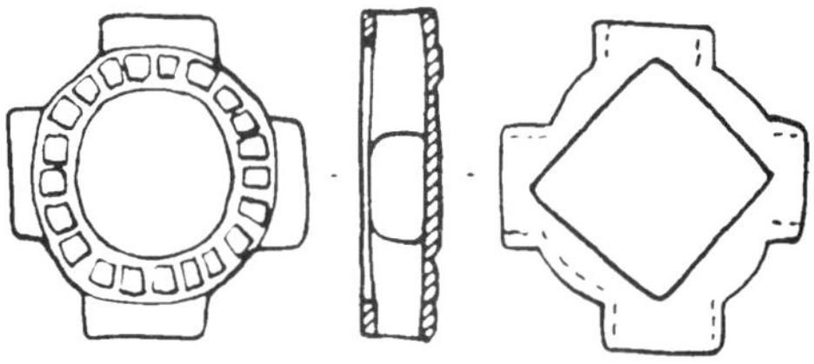

10

【出土地点】 西沟畔M2：13～19

【尺　　寸】 长5.5～6厘米

【形制描述】 虎头形节约。正面铸成凸出的虎头，背有镂空方钮，出土时钮内有十字交叉形皮条残迹，背面均刻有铭文。

【发表出处】［7］第3页，图四：8；第2页，图二：1～7；［29］第178页

【备　　注】 共7件；银质。

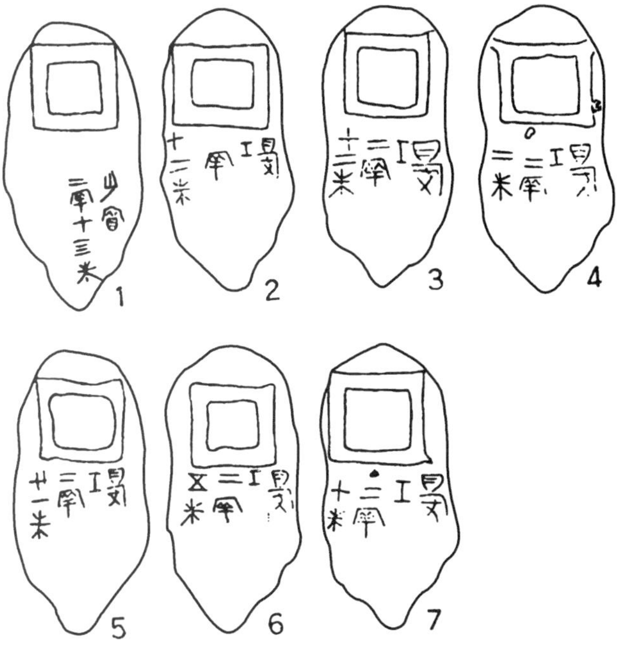

11

【出土地点】 公苏壕M1 ：8

【尺　　寸】 长12.5厘米

【形制描述】 柳叶形马面饰。正面中间有脊棱，背面有拱形钮。

【发表出处】 ［10］第215页，图八 ：3；照片由内蒙古文物考古研究所提供

12

【出土地点】 呼鲁斯太M3 ：18

【尺　　寸】 长6.3厘米

【形制描述】 柳叶形马面饰。正面凸，背面凹，背面上方有拱形钮。

【发表出处】 ［10］第224页，插图 ：7；［28］第332、333页

【备　　注】 包括M3 ：18 ～ 23共6件。

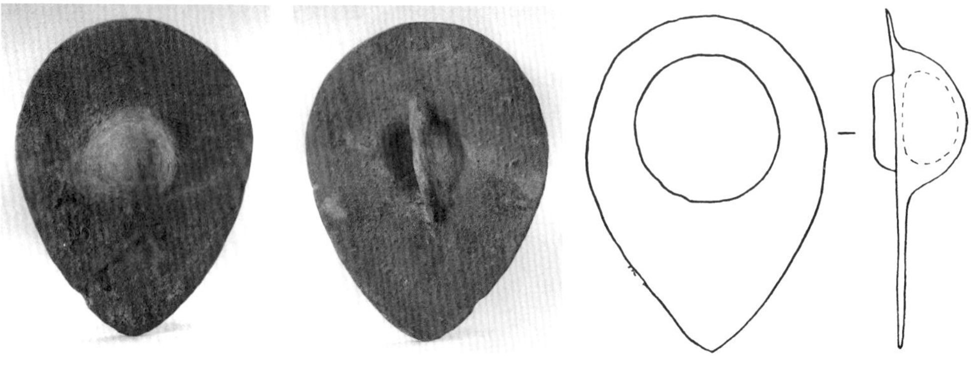

12-1

【出土地点】　呼鲁斯太M2：24～32

【尺　　寸】　长5.9厘米

【形制描述】　柳叶形马面饰。正面凸，背面凹，背面上方有拱形钮。

【发表出处】　[8] 图版四：9

【备　　注】　共9件。

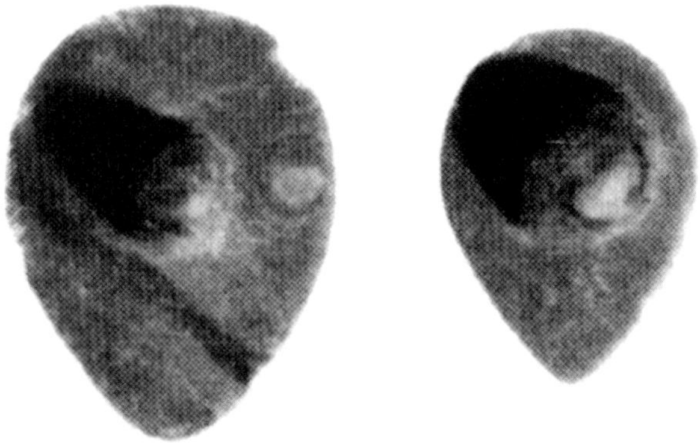

13①

【出土地点】　桃红巴拉M1：12

【尺　　寸】　直径7.5厘米

【形制描述】　圆形马面饰。正面平，背面有两个桥形钮，出土时钮内均插细木条。

【发表出处】　[10] 第215页，图八：2

【备　　注】　位于马头两侧。

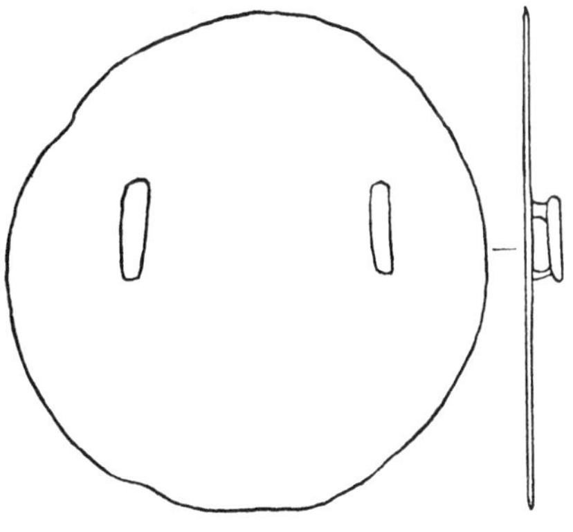

① 与该器形制相近的还有：

13-1：桃红巴拉M1：17；圆形马面饰，正面平，背面有两个桥形钮，出土时钮内均插细木条；[4] 图版三：15；尺寸未发表，位于马头两侧。

14

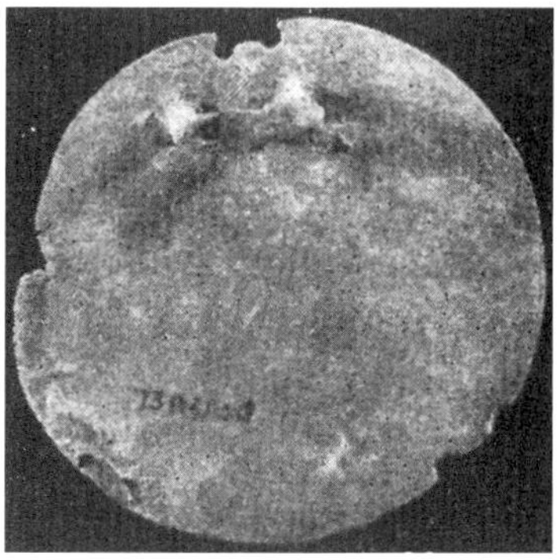

【出土地点】 桃红巴拉M1：20

【形制描述】 圆形马面饰。正面平，背面有桥形钮，出土时钮内均插细木条。

【发表出处】 ［4］图版三：16

【备　　注】 尺寸未发表；位于马头两侧。

15

【出土地点】 呼鲁斯太M2：33～45

【尺　　寸】 直径8～12.8厘米

【形制描述】 圆形马面饰。正面稍凸，背面稍凹，背后有钮。

【发表出处】 ［8］图版四：10

【备　　注】 共13件，其中8件钮在背后正中，5件在背后上方。

16

【出土地点】 速机沟

【尺　　寸】 直径16.8、厚0.15厘米

【形制描述】 圆形马面饰。正面内凹，边缘重沿，背面凸起，近缘处有一桥形钮。

【发表出处】 [2]第46页，图六：1

【备　　注】 原器名为单系圆牌；共2件，另一件残。

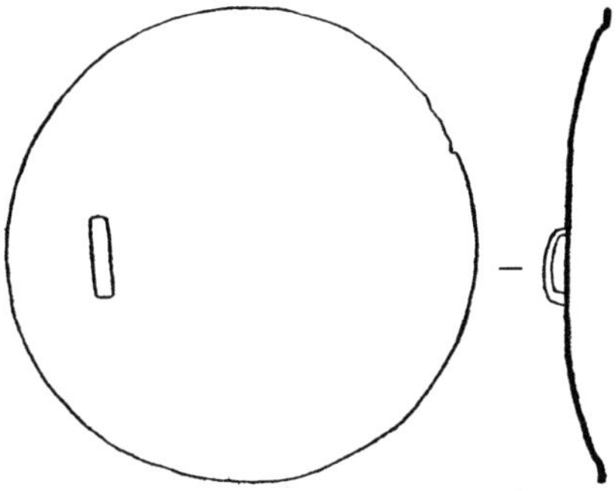

17

【出土地点】 玉隆太2254：1

【尺　　寸】 直径15.3、厚0.2厘米

【形制描述】 圆形马面饰。正面内凹，背面凸起，近缘处有一桥形钮。

【发表出处】 [5]第112页，图二：9；图版四：6

【备　　注】 原器名为圆牌饰；包括2254：1、2共2件。

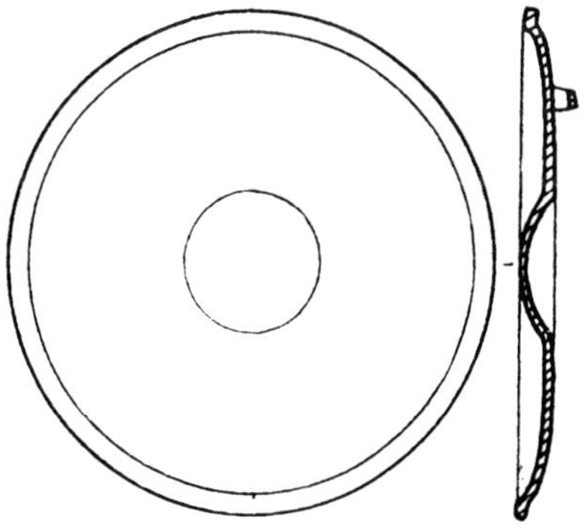

18

【出土地点】 桃红巴拉M1：14

【尺　　寸】 长15、圆牌直径8厘米

【形制描述】 圆形马面饰。一面稍凸，背面稍凹，正中有桥形钮。牌下端有一环，环内套连三角形铜片。出土时钮内插有细木条。

【发表出处】 ［4］第138页，图七：3；照片由内蒙古文物考古研究所提供

【备　　注】 位于马头两侧。

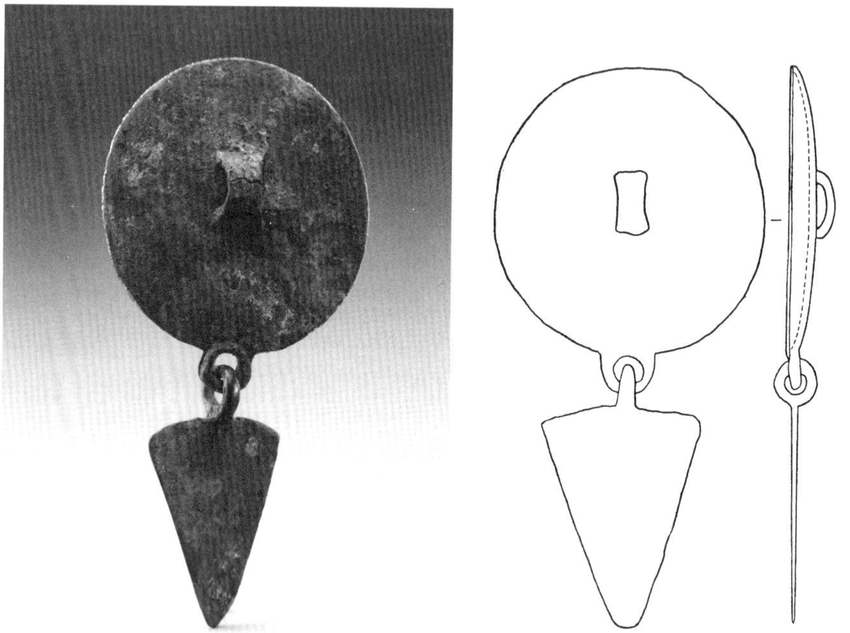

19

【出土地点】 呼鲁斯太M2：46、47

【尺　　寸】 高15～15.4厘米

【形制描述】 平口铃，弧桥形钮。

【发表出处】 ［8］图版四：8

【备　　注】 共2件。

20

【出土地点】 速机沟

【尺　　寸】 高10厘米

【形制描述】 平口铃，弧桥形钮，钮下方有长方形孔。铃身一面中段近侧棱处有两个对称的长方形孔，另一面近顶端有一倒立的三角形孔。

【发表出处】 ［2］第45页，图五：左1、2

【备　　注】 共2件。

21

【出土地点】 速机沟

【尺　　寸】 高7.8厘米

【形制描述】 平口铃，弧桥形钮，钮下方有长方形孔。铃身一面中段近侧棱处有两个对称的长方形孔，另一面近顶端有一倒立的三角形孔。

【发表出处】 ［2］第45页，图五：右1、2

【备　　注】 共2件。

22

【出土地点】 明安木独

【尺　　寸】 高7厘米

【形制描述】 弧形凹口铃，弧桥形钮。铃身中部有横梁，铣部饰两个∧纹。

【发表出处】 ［16］第79页，图一：3；第80页，图五

【备　　注】 另有1件形制相似，高7.9厘米，无图。

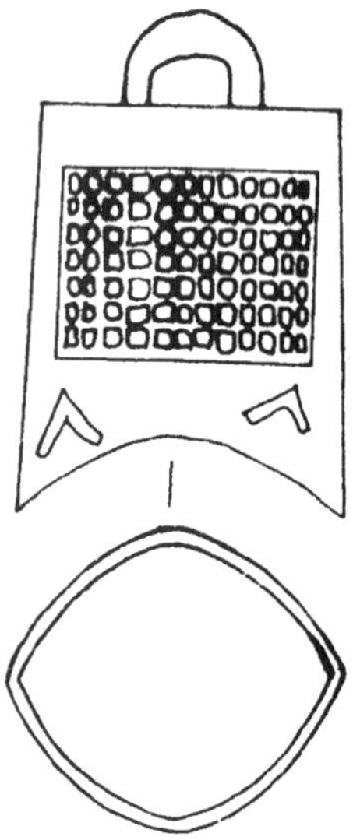

23

【出土地点】 宝亥社

【尺　　寸】 长15.7厘米

【形制描述】 平面略呈梯形，纵向中心有等距离三穿。

【发表出处】 ［12］第82页，图四

【备　　注】 原器名为片形饰。

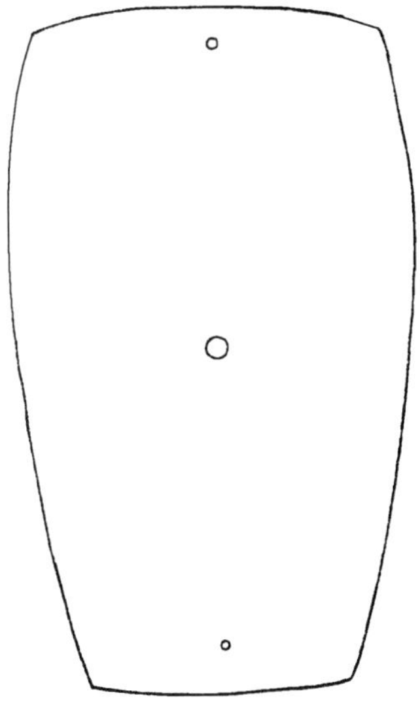

24

【出土地点】 玉隆太2250：2

【尺　　寸】 长5.3、喇叭口径6.1厘米

【形制描述】 喇叭形，空心管上有方孔两个，喇叭口上有圆孔两个。

【发表出处】 ［5］第113页，图三：10；图版二：7

【备　　注】 原器名为喇叭形饰；包括2250：1～4共4件。

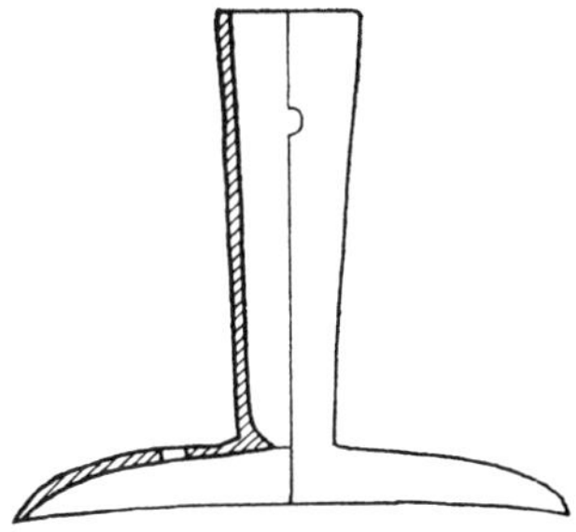

服饰品类

一、头饰、项饰、指套、链条

1

【出土地点】 阿鲁柴登

【尺　　寸】 全高7.3厘米

【形制描述】 冠顶饰。厚金片捶打成的半球面体，表面从中间四等分为夹角九十度的扇面形，其上有浮雕的狼咬羊图案；其上为中空雄鹰一只，鹰的头、颈由绿松石制成，头颈之间有带花边的金片。

【发表出处】［6］第334页，图一：1；图版一〇：1、2；冠饰照片出自［27］图二六

【备　　注】 材质为金、绿松石，重192克；与三条冠带饰组合成一套金冠饰。

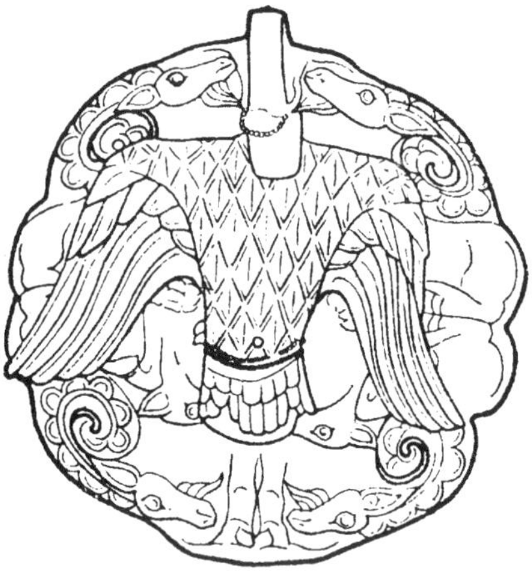

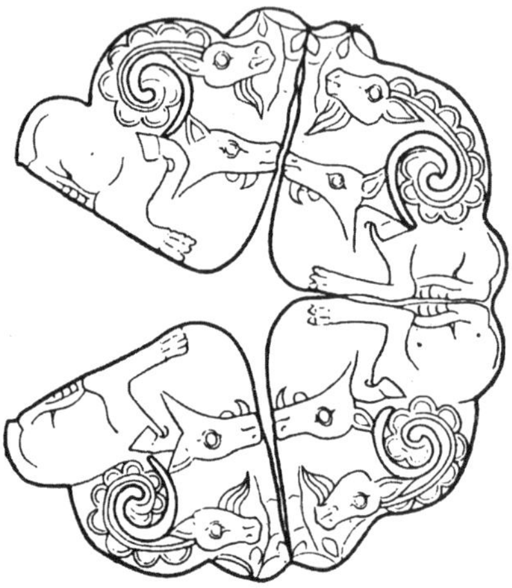

2

【出土地点】 阿鲁柴登

【尺　　寸】 每条长30、周长60厘米

【形制描述】 冠带饰。由三条半圆形金条组成。前部有上下两条，中间及其末端之间均有榫卯插合，冠带后一条已残，两端有榫卯与冠带前部相联结组成圆形；每条左右靠近耳部的两端分别做成浮雕虎、盘角羊、马的形状，其余主体部分饰绳索纹。

【发表出处】 ［6］第334页，图一：2；图版一〇：3

【备　　注】 金质，共重1 202克；铸造，与冠顶饰组合成一套金冠饰。

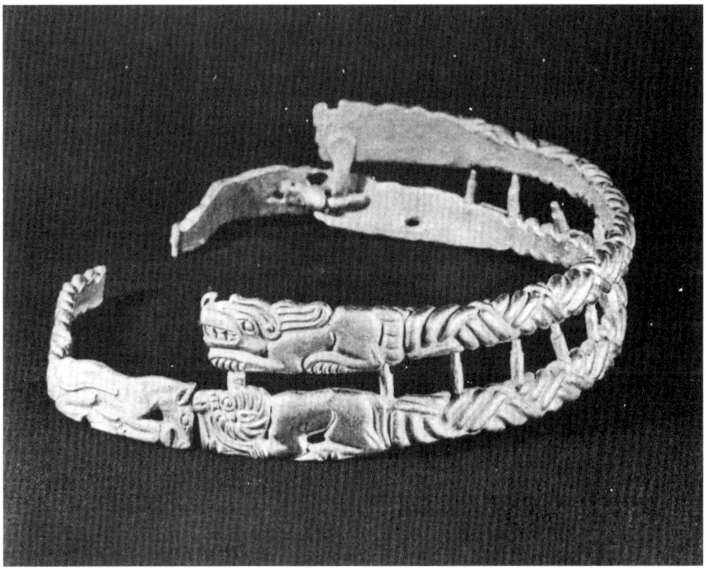

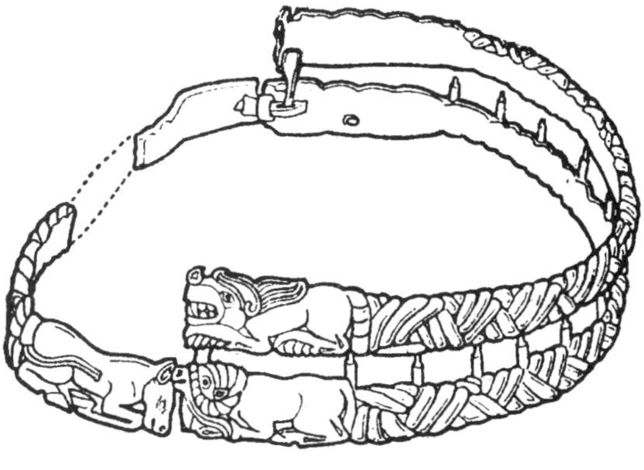

3

【出土地点】 西园M3：2

【尺　　寸】 长14厘米

【形制描述】 笄。球形首，呈长条锥形，横截面扁圆。

【发表出处】 ［15］第19页，图六：3

【备　　注】 位于头骨右侧；墓主为女性。

4

【出土地点】 小双古城M12：2

【尺　　寸】 长11.3厘米

【形制描述】 笄。菌首，上部横截面为圆形，下部横截面近正方形，锋尖锐利。

【发表出处】 ［21］第209页，图一三二：4；彩版三六：5

【备　　注】 原器名为锥；位于胸椎之上；墓主为25岁左右东亚女性。

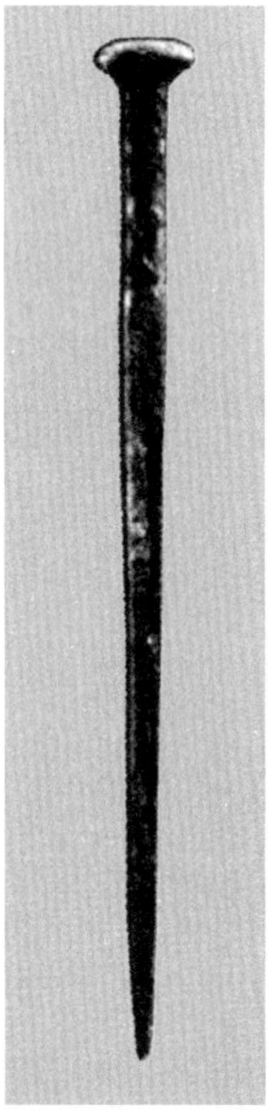

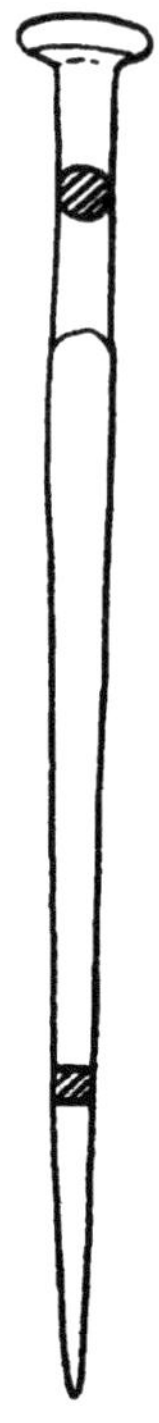

5

【出土地点】 新店子M37：1

【尺　　寸】 长约13厘米

【形制描述】 笄。菌首，横截面呈圆形，锋较锐利。

【发表出处】 ［20］第10页，图九：7；第8页，图七：5

【备　　注】 原器名为锥；位于腰部右侧。

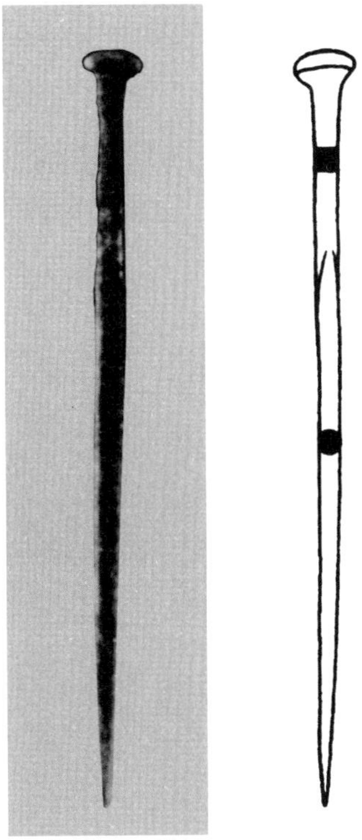

6

【出土地点】 井沟子M14：6

【尺　　寸】 长4.7厘米

【形制描述】 笄。扁球首，横截面呈方形。

【发表出处】 ［24］第80页，图四〇：4

【备　　注】 原器名为锥；位于北部填土中。

7

【出土地点】 井沟子M55 ： 17

【尺　　寸】 残长7厘米

【形制描述】 笄。环首，两面有横向凹槽，尖部残。

【发表出处】 ［24］第235页，图一四〇 ： 7

【备　　注】 原器名为锥；位于墓底西壁中下。

8

【出土地点】 西园M5 ： 3

【尺　　寸】 长约5厘米

【形制描述】 璜形项饰。中间宽于两端，正面微弧凸，周边起小圆棱，两端各有一个穿孔，一孔残。

【发表出处】 ［15］第19页，图六 ： 7

【备　　注】 位于胸部；墓主为25 ～ 30岁男性。

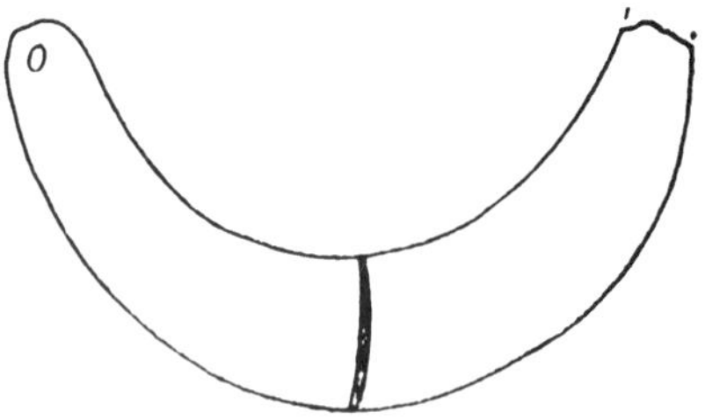

9

【出土地点】 小双古城M6：2

【尺　　寸】 长11.2厘米

【形制描述】 璜形项饰。整体弧度不大，两端各有一个穿孔，一孔残。

【发表出处】 ［21］第181页，图一一三：11；彩版四〇：3

【备　　注】 位于颈部；墓主为16～17岁女性。

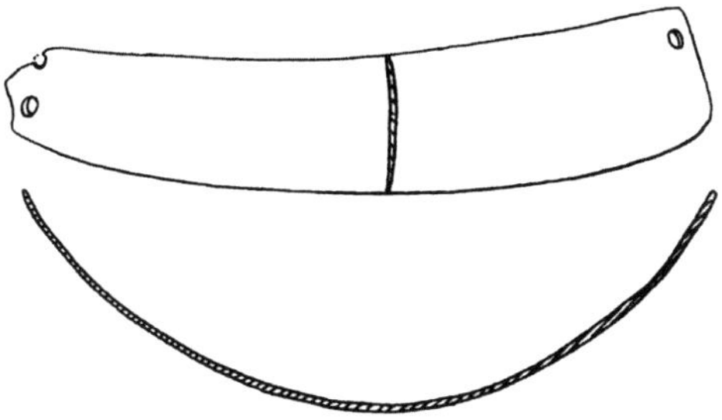

10

【出土地点】 新店子M43：1

【尺　　寸】 长17厘米

【形制描述】 璜形项饰。两端各有一个穿孔，一孔残。

【发表出处】 ［20］第9页，图八：7；图版四：1

【备　　注】 原器名为项饰；金质。

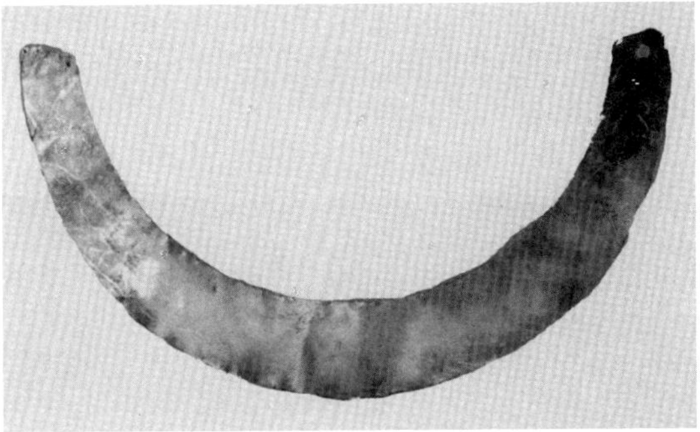

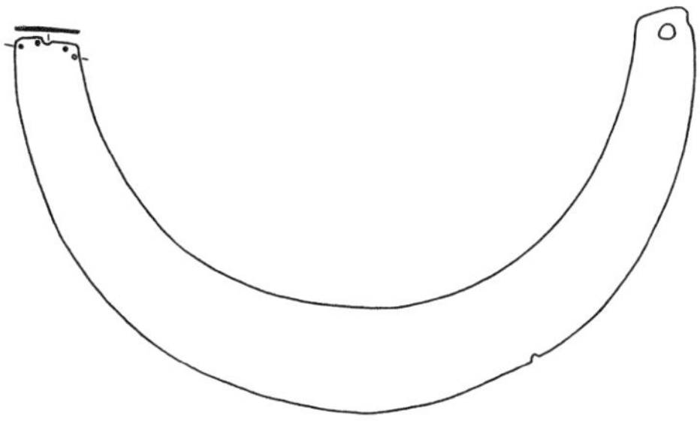

11

【出土地点】 瓦尔吐沟

【形制描述】 环形项饰。一端呈圆尖状，另一端为动物首，接口不相连。

【发表出处】 ［29］第50页

【备　　注】 原器名为项圈；尺寸未发表；金质。

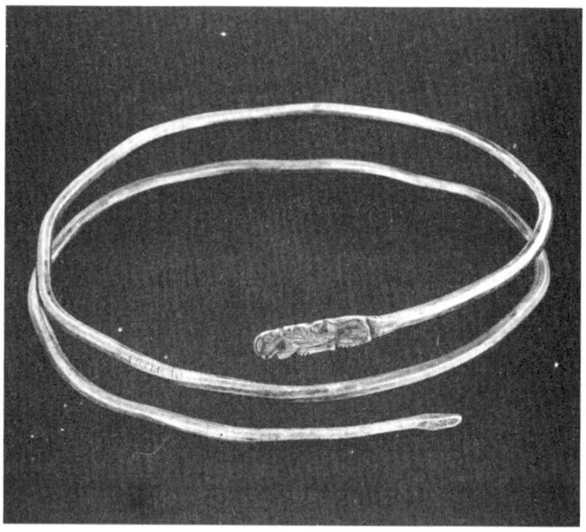

12

【出土地点】 西沟畔M2 ：28

【尺　　寸】 金条长142、直径0.6厘米

【形制描述】 双圈环形项饰。金条围成，两端呈圆尖状，接口不相连。

【发表出处】 ［10］图版五五 ：2

【备　　注】 原器名为项圈；绕两圈套于死者颈部；金质，重502.5克。

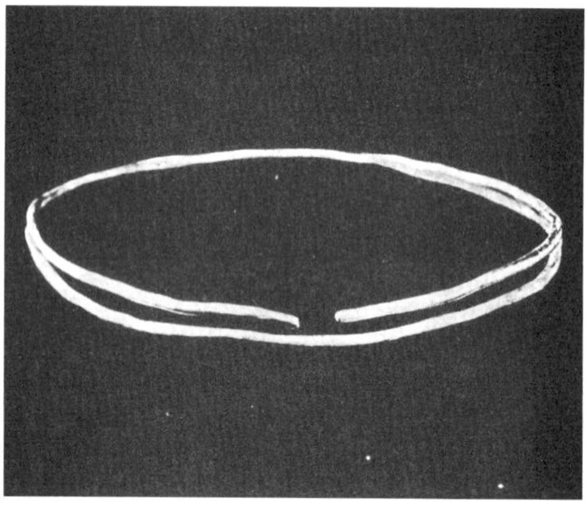

13

【出土地点】 阿鲁柴登

【尺　　寸】 每条残长130、直径0.6厘米

【形制描述】 环形项饰。金条围成，接口相连或相错。

【发表出处】 ［6］图版一二：14

【备　　注】 原器名为项圈；共2件；金质，共重890克。

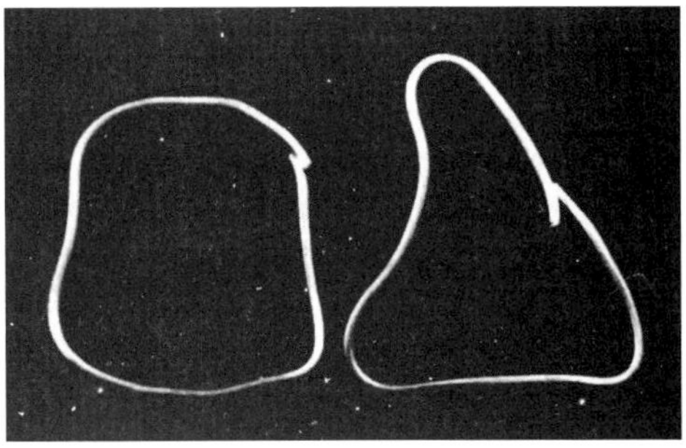

14

【出土地点】 铁匠沟AM1：28

【尺　　寸】 长1、宽0.5厘米

【形制描述】 椭圆柱形串珠，中有椭圆形孔。

【发表出处】 ［23］第87页，图七：5

【备　　注】 原器名为珠饰。

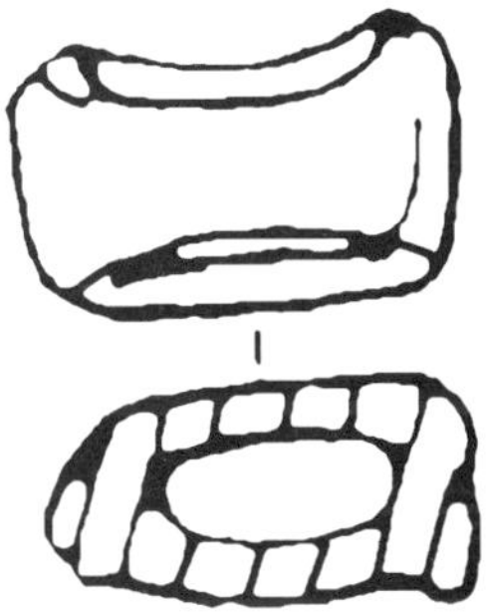

15

【出土地点】 井沟子M36：15

【尺　　寸】 长0.25、宽约0.32厘米

【形制描述】 圆柱形串珠，中有圆孔。

【发表出处】 ［24］第16页，图六：29

【备　　注】 原器名为铜珠；该墓地形制相似的共33件；位于墓底北半部。

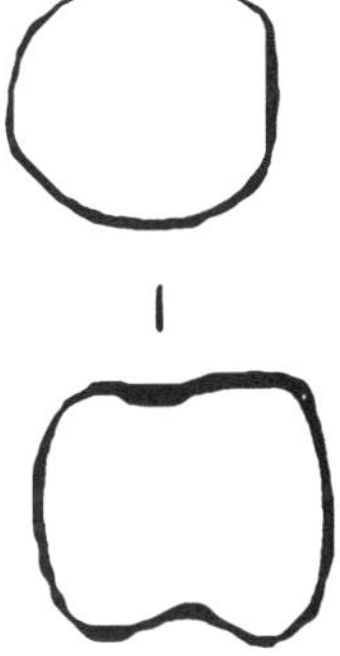

16

【出土地点】 阿鲁柴登

【尺　　寸】 长0.8、最宽处0.6厘米

【形制描述】 菱形串珠，中有圆孔。

【发表出处】 ［10］图版五四

【备　　注】 共91件；金质，共重71克。

17

【出土地点】 碾房渠

【尺　　寸】 长约1、宽约0.8厘米

【形制描述】 串珠，中有圆孔，形状各异。

【发表出处】 ［14］第406页，图三：4～8

【备　　注】 共30件；金质，共重8.3克。

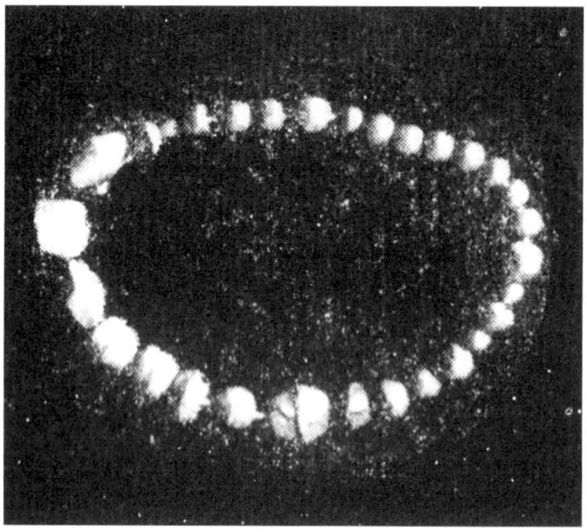

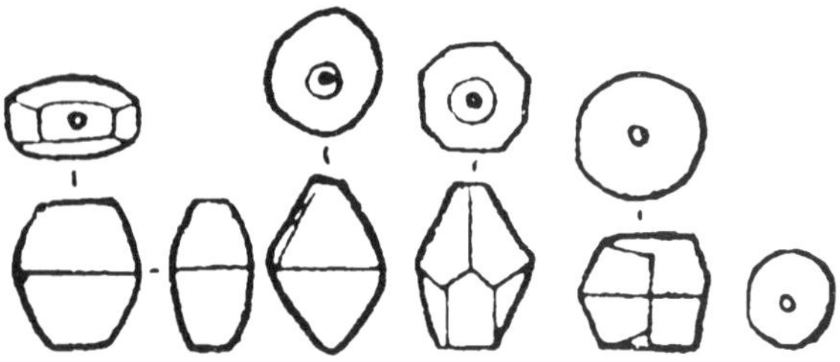

18

【出土地点】 西沟畔M2 ：30

【尺　　寸】 长6.5、粗端直径2.2、细端直径1.5厘米

【形制描述】 指套，金片叠压后卷成。一端较粗，另一端较细，顶端压印圆圈纹。

【发表出处】 ［7］第7页，图一六

【备　　注】 金质，重12.6克。

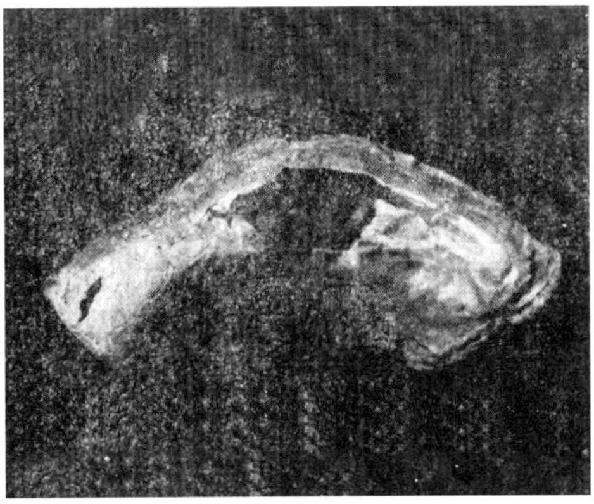

二、耳饰

1

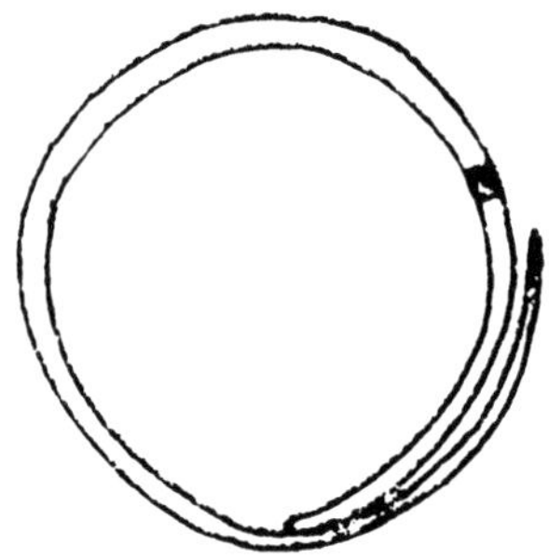

【出土地点】 西园M5：1

【尺　　寸】 直径3、横截面径0.15厘米

【形制描述】 圆环形，横截面呈圆形，接口相错。

【发表出处】 ［15］第18页，图五：12

【备　　注】 该墓地另有6件形制相似，无图；墓主为25～30岁男性。

2

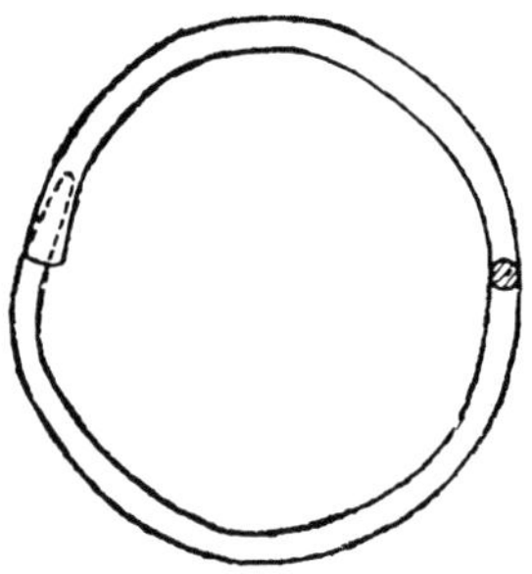

【出土地点】 崞县窑子M9：2-2

【尺　　寸】 直径6.3、横截面径0.35厘米

【形制描述】 圆环形，横截面近圆形，一端尖细，接口相错。

【发表出处】 ［13］第69页，图一二：1

【备　　注】 墓主为30～35岁女性。

3

【出土地点】 崞县窑子M22：2-1

【尺　　寸】 直径5.1、横截面径0.2厘米

【形制描述】 圆环形，横截面近圆形，一端平齐，一端圆钝，接口不相接。

【发表出处】 ［13］第69页，图一二：2

【备　　注】 共2件；均出自M22，位于头骨两侧；墓主为20～22岁女性。

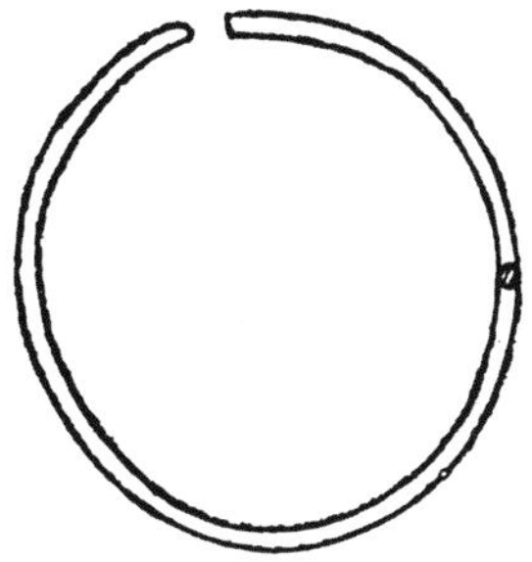

4

【出土地点】 崞县窑子M21：8

【尺　　寸】 直径2.6、横截面径0.25厘米

【形制描述】 圆环形，横截面呈圆形，接口相错。

【发表出处】 ［13］第69页，图一二：9

【备　　注】 该墓地另有2件形制相似，无图；墓主为成年男性。

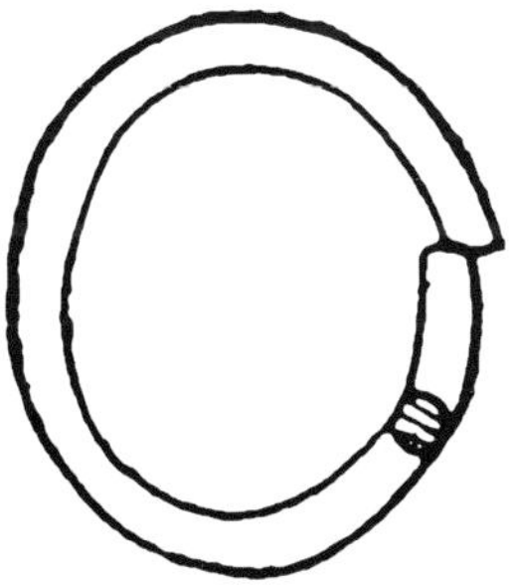

5

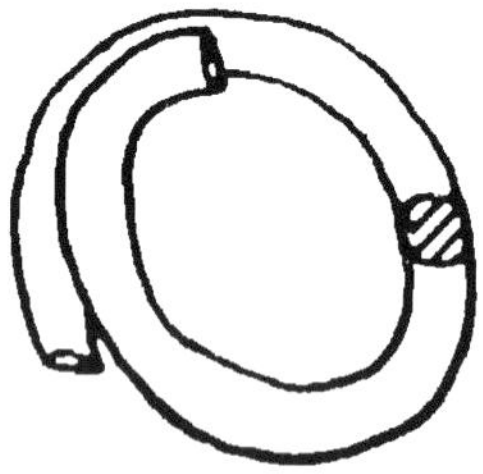

【出土地点】　小双古城M10：4

【尺　　寸】　直径1.6～1.8、横截面径0.4厘米

【形制描述】　圆环形，横截面呈圆形，环身较粗；两端平齐，接口相错。

【发表出处】　[21]第198页，图一二四：6；彩版四一：6

【备　　注】　位于填土中。

6

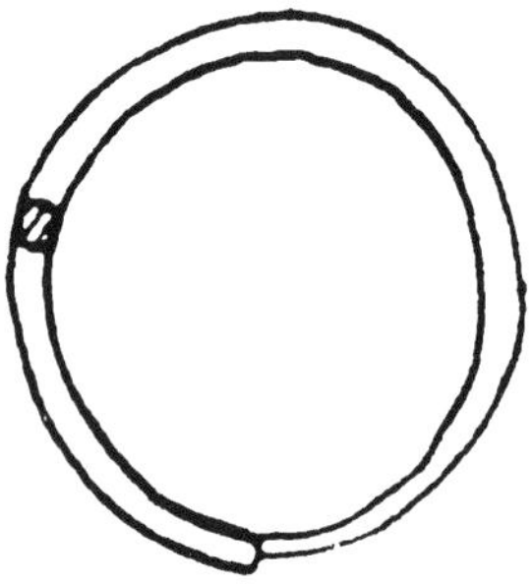

【出土地点】　铁匠沟AM2：23

【尺　　寸】　直径2.3、横截面径约0.2厘米

【形制描述】　圆环形，横截面呈圆形，接口相接。

【发表出处】　[23]第88页，图八：5

【备　　注】　横截面径根据器物自身比例估算。

7

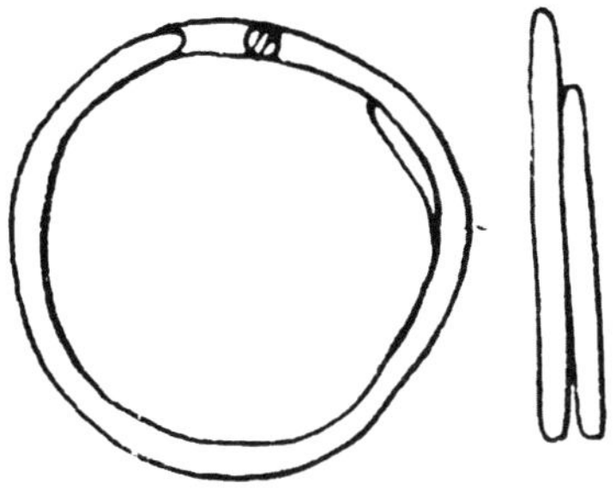

【出土地点】 铁匠沟AM2 ∶ 27

【尺　　寸】 直径3.2、横截面径约0.3厘米

【形制描述】 圆环形，横截面呈圆形，接口相错。

【发表出处】 ［23］第88页，图八 ∶ 4

【备　　注】 该墓地除AM2 ∶ 23、AM2 ∶ 27外另有5件形制相似，无图；横截面径根据器物自身比例估算。

8[①]

【出土地点】 忻州窑子M46 ∶ 3

【尺　　寸】 直径2.9、横截面径0.2厘米

【形制描述】 圆环形，横截面呈圆形，一端圆钝，另一端尖锐，接口相错。

【发表出处】 ［22］第42页，图一一 ∶ 1；彩版二八 ∶ 5。

【备　　注】 位于颅骨左侧，与M46 ∶ 4套接在一起；墓主为40岁左右男性。

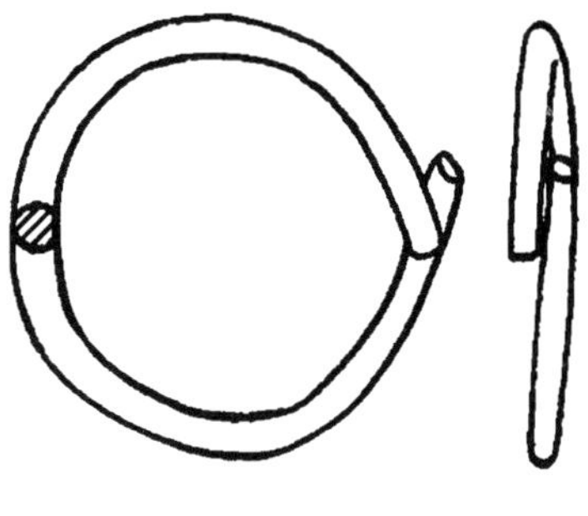

① 与该器形制相近的还有：

8-1：忻州窑子M35 ∶ 4；直径2、横截面径0.2厘米；圆环形，横截面呈圆形，残半；［22］第114页，图六二 ∶ 11；位于颅骨右侧颧骨之下，墓主为6～7岁儿童。

9①

【出土地点】 井沟子M47 ：33-3

【尺　　寸】 直径3.3、横截面径约0.2厘米

【形制描述】 圆环形，横截面近椭圆形，环尖、环尾皆微翘。

【发表出处】 ［24］第200页，图一一八 ：1右；图版一九 ：1左上

【备　　注】 横截面径根据图中比例尺估算；位于墓底东北及南半部。

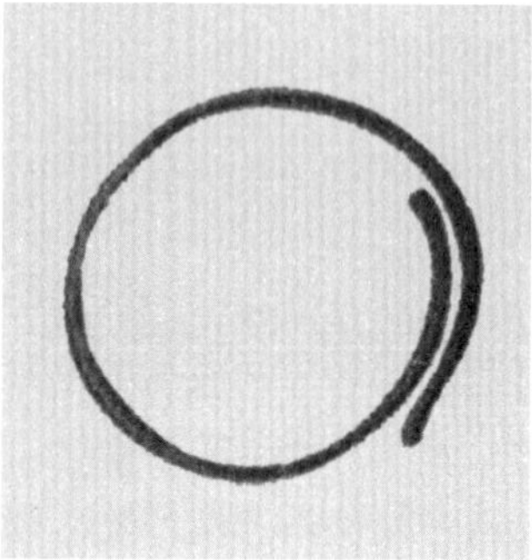

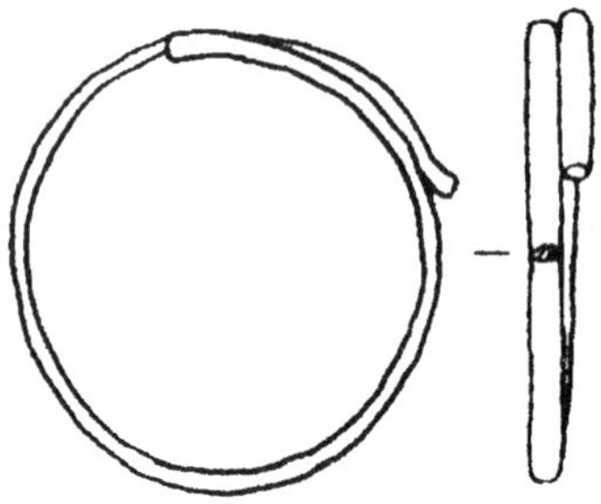

① 与该器形制相近的还有：

9-3；井沟子M47 ：35；直径约3、横截面径约0.2厘米；圆环形，残断，横截面近椭圆形；［24］第200页，图一一八 ：2；横截面径根据图中比例尺估算，位于墓底东北及南半部。

9-4；井沟子M21 ：21-1；直径约2、横截面径约0.2厘米；圆环形，残断，横截面呈椭圆形；［24］第104页，图五六 ：5右；横截面径根据图中比例尺估算，位于墓底北部填土中。

9-5；井沟子M21 ：21-2；直径约1.6、横截面径约0.15厘米；圆环形，残断，横截面呈椭圆形；［24］第104页，图五六 ：5右；横截面径根据图中比例尺估算，位于墓底北部填土中。

9-6；井沟子M21 ：11；直径2.4、横截面径约0.2厘米；圆环形，残断，横截面呈椭圆形；［24］第104页，图五六 ：6；横截面径根据图中比例尺估算，位于墓底北部填土中。

9-7；井沟子M25 ：11；直径1.9、横截面径约0.2厘米；圆环形，残断，横截面呈椭圆形，一端尖锐；［24］第121页，图六六 ：4；横截面径根据图中比例尺估算，位于头骨左侧。

9-8；井沟子M26 ：24-1、2；直径约2.4、横截面径约0.2厘米；圆环形，残断，横截面近椭圆形，环尖尖锐；［24］第125页，图六八 ：9；共2件，横截面径根据图中比例尺估算，位于墓底北半部。

9-9；井沟子M32 ：14；直径约1.7、横截面径约0.15厘米；圆环形，残断，横截面呈椭圆形；［24］第146页，图八二 ：11；横截面径根据图中比例尺估算，位于墓底北半部。

9-10；井沟子M33 ：33；直径3.9、横截面径约0.25厘米；圆环形，横截面呈椭圆形，环尖稍尖，环尾略翘；［24］第150页，图八四 ：11；横截面径根据图中比例尺估算。

9-11；井沟子M33 ：45-1；直径2.5、横截面径约0.2厘米；圆环形，横截面呈椭圆形，接口相错；［24］第150页，图八四 ：15左；横截面径根据图中比例尺估算。

9-12；井沟子M33 ：45-2；直径1.8、横截面径约0.2厘米；圆环形，横截面呈椭圆形，接口相错；［24］第150页，图八四 ：15右；横截面径根据图中比例尺估算。

9-13；井沟子M33 ：38；残长2.7厘米；圆环形，残断，横截面近椭圆形；［24］第150页，图八四 ：14；横截面径根据图中比例尺估算。

9-14；井沟子M33 ：34-1；直径3.35、横截面径约0.2厘米；圆环形，残断，横截面近椭圆形；［24］第150页，图八四 ：12左数第1件；横截面径根据图中比例尺估算。

9-15；井沟子M33 ：34-4；直径2.3、横截面径约0.1厘米；圆环形，横截面近椭圆形，环尾稍残；［24］

第150页，图八四：12左数第2件；横截面径根据图中比例尺估算。

9-16；井沟子M33：34-3；直径3.2、横截面径约0.2厘米；圆环形，横截面近椭圆形，环尖稍残；[24]第150页，图八四：12左数第3件；横截面径根据图中比例尺估算。

9-17；井沟子M33：29；残长1.3厘米；圆环形，残断，横截面近椭圆形；[24]第150页，图八四：13；横截面径根据图中比例尺估算。

9-18；井沟子M34：14；直径2.3、横截面径约0.18厘米；椭圆环形，横截面近椭圆形，环尖略尖，环尾残断；[24]第160页，图八九：3；横截面径根据图中比例尺估算，位于墓底北端。

9-19；井沟子M34：11；直径2.35、横截面径约0.2厘米；圆环形，横截面近椭圆形，环尖略钝，环尾残断；[24]第160页，图八九：5；横截面径根据图中比例尺估算，位于墓底北端。

9-20；井沟子M34：15；直径3.6、横截面径约0.2厘米；圆环形，横截面近椭圆形，环尖略尖，环尾稍翘；[24]第160页，图八九：9；横截面径根据图中比例尺估算，位于墓底北端。

9-21；井沟子M34：16；直径3.3、横截面径约0.2厘米；圆环形，横截面近椭圆形，环尖略薄；[24]第160页，图八九：8；横截面径根据图中比例尺估算，位于墓底北端。

9-22；井沟子M46：11；直径2.7、横截面径约0.15厘米；圆环形，横截面近椭圆形，环尖细长；[24]第195页，图一一五：2；横截面径根据图中比例尺估算，位于墓底南部。

9-23；井沟子M13：5；直径约3.3、横截面径约0.2厘米；圆环形，残断，横截面近椭圆形；[24]第77页，图三八：36；横截面径根据图中比例尺估算，位于墓坑西南陶器下方。

9-24；井沟子M13：22；直径约3.3、横截面径约0.2厘米；圆环形，残断，横截面近椭圆形；[24]第77页，图三八：34；位于墓坑西南陶器下方。

9-25；井沟子M13：37；直径约3.3、横截面径约0.2厘米；圆环形，残断，横截面近椭圆形；[24]第77页，图三八：35；横截面径根据图中比例尺估算，位于墓坑西南陶器下方。

9-26；井沟子M33：34-2；直径2.8、横截面径约0.2厘米；圆环形，横截面近椭圆形，环尖稍残；[24]第150页，图八四：12左数第4件；横截面径根据图中比例尺估算。

9-27；井沟子M50：7；直径3.7、横截面径约0.2厘米；圆环形，横截面近椭圆形，接口相错；[24]第215页，图一二七：12；横截面径根据图中比例尺估算，位于墓底北部。

9-28；井沟子H5：3；直径约2.8、横截面径约0.2厘米；圆环形，残断，横截面呈椭圆形；[24]第265页，图一五七：13；横截面径根据图中比例尺估算。

9-29；井沟子H5：4；直径2.4、横截面径约0.2厘米；圆环形，横截面呈椭圆形，环尖略残，环尾微翘；[24]第265页，图一五七：9；横截面径根据图中比例尺估算。

9-30；井沟子H5：5；直径约2.8、横截面径约0.2厘米；圆环形，残断，横截面呈椭圆形；[24]第265页，图一五七：10；横截面径根据图中比例尺估算。

9-31；井沟子H5：6；直径约2.7、横截面径约0.3厘米；圆环形，残断，横截面呈椭圆形；[24]第265页，图一五七：12；横截面径根据图中比例尺估算。

9-32；井沟子H5：7；直径约2.8、横截面径约0.2厘米；圆环形，残断，横截面呈椭圆形，环尾微翘；[24]第265页，图一五七：11；横截面径根据图中比例尺估算。

9-33；井沟子M3：57-1、2；直径3.6、横截面径约0.2厘米；圆环形，横截面近椭圆形，环尾微翘，接口相错；[24]第41页，图一四：11；横截面径根据图中比例尺估算。

9-34；井沟子M3：55；直径约2.4、横截面径约0.2厘米；圆环形，横截面近椭圆形，环尖较尖，接口相错；[24]第41页，图一四：8；横截面径根据图中比例尺估算。

9-35；井沟子M31：21-1；直径2.2、横截面径约0.2厘米；圆环形，横截面呈椭圆形，环尾残；[24]第143页，图八〇：1；横截面径根据图中比例尺估算。

9-36；井沟子M31：21-2；直径2.1、横截面径约0.15厘米；圆环形，横截面呈椭圆形，环尾残；[24]第143页，图八〇：2；横截面径根据图中比例尺估算。

9-37；井沟子M31：21-3；直径2.2、横截面径约0.15厘米；圆环形，横截面呈椭圆形，环尖残；[24]第143页，图八〇：3；横截面径根据图中比例尺估算。

9-38；井沟子M31：21-4；直径2.7、横截面径约0.2厘米；圆环形，横截面呈椭圆形，环尖、环尾皆残；[24]第143页，图八〇：4；横截面径根据图中比例尺估算。

9-1

【出土地点】 井沟子M47：33-1

【尺　　寸】 直径3.4、横截面径约0.2厘米

【形制描述】 圆环形，横截面近椭圆形，环尖稍尖，环尾微翘。

【发表出处】 ［24］第200页，图一一八：1左；图版一九：1左下

【备　　注】 横截面径根据图中比例尺估算；位于墓底东北及南半部。

9-2

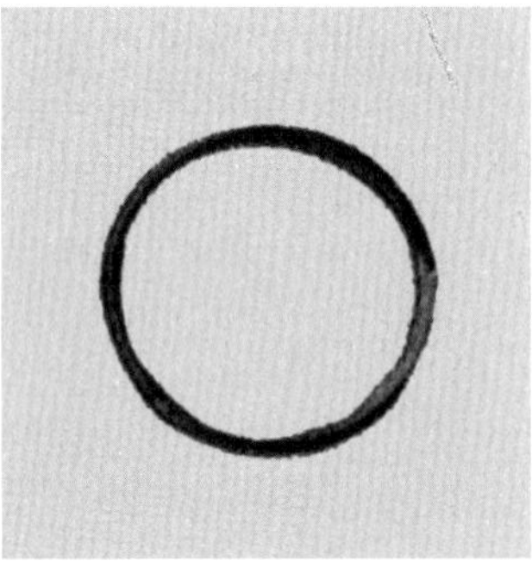

【出土地点】 井沟子M47：33-2

【尺　　寸】 直径2.95、横截面径约0.2厘米

【形制描述】 圆环形，横截面近椭圆形，环尖残断。

【发表出处】 ［24］第200页，图一一八：1中；图版一九：1左中

【备　　注】 横截面径根据图中比例尺估算；位于墓底东北及南半部。

10①

【出土地点】 井沟子M47 ：34–3

【尺　　寸】 直径3.15、横截面径约0.2厘米

【形制描述】 圆环形，横截面近圆形，环尖圆钝，环尾微翘。

【发表出处】 ［24］第200页，图一一八 ：4右；图版一九 ：1右上

【备　　注】 横截面径根据图中比例尺估算；位于墓底东北及南半部。

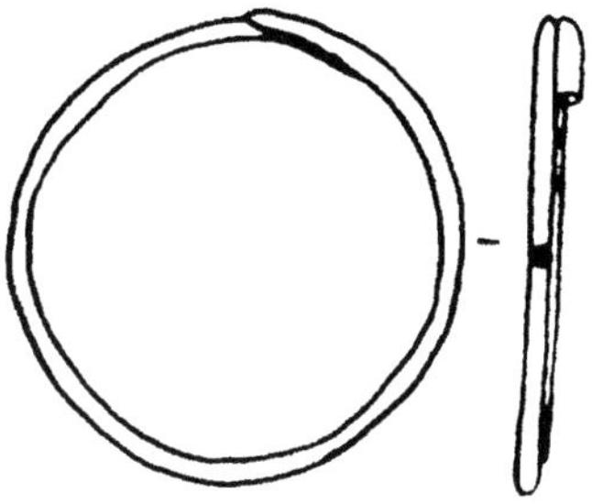

① 与该器形制相近的还有：

10–3；井沟子M34 ：9；直径2.2、横截面径约0.2厘米；圆环形，横截面呈圆形，环尾稍残；［24］第160页，图八九 ：4；横截面径根据图中比例尺估算，位于墓底北端。

10–4；井沟子M12 ：11、12；直径约3.3、横截面径约0.2厘米；圆环形，残断，横截面近圆形；［24］第71页，图三五 ：11、10；横截面径根据图中比例尺估算，分别位于C、D骨架左耳处。

10–5；井沟子M33 ：38；残径2.7、横截面径约0.2厘米；圆环形，残断，横截面近圆形；［24］第150页，图八四 ：14；横截面径根据图中比例尺估算。

10–6；井沟子M34 ：10；直径3.1、横截面径约0.2厘米；圆环形，横截面近圆形，环尖较尖；［24］第160页，图八九 ：7；横截面径根据图中比例尺估算，位于墓底北端。

10–7；井沟子M34 ：13；直径2.6、横截面径约0.2厘米；圆环形，横截面近圆形；［24］第160页，图八九 ：2；横截面径根据图中比例尺估算，位于墓底北端。

10–8；井沟子M34 ：12；直径3.1、横截面径约0.22厘米；圆环形，横截面近圆形，环尾略翘；［24］第160页，图八九 ：6；横截面径根据图中比例尺估算，位于墓底北端。

10–9；井沟子M52 ：2–1；直径4.15、横截面径约0.3厘米；圆环形，横截面呈圆形，环尖较细，环尾微翘；［24］第223页，图一三二 ：6右；横截面径根据图中比例尺估算，位于墓底北部偏东。

10–10；井沟子M52 ：2–2；直径3.3、横截面径约0.2厘米；圆环形，横截面呈圆形，环尖稍尖；［24］第223页，图一三二 ：6左；横截面径根据图中比例尺估算，位于墓底北部偏东。

10–11；井沟子M54 ：4–1；直径约3.1、横截面径约0.2厘米；圆环形，残断，横截面近圆形；［24］第229页，图一三六 ：6右；横截面径根据图中比例尺估算，位于墓底中部。

10–12；井沟子M54 ：4–2；直径约2.5、横截面径约0.2厘米；圆环形，残断，横截面近椭圆形；［24］第229页，图一三六 ：6左；横截面径根据图中比例尺估算，位于墓底中部。

10–13；井沟子M58 ：9；直径2.5、横截面径约0.18厘米；圆环形，横截面近圆形，环尖稍尖，环尾微翘；［24］第250页，图一四八 ：5；位于B号人骨头饰周围。

10–14；井沟子M43 ：4；直径3、横截面径约0.21厘米；圆环形，横截面近圆形，环尖稍残；［24］第185页，图一〇八 ：5；横截面径根据图中比例尺估算，位于墓底北部。

10–15；井沟子M26 ：24–1、2；直径约2.4、横截面径约0.2厘米；圆环形，残断，横截面近圆形；［24］第125页，图六八 ：9；横截面径根据图中比例尺估算，位于墓底北半部。

10-1

【出土地点】 井沟子M47 ：34-2

【尺　　寸】 直径3.1、横截面径约0.2厘米

【形制描述】 圆环形，横截面近圆形，环尖圆钝，环尾微翘。

【发表出处】 ［24］第200页，图一一八：4中；图版一九：1右中

【备　　注】 横截面径根据图中比例尺估算；位于墓底东北及南半部。

10-2

【出土地点】 井沟子M47 ：34-1

【尺　　寸】 直径3.3、横截面径约0.2厘米

【形制描述】 圆环形，横截面近椭圆形，环尖稍尖，环尾微翘。

【发表出处】 ［24］第200页，图一一八：4左；图版一九：1右下

【备　　注】 横截面径根据图中比例尺估算；位于墓底东北及南半部。

11

【出土地点】 新店子M26 ：5

【尺　　寸】 直径分别为3.5、4，横截面径分别为0.2、0.3厘米

【形制描述】 两个单圆环扣连在一起，横截面呈圆形，一端平直，另一端尖锐，接口相错。

【发表出处】 ［20］第9页，图八：1

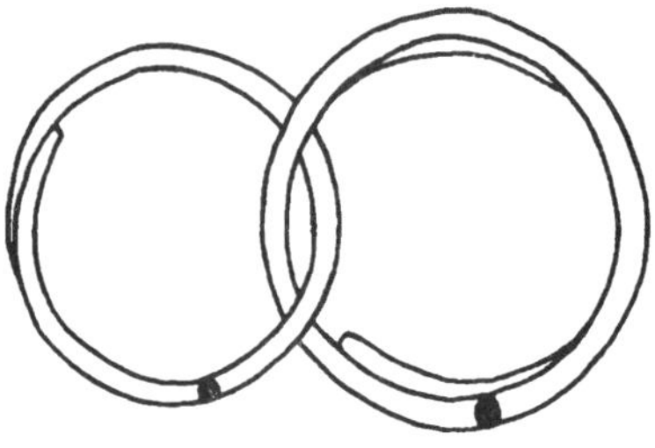

12[①]

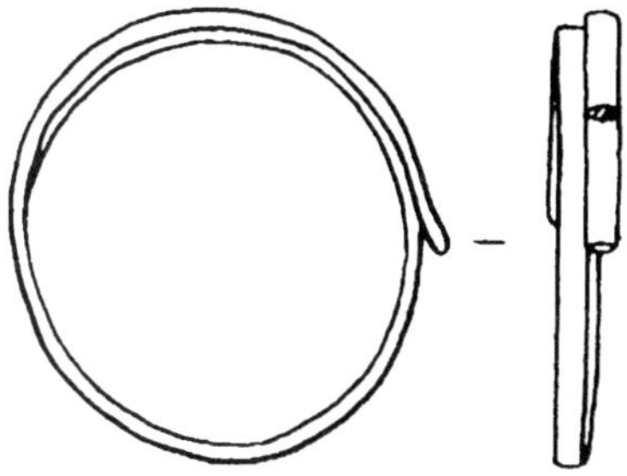

【出土地点】 井沟子M51 ：8

【尺　　寸】 直径3.3、横截面径约0.24厘米

【形制描述】 圆环形，横截面呈梭形，环尖薄锐，环尾稍翘。

【发表出处】 ［24］第220页，图一三〇 ：4

【备　　注】 横截面径根据图中比例尺估算；位于扰土中及墓底中部。

---

① 与该器形制相近的还有：

12-1；井沟子M17 ：3；直径3.3、横截面径约0.21厘米；圆环形，横截面呈梭形，环尖残断，环尾稍翘；［24］第88页，图四六 ：5；横截面径根据图中比例尺估算，位于头骨周围。

12-2；井沟子M17 ：4；直径3.3、横截面径约0.21厘米；圆环形，横截面呈梭形，环尖残断，环尾稍翘；［24］第88页，图四六 ：1；横截面径根据图中比例尺估算，位于头骨周围。

12-3；井沟子M31 ：15-1；直径2.2、横截面径约0.2厘米；圆环形，横截面呈梭形；［24］第143页，图八〇 ：7；横截面径根据图中比例尺估算。

12-4；井沟子M43 ：2；直径3.4、横截面径约0.25厘米；圆环形，横截面呈梭形，环尖略残，环尾稍翘；［24］第185页，图一〇八 ：7；横截面径根据图中比例尺估算，位于墓底北部。

12-5；井沟子M44 ：4；直径2.2、横截面径约0.15厘米；圆环形，横截面呈梭形，环尖略残；［24］第187页，图一一〇 ：7；横截面径根据图中比例尺估算，位于墓底中部。

12-6；井沟子M44 ：5；直径约2、横截面径约0.15厘米；圆环形，横截面呈梭形，环尖略残；［24］第187页，图一一〇 ：6；横截面径根据图中比例尺估算，位于墓底中部。

12-7；井沟子M49 ：9；直径约3.6、横截面径约0.2厘米；圆环形，横截面呈梭形，环尖、环尾皆残；［24］第211页，图一二四 ：8；横截面径根据图中比例尺估算。

12-8；井沟子M51 ：9-1；直径3、横截面径约0.2厘米；圆环形，横截面呈梭形，环尖略残；［24］第220页，图一三〇 ：6中；横截面径根据图中比例尺估算，位于扰土中及墓底中部。

12-9；井沟子M51 ：9-3；直径2.8、横截面径约0.2厘米；圆环形，横截面呈梭形，环尖残断；［24］第220页，图一三〇 ：6右；横截面径根据图中比例尺估算，位于扰土中及墓底中部。

12-10；井沟子M51 ：7；直径约2.9、横截面径约0.2厘米；近圆角三角形环，横截面呈梭形；［24］第220页，图一三〇 ：5；横截面径根据图中比例尺估算，位于扰土中及墓底中部。

12-11；井沟子M53 ：7；直径3.2、横截面径约0.3厘米；圆环形，横截面呈梭形；［24］第226页，图一三四 ：2；横截面径根据图中比例尺估算，位于墓底北端。

12-12；井沟子M57 ：9；直径2.7、横截面径约0.2厘米；圆环形，横截面呈梭形，环尖稍尖，环尾稍翘；［24］第244页，图一四五 ：23；横截面径根据图中比例尺估算。

12-13；井沟子M57 ：13；最大径3.3、横截面径约0.27厘米；圆环形，横截面呈梭形，环尖、环尾皆上翘；［24］第244页，图一四五 ：25；横截面径根据图中比例尺估算。

12-14；井沟子M57 ：5-1；直径3.1、横截面径约0.2厘米；圆环形，横截面呈梭形，环尖、环尾皆残；［24］第244页，图一四五 ：24；横截面径根据图中比例尺估算。

12-15；井沟子M57 ：5-2；直径约3.2、横截面径约0.2厘米；圆环形，横截面呈梭形，环尖残断；［24］第244页，图一四五 ：26；横截面径根据图中比例尺估算，M57出土包括上文M57 ：9、M57 ：13、M57 ：5-1、M57 ：5-2在内共7件耳环，一件位于罐腹内，其余位于墓底中部。

13

【出土地点】 崞县窑子M31：4

【尺　　寸】 直径2.4、横截面径0.25厘米

【形制描述】 圆环形，横截面呈圆角长方形，接口相错。

【发表出处】 ［13］第69页，图一二：8

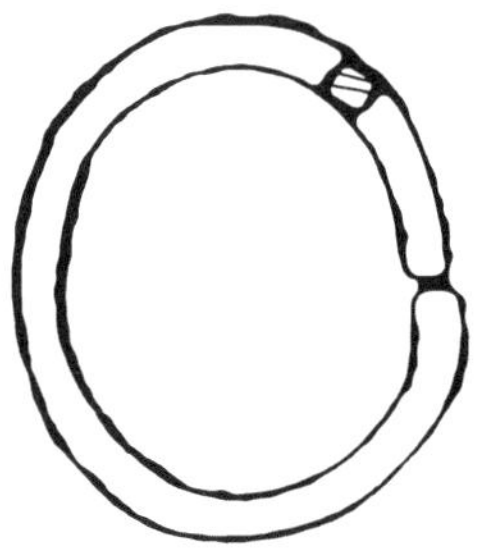

14①

【出土地点】 井沟子M31：15-2

【尺　　寸】 直径2.1、横截面径约0.2厘米

【形制描述】 圆环形，横截面近长方形，环尖略残，环尾稍翘。

【发表出处】 ［24］第143页，图八〇：8

【备　　注】 横截面径根据图中比例尺估算。

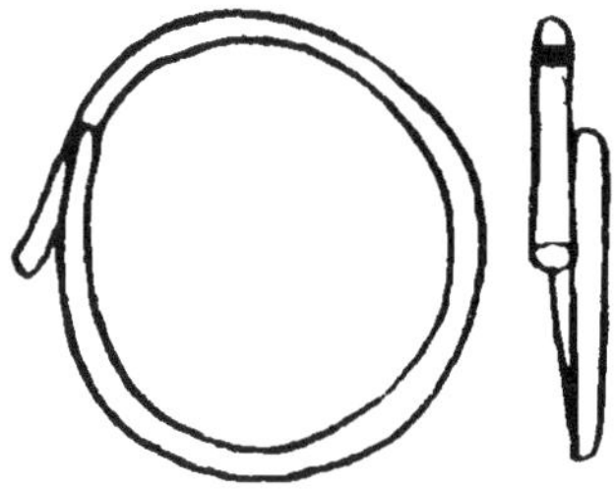

① 与该器形制相近的还有：

14-1；井沟子M9：6；直径约3、横截面径约0.27厘米；圆环形，残断且稍有变形，横截面近长方形；［24］第63页，图二九：6；横截面径根据图中比例尺估算，位于墓底北部近北壁处。

14-2；井沟子M31：22；直径3.4、横截面径约0.25厘米；近椭圆环形，横截面近长方形，环尖略残；［24］第143页，图八〇：5；横截面径根据图中比例尺估算。

14-3；井沟子M51：2；直径约2.8、横截面径约0.27厘米；圆环形，横截面近长方形，环尖略残，环尾稍翘；［24］第220页，图一三〇：3；横截面径根据图中比例尺估算，位于扰土中及墓底中部。

14-4；井沟子M51：9-2；直径3、横截面径约0.27厘米；圆环形，横截面近长方形，环尖、环尾皆残；［24］第220页，图一三〇：6左；横截面径根据图中比例尺估算，位于扰土中及墓底中部。

14-5；井沟子M40：8；直径2.2、横截面径约0.2厘米；圆环形，横截面呈圆角长方形，环尖略残，环尾稍翘；［24］第175页，图一〇一：6；横截面径根据图中比例尺估算。

14-6；井沟子M3：13；直径约3.1、横截面径约0.25厘米；圆环形，残断，横截面呈圆角长方形；［24］第41页，图一四：7；横截面径根据图中比例尺估算。

15①

【出土地点】 井沟子M41 ∶ 39

【尺　　寸】 直径3.1、横截面径约0.28厘米

【形制描述】 圆环形，横截面呈弯月形，环尾略翘。

【发表出处】 ［24］第178页，图一〇三 ∶ 7

【备　　注】 形制相似的共2件；横截面径根据图中比例尺估算；位于B号人骨头部周围。

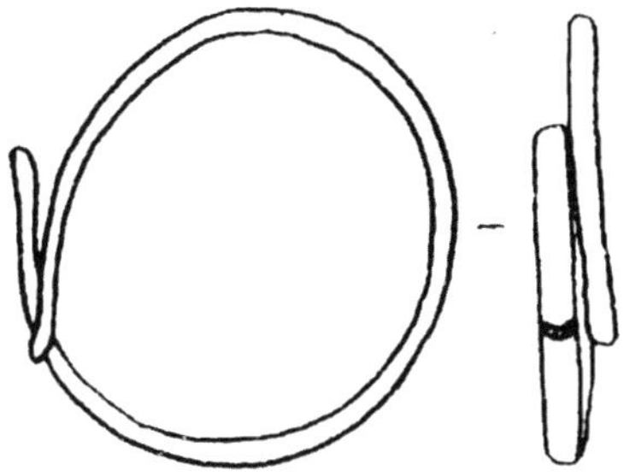

16②

【出土地点】 忻州窑子M46 ∶ 4

【尺　　寸】 直径2.9，横截面长0.3、宽0.1厘米

【形制描述】 圆环形，内外侧均有一道阴刻弦纹，横截面呈8字形。

【发表出处】 ［22］第42页，图一一 ∶ 2；彩版二八 ∶ 6

【备　　注】 与M46 ∶ 3套接，位于颅骨左侧；墓主为40岁左右男性。

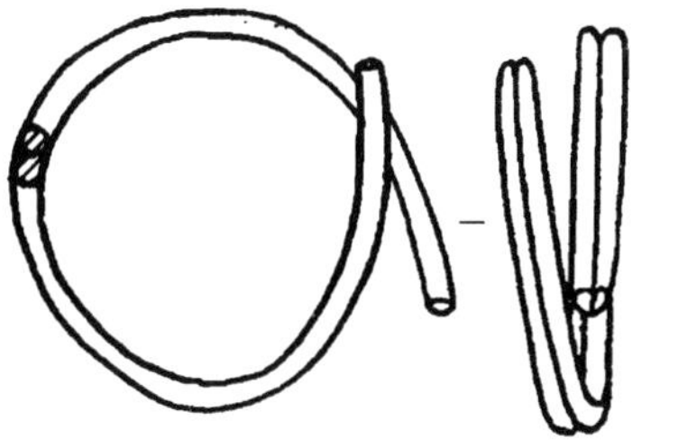

---

① 与该器形制相近的还有：

15-1；井沟子M43 ∶ 3；直径2.1、横截面径约0.2厘米；椭圆环形，横截面近月牙形，环尖略残；［24］第185页，图一〇八 ∶ 6；横截面径根据图中比例尺估算，位于墓底北部。

② 与该器形制相近的还有：

16-1；忻州窑子M23 ∶ 38；直径3.5 ～ 4.2，横截面长0.4、宽0.2厘米；圆环形，内外侧均有一道阴刻弦纹，横截面呈8字形；［22］第42页，图一一 ∶ 3；位于左侧颞骨之上，墓主为35岁左右北亚女性。

16-2；忻州窑子M23 ∶ 37；直径3.5 ～ 4.2，横截面长0.4、宽0.2厘米；圆环形，内外侧均有一道阴刻弦纹，横截面呈8字形；［22］第91页，图四六 ∶ 8，彩版二八 ∶ 7；位于左侧颞骨之上，墓主为35岁左右北亚女性。

17

【出土地点】 忻州窑子M59 ： 20

【尺　　寸】 残径约4.7，横截面长0.6、宽0.2厘米

【形制描述】 圆环形，残半，内外侧各有两道阴刻弦纹，横截面呈8字形。

【发表出处】 ［22］第150页，图九二 ： 3

【备　　注】 尺寸根据图中比例尺估算；位于颅骨右前方；墓主为45岁左右北亚女性。

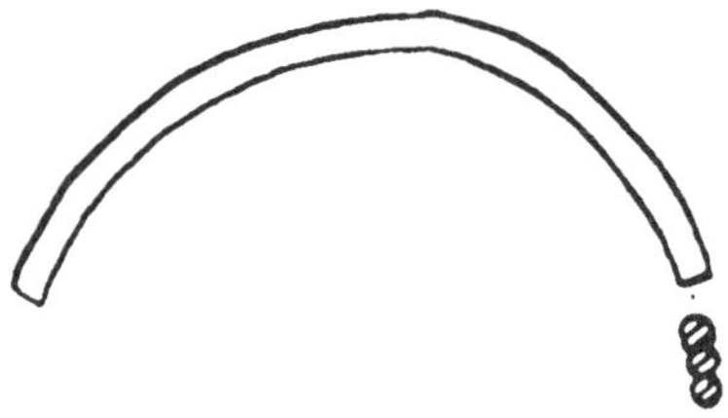

18

【出土地点】 忻州窑子M32 ： 4

【尺　　寸】 直径4.4 ～ 4.6，横截面长0.5、宽0.1厘米

【形制描述】 圆环形，内外侧各有三道阴刻弦纹，横截面呈双8字形，接口相错。

【发表出处】 ［22］第109页，图五九 ： 4

【备　　注】 位于颅骨下；墓主为40 ～ 45岁北亚男性。

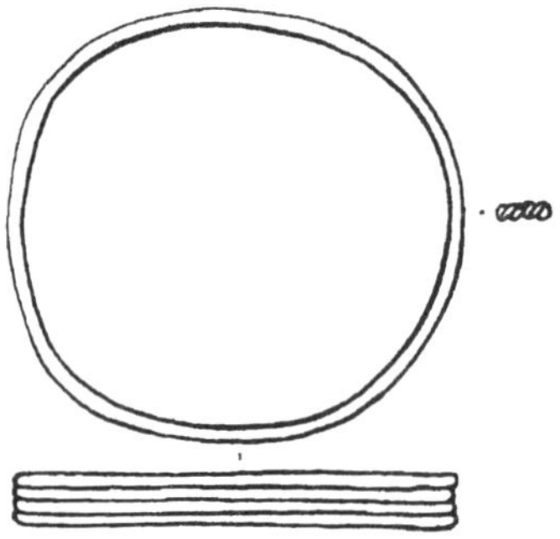

19

【出土地点】 西园M3 ：4

【尺　　寸】 直径4、宽0.4、铜丝直径0.1厘米

【形制描述】 弹簧形，铜丝围绕三匝而成，铜丝横截面为圆形。

【发表出处】 ［15］第18页，图五 ：13

【备　　注】 位于头骨两侧；墓主为女性。

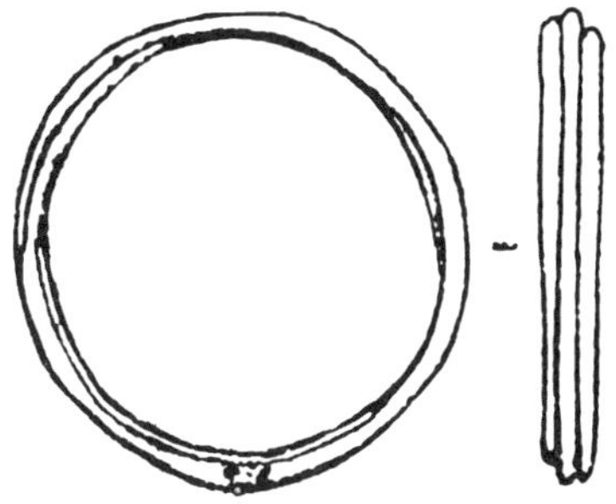

20

【出土地点】 崞县窑子M19 ：2-2

【尺　　寸】 直径3.2、宽0.85厘米

【形制描述】 弹簧形，六个铜圈叠接而成，铜丝横截面为圆形，接口均相错。

【发表出处】 ［13］第69页，图一二 ：6

【备　　注】 该墓地形制相似的共9件，其余无图；墓主为25岁左右女性。

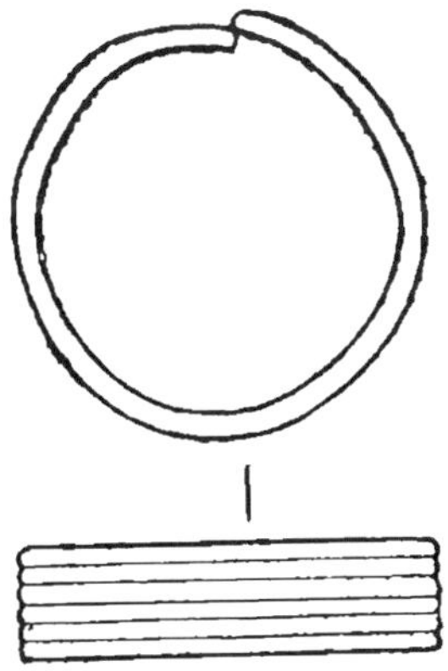

21

【出土地点】 崞县窑子M24：3

【尺　　寸】 直径2.8、宽0.9厘米

【形制描述】 弹簧形，铜丝围绕而成，铜丝横截面为圆形。

【发表出处】［13］第69页，图一二：3

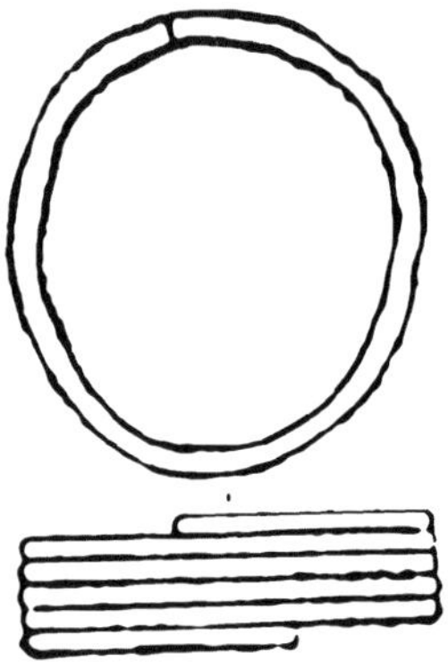

22

【出土地点】 新店子M34：5

【尺　　寸】 直径3.4、横截面径0.2厘米

【形制描述】 弹簧形，铜丝围绕四匝而成，铜丝横截面为圆形，两端尖锐。

【发表出处】［20］第9页，图八：2；图版二：8

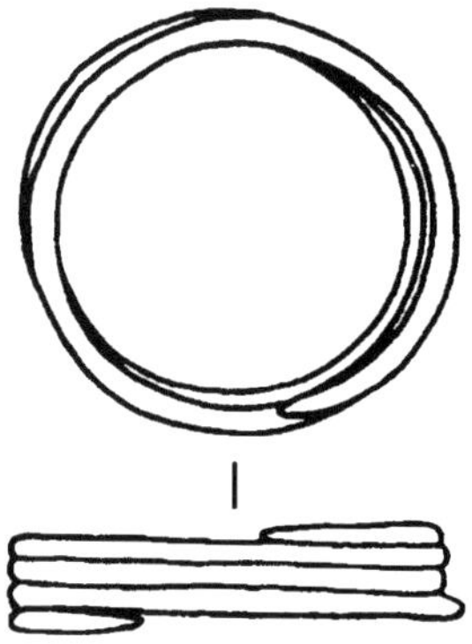

23

【出土地点】 毛庆沟M63：8①、②

【形制描述】 弹簧形，铜丝围绕而成，铜丝横截面为圆形。

【发表出处】 ［11］图版五一：2

【备　　注】 尺寸未发表；位于头骨右侧；墓主为55岁以上男性。

24

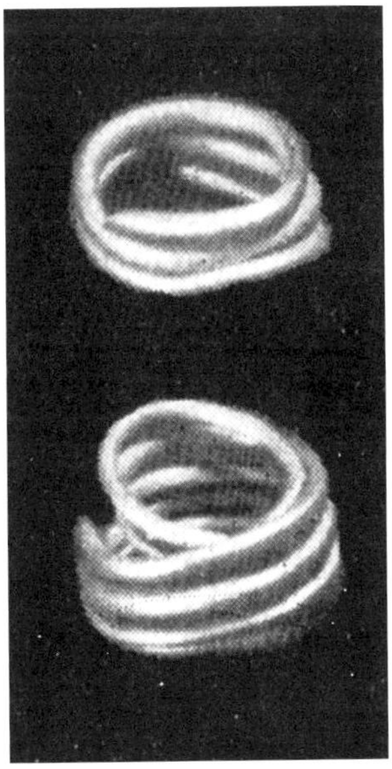

【出土地点】 桃红巴拉M1：49

【形制描述】 弹簧形，铜丝围绕而成，铜丝横截面为圆形，两头尖细。

【发表出处】 ［4］图版二：8、9

【备　　注】 共2件；尺寸未发表；位于头骨两侧；金质；墓主为35岁左右男性。

25

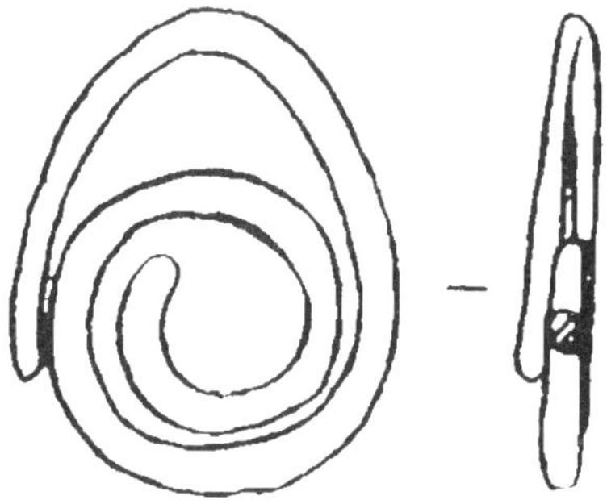

【出土地点】 井沟子M31：10

【尺　　寸】 最大径2.2厘米

【形制描述】 弹簧形，铜丝围绕而成，铜丝横截面为圆形，整体形似水滴。

【发表出处】 ［24］第143页，图八〇：6

26

【出土地点】 西沟畔M2：31

【形制描述】 坠形。上为圆环，一端有钮，钮下由细金丝盘成尖帽状，中间串绿松石。

【发表出处】 ［10］图版四：2

【备　　注】 共2件；尺寸未发表；材质为金、绿松石，共重17.3克。

27

【出土地点】 碾房渠

【尺　　寸】 长9.6厘米

【形制描述】 坠形。耳钩已残，下有长形绿松石，串以梯形和圆花瓣形玛瑙装饰。在绿松石与玛瑙石之间均夹有大小不等的齿形金片。中间为一金环，其上下各有一用金片锤锞成的圆形饰，内有十字或圆孔装饰。下端连接三个柳叶形叶片。

【发表出处】 ［14］第406页，图三：1

【备　　注】 金质。

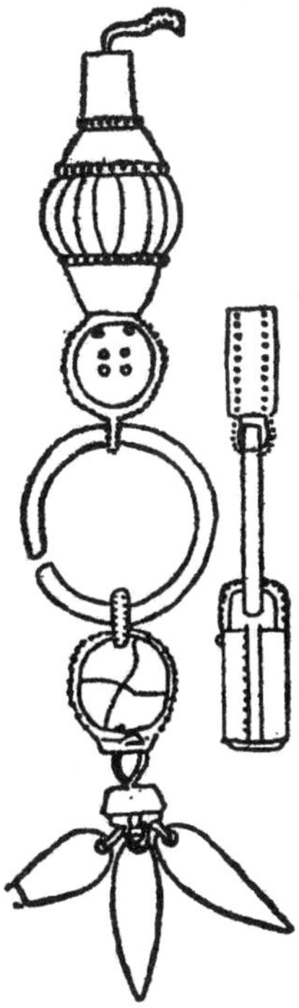

28

【出土地点】 碾房渠

【尺　　寸】 残长9.6厘米

【形制描述】 坠形。耳钩已残，上有圆形、扁圆形绿松石及半圆形玛瑙石相串，在绿松石与玛瑙石之间夹有齿形金片。下部为四个大小不等的金环，其中最上部的环用薄片锤锞而成，表面有花点纹。最下部的金环上连接一锤状物。

【发表出处】 ［14］第406页，图三：2

【备　　注】 金质。

29

【出土地点】 阿鲁柴登

【尺　　寸】 全长8.2、耳环直径1.9厘米

【形制描述】 坠形。上为圆环，下连由包金绿松石组成的耳坠。包金上饰花点，下连三片三角形金片。

【发表出处】 [6]第336页;[27]图三三

【备　　注】 一对；金质，重14.2克。

三、泡饰

1[①]

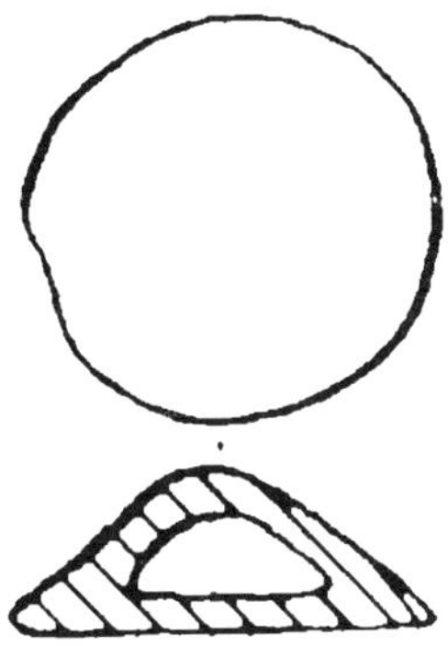

【出土地点】 忻州窑子M28：26

【尺　　寸】 直径1.8厘米

【形制描述】 圆形，体小。正面圆鼓，背面附横贯直钮。

【发表出处】 ［22］第100页，图五三：4；彩版二九：1

【备　　注】 包括M28：19～27共9件；位于右肱骨内外、胸椎、左肱骨外、右尺骨与桡骨上、右腹腔、左尺骨与桡骨间、右髋骨及两股骨之间盆骨下侧；墓主为25～30岁北亚男性。

① 与该器形制相近的还有：

1-1；忻州窑子M45：10；直径1.7厘米；圆形，体小，正面圆鼓，背面附横贯直钮；［22］第124页，图七〇：12；另有M45：12、14无图，位于左侧上端肋骨、胸骨、腰椎上。

1-2；忻州窑子M45：11；直径1.3厘米；圆形，体小，正面圆鼓，背面附横贯直钮；[22]第124页，图七〇：21；位于左侧上端肋骨上，墓主为25～30岁男性。

1-3；忻州窑子M45：13；直径2.1厘米；圆形，正面圆鼓，背面附横贯直钮；[22]第124页，图七〇：22；位于腰椎上，墓主为25～30岁男性。

1-4；忻州窑子M1：3；直径1.3厘米；圆形，体小，正面圆鼓，背面附横贯直钮；[22]第51页，图一六：11；征集品。

1-5；忻州窑子M2：12；直径1.6厘米；圆形，体小，正面圆鼓，背面附横贯直钮；[22]第51页，图一六：10；另有M2：13无图，散落在胸腔内及盆骨上部正中，墓主为10岁左右儿童。

1-6；忻州窑子M3：6；直径1.6厘米；圆形，体小，正面圆鼓，背面附横贯直钮；[22]第56页，图二〇：7；包括M3：5～7共3件，位于左侧锁骨下方及右侧锁骨附近，墓主为6～7岁儿童。

1-7；忻州窑子M4：33；直径1.5厘米；圆形，体小，正面圆鼓，背面附横贯直钮；[22]第56页，图二〇：8；包括M4：32～35共4件，散落于右胸腔内侧、右肱骨内侧肋骨之下及左胸部肋骨下，墓主为45岁左右东亚男性。

1-8；忻州窑子M18：2；直径1.4厘米；圆形，体小，正面圆鼓，背面附横贯直钮；[22]第80页，图三九：5；另有M18：3无图，位于右腹部，墓主为25岁左右东亚男性。

1-9；忻州窑子M20：24；直径1.6厘米；圆形，体小，正面圆鼓，背面附横贯直钮；[22]第86页，图四二：6；另有M20：25无图，位于左尺骨内侧及右髋骨骨面，墓主为7～8岁儿童。

1-10；忻州窑子M22：30；直径1.3厘米；圆形，体小，正面圆鼓，背面附横贯直钮；[22]第86页，图四二：26；包括M22：29～40共12件，位于右腹腔、左右肱骨内侧肋骨外侧、左右肋骨下端、骶骨骨端、左髋骨骨端、左侧髋骨之下桡骨之上、左髋骨下端骨面、腹部及盆骨之下，墓主为20岁左右东亚男性。

1-11；忻州窑子M23：35；直径1.9厘米；圆形，体小，正面圆鼓，背面附横贯直钮；[22]第91页，图四六：12；另有M23：36无图，位于腰椎左侧及骶骨骨面之上，墓主为35岁左右北亚女性。

1-12；忻州窑子M31：5；直径1.7厘米；圆形，体小，正面圆鼓，背面附横贯直钮；[22]第103页，图五五：12；与M31：6分别位于左右股骨头上，墓主为7岁左右儿童。

1-13；忻州窑子M31：6；直径1.7厘米；圆形，体小，正面圆鼓，背面附横贯直钮；[22]第103页，图五五：23；与M31：5分别位于左右股骨头上，墓主为7岁左右儿童。

1-14；忻州窑子M34：13；直径1.4厘米；圆形，体小，正面圆鼓，背面附横贯直钮；[22]第114页，图六二：13；包括M34：13～15共3件，位于填土、腰椎、右桡骨内侧及指骨附近，墓主为20～25岁东亚女性。

1-15；忻州窑子M37：14；直径2.6厘米；圆形，体小，正面圆鼓，背面附横贯直钮；[22]第119页，图六六：5；位于骶骨骨面，墓主为16～17岁少年。

1-16；忻州窑子M39：20；直径1.8厘米；圆形，体小，正面圆鼓，背面附横贯直钮；[22]第119页，图六六：10；包括M39：19～22共4件，位于右下端肋骨外侧及左右髋骨上方腰椎两侧，墓主为25岁左右东亚男性。

1-17；忻州窑子M43：21；直径1.5厘米；圆形，体小，正面圆鼓，背面附横贯直钮；[22]第124页，图七〇：14；包括M43：14～30共17件，位于颈椎下侧骨面、腰椎右侧腹腔、右侧髋骨骨面边缘、左侧髋骨、右髋骨外侧及两股骨之间，墓主为8～9岁儿童。

1-18；忻州窑子M45：10；直径1.7厘米；圆形，体小，正面圆鼓，背面附横贯直钮；[22]第124页，图七〇：12。

1-19；忻州窑子M45：11；直径1.3厘米；圆形，体小，正面圆鼓，背面附横贯直钮；[22]第124页，图七〇：21；另有M45：12无图。

1-20；忻州窑子M45：13；直径2.1厘米；圆形，体小，正面圆鼓，背面附横贯直钮；[22]第124页，图七〇：22；包括M45：10～14共5件，分别位于右侧上端肋骨、胸骨、腰椎上，墓主为25～30岁男性。

1-21；忻州窑子M49：20；直径1.5厘米；圆形，体小，正面圆鼓，背面附横贯直钮；[22]第136页，图八一：3；包括M49：19～22共4件，位于左侧肋骨骨隙、左侧肋骨下端、左侧髋骨之下，墓主为14～16岁少年。

1-22；忻州窑子M50：14；直径1.6厘米；圆形，体小，正面圆鼓，背面附横贯直钮；[22]第136页，图八一：18；位于左髋骨上侧，墓主为25岁左右东亚女性。

2

【出土地点】　毛庆沟M8：2①

【尺　　寸】　直径1.1厘米

【形制描述】　圆形，体小。正面圆鼓，背面附横贯直钮。

【发表出处】　［11］第278页，图四四：5

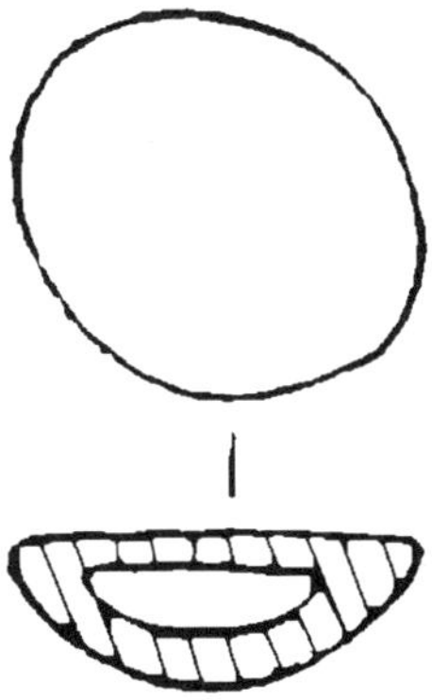

3[①]

【出土地点】　毛庆沟M8：2②

【尺　　寸】　直径2.4厘米

【形制描述】　圆形，正面圆鼓，背面附横贯直钮。

【发表出处】　［11］第278页，图四四：6；图版八一：15

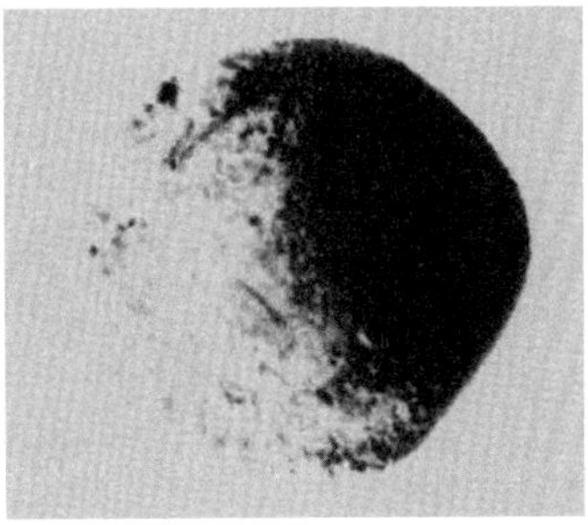

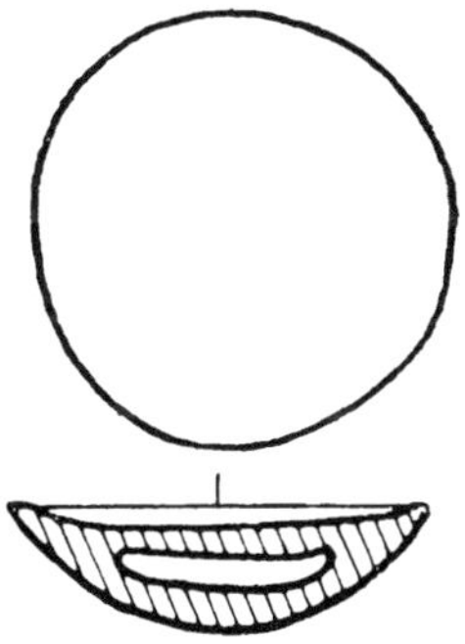

1-23；忻州窑子M53：8；直径1.7厘米；圆形，体小，正面圆鼓，背面附横贯直钮；［22］第141页，图八四：11；位于两股骨之间。

1-24；忻州窑子M59：17；直径0.95厘米；圆形，体小，正面圆鼓，背面附横贯直钮；［22］第150页，图九二：10；位于胸椎骨面之上，墓主为45岁左右北亚女性。

1-25；忻州窑子M60：1；直径1.4厘米；圆形，体小，正面圆鼓，背面附横贯直钮；［22］第153页，图九六：3；散落在颅骨鼻骨内，墓主为25岁左右男性。

1-26；忻州窑子M66：16；直径1.5厘米；圆形，体小，正面圆鼓，背面附横贯直钮；［22］第163页，图一〇四：7；另有M66：17无图，位于右侧肋骨下方及腰椎右侧，墓主为35岁左右东亚男性。

1-27；忻州窑子M67：2；直径1.6厘米；圆形，体小，正面圆鼓，背面附横贯直钮；［22］第166页，图一〇六：5；包括M67：2～4共3件，位于右肱骨内侧、腰椎骨面及左尺骨中段内侧，墓主为45～50岁男性。

1-28；忻州窑子M50：15；直径1厘米；圆形，体小，正面圆鼓，背面附横贯直钮；［22］第136页，图八一：15；报告图与描述不符，以图为准，位于左侧髋骨上侧腓骨外侧，墓主为25岁左右东亚女性。

① 与该器形制相近的还有：

3-1；毛庆沟M5：3①；直径2.4厘米；圆形，正面圆鼓，背面有横贯钮；［11］图版八一：14。

4①

【出土地点】 小双古城M6 ：5

【尺　　寸】 直径2.2厘米

【形制描述】 圆形，正面鼓起呈尖斗笠状，背面附横贯直钮。

【发表出处】 ［21］第194页，图一二一 ：4；彩版四一 ：1、2

【备　　注】 位于腰椎下方骨面之上；墓主为16～17岁女性。

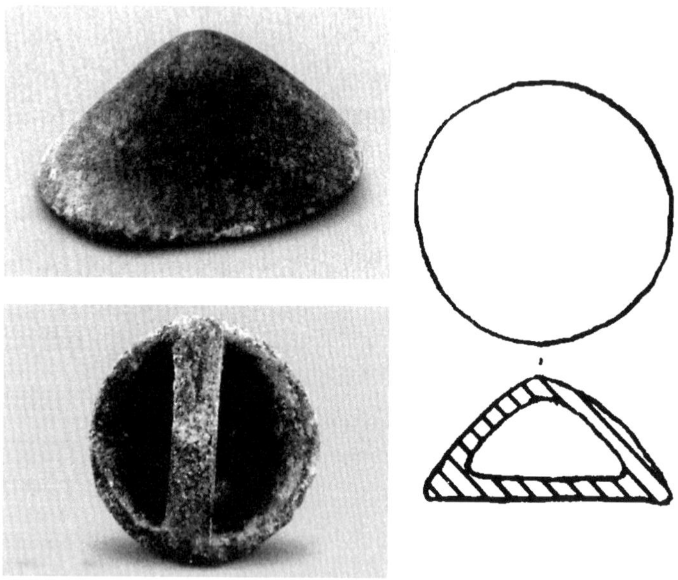

① 与该器形制相近的还有：

4-2；小双古城M11 ：6；直径2.4厘米；圆形，正面鼓起呈尖斗笠状，背面附横贯直钮；［21］第206页，图一三〇 ：7；包括M11 ：5～7共3件，位于左右髋骨骨面、盆骨下端骨面及盆骨之下，墓主为17～18岁男性。

4-3；小双古城M3 ：9；直径2.2厘米；圆形，正面鼓起呈尖斗笠状，背面附横贯直钮；［21］第190页，图一一八 ：2；包括M3 ：8～10共3件，位于左右髋骨骨面及骶骨骨面，墓主为20～25岁东亚女性。

4-4；小双古城M4 ：2；直径2.2厘米；圆形，壁较厚，泡面有长条形穿孔，正面鼓起呈尖斗笠状，背面附横贯直钮；［21］第186页，图一一五 ：6；位于股骨前端骨面之上。

4-5；小双古城M5 ：9；直径2.2厘米；圆形，正面鼓起呈尖斗笠状，背面附横贯直钮；［21］第194页，图一二一 ：10；另有M5 ：8无图，位于右侧胸腔中部肋骨骨面及腰椎左侧腹腔之内，墓主为45岁以上北亚男性。

4-6；小双古城M8 ：6；直径2.4～2.6厘米；圆形，壁较薄，正面鼓起呈尖斗笠状，边缘不甚规整，背面附横贯直钮；［21］第198页，图一二四 ：3；另有M8 ：5无图，位于残存的肋骨右侧及两侧肋骨之间。

4-1

【出土地点】 小双古城M7：2

【尺　　寸】 直径2.4厘米

【形制描述】 圆形，正面鼓起呈尖斗笠状，表面均匀分布三个形状不一的镂空，似人面造型；背面附横贯直钮。

【发表出处】 ［21］第198页，图一二四：2；彩版四一：3、4

【备　　注】 位于右股骨内侧；墓主为45岁以上北亚男性。

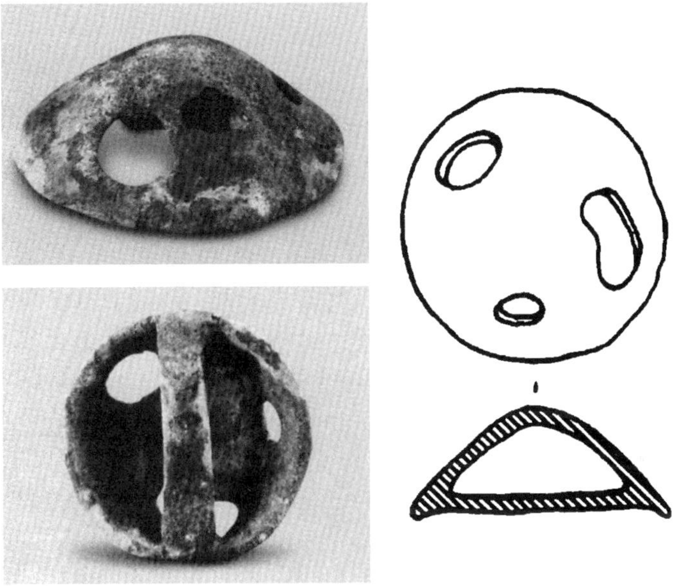

4-7；小双古城M9：12；直径2.4厘米；圆形，正面鼓起呈尖斗笠状，背面附横贯直钮；［21］第202页，图一二七：8；另有M9：13～15无图。

4-8；小双古城M9：16；直径2.2厘米；圆形，边缘略残，正面鼓起呈尖斗笠状，背面附横贯直钮；［21］第202页，图一二七：9；该墓出土包括上文M9：12～15在内形制相似的小型圆泡共5件，分别位于右髋骨骨面、骶骨骨面、两侧髋骨下端结合处及两侧股骨上端骨面，墓主14～16岁。

4-9；小双古城M10：1～3；直径2.7厘米；圆形，正面鼓起呈尖斗笠状，背面附横贯直钮；［21］第198页，图一二四：5；共3件，均位于填土中。

5①

【出土地点】 小双古城M11 ：8

【尺　　寸】 直径2.2厘米

【形制描述】 圆形，正面圆鼓，背面附横贯直钮。

【发表出处】 ［21］第206页，图一三〇 ：5；彩版四一 ：5

【备　　注】 包括M11 ：8、9共2件；分别位于左右髋骨骨面；墓主为17 ～ 18岁男性。

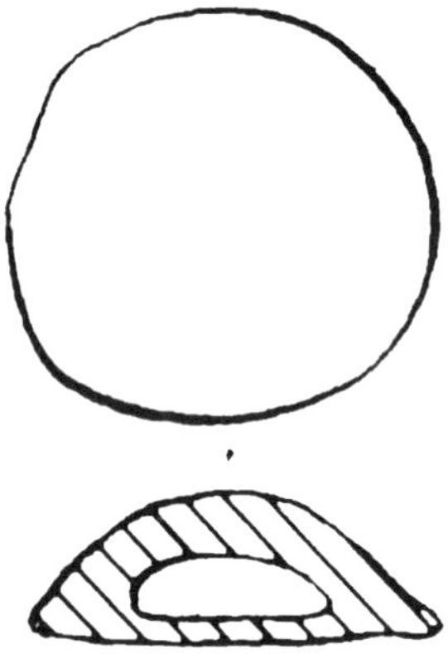

① 与该器形制相近的还有：

5-1；小双古城M2 ：3；直径1厘米；圆形，体小，正面圆鼓，背面附横贯直钮 ;［21］第186页，图一一五 ：3；位于颅骨右侧肩胛上侧，墓主为30岁左右北亚男性。

6

【出土地点】 崞县窑子M12：4–4

【尺　　寸】 直径1.6厘米

【形制描述】 圆形，体小。正面圆鼓，背面附横贯直钮。

【发表出处】 [13]第66页，图一一：15

【备　　注】 该墓地形制相似的共6件，另在M8出土1件，直径仅0.5厘米。

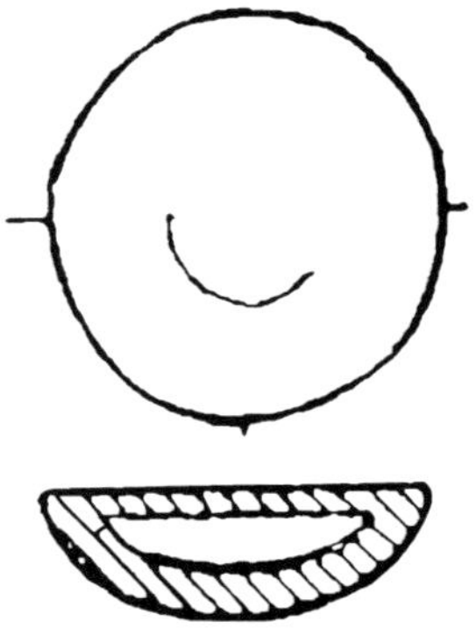

7①

【出土地点】 井沟子M17：8–1

【尺　　寸】 直径1.5厘米

【形制描述】 圆形，体小。正面圆鼓，背面附横贯直钮。

【发表出处】 [24]第88页，图四六：6左

【备　　注】 共13件；直径1.3～1.5厘米；位于B号头骨周围。

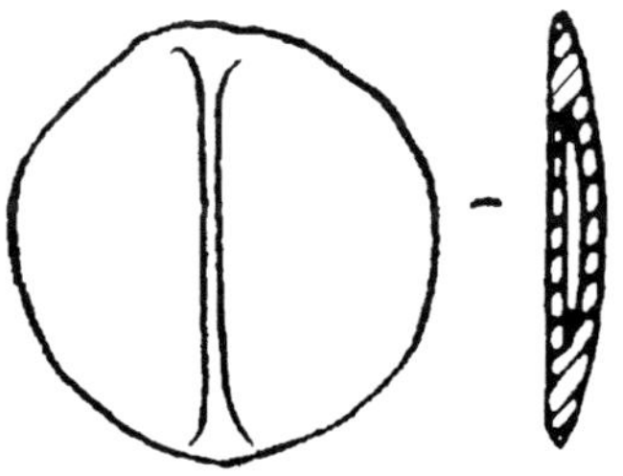

① 与该器形制相近的还有：

7–1；井沟子M1：17；直径1.5厘米；圆形，体小，正面圆鼓，背面附横贯直钮；[24]第35页，图一〇：3；位于扰土中。

7-2；井沟子M3：16-1；直径1.4厘米；圆形，体小，正面圆鼓，背面附横贯直钮；[24]第41页，图一四：5；包括M3：16-1～9共9件。

7-3；井沟子M6：5；直径1.3厘米；圆形，体小，正面圆鼓，背面附横贯直钮；[24]第55页，图二三：3；位于墓底北端。

7-4；井沟子M9：3；直径1.5厘米；圆形，体小，正面圆鼓，背面附横贯直钮；[24]第63页，图二九：3；位于墓底北部近北壁处。

7-5；井沟子M9：4；直径1.6厘米；圆形，体小，正面圆鼓，背面附横贯直钮；[24]第63页，图二九：4；位于墓底北部近北壁处。

7-6；井沟子M10：8；直径1.4厘米；圆形，体小，正面圆鼓，背面附横贯直钮；[24]第65页，图三一：2；位于墓底北部。

7-7；井沟子M11：3-1；直径1.4厘米；圆形，体小，正面圆鼓，背面附横贯直钮；[24]第68页，图三三：2；位于墓底北部。

7-8；井沟子M12：4；残长1.3厘米；圆形，体小，正面圆鼓，背面附横贯直钮，残损大半；[24]第71页，图三五：7；位于C号人骨右眼窝，系覆面烂掉后掉入眼窝。

7-9；井沟子M12：10；残长1.4厘米；圆形，体小，正面圆鼓，背面附横贯直钮；[24]第71页，图三五：6；位于C号人骨左眼窝，系覆面烂掉后掉入眼窝。

7-10；井沟子M12：9；直径1.6厘米；圆形，体小，正面圆鼓，背面附横贯直钮；[24]第71页，图三五：5；位于C号人骨左眼窝，系覆面烂掉后掉入眼窝。

7-11；井沟子M13：13；直径1.4厘米；圆形，体小，正面圆鼓，背面附横贯直钮；[24]第77页，图三八：4；位于C号人骨头部周围。

7-12；井沟子M13：14；直径1.4厘米；圆形，体小，正面圆鼓，背面横贯钮残；[24]第77页，图三八：6；位于C号人骨头部周围。

7-13；井沟子M13：15；直径1.4厘米；圆形，体小，正面圆鼓，背面横贯钮及边缘残；[24]第77页，图三八：7；位于C号人骨头部周围。

7-14；井沟子M13：16；直径1.4厘米；圆形，体小，正面圆鼓，背面附横贯直钮；[24]第77页，图三八：5；位于C号人骨头部周围。

7-15；井沟子M13：18；直径约1.3厘米；圆形，残，体小，正面圆鼓，背面附横贯直钮；[24]第77页，图三八：10；位于C号人骨头部周围。

7-16；井沟子M13：34-1；直径1.4厘米；圆形，体小，正面圆鼓，背面附横贯直钮；[24]第77页，图三八：8；共集中出土4件，位于C号人骨头部周围。

7-17；井沟子M14：2-1；直径1.6厘米；圆形，体小，正面圆鼓，背面附横贯直钮；[24]第80页，图四〇：3；共集中出土12件，直径1.3～1.7厘米，位于北部填土中。

7-18；井沟子M14：7-1；直径1.3厘米；圆形，体小，正面圆鼓，背面附横贯直钮；[24]第80页，图四〇：2右；共5件，位于北部填土中。

7-19；井沟子M15：12；直径约1.4厘米；圆形，体小，正面圆鼓，背面附横贯直钮；[24]第83页，图四二：2；位于墓底南、北、中部靠近西壁边缘。

7-20；井沟子M18：2；直径约1.5厘米；圆形，体小，正面圆鼓，背面附横贯直钮；[24]第91页，图四八：4；位于墓底北部。

7-21；井沟子M19：12-1；直径1.5厘米；圆形，体小，正面圆鼓，背面附横贯直钮；[24]第96页，图五一：1右；共11件，位于墓底A号人骨腰部附近。

7-22；井沟子M20：6-1；直径1.5厘米；圆形，体小，正面圆鼓，背面附横贯直钮；[24]第100页，图五三：10；共3件，直径1.5～1.6厘米，位于墓底中部人骨胸部附近。

7-23；井沟子M22：9-1；直径1.4厘米；圆形，体小，正面圆鼓，背面附横贯直钮；[24]第109页，图五八：12；共4件，直径1.2～1.4厘米，位于B号人骨头部附近及墓底中部。

7-24；井沟子M23：16；直径1.5厘米；圆形，体小，正面圆鼓，背面附横贯直钮；[24]第113页，图六一：9；位于左股骨外侧及腰部附近。

7-25；井沟子M23：14；直径1.5厘米；圆形，体小，正面圆鼓，背面附横贯直钮；[24]第113页，图六一：3；位于左股骨外侧及腰部附近。

7-26；井沟子M24：11-3；直径约1.3厘米；圆形，体小，正面圆鼓，背面附横贯直钮；[24]第117页，图六四：11右下；位于墓底中部近东壁处及墓底东南角。

7-27；井沟子M25：9-2；直径1.3厘米；圆形，体小，正面圆鼓，背面附横贯直钮；[24]第121页，图六六：9下；共11件，直径1.2～1.4厘米，位于人头骨两侧及颈部，报告推测缝于覆面之上。

7-28；井沟子M26：23-9；直径1.5厘米；圆形，体小，正面圆鼓，背面附横贯直钮；[24]第125页，图六八：8左；共8件，直径1.1～1.6厘米，位于A号人骨眼眶内及墓底北部。

7-29；井沟子M26：16；直径1.6厘米；圆形，体小，正面圆鼓，背面附横贯直钮；[24]第125页，图六八：4；位于A号人骨眼眶内及墓底北部。

7-30；井沟子M28：10；直径1.5厘米；圆形，体小，正面圆鼓，背面附横贯直钮；[24]第132页，图七三：12；位于墓底中部偏东约A号人骨髋骨附近。

7-31；井沟子M29：3；直径1.6厘米；圆形，体小，正面圆鼓，背面附横贯直钮；[24]第135页，图七五：5；位于墓底中部及西北部。

7-32；井沟子M30：2；直径1.5厘米；圆形，体小，正面圆鼓，背面附横贯直钮；[24]第138页，图七七：4；位于扰土中。

7-33；井沟子M31：23-2；直径1.25厘米；圆形，体小，正面圆鼓，背面附横贯直钮；[24]第143页，图八〇：11右；共10件，直径1.2～1.5厘米。

7-34；井沟子M32：12；直径约1.3厘米；圆形，体小，正面圆鼓，背面附横贯直钮；[24]第146页，图八二：16；散落于墓底北半部。

7-35；井沟子M33：46；直径1.3厘米；圆形，体小，正面圆鼓，背面附横贯直钮；[24]第150页，图八四：5。

7-36；井沟子M34：8；直径1.4厘米；圆形，体小，正面圆鼓，背面附横贯直钮；[24]第159页，图八八：11；位于墓底北端。

7-37；井沟子M36：5；直径1.35厘米；圆形，体小，正面圆鼓，背面附横贯直钮；[24]第165页，图九三：19；位于墓底北半部。

7-38；井沟子M36：8；直径约1.3厘米；圆形，体小，正面圆鼓，背面附横贯直钮；[24]第165页，图九三：15；位于墓底北半部。

7-39；井沟子M39：1；直径1.5厘米；圆形，体小，正面圆鼓，背面附横贯直钮；[24]第172页，图九九：1；位于墓底南部。

7-40；井沟子M40：2；直径1.6厘米；圆形，体小，正面圆鼓，背面附横贯直钮；[24]第175页，图一〇一：8。

7-41；井沟子M40：9-1；直径1.1厘米；圆形，体小，正面圆鼓，背面附横贯直钮；[24]第175页，图一〇一：9右。

7-42；井沟子M41：40；直径1.45厘米；圆形，体小，正面圆鼓，背面附横贯直钮；[24]第178页，图一〇三：5；位于B号人骨头骨周围。

7-43；井沟子M43：7；直径1.5厘米；圆形，体小，正面圆鼓，背面附横贯直钮；[24]第185页，图一〇八：4；散布于墓底中部。

7-44；井沟子M44：3；直径约1.4厘米；圆形，体小，正面圆鼓，背面附横贯直钮；[24]第187页，图一一〇：2；位于墓底中部。

7-45；井沟子M45：5；直径1.5厘米；圆形，体小，正面圆鼓，背面附横贯直钮；[24]第190页，图一一二：7；位于人骨颈部周围。

7-46；井沟子M46：1-1；直径1.5厘米；圆形，体小，正面圆鼓，背面附横贯直钮；[24]第195页，图一一五：14左；位于墓底南部偏东。

7-47；井沟子M46：12-1；直径1.2厘米；圆形，体小，正面圆鼓，背面附横贯直钮；[24]第195页，图一一五：6左；位于墓底南部偏东。

7-48；井沟子M47：24-1；直径1.4厘米；圆形，体小，正面圆鼓，背面附横贯直钮；[24]第200页，图一一八：9；散布在墓底东北及南半部。

7-49；井沟子M47：1-1；直径1.4厘米；圆形，体小，正面圆鼓，背面附横贯直钮；[24]第200页，图一一八：7左；散布在墓底东北及南半部。

7-50；井沟子M50：8；直径约1.4厘米；圆形，体小，正面圆鼓，背面附横贯直钮；[24]第214页，图一二六：7。

7-51；井沟子M50：10-1；直径1.4厘米；圆形，体小，正面圆鼓，背面附横贯直钮；[24]第214页，图一二六：3。

7-52；井沟子M50：1；直径约1.5厘米；圆形，体小，正面圆鼓，背面附横贯直钮；[24]第214页，图一二六：4。

7-53；井沟子M51：1-1；直径1.4厘米；圆形，体小，正面圆鼓，背面附横贯直钮；[24]第220页，图一三〇：7上；位于扰土及墓底中部。

7-54；井沟子M52：3；直径约1.6厘米；圆形，体小，正面圆鼓，背面附横贯直钮；[24]第223页，图一三二：3；位于墓底北部偏东。

7-55；井沟子M52：4-1；直径1.4厘米；圆形，体小，正面圆鼓，背面附横贯直钮；[24]第223页，图一三二：2；位于墓底北部偏东。

7-56；井沟子M53：6；直径1.5厘米；圆形，体小，正面圆鼓，背面附横贯直钮；[24]第226页，图一三四：5；散布在墓底北端。

7-57；井沟子M54：2-1；直径1.6厘米；圆形，体小，正面圆鼓，背面附横贯直钮；[24]第229页，图一三六：3下；位于墓底南端。

7-58；井沟子M55：26-1；直径1.4厘米；圆形，体小，正面圆鼓，背面附横贯直钮；[24]第234页，图一三九：2左；散布在墓底。

7-59；井沟子M55：22-2；直径1.6厘米；圆形，体小，正面圆鼓，背面附横贯直钮；[24]第234页，图一三九：3左下；散布在墓底。

7-60；井沟子H6：2；直径1.5厘米；圆形，体小，正面圆鼓，背面附横贯直钮；[24]第268页，图一五九：2。

7-61；井沟子H5：8；直径1.5厘米；圆形，体小，正面圆鼓，背面附横贯直钮；[24]第265页，图一五七：14。

7-62；井沟子H5：9；直径1.6厘米；圆形，体小，正面圆鼓，背面附横贯直钮；[24]第265页，图一五七：15。

7-63；井沟子H5：10；直径1.4厘米；圆形，体小，正面圆鼓，背面附横贯直钮；[24]第265页，图一五七：16。

7-64；井沟子H5：11；直径1.5厘米；圆形，体小，正面圆鼓，背面附横贯直钮；[24]第265页，图一五七：17。

7-65；井沟子H5：12；直径1.4厘米；圆形，体小，正面圆鼓，背面附横贯直钮；[24]第265页，图一五七：18。

7-66；井沟子H5：13；直径1.5厘米；圆形，体小，正面圆鼓，背面附横贯直钮；[24]第265页，图一五七：19。

7-67；井沟子H5：14；直径1.3厘米；圆形，体小，正面圆鼓，背面附横贯直钮；[24]第265页，图一五七：20。

7-68；井沟子H5：15；直径1.4厘米；圆形，体小，正面圆鼓，背面附横贯直钮；[24]第265页，图一五七：21。

7-69；井沟子H5：21；直径1.45厘米；圆形，体小，正面圆鼓，背面附横贯直钮；[24]第265页，图一五七：22。

7-70；井沟子H5：22；直径1.4厘米；圆形，体小，正面圆鼓，背面附横贯直钮；[24]第265页，图一五七：23。

7-71；井沟子H5：23；直径约1.3厘米；圆形，体小，正面圆鼓，背面附横贯直钮；[24]第265页，图一五七：24。

7-72；井沟子M18：4；直径约1.3厘米；圆形，体小，正面圆鼓，背面附横贯直钮，边缘一侧出疣；

［24］第91页，图四八：3；位于墓底北部。

7-73；井沟子M34：4；直径1.3厘米；圆形，体小，正面圆鼓，背面附横贯直钮，边缘一侧出疣；［24］第159页，图八八：8；位于墓底北端。

7-74；井沟子M41：7；直径1.5厘米；圆形，体小，正面圆鼓，背面附横贯直钮，边缘一侧出疣；［24］第178页，图一〇三：4；位于B号人骨头部周围。

7-75；井沟子M44：7；直径1.4厘米；圆形，体小，正面圆鼓，背面附横贯直钮，边缘一侧出疣；［24］第187页，图一一〇：3；位于墓底中部。

7-76；井沟子M1：19；圆形，体小，正面圆鼓，背面附横贯直钮；［24］第35页，图一〇：4；位于扰土中。

7-77；井沟子M11：2；直径1.5厘米；圆形，体小，正面圆鼓，背面附横贯直钮；［24］第68页，图三三：1；位于墓底北部。

7-78；井沟子M12：15；直径1.7厘米；圆形，体小，正面圆鼓，背面附横贯直钮；［24］第71页，图三五：4；位于D号头骨内，系覆面腐烂后掉入眼窝内。

7-79；井沟子M14：7-6；直径约1.1厘米；圆形，体小，正面圆鼓，背面附横贯直钮；［24］第80页，图四〇：2左；位于北部填土中。

7-80；井沟子M15：4-1；直径约1.2厘米；圆形，体小，正面圆鼓，背面附横贯直钮；［24］第83页，图四二：3；共2件，位于填土中。

7-81；井沟子M16：1；直径1.7厘米；圆形，体小，正面圆鼓，背面附横贯直钮；［24］第86页，图四四：3；位于墓底。

7-82；井沟子M23：11；直径1.4厘米；圆形，体小，正面圆鼓，背面附横贯直钮；［24］第113页，图六一：5；位于墓底人骨腰部周围。

7-83；井沟子M23：13；直径1.4厘米；圆形，体小，正面圆鼓，背面附横贯直钮；［24］第113页，图六一：6；位于墓底人骨腰部周围。

7-84；井沟子M28：11；直径1.8厘米；圆形，体小，正面圆鼓，背面附横贯直钮；［24］第132页，图七三：13；位于墓底中部偏东。

7-85；井沟子M36：9；直径1.4厘米；圆形，体小，正面圆鼓，背面附横贯直钮；［24］第165页，图九三：14；位于墓底北半部。

7-86；井沟子M36：7-1；直径1.45厘米；圆形，体小，正面圆鼓，背面附横贯直钮；［24］第165页，图九三：16左；位于墓底北半部。

7-87；井沟子M36：7-2；直径1.4厘米；圆形，体小，正面圆鼓，背面附横贯直钮；［24］第165页，图九三：16右；位于墓底北半部。

7-88；井沟子M36：4；直径约1.4厘米；圆形，体小，正面圆鼓，背面附横贯直钮；［24］第165页，图九三：17；位于墓底北半部。

7-89；井沟子M40：9-2；直径约1.1厘米；圆形，体小，正面圆鼓，背面附横贯直钮；［24］第175页，图一〇一：9左；位于墓底中南部。

7-90；井沟子M43：6；直径1.3厘米；圆形，体小，正面圆鼓，背面附横贯直钮；［24］第185页，图一〇八：3；散布于墓底中部。

7-91；井沟子M46：2-1；直径0.9厘米；圆形，体小，正面圆鼓，背面附横贯直钮；［24］第195页，图一一五：9左；位于填土及墓底南部偏东。

7-92；井沟子M46：12-2；直径1.2厘米；圆形，体小，正面圆鼓，背面附横贯直钮；［24］第195页，图一一五：6右；位于填土及墓底南部偏东。

7-93；井沟子M46：13-1；直径1.1厘米；圆形，体小，正面圆鼓，背面附横贯直钮；［24］第195页，图一一五：7；位于填土及墓底南部偏东。

7-94；井沟子M55：22-3；直径1.1厘米；圆形，体小，正面圆鼓，背面附横贯直钮；［24］第234页，图一三九：3左上；散布在墓底。

7-95；井沟子M57：3；直径约1.1厘米；圆形，体小，正面圆鼓，背面附横贯直钮；［24］第244页，图一四五：4；位于墓底中部近东壁处。

8[①]

【出土地点】 井沟子M15：9-1

【尺　　寸】 直径2.8厘米

【形制描述】 圆形，正面中部圆鼓、边缘平齐呈礼帽形，鼓起处背面附横贯钮。

【发表出处】 ［24］第83页，图四二：11

【备　　注】 位于填土中。

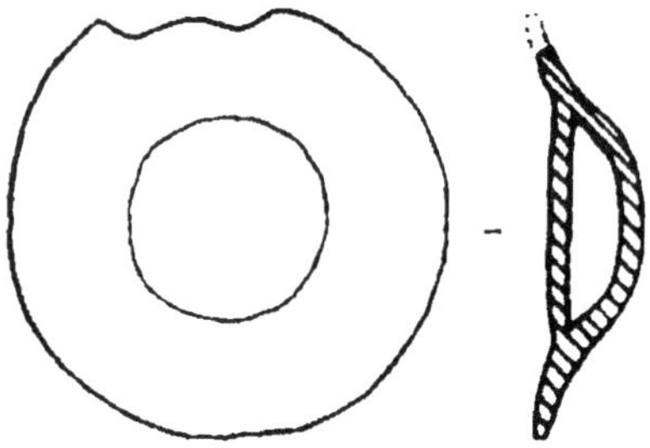

① 与该器形制相近的还有：

8-1；井沟子M13：38；直径3厘米；圆形，正面中部圆鼓、边缘平齐呈礼帽形，鼓起处背面附横贯钮；［24］第77页，图三八：20；位于C号人骨头部周围。

8-2；井沟子M13：7；直径2.7厘米；圆形，正面中部圆鼓、边缘平齐呈礼帽形，鼓起处背面附横贯钮；［24］第77页，图三八：19；位于C号人骨头部周围。

8-3；井沟子M16：2；直径2.7厘米；圆形，正面中部圆鼓、边缘平齐呈礼帽形，鼓起处背面附横贯钮；［24］第86页，图四四：2；位于墓底北部或中部。

8-4；井沟子M22：7；直径2.6厘米；圆形，正面中部圆鼓、边缘平齐呈礼帽形，鼓起处背面附横贯钮；［24］第109页，图五八：10；位于墓底南部B号人骨头部周围。

8-5；井沟子M25：7；直径约2.6厘米；圆形，正面中部圆鼓、边缘平齐呈礼帽形，鼓起处背面附横贯钮；［24］第121页，图六六：12。

8-6；井沟子M25：13-2；直径2.5厘米；圆形，正面中部圆鼓、边缘平齐呈礼帽形，鼓起处背面附横贯钮；［24］第121页，图六六：11下；该墓出土包括上文M25：7在内形制相似的泡饰共4件，另有2件无图，分别位于人骨两侧及颈部、腰部。

8-7；井沟子M31：13；直径3厘米；圆形，正面中部圆鼓、边缘平齐呈礼帽形，鼓起处背面附横贯钮；［24］第143页，图八○：9。

8-8；井沟子M38：1；直径2.6厘米；圆形，正面中部圆鼓、边缘平齐呈礼帽形，鼓起处背面附横贯钮；［24］第170页，图九七：2；位于墓底北端。

9

【出土地点】 铁匠沟AM1 ：25

【尺　　寸】 直径2.1厘米

【形制描述】 圆形，正面圆鼓，背面附横贯直钮。

【发表出处】 ［23］第89页，图九 ：8

【备　　注】 另有3件无图。

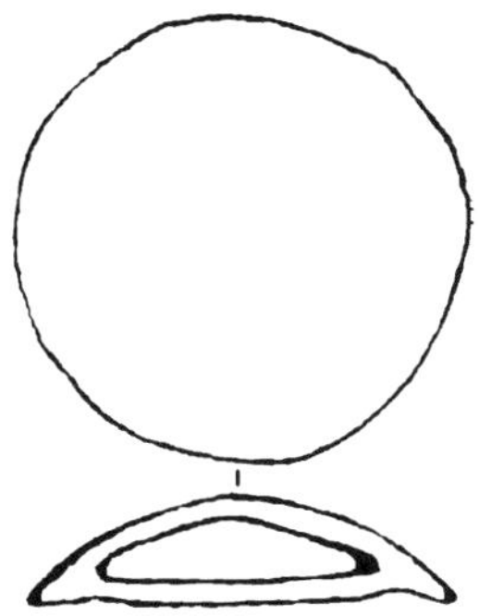

10

【出土地点】 新店子M41 ：7

【尺　　寸】 直径1.5厘米

【形制描述】 圆形，正面圆弧，背面附横贯钮。

【发表出处】 ［20］第7页，图六 ：7

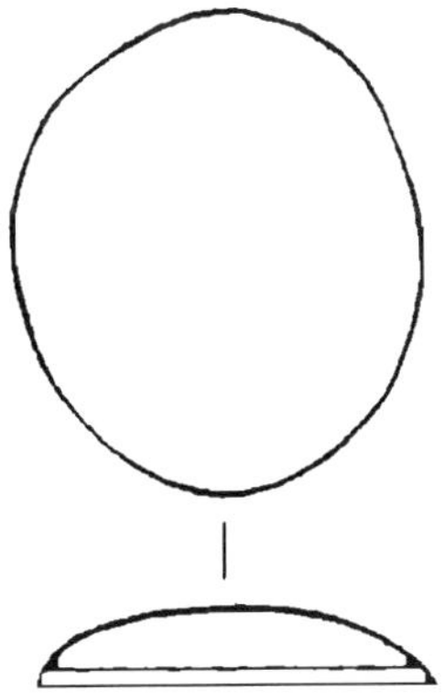

10-1

【出土地点】 新店子M19：4～13

【尺　　寸】 直径1～1.6厘米

【形制描述】 圆形，正面圆弧，背面附横贯钮。

【发表出处】［20］图版四：3

11

【出土地点】 毛庆沟M6：15①

【尺　　寸】 直径2厘米

【形制描述】 圆形，正面鼓起呈斗笠状，剖面为三角形，背面附横贯钮。

【发表出处】［11］第278页，图四四：7；图版八一：19

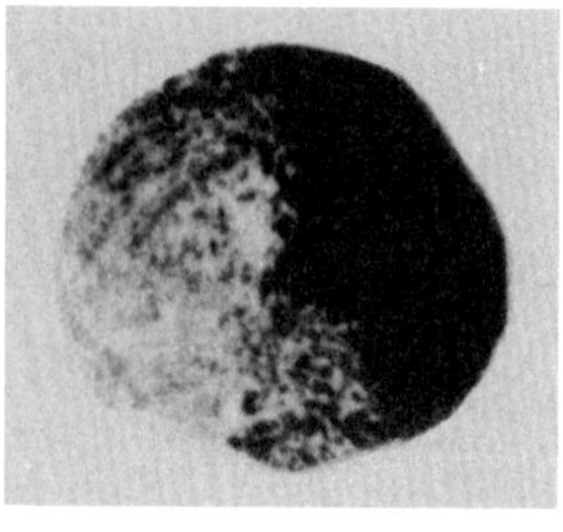

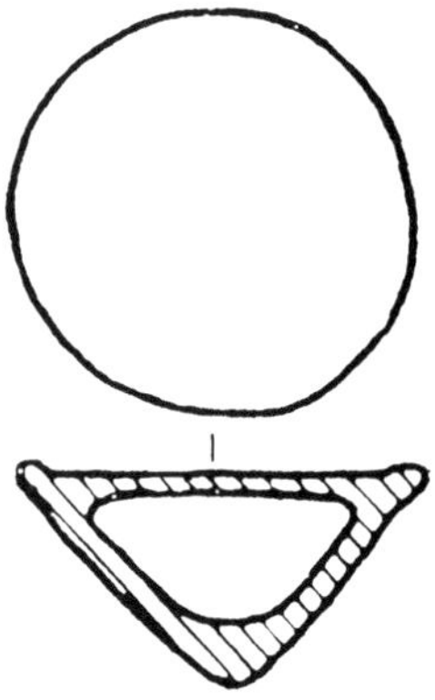

11-1

【出土地点】 毛庆沟M6：15②

【尺　　寸】 直径2.4厘米

【形制描述】 圆形，正面鼓起呈斗笠状，剖面为三角形，背面附横贯钮。

【发表出处】 ［11］第278页，图四四：9；图版八一：12

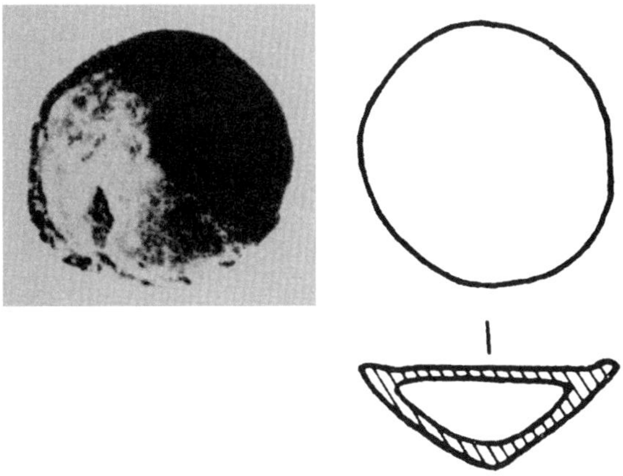

12

【出土地点】 沟里头

【尺　　寸】 直径2厘米

【形制描述】 圆形，正面圆鼓，背面附横贯直钮。

【发表出处】 ［18］第473页，图二：3

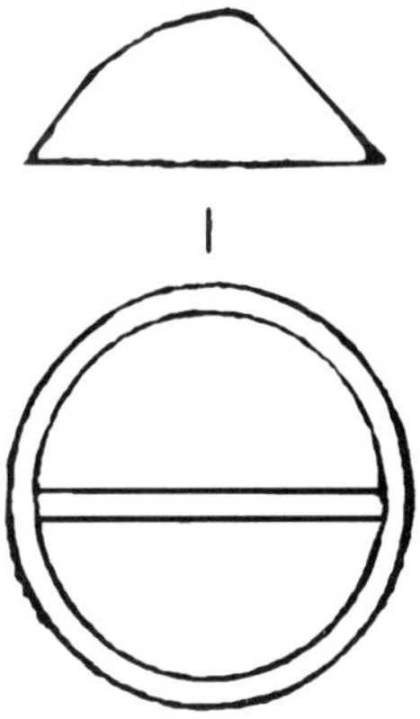

13

【出土地点】 饮牛沟82EM5 ：2

【尺　　寸】 直径2.3厘米

【形制描述】 圆形，正面圆鼓，背面附横贯钮。

【发表出处】 ［9］第30页，图八：3

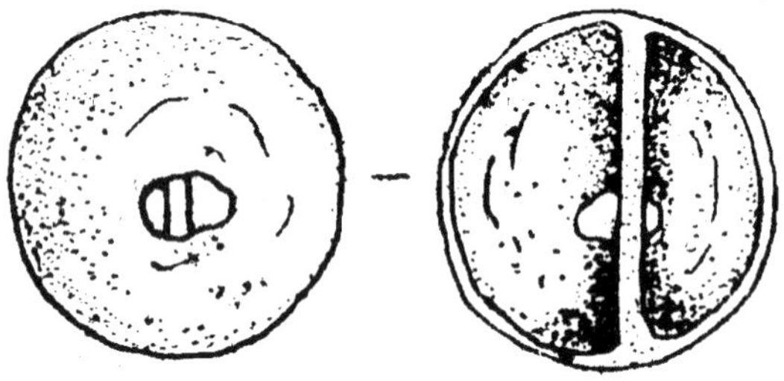

14①

【出土地点】 水泉M21 ：4

【尺　　寸】 直径1.2厘米

【形制描述】 圆形，正面圆鼓，背面附横贯钮。

【发表出处】 ［25］第250页，图一六四：8

【备　　注】 位于髋骨外侧近墓壁处。

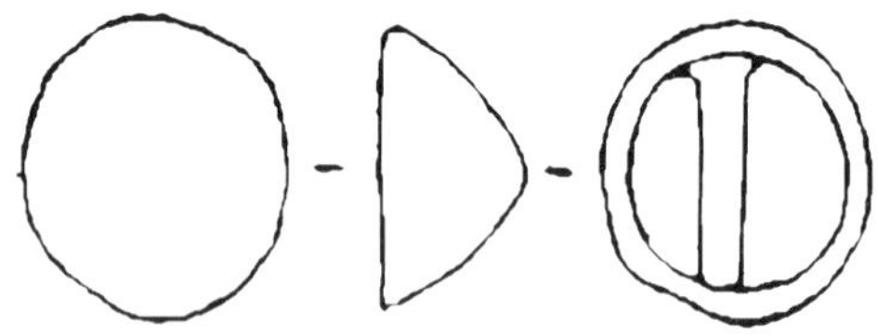

---

① 与该器形制相近的还有：

14-1；水泉M23 ：3～6；直径1厘米；圆形，正面圆鼓，背面附横贯钮；［25］第254页，图一六七：5；共4件。

14-2；水泉M24 ：2；残损严重，仅存部分横贯直钮和扣面缘；［25］第256页，图一六九：18；尺寸未发表。

14-3；水泉M24 ：3；直径1厘米；圆形，正面鼓起呈斗笠状，背面附横贯钮；［25］第256页，图一六九：7。

14-4；水泉M24 ：4；直径1.1厘米；圆形，正面鼓起呈斗笠状，背面附横贯钮；［25］第256页，图一六九：8。

14-5；水泉M19 ：3；直径1.5厘米；圆形，正面圆鼓，背面附横贯钮；［25］第243页，图一五八：9。

15

【出土地点】　阿鲁柴登

【尺　　寸】　直径1.2厘米

【形制描述】　圆形，正面圆鼓。

【发表出处】　［6］图版一二：8

【备　　注】　共4件；金片压成，重2.3克；背钮看不见。

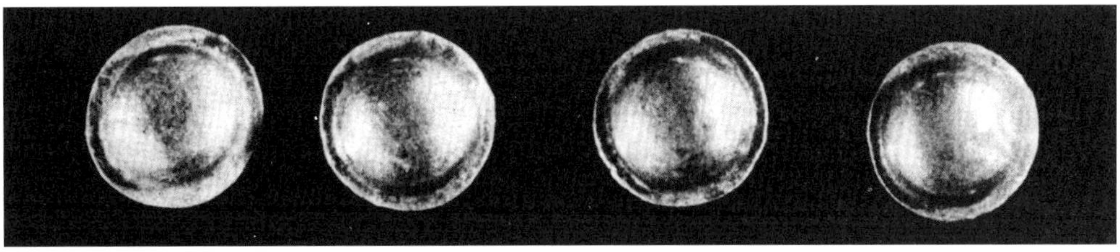

16

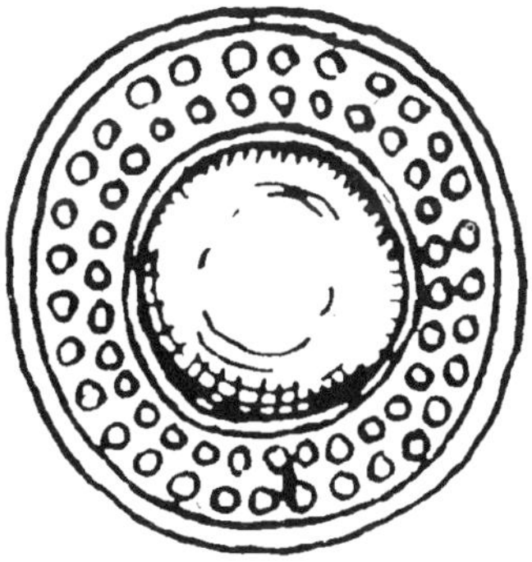

【出土地点】　水涧沟门

【尺　　寸】　直径3.1～3.4厘米

【形制描述】　圆形，正面圆鼓，边缘饰凸弦纹两圈，圈内以两层粟点纹填充。

【发表出处】　［3］第51页，图二：5

【备　　注】　报告认为是马具；共16件，另有大者6件，直径4.5厘米，无图；背钮看不见。

17

【出土地点】 水涧沟门

【尺　　寸】 直径3.1～3.4厘米

【形制描述】 圆形，正面圆鼓，中间饰螺旋纹。

【发表出处】［3］第51页，图二：6

【备　　注】 报告认为是马具；背钮看不见。

18

【出土地点】 公苏壕M1：23

【尺　　寸】 直径2.1厘米

【形制描述】 圆形，正面鼓起呈斗笠状，饰三周同心圆纹；背面附横贯钮。

【发表出处】［4］第136页，图六：11

【备　　注】 共3件。

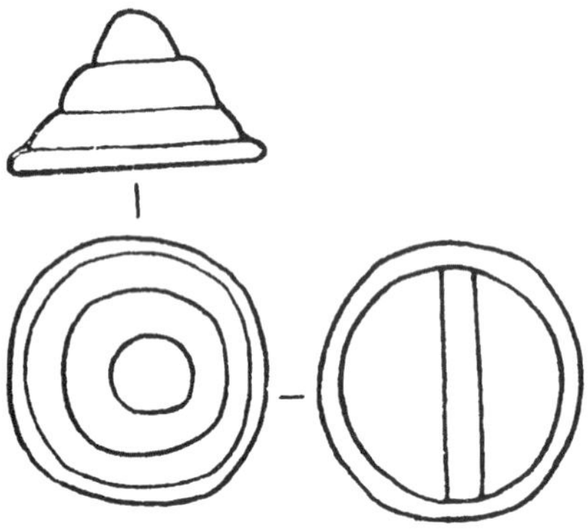

19

【出土地点】 毛庆沟M6 ：14

【尺　　寸】 直径2.3厘米

【形制描述】 圆形，正面圆鼓，饰两周同心圆纹；背面附横贯钮。

【发表出处】 ［11］第278页，图四四 ：4；图版八一 ：13。

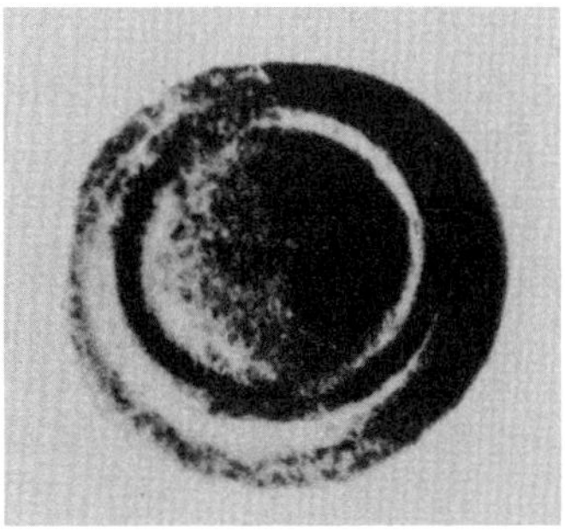

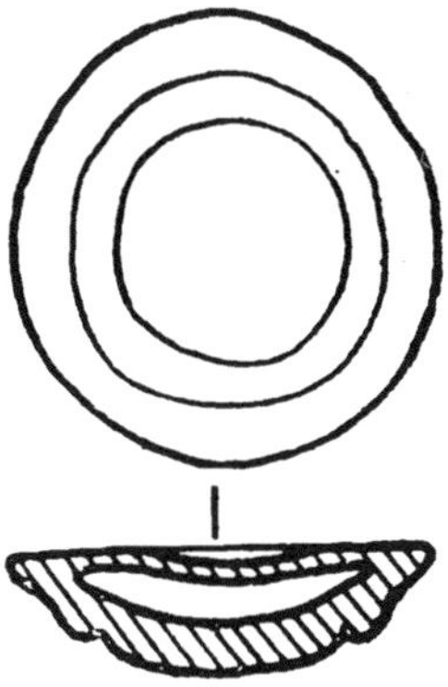

20

【出土地点】 西沟畔M3 ：10、11

【尺　　寸】 直径1.9厘米

【形制描述】 圆形，体小。正面圆鼓，边缘饰短线纹，背面附横贯钮。

【发表出处】 ［7］第4页，图六 ：11

【备　　注】 共2件。

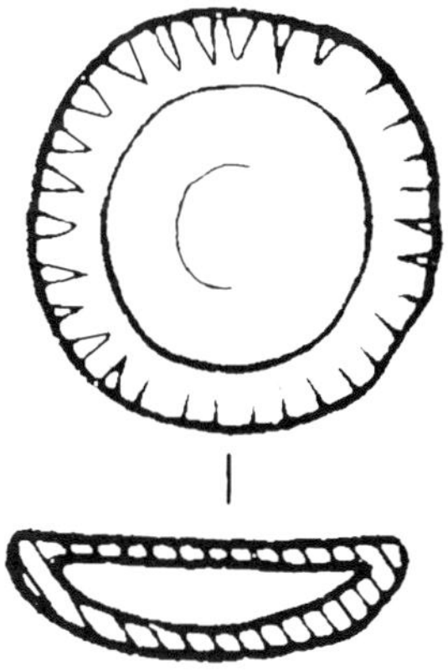

21

【出土地点】 宝亥社

【尺　　寸】 直径2.1厘米

【形制描述】 圆形，正面圆鼓，背面中央有桥形钮。

【发表出处】 ［12］第82页，图六：13

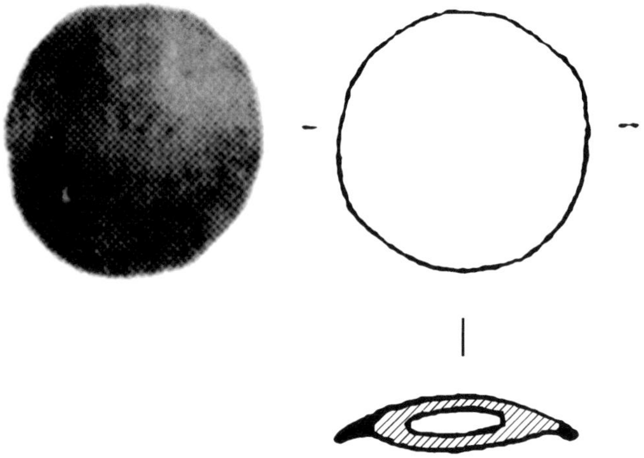

22

【出土地点】 西园M4：1

【尺　　寸】 直径5厘米

【形制描述】 圆形，体较大。正面圆鼓，背面中央有桥形钮。

【发表出处】 ［15］第18页，图五：2

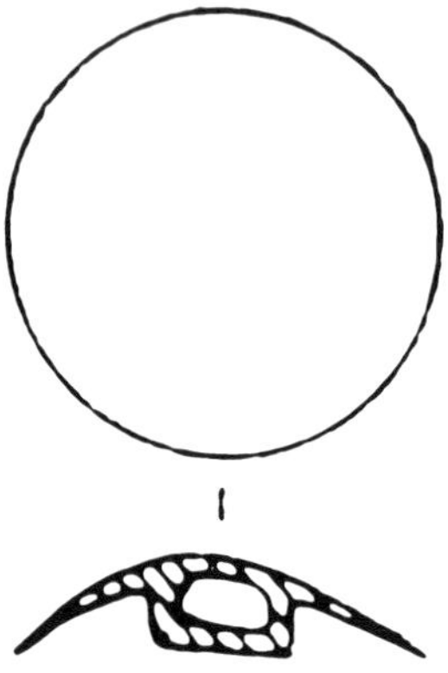

23①

【出土地点】 忻州窑子M2 ：14

【尺　　寸】 直径4.4厘米

【形制描述】 圆形，体较大。正面圆鼓，背面中央有桥形钮。

【发表出处】 ［22］第51页，图一六 ：12

【备　　注】 位于胸腔内；墓主为10岁左右儿童。

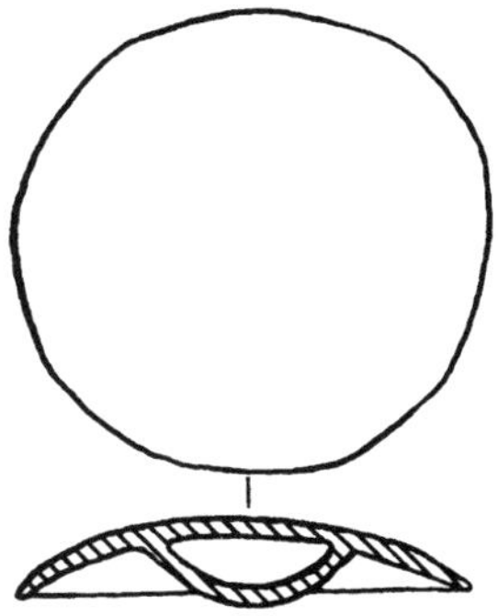

24

【出土地点】 崞县窑子M6 ：7–2

【尺　　寸】 直径4.7厘米

【形制描述】 圆形，体大而薄。正面圆鼓，边缘处有两个对称穿孔，背面中央有桥形钮。

【发表出处】 ［13］第66页，图一一 ：13

【备　　注】 位于尺骨内侧髋骨上方，墓主为45 ～ 50岁男性。

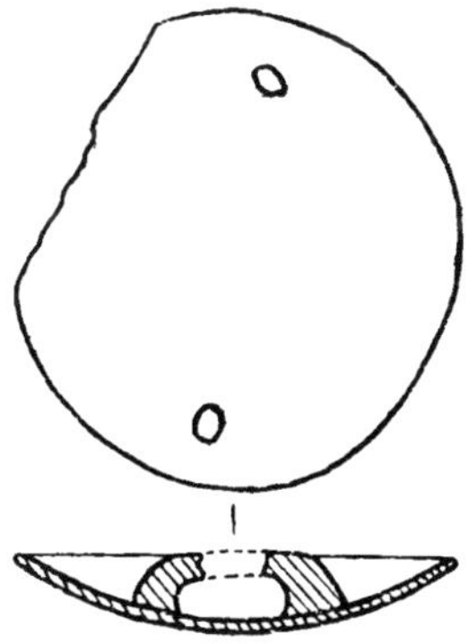

① 与该器形制相近的还有：

23–1；忻州窑子M64 ：11；直径4.5厘米；圆形，体较大，正面圆鼓，背面中央有桥形钮；［22］第159页，图一〇一 ：17；位于墓圹内填土中，墓主为30 ～ 35岁男性。

25

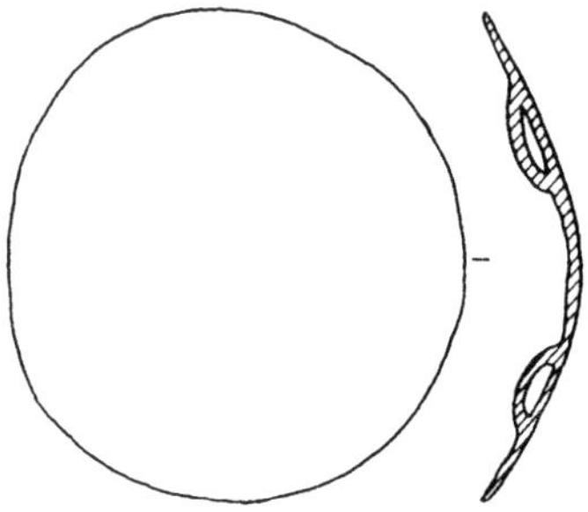

【出土地点】 井沟子M47 ：20

【尺　　寸】 直径5.3厘米

【形制描述】 圆形，体较大。正面圆鼓，背面上下各有一个桥形钮。

【发表出处】 ［24］第200页，图一一八 ：11

【备　　注】 位于墓底。

26①

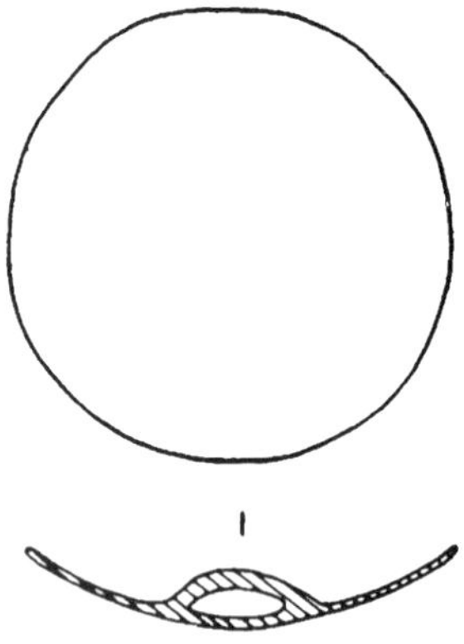

【出土地点】 井沟子M45 ：14

【尺　　寸】 直径4.9厘米

【形制描述】 圆形，体较大。正面圆鼓，背面中央有桥形钮。

【发表出处】 ［24］第191页，图一一三 ：2

【备　　注】 位于人骨腰部。

---

① 与该器形制相近的还有：

26-1；井沟子M45 ：10；直径4.9厘米；圆形，体较大，正面圆鼓，背面中央有桥形钮；［24］第191页，图一一三 ：1；位于人骨腰部。

26-2；井沟子M45 ：11；直径4.9厘米；圆形，体较大，正面圆鼓，背面中央有桥形钮；［24］第191页，图一一三 ：5；位于人骨腰部。

26-3；井沟子M45 ：12；直径4.9厘米；圆形，体较大，正面圆鼓，背面中央有桥形钮；［24］第191页，图一一三 ：4；位于人骨腰部。

26-4；井沟子M45 ：13；直径4.9厘米；圆形，体较大，正面圆鼓，背面中央有桥形钮；［24］第191页，图一一三 ：3；位于人骨腰部。

27[①]

【出土地点】 忻州窑子M28 ：29

【尺　　寸】 直径2.7厘米

【形制描述】 圆形，正面圆鼓，背面中央有桥形钮。

【发表出处】 ［22］第100页，图五三：14；彩版二九：5、6

【备　　注】 该墓出土各种形制泡饰共12件；分别位于右肱骨内外、胸椎、左肱骨外、右尺骨与桡骨上、右腹腔、左尺骨与桡骨间、右髋骨及两股骨之间盆骨下侧；墓主为25～30岁北亚男性。

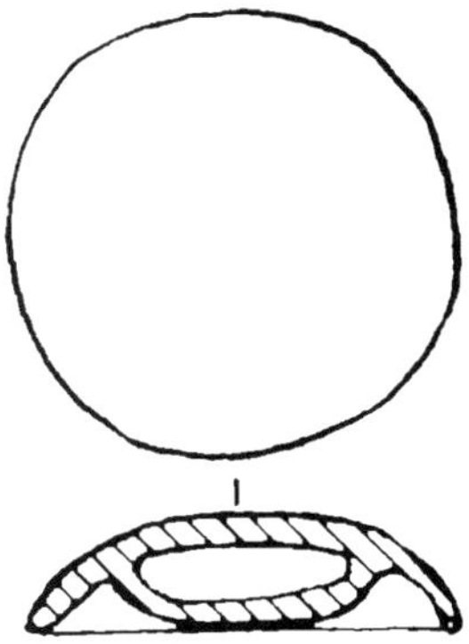

① 与该器形制相近的还有：

27-1；忻州窑子M22：41；直径2.7厘米；圆形，正面圆鼓，背面中央有桥形钮；［22］第84页，图四二：27。

27-2；忻州窑子M22：42；直径2.7厘米；圆形，正面圆鼓，背面中央有桥形钮；［22］第84页，图四二：25；该墓出土各种形制的铜泡共16件，分别位于右腹腔、左右肱骨内侧肋骨外侧、左右肋骨下端、骶骨骨端、左髋骨骨端、左侧髋骨之下桡骨之上、左髋骨下端骨面、腹部及盆骨之下，墓主为20岁左右东亚男性。

27-3；忻州窑子M29：31；直径2.8厘米；圆形，正面圆鼓，背面中央有桥形钮；［22］第103页，图五五：2；位于骶骨下端左侧与髋骨骨隙之间，墓主为16～17岁女性。

27-4；忻州窑子M30：12；直径2.75厘米；圆形，正面圆鼓，背面中央有桥形钮；［22］第103页，图五五：5；另有M30：11无图，分别位于胸椎和腰椎之上，墓主为45～50岁女性。

27-5；忻州窑子M63：6；直径2.5厘米；圆形，正面圆鼓，背面中央有桥形钮；［22］第315页，图九六：13；位于右侧股骨头骨面之上，墓主为30～35岁北亚女性。

28

【出土地点】 小双古城M4：3

【尺　　寸】 直径2.2厘米

【形制描述】 圆形，正面圆弧，背面中央有桥形钮。

【发表出处】 ［21］第186页，图一一五：5；彩版四一：7、8

【备　　注】 位于股骨前端骨面之上。

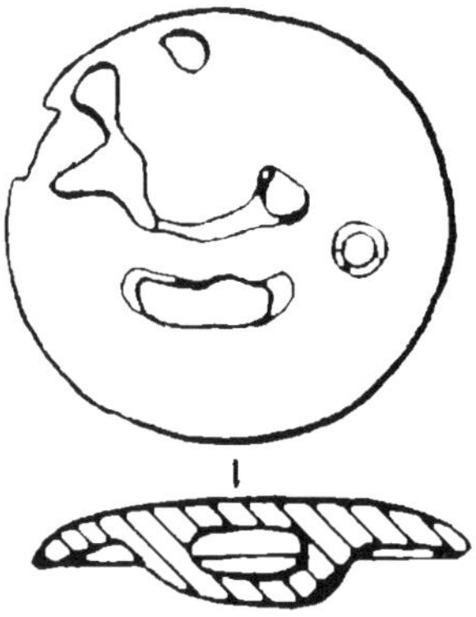

29

【出土地点】 崞县窑子M12：4-3

【尺　　寸】 直径2.7厘米

【形制描述】 圆形，正面圆鼓，背面中央有桥形钮。

【发表出处】 ［13］第66页，图一一：14

【备　　注】 该墓地形制相似的共8件。

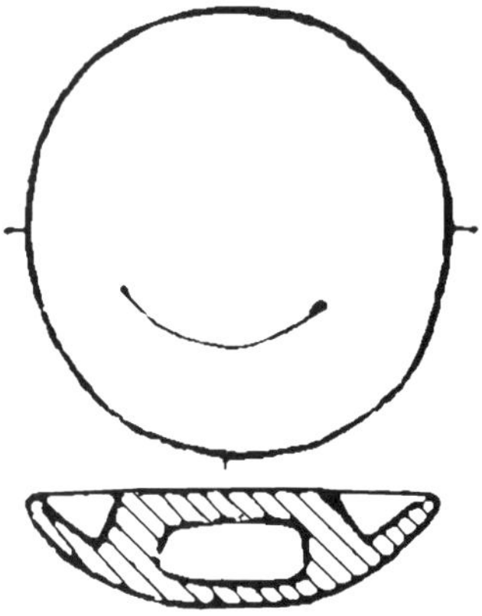

30

【出土地点】 铁匠沟AM3：4

【尺　　寸】 直径3.3厘米

【形制描述】 圆形，正面圆鼓，背面有两个相连的桥形钮。

【发表出处】 [23] 第89页，图九：4

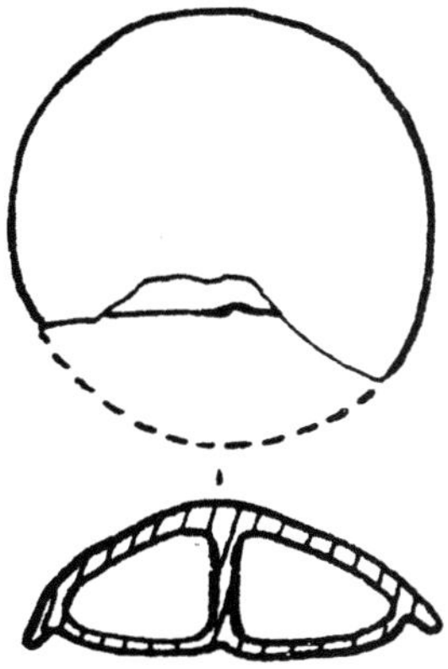

31①

【出土地点】 井沟子M5：3

【尺　　寸】 直径3.3厘米

【形制描述】 圆形，正面圆鼓，背面中央有桥形钮。

【发表出处】 [24] 第52页，图二一：14

【备　　注】 位于人骨相当于腰部的位置。

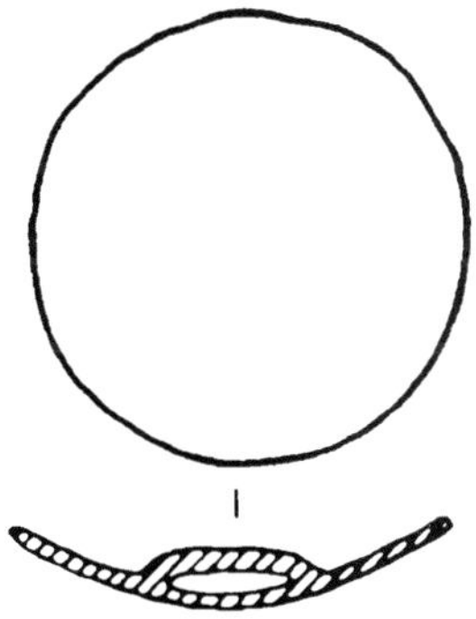

① 与该器形制相近的还有：

31-1；井沟子M5：5；直径2.6厘米；圆形，正面圆鼓，背面中央有桥形钮；[24] 第52页，图二一：17；位于人骨相当于腰部的位置。

31-2；井沟子M5：8；直径3.3厘米；圆形，正面圆鼓，背面中央有桥形钮；[24] 第52页，图二一：15；位于人骨相当于腰部的位置。

31-3；井沟子M5：9；直径3.2厘米；圆形，正面圆鼓，背面中央有桥形钮；[24] 第52页，图二一：16；位于人骨相当于腰部的位置。

31-4；井沟子M5：10；直径3.3厘米；圆形，正面圆鼓，背面中央有桥形钮；[24]第52页，图二一：9；位于人骨相当于腰部的位置。

31-5；井沟子M5：11；直径2.9厘米；圆形，正面圆鼓，背面中央有桥形钮；[24]第52页，图二一：18；位于人骨相当于腰部的位置。

31-6；井沟子M5：12；直径3.3厘米；圆形，正面圆鼓，背面中央有桥形钮；[24]第52页，图二一：20；位于人骨相当于腰部的位置。

31-7；井沟子M5：13；直径2.8厘米；圆形，正面圆鼓，背面中央有桥形钮；[24]第52页，图二一：19；位于人骨相当于腰部的位置。

31-8；井沟子M13：23；直径2.7厘米；圆形，正面圆鼓，背面中央有桥形钮；[24]第77页，图三八：16；位于A、B两人骨之间腿骨外侧。

31-9；井沟子M13：24；直径2.7厘米；圆形，正面圆鼓，背面中央有桥形钮；[24]第77页，图三八：17；位于A、B两人骨之间腿骨外侧。

31-10；井沟子M13：26；直径2.6厘米；圆形，正面圆鼓，背面中央有桥形钮；[24]第77页，图三八：18；位于A、B两人骨之间腿骨外侧。

31-11；井沟子M23：15；直径约2厘米；圆形，正面圆鼓，背面中央有桥形钮；[24]第113页，图六一：2；位于人骨腰部附近。

31-12；井沟子M23：11；直径约3厘米；圆形，正面圆鼓，背面中央有桥形钮；[24]第113页，图六一：11；位于人骨腰部附近。

31-13；井沟子M24：11-1；直径约2.8厘米；圆形，正面圆鼓，背面中央有桥形钮；[24]第117页，图六四：11左；位于墓底中部近东壁处及墓底东南角。

31-14；井沟子M25：13-1；直径2.5厘米；圆形，正面圆鼓，背面中央有桥形钮；[24]第121页，图六六：11上；位于腰部附近。

31-15；井沟子M27：4；直径2.2厘米；圆形，正面圆鼓，背面中央有桥形钮；[24]第129页，图七一：3；位于墓底中部近东壁处。

31-16；井沟子M29：1；直径2.6厘米；圆形，正面圆鼓，背面中央有桥形钮；[24]第135页，图七五：6；位于墓底。

31-17；井沟子M31：11；直径2.5厘米；圆形，正面圆鼓，背面中央有桥形钮；[24]第143页，图八〇：10。

31-18；井沟子M33：9；直径约2.3厘米；圆形，正面圆鼓，背面中央有桥形钮；[24]第152页，图八五：15；散布在墓底南部。

31-19；井沟子M33：27；直径约2.4厘米；圆形，正面圆鼓，背面中央有桥形钮；[24]第152页，图八五：14；散布在墓底南部。

31-20；井沟子M34：5；直径2.15厘米；圆形，正面圆鼓，背面中央有桥形钮；[24]第159页，图八八：9；位于墓底北端。

31-21；井沟子M34：6；直径3.3厘米；圆形，正面圆鼓，背面中央有桥形钮；[24]第159页，图八八：12；位于墓底北端。

31-22；井沟子M47：5；直径2.1厘米；圆形，正面圆鼓，背面中央有桥形钮；[24]第200页，图一一八：3；散布在墓底。

31-23；井沟子M48：2；直径2.9厘米；圆形，正面圆鼓，背面中央有桥形钮；[24]第204页，图一二〇：8；位于南部填土中。

31-24；井沟子M49：7；直径2.7厘米；圆形，正面圆鼓，背面中央有桥形钮；[24]第208页，图一二二：6；位于A号人骨腰部附近。

31-25；井沟子M50：12；直径2.5厘米；圆形，正面圆鼓，背面中央有桥形钮；[24]第214页，图一二六：12；位于墓底。

31-26；井沟子M50：11；直径约2.8厘米；圆形，正面圆鼓，背面中央有桥形钮；[24]第214页，图一二六：11；位于墓底。

31-27；井沟子M55：23-1；直径2.5厘米；圆形，正面圆鼓，背面中央有桥形钮；[24]第234页，图

32①

【出土地点】 新店子M53：7

【尺　　寸】 直径3.4厘米

【形制描述】 圆形，正面圆鼓，背面中央有桥形钮。

【发表出处】 ［20］第7页，图六：5

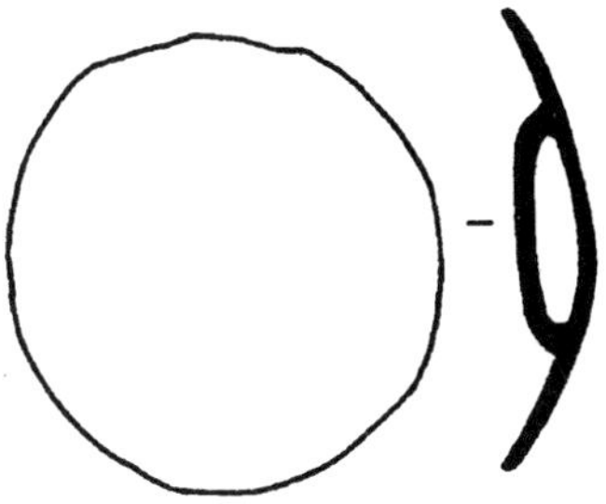

一三九：4上；位于墓底中部。

31-28；井沟子M55：22-1；直径3厘米；圆形，正面圆鼓，背面中央有桥形钮；［24］第234页，图一三九：3右；位于墓底中部。

31-29；井沟子M56：6-2；直径2.2厘米；圆形，正面圆鼓，背面中央有桥形钮；［24］第239页，图一四二：13；位于A号人骨头下。

31-30；井沟子M56：6-1；直径3.2厘米；圆形，正面圆鼓，背面中央有桥形钮；［24］第239页，图一四二：12；位于A号人骨头下。

31-31；井沟子M56：10；直径3.3厘米；圆形，正面圆鼓，背面中央有桥形钮；［24］第239页，图一四二：9；位于B号人骨左髋骨之下。

31-32；井沟子M56：7；直径2.5厘米；圆形，正面圆鼓，背面中央有桥形钮；［24］第239页，图一四二：14；位于B号人骨头下。

31-33；井沟子M56：1；直径3厘米；圆形，正面圆鼓，背面中央有桥形钮；［24］第239页，图一四二：11；位于南侧填土中。

31-34；井沟子M57：8；直径2.1厘米；圆形，正面圆鼓，背面中央有桥形钮；［24］第244页，图一四五：9；位于墓底中部近东壁处。

31-35；井沟子M58：6；直径2.6厘米；圆形，正面圆鼓，背面中央有桥形钮；［24］第250页，图一四八：7。

31-36；井沟子M58：7；直径2.7厘米；圆形，正面圆鼓，背面中央有桥形钮；［24］第250页，图一四八：6；该墓出土包括上文M58：6在内形制相似的铜泡共2件，分别位于A号人骨左手腕处及右臂处。

31-37；井沟子H6：3；直径2.3厘米；圆形，正面圆鼓，背面中央有桥形钮；［24］第268页，图一五九：3；位于带领罐旁。

31-38；井沟子M1：18；直径2厘米；圆形，正面圆鼓，背面中央有桥形钮；［24］第35页，图一〇：2；位于扰土中。

① 与该器形制相近的还有：

32-1；新店子M10：9；直径3厘米；圆形，正面圆鼓，背面中央有桥形钮；［20］第8页，图七：1。

33

【出土地点】 忻州窑子M16 ∶ 9

【尺　　寸】 直径1.9厘米

【形制描述】 圆形，体小。正面圆鼓，背面中央有桥形钮。

【发表出处】 ［22］第75页，图三五 ∶ 3

【备　　注】 位于右臂肘部内侧肋骨附近；墓主为25 ～ 30岁东亚男性。

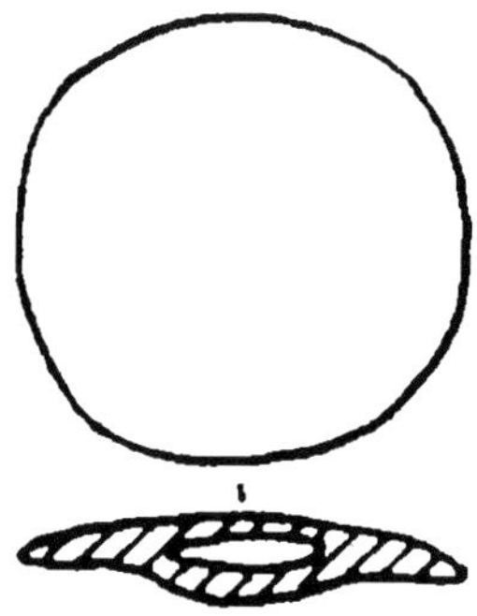

34①

【出土地点】 井沟子M12 ∶ 19

【尺　　寸】 直径1.6厘米

【形制描述】 圆形，体小。正面圆鼓，背面中央有桥形钮。

【发表出处】 ［24］第71页，图三五 ∶ 3

【备　　注】 位于D号头骨内，系覆面腐烂后掉入眼窝内。

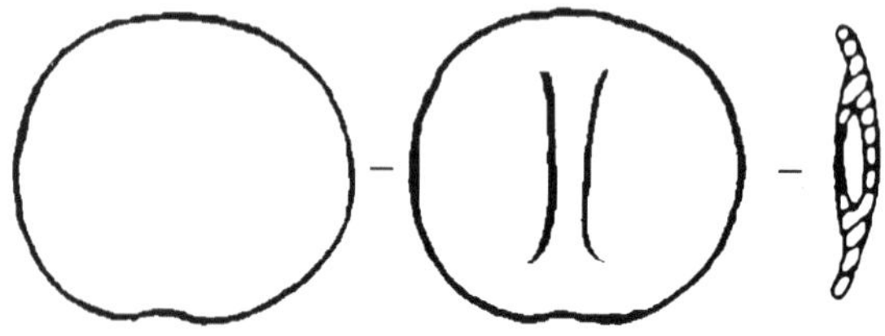

① 与该器形制相近的还有：

34-1；井沟子M13 ∶ 11；直径约1.5厘米；圆形，体小，正面圆鼓，背面中央有桥形钮；［24］第77页，图三八 ∶ 12；位于C号人骨头部周围。

34-2；井沟子M13 ∶ 4；直径约1.6厘米；圆形，体小，正面圆鼓，背面中央有桥形钮；［24］第77页，图三八 ∶ 1；位于C号人骨头部周围。

34-3；井沟子M13 ∶ 9；直径约1.3厘米；圆形，体小，正面圆鼓，背面中央有桥形钮；［24］第77页，图三八 ∶ 2；位于C号人骨头部周围。

34-4；井沟子M13 ∶ 10；直径1.4厘米；圆形，体小，正面圆鼓，背面中央有桥形钮；［24］第77页，图三八 ∶ 3；位于C号人骨头部周围。

34-5；井沟子M13 ∶ 17；直径约1.1厘米；圆形，体小，正面圆鼓，背面中央有桥形钮；［24］第77页，

图三八：13；位于C号人骨头部周围。

34-6；井沟子M13：19；直径约1.3厘米；圆形，体小，正面圆鼓，背面中央有桥形钮；[24]第77页，图三八：11；位于C号人骨头部周围。

34-7；井沟子M13：28；直径约1.2厘米；圆形，体小，正面圆鼓，背面中央有桥形钮；[24]第77页，图三八：9；位于C号人骨头部周围。

34-8；井沟子M17：8-14；直径1.3厘米；圆形，体小，正面圆鼓，背面中央有桥形钮；[24]第88页，图四六：6右；共2件，位于B号人骨头部周围。

34-9；井沟子M19：12-12；直径1.5厘米；圆形，体小，正面圆鼓，背面中央有桥形钮；[24]第96页，图五一：1左；共2件，位于A号人骨腰部附近。

34-10；井沟子M23：12；直径1.3厘米；圆形，体小，正面圆鼓，背面中央有桥形钮；[24]第113页，图六一：8；位于墓底人骨腰部周围。

34-11；井沟子M24：11-2；直径约1.2厘米；圆形，体小，正面圆鼓，背面中央有桥形钮；[24]第117页，图六四：11右上；位于墓底东部。

34-12；井沟子M25：9-1；直径1.2厘米；圆形，体小，正面圆鼓，背面中央有桥形钮；[24]第121页，图六六：9上；共3件，直径1.2～1.3厘米，位于人骨头部及颈部附近。

34-13；井沟子M26：23-1；直径1.5厘米；圆形，体小，正面圆鼓，背面中央有桥形钮；[24]第125页，图六八：8右；共8件，直径1.4～1.6厘米，位于A号人骨眼眶内及墓底北端。

34-14；井沟子M31：23-1；直径1.35厘米；圆形，体小，正面圆鼓，背面中央有桥形钮；[24]第143页，图八〇：11左；共6件，直径1.3～1.5厘米。

34-15；井沟子M32：15；直径约1.5厘米；圆形，体小，正面圆鼓，背面中央有桥形钮；[24]第146页，图八二：15；位于墓底北半部。

34-16；井沟子M32：1；残长0.9厘米；圆形，体小，正面圆鼓，背面中央有桥形钮；[24]第146页，图八二：14；位于墓底北半部。

34-17；井沟子M32：18；残长1.2厘米；圆形，体小，正面圆鼓，背面中央有桥形钮；[24]第146页，图八二：13；位于墓底北半部。

34-18；井沟子M33：7；直径1.3厘米；圆形，体小，正面圆鼓，背面中央有桥形钮；[24]第150页，图八四：6；位于墓底中部及中南部。

34-19；井沟子M33：57；直径1.2厘米；圆形，体小，正面圆鼓，背面中央有桥形钮；[24]第150页，图八四：4；位于墓底中部及中南部。

34-20；井沟子M33：28；直径1.05厘米；圆形，体小，正面圆鼓，背面中央有桥形钮；[24]第150页，图八四：3；位于墓底中部。

34-21；井沟子M33：40；直径1.5厘米；圆形，体小，正面圆鼓，背面中央有桥形钮；[24]第150页，图八四：9；位于墓底中部。

34-22；井沟子M33：47-1；直径1.4厘米；圆形，体小，正面圆鼓，背面中央有桥形钮；[24]第150页，图八四：10；另有1件形制相同，无图，位于墓底中部。

34-23；井沟子M34：3；直径1.3厘米；圆形，体小，正面圆鼓，背面中央有桥形钮；[24]第159页，图八八：7；位于墓底北端。

34-24；井沟子M36：6；直径约1.35厘米；圆形，体小，正面圆鼓，背面中央有桥形钮；[24]第165页，图九三：18；位于墓底北半部。

34-25；井沟子M41：6；直径1.2厘米；圆形，体小，正面圆鼓，背面中央有桥形钮；[24]第178页，图一〇三：3；位于B号人骨头部周围。

34-26；井沟子M43：5；直径1.4厘米；圆形，体小，正面圆鼓，背面中央有桥形钮；[24]第185页，图一〇八：2；散布于墓底中部。

34-27；井沟子M45：4；直径1.2厘米；圆形，体小，正面圆鼓，背面中央有桥形钮；[24]第190页，图一一二：5；位于人骨颈部周围。

34-28；井沟子M45：8；直径1.2厘米；圆形，体小，正面圆鼓，背面中央有桥形钮；[24]第190页，图一一二：6；位于人骨颈部周围。

35

【出土地点】 毛庆沟M6：13

【尺　　寸】 直径3.9厘米

【形制描述】 圆形，正面圆鼓，背面中央有桥形钮。

【发表出处】 ［11］第278页，图四四：10

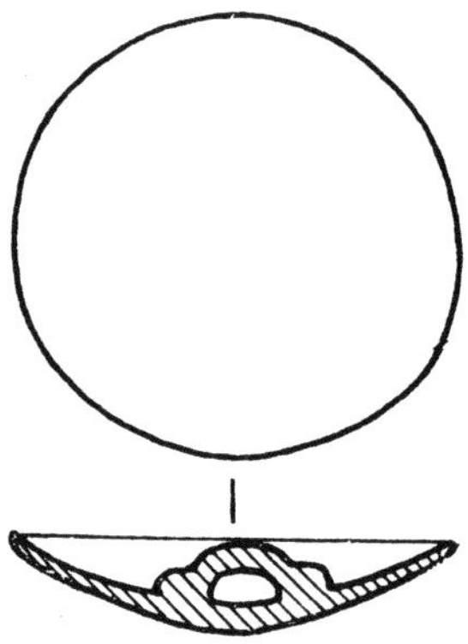

34-29；井沟子M46：1-3；直径1.3厘米；圆形，体小，正面圆鼓，背面中央有桥形钮；［24］第195页，图一一五：14右；位于填土中。

34-30；井沟子M46：2-2；直径1.2厘米；圆形，体小，正面圆鼓，背面中央有桥形钮；［24］第195页，图一一五：9右；位于墓底南部偏东。

34-31；井沟子M47：1-19；直径1.4厘米；圆形，体小，正面圆鼓，背面中央有桥形钮；［24］第200页，图一一八：7右；散落于墓底。

34-32；井沟子M49：8-1；直径1.4厘米；圆形，体小，正面圆鼓，背面中央有桥形钮；［24］第208页，图一二二：4；散落于墓底。

34-33；井沟子M50：20；直径约1.5厘米；圆形，体小，正面圆鼓，背面中央有桥形钮；［24］第214页，图一二六：2。

34-34；井沟子M50：13；直径约1.5厘米；圆形，体小，正面圆鼓，背面中央有桥形钮；［24］第214页，图一二六：10。

34-35；井沟子M50：9；直径约1.4厘米；圆形，体小，正面圆鼓，背面中央有桥形钮；［24］第214页，图一二六：5。

34-36；井沟子M50：10-2；直径约1.4厘米；圆形，体小，正面圆鼓，背面中央有桥形钮；［24］第214页，图一二六：6。

34-37；井沟子M51：1-2；直径1.5厘米；圆形，体小，正面圆鼓，背面中央有桥形钮；［24］第220页，图一三〇：7下；位于扰土中。

34-38；井沟子M54：2-2；直径1.1厘米；圆形，体小，正面圆鼓，背面中央有桥形钮；［24］第229页，图一三六：3上；位于墓底南端。

34-39；井沟子M55：23-2；直径1.3厘米；圆形，体小，正面圆鼓，背面中央有桥形钮；［24］第234页，图一三九：4下。

34-40；井沟子M55：19；直径1.3厘米；圆形，体小，正面圆鼓，背面中央有桥形钮；［24］第234页，图一三九：1。

34-41；井沟子M55：26-2；直径1.4厘米；圆形，体小，正面圆鼓，背面中央有桥形钮；［24］第234页，图一三九：2右；另有M55：26-3无图，该墓出土包括上文M55：23-2、M55：19在内形制相似的铜泡共4件，分别位于扰土中、墓底中部及墓底北部。

34-42；井沟子M58：1；直径1.2～1.3厘米；圆形，体小，正面圆鼓，背面中央有桥形钮；［24］第250页，图一四八：4；位于A号人骨手腕处。

34-43；井沟子H5：24；直径1.3厘米；圆形，体小，正面圆鼓，背面中央有桥形钮；［24］第265页，图一五七：25。

34-44；井沟子M34：7；直径1.4厘米；圆形，体小，正面圆鼓，背面中央有桥形钮；［24］第159页，图八八：10；位于墓底北端。

36

【出土地点】 西沟畔M3 ：4 ～ 9

【尺　　寸】 直径4.5厘米

【形制描述】 圆形，体较大。正面圆鼓，背面中央有桥形钮。

【发表出处】 ［7］第4页，图六 ：10

【备　　注】 共6件。

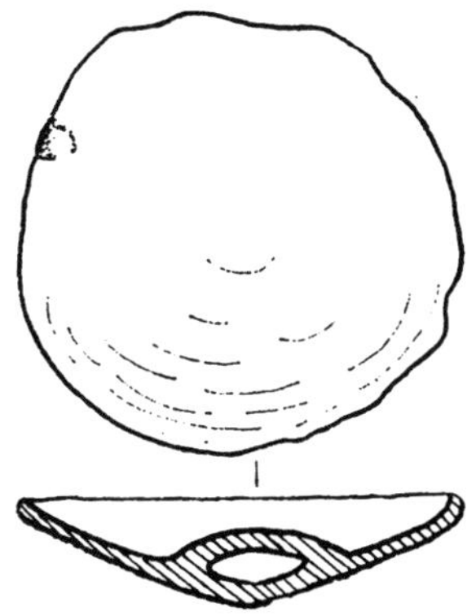

37

【出土地点】 水泉M21 ：3

【尺　　寸】 直径3厘米

【形制描述】 圆形，正面圆弧，背面中央有桥形钮。

【发表出处】 ［25］第250页，图一六四 ：22

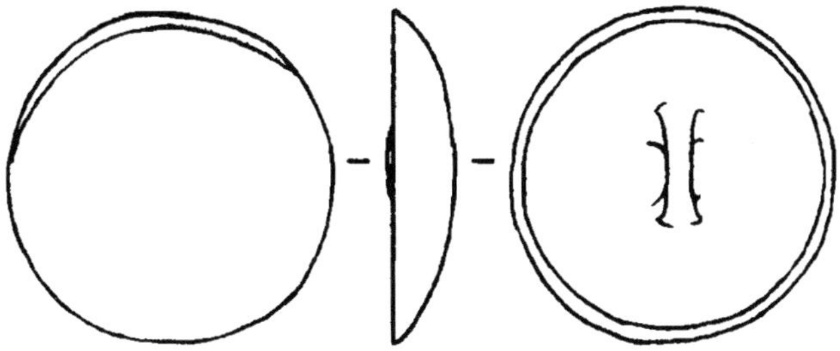

38

【出土地点】 水泉M23：1

【尺　　寸】 直径1.8厘米

【形制描述】 圆形，体小。正面中部隆起呈圆泡状，背面中央有桥形钮。

【发表出处】 ［25］第254页，图一六七：4

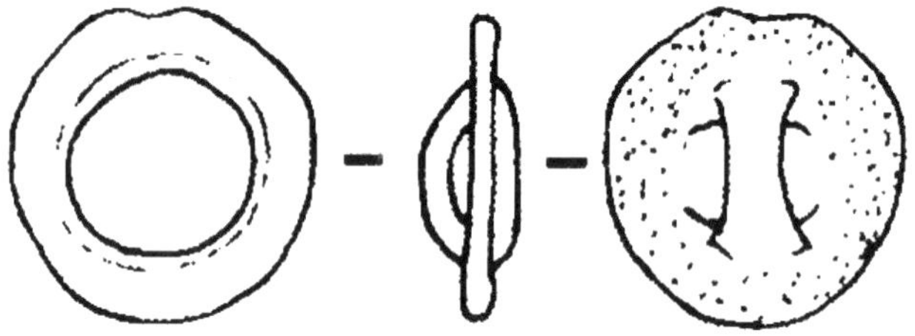

39

【出土地点】 玉隆太2219

【尺　　寸】 直径5厘米

【形制描述】 圆形，体较大。正面圆鼓，背面中央有桥形钮。

【发表出处】 ［5］第112页，图二：8

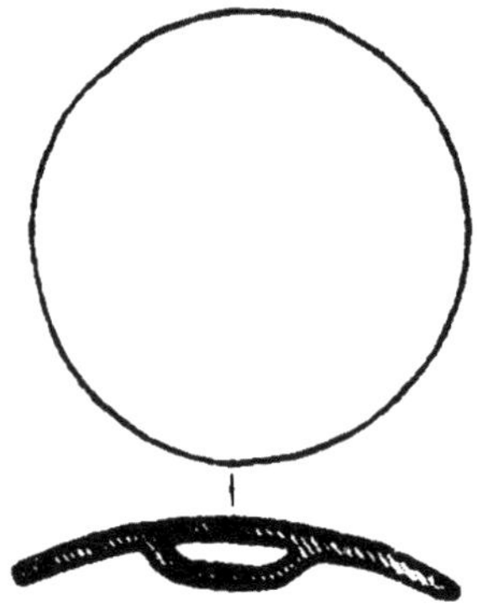

40

【出土地点】 西园M3：3

【尺　　寸】 直径3厘米

【形制描述】 圆形，正面圆鼓，边缘饰一周辐射纹，背面中央有桥形钮。

【发表出处】 [15]第18页，图五：1

【备　　注】 该墓地形制相似的共13件；其中出土于M3的位于人骨胸部、右肋下及手臂外侧；墓主为女性。

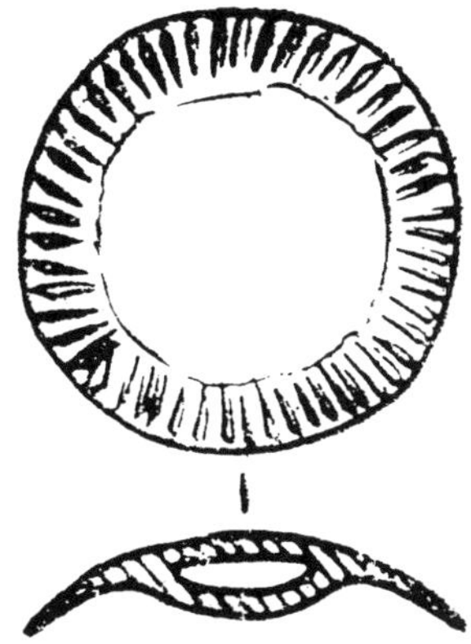

41

【出土地点】 西园M6：10

【尺　　寸】 直径约3厘米

【形制描述】 圆形，正面圆鼓，边缘由外到内饰两周方格纹、一周辐射纹；背面中央有桥形钮。

【发表出处】 [15]第18页，图五：3

【备　　注】 尺寸根据其他图中器物尺寸推算。

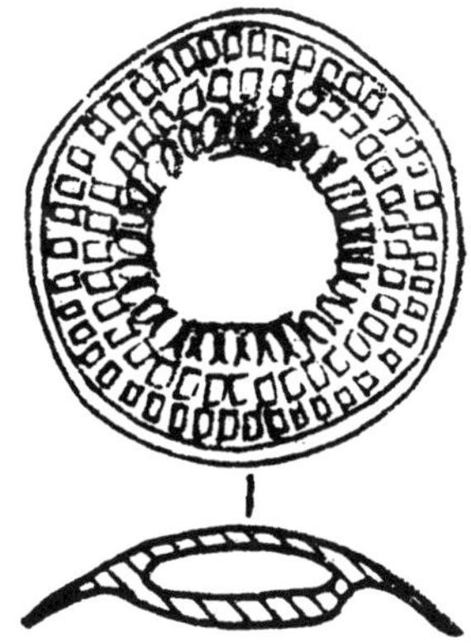

42①

【出土地点】 井沟子M7：3

【尺　　寸】 直径4.5厘米

【形制描述】 圆形，体较大。正面凸起呈伞状，边缘饰呈放射状排列的三角形坑窝；背面有桥形钮。

【发表出处】 ［24］第58页，图二五：11；图版一八：2中

【备　　注】 散落在A、B骨架周围。

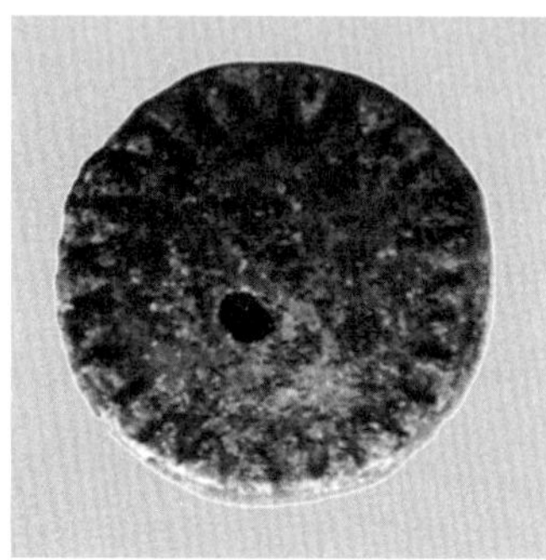

① 与该器形制相近的还有：

42-1；井沟子M23：5；直径4.7厘米；圆形，体较大，正面凸起呈伞状，边缘饰呈放射状排列的三角形坑窝，背面有桥形钮；［24］第113页，图六一：1；位于墓底人骨腰部周围。

42-2；井沟子M23：6；直径4.8厘米；圆形，体较大，正面凸起呈伞状，边缘饰呈放射状排列的三角形坑窝，背面有桥形钮，边缘稍残；［24］第113页，图六一：4；位于墓底人骨腰部周围。

42-3；井沟子M23：7；直径4.8厘米；圆形，体较大，正面凸起呈伞状，边缘饰呈放射状排列的三角形坑窝，背面有桥形钮，泡面有两处小孔；［24］第113页，图六一：10；位于墓底人骨腰部周围。

42-4；井沟子M23：8；直径4.8厘米；圆形，体较大，正面凸起呈伞状，边缘饰呈放射状排列的三角形坑窝，背面有桥形钮，泡面有小孔；［24］第113页，图六一：7；位于墓底人骨腰部周围。

42-5；井沟子M23：9；直径4.8厘米；圆形，体较大，正面凸起呈伞状，边缘饰呈放射状排列的三角形坑窝，背面有桥形钮，泡面有小孔；［24］第112页，图六〇：6；位于墓底人骨腰部周围。

42-6；井沟子M23：10；直径4.8厘米；圆形，体较大，正面凸起呈伞状，边缘饰呈放射状排列的三角形坑窝，背面有桥形钮；［24］第112页，图六〇：5；位于墓底人骨腰部周围。

43[①]

【出土地点】 井沟子M3 ∶ 18

【尺　　寸】 直径5.5厘米

【形制描述】 圆形，体较大。正面凸起呈伞状，边缘饰呈放射状排列的人字短线纹；背面有桥形钮，泡面边缘有三个规整的小圆孔。

【发表出处】 ［24］第41页，图一四 ∶ 1

【备　　注】 报告推测小圆孔似为缝缀固定之用。

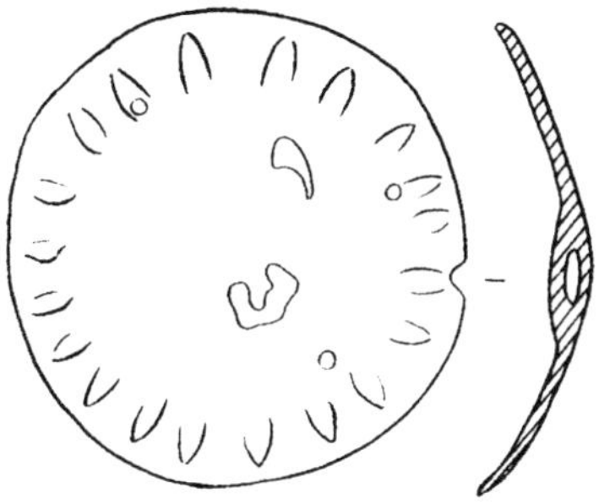

44

【出土地点】 井沟子M47 ∶ 21

【尺　　寸】 直径4.9厘米

【形制描述】 圆形，体较大。正面圆鼓，边缘饰一周浅凹三角形纹，形似太阳；背面有桥形钮。

【发表出处】 ［24］第200页，图一一八 ∶ 13

【备　　注】 散落在墓底。

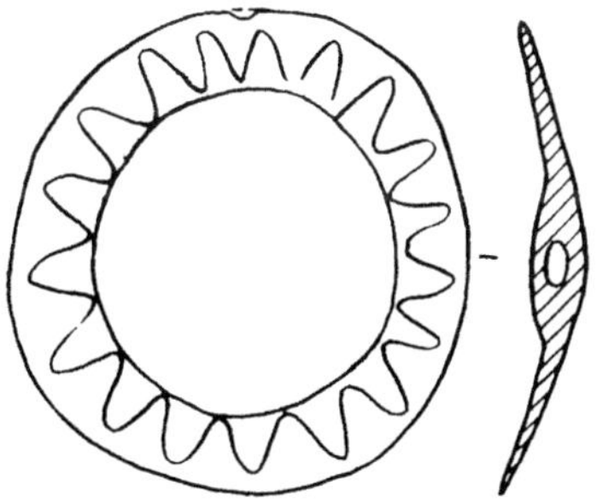

---

① 与该器形制相近的还有：

43-1；井沟子M51 ∶ 12；直径2厘米；圆形，正面圆鼓，边缘饰呈放射状排列的人字短线纹，背面有桥形钮；［24］第220页，图一三〇 ∶ 2；位于墓底中部。

45

【出土地点】　井沟子M7：2

【尺　　寸】　直径4.9厘米

【形制描述】　圆形，体较大。正面凸起呈伞状，边缘饰一周呈放射状排列的梯形坑窝；背面有桥形钮

【发表出处】　［24］第58页，图二五：13

【备　　注】　散落在A、B骨架周围。

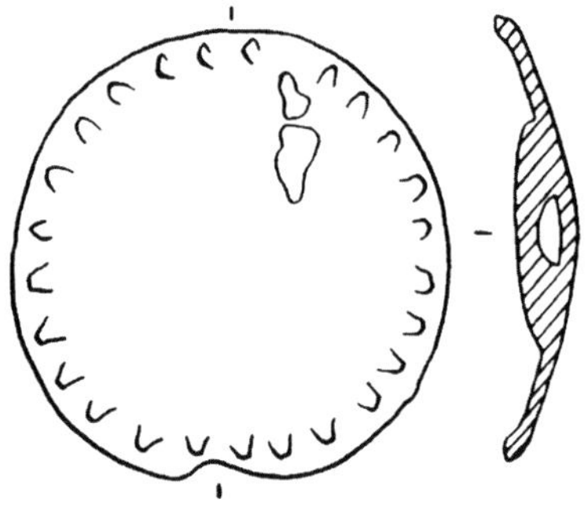

46

【出土地点】　井沟子M56：5-2

【尺　　寸】　直径5厘米

【形制描述】　圆形，体较大。正面圆鼓，饰阴线勾勒的涡纹，背面有桥形钮。

【发表出处】　［24］第241页，图一四三：5

【备　　注】　原器名为涡纹铜饰，带饰的组成部分；呈一排压于A号人骨腰下。

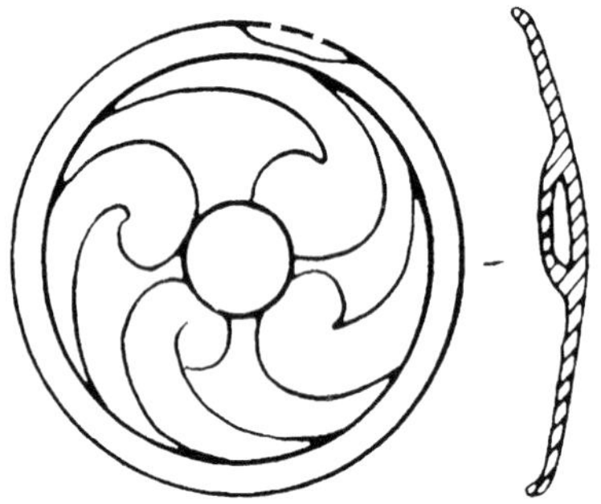

47①

【出土地点】 井沟子M56 ： 5-3

【尺　　寸】 直径5厘米

【形制描述】 圆形，体较大。正面略平，边缘内折成边阔，表面饰阴线勾勒的涡纹；背面有桥形钮。

【发表出处】 ［24］第241页，图一四三 ： 7

【备　　注】 原器名为涡纹铜饰，带饰的组成部分；呈一排压于A号人骨腰下。

48

【出土地点】 铁匠沟AM3 ： 3

【尺　　寸】 直径4.2厘米

【形制描述】 圆形，残。正面圆鼓，近缘有边框，框内饰三周斜线组成的编织网；背面有桥形钮。

【发表出处】 ［23］第89页，图九 ： 5

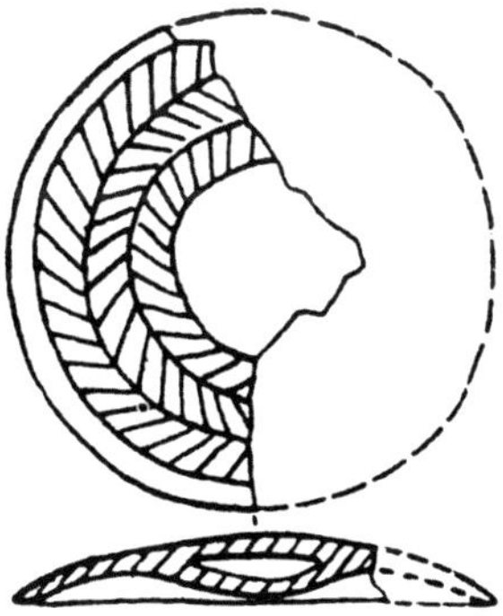

---

① 与该器形制相近的还有：

47-1；井沟子M56 ： 5-4；直径4.9厘米；圆形，体较大，正面略平，边缘内折成边阔，表面饰阴线勾勒的涡纹，背面有桥形钮；［24］第241页，图一四三 ： 4；原器名为涡纹铜饰，带饰的组成部分，呈一排压于A号人骨腰下。

47-2；井沟子M56 ： 5-1；直径5.2厘米；圆形，体较大，正面略平，边缘内折成边阔，表面阴刻内填粟点纹的涡纹，背面则呈凸起的阳纹，桥形钮残；［24］第241页，图一四三 ： 8；原器名为涡纹铜饰，带饰的组成部分，呈一排压于A号人骨腰下。

47-3；井沟子M5 ： 7；直径约4厘米；圆形，体较大，正面略平，边缘内折成边阔，表面饰阴线勾勒的涡纹，边缘与背钮残；［24］第52页，图二一 ： 10；原器名为涡纹铜饰，位于人骨架相当于腰部的位置。

49①

【出土地点】 井沟子M7 ：1

【尺　　寸】 直径2.3厘米

【形制描述】 圆形，正面圆弧，边缘饰一周呈放射状排列的楔形浅槽；背面有桥形钮。

【发表出处】 ［24］第58页，图二五 ：10；图版一八 ：2左上

【备　　注】 位于A、B骨架周围。

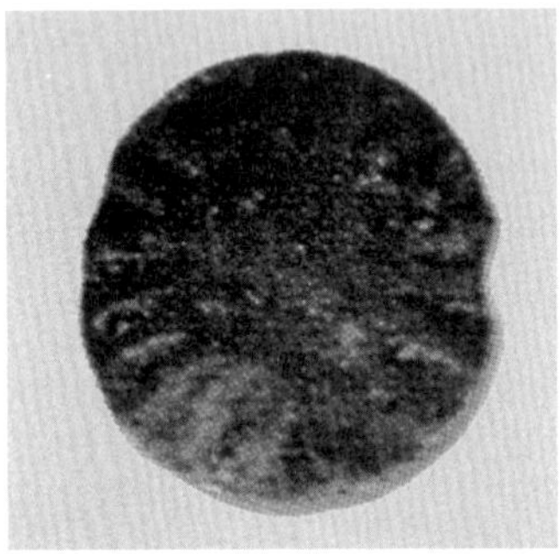

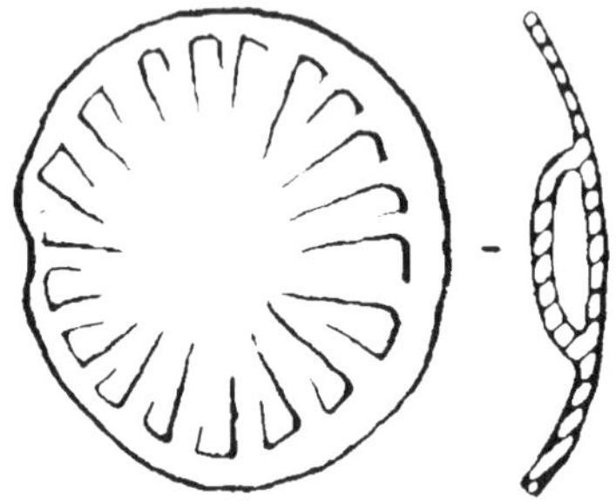

50

【出土地点】 井沟子M56 ：13-1

【尺　　寸】 直径3.4厘米

【形制描述】 圆形，正面圆弧，边缘饰一周凹弦纹，背面有桥形钮。

【发表出处】 ［24］第239页，图一四二 ：15

【备　　注】 带饰的组成部分；位于A号人骨左右手腕处。

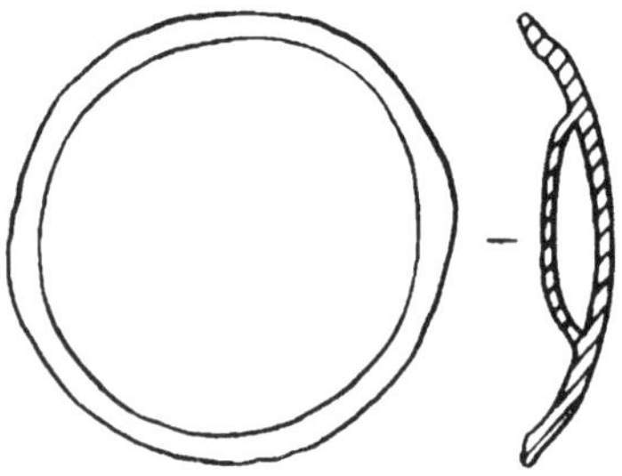

① 与该器形制相近的还有：

49-1；井沟子M5 ：6；直径3.5厘米；圆形，正面圆弧，边缘饰一周呈放射状排列的楔形浅槽，背面有桥形钮；［24］第52页，图二一 ：13；位于人骨架相当于腰部的位置。

49-2；井沟子M24 ：5；直径约2.2厘米；圆形，残损严重，正面圆弧，边缘饰一周呈放射状排列的楔形浅槽，背面钮脱落；［24］第117页，图六四 ：6；散落在墓底。

49-3；井沟子M5 ：4；直径3.1厘米；圆形，正面圆鼓，边缘饰一周呈放射状排列的楔形浅槽，背面有桥形钮；［24］第52页，图二一 ：12；位于人骨架相当于腰部的位置。

51①

【出土地点】 井沟子M44 ：2

【尺　　寸】 直径约3.4厘米

【形制描述】 圆形，残。正面圆弧，中部饰同心圆纹，边缘有三周排列整齐的凸点纹；背面有桥形钮。

【发表出处】［24］第187页，图一一〇 ：4

【备　　注】 位于墓底中部。

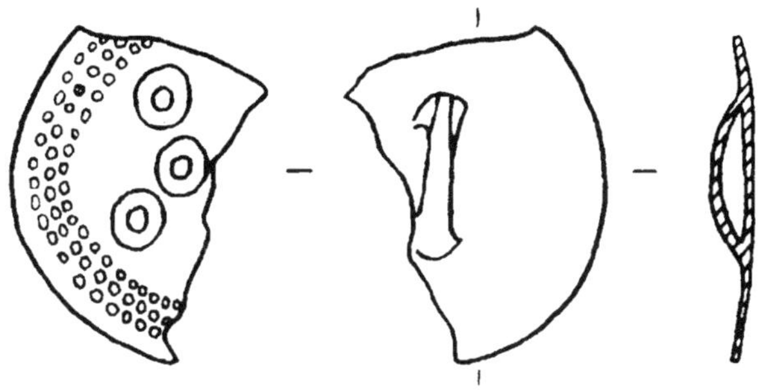

① 与该器形制相近的还有：

51-1；井沟子M23 ：17；直径约3厘米；圆形，残，正面圆弧，边缘有以细线勾勒的方格纹；［24］第113页，图六一 ：11；位于人骨腰部周围。

52[①]

【出土地点】 井沟子M22 ：6-1

【尺　　寸】 直径2.4厘米

【形制描述】 圆形，正面圆弧，边缘饰一周呈放射状排列的短线纹；背面有桥形钮。

【发表出处】 ［24］第109页，图五八：7

【备　　注】 共3件，直径2.1～2.5厘米；位于墓底南部B号人骨头部周围。

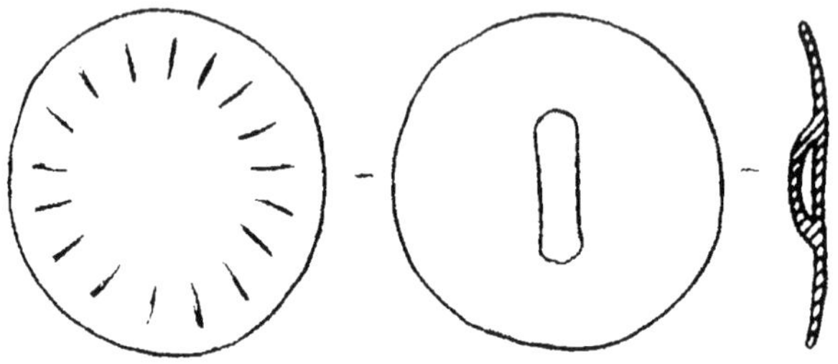

① 与该器形制相近的还有：

52-1；井沟子M13：8；直径2.5厘米；圆形，正面圆弧，边缘饰一周呈放射状排列的短线纹，背面有桥形钮；［24］第77页，图三八：14；位于C号人骨头部周围。

52-2；井沟子M41：5；直径2.2厘米；圆形，正面圆弧，边缘饰一周呈放射状排列的短线纹，背面有桥形钮；［24］第178页，图一〇三：6；位于B号人骨头部周围。

52-3；井沟子M46：14；直径2.2厘米；圆形，正面圆弧，边缘饰一周呈放射状排列的短线纹，背面有桥形钮；［24］第195页，图一一五：17；位于墓底南部偏东。

52-4；井沟子M47：22；直径2.1厘米；圆形，正面圆弧，边缘饰一周呈放射状排列的短线纹，背面有桥形钮；［24］第200页，图一一八：5；位于墓底东北。

52-5；井沟子M47：23；直径2.1厘米；圆形，正面圆弧，边缘饰一周呈放射状排列的短线纹，背面有桥形钮；［24］第200页，图一一八：6；位于墓底南半部。

52-6；井沟子M48：3；直径2.3厘米；圆形，正面圆弧，边缘饰一周呈放射状排列的短线纹，背面有桥形钮；［24］第204页，图一二〇：9；位于南部填土中。

52-7；井沟子M48：1；直径2.3厘米；圆形，正面圆弧，边缘饰一周呈放射状排列的短线纹，背面有桥形钮；［24］第204页，图一二〇：10；位于南部填土中。

52-8；井沟子M53：1-1；直径约2.4厘米；圆形，正面圆弧，边缘饰一周呈放射状排列的短线纹，背面有桥形钮；［24］第226页，图一三四：11左；位于墓底北端。

52-9；井沟子M53：1-2；直径约2.1厘米；圆形，正面圆弧，边缘饰一周呈放射状排列的短线纹，背面有桥形钮；［24］第226页，图一三四：11右；位于墓底北端。

52-10；井沟子M53：4；直径2.4厘米；圆形，正面圆弧，边缘饰一周呈放射状排列的短线纹，背面有桥形钮；［24］第226页，图一三四：9；位于墓底北端。

52-11；井沟子M53：5；直径2.4厘米；圆形，正面圆弧，边缘饰一周呈放射状排列的短线纹，背面有桥形钮；［24］第226页，图一三四：10；位于墓底北端。

52-12；井沟子M13：20；直径2厘米；圆形，正面圆弧，边缘饰一周呈放射状排列的成对短线纹，背面有桥形钮；［24］第77页，图三八：21；位于C号人骨头部周围。

53[①]

【出土地点】 井沟子M44 ：6

【尺　　寸】 直径约2.2厘米

【形制描述】 圆形，正面圆弧，中间有一周阴刻弦纹，边缘饰呈放射状排列的短线纹；背面有桥形钮。

【发表出处】 ［24］第187页，图一一〇 ：5

【备　　注】 位于墓底中部。

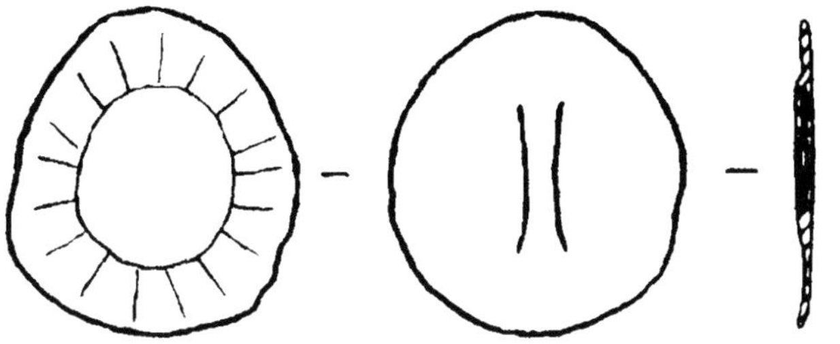

54

【出土地点】 铁匠沟AM1 ：23

【尺　　寸】 直径3、高0.8厘米

【形制描述】 圆形，正面鼓起呈斗笠状，缘部有边框，背面有桥形钮。正面和背面均饰放射状楔形纹。

【发表出处】 ［23］第89页，图九 ：6

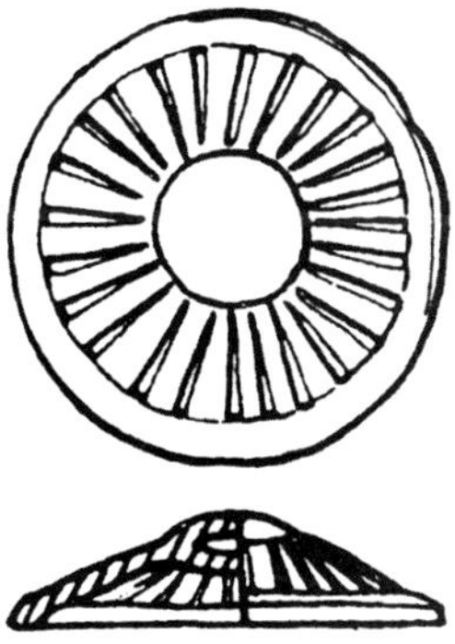

---

① 与该器形制相近的还有：

53-1；井沟子M25 ：6；残宽3.6厘米；圆形，正面圆弧，中间有一周阴刻弦纹，边缘饰呈放射状排列的短线纹，背面有桥形钮；［24］第121页，图六六 ：18；位于人头骨两侧。

53-2；井沟子M7 ：10；直径1.6厘米；圆形，正面圆弧，中间有一周阴刻弦纹，边缘饰呈放射状排列的短线纹，背面有桥形钮；［24］第58页，图二五 ：12；位于A、B骨架周围。

53-3；井沟子M13 ：21；直径约2.4厘米；圆形，正面圆弧，中间有一周阴刻弦纹，边缘饰呈放射状排列的短线纹，背面有桥形钮；［24］第77页，图三八 ：15；位于C号人骨头部周围。

55

【出土地点】 铁匠沟AM3 ： 2

【尺　　寸】 直径3.1厘米

【形制描述】 圆形，正面圆鼓，边缘饰一长一短两周放射状短线纹；背面有桥形钮。

【发表出处】 ［23］第89页，图九 ：2

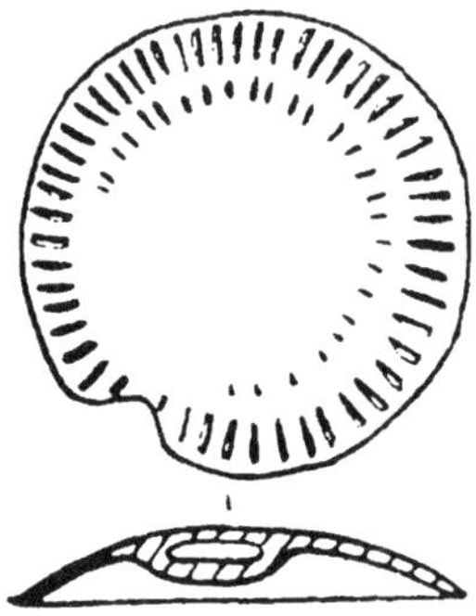

56

【出土地点】 铁匠沟AM2 ： 10

【尺　　寸】 直径2.3厘米

【形制描述】 圆形，正面圆鼓，边缘饰一周放射状短线纹；背面有桥形钮。

【发表出处】 ［23］第89页，图九 ：1

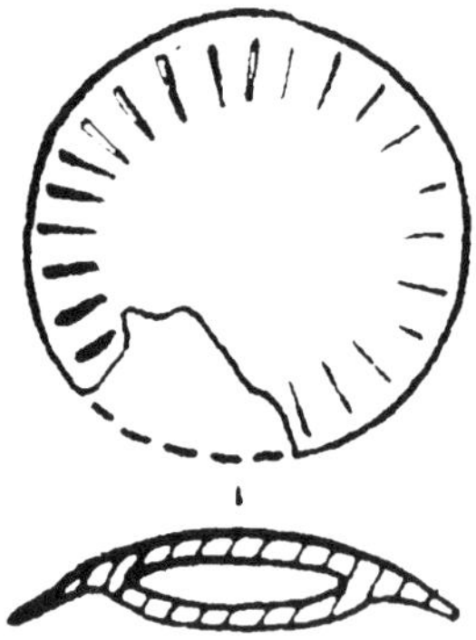

57

【出土地点】 铁匠沟AM1 ： 24

【尺　　寸】 直径2.9厘米

【形制描述】 圆形，正面圆鼓，缘部有边框，框内饰两组斜向方格纹；背面有桥形钮。

【发表出处】 ［23］第89页，图九 ：7

58[1]

【出土地点】 井沟子M45 ：6-1

【尺　　寸】 直径2.35厘米

【形制描述】 圆形，正面圆弧，饰两个阴刻同心圆，中间填以放射状短线纹；背面有桥形钮。

【发表出处】 ［24］第190页，图一一二 ：10

【备　　注】 位于人骨颈部周围。

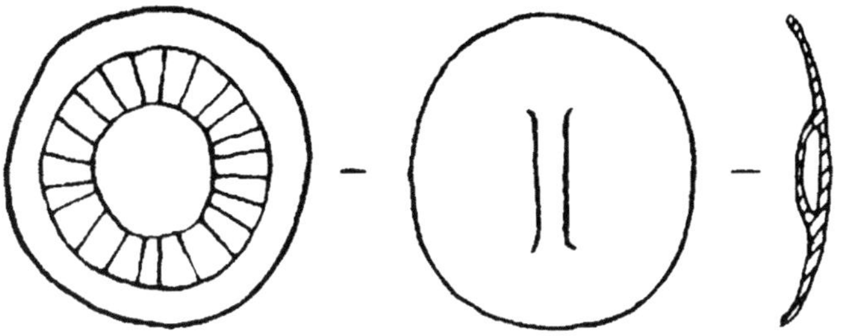

59

【出土地点】 铁匠沟AM1 ：22

【尺　　寸】 直径3.4厘米

【形制描述】 圆形，正面圆鼓，中饰涡纹，边缘有拧索状边框；背面有桥形钮。

【发表出处】 ［23］第89页，图九 ：3

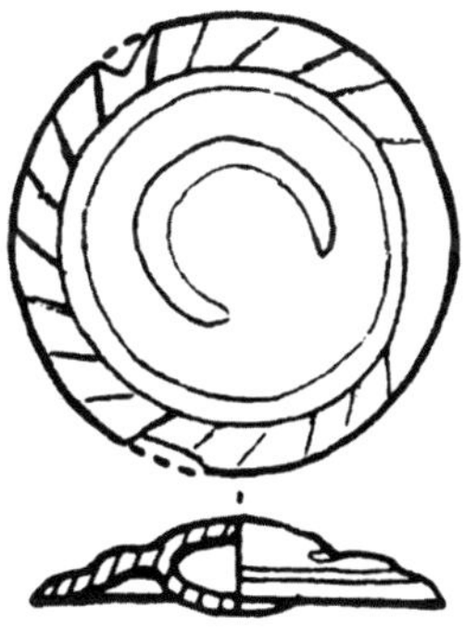

① 与该器形制相近的还有：

58-1；井沟子M46 ：15；直径2.3厘米；圆形，正面圆弧，饰两个阴刻同心圆，中间填以放射状短线纹，背面有桥形钮 ;［24］第195页，图一一五 ：16；位于墓底南部偏东。

58-2；井沟子M49 ：8-2；直径约2.5厘米；圆形，正面圆弧，饰两个阴刻同心圆，中间填以放射状短线纹，背面有桥形钮 ;［24］第208页，图一二二 ：5。

58-3；井沟子M42 ：6；直径2.75厘米；圆形，正面圆弧，饰两个阴刻同心圆，中间填以放射状短线纹，背面有桥形钮 ;［24］第182页，图一〇六 ：6；位于墓底中部。

58-4；井沟子M26 ：15；直径1.7厘米；圆形，正面圆弧，饰两个阴刻同心圆，中间填以放射状短线纹，背面有桥形钮 ;［24］第125页，图六八 ：5；位于A号人骨眼眶内。

60

【出土地点】 新店子M3：2

【尺　　寸】 直径3.5厘米

【形制描述】 圆形，正面圆弧，中部饰五个对称分布的重圈纹，边缘饰一周多重放射线纹；背面有桥形钮。

【发表出处】 [20] 第7页，图六：9；图版三：2

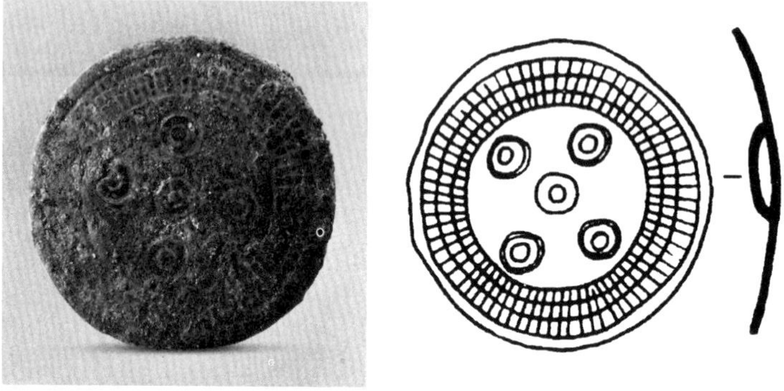

61

【出土地点】 新店子M34：4

【尺　　寸】 直径3.5厘米

【形制描述】 圆形，正面圆鼓，边缘不甚规整，饰一周放射线纹；背面有桥形钮。

【发表出处】 [20] 第7页，图六：4

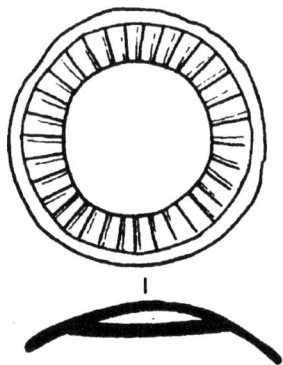

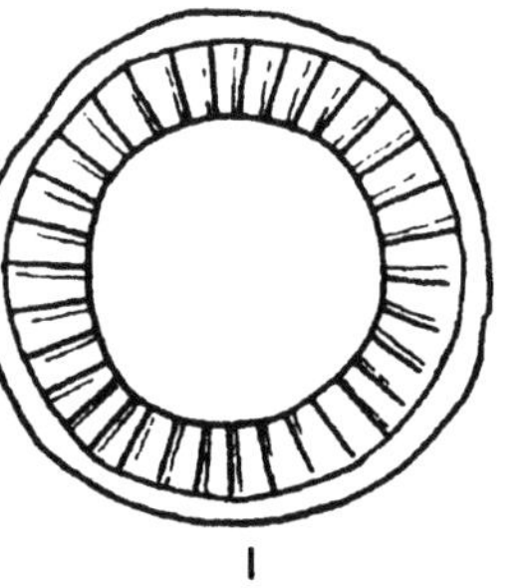

62

【出土地点】 新店子M10：7

【尺　　寸】 直径2.8厘米

【形制描述】 圆形，正面圆弧，边缘饰一周粟点纹；背面有桥形钮。

【发表出处】 ［20］第7页，图六：8；图版三：1

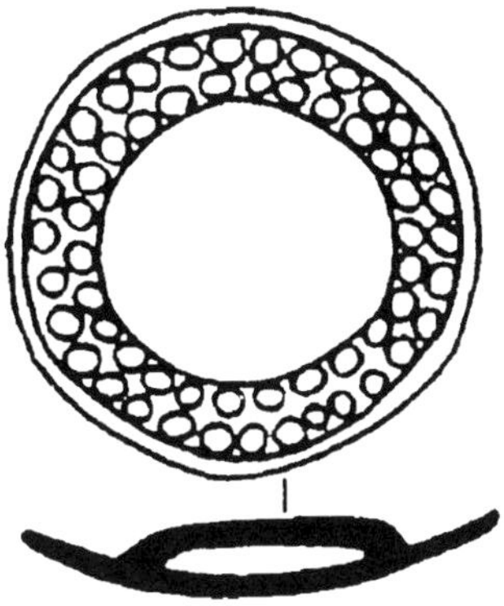

63

【出土地点】 忻州窑子M60：2

【尺　　寸】 直径1.4厘米

【形制描述】 圆形，正面圆鼓，表面锈蚀严重，边缘饰珠点纹；背有桥形钮。

【发表出处】 ［22］第153页，图九六：8

【备　　注】 另有M60：3无图；散落于颅骨鼻骨内及肋骨右侧；墓主为25岁左右男性。

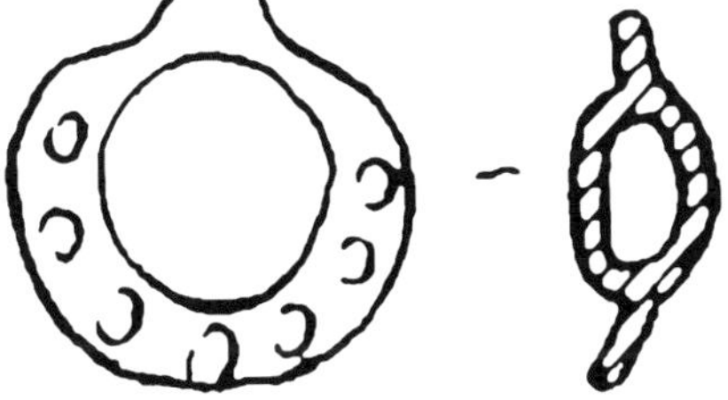

64

【出土地点】 玉隆太2270

【尺　　寸】 直径4.9厘米

【形制描述】 圆形，体较大。正面圆鼓，中部有七个圆孔，边缘饰一周曲线纹；背面有桥形钮。

【发表出处】 ［5］第113页，图三：11

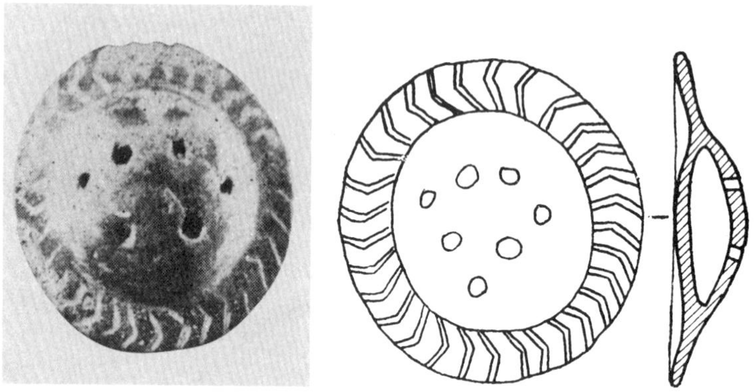

65

【出土地点】 西沟畔M2：1～4

【尺　　寸】 直径4.8厘米

【形制描述】 圆形，体较大。正面圆鼓，边缘饰绳索纹，背面有桥形钮。

【发表出处】 ［7］第4页，图六：9

【备　　注】 共4件；外包金片。

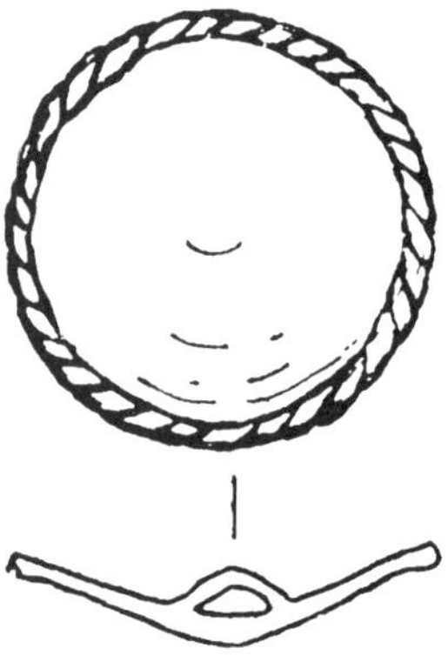

66

【出土地点】 阿鲁柴登

【尺　　寸】 直径2.2厘米

【形制描述】 圆形。正面圆弧，饰鸟形图案，鸟头居中，鸟身呈涡纹环绕；背面有桥形钮。

【发表出处】 ［6］第335页，图三：14

【备　　注】 原器名为鸟纹圆扣；金质，每件重7.9克。

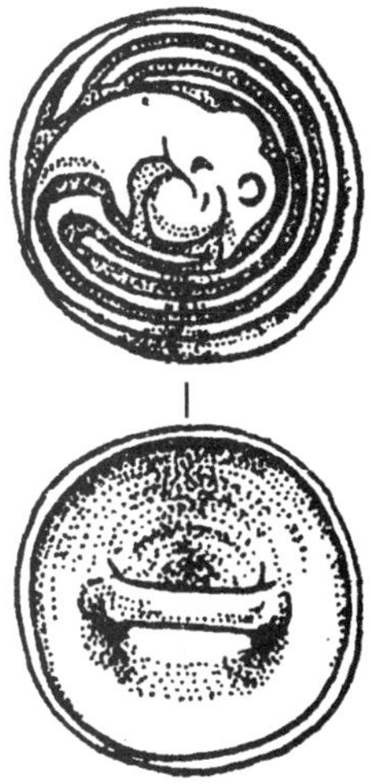

67

【出土地点】 阿鲁柴登

【尺　　寸】 直径1.9厘米

【形制描述】 圆形。正面圆弧，饰三鸟形图案，鸟头居中，鸟身呈涡纹环绕；背面有桥形钮。

【发表出处】 ［6］第335页，图三：15

【备　　注】 原器名为鸟纹圆扣；与上文66号泡饰合计共6件；金质，每件重9克。

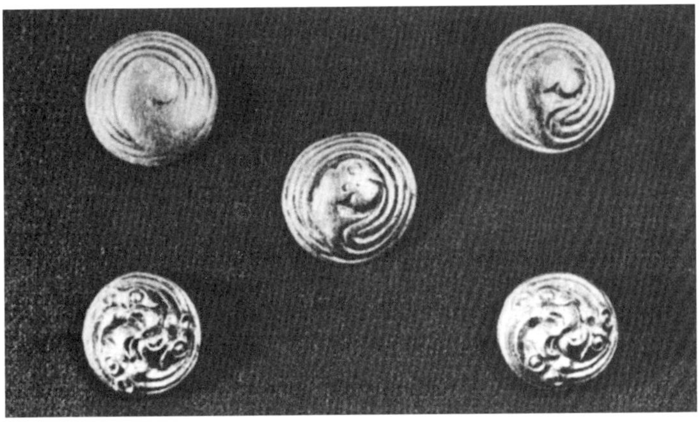

68

【出土地点】 崞县窑子M6 ： 6

【尺　　寸】 直径2.7厘米

【形制描述】 圆形，正面圆鼓，泡面正中有圆形穿孔；无钮。

【发表出处】 ［13］第66页，图一一 ： 16

【备　　注】 位于腰腹部；墓主为45 ～ 50岁男性。

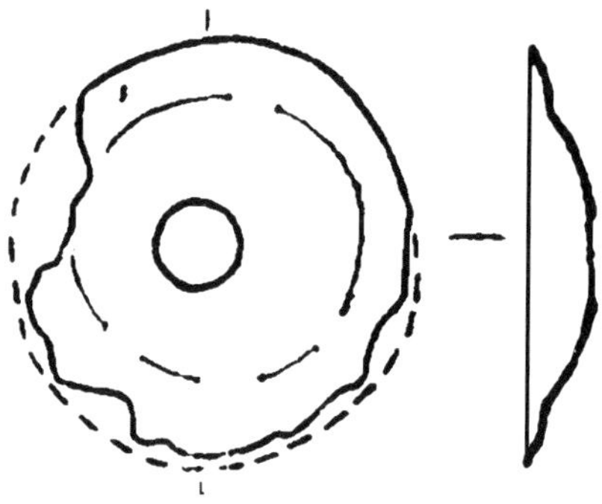

69

【出土地点】 西沟畔M2 ： 75 ～ 79

【尺　　寸】 直径2厘米

【形制描述】 圆形，正面圆鼓，边缘平整有小孔；无钮。

【发表出处】 ［7］第3页，图四 ： 10

【备　　注】 共5件；金质。

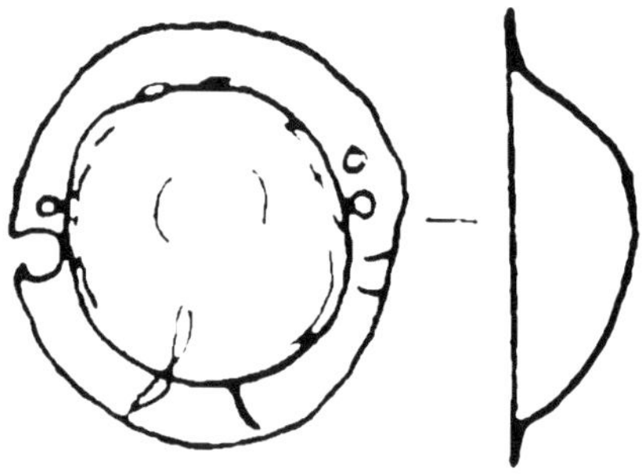

70

【出土地点】 宝亥社

【尺　　寸】 直径1.1 ～ 2.3、穿孔直径0.5 ～ 1.5厘米

【形制描述】 扁平圆环形。中部有上窄下宽的长方形穿孔，横截面呈梯形。

【发表出处】 ［12］第82页，图六 ： 12

【备　　注】 原器名为不知名器；孔径根据器物比例估算。

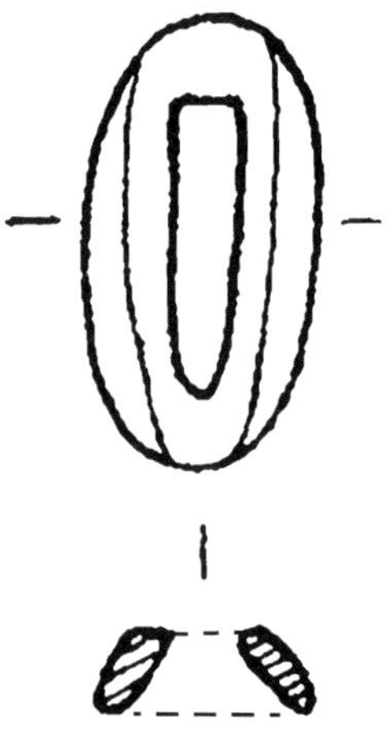

71

【出土地点】 忻州窑子M28 ： 18

【尺　　寸】 直径1～2、穿孔直径0.9厘米

【形制描述】 圆环形。正面圆鼓，背面扁平，中部有圆形穿孔，横截面呈梯形。

【发表出处】 [22]第100页，图五三 ： 12；彩版三〇 ： 7

【备　　注】 原器名为扣形饰；位于两股骨之间盆骨下侧；墓主为25～30岁北亚男性。

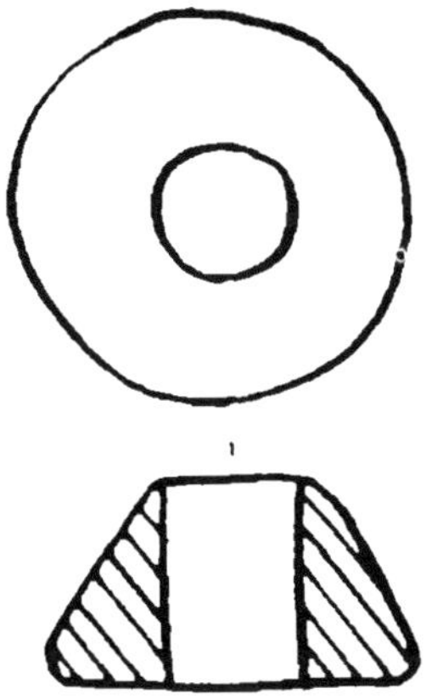

72

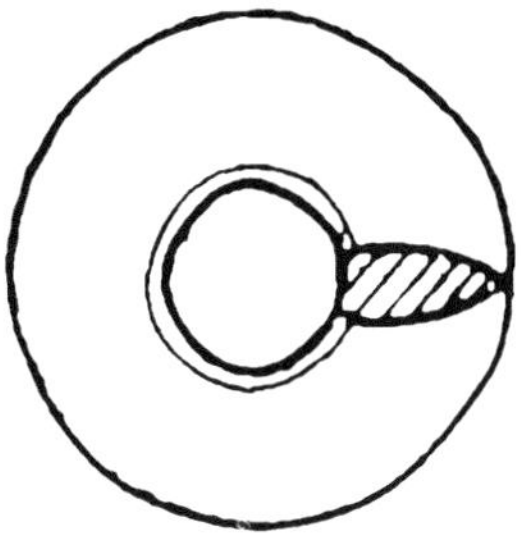

【出土地点】 崞县窑子M2 ： 7

【尺　　寸】 直径2.2、穿孔直径0.7厘米

【形制描述】 扁平圆环形。两面圆鼓，边缘出棱，中部有圆形穿孔。

【发表出处】 [13]第69页，图一二 ： 10

【备　　注】 原器名为环。

73

【出土地点】 忻州窑子M50：17

【尺　　寸】 直径2.1、穿孔直径0.7厘米

【形制描述】 圆环形。正面略圆弧，背面扁平，中部有圆形穿孔。

【发表出处】 ［22］第136页，图八一：17

【备　　注】 原器名为扣形饰；位于左侧腓骨外侧；墓主为25岁左右东亚女性。

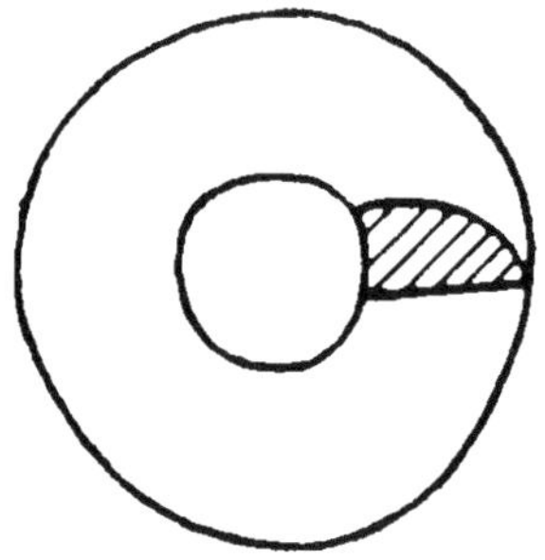

74

【出土地点】 铁匠沟AM1：14

【尺　　寸】 直径4.6～4.8厘米

【形制描述】 圆形。面略弧，边缘有拧索纹边框，内镂空出三个相连的卷云纹。

【发表出处】 ［23］第88页，图八：1

【备　　注】 原器名为卷云纹圆形牌饰；另有1件无图无描述。

75

【出土地点】 铁匠沟AM1：15

【尺　　寸】 直径4.9厘米

【形制描述】 圆形。面略弧。边缘有素面边框，内镂空出三个相连的涡纹。

【发表出处】 ［23］第88页，图八：3

【备　　注】 原器名为涡纹圆形牌饰。

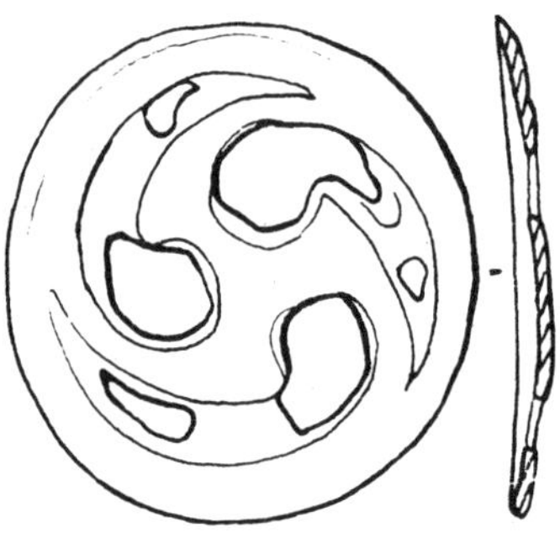

76

【出土地点】 忻州窑子M9：9

【尺　　寸】 长2.4、宽2.2厘米

【形制描述】 四瓣花瓣形。背面中部有桥形钮。

【发表出处】 ［22］第64页，图二七：17；彩版二九：7、8

【备　　注】 位于盆骨及胸部腹部下方；墓主为25～30岁东亚女性。

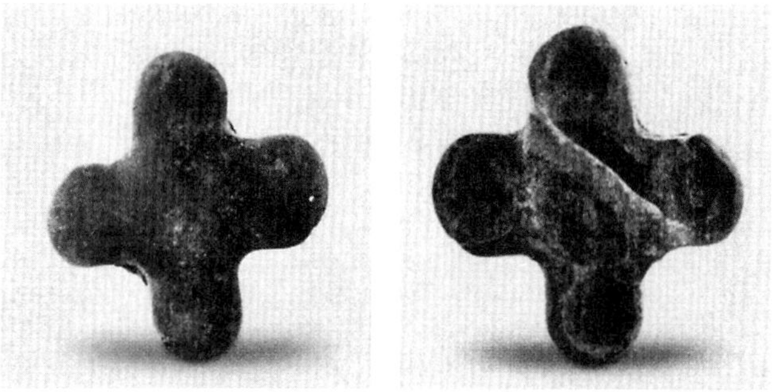

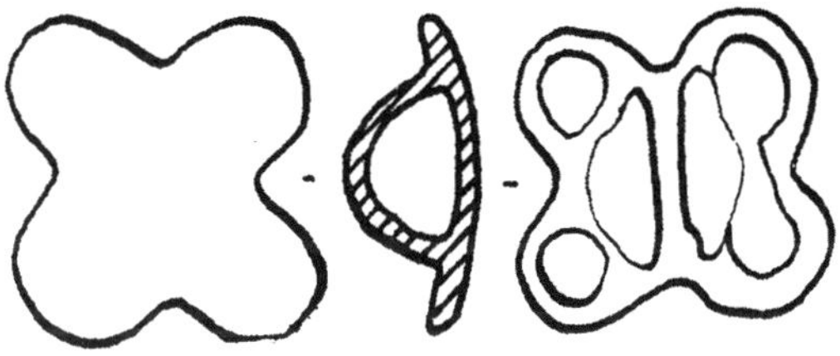

77

【出土地点】 桃红巴拉M1：30

【尺　　寸】 长2.1、宽2.1厘米

【形制描述】 四瓣花瓣形。由五个圆泡组成，背面有桥形钮。

【发表出处】 ［4］第136页，图六：19；图版二：15

【备　　注】 原器名为十字形饰；位于墓底西北马面饰附近；墓主为35岁左右男性。

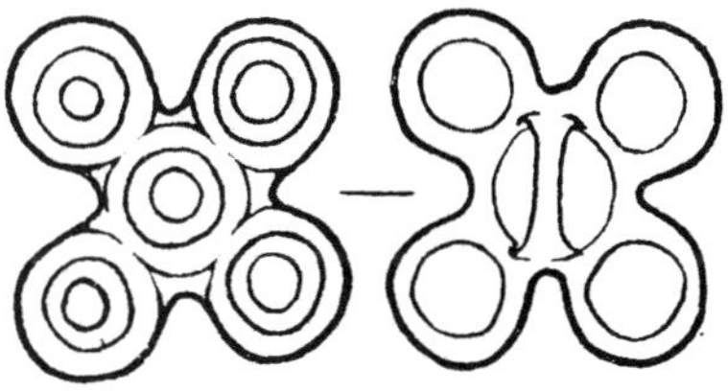

78

【出土地点】 呼鲁斯太M2：7、8

【尺　　寸】 长2.6、宽2.6厘米

【形制描述】 四瓣花瓣形。由五个圆泡组成，背面有桥形钮。

【发表出处】 ［8］第11页，图一：3

【备　　注】 原器名为十字形饰；共2件。

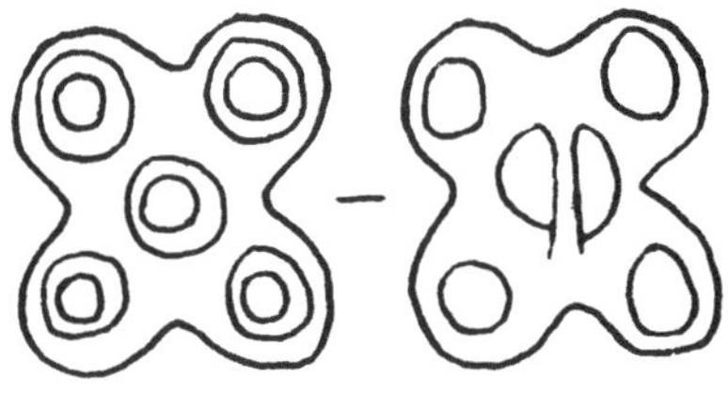

79

【出土地点】 阿鲁柴登

【尺　　寸】 长2.4、宽2.4厘米

【形制描述】 四瓣花瓣形。泡面中间凸起，正面压有图案，背面有金圈焊接成桥形钮。

【发表出处】 ［6］第335页，图三：9

【备　　注】 原器名为方形扣饰；共45件，每件重5.2克。

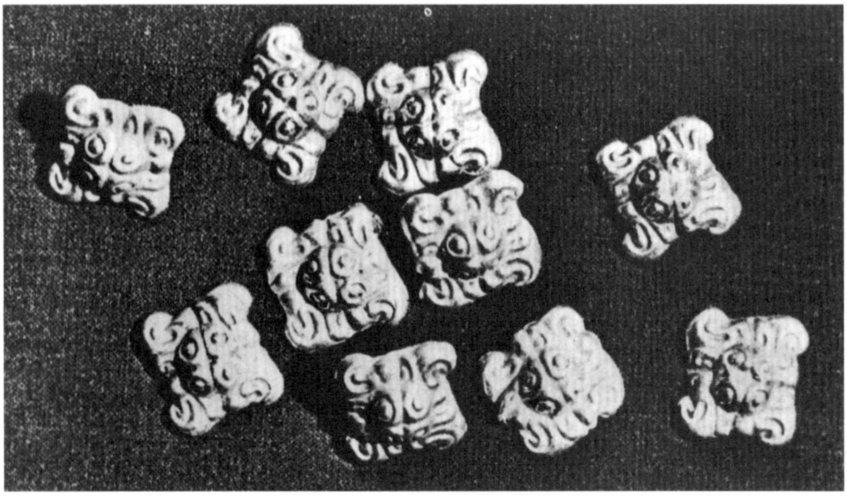

80

【出土地点】　明安木独

【尺　　寸】　直径1.4厘米

【形制描述】　多瓣花瓣形。正面呈梅花状，背面有三角形横贯钮。

【发表出处】　［16］第80页，图四：6

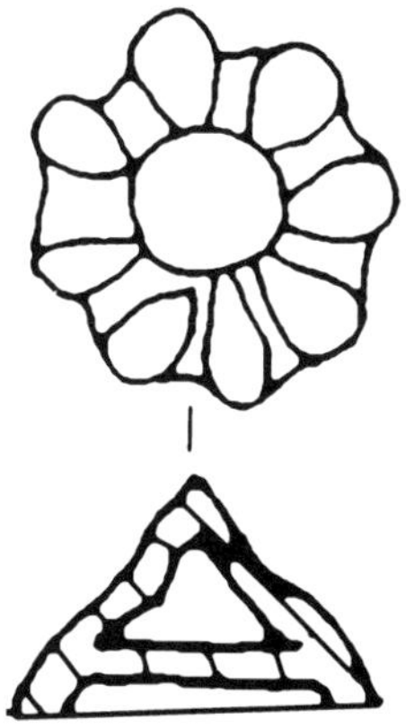

81

【出土地点】　明安木独

【尺　　寸】　直径约1.4厘米

【形制描述】　多瓣花瓣形。正面呈梅花状，背面有横贯钮。

【发表出处】　［16］第80页，图四：5

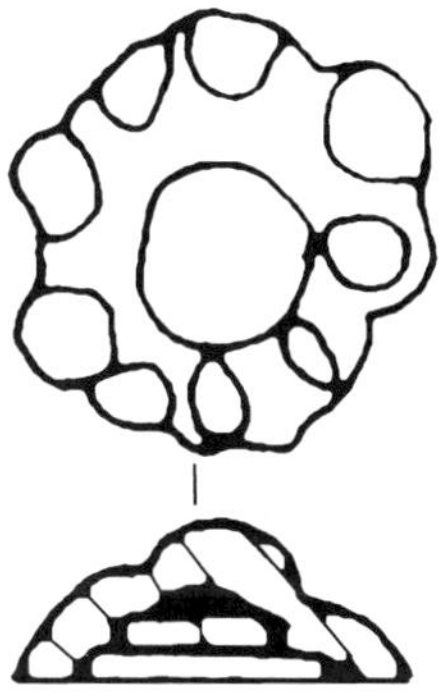

82

【出土地点】　桃红巴拉M1：36

【尺　　寸】　直径1.5、厚0.6厘米

【形制描述】　多瓣花瓣形。正面呈梅花状，背面有横贯钮。

【发表出处】　［4］第136页，图六：12

【备　　注】　原器名为扣形饰；共115件；位于左侧髋骨上方；墓主为35岁左右男性。

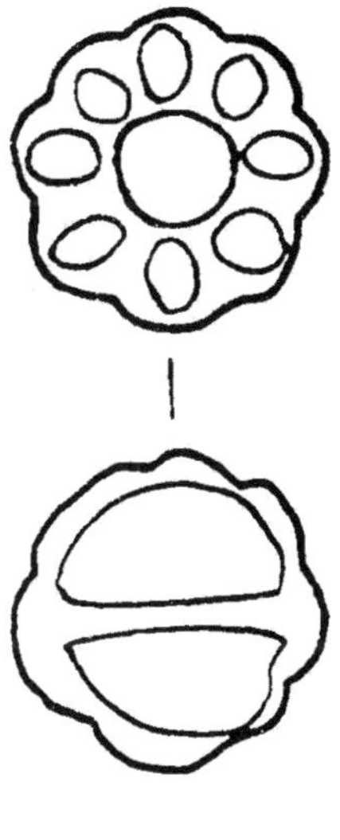

83

【出土地点】 毛庆沟M47 ：9

【尺　　寸】 直径1.6厘米

【形制描述】 多瓣花瓣形。正面呈梅花状，背面有横贯钮。

【发表出处】 ［11］第278页，图四四 ：3；图版八一 ：16

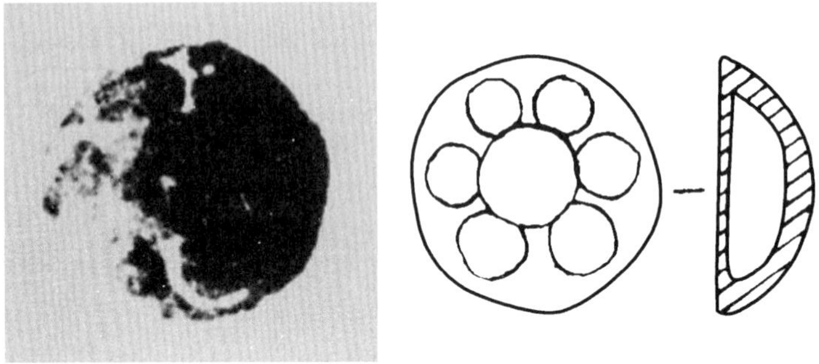

84

【出土地点】 毛庆沟M6 ：2

【尺　　寸】 直径1.4厘米

【形制描述】 多瓣花瓣形。正面呈梅花状，背面有横贯钮。

【发表出处】 ［11］第278页，图四四 ：2；图版八一 ：17

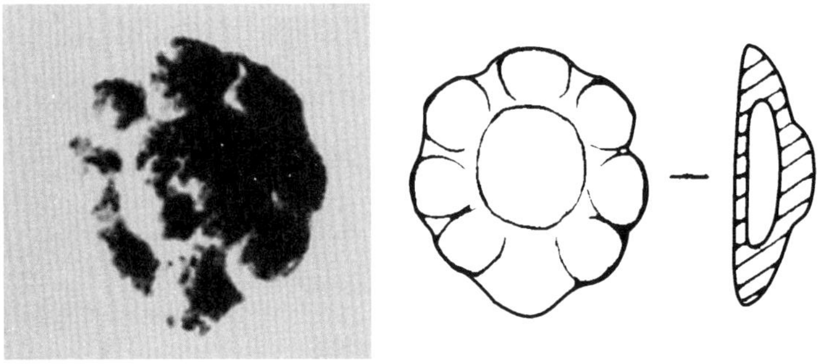

85[①]

【出土地点】 水泉M23 ： 2

【尺　　寸】 直径1.2厘米

【形制描述】 多瓣花瓣形。正面呈梅花状，背面有横贯钮。

【发表出处】 ［25］第250页，图一六四 ： 9

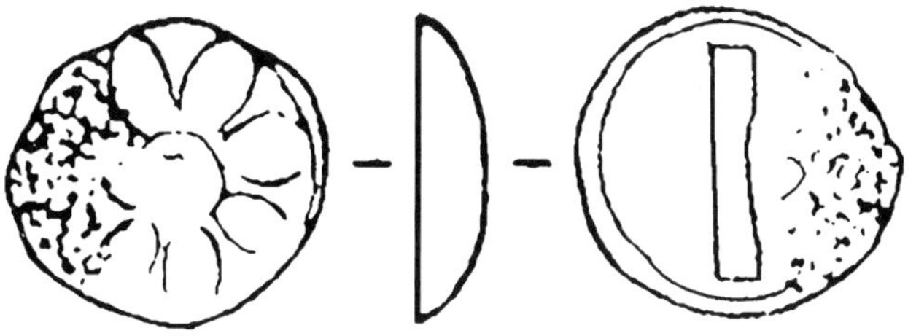

86

【出土地点】 玉隆太2226

【尺　　寸】 直径1.4厘米

【形制描述】 多瓣花瓣形。正面呈梅花状，背面有横贯钮。

【发表出处】 ［5］第113页，图三 ： 5

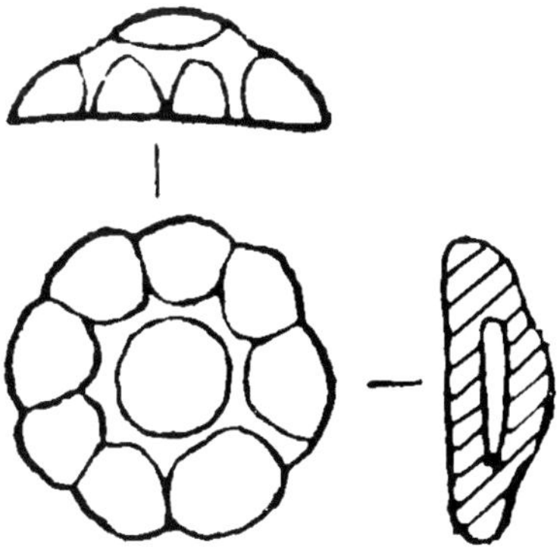

① 与该器形制相近的还有：

85-1；水泉M21 ： 5；直径1.5厘米；多瓣花瓣形，正面为刻划兰花纹，背面有横贯钮；［25］第254页，图一六七 ： 3。

87

【出土地点】 毛庆沟M8：1

【尺　　寸】 长2.8厘米

【形制描述】 双联梅花瓣形。背面有两个横贯钮。

【发表出处】［11］第278页，图四四：1；图版八一：18

【备　　注】 该墓地出土包括上文83号M47：9和84号M6：2在内的各种单排、双排花瓣形泡饰共68件。

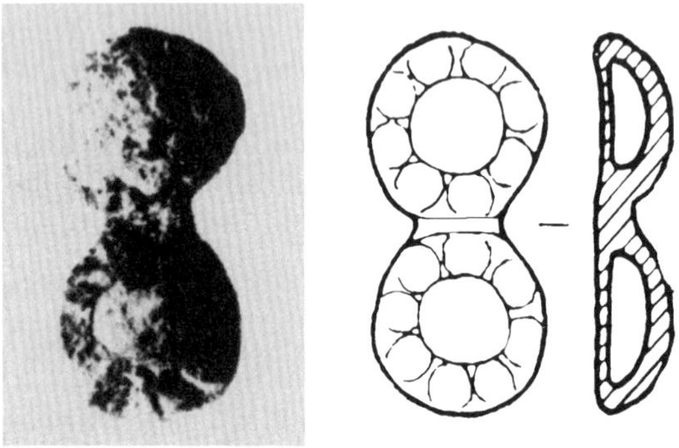

88

【出土地点】 崞县窑子M8：3

【尺　　寸】 长2.1、宽1.8厘米

【形制描述】 鸟头形。正面浅浮雕简化单鸟头图案，背面有桥形钮。

【发表出处】［13］第66页，图一一：3；图版一六：8

【备　　注】 原器名为鸟纹饰牌；共6件；均出自M8。

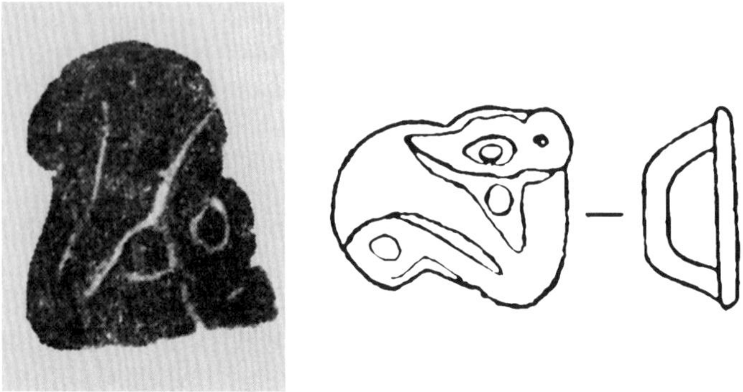

89

【出土地点】 崞县窑子M12：4-5

【尺　　寸】 长3.1、宽1.9厘米

【形制描述】 鸟头形。正面浅浮雕单鸟头图案，鸟的喙部明显，背有桥形钮。

【发表出处】 ［13］第66页，图一一：2

【备　　注】 原器名为鸟纹饰牌；共2件；均出自M12。

90

【出土地点】 毛庆沟M59：7②

【尺　　寸】 长1.9、最宽处1.3厘米

【形制描述】 鸟头形。正面浅浮雕由喙、眼、耳组成的单鸟头图案，背有桥形钮。

【发表出处】 ［11］第275页，图四二：1；［26］第96页，图一三五：左数第3件

【备　　注】 原器名为鸟纹饰牌；共7件；同模铸造。

91

【出土地点】 毛庆沟M61 ：3②

【尺　　寸】 长2.7、宽1.8厘米

【形制描述】 鸟头形。正面浅浮雕由喙、眼、耳、羽毛组成的单鸟头图案，背有桥形钮。

【发表出处】［11］第275页，图四二：2；［26］第96页，图一三五：左数第2件

【备　　注】 原器名为鸟纹饰牌。

92

【出土地点】 忻州窑子M19 ：2

【尺　　寸】 长2.9、宽1.7厘米

【形制描述】 鸟头形。正面浅浮雕由喙、眼、耳组成的鸟头图案，头向右，背部有桥形钮。

【发表出处】［22］第80页，图三九 ：6

【备　　注】 原器名为鸟纹饰牌；包括M19 ：2 ～ 6共5件，形制相似；位于左髋骨上方腹部及右髋骨上方；墓主为45岁以上东亚男性。

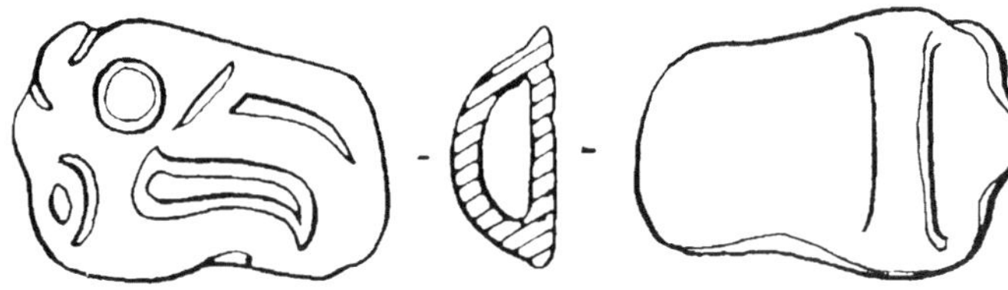

93[①]

【出土地点】 忻州窑子M45 ：1

【尺　　寸】 长2.35、底端宽1.8厘米

【形制描述】 鸟头形。正面浅浮雕由喙、眼、耳组成的鸟头图案，头向左，背部有桥形钮。

【发表出处】 ［22］第124页，图七〇 ：19；彩版二四 ：3、4

【备　　注】 原器名为鸟纹饰牌；位于胸椎下端骨面之上；墓主为25 ～ 30岁男性。

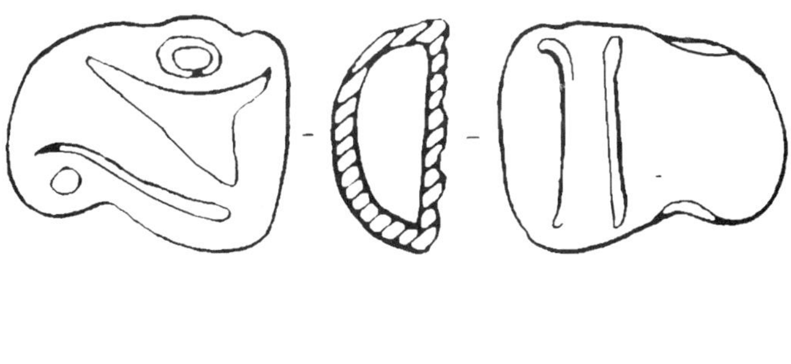

① 与该器形制相近的还有：

93-1；忻州窑子M19 ：6；长约2.8、宽约2厘米；鸟头形，正面浅浮雕由喙、眼、耳组成的鸟头图案，背部有桥形钮；［22］第37页，图八 ：1；原器名为鸟纹饰牌，尺寸根据图中比例尺估算。

94①

【出土地点】 忻州窑子M27：3

【尺　　寸】 长3、宽2厘米

【形制描述】 鸟头形。正面浅浮雕由喙、眼、耳组成的鸟头图案，喙部无勾，喙下卷呈涡状，背部有桥形钮。

【发表出处】［22］第96页，图五〇：2；彩版二四：1、2

【备　　注】 原器名为鸟纹饰牌；该墓另有M27：2、M27：4同属鸟头形泡饰；分别位于右尺骨内侧、髋骨上侧和右髋骨骨面之上；墓主为35～40岁北亚女性。

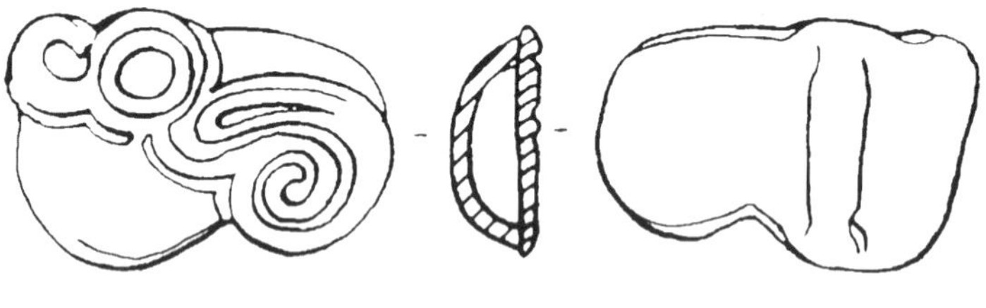

① 与该器形制相近的还有：

94-1；忻州窑子M27：2；长3、宽2厘米；鸟头形，正面浅浮雕由喙、眼、耳组成的鸟头图案，喙部无勾，喙下卷呈涡状，背部有桥形钮；［22］第37页，图八：2；原器名为鸟纹饰牌。

94-2；忻州窑子M27：4；长3、宽2厘米；鸟头形，正面浅浮雕由喙、眼、耳组成的鸟头图案，喙部无勾，喙下卷呈涡状，背部有桥形钮；［22］第96页，图五〇：3；原器名为鸟纹饰牌，与上文M27：3、M27：2分别位于右尺骨内侧、髋骨上侧和右髋骨骨面之上。

94-3；忻州窑子M36：3；长2.9、宽1.9厘米；鸟头形，正面浅浮雕由喙、眼、耳组成的鸟头图案，喙部无勾，喙下卷呈涡状，背部有桥形钮；［22］第114页，图六二：14；原器名为鸟纹饰牌，位于填土内。

94-4；忻州窑子M38：2；长3、宽2厘米；鸟头形，正面浅浮雕由喙、眼、耳组成的鸟头图案，喙部无勾，喙下卷呈涡状，背部有桥形钮；［22］第119页，图六六：14；原器名为鸟纹饰牌，位于左侧髋骨骨面，墓主为25岁左右北亚女性。

95①

【出土地点】 忻州窑子M54 ：2

【尺　　寸】 长2.6、宽1.9厘米

【形制描述】 鸟头形。正面浅浮雕由喙、眼、耳、羽毛组成的单鸟头图案，喙部卷勾明显，背部附拱形钮。

【发表出处】 ［22］第146页，图八八 ：7

【备　　注】 原器名为鸟纹饰牌；包括M54 ：1 ～ 3共3件；位于腰椎右侧髋骨之上的腹腔处及右侧髋骨处；墓主为35 ～ 40岁北亚男性。

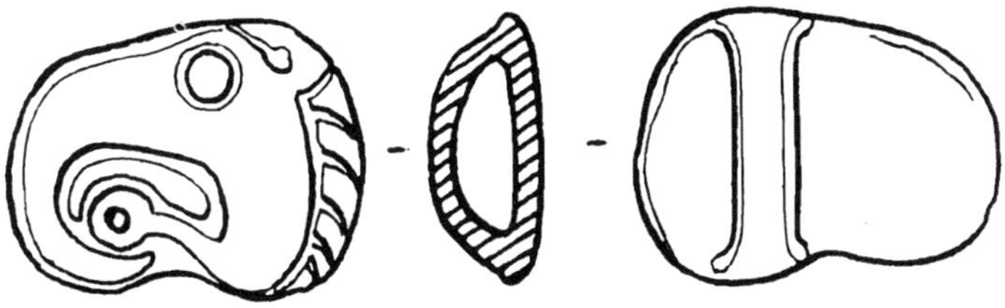

94-5；忻州窑子M63 ：2；长3.2、宽1.5 ～ 1.9厘米；鸟头形，正面浅浮雕由喙、眼、耳组成的鸟头图案，喙部无勾，喙下卷呈涡状，背部有桥形钮；［22］第37页，图八 ：5；原器名为鸟纹饰牌，包括M63 ：2 ～ 5共4件，位于胸椎骨面、腰椎骨面及骶骨骨面之上，墓主为30 ～ 35岁北亚男性。

94-6；忻州窑子M63 ：3；长3.2、宽1.5 ～ 1.9厘米；鸟头形，正面浅浮雕由喙、眼、耳组成的鸟头图案，喙部无勾，喙下卷呈涡状，背部有桥形钮；［22］第153页，图九六 ：11。

① 与该器形制相近的还有：

95-1；忻州窑子M54 ：1；长约2.7、宽约2.1厘米；鸟头形，正面浅浮雕由喙、眼、耳、羽毛组成的单鸟头图案，喙部卷勾明显，背部附拱形钮；［22］第37页，图八 ：7；原器名为鸟纹饰牌，尺寸根据图中比例尺估算。

95-2；忻州窑子M10 ：17；长3.1、宽1.9厘米；鸟头形，正面浅浮雕由喙、眼、耳、羽毛组成的单鸟头图案，头饰模糊不清，喙部卷勾明显，背部附拱形钮；［22］第64页，图二七 ：18；原器名为鸟纹饰牌，位于右侧桡骨下端盆骨之下，墓主为25 ～ 30岁北亚女性。

96①

【出土地点】 忻州窑子M28 ：5

【尺 寸】 长3.4、宽2.1厘米

【形制描述】 鸟头形。正面浅浮雕由喙、眼、耳组成的单鸟头图案，喙部勾状凸出于牌饰之外，背部附拱形钮。

【发表出处】 ［22］第100页，图五三 ：11；彩版二四 ：7、8

【备 注】 原器名为鸟纹饰牌；该墓出土各种形 制的鸟纹饰牌共15件；分别位于右尺骨与桡骨之上、右桡骨下、右尺骨骨端内侧肋骨外侧、左右腹腔之内、左右髋骨骨面、骶骨骨面及左膝骨外侧近墓壁处；墓主为25 ～ 30岁北亚男性。

① 与该器形制相近的还有：

96-1；忻州窑子M49 ：2；长3.2、宽2厘米；鸟头形，正面浅浮雕由喙、眼、耳组成的单鸟头图案，喙部勾状凸出于牌饰之外，背部附拱形钮；［22］第136页，图八一 ：11；原器名为鸟纹饰牌，位于左侧肋骨骨隙之间。

96-2；忻州窑子M28 ：3；长约3.4、宽约2厘米；鸟头形，正面浅浮雕由喙、眼、耳组成的单鸟头图案，喙部勾状凸出于牌饰之外，背部附拱形钮；［22］第37页，图八 ：8。

97①

【出土地点】 忻州窑子M20：4

【尺　　寸】 长约3.2、宽约2.2厘米

【形制描述】 鸟头形。正面浅浮雕由喙、眼、耳组成的反向对称抽象化双鸟头图案，喙部略凸出于饰面，背部有桥形钮。

【发表出处】 ［22］第37页，图八：10；彩版二五：5、6

【备　　注】 原器名为鸟纹饰牌；尺寸根据图中比例尺估算；该墓出土各种形制的鸟纹饰牌共5件；分别位于左尺骨内侧、腰椎右侧及左髋骨骨面；墓主为7～8岁儿童。

① 与该器形制相近的还有：

97-1；忻州窑子M20：6；长3.1、宽2.2厘米；鸟头形，正面浅浮雕由喙、眼、耳组成的反向对称抽象化双鸟头图案，喙部略凸出于饰面，背部有桥形钮；［22］第84页，图四二：3；原器名为鸟纹饰牌。

98

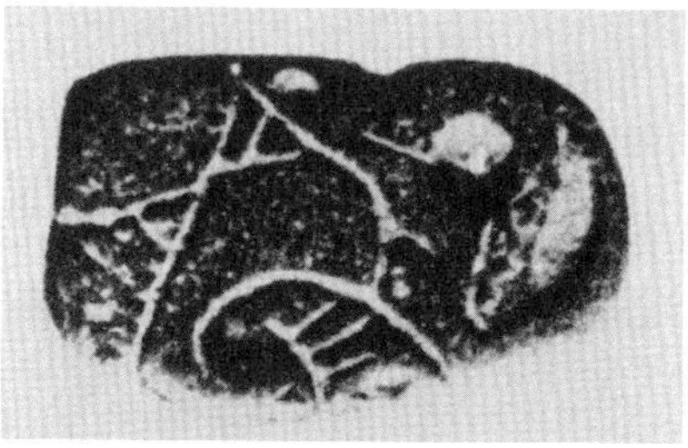

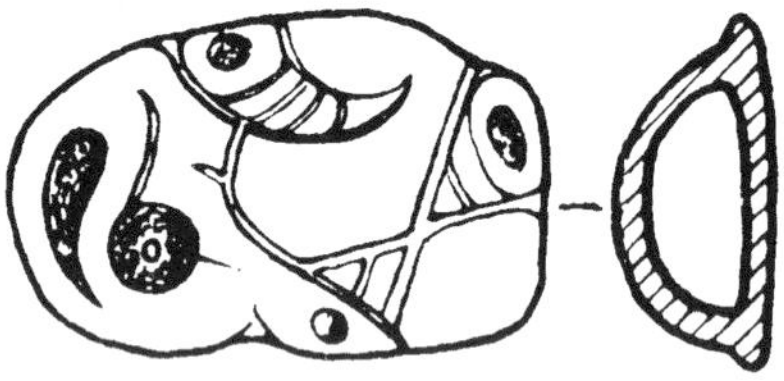

【出土地点】　毛庆沟M65：6

【尺　　寸】　长2.7、宽1.6厘米

【形制描述】　鸟头形。正面饰由喙、眼、耳、羽毛组成的回首鸟头图案，背面有桥形钮。

【发表出处】　［11］第275页，图四二：3；图版八七：2

【备　　注】　原器名为鸟形饰牌；该墓地出土形制相似的鸟形泡饰共15件。

99

【出土地点】　毛庆沟M8：2

【尺　　寸】　长3.2、宽1.9厘米

【形制描述】　鸟头形。正面饰抽象化的鸟头图案，背面有桥形钮。

【发表出处】　［11］第275页，图四二：8

【备　　注】　原器名为鸟形饰牌。

100

【出土地点】 沟里头

【尺　　寸】 长2、宽1.5厘米

【形制描述】 鸟头形。正面饰由三道弧头及圆点头组成的简化鸟头图案，背面有桥形钮。

【发表出处】［18］第473页，图二：2

【备　　注】 原器名为扣形饰，《鄂尔多斯式青铜器》中称鸟形饰牌。

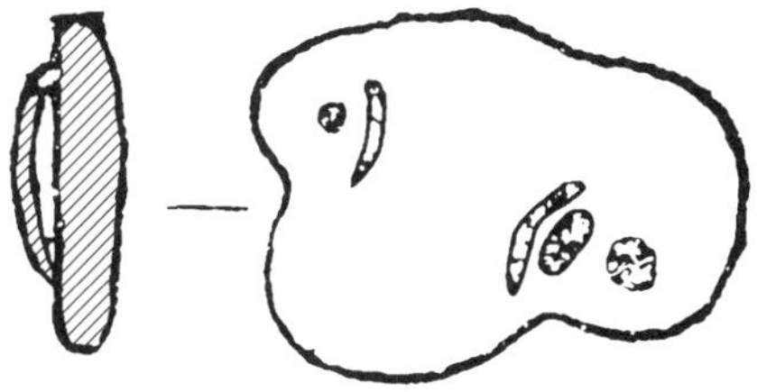

101

【出土地点】 忻州窑子M62：2

【尺　　寸】 长3.6、宽2.45厘米

【形制描述】 鸟头形，正面饰以弧线勾勒的禽类翅膀，背面有桥形钮。

【发表出处】［22］第153页，图九六：14；彩版二五：9、10

【备　　注】 原器名为鸟纹饰牌；位于髋骨之上的腹腔内；墓主为25岁左右男性。

102

【出土地点】 西沟畔M3 ： 19

【尺　　寸】 长2.9、宽约1.8厘米

【形制描述】 鸟头形。正面阴刻由圆眼、圆耳和勾状喙组成的鸟头图案，背面有桥形钮。

【发表出处】 ［7］第5页，图七 ：3；第9页，图二五

【备　　注】 原器名为鸟形饰牌；宽度根据器物比例估算。

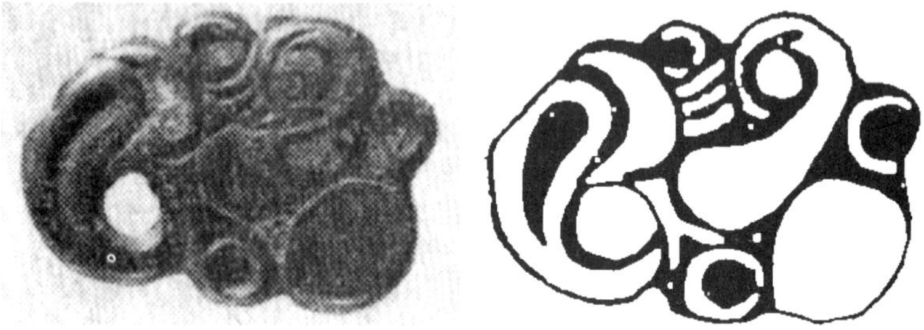

103

【出土地点】 西沟畔M3 ： 17、18

【尺　　寸】 长5.4、宽约1.8厘米

【形制描述】 鸟头形。圆眼、圆耳，喙稍弯，耳下有羽毛状头，背面有拱形钮。

【发表出处】 ［7］第5页，图七 ：6；照片由内蒙古文物考古研究所提供

【备　　注】 原器名为鸟头饰；共2件；宽度根据器物比例估算。

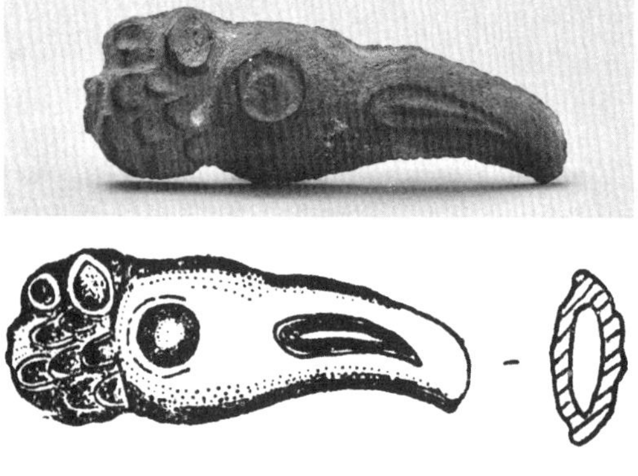

104

【出土地点】 毛庆沟M2 ：7

【尺　　寸】 长2.4厘米

【形制描述】 狐首形。尖耳、尖嘴，眼、耳均内凹。

【发表出处】 ［11］第277页，图四三 ：4；图版八三 ：2

【备　　注】 原器名为兽头饰。

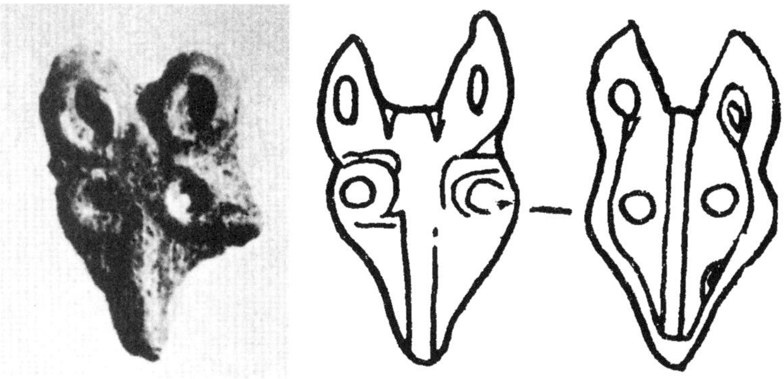

105

【出土地点】 毛庆沟M66 ：1

【尺　　寸】 长2.8厘米

【形制描述】 狐首形。尖耳、尖嘴，眼、耳均内凹。

【发表出处】 ［11］第277页，图四三 ：3；图版八三 ：1

【备　　注】 原器名为兽头饰；包括上文104号M2 ：7在内共5件。

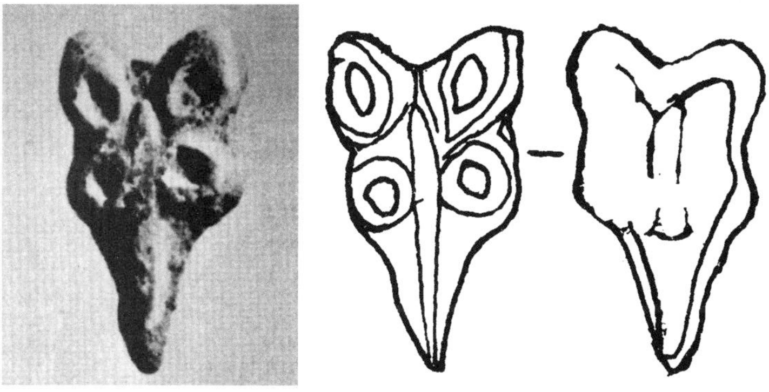

106

【出土地点】　桃红巴拉M1 ：29

【尺　　寸】　长约2.5厘米

【形制描述】　狐首形。尖耳、尖嘴，眼部以圆圈勾勒，背面有横贯钮。

【发表出处】　［4］第136页，图六 ：6；图版二 ：10

【备　　注】　原器名为兽头形饰；共3件；尺寸根据图中比例尺估算。

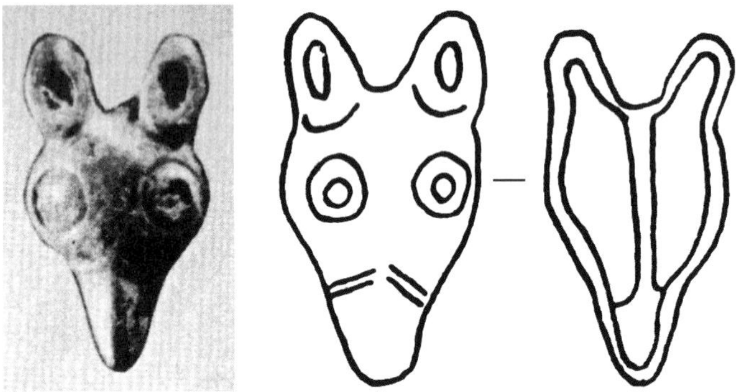

107

【出土地点】　桃红巴拉M6 ：9

【尺　　寸】　长约1.9厘米

【形制描述】　狐首形。无耳，尖嘴，眼部镂空，背面有横贯钮。

【发表出处】　［4］第136页，图六 ：7；照片由内蒙古文物考古研究所提供

【备　　注】　原器名为兽头形饰；尺寸根据图中比例尺估算。

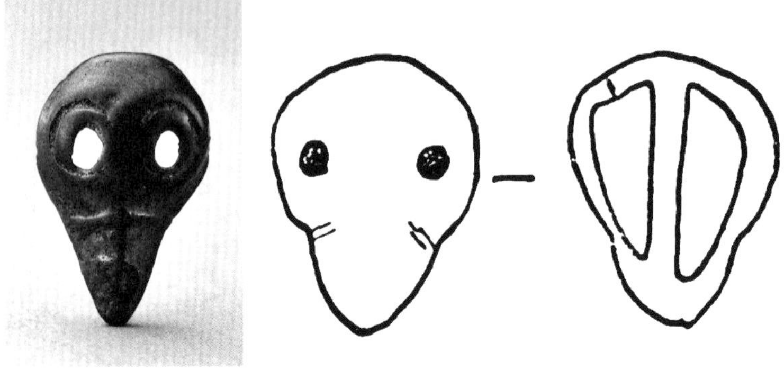

108①

【出土地点】 井沟子M47：19-1

【尺　　寸】 长2厘米

【形制描述】 狐首形。正面呈弧形凸起，以阴线勾勒双眼，耳镂空，尖嘴，颌下有穿环。

【发表出处】 ［24］第198页，图一一七：21上排；图版一九：2

【备　　注】 原器名为狐首形饰，项饰的组成部分；包括M47：19-1～6共6件；位于B号人骨头部周围、颈部。

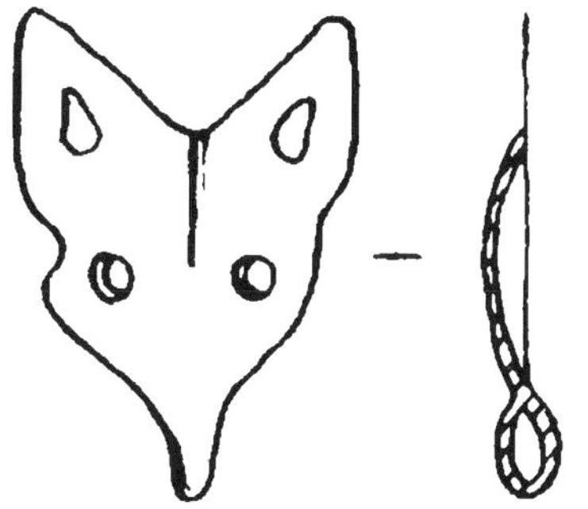

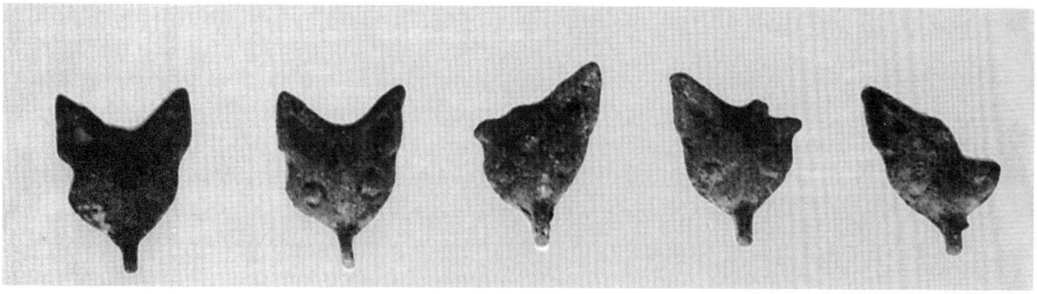

① 与该器形制相近的还有：

108-1；井沟子M42：2；残长1.3厘米；狐首形，正面呈弧形凸起，以阴线勾勒双眼，耳镂空，尖嘴，颌下有穿环；［24］第182页，图一〇六：1；位于填土中。

108-2；井沟子M42：3；残长1.3厘米；狐首形，正面呈弧形凸起，以阴线勾勒双眼，耳镂空，尖嘴，颌下有穿环；［24］第182页，图一〇六：2；位于墓底中部。

108-3；井沟子M42：4；残长1.2厘米；狐首形，正面呈弧形凸起，以阴线勾勒双眼，耳镂空，尖嘴，颌下有穿环；［24］第182页，图一〇六：3；位于墓底中部。

108-4；井沟子M47：9；残长1.35厘米；狐首形，正面呈弧形凸起，以阴线勾勒双眼，耳镂空，尖嘴，颌下有穿环；［24］第198页，图一一七：9；位于墓底南部B号人骨头部附近。

108-5；井沟子M47：26；残长2.1厘米；狐首形，正面呈弧形凸起，以阴线勾勒双眼，耳镂空，尖嘴，颌下有穿环；［24］第198页，图一一七：6；位于墓底南部B号人骨头部附近。

108-6；井沟子M47：29；长1.9厘米；狐首形，正面呈弧形凸起，以阴线勾勒双眼，耳镂空，尖嘴，颌下有穿环；［24］第198页，图一一七：7；位于墓底南部B号人骨头部附近。

109

【出土地点】 新店子M43：11

【尺　　寸】 长3厘米

【形制描述】 虎首形。上有两耳，刻画逼真，背面有横贯钮。

【发表出处】 ［20］第7页，图六：6；图版四：2

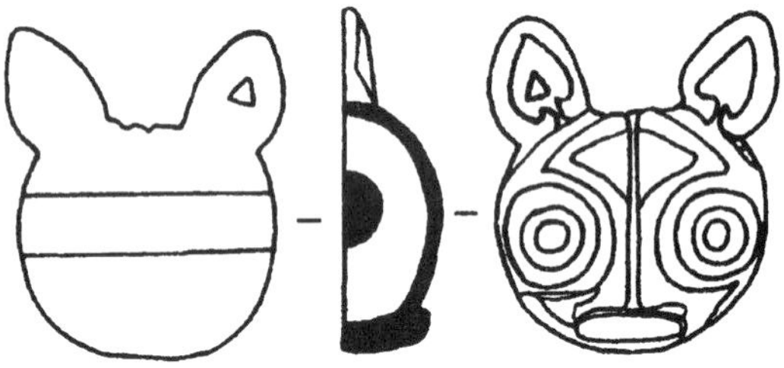

110

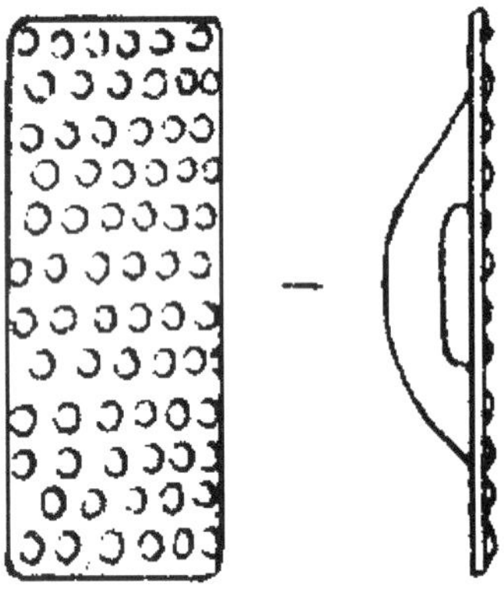

【出土地点】 宝亥社

【尺　　寸】 长3.5、宽1.4厘米

【形制描述】 长方牌形。正面饰横向成排凸起的小圆点，背有桥形钮。

【发表出处】 ［12］第82页，图六：7

【备　　注】 原器名为牌形饰，《鄂尔多斯式青铜器》中称长方形饰牌。

111

【出土地点】 忻州窑子M28：28

【尺　　寸】 直径2.2厘米

【形制描述】 逗号形。面圆鼓，背面有桥形钮。

【发表出处】 ［22］第100页，图五三：2；彩版二九：5、6

【备　　注】 墓主为25～30岁北亚男性。

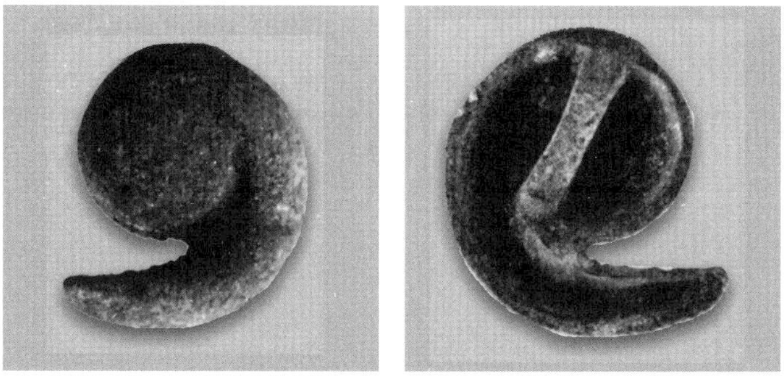

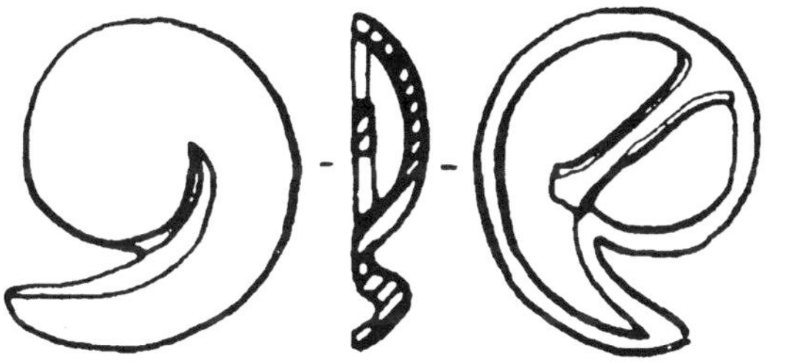

112

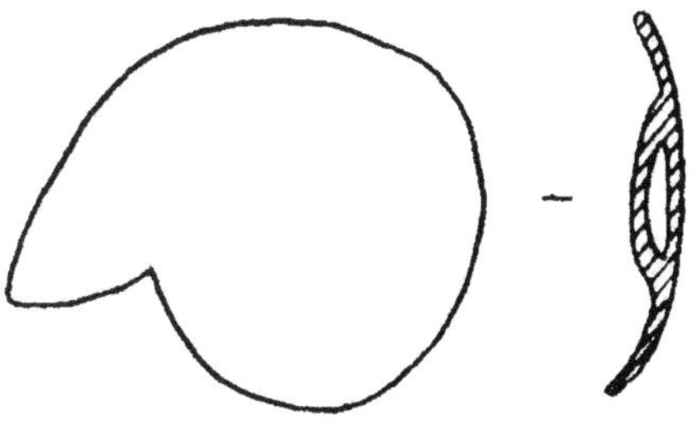

【出土地点】 井沟子M3：3

【尺　　寸】 直径2.7厘米

【形制描述】 逗号形。为圆形一侧出角，背面有桥形钮。

【发表出处】 ［23］第41页，图一四：13

【备　　注】 该墓另有小型铜泡2件，无图。

113

【出土地点】　毛庆沟M71 ：7

【尺　　寸】　直径1.1厘米

【形制描述】　不规则形，体小。两侧有圆形凸起，背面有横贯钮。

【发表出处】　［11］第278页，图四四 ：8

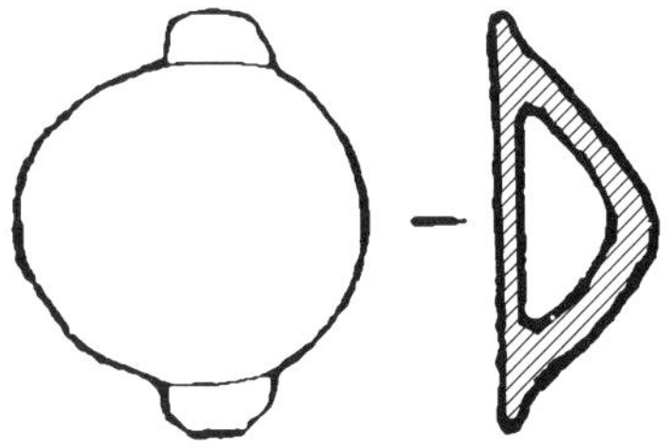

114①

【出土地点】　井沟子M7 ：11

【尺　　寸】　长2.1、宽1.5厘米

【形制描述】　仿贝形。背面有两个相连的横贯钮。

【发表出处】　［24］第58页，图二五 ：7；图版一八 ：2左下

【备　　注】　位于墓底中部两人骨之间。

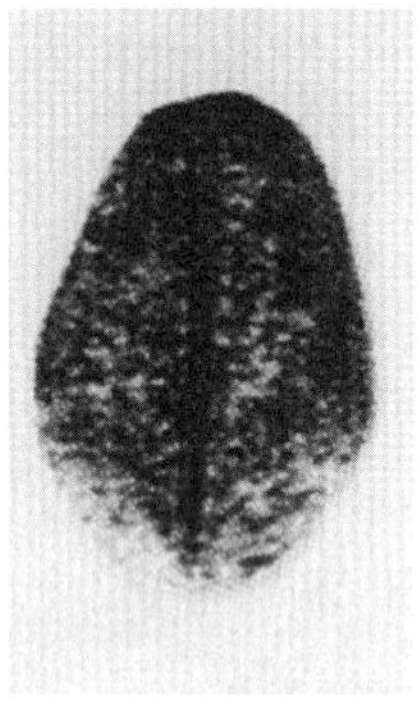

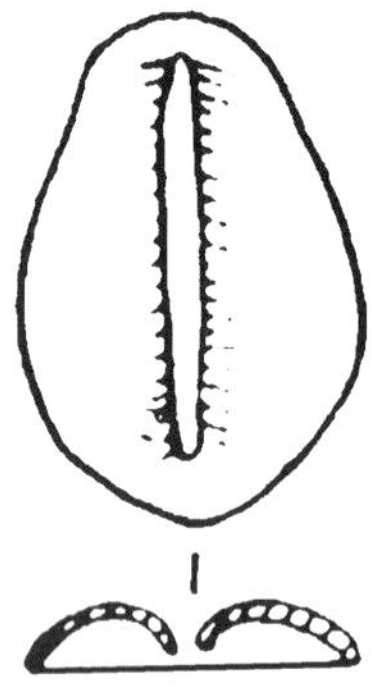

① 与该器形制相近的还有：

114-1；井沟子M15 ：3；长2.2、宽1.6厘米；仿贝形，背面有两个相连的横贯钮；［24］第83页，图四二 ：10左、右；共2件。

114-2；井沟子M49 ：10；长2.1、宽1.4厘米；仿贝形，背面有两个相连的横贯钮；［24］第211页，图一二四 ：7；位于墓底中部偏北。

114-3；井沟子M55 ：14；长2.1、宽1.5厘米；仿贝形，背面有两个相连的横贯钮；［24］第234页，图一三九 ：9；位于墓底中部偏北。

115

【出土地点】 崞县窑子M24 ：8

【尺　　寸】 长4.1、宽2.1厘米

【形制描述】 扁平长方牌形。正面饰两排连涡纹，背面有双桥形钮。

【发表出处】 ［13］第66页，图一一：6

【备　　注】 原器名为鸟纹饰牌；共2件；均出自M24。

116[①]

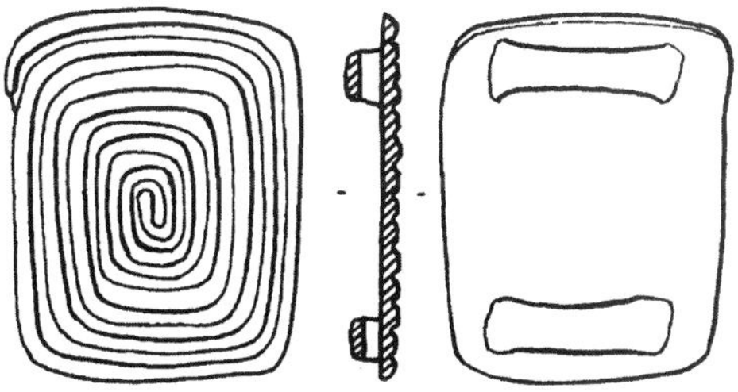

【出土地点】 忻州窑子M5 ：3

【尺　　寸】 长3.2、宽2.9厘米

【形制描述】 圆角长方牌形。正面饰回纹，背面有双桥形钮。

【发表出处】 ［22］第59页，图二二：2

【备　　注】 原器名为弦（回）纹饰牌；包括M5 ：2 ～ 9共8件；分别位于左侧肩胛骨下左肱骨内侧、右侧胸腔中部肋骨之上、左侧前臂桡骨外侧、右侧桡骨前端附近、左髋骨上方腹腔之内及盆骨下；墓主为25 ～ 30岁北亚男性。

① 与该器形制相近的还有：

116–2；忻州窑子M26 ：4；长3.7、宽2.9厘米；圆角长方牌形，正面饰回纹，背面有双桥形钮；［22］第96页，图五〇 ：10；另有M26 ：3无图。

116-1

【出土地点】 忻州窑子M5：5

【尺　　寸】 长3.2、宽2.9厘米

【形制描述】 圆角长方牌形。正面饰回纹，背面有双桥形钮。

【发表出处】 ［22］彩版二九：9、10

【备　　注】 原器名为弦（回）纹饰牌；包括M5：2～9共8件；分别位于左侧肩胛骨下左肱骨内侧、右侧胸腔中部肋骨之上、左侧前臂桡骨外侧、右侧桡骨前端附近、左髋骨上方腹腔之内及盆骨下。

117

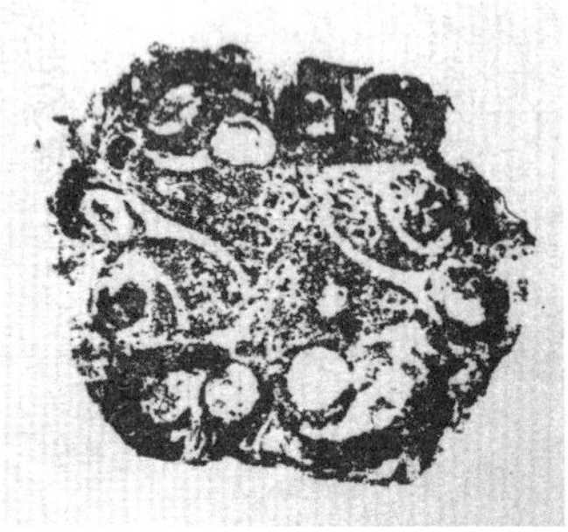

【出土地点】 范家窑子

【尺　　寸】 长约3、宽约3厘米

【形制描述】 卷曲动物形。正面纹饰不清，背面有桥形钮

【发表出处】 ［1］图5下

118

【出土地点】 饮牛沟M9：3

【尺　　寸】 长约2.7、宽约2.7厘米

【形制描述】 卷曲动物形。正面似为透雕鹿形，背面有桥形钮。

【发表出处】 ［9］第30页，图八：2；图版八：2

【备　　注】 原器名为铜牌饰。

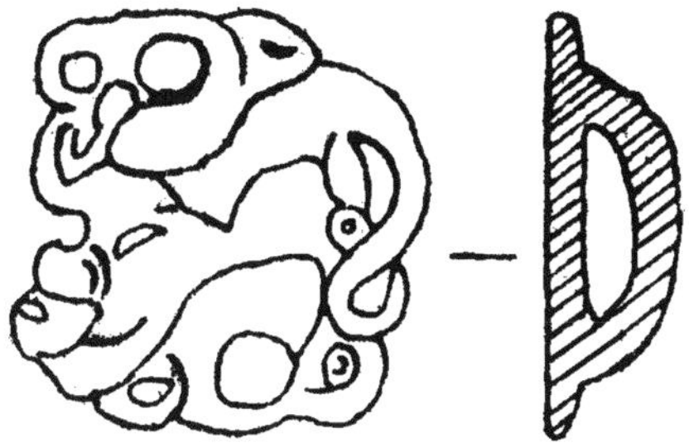

四、坠饰

1

【出土地点】 小双古城M6 ：7

【尺　　寸】 长3.5、下端宽2.8、厚0.07厘米

【形制描述】 牌形。平面略呈梯形，四角圆弧，上端呈弧状并存有一穿，下端略平直。

【发表出处】［21］第194页，图一二一 ：6；彩版三六 ：6

【备　　注】 原器名为牌饰；位于颈椎右侧、肩胛骨之上；金质；墓主为16～17岁女性。

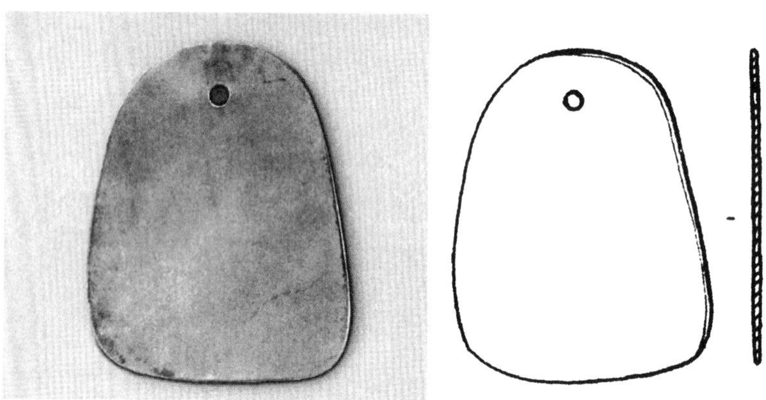

2

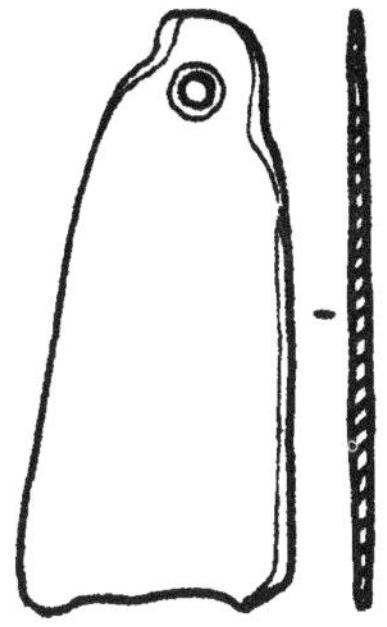

【出土地点】 小双古城M3 ：13

【尺　　寸】 长3.3、下端宽1.6厘米

【形制描述】 牌形。平面略呈梯形，上端存有圆孔，下端略残。

【发表出处】 ［21］第190页，图一一八：6；彩版四〇：8

【备　　注】 原器名为牌饰；另有M3 ：14、15残破不堪，无图；分别位于左侧尺骨与桡骨之间、腰椎右侧骨面之下及髋骨左侧；墓主为20～25岁东亚女性。

3

【出土地点】 瓦尔吐沟

【形制描述】 鹿形。环状角延伸至臀部。

【发表出处】 ［10］图版一一〇：1

【备　　注】 原器名为鹿形饰牌；尺寸未发表。

4

【出土地点】 西沟畔M2：41～45

【尺　　寸】 长6、宽3.8厘米

【形制描述】 天鹅形。背有钮。

【发表出处】 ［7］第4页，图六：6

【备　　注】 共5件；铅质；背钮看不见。

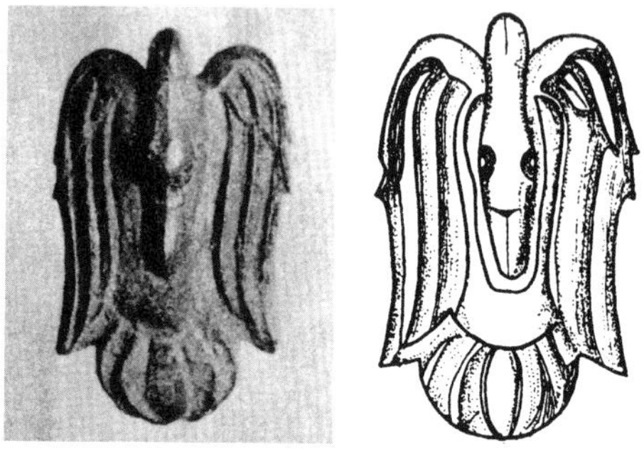

5

【出土地点】 西园M3：6

【尺　　寸】 高3.4、厚0.2厘米

【形制描述】 野猪形。呈伫立状，背有钮。

【发表出处】 ［15］第19页，图六：1

【备　　注】 原器名为动物形饰牌，纹饰认作虎形；共3件；均出自M3人骨腰部；墓主为女性。

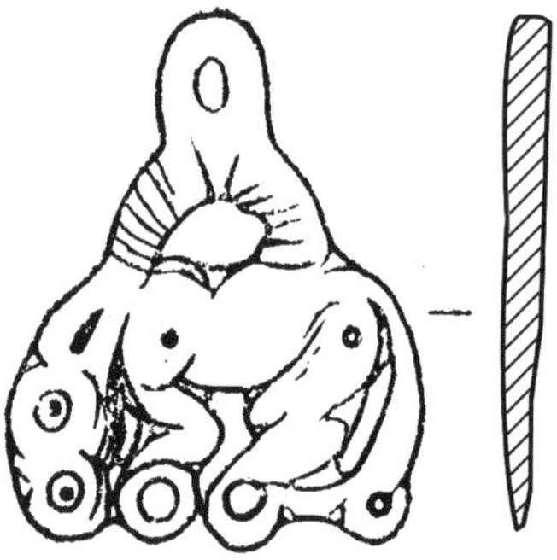

6

【出土地点】 水涧沟门

【尺　　寸】 长约2.5厘米

【形制描述】 象形。器身中部偏下有一个圆形穿孔，背部小钮已残。

【发表出处】 ［3］第51页，图二：4

【备　　注】 原器名为象形饰牌。

7[①]

【出土地点】 井沟子M8：2

【尺　　寸】 高4厘米

【形制描述】 人形。两臂微张，上端有圆形穿孔，下端呈扁平铲状。

【发表出处】［24］第61页，图二七：2；图版一八：2右

【备　　注】 原器名为坠饰（立鸟状）。

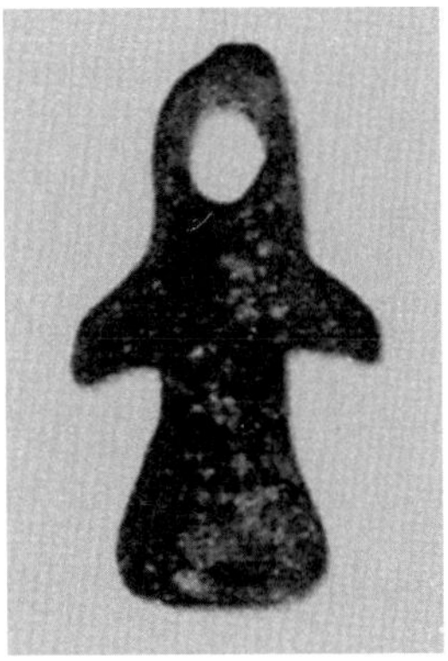

8

【出土地点】 井沟子M55：31

【尺　　寸】 高4.2厘米

【形制描述】 人形，四肢张开，上端有水滴形穿孔。

【发表出处】［24］第234页，图一三九：10

【备　　注】 原器名为坠饰（立鸟状）。

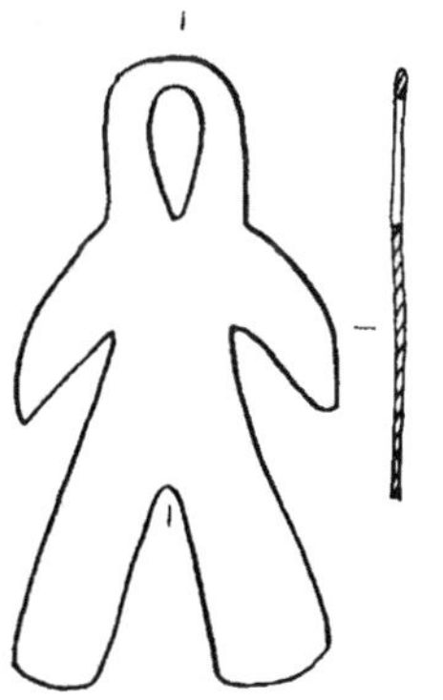

① 与该器形制相近的还有：

7-1；井沟子M33：15-6；高3.85厘米；人形，两臂微张，上端有圆形穿孔，下端呈扁平铲状；［24］第152页，图八五：1排左数第6件；原器名为坠饰（立鸟状），腰饰的组成部分。

7-2；井沟子M33：19-1；高4.1厘米；人形，两臂微张，上端有圆形穿孔，下端扁薄；［24］第152页，图八五：7左；原器名为坠饰（立鸟状）。

7-3；井沟子M33：19-2；高3.5厘米；人形，两臂微张，上端有圆形穿孔，下端呈扁平铲状；［24］第152页，图八五：7右；原器名为坠饰（立鸟状）。

7-4；井沟子M33：22；残高2.4厘米；人形，两臂微张，上端有圆形穿孔，下端残；［24］第152页，图八五：6；原器名为坠饰（立鸟状）。

7-5；井沟子M33：15-7；高3.7厘米；人形，形制特殊，器身有一处浇筑不良形成的小孔，上端有圆形穿孔；［24］第152页，图八五：1排左数第7件；原器名为坠饰（立鸟状）。

9

【出土地点】 西园M6 ：2

【尺　　寸】 长9厘米

【形制描述】 匙形。整体细长，近椭圆形匙头，柱状长柄顶端有一圆形穿孔，柄上饰螺旋纹。

【发表出处】 ［15］第19页，图六 ：4

【备　　注】 原器名为匙；共2件；墓主为8 ～ 9岁女性。

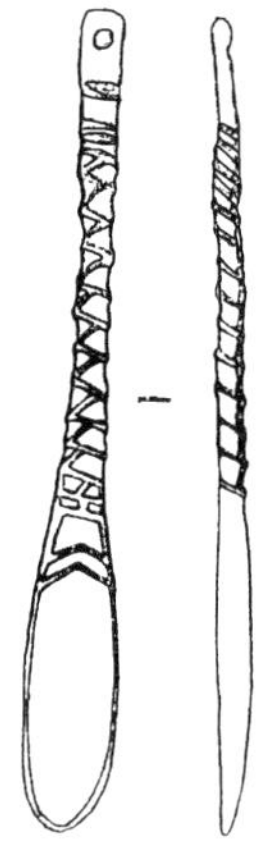

10

【出土地点】 新店子M47 ：12

【尺　　寸】 长4.7厘米

【形制描述】 匙形。近椭圆形匙头，柱状长柄顶端有一圆形穿孔，柄上饰圆圈状凸起。

【发表出处】 ［20］第9页，图八 ：12

【备　　注】 原器名为匙形器；共2件。

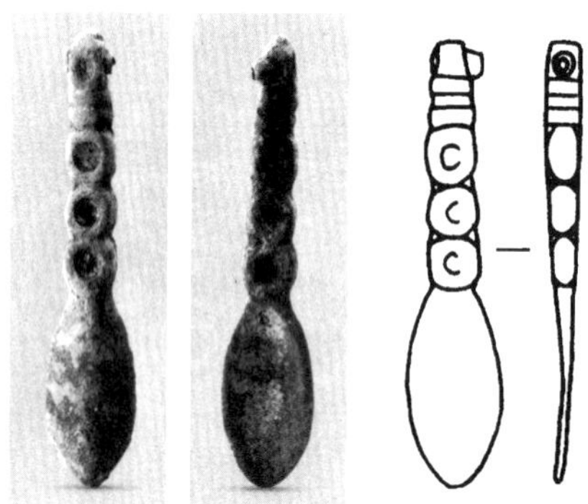

11

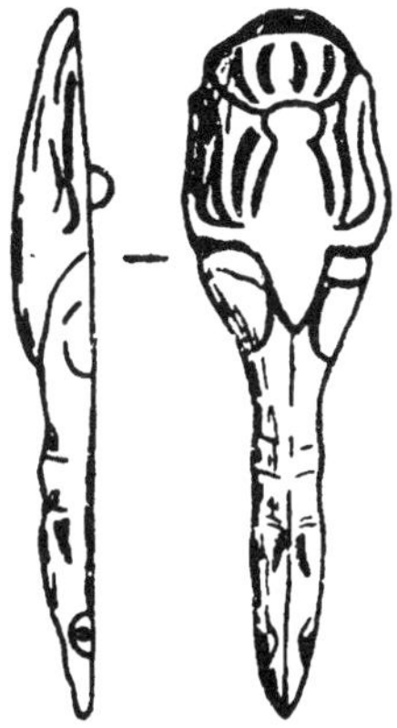

【出土地点】 西沟畔M3 ：16

【尺　　寸】 长5.1厘米

【形制描述】 卧鸟形，整体似锥形。颈部细长，背面有桥形钮。

【发表出处】 ［7］第5页，图七：4；图二九

【备　　注】 原器名为鸟形饰。

12

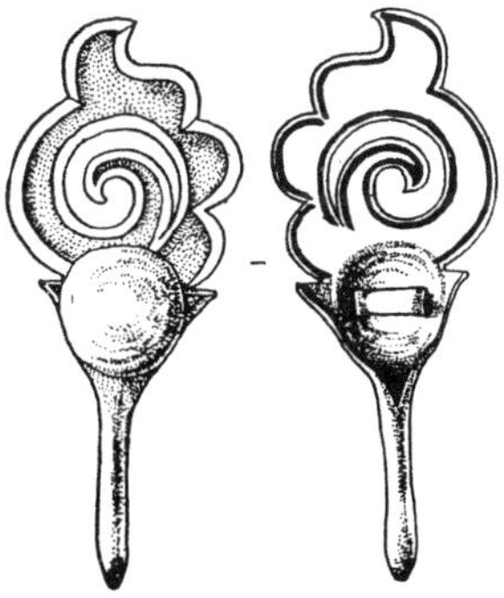

【出土地点】 阿鲁柴登

【尺　　寸】 长7.5、上宽3.2厘米

【形制描述】 锥形。上部经锤打呈火炬形片状，中部呈泡状凸起，下部呈锥状，背面有桥形钮。

【发表出处】 ［6］第335页，图三：4；［29］第43页

【备　　注】 原器名为火炬形饰件；黄金铸成，重23.9克。

13

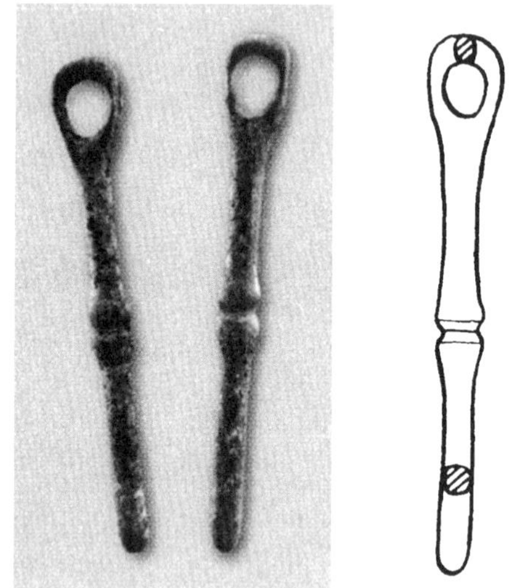

【出土地点】 小双古城M11：10

【尺　　寸】 长5.9、环径0.6、横截面径0.4厘米

【形制描述】 棒形。顶端有环状钮，中部呈骨节状，其下为圆柱形棒体。

【发表出处】 ［21］第206页，图一三〇：2；彩版四〇：4左

【备　　注】 原器名为棒形饰；包括M11：10、11共2件；位于骶骨骨面和右胫骨上端外侧；墓主为17～18岁男性。

14

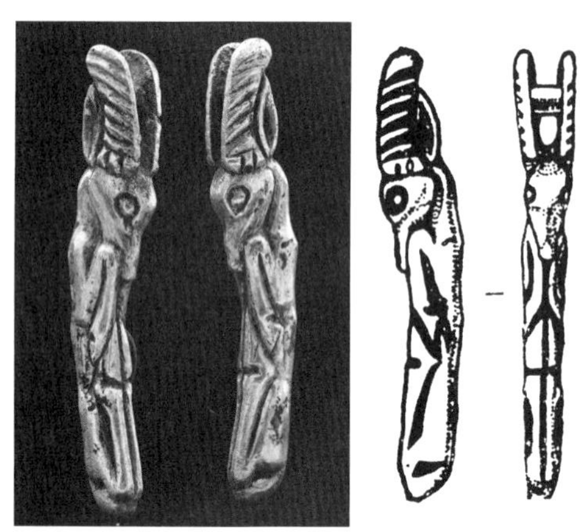

【出土地点】 阿鲁柴登

【尺　　寸】 长5.3厘米

【形制描述】 棒形。表面雕刻立体羊纹，两角相连向后弯成圆孔。

【发表出处】 ［6］第335页，图三：1；［29］第41页

【备　　注】 原器名为羊形饰件；共2件；黄金铸成后又经雕刻加工，每件重19.4克。

15①

【出土地点】 井沟子M17：5-1

【尺　　寸】 高1.7厘米

【形制描述】 上端有管状穿，下端呈扁舌状，表面有5道浅凹槽。

【发表出处】 ［24］第88页，图四六：3

【备　　注】 共10件，其余9件无图。

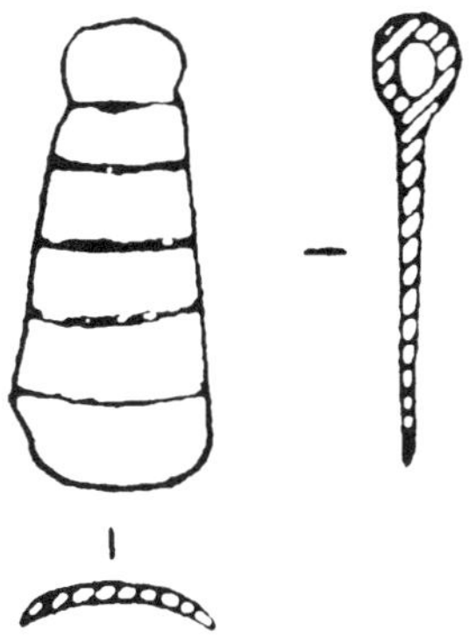

① 与该器形制相近的还有：

15-1；井沟子M5：17；残高1.6厘米；上端有管状穿，下端呈扁舌状，表面有十数道凹槽；［24］第52页，图二一：6；共2件。

15-2；井沟子M12：17；残高1.6厘米；上端有管状穿，已残，下端呈扁舌状，表面有约5道凹槽；［24］第71页，图三五：9。

15-3；井沟子M25：10-6；高1.5厘米；上端有管状穿，下端呈扁舌状，表面有约4道凹槽；［24］第121页，图六六：19左数第15件；另有M25：10-7、8无图，为项饰的组成部分。

15-4；井沟子M32：13；高1.6厘米；上端有管状穿，下端呈扁舌状，表面有刻划痕迹，边缘略残损；［24］第146页，图八二：9。

15-5；井沟子M33：21；高1.75厘米；上端有管状穿，下端呈扁舌状，表面有数道凹槽；［24］第152页，图八五：12；共9件，大小形制均相同。

15-6；井沟子M33：23；高1.8厘米；上端有管状穿，下端呈扁舌状，表面有数道凹槽；［24］第152页，图八五：13右；共3件，大小形制均相同。

15-7；井沟子M47：7；高1.4厘米；上端有管状穿，下端呈扁舌状，表面有3道凹槽；［24］第198页，图一一七：17。

15-8；井沟子M47：6；高2厘米；上端有管状穿，下端呈扁舌状，表面有刻划痕迹；［24］第198页，图一一七：16。

15-9；井沟子M47：28；高1.75厘米；上端有管状穿，下端呈扁舌状，表面有数道凹槽；［24］第198页，图一一七：18。

15-10；井沟子M47：27；高1.7～1.8厘米；上端有管状穿，下端呈扁舌状，表面有数道凹槽；［24］第198页，图一一七：19；共3件。

15-11；井沟子M47：19-8；高1.7厘米；上端有管状穿，下端呈扁舌状，表面有6～7道凹槽；［24］第198页，图一一七：21下排左数第1件；另有M47：19-9、10无图，皆为项饰的组成部分。

16①

【出土地点】 井沟子M47：19-11

【尺　　寸】 高1.9厘米

【形制描述】 上端有管状穿，下端呈扁舌状，素面。

【发表出处】 [24] 第198页，图一一七：21 下排左数第2件

【备　　注】 项饰的组成部分。

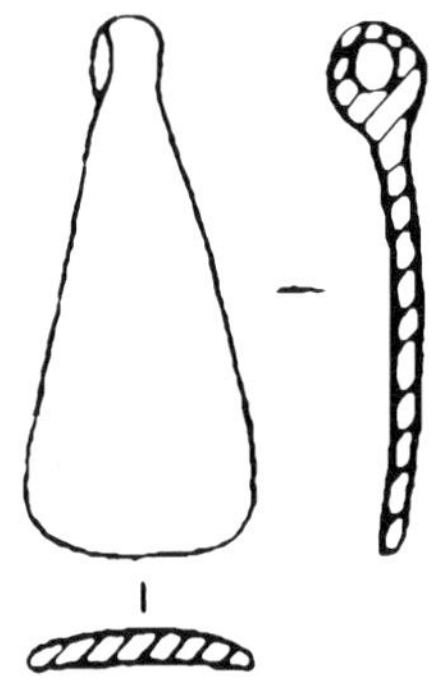

17②

【出土地点】 井沟子M33：36

【尺　　寸】 高4厘米

【形制描述】 圆角长方形，体扁平，顶端有椭圆形穿孔。

【发表出处】 [24] 第152页，图八五：5

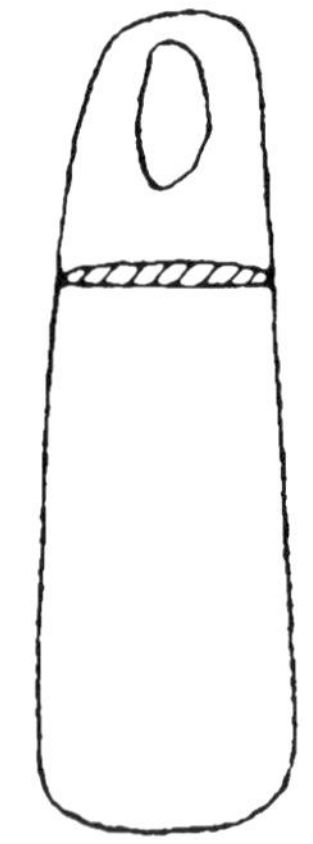

① 与该器形制相近的还有：

16-1；井沟子M3：12；高1.7厘米；上端有管状穿，下端呈扁舌状，素面；[24] 第41页，图一四：21。

16-2；井沟子M13：35-1；高1.3厘米；上端有管状穿，下端呈扁舌状，素面；[24] 第77页，图三八：32；另有1件残，无图。

16-3；井沟子M42：1-1；残高1.4厘米；上端有管状穿，已残，下端呈扁舌状，素面；[24] 第182页，图一〇六：5；另有1件残，无图。

16-4；井沟子M47：8；残高1厘米；上端有管状穿，下端残，素面；[24] 第198页，图一一七：15。

② 与该器形制相近的还有：

17-1；井沟子M33：15-3；高4.1厘米；圆角长方形，体扁平，顶端有近椭圆形穿孔；[24] 第152页，图八五：1排左数第3件；腰饰的组成部分。

17-2；井沟子M33：15-4；高3.6厘米；圆角长方形，体扁平，顶端有穿孔；[24] 第152页，图八五：1排左数第4件。

17-3；井沟子M33：15-5；高3厘米；圆角长方形，体扁平，顶端有穿孔；[24] 第152页，图八五：1排左数第5件。

17-4；井沟子M33：23-4；高1.9厘米；圆角长方形，体扁平，顶端有穿孔；[24] 第152页，图八五：13左。

五、别针

1[①]

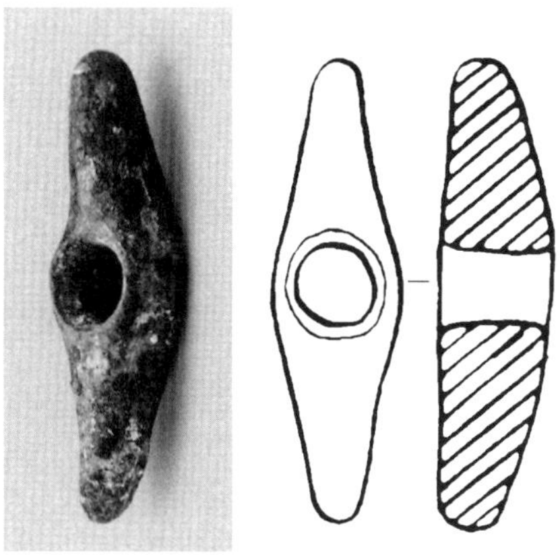

【出土地点】 忻州窑子M2 ：3

【尺　　寸】 长3.6、銎径0.7厘米

【形制描述】 鹤嘴斧形，两端方平。

【发表出处】 ［22］第51页，图一六：6；图版三〇：8

【备　　注】 位于左侧盆骨之上；墓主为10岁左右儿童。

2

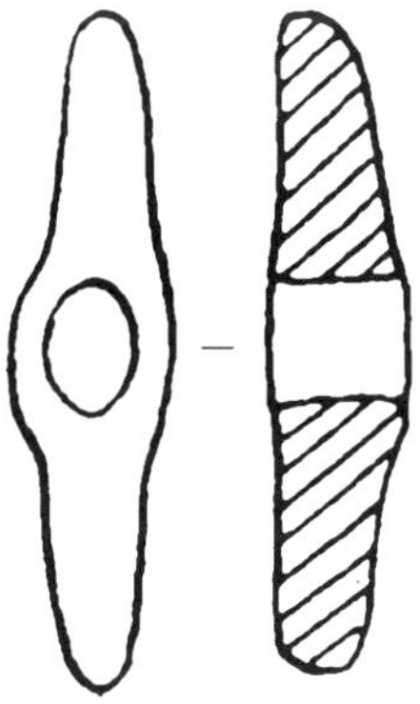

【出土地点】 忻州窑子M33 ：72

【尺　　寸】 长3.4、銎径0.6厘米

【形制描述】 鹤嘴斧形，两端呈尖状。

【发表出处】 ［22］第109页，图五九：16

【备　　注】 位于股骨之间；墓主为45岁左右男性。

---

① 与该器形制相近的还有：

1-1；忻州窑子M4 ：31；长3.3、銎径0.7厘米；鹤嘴斧形，两端方平；［22］第56页，图二〇：6；位于右侧股骨内侧，墓主为45岁左右东亚男性。

3

【出土地点】 毛庆沟M11：5

【尺　　寸】 长2.7、銎径约0.5厘米

【形制描述】 略呈梭形。中间有圆形横穿孔。

【发表出处】 ［11］第285页，图四七：5；图版一一三：2

【备　　注】 原器名为鹤嘴形铜饰；銎径根据图中比例尺估算。

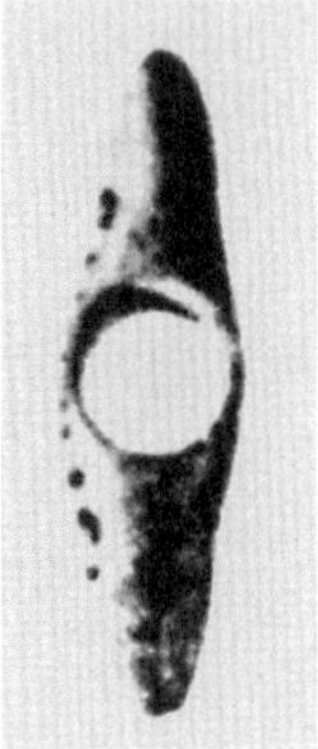

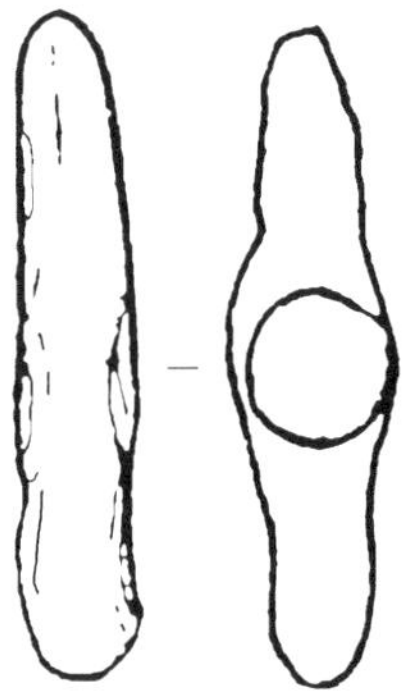

4

【出土地点】 忻州窑子M10：12

【尺　　寸】 长3.6、厚0.9、銎径0.7厘米

【形制描述】 鹤嘴斧形，两端呈尖状且饰弦纹。

【发表出处】 ［22］第64页，图二七：13

【备　　注】 位于右侧盆骨髋骨下；墓主为25～30岁北亚女性。

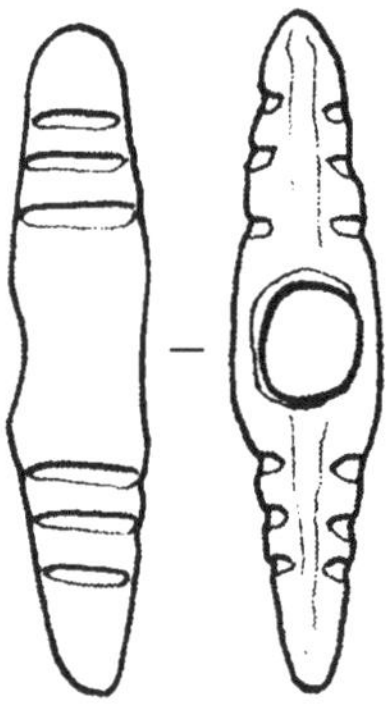

5

【出土地点】 崞县窑子M5：7

【尺　　寸】 长3.4、銎长径0.9厘米

【形制描述】 略呈梭形。中间有椭圆形横穿孔，器表饰横向凸棱。

【发表出处】 ［13］第66页，图一一：22

【备　　注】 原器名为鹤嘴斧形器；墓主为成年男性。

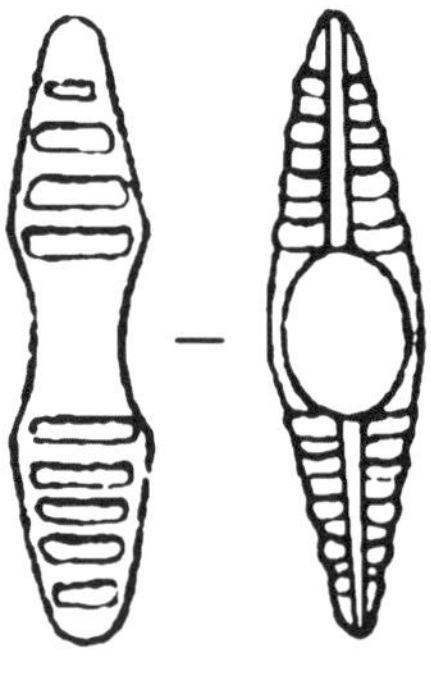

6

【出土地点】 忻州窑子M6 ：1

【尺　　寸】 长3.1、最厚处0.6、凹槽长0.7厘米

【形制描述】 两端为三角形锥体，中部束腰。

【发表出处】 ［22］第59页，图二二 ：5

【备　　注】 位于右侧股骨前端内；墓主为45岁左右北亚女性。

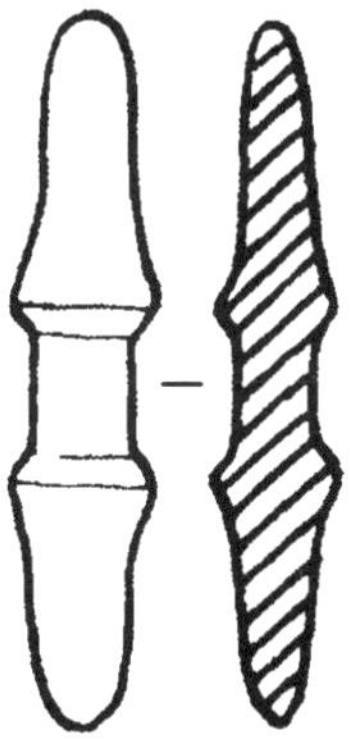

7

【出土地点】 忻州窑子M9 ：10

【尺　　寸】 长2.35、最宽0.9、最窄0.5厘米

【形制描述】 两端为方体，中部束腰。

【发表出处】 ［22］第64页，图二七 ：12

【备　　注】 位于左侧髋骨上；墓主为25～30岁东亚女性。

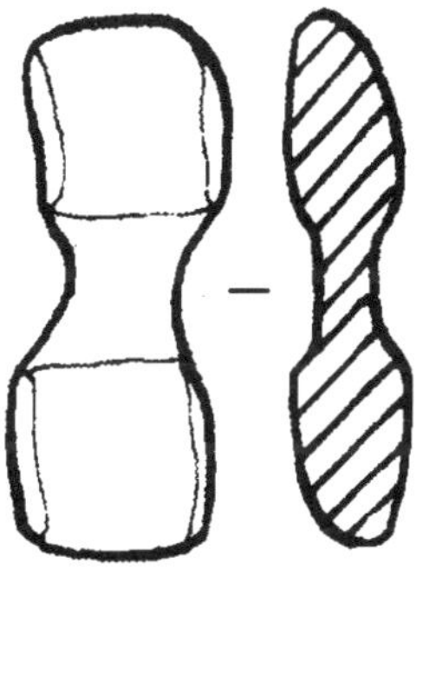

六、带扣

1

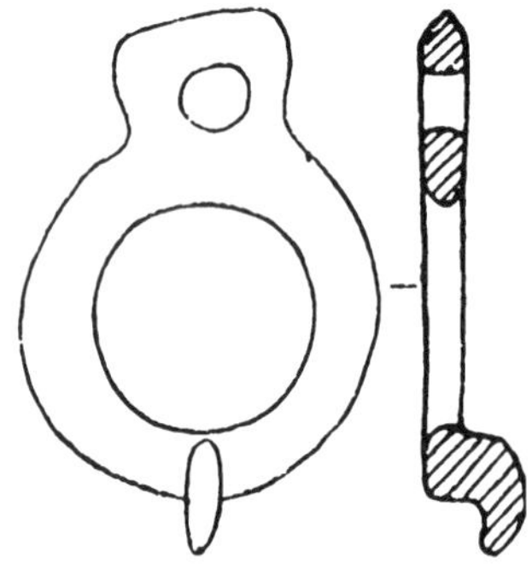

【出土地点】 西园M4 ：4

【尺　　寸】 长4.8、环径3.4厘米

【形制描述】 整体呈“8”字形。倒梯形钮，圆形钮孔；圆形扣环；扣舌位于环下端外缘，斜向下，末端向下弯曲。

【发表出处】 ［15］第19页，图六 ：2

【备　　注】 位于左侧髋骨上方；墓主为25 ～ 30岁男性。

2

【出土地点】 宝亥社

【尺　　寸】 长8.9、环径约6.4厘米

【形制描述】 整体呈“8”字形。倒梯形钮，三角形钮孔；圆形扣环；扣舌位于环下端外缘，斜向下，末端向下弯曲。

【发表出处】 ［12］第82页，图六 ：5；图八 ：1

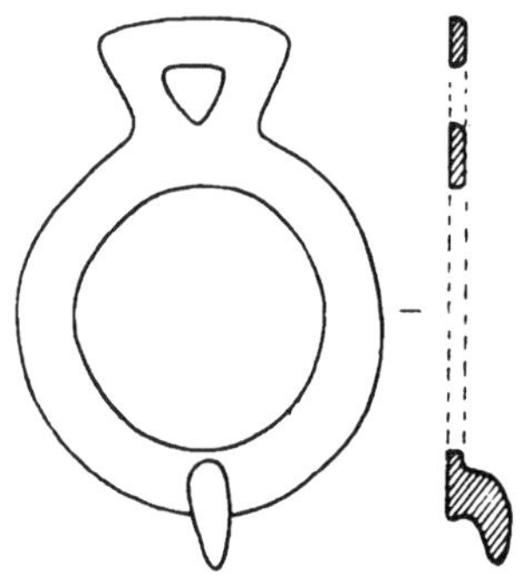

3

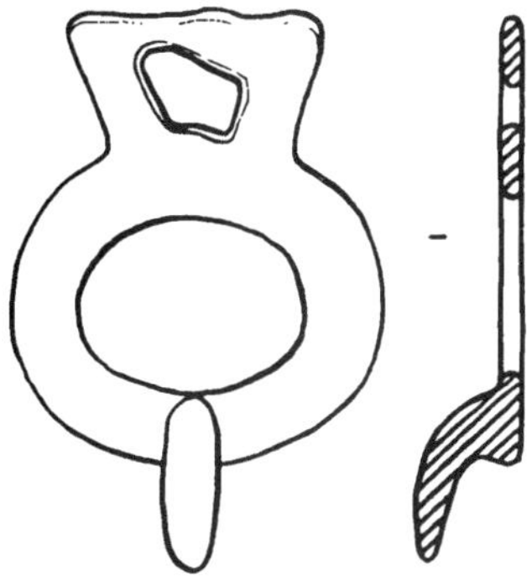

【出土地点】 忻州窑子M45：2

【尺　　寸】 长5.3、环径3～3.8厘米

【形制描述】 整体呈“8”字形。倒梯形钮，三角形钮孔；圆形扣环；扣舌位于环下端外缘，斜向下，末端向下弯曲。

【发表出处】 ［22］第124页，图七〇：24；彩版三一：1

【备　　注】 位于尾骨上；墓主为25～30岁男性。

4

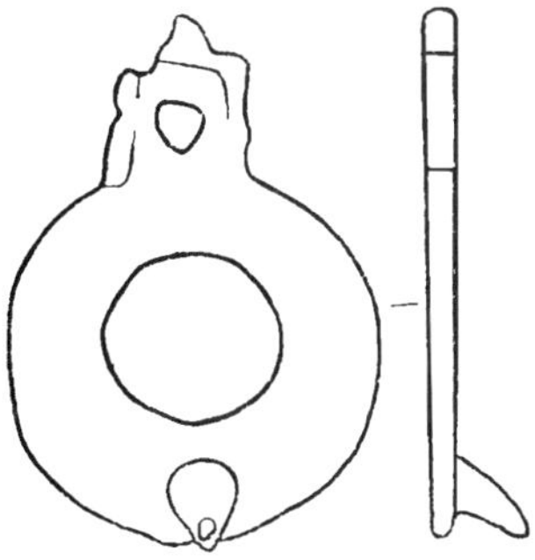

【出土地点】 崞县窑子M12：5

【尺　　寸】 长5.3、环径3.9厘米

【形制描述】 整体呈“8”字形。倒梯形钮，三角形钮孔；圆形扣环；扣舌位于环下端中部，向外斜直伸出。

【发表出处】 ［13］第66页，图一一：9

【备　　注】 墓主为少年男性。

5

【出土地点】 忻州窑子M28：2

【尺　　寸】 长5.7、环径4.5厘米

【形制描述】 整体呈“8”字形。倒梯形钮，三角形钮孔；圆形扣环，饰交错弧纹；扣舌位于环下端中部，略斜向下，末端向下弯曲。

【发表出处】 ［22］第100页，图五三：7；彩版三一：3

【备　　注】 位于腰椎下端骨面之上；墓主为25～30岁北亚男性。

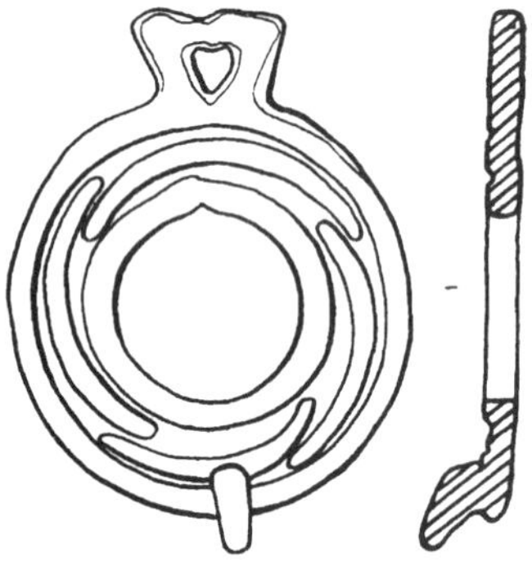

6

【出土地点】 毛庆沟M63：2

【尺　　寸】 长5.2、环径3.8厘米

【形制描述】 整体呈“8”字形。圆角方形钮，椭圆形钮孔；椭圆形扣环，饰交错弧纹；扣舌位于环下端内缘，向外斜直伸出，略有弯曲，舌尖凸出于环外。

【发表出处】 ［11］第266页，图三六：2

【备　　注】 墓主55岁以上，男（？）。

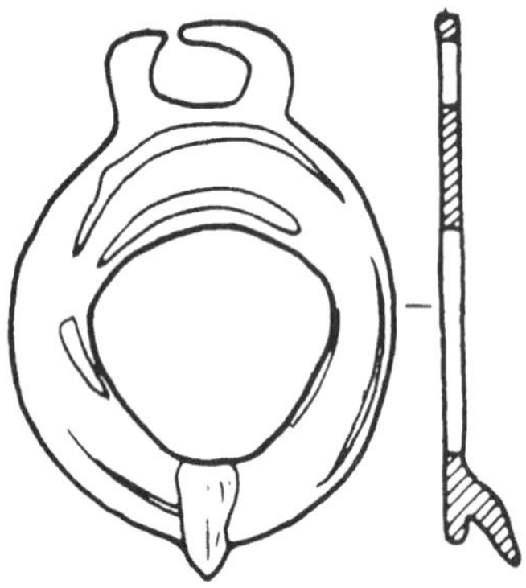

7

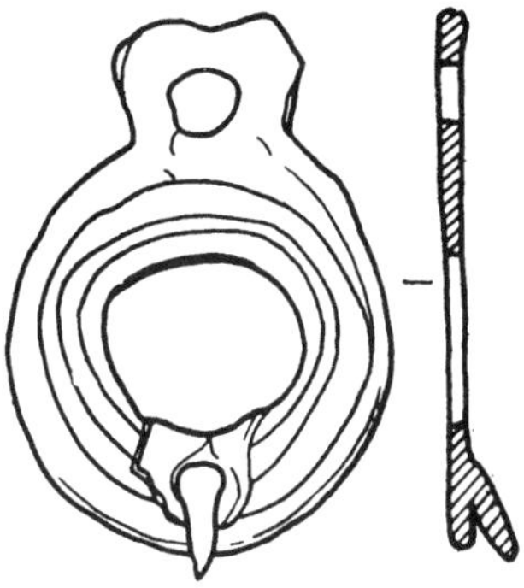

【出土地点】 毛庆沟M59：9

【尺　　寸】 长5.5、环径3.9厘米

【形制描述】 整体呈“8”字形。倒梯形钮，圆形钮孔；椭圆形扣环，饰交错弧纹；扣舌位于环下端中部，向外斜直伸出，舌尖凸出于环外。

【发表出处】 ［11］第266页，图三六：1；图版五七：4

8

【出土地点】 桃红巴拉M6：2

【形制描述】 整体呈“8”字形。倒梯形钮，三角形钮孔；圆形扣环，饰交错弧纹；扣舌位于环下端内缘，舌尖凸出于环外。

【发表出处】 ［4］图版二：12

【备　　注】 尺寸未发表。

9

【出土地点】 桃红巴拉M1：36

【形制描述】 整体呈“8”字形。倒梯形钮，三角形钮孔；圆形扣环，饰交错弧纹与短线纹；扣舌位于环下端中部，斜向外伸出。

【发表出处】 ［4］第135页；［26］第63页，图八三：左数第1件

【备　　注】 尺寸未发表；墓主为35岁左右男性。

10

【出土地点】 桃红巴拉M2：6

【尺　　寸】 长约5.9、环径约4.6厘米

【形制描述】 整体呈“8”字形。倒梯形钮，三角形钮孔；圆形扣环，饰交错弧纹，一侧有两个小钮；扣舌位于环下端内缘，向外斜直伸出。

【发表出处】 ［4］第136页，图六：21；［26］第63页，图八三：左数第3件

【备　　注】 尺寸根据图中比例尺估算；墓主为3岁左右幼儿。

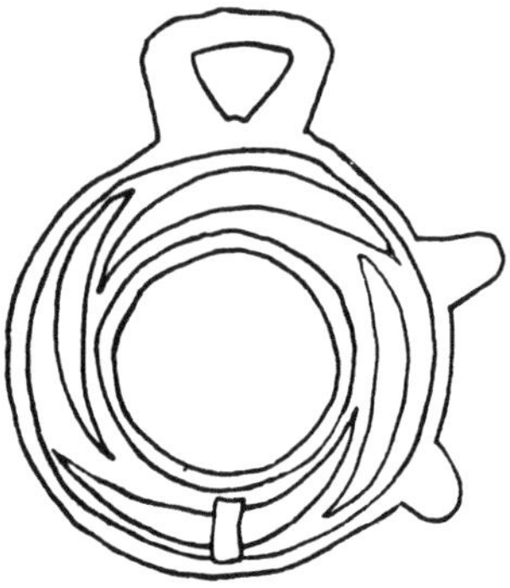

11

【出土地点】 毛庆沟M12：2

【尺　　寸】 长5.2～6.5、环径4.1～5.2厘米

【形制描述】 整体呈“8”字形。方形钮，方形钮孔；圆形扣环，饰交错弧纹；扣舌位于环下端中部，向外斜直伸出。

【发表出处】 [11]第266页，图三六：5

【备　　注】 另有M60：4形制相似，无图。

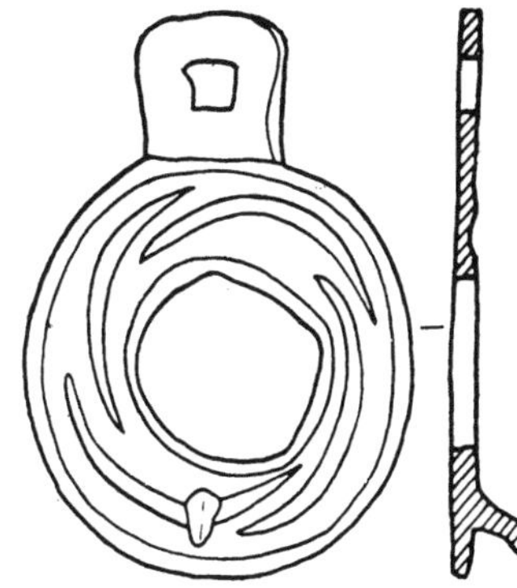

12

【出土地点】 毛庆沟M9：10

【尺　　寸】 长5.2～6.5、环径4.1～5.2厘米

【形制描述】 整体呈“8”字形。圆角方形钮，圆形钮孔；圆形扣环，饰交错弧纹；扣舌位于环下端内缘，向外斜直伸出。

【发表出处】 [11]第266页，图三六：6

【备　　注】 墓主为60岁以上女性。

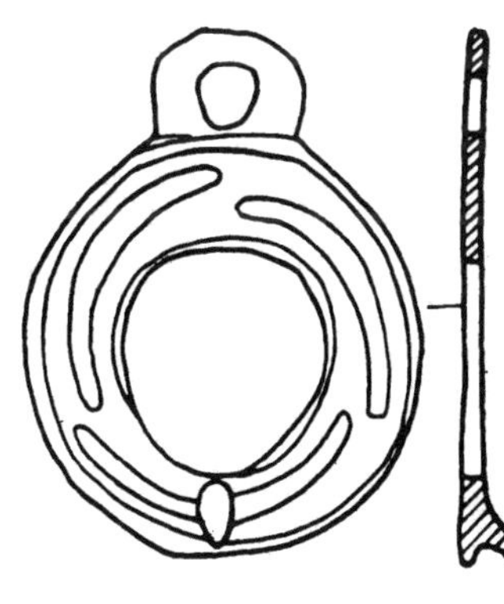

13

【出土地点】 毛庆沟M43：2

【尺　　寸】 长5.2～6.5、环径4.1～5.2厘米

【形制描述】 整体呈“8”字形。倒梯形钮，三角形钮孔；圆形扣环，饰交错弧纹；扣舌位于环下端内缘，向外斜直伸出。

【发表出处】 ［11］第265页；［26］第63页，图八四：左数第3件

【备　　注】 位于腰椎骨面上；墓主为35～40岁男性。

14

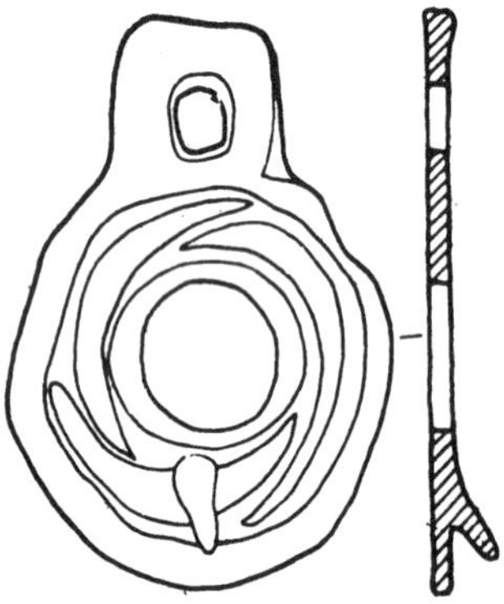

【出土地点】 毛庆沟M45：5

【尺　　寸】 长6.3、环径4.3厘米

【形制描述】 整体呈“8”字形。近方形钮，方形钮孔；圆形扣环，饰交错弧纹；扣舌位于环下端内缘，向外斜直伸出。

【发表出处】 ［11］第266页，图三六：3

【备　　注】 位于髋骨右侧；墓主为50～55岁男性。

15

【出土地点】 毛庆沟M55：7

【尺　　寸】 长5.4、环径3.9厘米

【形制描述】 整体呈“8”字形。倒梯形钮，三角形钮孔；圆形扣环，饰重圈纹；扣舌位于环下端内缘，向外斜直伸出。

【发表出处】 ［11］第266页，图三六：4

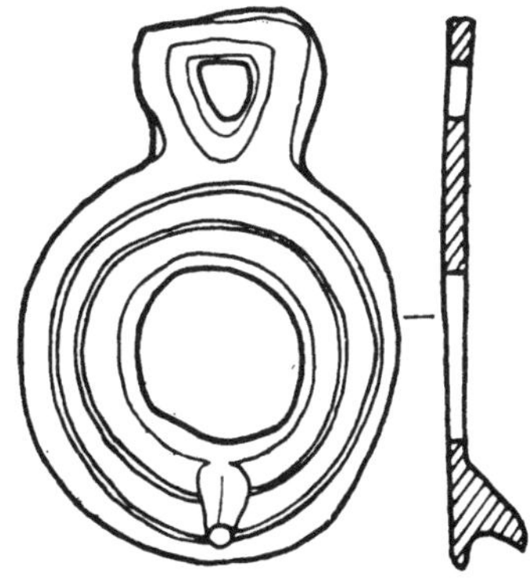

16

【出土地点】 忻州窑子M18：1

【尺　　寸】 长5.9、环径4.6厘米

【形制描述】 整体呈“8”字形。倒梯形钮，三角形钮孔；圆形扣环，饰重圈纹；扣舌位于环下端中部，向外斜直伸出，略有弯曲。

【发表出处】 ［22］第80页，图三九：10；彩版三一：5

【备　　注】 位于右侧髋骨之上；墓主为25岁左右东亚男性。

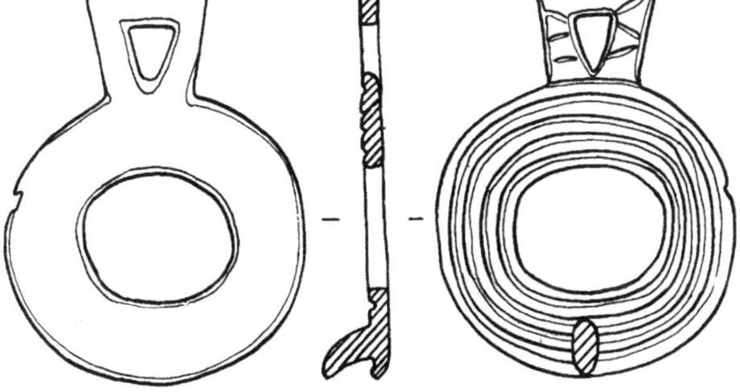

17

【出土地点】 沟里头

【形制描述】 整体呈“8”字形。近方形钮，中有钮孔；圆形扣环，饰弧形纹，下部有圆点纹。

【发表出处】 ［18］第473页，图二：1

【备　　注】 尺寸未发表；位于腰部附近。

18

【出土地点】 西沟畔M3：14

【尺　　寸】 长5.5、环径约4.2厘米

【形制描述】 整体呈“8”字形。近方形钮，方形钮孔；圆形扣环，饰重圈纹；扣舌靠近环下端内缘，向外斜直伸出。

【发表出处】 ［7］第5页，图七：1

【备　　注】 环径根据器物比例估算。

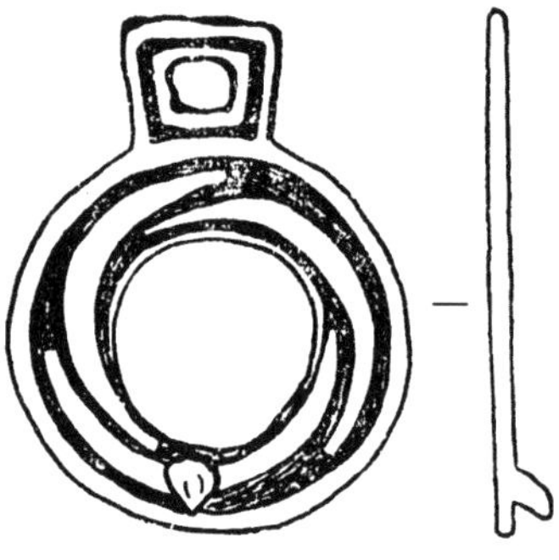

19

【出土地点】 明安木独

【尺　　寸】 长6.3、环径约5厘米

【形制描述】 整体呈“8”字形。倒梯形钮，圆形钮孔；圆形扣环，饰粟点纹；扣舌位于环下端，斜向下，末端向下弯曲。

【发表出处】 ［16］第80页，图六：7

【备　　注】 环径根据器物比例估算。

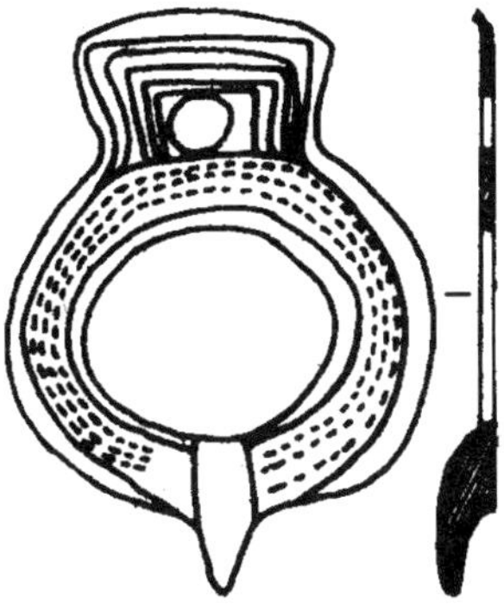

20

【出土地点】 崞县窑子M5：6

【尺　　寸】 长5.4、环径3.9厘米

【形制描述】 整体呈“8”字形。倒梯形钮，三角形钮孔；椭圆形扣环，饰圆点纹；扣舌位于环下端外缘，斜向下，末端向下弯曲。

【发表出处】 ［13］第66页，图一一：7

【备　　注】 墓主为成年男性。

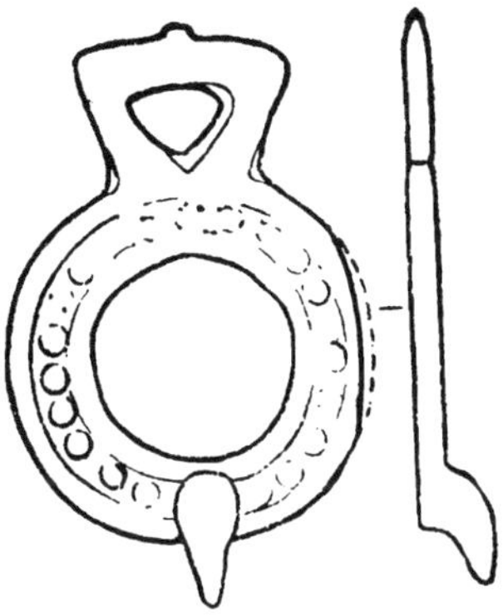

21

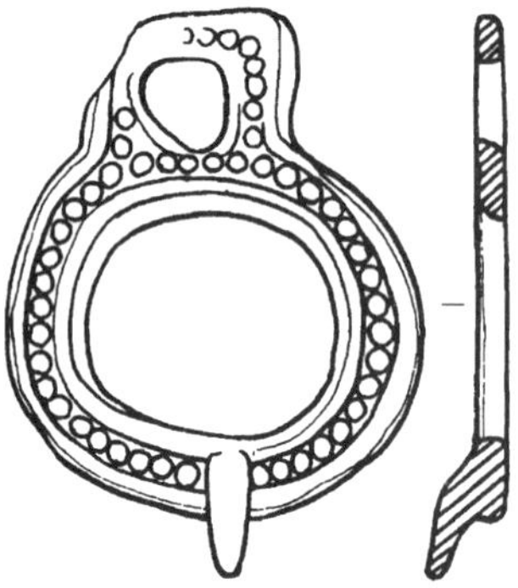

【出土地点】 忻州窑子M5：10

【尺　　寸】 长4.8、环径3.4～3.9厘米

【形制描述】 整体呈“8”字形。倒梯形钮，三角形钮孔；圆形扣环，饰一周圆点纹；扣舌位于扣环下端中部，斜向下，末端向下弯曲。

【发表出处】 ［22］第59页，图二二：10；彩版三一：2

【备　　注】 位于右侧髋骨下端之上；墓主为25～30岁北亚男性。

22

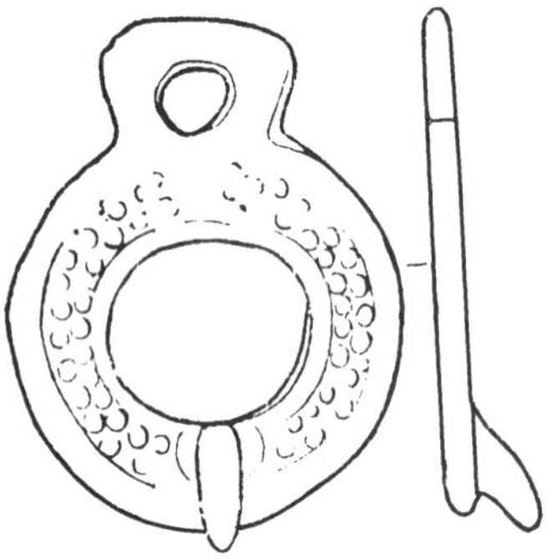

【出土地点】 崞县窑子M31：5

【尺　　寸】 长5.2、环径4厘米

【形制描述】 整体呈“8”字形。倒梯形钮，三角形钮孔；圆形扣环，饰两周圆点纹；扣舌位于环下端内缘，向外斜直伸出，舌尖凸出于环外。

【发表出处】 ［13］第66页，图一一：8

23

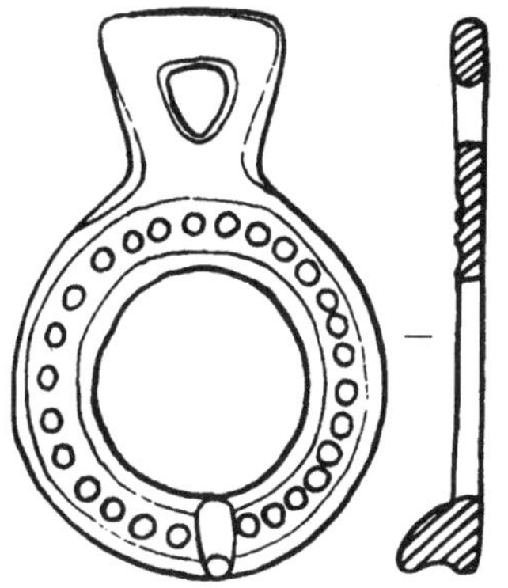

【出土地点】　忻州窑子M47：1

【尺　　寸】　长5.35、环径3.5厘米

【形制描述】　整体呈“8”字形。倒梯形钮，三角形钮孔；圆形扣环，饰两周弦纹及圆点纹；扣舌位于环中部，向外伸出，略有弯曲，舌尖凸出于环外。

【发表出处】　[22]第132页，图七七：13；彩版三一：6

【备　　注】　位于骶骨骨面之上；墓主为25～30岁北亚男性。

24

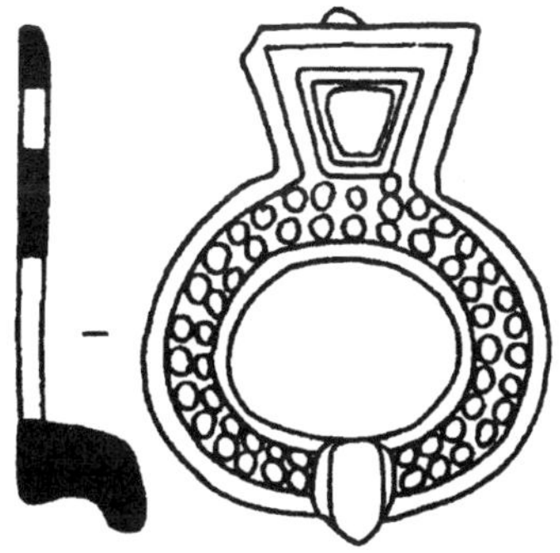

【出土地点】　新店子M41：2

【尺　　寸】　长4.1、环径2.7～3.4厘米

【形制描述】　整体呈“8”字形。倒梯形钮，三角形钮孔；圆形扣环，饰粟点纹；扣舌位于环下端外缘，斜向下，末端向下弯曲。

【发表出处】　[20]第7页，图六：2

25

【出土地点】 玉隆太2218

【尺　　寸】 长5.4、环径约3.5厘米

【形制描述】 整体呈“8”字形。倒梯形钮，三角形钮孔；圆形扣环，饰方形连点纹；扣舌位于环下端中部，斜向下，末端向下弯曲。

【发表出处】 ［5］第113页，图三：7

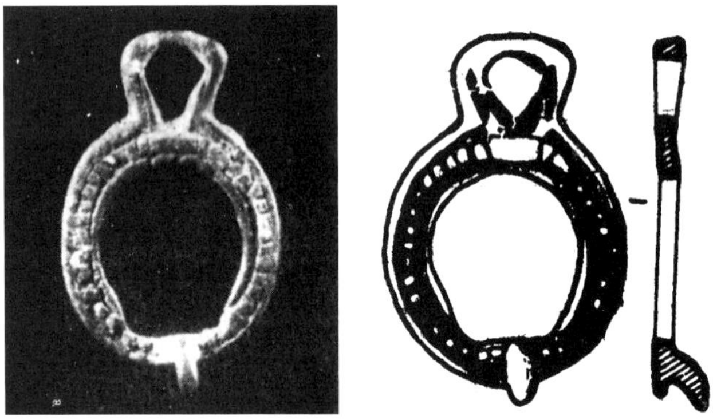

26

【出土地点】 忻州窑子M66：2

【尺　　寸】 长4.9、环径2.4厘米

【形制描述】 整体呈“8”字形。近长方形钮，三角形钮孔；圆形扣环，饰刻划的斜向短线纹；扣舌位于环下端外缘，斜向下，末端向下弯曲。

【发表出处】 ［22］第163页，图一〇四：13；彩版三一：7、8

【备　　注】 位于骶骨骨面之上；墓主为35岁左右东亚男性。

27

【出土地点】 忻州窑子M26：2

【尺　　寸】 长4.9、环径3.9厘米

【形制描述】 整体呈“8”字形。倒梯形钮，三角形钮孔；圆形扣环，饰刻划的短线纹；扣舌位于环下端内缘，斜向下伸出，末端弯曲，舌尖略凸出于环外。

【发表出处】 ［22］第96页，图五〇：6

【备　　注】 位于左侧髋骨骨面之上；墓主为35～40岁北亚男性。

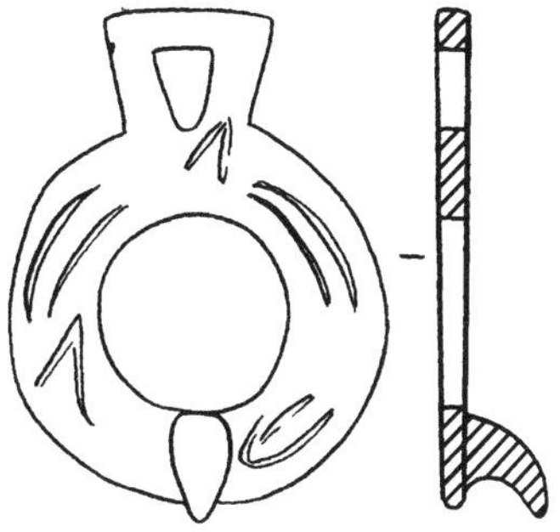

28

【出土地点】 忻州窑子M39：2

【尺　　寸】 长5.6、环径4厘米

【形制描述】 整体呈“8”字形。倒梯形钮，三角形钮孔；圆形扣环，饰一周短线纹和两周弦纹；扣舌位于环下端内缘，斜向下，末端向下弯曲。

【发表出处】 ［22］第119页，图六六：1；彩版三一：4

【备　　注】 位于左侧髋骨上端骨面之上；墓主为25岁左右东亚男性。

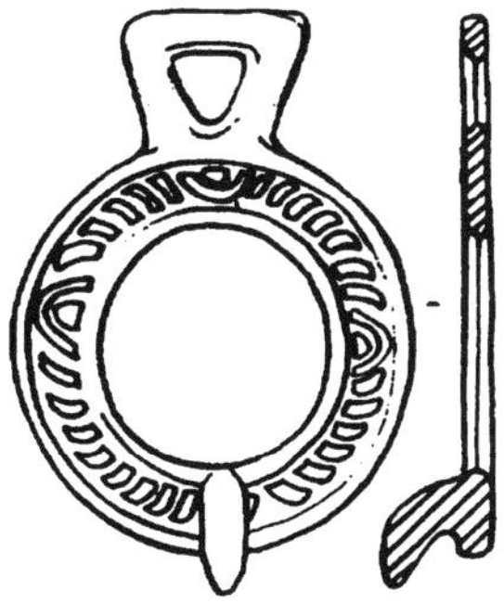

29

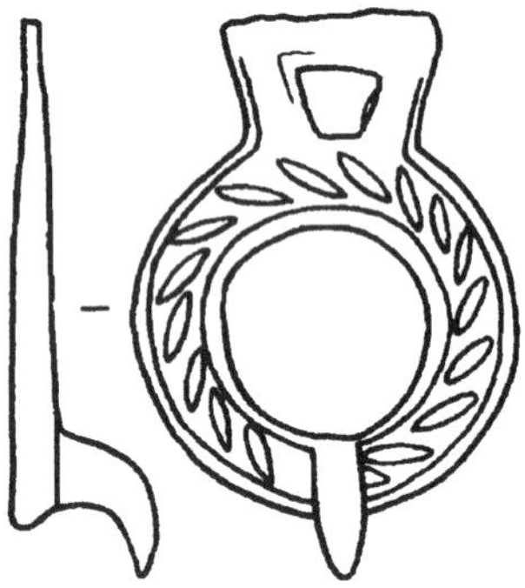

【出土地点】 新店子M20：1

【尺　　寸】 长4.2、环径3厘米

【形制描述】 整体呈“8”字形。倒梯形钮，三角形钮孔；圆形扣环，饰环绕状的斜向短线纹；扣舌位于环下端内缘，斜向下，末端向下弯曲。

【发表出处】 ［20］第7页，图六：10

30

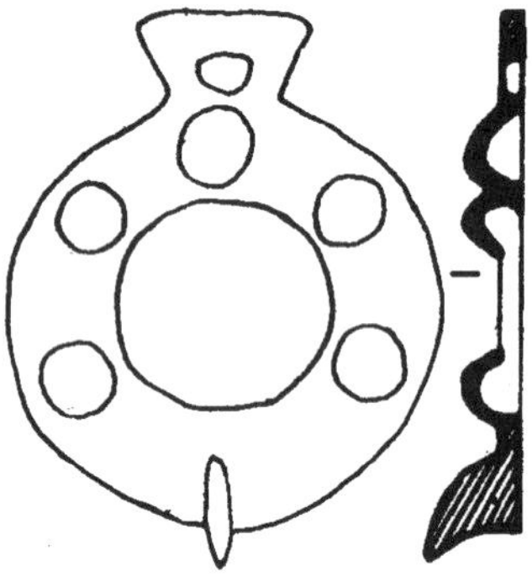

【出土地点】 明安木独

【尺　　寸】 长6.8、环径约5.6厘米

【形制描述】 整体呈“8”字形。倒梯形钮，三角形钮孔；圆形扣环，环面饰五个圆泡；扣舌位于环下端外缘，斜向下，末端向下弯曲。

【发表出处】 ［16］第80页，图六：3

【备　　注】 环径根据器物比例估算。

31

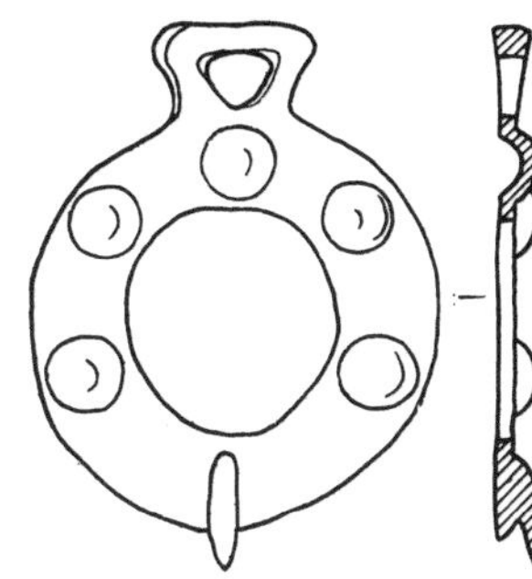

【出土地点】 毛庆沟M6：4

【尺　　寸】 长6.6、环径5.2厘米

【形制描述】 整体呈“8”字形。倒梯形钮，三角形钮孔；圆形扣环，环面饰五个圆泡；扣舌位于环下端中部，斜向下，末端向下弯曲。

【发表出处】 ［11］第266页，图三六：7；［26］第63页，图八四：左数第1件

【备　　注】 位于右臂中部外侧；墓主为55岁以上男性。

32

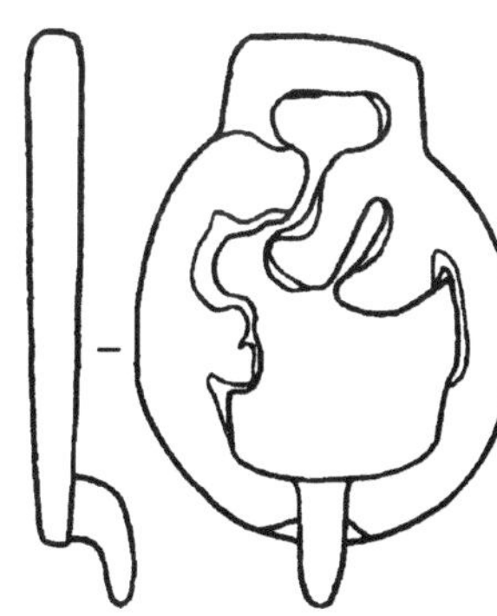

【出土地点】 新店子M13：1

【尺　　寸】 长4.7、环径3.5厘米

【形制描述】 整体呈“8”字形。方形钮，近方形钮孔；动物形围成的圆形扣环；扣舌位于环下端内缘，斜向下，末端向下弯曲。

【发表出处】 ［20］第7页，图六：1

33

【出土地点】 毛庆沟M11：6

【尺　　寸】 长6.4、牌径4.2、环径3.1厘米

【形制描述】 整体呈“8”字形。上环呈圆牌形，背附T形钮；下环中空为圆形扣环；扣舌位于环下端外缘，斜向下，末端向下弯曲。

【发表出处】 ［11］第266页，图三六：8；［26］第63页，图八四：左数第2件

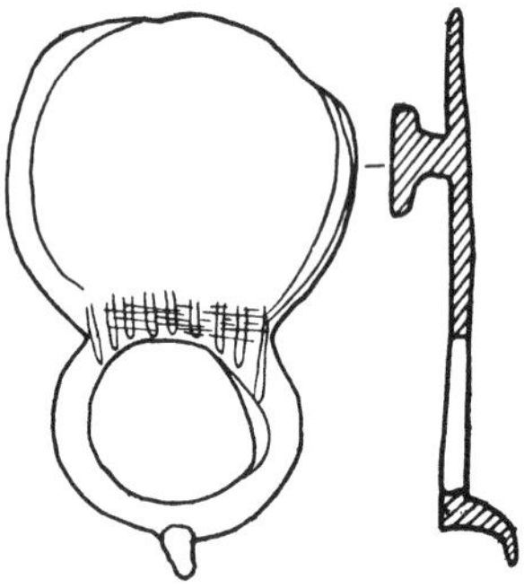

34

【出土地点】 崞县窑子M3：4

【尺　　寸】 长7.1、牌径约3、环径4.9厘米

【形制描述】 整体呈“8”字形。上环呈圆牌形，背附拱形钮；下环中空为圆形扣环，与上环相接处有涡纹装饰；扣舌位于环下端外缘，斜向下，末端向下弯曲。

【发表出处】 ［13］第66页，图一一：11

【备　　注】 牌径根据器物比例估算。

35

【出土地点】 玉隆太2257

【尺　　寸】 长9.9、牌径约4.1、环径3.5厘米

【形制描述】 整体呈“8”字形。上环呈圆牌形，背附T形钮；下环中空为圆形扣环；扣舌位于环下端内缘，向外斜直伸出。

【发表出处】 ［5］第112页，图二：4

【备　　注】 牌径根据器物比例估算。

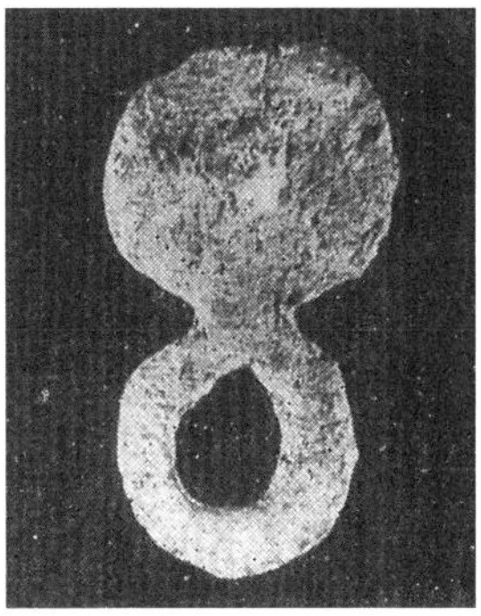

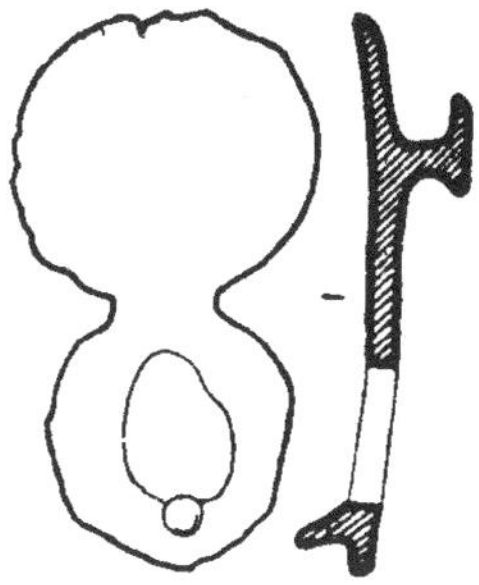

36

【出土地点】 西沟畔M3：20

【尺　　寸】 长4.7、上部宽约4.5、环径约3.4厘米

【形制描述】 整体呈“8”字形，由两个对卧的怪兽组成。四肢屈曲形成方形扣钮，中有钮孔，背附方形钮；环状角围成椭圆形扣环，环边饰绳索纹；扣舌位于环下端中部，斜向下，末端向下弯曲。

【发表出处】 ［7］第5页，图七：5

【备　　注】 环径根据器物比例估算。

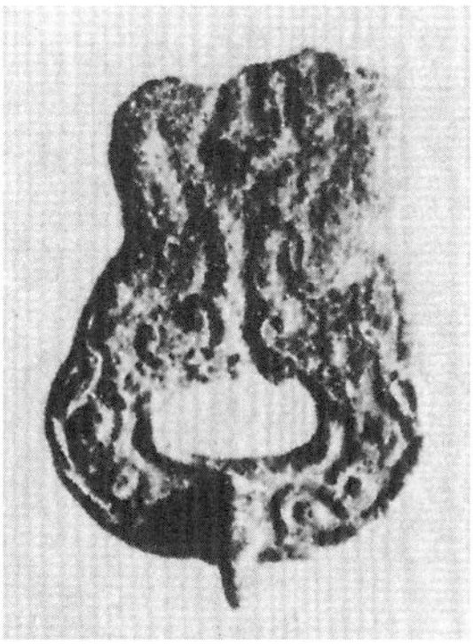

37

【出土地点】 崞县窑子M8：5

【尺　　寸】 长6、宽2.7～3.5厘米

【形制描述】 整体呈长方牌形，钮环合一。正面饰对称曲线花纹，背面上方有拱形钮，中部有方形钮孔。扣舌位于扣环内侧，向外凸出。

【发表出处】 ［13］第66页，图一一：12

【备　　注】 墓主为22～24岁女性。

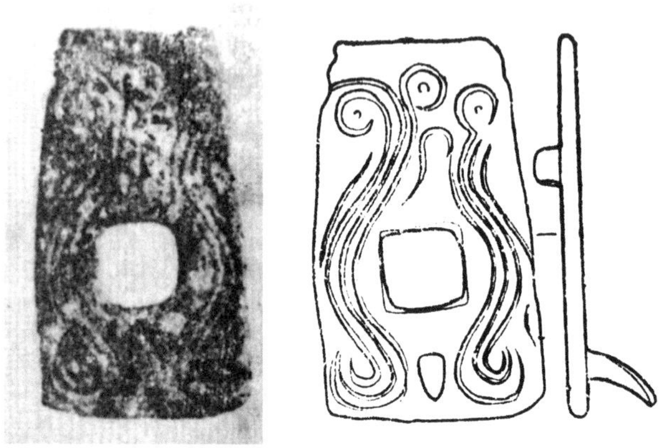

七、联珠饰

1

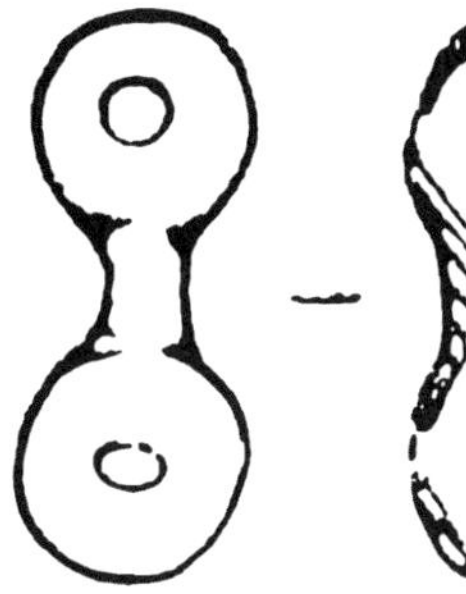

【出土地点】 西园M6：6

【尺　　寸】 长2.9厘米

【形制描述】 单排双联珠。圆泡正面中央有小圆孔，背面内凹，泡间过渡明显。

【发表出处】 ［15］第18页，图五：9

【备　　注】 该墓地形制相似的共5件；墓主为8～9岁女性。

2①

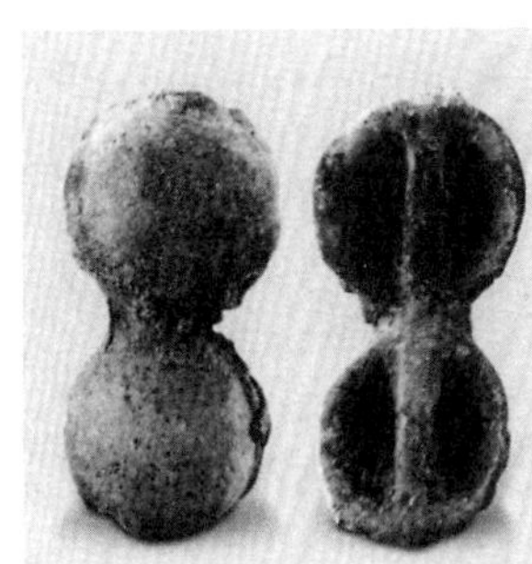

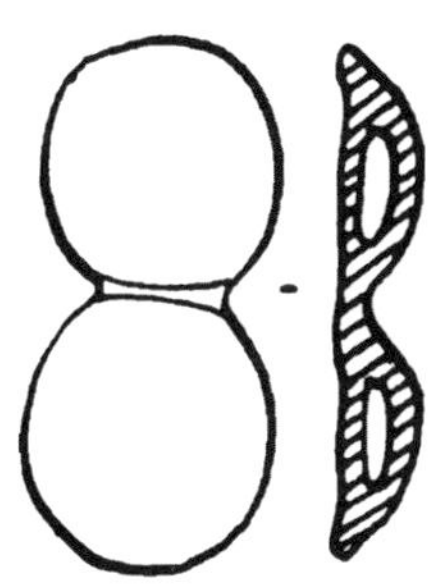

【出土地点】 忻州窑子M34：8

【尺　　寸】 长2.9厘米

【形制描述】 单排双联珠。圆泡正面圆鼓，背面附横贯直钮。

【发表出处】 ［22］第114页，图一四：16；彩版三四：1

【备　　注】 包括M34：3～9共7件；位于左右侧腹腔髋骨上侧、错位的桡骨内侧、指骨附近、左右髋骨骨面及左侧股骨头外侧；墓主为20～25岁东亚女性。

① 与该器形制相近的还有：

2-1；忻州窑子M3：8；残长1.3厘米；单排双联珠，圆泡正面圆鼓，下端残；［22］第56页，图二〇：11；位于右侧锁骨附近，墓主为6～7岁儿童。

3①

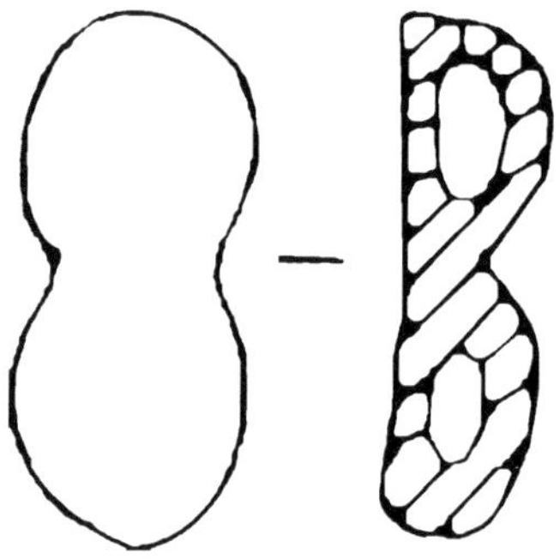

【出土地点】 井沟子M17：6-1

【尺　　寸】 长0.85厘米

【形制描述】 单排双联珠。形体细小，正面圆鼓，背面附横贯直钮。

【发表出处】［24］第88页，图四六：2

【备　　注】 另有2件背后无钮，无图。

4

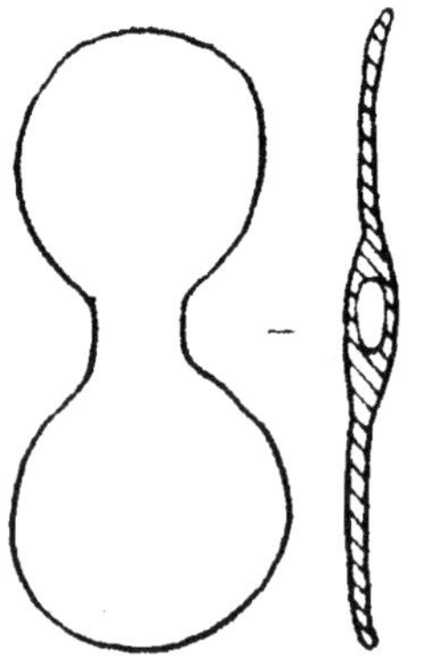

【出土地点】 井沟子M33：24

【尺　　寸】 长3.3厘米

【形制描述】 单排双联珠。圆泡正面圆弧，中间束腰，束腰后有桥形钮，泡间过渡明显。

【发表出处】［24］第152页，图八五：8

① 与该器形制相近的还有：

3-1；井沟子M15：8；长约1厘米；单排双联珠，形体细小，正面圆鼓，背面附横贯直钮；［24］第83页，图四二：4。

3-2；井沟子M32：17；长0.8厘米；单排双联珠，形体细小，正面圆鼓，背面附横贯直钮；［24］第146页，图八二：12。

3-3；井沟子M41：3-1；长1厘米；单排双联珠，形体细小，正面圆鼓，背面附横贯直钮；［24］第180页，图一〇四：24左。

3-4；井沟子M41：3-2；长0.9厘米；单排双联珠，形体细小，正面圆鼓，背面附横贯直钮；［24］第180页，图一〇四：24右。

5[①]

【出土地点】　井沟子M47 ：10

【尺　　寸】　长0.9厘米

【形制描述】　单排双联珠。形体细小，正面圆鼓，背面内凹。

【发表出处】　［24］第200页，图一一八：8

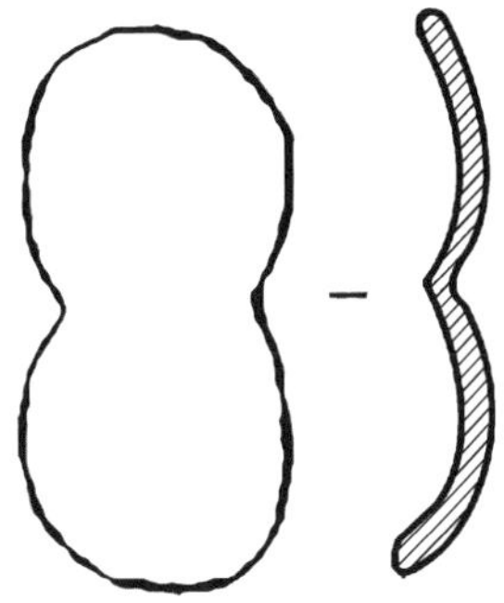

6

【出土地点】　西园M2 ：4

【尺　　寸】　长2.6厘米

【形制描述】　单排双联珠。圆泡正面边缘饰放射状线纹，背面内凹，泡间过渡明显。

【发表出处】　［15］第18页，图五：10

【备　　注】　共4件；墓主为6～7岁女性。

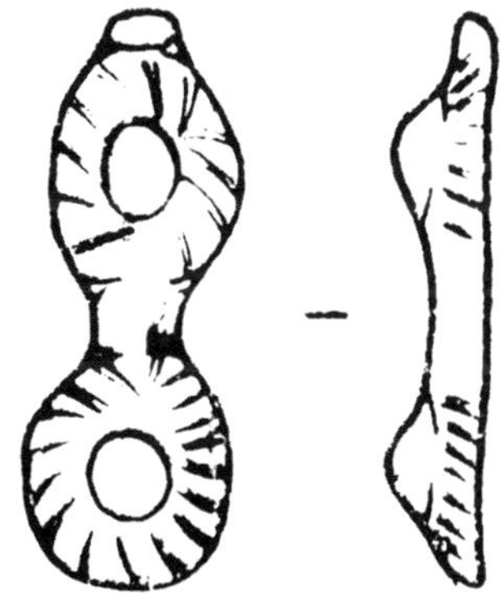

---

① 与该器形制相近的还有：

5-1；井沟子M19 ：8；长0.8厘米；单排双联珠，形体细小，正面圆鼓，背面内凹；［24］第96页，图五一：3。

5-2；井沟子M7 ：4；长0.8～0.9厘米；单排双联珠，形体细小，正面圆鼓，背面内凹；［24］第58页，图二五：8；共8件，形制相同。

7

【出土地点】 宝亥社

【尺　　寸】 长2.5厘米

【形制描述】 单排双联珠。圆泡正面中心凸起，边缘饰放射状线纹，背面略内凹，泡间过渡明显。

【发表出处】 ［12］第82页，图六：10；第83页，图八：3

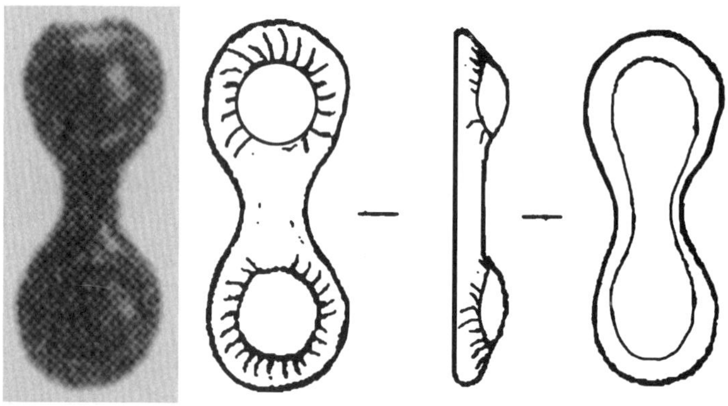

8

【出土地点】 新店子M50：11

【尺　　寸】 长2.8厘米

【形制描述】 单排双联珠。圆泡正面边缘饰一周放射状线纹，背面内凹，泡间过渡明显。

【发表出处】 ［20］第9页，图八：6

【备　　注】 共2件。

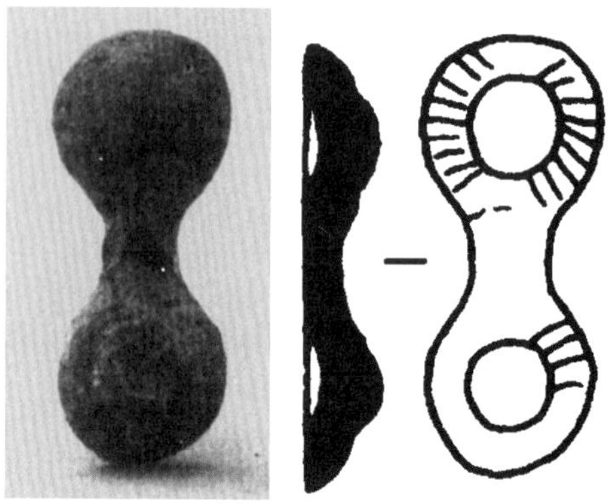

9

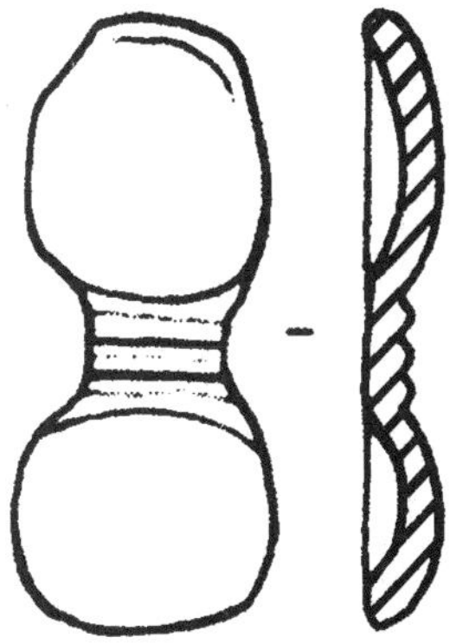

【出土地点】 忻州窑子M43：2

【尺　　寸】 长3.1厘米

【形制描述】 单排双联珠。中间束腰处饰弦纹，背面内凹，泡间过渡明显。

【发表出处】 ［22］第124页，图七〇：3

【备　　注】 另有M43：3无图；位于盆骨之下、股骨附近；墓主为8～9岁儿童。

10①

【出土地点】 井沟子M13：33

【尺　　寸】 长3厘米

【形制描述】 单排双联珠。圆泡正面以阴线勾勒方向对称的卷云纹，边缘向下内折，背面有两个桥形钮。

【发表出处】 ［24］第77页，图三八：23

【备　　注】 原器名为S形卷云纹饰；位于C号人骨头部周围。

---

① 与该器形制相近的还有：

10-1；井沟子M13：31；长3.1厘米；单排双联珠，圆泡正面以阴线勾勒方向对称的卷云纹，边缘向下内折，背面有两个桥形钮；［24］第77页，图三八：22；原器名为S形卷云纹饰，位于C号人骨头部周围。

10-2；井沟子M7：12；残长1.2厘米；单排双联珠，残存一个圆泡，泡面饰阴线勾勒的卷云纹，边缘向下内折，背面有桥形钮；［24］第58页，图二五：6；原器名为S形卷云纹饰，位于A、B骨架周围。

10-3；井沟子M12：18；残长1.6厘米；单排双联珠，残存一个圆泡，泡面饰阴线勾勒的卷云纹，边缘向下内折，背面有桥形钮；［24］第71页，图三五：8；原器名为S形卷云纹饰，位于墓底北部。

10-4；井沟子M14：4-1、2；长2.7厘米；单排双联珠，圆泡正面以阴线勾勒方向对称的卷云纹，边缘向下内折，背面有两个桥形钮；［24］第80页，图四〇：5左、右；原器名为S形卷云纹饰，共2件，大小形制相同，位于人骨左手腕处。

10-5；井沟子M19：13-1；残长1.4厘米；单排双联珠，圆泡正面以阴线勾勒方向对称的卷云纹，边缘向下内折，背面有两个桥形钮；［24］第96页，图五一：2右；原器名为S形卷云纹饰，位于A号人骨腰部附近。

10-6；井沟子M22：10；残长1.3厘米；单排双联珠，残存一个圆泡，泡面饰阴线勾勒的卷云纹，边缘向下内折，背面有桥形钮；[24]第109页，图五八：11；原器名为S形卷云纹饰，位于墓底南部B号人骨头部周围。

10-7；井沟子M23：1；长3.1厘米；单排双联珠，圆泡正面以阴线勾勒方向对称的卷云纹，边缘向下内折，背面有两个桥形钮，一个已残；[24]第112页，图六〇：3；原器名为S形卷云纹饰，位于墓底人骨腰部周围。

10-8；井沟子M25：8；残长1.4厘米；单排双联珠，残存一个圆泡，泡面饰阴线勾勒的卷云纹，边缘向下内折，背面有桥形钮；[24]第121页，图六六：14；原器名为S形卷云纹饰，位于腰部。

10-9；井沟子M25：14；长3.1厘米；单排双联珠，圆泡正面以阴线勾勒方向对称的卷云纹，边缘向下内折，背面有两个桥形钮；[24]第121页，图六六：17；原器名为S形卷云纹饰，位于腰部。

10-10；井沟子M25：15；长3.2厘米；单排双联珠，圆泡正面以阴线勾勒方向对称的卷云纹，边缘向下内折，钮残；[24]第121页，图六六：16；原器名为S形卷云纹饰，位于腰部。

10-11；井沟子M25：17；残长1.5厘米；单排双联珠，残存一个圆泡，泡面饰阴线勾勒的卷云纹，边缘向下内折，背面有两个桥形钮；[24]第121页，图六六：13；原器名为S形卷云纹饰，位于腰部。

10-12；井沟子M13：30；残长1.1厘米；单排双联珠，圆泡正面纹饰模糊，背面有桥形钮；[24]第77页，图三八：24；原器名为双联泡，位于C号人骨头部周围。

10-13；井沟子M13：25；残长2厘米；单排双联珠，残，圆泡正面饰阴线勾勒的卷云纹，边缘向下内折，背面有两个桥形钮；[24]第77页，图三八：25；原器名为双联泡，位于C号人骨头部周围。

10-14；井沟子M13：26；残长1.9厘米；单排双联珠，残，圆泡正面饰阴线勾勒的卷云纹，边缘向下内折，背面有两个桥形钮；[24]第77页，图三八：26；原器名为双联泡，位于C号人骨头部周围。

10-15；井沟子M28：13；残长1.2厘米；单排双联珠，残，圆泡正面以阴线勾勒方向对称的卷云纹，边缘向下内折，钮残；[24]第132页，图七三：11；原器名为S形卷云纹饰，位于墓底北部。

10-16；井沟子M29：2；残长1.6厘米；单排双联珠，残存一个圆泡，泡面饰阴线勾勒的卷云纹，边缘向下内折，背面有桥形钮；[24]第135页，图七五：4；原器名为S形卷云纹饰，位于墓底北半部。

10-17；井沟子M33：15-8、9；长3、3.1厘米；单排双联珠，圆泡正面以阴线勾勒方向对称的卷云纹，边缘向下内折，背面有两个桥形钮；[24]第152页，图八五：1下排左数1、2；原器名为S形卷云纹饰，为腰饰的组成部分，位于C号人骨腰部。

10-18；井沟子M33：15-10、11；残长1.4、2.8厘米；单排双联珠，残，圆泡正面以阴线勾勒方向对称的卷云纹，边缘向下内折，背面有两个桥形钮；[24]第152页，图八五：1下排左数3、4；原器名为S形卷云纹饰，为腰饰的组成部分，位于C号人骨腰部。

10-19；井沟子M45：15-3；残长1.3厘米；单排双联珠，残，圆泡正面以阴线勾勒方向对称的卷云纹，边缘向下内折，背面有两个桥形钮；[24]第190页，图一一二：3右下；原器名为S形卷云纹饰，为腰饰的组成部分，位于人骨腰部。

10-20；井沟子M45：9；残长1.25厘米；单排双联珠，残存一个圆泡，泡面饰阴线勾勒的卷云纹，边缘向下内折，背面有桥形钮；[24]第190页，图一一二：8；原器名为S形卷云纹饰。

10-21；井沟子M47：4；长2.8厘米；单排双联珠，圆泡正面以阴线勾勒方向对称的卷云纹，边缘向下内折，背面有两个桥形钮；[24]第198页，图一一七：3；原器名为S形卷云纹饰，位于B号人骨头部附近。

10-22；井沟子M47：2；残长1.5厘米；单排双联珠，残，圆泡正面以阴线勾勒方向对称的卷云纹，边缘向下内折，背面有两个桥形钮；[24]第198页，图一一七：5；原器名为S形卷云纹饰，位于B号人骨头部附近。

10-23；井沟子M47：3；残长1.2厘米；单排双联珠，残，圆泡正面以阴线勾勒方向对称的卷云纹，边缘向下内折，背面有两个桥形钮；[24]第198页，图一一七：2；原器名为S形卷云纹饰，位于B号人骨头部附近。

10-24；井沟子M47：25；残长1.4厘米；单排双联珠，残，圆泡正面以阴线勾勒方向对称的卷云纹，边缘向下内折，背面有两个桥形钮；[24]第198页，图一一七：4；原器名为S形卷云纹饰，位于B号人骨头部附近。

10-25；井沟子M47：19-7；残长2.3厘米；单排双联珠，残，圆泡正面以阴线勾勒方向对称的卷云纹，

11

【出土地点】 毛庆沟M2 ： 10

【尺　　寸】 长2.4、宽1.1厘米

【形制描述】 单排双联珠，整体呈S形牌状。正面略平，饰回纹，背面有两个小桥形钮。

【发表出处】 ［11］第277页，图四三 ： 5；图版一一三 ： 3

【备　　注】 原器名为回纹铜饰牌；共2件，另一件长3.5、宽1.6厘米。

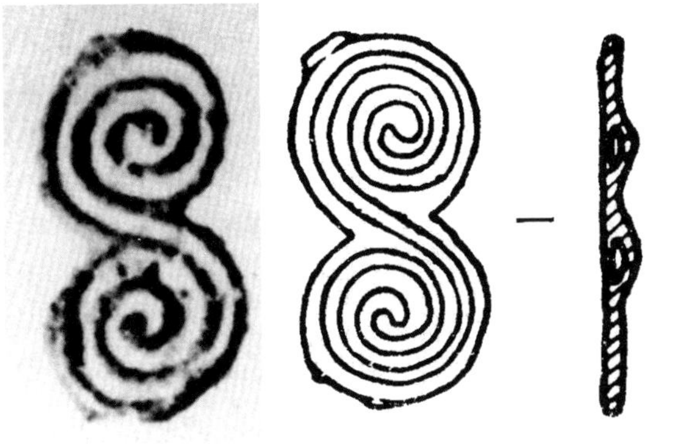

边缘向下内折，背面有两个桥形钮；［24］第198页，图一一七 ： 21下排左数第5件；原器名为S形卷云纹饰，项饰的组成部分，位于B号人骨颈上。

10-26；井沟子M49 ： 11；残长2.3厘米；单排双联珠，残，圆泡正面以阴线勾勒方向对称的卷云纹，边缘向下内折，背面有两个桥形钮；［24］第208页，图一二二 ： 9；原器名为S形卷云纹饰，位于墓底中部偏西。

10-27；井沟子M49 ： 5-1；长2.85厘米；单排双联珠，残，圆泡正面以阴线勾勒方向对称的卷云纹，边缘向下内折，背面有两个桥形钮；［24］第208页，图一二二 ： 7；原器名为S形卷云纹饰，包括M49 ： 5-1～4共4件，位于墓底中部偏西。

10-28；井沟子M49 ： 4；长3.1厘米；单排双联珠，圆泡正面以阴线勾勒方向对称的卷云纹，边缘向下内折，背面有两个桥形钮；［24］第208页，图一二二 ： 8；原器名为S形卷云纹饰，位于墓底中部偏西。

10-29；井沟子M50 ： 4；长3.15厘米；单排双联珠，圆泡正面以阴线勾勒方向对称的卷云纹，边缘向下内折，背面有两个桥形钮；［24］第214页，图一二六 ： 15；原器名为S形卷云纹饰，位于墓底中部及近东壁处。

10-30；井沟子M50 ： 5；长3.15厘米；单排双联珠，圆泡正面以阴线勾勒方向对称的卷云纹，边缘向下内折，背面有两个桥形钮；［24］第214页，图一二六 ： 14；原器名为S形卷云纹饰，位于墓底中部及近东壁处。

10-31；井沟子M50 ： 6；长3.1厘米；单排双联珠，圆泡正面以阴线勾勒方向对称的卷云纹，边缘向下内折，背面有两个桥形钮；［24］第214页，图一二六 ： 13；原器名为S形卷云纹饰，位于墓底中部及近东壁处。

10-32；井沟子M54 ： 6；残长1.45厘米；单排双联珠，残存一个圆泡，泡面饰阴线勾勒的卷云纹，边缘向下内折，背面有桥形钮；［24］第229页，图一三六 ： 5；原器名为S形卷云纹饰。

10-33；井沟子M58 ： 11-7；残长1.4厘米；单排双联珠，残存一个圆泡，泡面饰阴线勾勒的卷云纹，边缘向下内折，背面有桥形钮；［24］第250页，图一四八 ： 2；原器名为S形卷云纹饰，为腰饰的组成部分，位于B号人骨腰部。

12

【出土地点】 忻州窑子M13：11

【尺　　寸】 残长1.4厘米

【形制描述】 单排双联珠，残存一个圆泡。泡面饰卷云纹，边缘向下内折，背面存有桥形钮。

【发表出处】 ［22］第69页，图三〇：19

【备　　注】 位于左侧肘部内侧肋骨下方；墓主为儿童。

13

【出土地点】 崞县窑子M22：8-1

【尺　　寸】 长4厘米

【形制描述】 单排三联珠。圆泡正面圆鼓，泡间各有凸棱两道，上下两端泡饰背面各有一个横贯钮。

【发表出处】 ［13］第66页，图一一：21

【备　　注】 位于腰部附近；墓主为20～22岁女性。

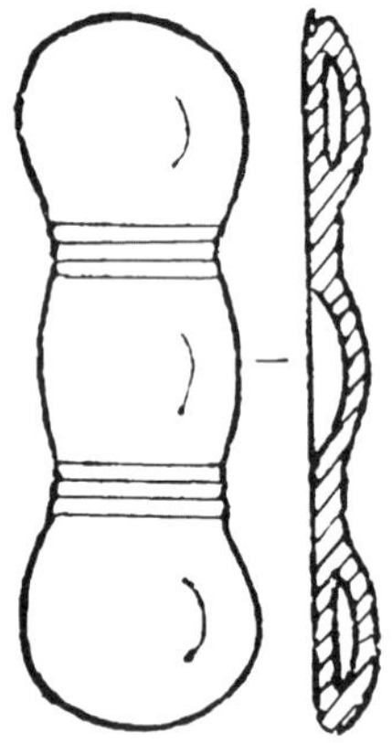

14①

【出土地点】 忻州窑子M33 ：17

【尺　　寸】 长4厘米

【形制描述】 单排三联珠。圆泡正面圆鼓，上下两端泡饰背面各有一个横贯钮，泡间过渡明显。

【发表出处】 ［22］第109页，图五九 ：19；彩版三四 ：3、4

【备　　注】 位于腰部附近；墓主为45岁左右男性。

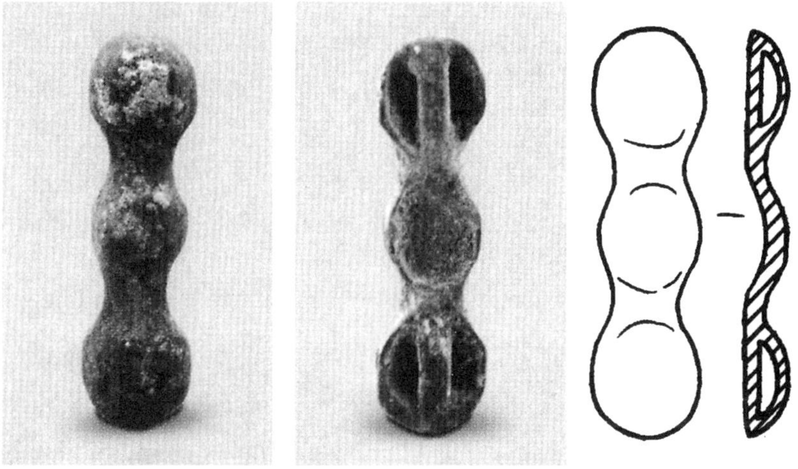

① 与该器形制相近的还有：

14-1；忻州窑子M10 ：11；残长2.9厘米；单排三联珠，残，正面圆鼓，背面有横贯钮；［22］第64页，图二七 ：15；位于腰部附近，墓主为25～30岁北亚女性。

14-2；忻州窑子M21 ：5；长3.5厘米；单排三联珠，圆泡正面圆鼓，上下两端泡饰背面各有一个横贯钮，泡间过渡明显；［22］第80页，图三九 ：9；位于左髋骨下端与左侧股骨头之间空隙部分，墓主为25岁左右北亚女性。

15[①]

【出土地点】　井沟子M37：1

【尺　　寸】　长3.7厘米

【形制描述】　单排三联珠。圆泡正面饰阴线勾勒的卷云纹，边缘向下内折，背面上下各有一个竖桥形钮。

【发表出处】　［24］第168页，图九五：2

【备　　注】　位于墓底西北。

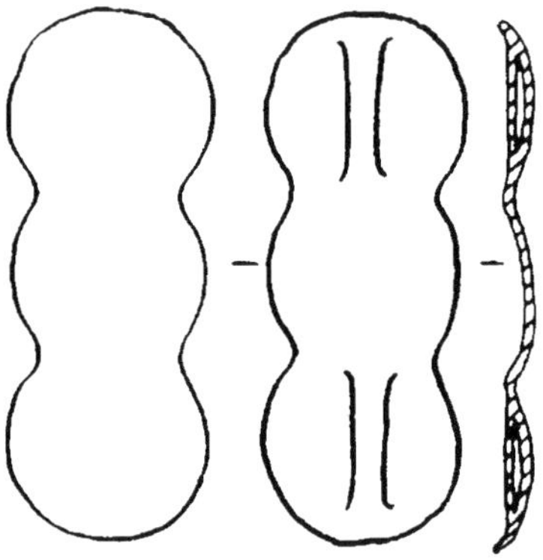

16

【出土地点】　桃红巴拉M1：40

【尺　　寸】　长5厘米

【形制描述】　单排四联珠。圆泡正面圆鼓，背面有一个纵向横贯直钮。

【发表出处】　［4］第136页，图六：10

【备　　注】　该墓地形制相同的共56件；出自M1、M4；M1墓主为35岁左右男性。

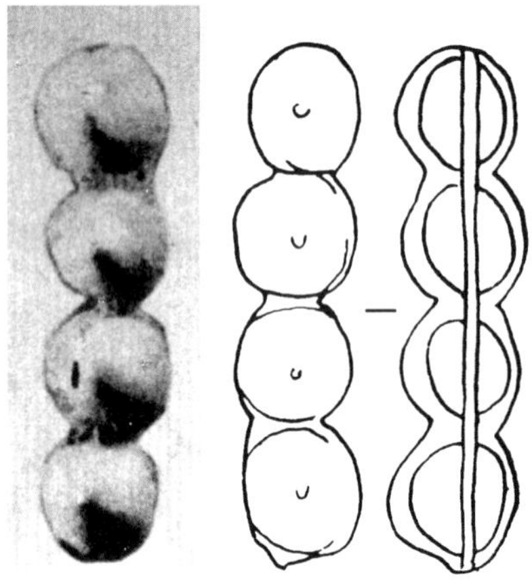

① 与该器形制相近的还有：

15-1；井沟子M45：15-1；长3.7厘米；单排三联珠，圆泡正面饰阴线勾勒的卷云纹，边缘向下内折，背面上下各有一个竖桥形钮；［24］第190页，图一一二：3左；腰饰的组成部分。

17[①]

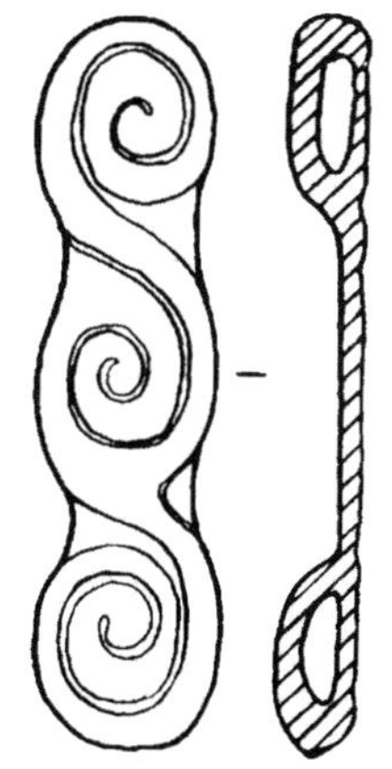

【出土地点】 井沟子M55 ：18

【尺　　寸】 长5.1厘米

【形制描述】 单排三联珠。正面略平，饰阴线勾勒的卷云纹，背面上下各有一个竖桥形钮。

【发表出处】 ［24］第234页，图一三九 ：5

【备　　注】 原器名为S形卷云纹饰。

① 与该器形制相近的还有：

17-1；井沟子M55 ：36；长3.95厘米；单排三联珠，正面略平，饰阴线勾勒的卷云纹，钮残；［24］第234页，图一三九 ：6；原器名为S形卷云纹饰。

17-2；井沟子M55 ：32；残长3.4厘米；单排三联珠，正面略平，饰阴线勾勒的卷云纹，背面上下各有一个竖桥形钮；［24］第234页，图一三九 ：7；原器名为S形卷云纹饰。

17-3；井沟子M55 ：35；残长1.65厘米；单排三联珠，残，正面略平，饰阴线勾勒的卷云纹，背面上下各有一个竖桥形钮；［24］第234页，图一三九 ：8；原器名为S形卷云纹饰。

17-4；井沟子M56 ：5-7；长5厘米；单排三联珠，正面略平，饰阴线勾勒的卷云纹，背面上下各有一个竖桥形钮；［24］第241页，图一四三 ：3；原器名为S形卷云纹饰，另有M56 ：5-9、5-11大小形制相同，均为带饰的组成部分，位于人骨腰部右侧及腰下。

17-5；井沟子M56 ：5-12；残长3.1厘米；单排三联珠，残，正面略平，饰阴线勾勒的卷云纹，背面上下各有一个竖桥形钮；［24］第241页，图一四三 ：9；原器名为S形卷云纹饰，位于人骨腰部附近。

17-6；井沟子M56 ：5-10；残长3.1厘米；单排三联珠，残，正面略平，饰阴线勾勒的卷云纹，背面上下各有一个竖桥形钮；［24］第241页，图一四三 ：11；原器名为S形卷云纹饰，位于人骨腰部右侧及腰下。

17-7；井沟子M56 ：5-8；残长2.7厘米；单排三联珠，残，正面略平，饰阴线勾勒的卷云纹，背面上下各有一个竖桥形钮；［24］第241页，图一四三 ：6；原器名为S形卷云纹饰，位于人骨腰部右侧及腰下。

17-8；井沟子M19 ：13-2；残长1.5厘米；单排三联珠，残存两个圆泡，泡面饰阴线勾勒方向对称的卷云纹；［24］第96页，图五一 ：2左；原器名为S形卷云纹饰，位于A号人骨腰部附近。

17-9；井沟子M25 ：16；残长2.05厘米；单排三联珠，残存两个圆泡，泡面饰阴线勾勒方向对称的卷云纹，一端有竖桥形钮；［24］第121页，图六六 ：15；原器名为S形卷云纹饰，位于人骨腰部附近。

18

【出土地点】 铁匠沟AM：17

【尺　　寸】 长5.1厘米

【形制描述】 单排三联珠。正面略平，饰阴线勾勒的卷云纹，背面上下各有一个竖桥形钮。

【发表出处】 [23] 第88页，图八：8

【备　　注】 原器名为连锁卷云纹条形饰；报告器物编号未标明墓号。

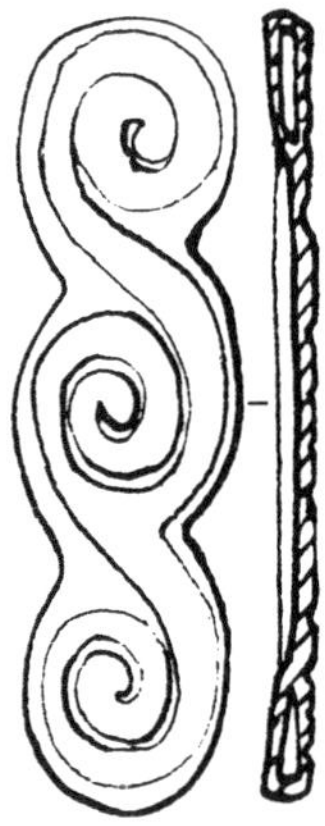

19

【出土地点】 新店子M29：5

【尺　　寸】 长5厘米

【形制描述】 单排三联珠。正面略平，饰阴线勾勒的卷云纹，背面上下各有一个竖桥形钮。

【发表出处】 [20] 第9页，图八：4

【备　　注】 该墓地出土包括M43：5、6在内形制相似的联珠饰共7件。

19-1

【出土地点】 新店子M43：5

【尺　　寸】 长5.5厘米

【形制描述】 单排三联珠。正面略平，饰阴线勾勒的卷云纹，背面上下各有一个竖桥形钮。

【发表出处】 ［20］图版三：5左

19-2

【出土地点】 新店子M43：6

【尺　　寸】 长5.5厘米

【形制描述】 单排三联珠，泡间过渡平缓，正面饰有涡纹。

【发表出处】 ［20］图版三：5右

20

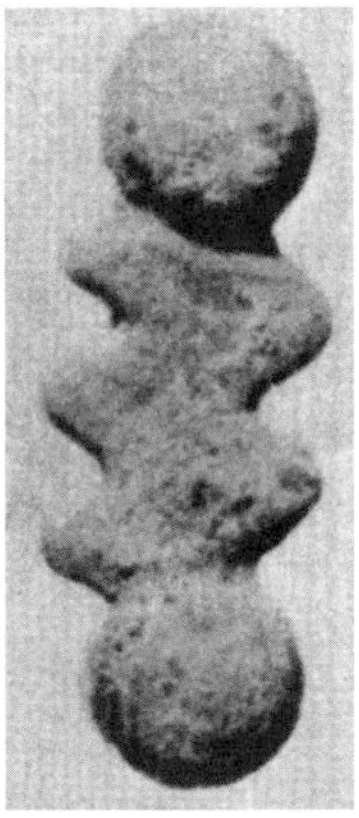

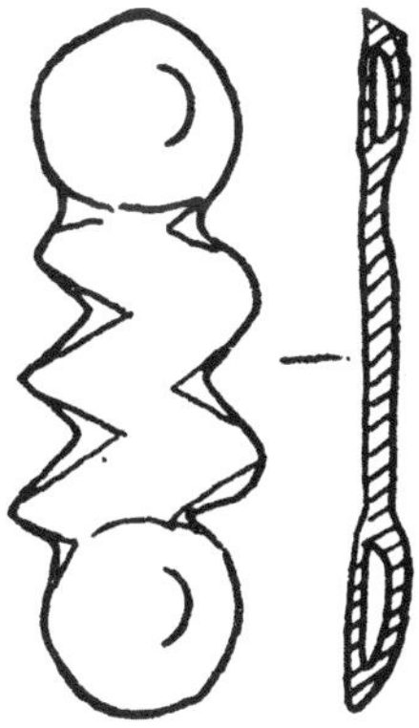

【出土地点】 毛庆沟M2：4

【尺　　寸】 长4.1厘米

【形制描述】 单排双联珠之间以锯齿形相连。圆泡正面圆鼓，背面各有一个横贯钮。

【发表出处】 ［11］第277页，图四三：2；图版七八：15

【备　　注】 该墓地出土单、双排联珠饰共49件；分别出自M2、M3和M18三墓；书中为图版八一，应为书写错误。

21

【出土地点】 忻州窑子M38：4

【尺　　寸】 长4.4厘米

【形制描述】 单排双联珠之间以锯齿形相连。圆泡正面饰涡纹，背面各有一个横贯钮。

【发表出处】 ［22］第119页，图六六：3

【备　　注】 报告文字描述与线图不一致，文字描述为素面，线图圆泡上饰涡纹；另有M38：5～7无图；位于左侧髋骨骨面及盆骨下方；墓主为25岁左右北亚女性。

22

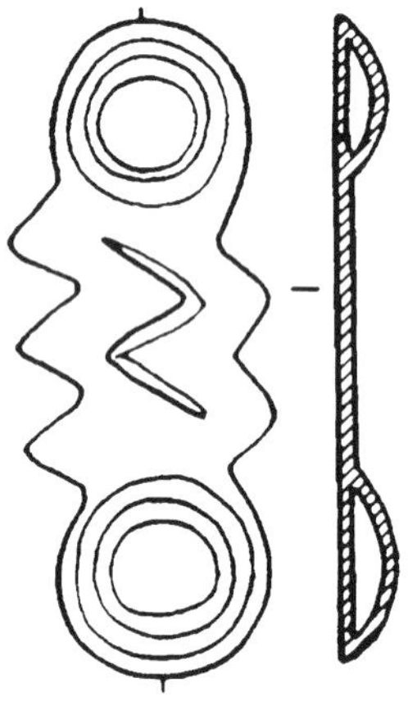

【出土地点】 忻州窑子M38：3

【尺　　寸】 长4.4厘米

【形制描述】 单排双联珠之间以锯齿形相连。圆泡正面饰同心圆纹，背面各有一个横贯钮；齿面饰"N"形纹。

【发表出处】 ［22］第46页，图一四：7

【备　　注】 位于腰部；墓主为25岁左右北亚女性。

23[①]

【出土地点】 忻州窑子M33 ：6

【尺　　寸】 长4.8 ～ 5.1厘米

【形制描述】 单排双联珠之间以锯齿形相连。圆泡正面圆鼓，背面各有一个横贯钮；齿面饰“W”形纹。

【发表出处】［22］第109页，图五九 ：3；彩版三三 ：3、4

【备　　注】 包括M33 ：6 ～ 14共9件；位于左肱骨与肋骨之间、腰椎、腰椎两侧髋骨上方、两侧髋骨下及骶骨骨面之上；墓主为45岁左右男性。

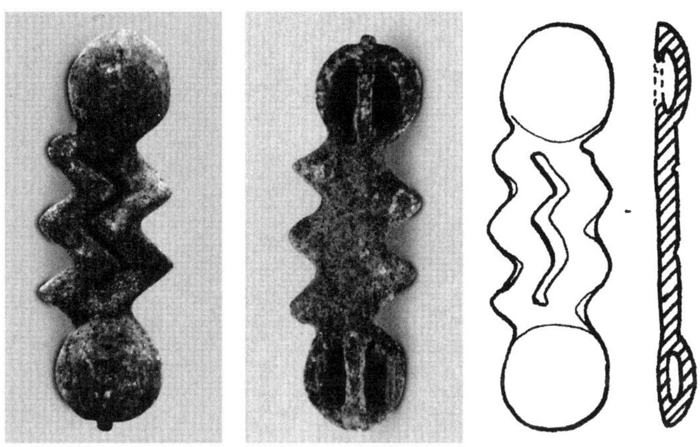

---

① 与该器形制相近的还有：

23-1；忻州窑子M33 ：3；长4.2 ～ 4.6厘米；单排双联珠之间以锯齿形相连，圆泡正面圆鼓，背面各有一个横贯钮，齿面饰“W”形纹；［22］第109页，图五九 ：2；另有M33 ：2、5无图。

23-2；忻州窑子M9 ：2；长5.6厘米；单排双联珠之间以锯齿形相连，圆泡正面圆鼓，背面各有一个横贯钮，齿面饰“W”形纹；［22］第64页，图二七 ：1；包括M9 ：2 ～ 5共4件，位于胸部、腹部下，墓主为25 ～ 30岁东亚女性。

23-3；忻州窑子M10 ：3；长4.9厘米；单排双联珠之间以锯齿形相连，圆泡正面圆鼓，背面各有一个横贯钮，齿面饰“W”形纹；［22］第64页，图二七 ：7；包括M10 ：2 ～ 10共9件，位于盆骨下、左侧尺骨前端内侧及盆骨两侧髋骨之上，墓主为25 ～ 30岁北亚女性。

23-4；忻州窑子M10 ：6；长4.9厘米；单排双联珠之间以锯齿形相连，圆泡正面圆鼓，背面各有一个横贯钮，齿面饰“W”形纹；［22］第64页，图二七 ：11。

23-5；忻州窑子M20 ：10；长4.9厘米；单排双联珠之间以锯齿形相连，圆泡正面圆鼓，背面各有一个横贯钮，齿面饰“W”形纹；［22］第84页，图四二 ：2；位于骶椎与腰椎相接处右髋骨上端之下，墓主为7 ～ 8岁儿童。

23-6；忻州窑子M23 ：10；长4.7厘米；单排双联珠之间以锯齿形相连，圆泡正面圆鼓，背面各有一个横贯钮，齿面饰“W”形纹；［22］第91页，图四六 ：5；包括M23 ：7 ～ 17共11件，位于左股骨上端外侧、右臂肘部外侧、右髋骨上侧腹部内、腰椎之上、左髋骨上端之下、右髋骨骨面之上、骨盆盆腔内及盆骨之下，

24

【出土地点】 忻州窑子M33：4

【尺　　寸】 长4.2～4.6厘米

【形制描述】 单排双联珠之间以锯齿形相连。圆泡正面饰涡纹，背面各有一个横贯钮；齿面饰“W”形纹。

【发表出处】 ［22］第109页，图五九：9①；彩版三三：1、2

【备　　注】 该墓出土各种形制的单排联珠饰共16件；分别位于左肱骨中段内侧、肋骨外侧和腰部附近；墓主为45岁左右男性。

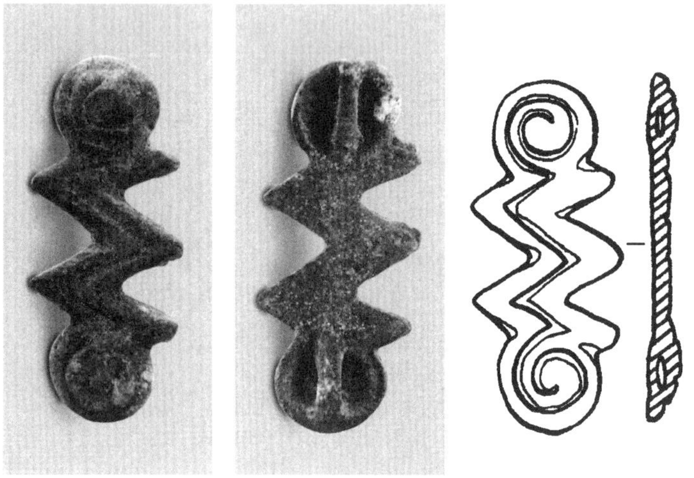

墓主为35岁左右北亚女性。

23-7；忻州窑子M27：5；长约5厘米；单排双联珠之间以锯齿形相连，圆泡正面圆鼓，背面各有一个横贯钮，齿面饰“W”形纹；［22］第96页，图五〇：9；另有M27：6无图，位于右尺骨内侧髋骨上侧及右股骨头上端髋骨之下，墓主为35～40岁北亚女性。

23-8；忻州窑子M30：9；长5.1厘米；单排双联珠之间以锯齿形相连，圆泡正面圆鼓，背面各有一个横贯钮，齿面饰“W”形纹；［22］第103页，图五五：21；另有M30：10无图，位于腰部附近，墓主为45～50岁女性。

23-9；忻州窑子M48：3；长5.1厘米；单排双联珠之间以锯齿形相连，圆泡正面圆鼓，背面各有一个横贯钮，齿面饰“W”形纹；［22］第132页，图七七：14；另有M48：2无图，分别位于左右髋骨与腰椎结合处，墓主为25岁左右男性。

23-10；忻州窑子M56：4；长4.6厘米；单排双联珠之间以锯齿形相连，圆泡正面圆鼓，背面各有一个横贯钮，齿面饰“W”形纹；［22］第146页，图八八：4；包括M56：2～18共17件，分别位于肋骨骨隙之间和腰部附近，墓主为35～40岁北亚男性。

23-11；忻州窑子M66：5；长4.6厘米；单排双联珠之间以锯齿形相连，圆泡正面圆鼓，背面各有一个横贯钮，齿面饰“W”形纹；［22］第163页，图一〇四：10；位于腰部附近，墓主为35岁左右东亚男性。

① 报告线图编号为M33：15，应有误。

24-1

【出土地点】 忻州窑子M33 ： 15

【尺　　寸】 长4.8～5.1厘米

【形制描述】 单排双联珠之间以锯齿形相连。圆泡正面涡纹模糊，背面各有一个横贯钮；锯齿背面饰“W”形纹。

【发表出处】 ［22］彩版三三 ：5、6

【备　　注】 另有M33 ：16无图。

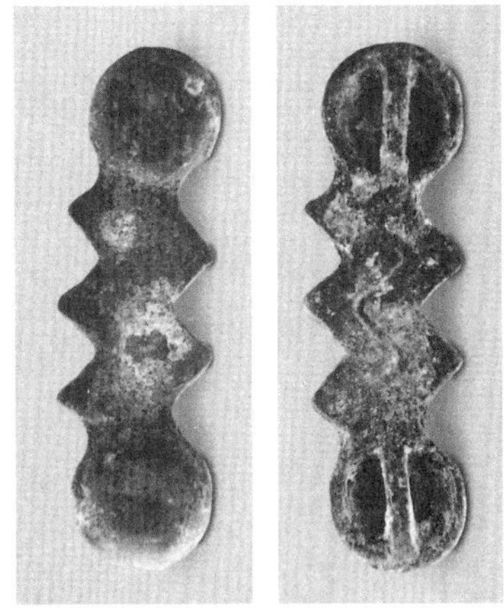

25

【出土地点】 忻州窑子M66 ：4

【尺　　寸】 长4.6厘米

【形制描述】 单排双联珠之间以锯齿形相连。圆泡正面圆鼓，背面各有一个横贯钮；齿面饰三排粟点纹。

【发表出处】 ［22］第163页，图一〇四 ：2；彩版三三 ：7、8

【备　　注】 包括M66 ：3～6共4件；形制相同；分别位于左髋骨外侧、左股骨与髋骨连接处及两侧股骨上端之间；墓主为35岁左右东亚男性。

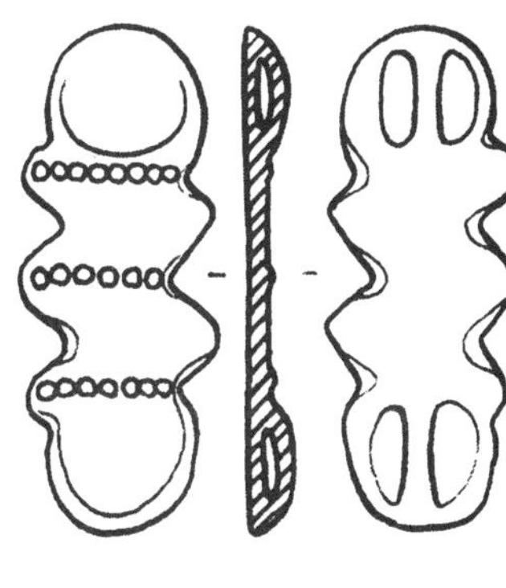

26[①]

【出土地点】 忻州窑子M9 ：6

【尺　　寸】 长4.6厘米

【形制描述】 单排双联珠之间以锯齿形相连。圆泡正面圆鼓，背面各有一个横贯钮；齿面素面。

【发表出处】 ［22］第64页，图二七 ：2；彩版三三 ：9、10

【备　　注】 位于腰部附近；墓主为25 ～ 30岁东亚女性。

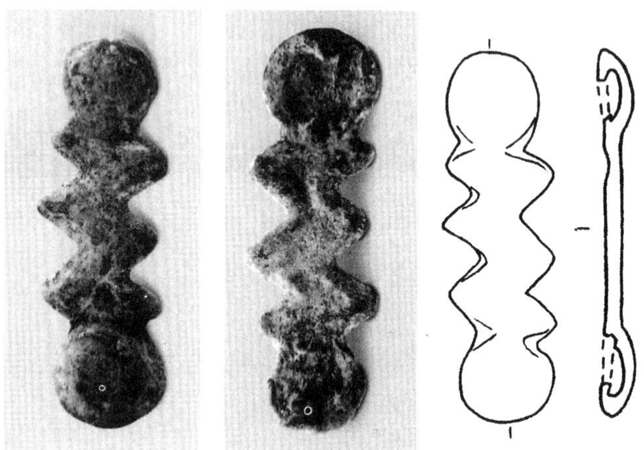

26-1

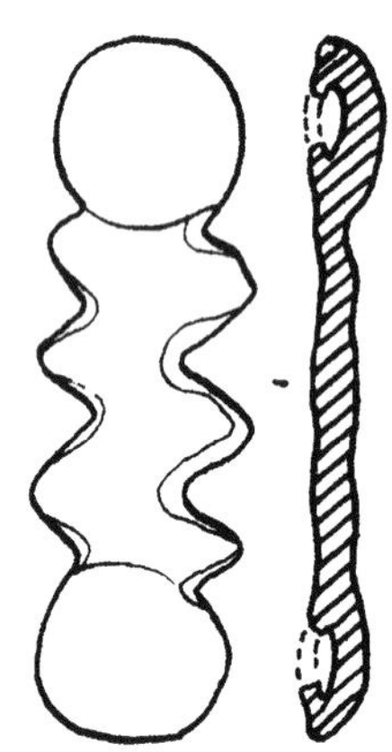

【出土地点】 忻州窑子M6 ：3

【尺　　寸】 长4.8厘米

【形制描述】 单排双联珠之间以锯齿形相连。圆泡正面圆鼓，背面各有一个横贯钮；齿面素面。

【发表出处】 ［22］第59页，图二二 ：6

【备　　注】 包括M6 ：2 ～ 6共5件；位于右侧髋骨附近；墓主为45岁左右北亚女性。

① 与该器形制相近的还有：

26-2；忻州窑子M23 ：20；长4.8厘米；单排双联珠之间以锯齿形相连，圆泡正面圆鼓，背面各有一个横贯钮，齿面素面；［22］第91页，图四六 ：3；包括M23 ：18 ～ 22共5件，位于左股骨上端外侧、右臂肘部外侧及腰部附近，墓主为35岁左右北亚女性。

27

【出土地点】 崞县窑子M22 ：8-2

【尺　　寸】 长4.8厘米

【形制描述】 单排双联珠之间以锯齿形相连。圆泡正面圆鼓，背面各有一个横贯钮；齿面素面。

【发表出处】 ［13］第66页，图一一 ：19；图版一六 ：13

【备　　注】 共34件；均出自M22，多数位于左侧髋骨上；墓主为20 ～ 22岁女性。

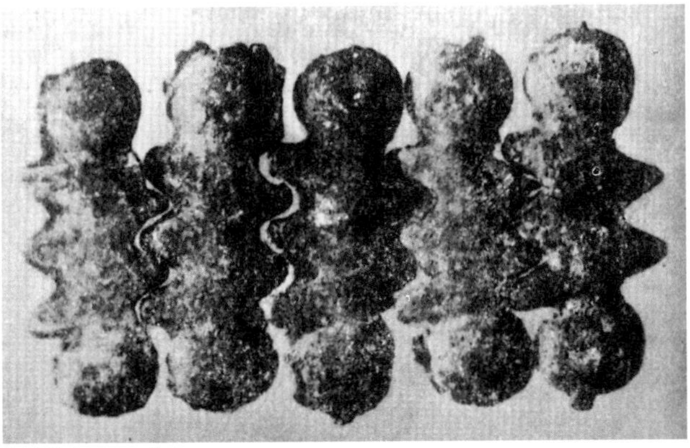

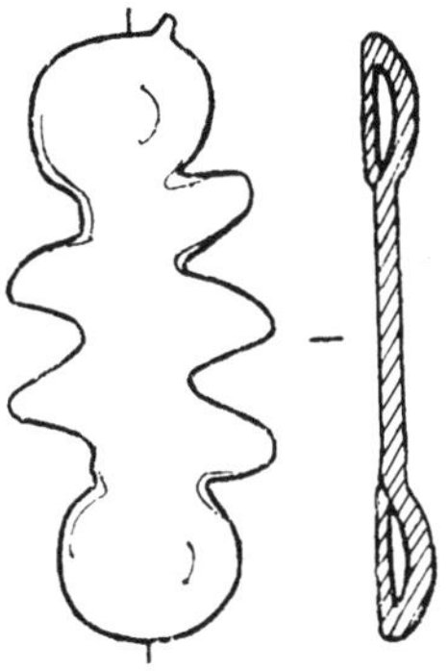

28

【出土地点】 崞县窑子M9 ：3-1

【尺　　寸】 长5.1厘米

【形制描述】 单排双联珠之间以锯齿形相连。圆泡正面圆鼓，背面各有一个横贯钮；齿面素面。

【发表出处】 ［13］第66页，图一一 ：18

【备　　注】 该墓地形制相似的共3件；墓主为30 ～ 35岁女性。

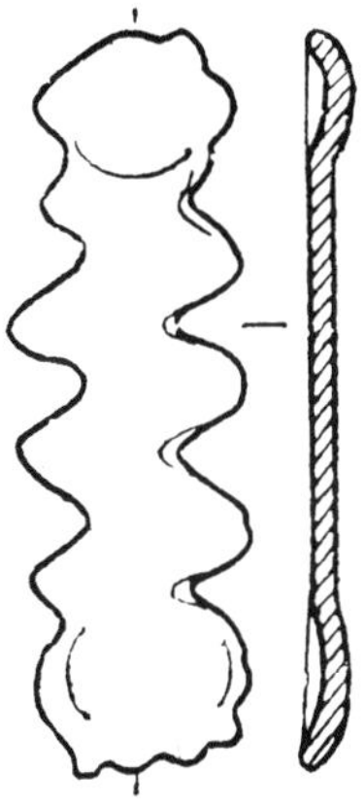

29

【出土地点】 新店子M18：10

【尺　　寸】 长4.8厘米

【形制描述】 单排双联珠之间以锯齿形相连。圆泡正面圆鼓，背面各有一个横贯钮；齿面饰三排小方格纹。

【发表出处】 ［20］第9页，图八：9

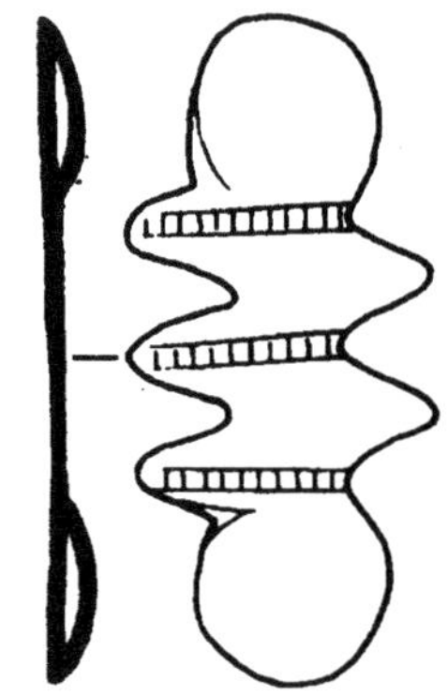

30

【出土地点】 新店子M41：7

【尺　　寸】 长5厘米

【形制描述】 单排双联珠之间以锯齿形相连。圆泡正面圆鼓，背面各有一个横贯钮；齿面饰五排圆点纹。

【发表出处】 ［20］第9页，图八：8

【备　　注】 该墓地出土形制相似的联珠饰共12件。

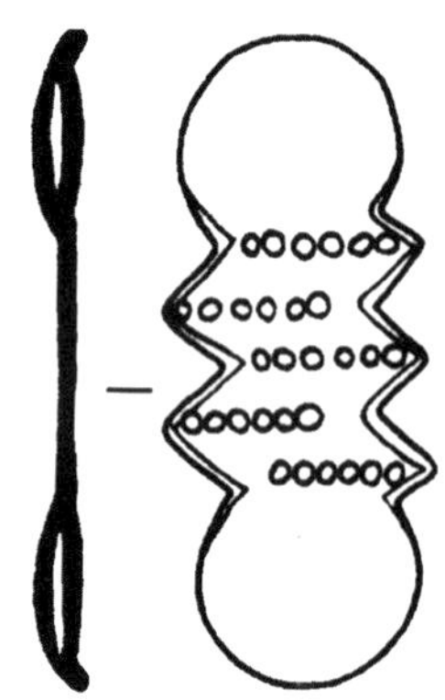

30-1

【出土地点】 新店子M5：4

【尺　　寸】 长5厘米

【形制描述】 单排双联珠之间以锯齿形相连。圆泡正面圆鼓，背面各有一个横贯钮；齿面饰五排圆点纹。

【发表出处】 ［20］图版三：4左

30-2

【出土地点】 新店子M5：5

【尺　　寸】 长5厘米

【形制描述】 单排双联珠之间以锯齿形相连。圆泡正面圆鼓，背面各有一个横贯钮；齿面饰五排圆点纹。

【发表出处】 ［20］图版三：4右

31

【出土地点】 玉隆太2223

【尺　　寸】 长5.1厘米

【形制描述】 单排双联珠之间以锯齿形相连。圆泡正面饰涡纹，背面各有一个横贯钮；齿面有“W”形镂空。

【发表出处】 ［5］第113页，图三：8；图版四：4上

【备　　注】 原器名为涡纹扣形饰。

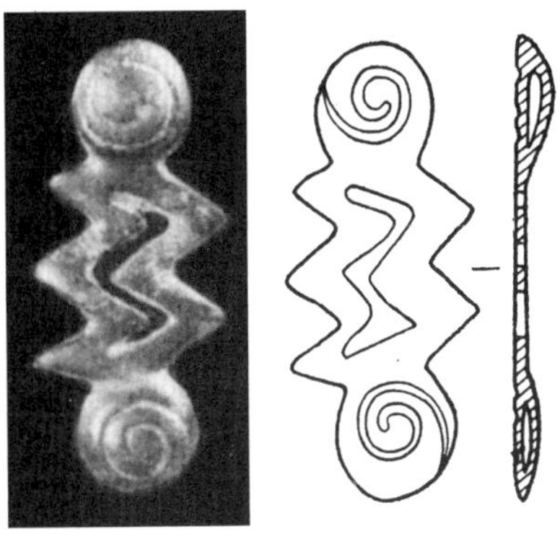

32

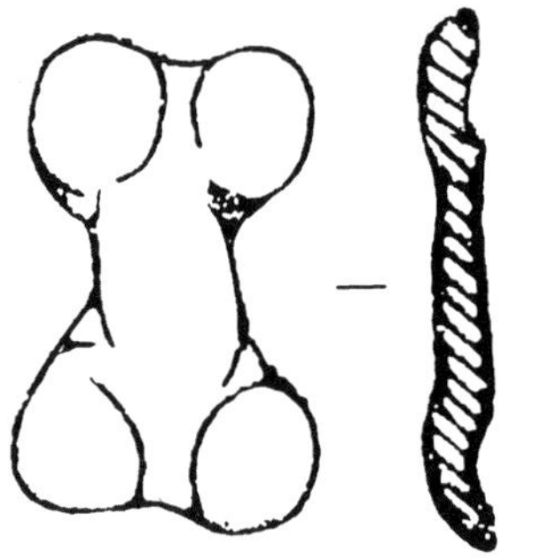

【出土地点】　西园M6：11

【尺　　寸】　长2、宽1.5厘米

【形制描述】　两排双联珠，平面呈亚腰长方形。圆泡背面内凹，四个球面凸出四角。

【发表出处】　［15］第18页，图五：11；图七：5

【备　　注】　位于尺骨外侧；墓主为8～9岁女性。

33

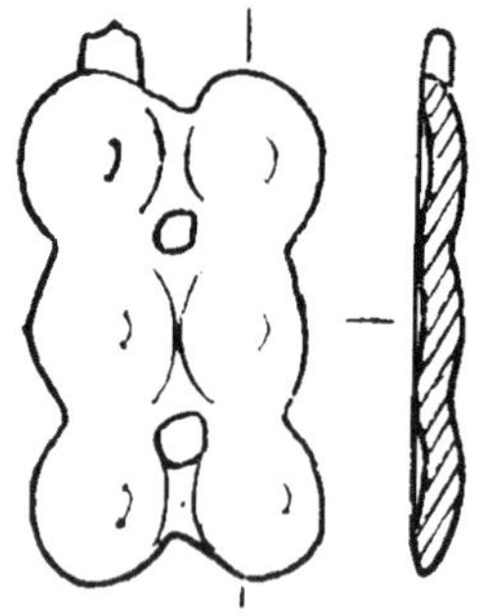

【出土地点】　崞县窑子M30：1-2

【尺　　寸】　长3.6、宽2厘米

【形制描述】　两排三联珠。中间结合部有上下两个圆形镂孔。

【发表出处】　［13］第66页，图一一：20

34

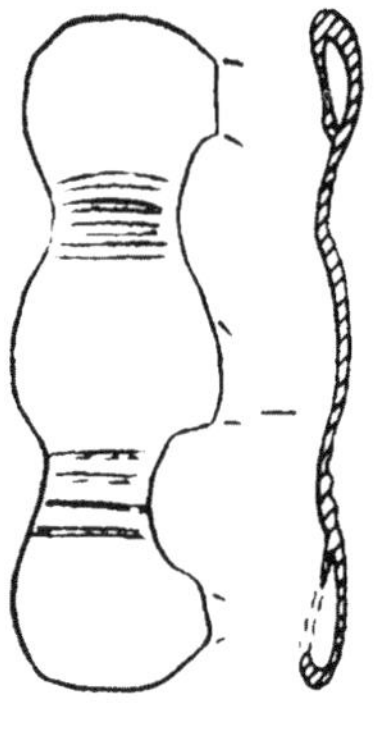

【出土地点】　井沟子M31：7

【尺　　寸】　长4.2厘米

【形制描述】　两排三联珠，仅存一侧。圆泡之间饰弦纹，背面上下各有一个横贯钮。

【发表出处】　［24］第143页，图八〇：17

35①

【出土地点】 忻州窑子M9 ： 8

【尺　　寸】 长4.4、宽1.6厘米

【形制描述】 两排三联珠，中间结合部有上下两个椭圆形镂孔。圆泡背面内凹，泡间饰弦纹。

【发表出处】［22］第64页，图二七 ： 6；彩版三四 ： 5、6

【备　　注】 该墓出土各种形制联珠饰共8件；位于填土中或散落在盆骨、胸骨和腹部下；墓主为25～30岁东亚女性。

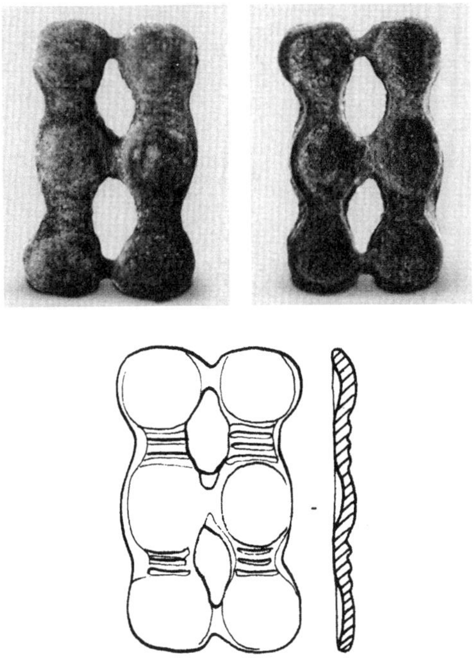

36

【出土地点】 毛庆沟M2 ： 8

【尺　　寸】 长4.3、宽约2.5厘米

【形制描述】 两排双联珠中间以锯齿形相连，中间结合部镂空。圆泡背面内凹，齿面素面。

【发表出处】［11］第277页，图四三 ： 1

【备　　注】 宽度根据器物比例估算。

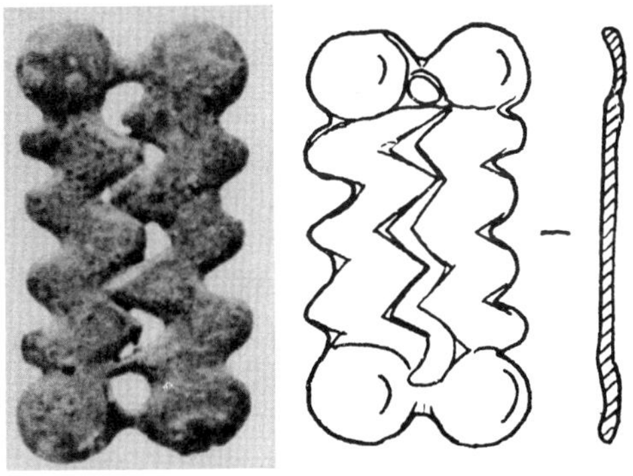

① 与该器形制相近的还有：

35-1；忻州窑子M43 ： 4；长4.2、宽2.5厘米；两排三联珠，中间结合部有上下两个椭圆形镂孔，圆泡背面内凹，泡间饰弦纹；［22］第124页，图七〇 ： 1；位于腰部附近，墓主为8～9岁儿童。

35-2；忻州窑子M56 ： 19；长4.5、宽2.6厘米；两排三联珠，中间结合部有上下两个不规则形镂孔，圆泡背面内凹，泡间饰弦纹；［22］第146页，图八八 ： 3；墓主为35～40岁北亚男性。

35-3；忻州窑子M59 ： 2；长4.1、宽2.4厘米；两排三联珠，中间结合部有上下两个不规则形镂孔，圆泡背面内凹，泡间饰弦纹；［22］第150页，图九二 ： 12；位于右髋骨背面之上，墓主为45岁左右北亚女性。

37①

【出土地点】 忻州窑子M9：1

【尺　　寸】 长4.7、宽2.7厘米

【形制描述】 两排双联珠中间以锯齿形相连，中间结合部镂空。圆泡背面内凹，齿面素面。

【发表出处】 ［22］第64页，图二七：4；彩版三二：1、2

【备　　注】 位于腹部下；墓主为25～30岁东亚女性。

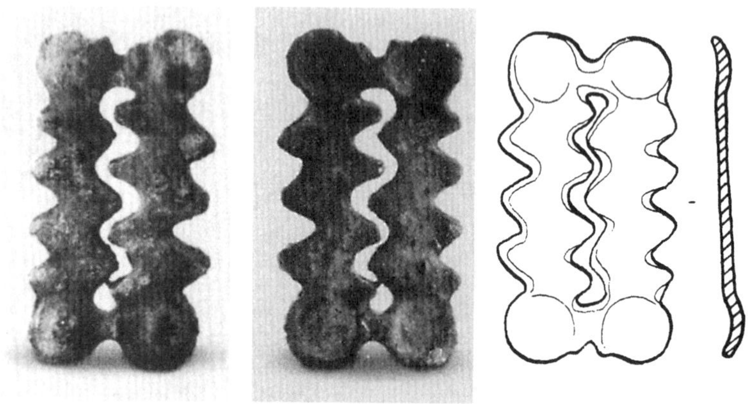

① 与该器形制相近的还有：

37-1；忻州窑子M23：5；长4.5、宽2.5厘米；两排双联珠中间以锯齿形相连，中间结合部镂空，圆泡背面内凹，齿面素面；［22］第91页，图四六：7；包括M23：4～6共3件，位于腰部附近，墓主为35岁左右北亚女性。

37-2；忻州窑子M30：1；长4.9、宽2.6厘米；两排双联珠中间以锯齿形相连，中间结合部镂空，圆泡背面内凹，齿面饰"W"形纹；［22］第103页，图五五：19；包括M30：1～8共8件，位于右侧桡骨与尺骨骨隙之间、右髋骨骨面之上、腰椎右侧骶骨之上、羊肩胛骨与左侧桡骨之间、左侧桡骨外侧近墓壁处及左手指骨之上，墓主为45～50岁女性。

37-3；忻州窑子M30：4；长4.9、宽2.6厘米；两排双联珠中间以锯齿形相连，中间结合部镂空；［22］第103页，图五五：20。

38[①]

【出土地点】 忻州窑子M37 ：6

【尺　　寸】 长4.5、宽2.9厘米

【形制描述】 两排双联珠中间以锯齿形相连，中间结合部上下各有一个镂孔。圆泡背面内凹，齿面饰“W”形纹。

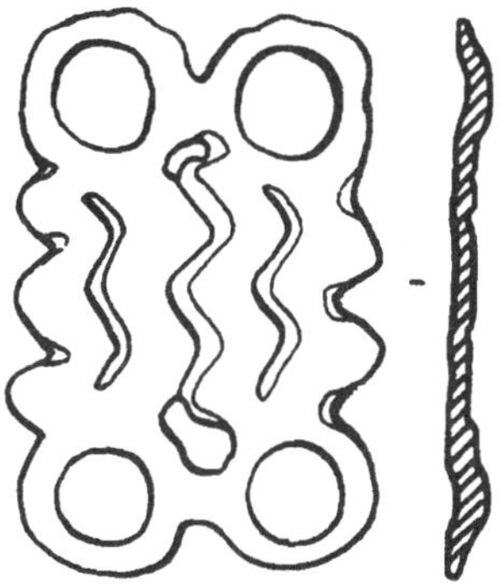

【发表出处】 ［22］第119页，图六六 ：2

【备　　注】 包括M37 ：2 ～ 12共11件；位于南侧二层台东端台面、头骨右侧墓圹东北角、右桡骨外侧近二层台北壁、右髋骨骨面上端、腰椎与骶骨相接处、骶骨骨面之上、右髋骨上侧腹腔内及右肱骨下端骨面；墓主为16 ～ 17岁少年。

38-1

【出土地点】 忻州窑子M37 ：12

【尺　　寸】 长4.5、宽2.9厘米

【形制描述】 两排双联珠中间以锯齿形相连，中间结合部上下各有一个镂孔。圆泡背面内凹，齿面饰“W”形纹。

【发表出处】 ［22］彩版三二 ：3、4

【备　　注】 包括M37 ：2 ～ 12共11件；位于南侧二层台东端台面、头骨右侧墓圹东北角、右桡骨外侧近二层台北壁、右髋骨骨面上端、腰椎与骶骨相接处、骶骨骨面之上、右髋骨上侧腹腔内及右肱骨下端骨面；墓主为16 ～ 17岁少年。

---

① 与该器形制相近的还有：

38-2；忻州窑子M35 ：2；长4.5、宽2.9厘米；两排双联珠中间以锯齿形相连，中间结合部上下各有一个镂孔，圆泡背面内凹，齿面饰“W”形纹；［22］第114页，图六二 ：9；另有M35 ：3无图，均散落在墓圹西南角，墓主为6 ～ 7岁儿童。

39

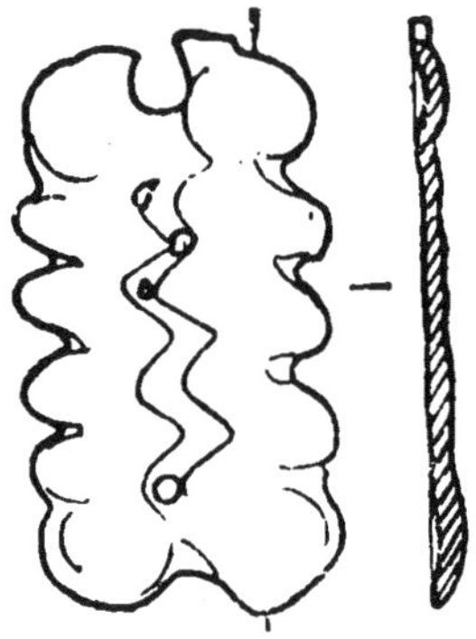

【出土地点】 崞县窑子M30：1-1

【尺　　寸】 长4.8、宽2.7厘米

【形制描述】 两排双联珠中间以锯齿形相连，中间结合部镂空。圆泡背面内凹，齿面素面。

【发表出处】 ［13］第66页，图一一：17

40①

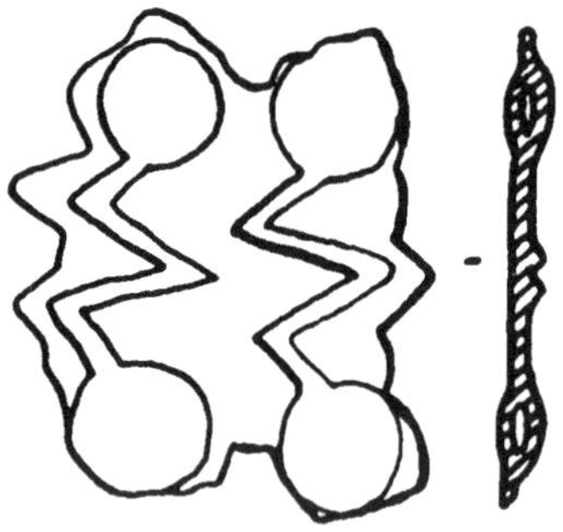

【出土地点】 忻州窑子M50：4

【尺　　寸】 长3、宽2.2厘米

【形制描述】 两排双联珠中间以锯齿形相连。圆泡正面圆鼓，背面有钮；齿面饰“W”形纹。

【发表出处】 ［22］第136页，图八一：13

【备　　注】 该墓出土包括M50：2～13在内形制相似的联珠饰共12件；位于左侧尺骨下端、右侧髋骨、骶骨上端、左侧髋骨及两侧股骨之间；墓主为25岁左右东亚女性。

① 与该器形制相近的还有：

40-1；忻州窑子M50：9；长3、宽0.9厘米；两排双联珠中间以锯齿形相连，仅残存一侧，两端圆泡正面圆鼓，背面有横贯钮，齿面饰“W”形纹；［22］第136页，图八一：14。

41

【出土地点】 忻州窑子M34 ：2

【尺　　寸】 长4.6、宽2厘米

【形制描述】 两排双联珠。平面呈长方形，正面并排六个穿孔，穿孔周围饰圆圈纹。

【发表出处】 ［22］第114页，图六二 ：2；彩版三二 ：7、8

【备　　注】 位于腰部附近；墓主为20 ～ 25岁东亚女性。

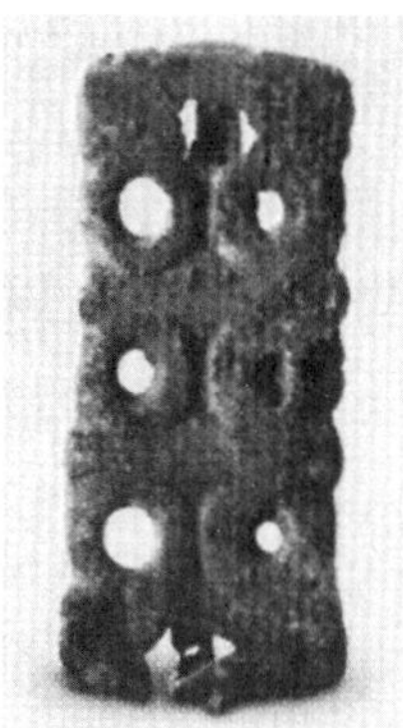

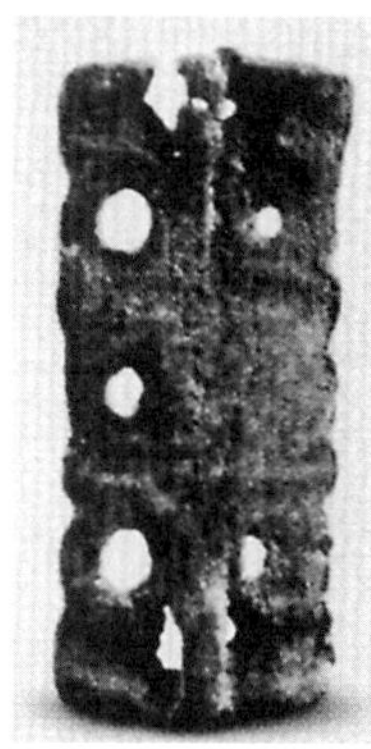

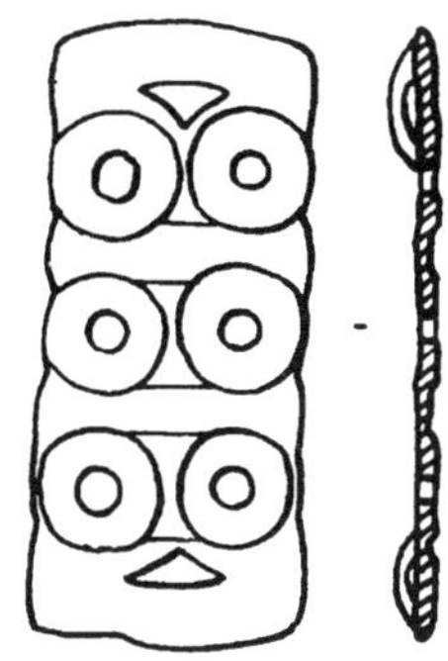

42①

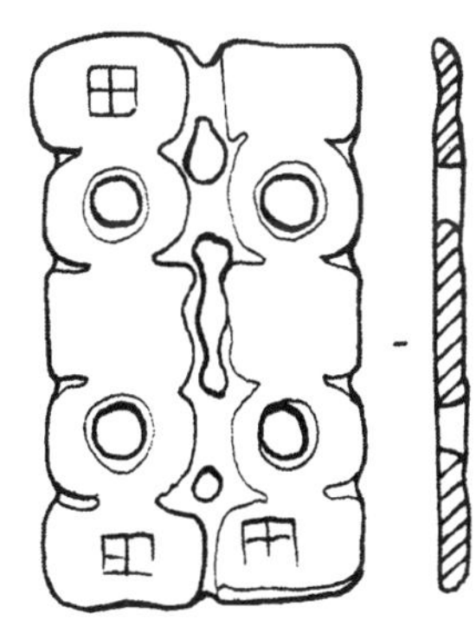

【出土地点】 忻州窑子M9 ：7

【尺　　寸】 长4.1、宽2.6、穿孔直径0.6厘米

【形制描述】 两排双联珠，平面呈长方形，中间结合部镂空。两端为长方形，饰“田”字形刻划纹；中部有四个圆形穿孔。

【发表出处】 ［22］第64页，图二七 ：3

【备　　注】 位于腹部下、填土中；墓主为25 ～ 30岁东亚女性。

① 与该器形制相近的还有：

42-2；忻州窑子M16 ：4；长4.1、宽2.6、穿孔直径0.4 ～ 0.6厘米；两排双联珠，平面呈长方形，中间结合部镂空，两端为长方形，中部有四个圆形穿孔；［22］第75页，图三五 ：13；位于腰部，墓主为25 ～ 30岁东亚男性。

42-1

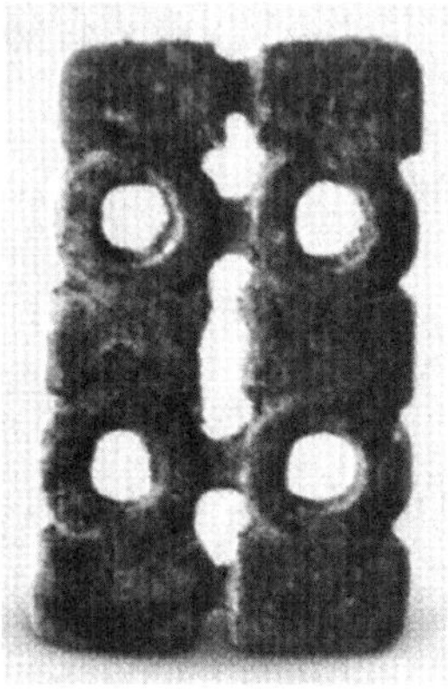
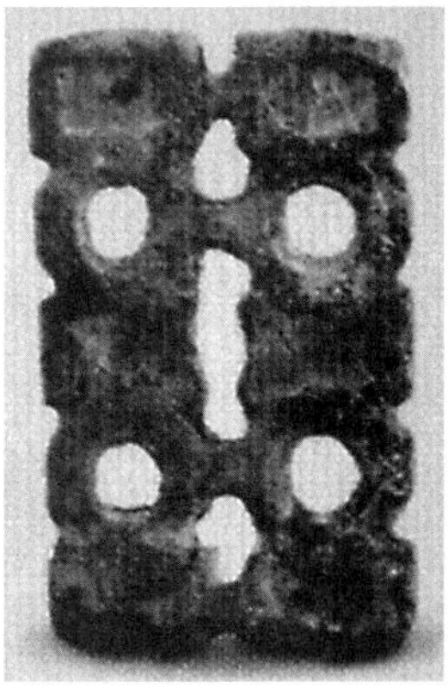

【出土地点】 忻州窑子M16：6

【尺　　寸】 长4.1、宽2.6、穿孔直径0.4～0.6厘米

【形制描述】 两排双联珠，平面呈长方形，中间结合部镂空。两端为长方形，中部有四个圆形穿孔。

【发表出处】 ［22］彩版三二：9、10

【备　　注】 位于腰部；墓主为25～30岁东亚男性。

43

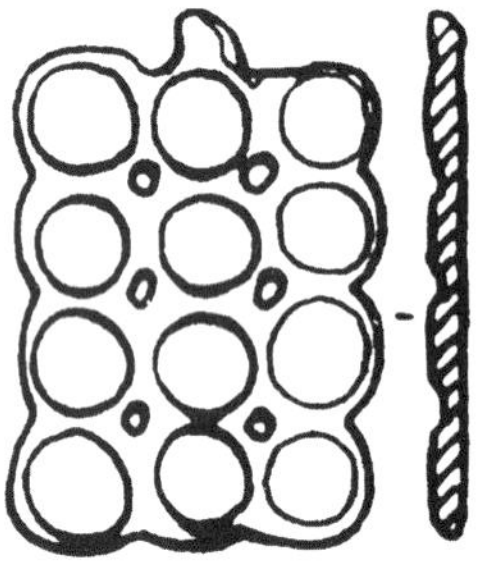

【出土地点】 忻州窑子M53：7

【尺　　寸】 残长3.2、宽2.3厘米

【形制描述】 三排四联珠，平面呈长方形，中间结合部有三个圆形镂孔。

【发表出处】 ［22］第141页，图八四：4；彩版三四：2

【备　　注】 位于左侧桡骨骨端外侧。

44

【出土地点】 毛庆沟M10：2⑤

【尺　　寸】 长2.3、宽2.2厘米

【形制描述】 两排三联珠。两端各有三个圆孔，中间有两个半月形孔。

【发表出处】 ［11］第277页，图四三：7；图版一一三：5

【备　　注】 原器名为多孔铜饰牌；包括M10：2④、M10：2⑤等共13件；位于M10人骨的腰部；墓主为16岁左右女性。

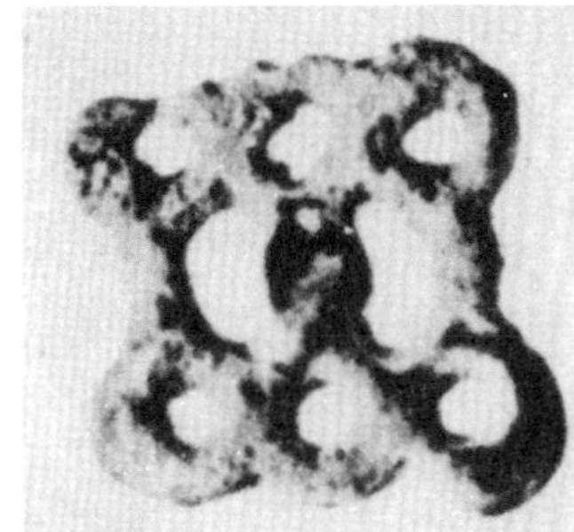

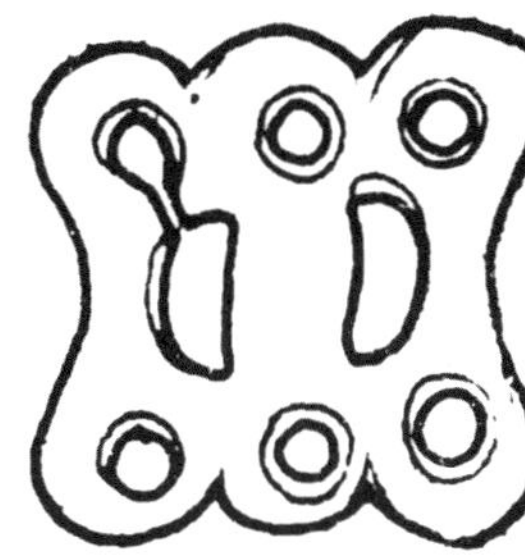

45

【出土地点】 毛庆沟M10：2④

【尺　　寸】 长3.1、宽2.3厘米

【形制描述】 两排三联珠。两端各有三个圆孔，中间有两个半月形孔。顶端有舌状凸起。

【发表出处】 ［11］第277页，图四三：6；图版一一三：4

【备　　注】 原器名为多孔铜饰牌；包括M10：2④、M10：2⑤等共13件；位于M10人骨的腰部；墓主为16岁左右女性。

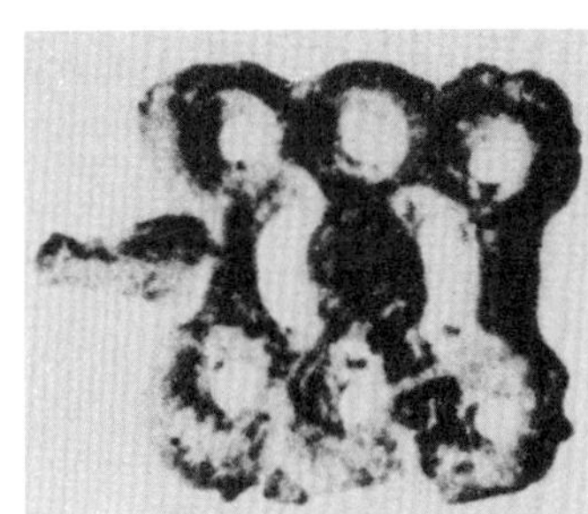

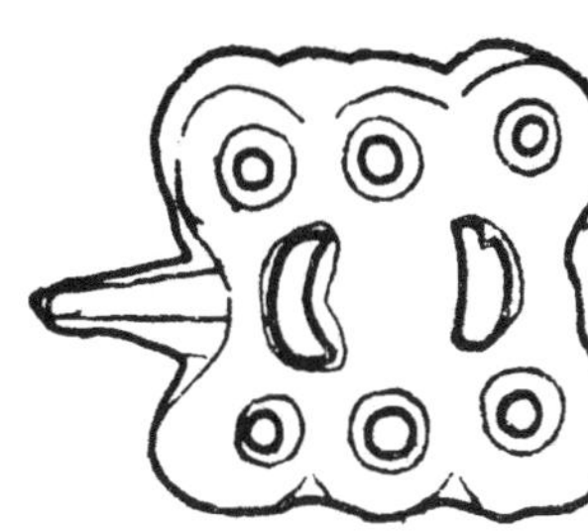

46

【出土地点】 饮牛沟82EM11：1

【尺　　寸】 长4.6厘米

【形制描述】 双珠兽头饰。兽头两耳直立，兽面有三个镂孔；下连两个圆泡，上端圆泡背面有横贯钮。

【发表出处】 ［9］第30页，图八：1

八、S形饰牌

1①

【出土地点】 小双古城M1 ：4

【尺　　寸】 长4.9、宽2.9厘米

【形制描述】 云纹饰牌，整体呈曲边长方形。正中隆起呈圆泡状，两侧有阴刻中心对称的云纹及平行对称的穿孔，背面附桥形钮。

【发表出处】 ［21］第186页，图一一五 ：8；彩版三九 ：7、8

【备　　注】 原器名为云纹牌饰；另有M1 ：3无图。

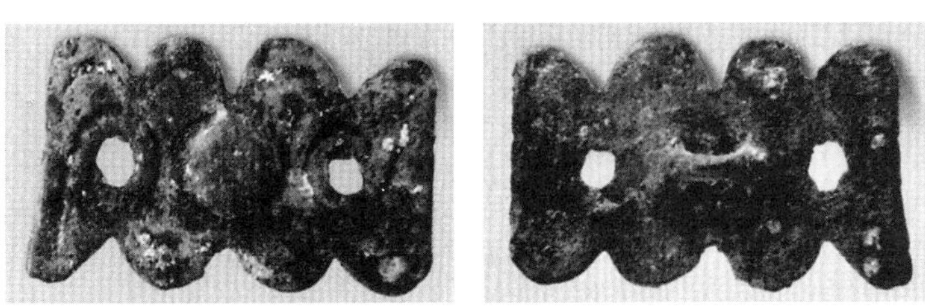

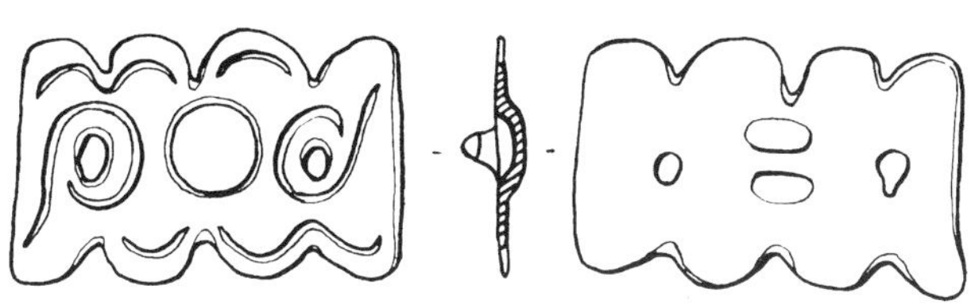

① 与该器形制相近的还有：

1-1；小双古城M1 ：2；长4.5、宽2.5厘米；云纹饰牌，整体呈曲边长方形，正中隆起呈圆泡状，两侧有阴刻中心对称的云纹及平行对称的穿孔，背面附桥形钮；［21］第180页，图一一二 ：6；原器名为云纹牌饰。

1-2；小双古城M9 ：5；长4.6、宽2.9厘米；云纹饰牌，整体呈曲边长方形，正中隆起呈圆泡状，两侧有阴刻中心对称的云纹及平行对称的穿孔，背面附桥形钮；［21］第202页，图一二七 ：10；原器名为云纹牌饰，M9出土各种形制的S形饰牌共7件，位于右侧桡骨外侧近墓壁处、左右髋骨上侧腹腔之内及盆骨下，墓主14～16岁，种性不详。

1-3；小双古城M13 ：4；长4.5、宽2.9厘米；云纹饰牌，整体呈曲边长方形，正中隆起呈圆泡状，两侧有阴刻中心对称的云纹及平行对称的穿孔，背面附桥形钮；［21］第209页，图一三二 ：7；原器名为云纹牌饰，包括M13 ：3～7共5件，位于填土内、右腹腔内、左肱骨下端骨面及盆骨下，墓主为20～25岁女性。

2[①]

【出土地点】 小双古城M9 ：4

【尺　　寸】 长4.5、宽2.6厘米

【形制描述】 云纹饰牌，整体呈曲边长方形。正中隆起呈圆泡状，两端有阴刻斜向中心对称的云纹及穿孔，背面附桥形钮。

【发表出处】 ［21］第202页，图一二七 ：18；彩版三九 ：5、6[②]

【备　　注】 原器名为云纹牌饰；M9出土各种形制的S形饰牌共7件；位于右侧桡骨外侧近墓壁处、左右髋骨上侧腹腔之内及盆骨下；墓主14 ～ 16岁，种性不详。

① 与该器形制相近的还有 ：

2–1；小双古城M5 ：3；长5、宽2.9厘米；云纹饰牌，整体呈曲边长方形，正中隆起呈圆泡状，两端有阴刻斜向中心对称的云纹及穿孔，正面穿孔未透，背面附桥形钮；［21］第194页，图一二一 ：1；原器名为云纹牌饰，另有M5 ：4无图，位于填土内、腰部附近，墓主为45岁以上北亚男性。

2–2；小双古城M6 ：4；长4.1、宽2.5厘米；云纹饰牌，整体呈曲边长方形，正中隆起呈圆泡状，两端有阴刻斜向中心对称的云纹及穿孔，背面附桥形钮；［21］第194页，图一二一 ：16；原器名为云纹牌饰，另有M6 ：3形制相同、无图，位于右侧髋骨上方、腹腔之内，墓主为16 ～ 17岁女性。

2–3；小双古城M8 ：1；长4、宽2.5厘米；云纹饰牌，整体呈曲边长方形，正中隆起呈圆泡状，两端有阴刻斜向中心对称的云纹及穿孔，正面云纹线条细且略显复杂，背面附桥形钮；［21］第198页，图一二四 ：4；原器名为云纹牌饰，包括M8 ：1 ～ 3共3件，不规则分布于盆骨附近。

2–4；小双古城M11 ：3；长4、宽2.4厘米；云纹饰牌，整体呈曲边长方形，正中隆起呈圆泡状，两端有阴刻斜向中心对称的云纹及穿孔，背面附桥形钮；［21］第206页，图一三〇 ：3；原器名为云纹牌饰，位于腰部附近，墓主为17 ～ 18岁男性。

2–5；小双古城M11 ：4；长5、宽2.9厘米；云纹饰牌，整体呈曲边长方形，正中隆起呈圆泡状，两端有阴刻斜向中心对称的云纹及穿孔，背面附桥形钮；［21］第206页，图一三〇 ：4；原器名为云纹牌饰，位于腰部附近，墓主为17 ～ 18岁男性。

② 从报告上看，M9 ：4的线图和照片不是一件器物，但均出自同一墓葬（M9），且形制相似。

3①

【出土地点】　小双古城M9：8

【尺　　寸】　长4.5、宽2.6厘米

【形制描述】　云纹饰牌，整体呈曲边长方形。正中隆起呈圆泡状，两端阴刻斜向中心对称的云纹，背面附桥形钮。

【发表出处】　［21］第202页，图一二七：4；彩版三九：9、10

【备　　注】　原器名为云纹牌饰；包括M9：6～10共5件；位于右侧桡骨外侧近墓壁处、左右髋骨上侧腹腔之内及盆骨下；墓主14～16岁，种性不详。

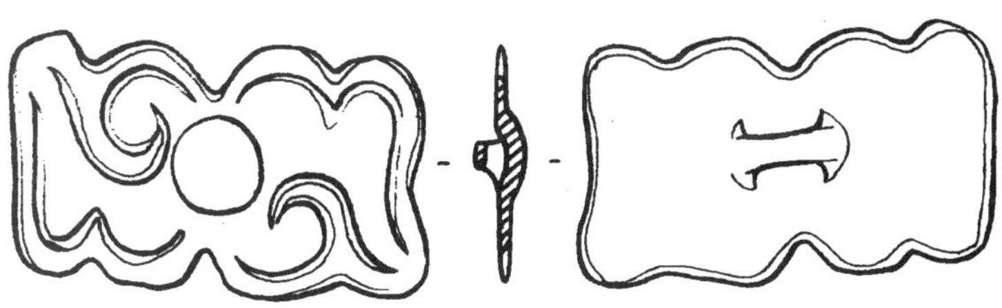

① 与该器形制相近的还有：

3-1；小双古城M3：6；长4.4、宽3.1厘米；云纹饰牌，整体呈曲边长方形，正中隆起呈圆泡状，两端阴刻斜向中心对称的云纹，背面附桥形钮；［21］第190页，图一一八：4；原器名为云纹牌饰，包括M3：7在内共2件，位于左右髋骨上方腹腔内及左侧桡骨中段外侧与墓壁之间，墓主为20～25岁东亚女性。

3-2；小双古城M3：7；长5.6、宽2.9厘米；云纹饰牌，整体呈曲边长方形，正中隆起呈圆泡状，两端阴刻斜向中心对称的云纹，背面附桥形钮；［21］第190页，图一一八：1；原器名为云纹牌饰，包括上文M3：6在内共2件，位于左右髋骨上方腹腔内及左侧桡骨中段外侧与墓壁之间，墓主为20～25岁东亚女性。

3-3；小双古城M5：5；长4.2、宽2.6厘米；云纹饰牌，整体呈曲边长方形，正中隆起呈圆泡状，两端阴刻斜向中心对称的云纹，背面附桥形钮；［21］第194页，图一二一：11；原器名为云纹牌饰，位于腰部附近，墓主为45岁以上北亚男性。

3-4；小双古城M8：4；长3.7、宽2.3厘米；云纹饰牌，整体呈曲边长方形，正中隆起呈圆泡状，两端阴刻斜向中心对称的云纹，背面附桥形钮；［21］第198页，图一二四：7；原器名为云纹牌饰，不规则分布于盆骨附近。

4

【出土地点】 毛庆沟M63 ：1⑦

【尺　　寸】 长约4、宽约2.4厘米

【形制描述】 云纹饰牌，整体呈曲边长方形。正中隆起呈圆泡状，两端有阴刻斜向中心对称的云纹及穿孔，背面附桥形钮。

【发表出处】 ［11］第272页，图四〇 ：11；图版八〇 ：6

【备　　注】 原器名为双鸟纹饰牌；尺寸根据图中比例尺估算；位于腰部附近；墓主55岁以上，男性（？）。

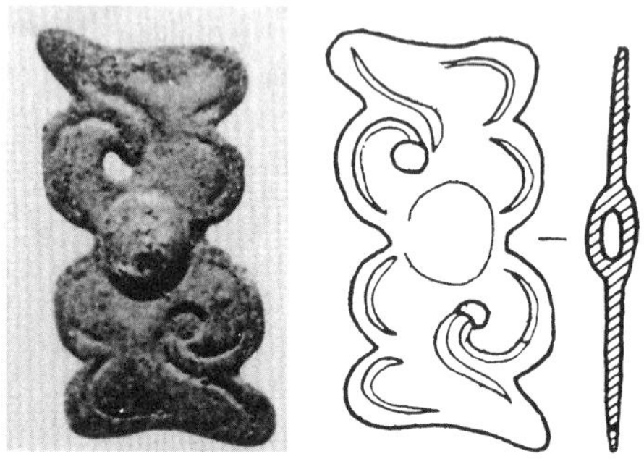

5

【出土地点】 毛庆沟M63 ：1①

【尺　　寸】 长约4.5、宽约2.3厘米

【形制描述】 云纹饰牌，整体呈曲边长方形。正中隆起呈圆泡状，两端有阴刻斜向中心对称的云纹及穿孔，背面附桥形钮。

【发表出处】 ［11］第272页，图四〇 ：10；图版八〇 ：7

【备　　注】 原器名为双鸟纹饰牌；尺寸根据图中比例尺估算；位于腰部附近；墓主55岁以上，男性（？）。

6

【出土地点】 毛庆沟M61 ：2①

【尺　　寸】 长约4.1、宽约1.8厘米

【形制描述】 云纹饰牌，整体呈曲边长方形。正中隆起呈圆泡状，两端阴刻对称的云纹，背面附桥形钮。

【发表出处】 ［11］第272页，图四〇 ：8；图版八〇 ：9

【备　　注】 原器名为双鸟纹饰牌；尺寸根据图中比例尺估算。

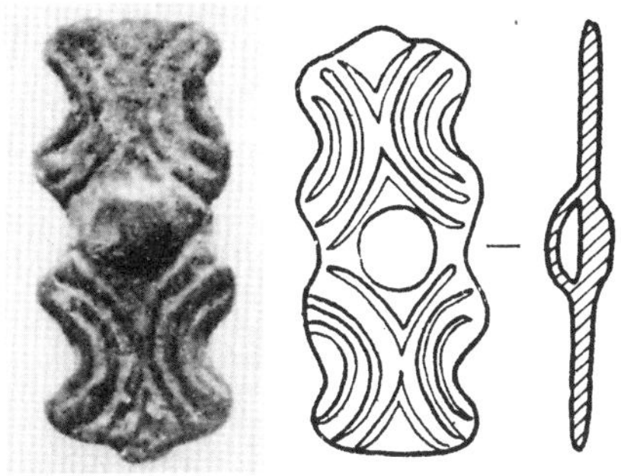

7

【出土地点】 毛庆沟M61 ：2②

【尺　　寸】 长约4.3、宽约2厘米

【形制描述】 云纹饰牌，整体呈曲边长方形。正中隆起呈圆泡状，两端阴刻中心对称的云纹，背面附桥形钮。

【发表出处】 ［11］第272页，图四〇 ：9；图版八〇 ：8

【备　　注】 原器名为双鸟纹饰牌；尺寸根据图中比例尺估算。

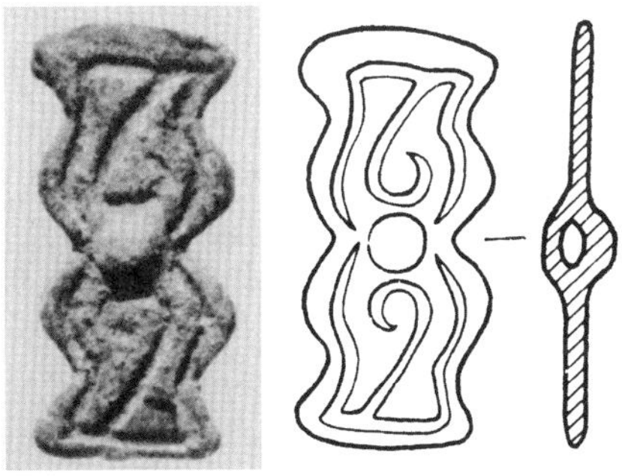

8

【出土地点】 毛庆沟M12：1①

【尺　　寸】 长约4.1、宽约2.6厘米

【形制描述】 云纹饰牌，整体呈曲边长方形。正中隆起呈圆泡状，两端阴刻中心对称的云纹，背面附桥形钮。

【发表出处】 ［11］第272页，图四〇：7；［26］第91页，图一二九：左数第4件

【备　　注】 原器名为双鸟纹饰牌；尺寸根据图中比例尺估算。

9

【出土地点】 毛庆沟M63：1⑥

【尺　　寸】 长约4.9、宽约3厘米

【形制描述】 云纹饰牌，整体呈曲边长方形。正中隆起呈圆泡状，两端阴刻中心对称的云纹，背面附桥形钮。

【发表出处】 ［11］第272页，图四〇：13；［26］第91页，图一二八：左数第3件

【备　　注】 原器名为双鸟纹饰牌；尺寸根据图中比例尺估算；位于腰部附近；墓主55岁以上，男性（？）。

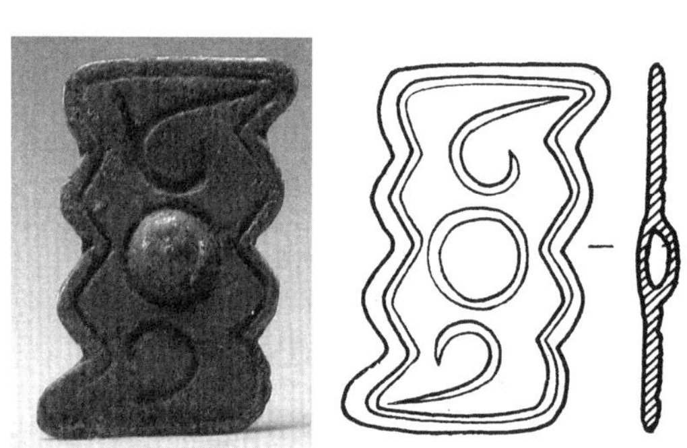

10

【出土地点】 毛庆沟M63 ：1③

【尺　　寸】 长约4.3、宽约2.7厘米

【形制描述】 云纹饰牌，整体呈曲边长方形。正中隆起呈圆泡状，两端阴刻中心对称的云纹，背面附桥形钮。

【发表出处】 ［11］第273页，图四一 ：1；图版八○ ：11

【备　　注】 原器名为双鸟纹饰牌；尺寸根据图中比例尺估算；位于腰部附近；墓主55岁以上，男性（？）。

11

【出土地点】 毛庆沟M63 ：1⑩

【尺　　寸】 长约4.8、宽约3.3厘米

【形制描述】 云纹饰牌，整体呈曲边长方形。正中隆起呈圆泡状，正面阴刻中心对称的云纹，背面附桥形钮。

【发表出处】 ［11］第273页，图四一 ：3；［26］第91页，图一二八 ：左数第4件

【备　　注】 原器名为双鸟纹饰牌；尺寸根据图中比例尺估算；位于腰部附近；墓主55岁以上，男性（？）。

12

【出土地点】 毛庆沟M71 ：4①

【尺　　寸】 长约3.8、宽约2.4厘米

【形制描述】 云纹饰牌，整体呈曲边长方形。正中隆起呈圆泡状，两端阴刻中心对称的云纹，背面附桥形钮。

【发表出处】 ［11］第272页，图四〇 ：4；图版八〇 ：4

【备　　注】 原器名为双鸟纹饰牌；尺寸根据图中比例尺估算；位于腰部。

13

【出土地点】 毛庆沟M71 ：4③

【尺　　寸】 长约3.8、宽约2.2厘米

【形制描述】 云纹饰牌，整体呈曲边长方形。正中隆起呈圆泡状，两端阴刻斜向中心对称的云纹，背面附桥形钮。

【发表出处】 ［11］第272页，图四〇 ：5；图版八〇 ：3

【备　　注】 原器名为双鸟纹饰牌；尺寸根据图中比例尺估算；位于腰部。

14

【出土地点】 毛庆沟M43：1⑤

【尺　　寸】 长约4、宽约2.5厘米

【形制描述】 云纹饰牌，整体呈曲边长方形。正中隆起呈圆泡状，两端阴刻斜向中心对称的云纹，背面附桥形钮。

【发表出处】 [11] 第272页，图四〇：6；[26] 第91页，图一二九：左数第1件

【备　　注】 原器名为双鸟纹饰牌；尺寸根据图中比例尺估算；位于腰部。

15

【出土地点】 毛庆沟M37：2⑤

【尺　　寸】 长约5.1、宽约2.9厘米

【形制描述】 云纹饰牌，整体呈曲边长方形。正中隆起呈圆泡状，正面围绕圆泡阴刻云纹，背面附桥形钮。

【发表出处】 [11] 第272页，图四〇：12

【备　　注】 原器名为双鸟纹饰牌；尺寸根据图中比例尺估算。

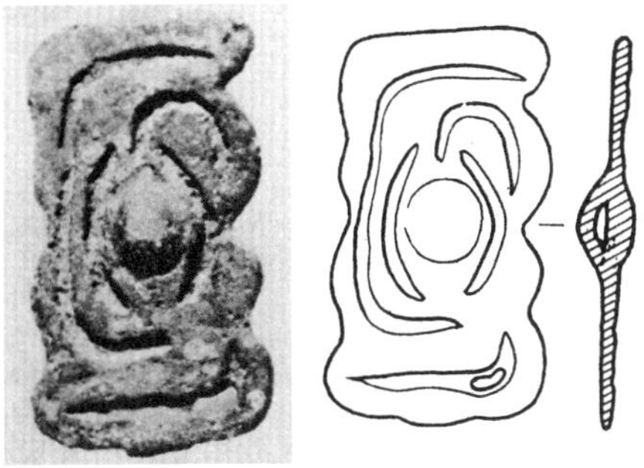

16

【出土地点】　毛庆沟M37：2①

【尺　　寸】　长约4.6、宽约2.7厘米

【形制描述】　云纹饰牌，整体呈曲边长方形。正中隆起呈圆泡状，两端阴刻斜向中心对称的云纹，背面附桥形钮。

【发表出处】　［11］第273页，图四一：2；图版八〇：12

【备　　注】　原器名为双鸟纹饰牌；该墓地出土包括上文4～15号在内中心圆泡的曲边长方形饰牌共191件；尺寸根据图中比例尺估算。

17

【出土地点】　玉隆太2221

【尺　　寸】　长4.5、宽2.2厘米

【形制描述】　云纹饰牌，整体呈曲边长方形。正中隆起呈圆泡状，两端阴刻斜向中心对称的云纹，背面附桥形钮。

【发表出处】　［5］图版四：4下

【备　　注】　原器名为鸟形饰牌；共4件。

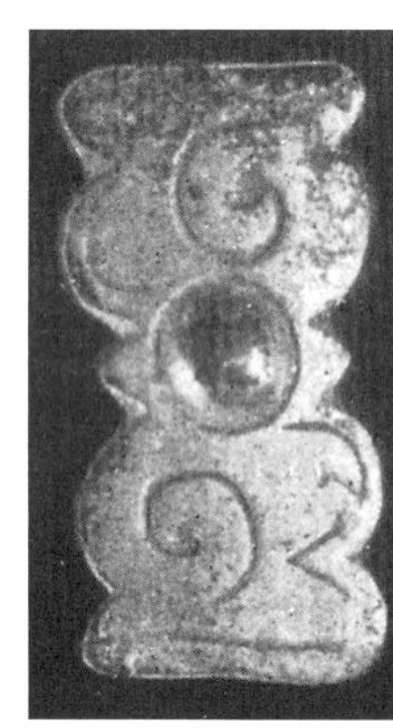

18

【出土地点】 公苏壕M1：8

【尺　　寸】 长4.6、宽2.5厘米

【形制描述】 云纹饰牌，整体呈曲边长方形，中部束腰。正面饰中心对称的涡状云纹，背面附桥形钮。

【发表出处】 ［4］第136页，图六：20

【备　　注】 原器名为鸟形饰牌；该墓地形制相似的共11件。

19

【出土地点】 毛庆沟M45：1

【尺　　寸】 长4.6～5.3、宽2.5～3.2厘米

【形制描述】 云纹饰牌，整体呈曲边长方形，中部束腰。正面有中心对称的涡状云纹及平行对称的穿孔，背面附桥形钮。

【发表出处】 ［11］第273页，图四一：4；图版七九：12

【备　　注】 原器名为双鸟纹饰牌；位于腰部；墓主为50～55岁男性。

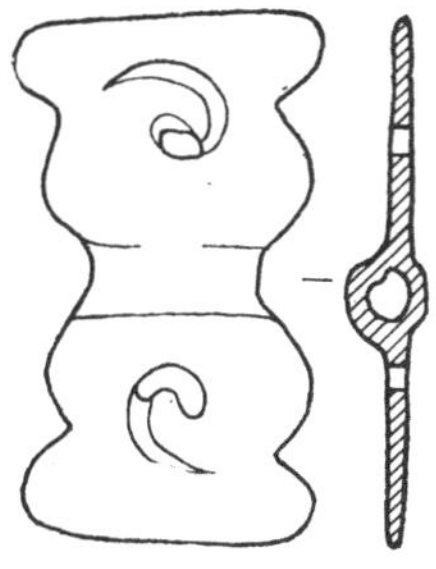

20

【出土地点】 小双古城M2：2

【尺　　寸】 长5、宽2.9厘米

【形制描述】 云纹饰牌，整体呈曲边长方形，中部束腰。束腰处呈圆柱状，正面饰斜向中心对称的云纹，背面附桥形钮。

【发表出处】 ［21］第186页，图一一五：10；彩版三九：1、2

【备　　注】 原器名为云纹牌饰；位于盆骨右侧紧贴右侧墓壁中段；墓主为30岁左右北亚男性。

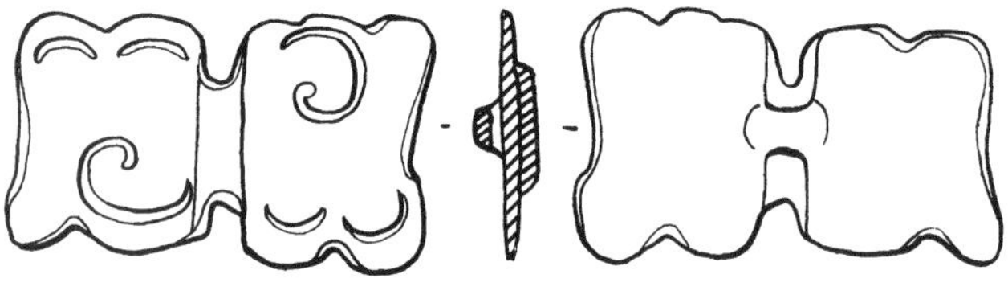

21

【出土地点】 小双古城M5：2

【尺　　寸】 长4、宽2.3厘米

【形制描述】 云纹饰牌，整体呈曲边长方形，中部束腰。束腰处呈圆柱状，正面饰斜向中心对称的云纹，背面附桥形钮。

【发表出处】 ［21］第194页，图一二一：12

【备　　注】 包括M5：1、2共2件；位于填土内及腰部附近。

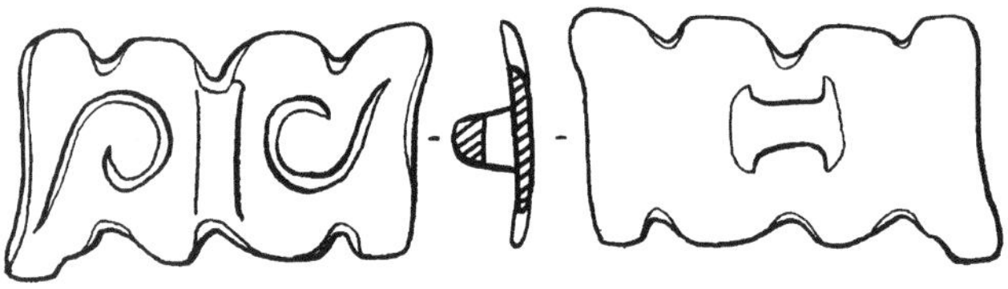

21-1

【出土地点】 小双古城M5：1

【尺　　寸】 长4、宽2.3厘米

【形制描述】 云纹饰牌，整体呈曲边长方形，中部束腰。束腰处呈圆柱状，正面饰斜向中心对称的云纹，背面附桥形钮。

【发表出处】 ［21］彩版三九：3、4

【备　　注】 包括M5：1、2共2件；位于填土内及腰部附近。

22

【出土地点】 毛庆沟M61：1⑩

【尺　　寸】 长4.6～5.3、宽2.5～3.2厘米

【形制描述】 云纹饰牌，整体呈曲边长方形，中部束腰。正面有斜向中心对称的涡状云纹及平行对称的穿孔，背面附桥形钮。

【发表出处】 ［11］第273页，图四一：5；图版七九：13

【备　　注】 原器名为双鸟纹饰牌。

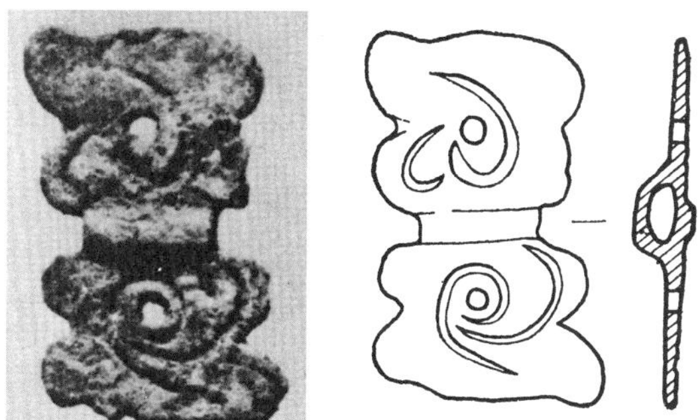

23①

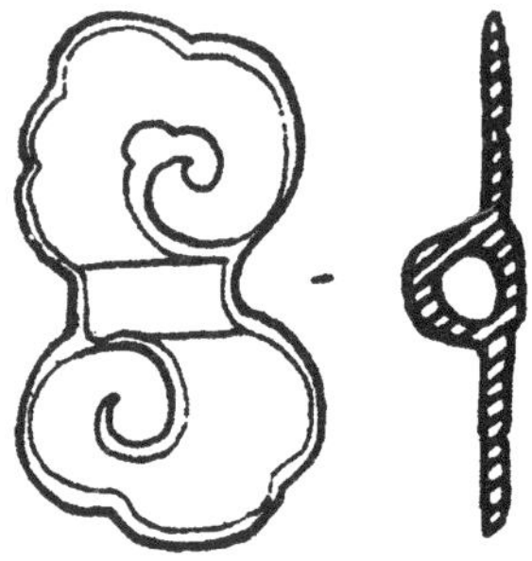

【出土地点】 忻州窑子M39：7

【尺　　寸】 长3.6、宽0.8厘米

【形制描述】 云纹饰牌，整体近8字形，中部束腰。两端呈梅花状，束腰处凸起呈圆柱状。正面饰中心对称的云纹，背面附桥形钮。

【发表出处】 ［22］第119页，图六六：4

【备　　注】 原器名为鸟纹饰牌。

23-1

【出土地点】 忻州窑子M39：8

【尺　　寸】 长3.6、宽0.8厘米

【形制描述】 云纹饰牌，整体近8字形，中部束腰。两端呈梅花状，束腰处凸起呈圆柱状。正面饰中心对称的云纹，背面附桥形钮。

【发表出处】 ［22］彩版二六：3、4

【备　　注】 原器名为鸟纹饰牌；包括M39：5～16共12件；位于填土、右侧桡骨前端、左右髋骨上方腰椎两侧、右侧髋骨下、右侧髋骨上、骶骨上、左侧髋骨上方骨面、髋骨下侧骨面及左股骨骨端；墓主为25岁左右东亚男性。

---

① 与该器形制相近的还有：

23-3；忻州窑子M20：7；长3.5、宽1.9厘米；云纹饰牌，整体近8字形，中部束腰，束腰处凸起呈圆柱状，正面饰中心对称的云纹，背面附桥形钮；［22］第84页，图四二：8；原器名为鸟纹饰牌，另有M20：8无图，位于腰部附近，墓主为7～8岁儿童。

23-4；忻州窑子M3：3；长4.2、宽2.1厘米；云纹饰牌，整体近8字形，中部束腰，束腰处存有横穿，两端饰中心对称的涡状云纹，背面附桥形钮；［22］第56页，图二〇：9；原器名为鸟纹饰牌，位于腰部附近，墓主为6～7岁儿童。

23-5；忻州窑子M22：3；长3.6、宽2厘米；云纹饰牌，整体近8字形，中部束腰，束腰处凸起呈圆柱状，正面饰中心对称的涡状云纹，背面附桥形钮；［22］第84页，图四二：29；原器名为鸟纹饰牌，位于腰部附近，墓主为20岁左右东亚男性。

23-2

【出土地点】 忻州窑子M3：2

【尺　　寸】 长4.2、宽2.1厘米

【形制描述】 云纹饰牌，整体近8字形，中部束腰。束腰处存有横穿，两端饰中心对称的涡状云纹，背面附桥形钮。

【发表出处】 ［22］彩版二六：1、2

【备　　注】 原器名为铜鸟纹饰牌；位于腰部附近；墓主为35岁左右北亚女性。

24

【出土地点】 毛庆沟M63：5①

【尺　　寸】 长5.3、宽3厘米

【形制描述】 云纹饰牌，整体呈曲边长方形，中部束腰。正面纹饰模糊，背面附桥形钮。

【发表出处】 ［11］图版七九：15

【备　　注】 原器名为双鸟纹饰牌；位于腰部；铁质；墓主55岁以上，男性（？）。

25

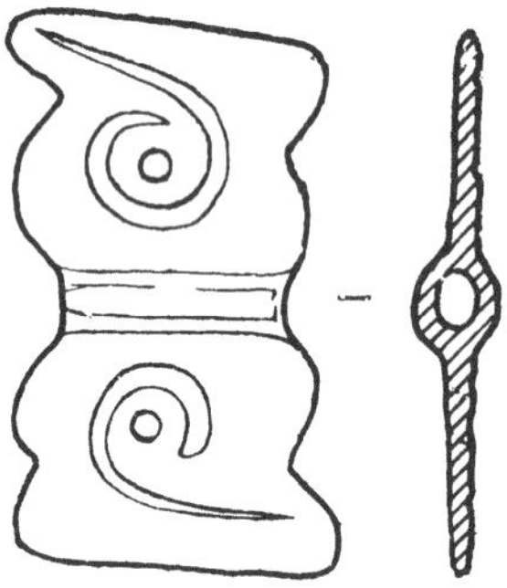

【出土地点】 毛庆沟M31：1②

【尺　　寸】 长4.6～5.3、宽2.5～3.2厘米

【形制描述】 云纹饰牌，整体呈曲边长方形，中部束腰。正面饰中心对称的涡状云纹，背面附桥形钮。

【发表出处】 ［11］第273页，图四一：6；［26］第91页，图一二九：左数第3件

【备　　注】 原器名为双鸟纹饰牌；该墓地出土包括上文19号M45：1、22号M61：1⑩在内中部束腰的曲边长方形饰牌共19件；分别出自M45、M31和M61三座墓。

26

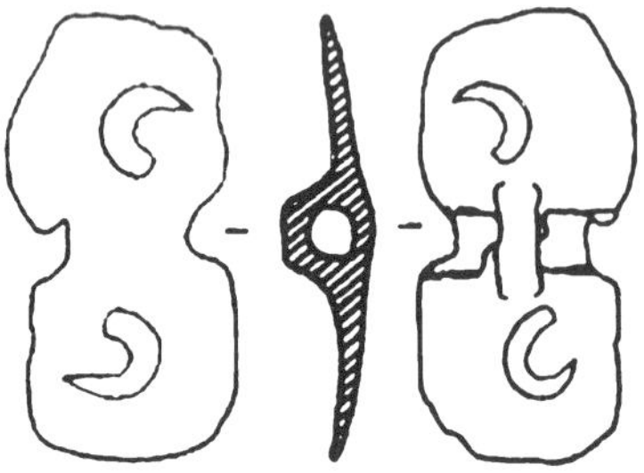

【出土地点】 水泉M19：2

【尺　　寸】 长4.1、宽2.1厘米

【形制描述】 云纹饰牌，整体近8字形，中部束腰。正面饰中心对称的简化云纹，背面附桥形钮。

【发表出处】 ［25］第247页，图一五八：4

27

【出土地点】 毛庆沟M27：4①

【形制描述】 云纹饰牌，残半。中部束腰，正面饰涡状云纹。

【发表出处】 ［11］图版七九：16

【备　　注】 原器名为双鸟纹饰牌；尺寸未发表；位于腰部；铁质；墓主为55岁以上男性。

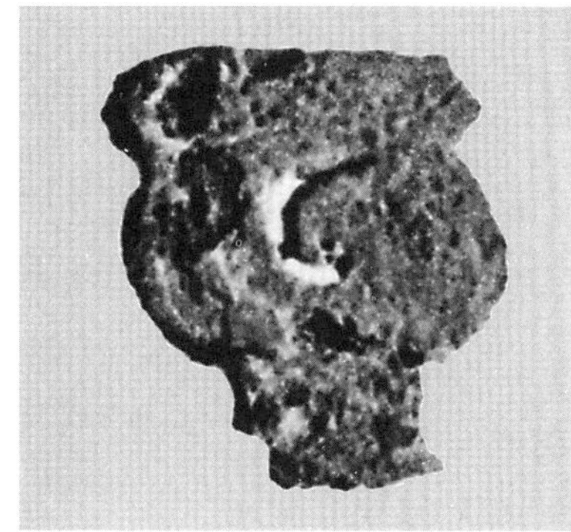

27-1

【出土地点】 毛庆沟M27：4②

【形制描述】 云纹饰牌，残半。纹饰模糊不清。

【发表出处】 ［11］图版七九：17

【备　　注】 原器名为双鸟纹饰牌；该墓地出土包括上文24号M63：5①、27号M27：4①在内的铁饰牌共60件；尺寸未发表；铁质。

28

【出土地点】 水泉M23 ：14

【尺　　寸】 长5.8、宽3.6厘米

【形制描述】 云纹饰牌，整体呈曲边长方形，中部束腰。表面锈蚀严重，正面有清晰麻布痕迹，背面残存皮革痕迹，附着两颗铜钉与皮革相连。

【发表出处】 ［25］第254页，图一六七 ：12；彩版四二 ：6、7

【备　　注】 铁质。

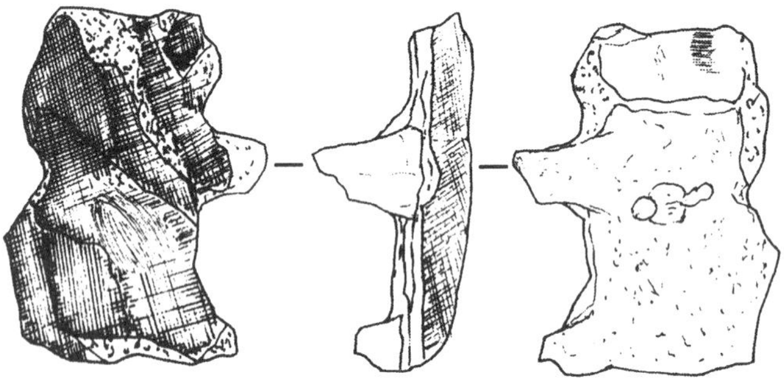

28-1

【出土地点】 水泉M29：1

【尺　　寸】 长5.3、宽3.4厘米

【形制描述】 云纹饰牌，整体呈曲边长方形，中部束腰。表面锈蚀严重，纹饰模糊不清。

【发表出处】 ［25］第260页，图一七二：6；彩版四二：8右

【备　　注】 包括M29：1～4共4件；铁质；报告线图注释有误。

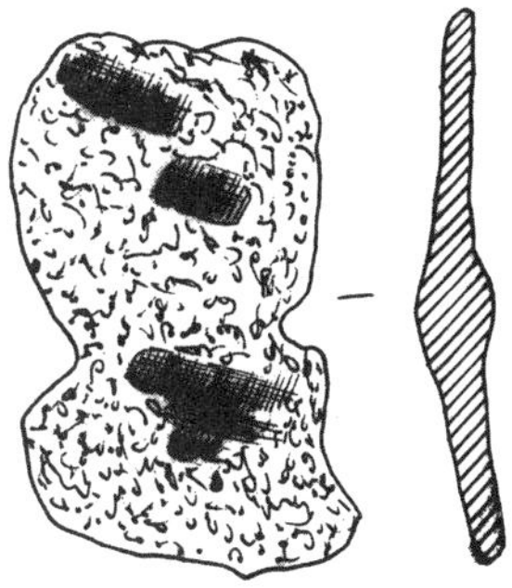

28-2

【出土地点】 水泉M29：5

【尺　　寸】 长6、宽3.4厘米

【形制描述】 云纹饰牌，整体呈曲边长方形，中部束腰。表面锈蚀严重，纹饰模糊不清。

【发表出处】 ［25］第260页，图一七二：8；彩版四二：8左

【备　　注】 包括M29：5～8共4件；铁质；报告线图注释有误。

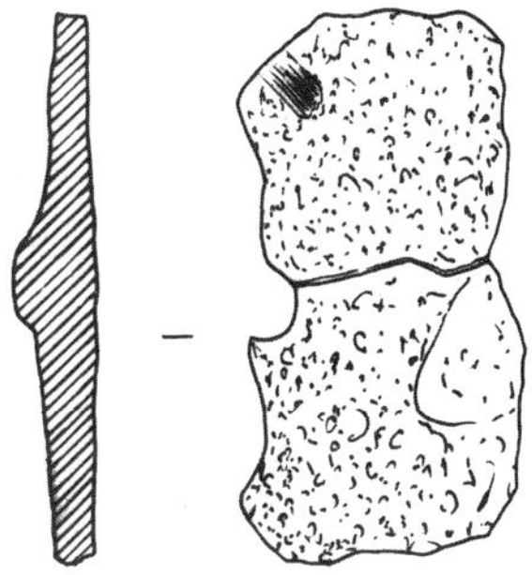

28-1　　28-2

29

【出土地点】 毛庆沟M47：8①

【尺　　寸】 长2.9、宽1.8厘米

【形制描述】 鸟纹饰牌，整体近椭圆形。正面为抽象双鸟头图案，背面附桥形钮。

【发表出处】 ［11］第275页，图四二：6；图版八七：7

【备　　注】 位于腰部附近；墓主为40岁左右男性。

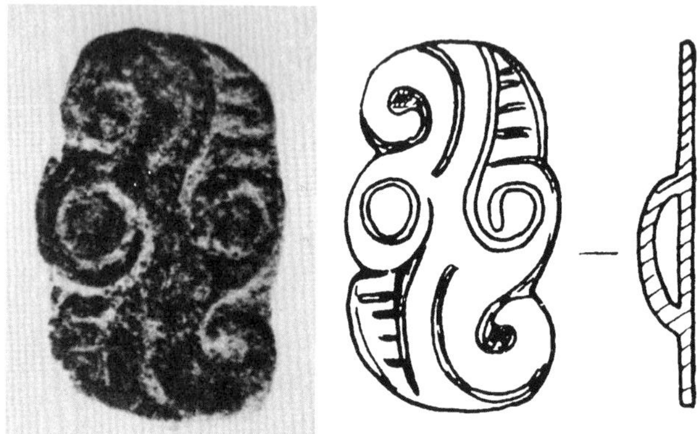

30①

【出土地点】 忻州窑子M28 ：10

【尺　　寸】 长3、宽2.1厘米

【形制描述】 鸟纹饰牌，整体近椭圆形。正面浅浮雕反向对称抽象双鸟头图案，背面附桥形钮。

【发表出处】 ［22］第100页，图五三 ：15；彩版二五 ：1、2

【备　　注】 该墓出土各种形制的鸟纹饰牌共15件；位于右尺骨与桡骨之上、右桡骨下、右尺骨骨端内侧肋骨外侧、左右腹腔之内、左右髋骨骨面、骶骨骨面及左膝骨外侧近墓壁处；墓主为25 ～ 30岁北亚男性。

① 与该器形制相近的还有：

30–1；忻州窑子M53 ：2；长3.1、宽1.95厘米；鸟纹饰牌，整体近椭圆形，正面浅浮雕反向对称抽象双鸟头图案，背面附桥形钮；［22］第141页，图八四 ：7；另有M53 ：3无图，该墓出土各种形制的鸟纹饰牌共5件，位于左右肱骨与尺骨相接处、右尺骨骨端内侧、左髋骨外侧及右股骨头外侧。

30–2；忻州窑子M20 ：5；长3.1、宽1.98厘米；鸟纹饰牌，整体近椭圆形，正面浅浮雕反向对称抽象双鸟头图案，背面附桥形钮；［22］第84页，图四二 ：10；另有M20 ：4无图，位于腰部附近，墓主为7 ～ 8岁儿童。

31[①]

【出土地点】 忻州窑子M61：2

【尺　　寸】 长2.9、宽1.7厘米

【形制描述】 鸟纹饰牌，整体近椭圆形。正面浮雕反向对称抽象双鸟头图案，喙部圈勾明显，背面附桥形钮。

【发表出处】 ［22］第153页，图九六：2

【备　　注】 位于腰椎右侧髋骨上方腹腔之内；墓主为25～30岁北亚男性。

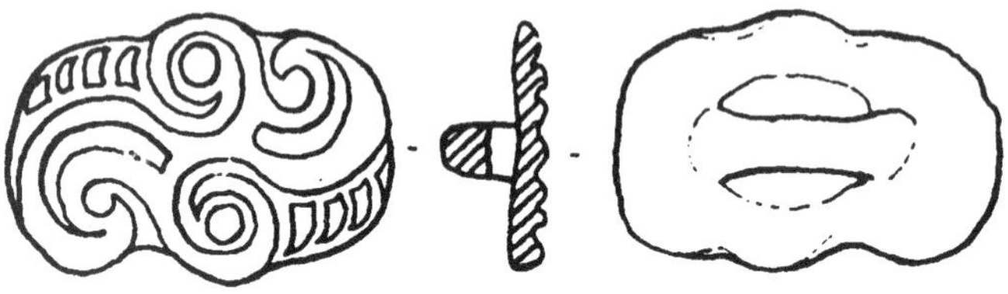

31-1

【出土地点】 忻州窑子M17：6

【尺　　寸】 长2.9、宽1.9厘米

【形制描述】 鸟纹饰牌，整体近椭圆形。正面浮雕反向对称抽象双鸟头图案，喙部圈勾明显，背面附桥形钮。

【发表出处】 ［22］彩版二五：3、4

【备　　注】 包括M17：2～8共7件；呈带状分布于腰部附近；墓主为7岁左右儿童。

① 与该器形制相近的还有：

31-2；忻州窑子M17：2；长2.9、宽1.9厘米；鸟纹饰牌，整体近椭圆形，正面浮雕反向对称抽象双鸟头图案，喙部圈勾明显，背面附桥形钮；［22］第75页，图三五：16；包括M17：2～8共7件，呈带状分布于腰部附近，墓主为7岁左右儿童。

32

【出土地点】 崞县窑子M2：1

【尺　　寸】 长3.1、宽2.1厘米

【形制描述】 鸟纹饰牌，整体近椭圆形。正面浮雕抽象双鸟头图案，背面附桥形钮。

【发表出处】 ［13］第66页，图一一：1；图版一六：6

【备　　注】 共17件；均出自M2。

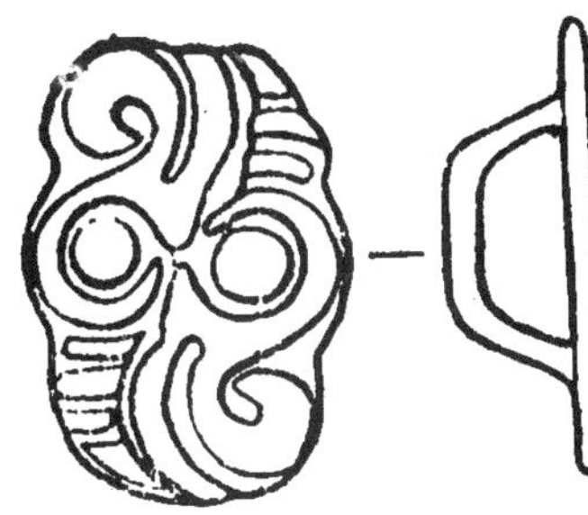

33

【出土地点】 毛庆沟M9：4

【尺　　寸】 长2.9、宽1.8厘米

【形制描述】 鸟纹饰牌，整体近椭圆形。正面浅浮雕由喙、眼、耳组成的反向对称抽象双鸟头图案，背面附桥形钮。

【发表出处】 ［11］第275页，图四二：7

【备　　注】 该墓地出土包括上文29号M47：8①在内形制相似的饰牌共11件；墓主为60岁以上女性。

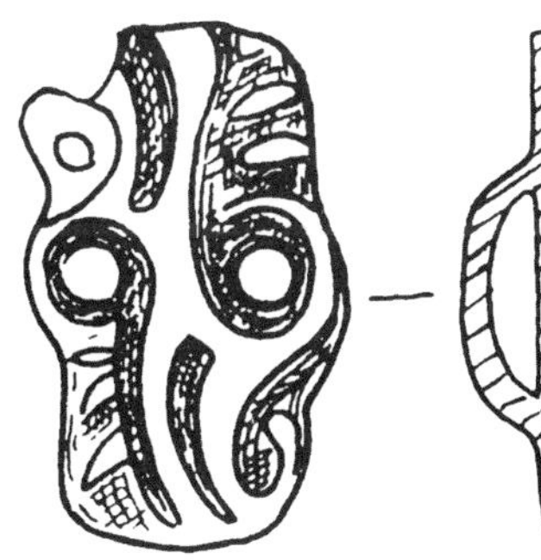

34

【出土地点】 忻州窑子M36：5

【尺　　寸】 长3.5、宽2.9厘米

【形制描述】 鸟纹饰牌，整体近圆角长方形。正面饰中心对称的抽象化鸟纹，背面附桥形钮。

【发表出处】 ［22］第114页，图六二：15；彩版二五：7、8

【备　　注】 位于髋骨骨面之上；墓主为6～7岁儿童。

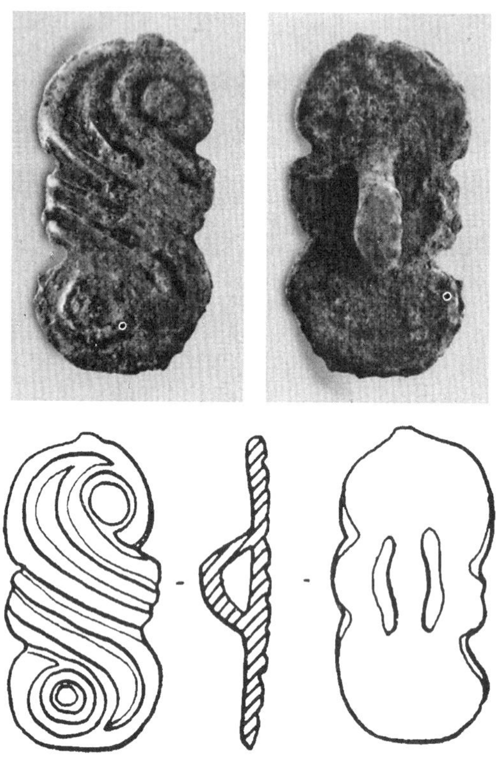

35

【出土地点】 毛庆沟M2：13⑥

【尺　　寸】 长3.8、宽1.9厘米

【形制描述】 鸟纹饰牌，整体近S形，正中凸起呈圆泡状。正面饰中心对称的抽象化鸟纹，背面附桥形钮。

【发表出处】 ［11］第272页，图四〇：3

【备　　注】 原器名为双鸟纹饰牌；共5件；均出自M2，位于头骨上及腰部附近。

35-1

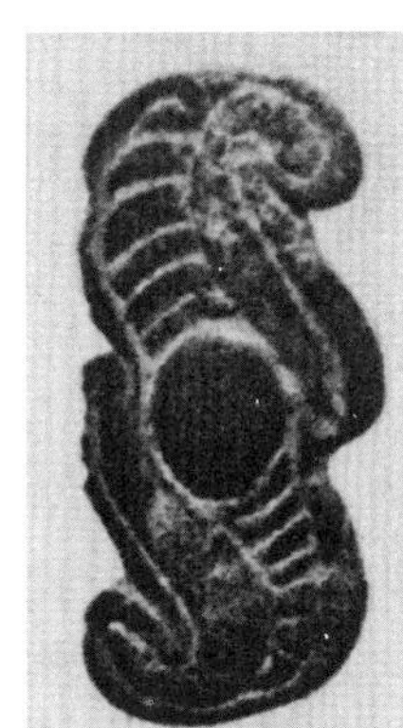

【出土地点】 毛庆沟M2：13⑤

【尺　　寸】 长3.8、宽1.9厘米

【形制描述】 鸟纹饰牌，整体近S形，正中凸起呈圆泡状。正面饰中心对称的抽象化鸟纹，背面附桥形钮。

【发表出处】 ［11］图版七九：11

36

【出土地点】 桃红巴拉M1：31

【尺　　寸】 长3.2、宽1.7厘米

【形制描述】 鸟纹饰牌，整体近8字形。正面透雕中心对称的抽象双鸟纹，背面附桥形钮。

【发表出处】 ［4］第136页，图六：17；图版二：20

【备　　注】 共2件；墓主为35岁左右男性。

37

【出土地点】 毛庆沟M7：2⑥

【尺　　寸】 长3.3、宽1.8厘米

【形制描述】 鸟纹饰牌，整体近8字形。正面浮雕中心对称的抽象双鸟纹，背面无钮。

【发表出处】 ［11］第272页，图四〇：2；照片由内蒙古文物考古研究所提供

【备　　注】 原器名为双鸟纹饰牌；共9件；均出自M7。

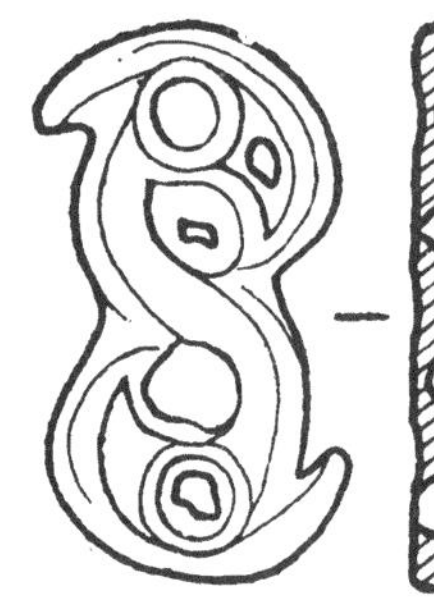

38

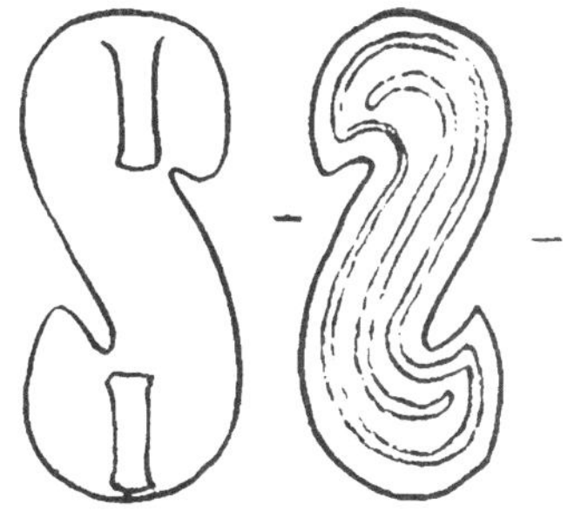

【出土地点】　井沟子M6：2

【尺　　寸】　长3.6、宽约1.45厘米

【形制描述】　鸟纹饰牌，整体呈反S形。正面阴刻反S纹，背面上下各有一个桥形钮。

【发表出处】　［24］第55页，图二三：2；图版一九：3

【备　　注】　原器名为变体鸟形饰，位于墓底北端。

38-1

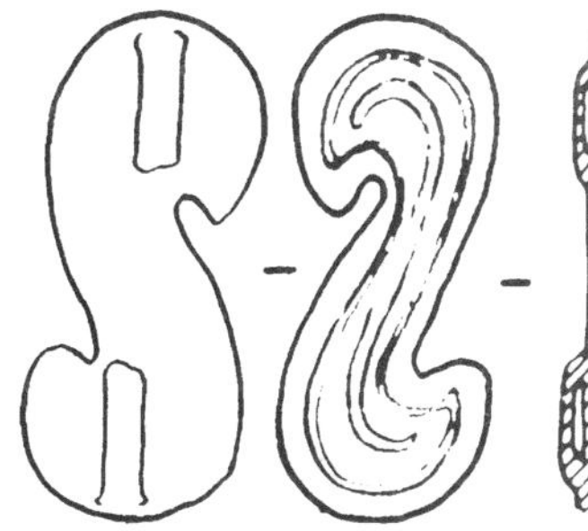

【出土地点】　井沟子M6：1

【尺　　寸】　长3.6、宽约1.45厘米

【形制描述】　鸟纹饰牌，整体呈反S形。正面阴刻反S纹，背面上下各有一个桥形钮。

【发表出处】　［24］第55页，图二三：1；图版一九：3

【备　　注】　原器名为变体鸟形饰，位于墓底北端。

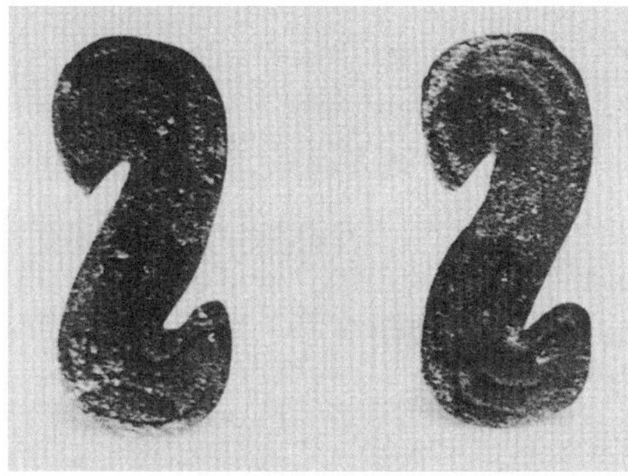

39①

【出土地点】　忻州窑子M4 ：6

【尺　　寸】　长3.7、宽2.4厘米

【形制描述】　鸟纹饰牌，整体呈8字形，中部束腰处呈圆泡状凸起。正面浅浮雕中心对称的写实鸟头形图案，背面有桥形钮。

【发表出处】　［22］第56页，图二〇 ：13；彩版二六 ：7、8

【备　　注】　包括M4 ：2～12共11件；位于右侧胸腔内或环绕在腰部附近；墓主为45岁左右东亚男性。

① 与该器形制相近的还有：

39-3；忻州窑子M31 ：3；长3.3、宽2.2厘米；鸟纹饰牌，整体呈8字形，中部束腰处饰同心圆纹，正面浅浮雕中心对称的写实鸟头形图案，背面有桥形钮；［22］第103页，图五五 ：24；位于左侧股骨头上侧，墓主为7岁左右儿童。

39-4；忻州窑子M53 ：5；长3.2、宽1.2厘米；鸟纹饰牌，整体呈8字形，中部束腰处饰同心圆纹，正面浅浮雕中心对称的写实鸟头形图案，背面有桥形钮；［22］第141页，图八四 ：17；包括M53 ：4～6共3件，位于左右肱骨与尺骨相接处、右尺骨骨端内侧、左髋骨外侧及右股骨头外侧。

39-5；忻州窑子M11 ：3；长3.7、宽2.3厘米；鸟纹饰牌，整体呈8字形，中部束腰处饰同心圆纹，正面浅浮雕中心对称的写实鸟头形图案，背面有桥形钮；［22］第69页，图三〇 ：5；线图与描述不符，线图为素面，位于盆骨下及右侧股骨前端外侧。

39-1

【出土地点】 忻州窑子M28：17

【尺　　寸】 长3.7、宽2.3厘米

【形制描述】 鸟纹饰牌，整体呈8字形，中部束腰处呈圆圈状凸起。正面浅浮雕中心对称的写实鸟头形图案，背面有桥形钮。

【发表出处】 ［22］第100页，图五三：16；彩版二六：5、6

【备　　注】 包括M28：11～17共7件；位于右尺骨与桡骨之上、右桡骨下、右尺骨骨端内侧肋骨外侧、左右腹腔之内、左右髋骨骨面、骶骨骨面及左膝骨外侧近墓壁处；墓主为25～30岁北亚男性。

39-2

【出土地点】 忻州窑子M29：4

【尺　　寸】 长3.3、宽2.4厘米

【形制描述】 鸟纹饰牌，整体呈8字形，中部束腰处饰同心圆纹。正面浅浮雕中心对称的写实鸟头形图案，背面有桥形钮。

【发表出处】 ［22］第103页，图五五：4；彩版二六：9、10

【备　　注】 包括M29：2～6共5件；位于右尺骨内侧腹腔之内、腰椎右侧骶骨上侧、骶骨骨面及左髋骨骨面；墓主为16～17岁女性。

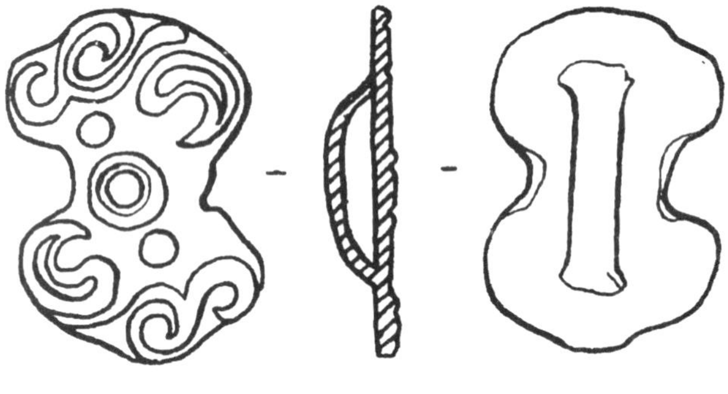

40

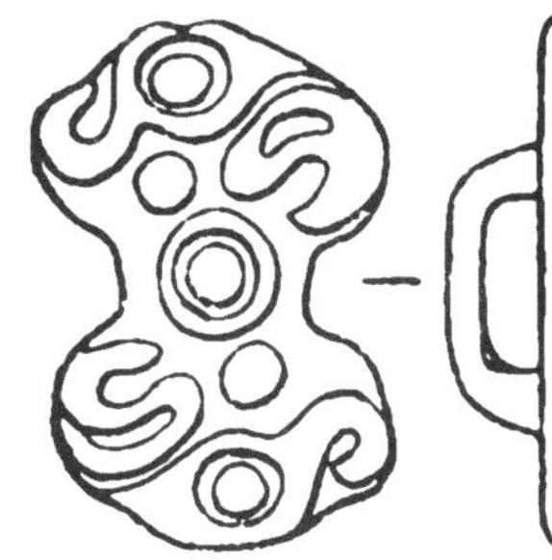

【出土地点】 崞县窑子M1：5

【尺　　寸】 长3.2、宽2.2厘米

【形制描述】 鸟纹饰牌，整体呈8字形，中部束腰处饰同心圆纹。正面浅浮雕中心对称的写实鸟头形图案，背面有桥形钮。

【发表出处】［13］第66页，图一一：5

【备　　注】 共6件；均出自M1；墓主为20～22岁男性。

41

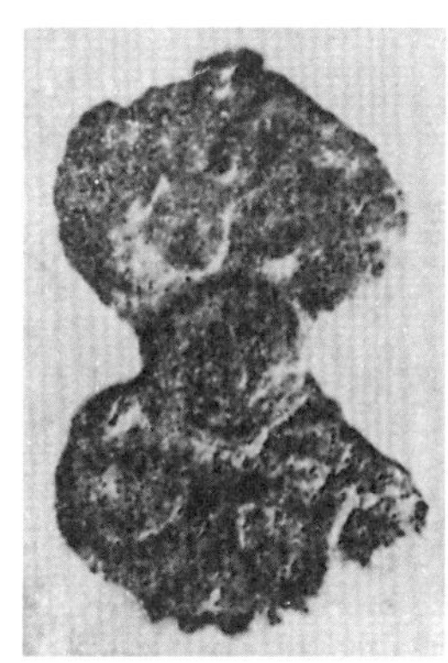

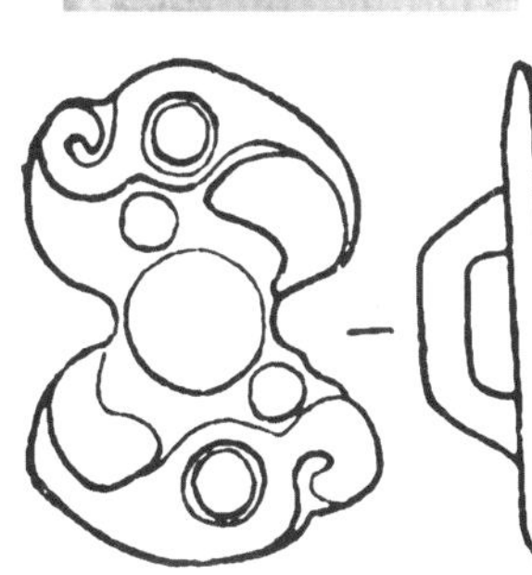

【出土地点】 崞县窑子M5：3

【尺　　寸】 长3.3、宽2.3厘米

【形制描述】 鸟纹饰牌，整体呈8字形，中部束腰处凸起呈圆泡状。正面浅浮雕中心对称的写实鸟头形图案，背面有桥形钮。

【发表出处】［13］第66页，图一一：4

【备　　注】 共3件；均出自M5；墓主为成年男性。

42

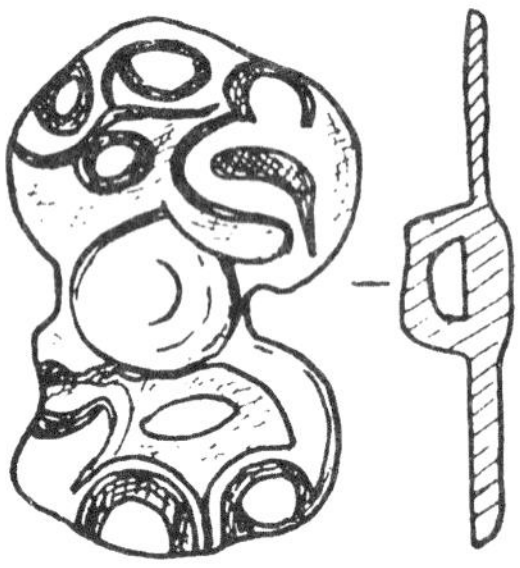

【出土地点】 毛庆沟M17：3①

【尺　　寸】 长3.5、宽2.4厘米

【形制描述】 鸟纹饰牌，整体呈8字形，中部束腰处凸起呈圆泡状。正面浅浮雕中心对称的写实鸟头形图案，背面有桥形钮。

【发表出处】 ［11］第275页，图四二：4；图版八七：5

43

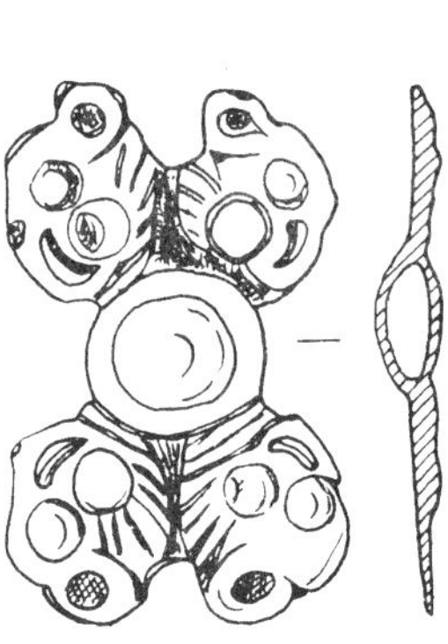

【出土地点】 毛庆沟M44：5

【尺　　寸】 长4.7、宽3厘米

【形制描述】 鸟纹饰牌，整体略呈花瓣形。中部束腰处凸起呈圆泡状，上下装饰两两相背联接的写实鸟头形图案，背面有桥形钮。

【发表出处】 ［11］第275页，图四二：5；［26］第96页，图一三六

【备　　注】 该墓地出土包括上文42号M17：3①在内形制相似的鸟纹饰牌共6件；分别出自M17和M44。

44

【出土地点】 桃红巴拉M1 ：28

【尺　　寸】 长3.4、宽2.2厘米

【形制描述】 动物纹饰牌，整体近8字形。由双兽头反向联结而成，弯曲处镂空，背面有桥形钮。

【发表出处】 ［4］第136页，图六 ：18；图版二 ：19

【备　　注】 原器名为鸟形饰牌；墓主为35岁左右男性。

45

【出土地点】 毛庆沟M71 ：7②

【尺　　寸】 长3.9、宽2厘米

【形制描述】 动物纹饰牌，整体近8字形。由双兽头反向联结而成，弯曲处有圆形镂孔，背面有桥形钮。

【发表出处】 ［11］第272页，图四〇 ：1

【备　　注】 原器名为双鸟纹饰牌；共2件；均出自M71，位于腰部。

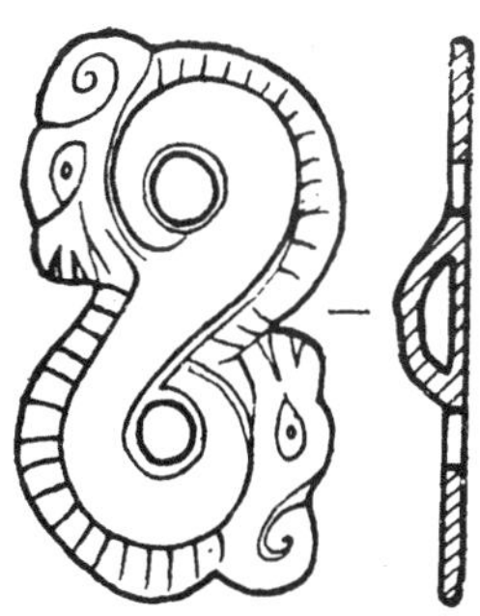

45-1

【出土地点】 毛庆沟M71：7③

【尺　　寸】 长3.9、宽2厘米

【形制描述】 动物纹饰牌，整体近8字形。由双兽头反向联结而成，弯曲处有圆形镂孔，背面有桥形钮。

【发表出处】 ［11］图版七九：3

九、带卡

1

【出土地点】 西园M5 ：14

【尺　　寸】 长2.6、宽1.6厘米

【形制描述】 长方形，中有椭圆形横穿。正面饰双排三联卷云纹，背面有方形镂孔。

【发表出处】 ［15］第18页，图五 ：8

【备　　注】 原器名为管形饰；墓主为25～30岁男性。

2

【出土地点】 明安木独

【尺　　寸】 长3.1、宽1.6厘米

【形制描述】 长方形，中有长方形横穿。正面饰四叶纹，背面有方形镂孔。

【发表出处】 ［16］第80页，图四 ：4

【备　　注】 原器名为长方形管状饰。

3

【出土地点】 明安木独

【尺　　寸】 长3.7、宽1.6厘米

【形制描述】 长方形，中有长方形横穿。正面饰S形纹和横向弦纹，背面有方形镂孔。

【发表出处】 ［16］第80页，图四：7

【备　　注】 原器名为长方形管状饰。

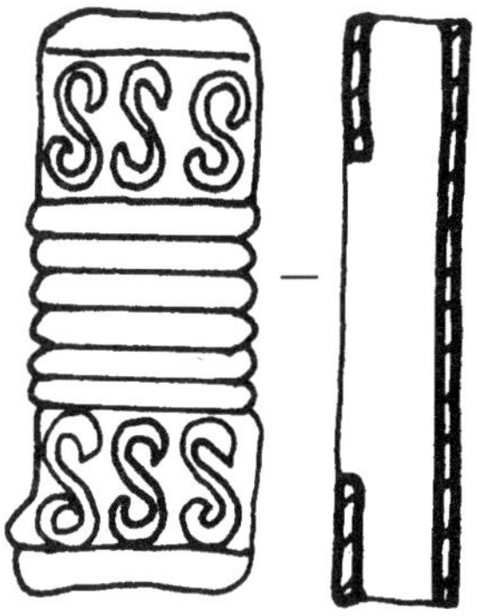

4

【出土地点】 忻州窑子M20：9

【尺　　寸】 长3、宽2.6厘米

【形制描述】 长方形，中有椭圆形横穿。正面为两个齿状饰并排组成，背有双横贯钮。

【发表出处】 ［22］第84页，图四二：5；彩版三二：5、6

【备　　注】 原器名为联珠饰；位于髋骨附近；墓主为7～8岁儿童。

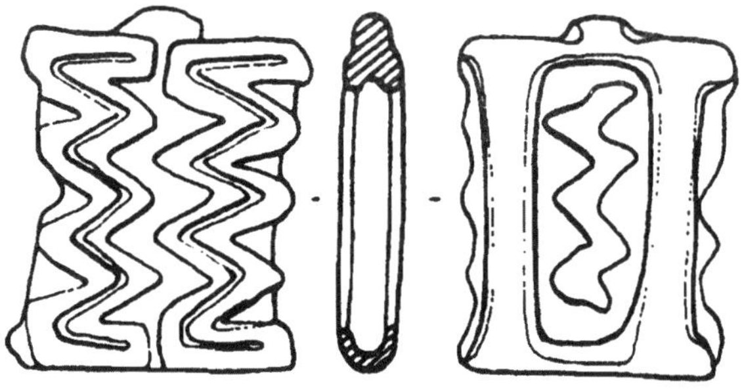

5

【出土地点】　铁匠沟AM2 ：22

【尺　　寸】　长3.3、宽1.5厘米

【形制描述】　长方形，中有椭圆形横穿。正面镂空为折线纵连双S形。

【发表出处】　［23］第88页，图八：6

【备　　注】　原器名为连锁“之”字纹带饰；共3件；均出自M2。

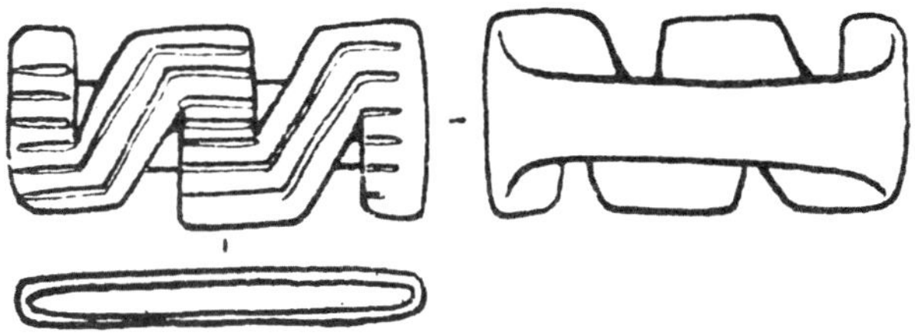

6

【出土地点】　新店子M30 ：9

【尺　　寸】　长3.7、宽1.1厘米

【形制描述】　长方形，中有椭圆形横穿。壁较薄，正面饰单排三联卷云纹。

【发表出处】　［20］第9页，图八：10

【备　　注】　原器名为长方形带饰；共6件。

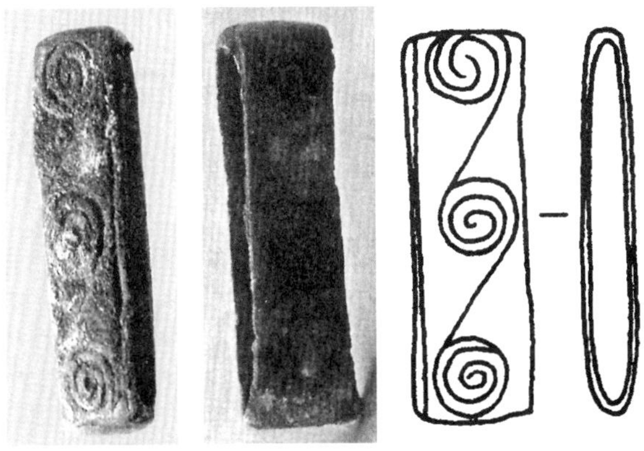

7

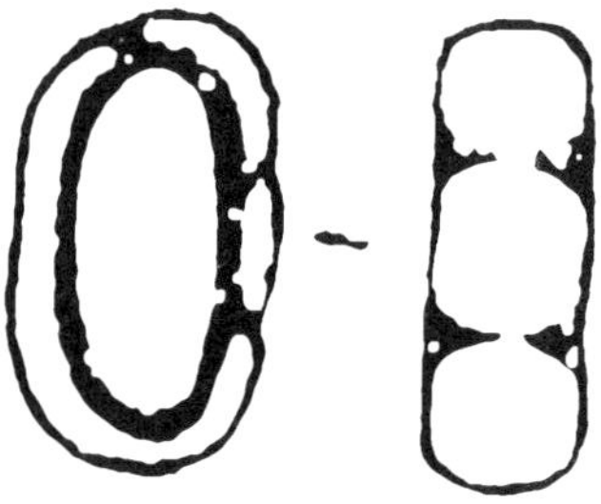

【出土地点】 西园M4 ∶ 10

【尺　　寸】 长0.3、宽1.8厘米

【形制描述】 长方形，中有椭圆形横穿。体小，壁很薄，正面饰两道凹弦纹。

【发表出处】 ［15］第18页，图五 ∶ 7

【备　　注】 原器名为管状饰；共40件；呈一字形排列于腰部附近，孔内残存有腐朽皮屑；墓主为25 ～ 30岁男性。

8

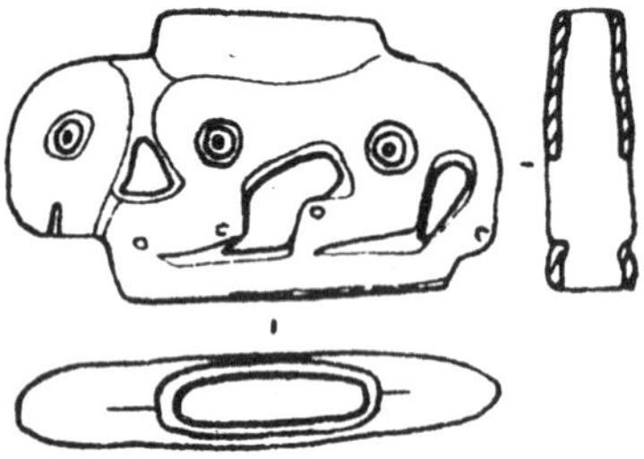

【出土地点】 铁匠沟AM1 ∶ 11

【尺　　寸】 长3.2、宽2.1、高0.7厘米

【形制描述】 浮雕虎形，中有椭圆形竖穿。两侧以同心圆代表眼、肩、臀，爪、尾等部位为一小坑。

【发表出处】 ［23］第87页，图七 ∶ 4

【备　　注】 原器名为虎形饰；另有2件无图。

9

【出土地点】 井沟子M41：1

【尺　　寸】 长2.3、高1.6厘米

【形制描述】 圆雕卧马形，中有椭圆形竖穿。

【发表出处】 ［24］第178页，图一〇三：10

【备　　注】 原器名为马形饰。

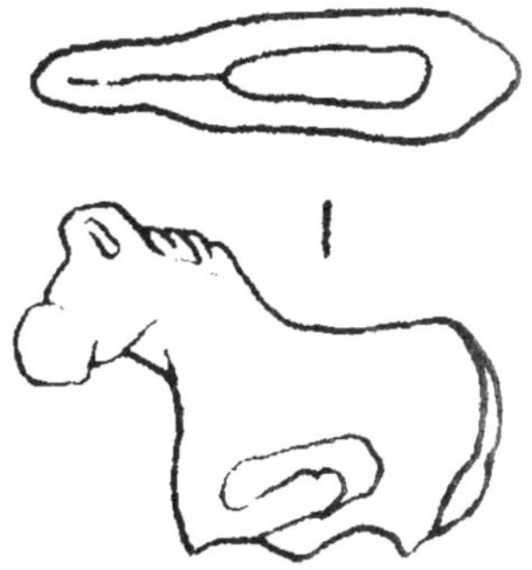

10

【出土地点】 井沟子M41：2

【尺　　寸】 长2.3、高1.6厘米

【形制描述】 圆雕卧马形，中有椭圆形竖穿。

【发表出处】 ［24］第178页，图一〇三：9

【备　　注】 原器名为马形饰。

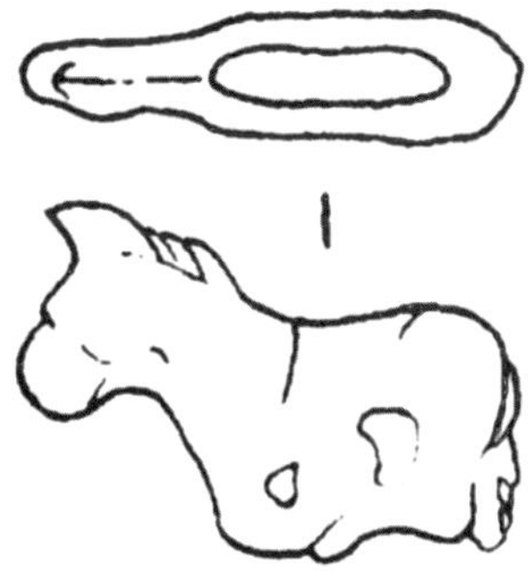

十、动物纹饰牌

1

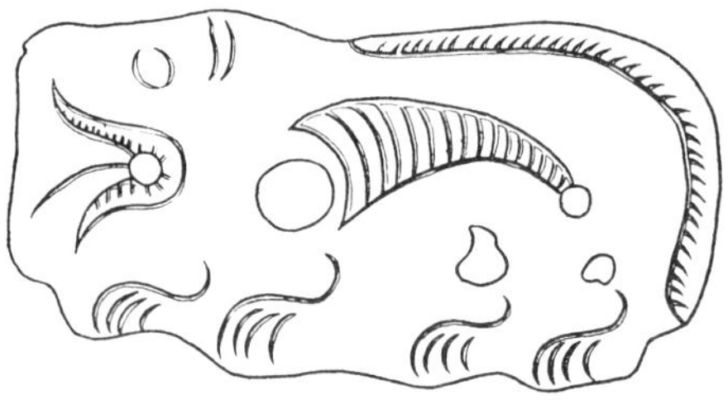

【出土地点】 毛庆沟M74 ∶ 5

【尺　　寸】 长11、宽5.6厘米

【形制描述】 单体食肉动物，整体近长方形。正面阴刻半蹲踞状虎纹，腹、背、尾部有成排的阴弦纹，虎口、后肢和腹部各有一个圆穿。

【发表出处】 ［11］第281页，图四五 ∶ 3；［27］图二一

【备　　注】 原器名为动物纹长方形饰牌。

2

【出土地点】 毛庆沟M5 ∶ 6①

【尺　　寸】 长10.7、宽6.1厘米

【形制描述】 单体食肉动物，整体近长方形。正面阴刻半蹲踞状虎纹，背和尾部饰短线纹，眼部、颈部及后肢均有镂孔。

【发表出处】 ［11］第281页，图四五 ∶ 1

【备　　注】 原器名为动物纹长方形饰牌；包括M5 ∶ 6①、②共2件；位于腰部两侧，一件四肢朝上，另一件朝下；墓主为25岁左右女性。

2-1

【出土地点】 毛庆沟M5 ：6②

【尺　　寸】 长10.7、宽6.1厘米

【形制描述】 单体食肉动物，整体近长方形。正面阴刻半蹲踞状虎纹。眼部、颈部及后肢均有镂孔。

【发表出处】 ［11］第280页；［26］第80页，图一一〇

【备　　注】 原器名为动物纹长方形饰牌；位于腰部两侧，一件四肢朝上，另一件朝下；墓主为25岁左右女性。

3

【出土地点】 毛庆沟M55 ：4

【尺　　寸】 长10.3、宽5.5厘米

【形制描述】 单体食肉动物，整体呈透雕伫立虎形，背面附桥形钮。

【发表出处】 ［11］第281页，图四五 ：2；［27］图二〇

【备　　注】 原器名为动物纹长方形饰牌。

4

【出土地点】 小双古城M13：2

【尺　　寸】 长8.4、宽5厘米

【形制描述】 单体食肉动物，整体近长方形。正面浮雕上下对称的抽象双虎纹，虎身呈涡状，尾部低垂并饰短线纹；背面附两个桥形钮，一个已残。

【发表出处】［21］第209页，图一三二：1；彩版三八：1、2

【备　　注】 原器名为虎纹饰牌；位于右侧尺骨外侧近墓壁处；墓主为20～25岁女性。

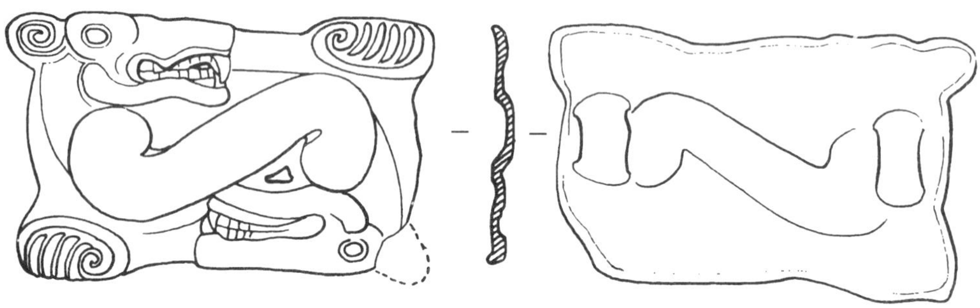

5

【出土地点】 小双古城M3 ：1

【尺　　寸】 长9.7、宽5.1厘米

【形制描述】 单体食肉动物，整体近长方形，中部透雕三孔。正面浮雕中心对称双虎纹，身呈涡纹，一侧存有虎爪纹；背面附两个桥形钮。

【发表出处】 ［21］第190页，图一一八 ：11；彩版三八 ：3、4

【备　　注】 原器名为虎纹饰牌；位于骶骨骨面之上；墓主为20 ～ 25岁东亚女性。

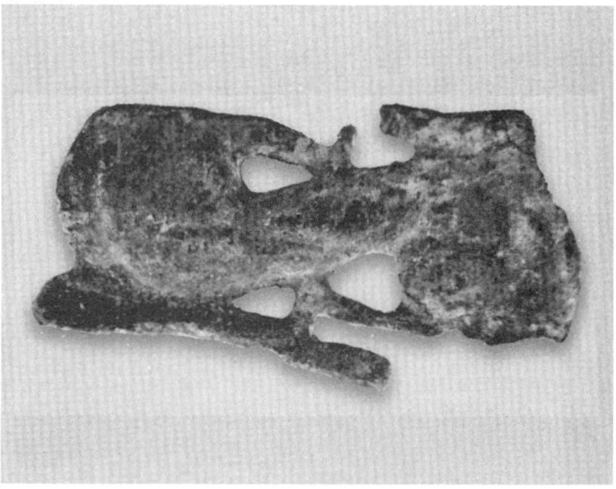

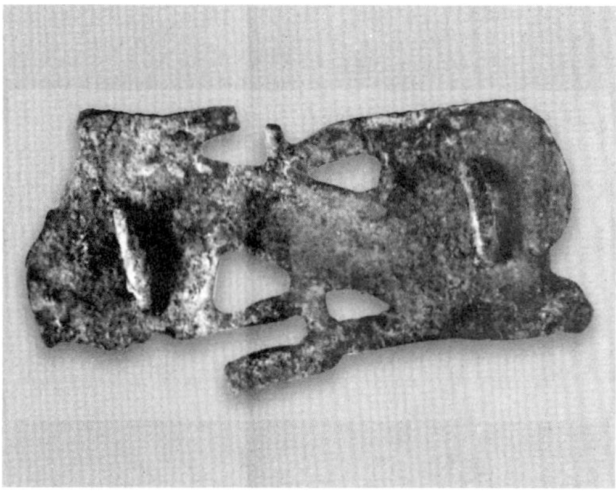

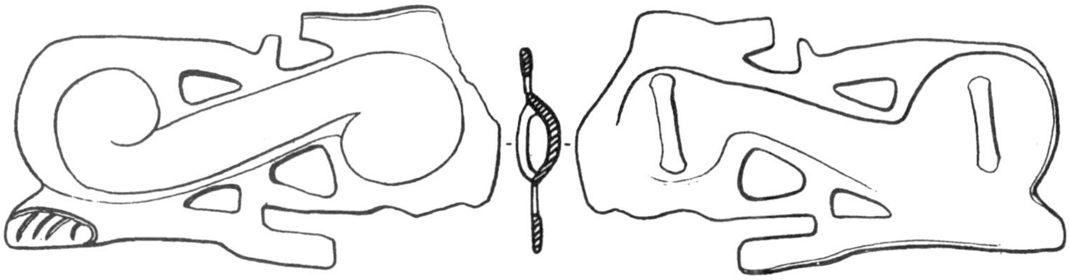

6

【出土地点】 阿鲁柴登

【尺　　寸】 长4.5、宽3.1厘米

【形制描述】 单体食肉动物，整体近长方形。正面浮雕虎纹，虎身及尾部有简化为S形的群鸟图案，构成角形，虎身镶嵌红、绿宝石；背面两端各有一个桥形钮。

【发表出处】［6］第335页，图三：11；［29］第38页

【备　　注】 原器名为镶宝石饰牌；共12件；黄金铸成，每件重21克。

7

【出土地点】 范家窑子

【尺　　寸】 长5厘米

【形制描述】 食肉动物捕食，整体近长方形。正面浮雕蹲踞状虎食羊纹，背面附两个桥形钮。

【发表出处】［1］图5上

【备　　注】 共8件。

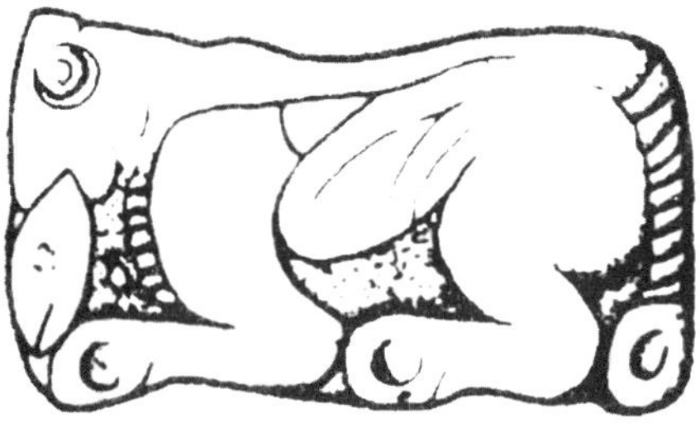

8

【出土地点】 小双古城M11：2

【尺　　寸】 长11、宽5.8厘米

【形制描述】 食肉动物捕食，整体近长方形。正面透雕蹲踞状虎食羊纹，虎身有圆形镂孔；背面有两个拱形钮，一个已残。

【发表出处】 ［21］第206页，图一三○：9；彩版三七：1、2

【备　　注】 原器名为虎纹饰牌；位于右桡骨外侧近墓壁处；墓主为17～18岁男性。

8-1

【出土地点】 小双古城M6：1

【尺　　寸】 残长6.4、宽5.8厘米

【形制描述】 食肉动物捕食，残半。正面阴刻虎食羊纹，存有一个穿孔及两个镂孔。

【发表出处】［21］第194页，图一二一：17；彩版三七：3、4

【备　　注】 原器名为虎纹饰牌；位于左侧尺骨和桡骨骨端的骨面之上；墓主为16～17岁女性。

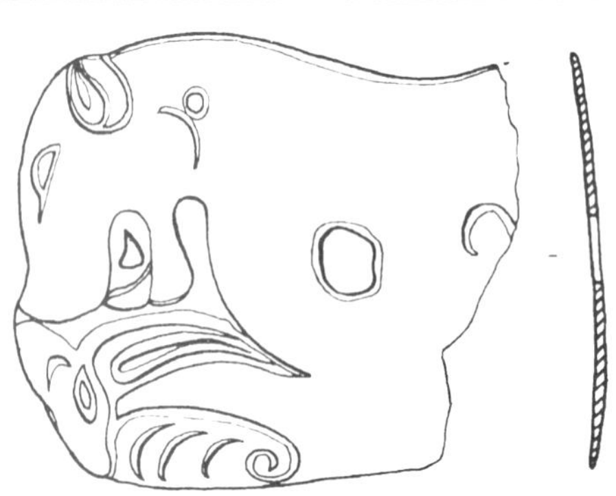

9

【出土地点】 崞县窑子M12：2-2

【尺　　寸】 长7.6、宽4.3厘米

【形制描述】 食肉动物捕食，整体近长方形。正面透雕虎食羊纹，背面有两个桥形钮。

【发表出处】［13］第66页，图一一：10

【备　　注】 原器名为虎羊纹饰牌；共2件；均出自M12，位于腰部正中；墓主为少年男性。

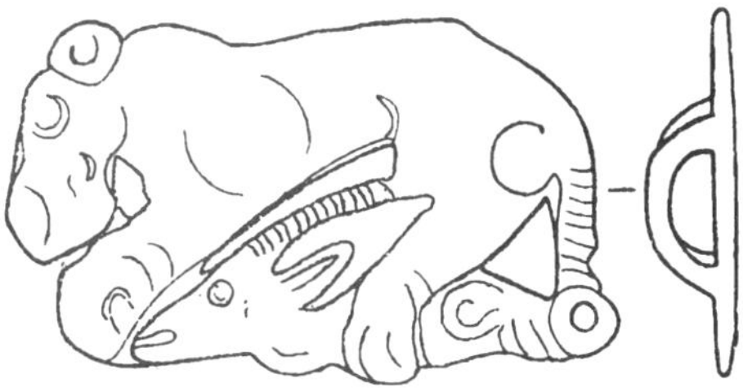

10

【出土地点】 小双古城M9：2

【尺　　寸】 长8.4、宽4.3厘米

【形制描述】 食肉动物捕食，整体近长方形。正面透雕虎狼咬斗纹，虎身有勾云纹装饰；背面附并列的两个桥形钮，一个已残。

【发表出处】［21］第202页，图一二七：19；彩版三七：5、6

【备　　注】 原器名为虎纹饰牌；位于左侧髋骨·骨面之上。

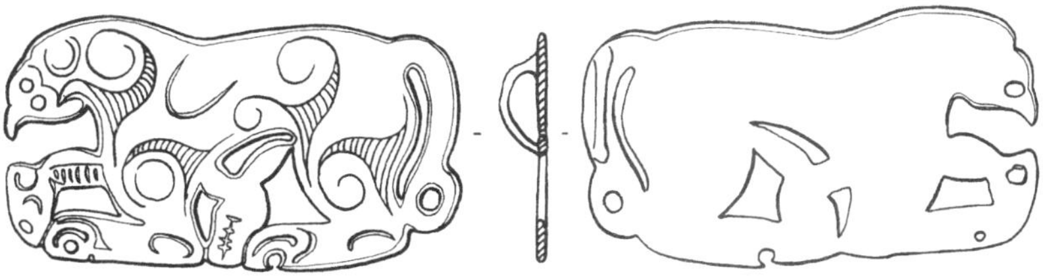

11

【出土地点】 毛庆沟M27：4①

【尺　　寸】 长17、宽8厘米

【形制描述】 食肉动物捕食，整体近长方形。正面因锈蚀严重，仅存模糊的虎纹局部形象；背面有粗麻布印痕。

【发表出处】 ［11］图版七三：1

【备　　注】 原器名为动物纹长方形饰牌；位于腰部正中髋骨上方；铁质；墓主为55岁以上男性。

11-1

【出土地点】 毛庆沟M27：4②

【尺　　寸】 长17、宽8厘米

【形制描述】 食肉动物捕食，整体近长方形。正面因锈蚀严重，仅存模糊的虎纹局部形象；背面有粗麻布印痕。

【发表出处】 ［11］图版七三：2

【备　　注】 原器名为动物纹长方形饰牌；位于腰部正中髋骨上方；铁质；墓主为55岁以上男性。

12

【出土地点】 毛庆沟M31 ： 3

【尺　　寸】 长18.6、宽7厘米

【形制描述】 食肉动物捕食，整体近长方形。正面因锈蚀严重，仅存模糊的虎纹局部形象。

【发表出处】 ［11］图版七三 ： 3

【备　　注】 原器名为动物纹长方形饰牌；位于髋骨中央；铁质；墓主为40 ～ 45岁男性。

13

【出土地点】 水泉M23 ： 13

【尺　　寸】 残长10、宽8厘米

【形制描述】 残半，锈蚀严重。表面存有数条弧线刻划纹，似虎形。饰面附着有纹路清晰的木料朽痕和麻织品痕迹。

【发表出处】 ［25］第254页，图一六七：1；彩版四二：4

【备　　注】 该墓地形制相似的共8件；铁质。

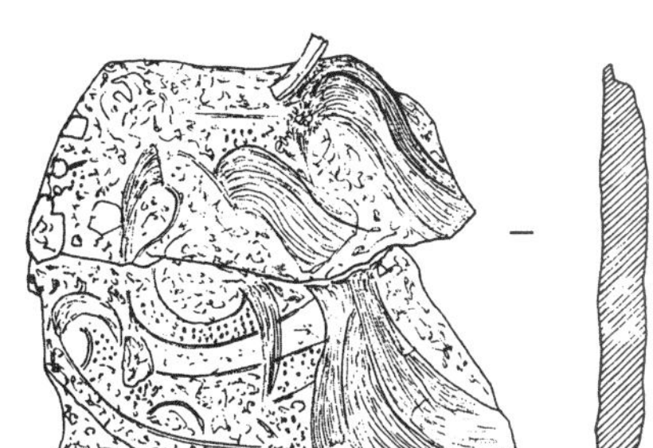

14

【出土地点】 石灰沟

【尺　　寸】 长10.4～9.8、宽3.6～4.75厘米

【形制描述】 食肉动物捕食，整体近长方形。正面透雕虎食鹿纹，背面附两个桥形钮。

【发表出处】 ［17］第92页，图一：5

【备　　注】 原器名为虎咬鹿纹饰牌；银质，重75.5克。

15

【出土地点】 碾房渠

【尺　　寸】 长13.8、宽7.95厘米

【形制描述】 食肉动物捕食，整体近长方形。正面镂空浮雕虎狼咬斗纹，虎身刻画群虎围猎狼图案；背面有方形钮。

【发表出处】 ［14］第406页，图二；［30］第187页

【备　　注】 原器名为虎狼咬斗纹饰牌；黄金铸成，重225克。

16

【出土地点】 西沟畔M2 ： 26

【尺　　寸】 长13、宽10厘米

【形制描述】 有边框的食肉动物捕食，整体呈长方形。正面浮雕猛虎与野猪咬斗纹，边框饰绳索纹；背面有钮，并有粗麻布印痕。

【发表出处】 ［7］图版二 ：1

【备　　注】 原器名为虎豕咬斗纹饰牌；黄金铸成，重330克。

17

【出土地点】 西沟畔M2 ： 27

【尺　　寸】 长13、宽10厘米

【形制描述】 有边框的食肉动物捕食，整体呈长方形，一端有孔。正面浮雕猛虎与野猪咬斗纹，边框饰绳索纹；背面有钮，并有粗麻布印痕。

【发表出处】 ［7］图版二 ：2

【备　　注】 原器名为虎豕咬斗纹饰牌；黄金铸成，重292.5克。

18

【出土地点】 阿鲁柴登

【尺　　寸】 长12.6、宽7.4厘米

【形制描述】 有边框的食肉动物捕食，整体呈长方形，四角穿圆形孔。正面浮雕虎、牛咬斗纹，牛头部有圆孔，边框饰绳索纹；背面两端各有一个桥形钮。

【发表出处】 ［10］第345页，图二：4；图版五：上

【备　　注】 原器名为长方牌饰；黄金铸成，重220.6克。

19

【出土地点】 阿鲁柴登

【尺　　寸】 长12.6、宽7.4厘米

【形制描述】 有边框的食肉动物捕食，整体呈长方形，四角穿圆形孔。正面浮雕虎、牛咬斗纹，边框饰绳索纹；背面两端各有一个桥形钮。

【发表出处】 ［10］图版五：下

【备　　注】 原器名为长方牌饰；该墓地出土包括上文18号在内的饰牌共4件，另2件无图；黄金铸成，每件重220.6克。

20

【出土地点】 铁匠沟AM1：6

【尺　　寸】 长6、宽3厘米

【形制描述】 野猪形。正面半浮雕卧状单体野猪纹，颈部有孔；背面有两个桥形钮，存有横向革带痕迹。

【发表出处】 ［23］第87页，图七：2

【备　　注】 另有2件无图。

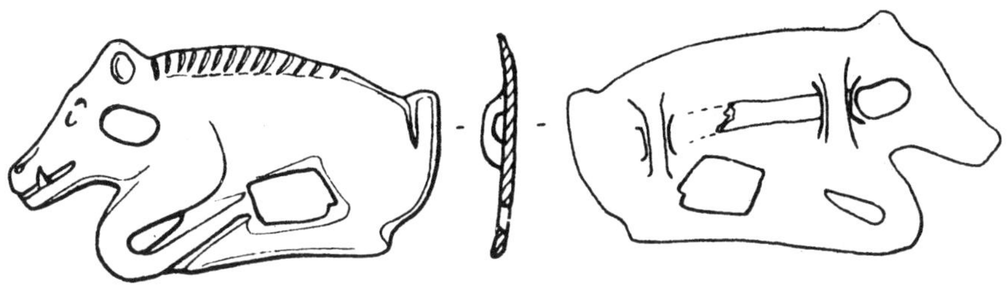

21

【出土地点】 铁匠沟AM1：3

【尺　　寸】 长5.9、宽3.4厘米

【形制描述】 野猪形。正面半浮雕卧状单体野猪纹，背面有两个桥形钮。

【发表出处】 ［23］第87页，图七：3

【备　　注】 另有2件无图。

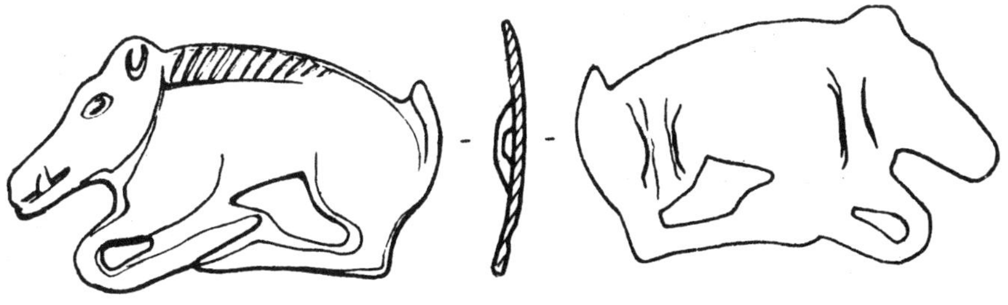

22

【出土地点】 铁匠沟AM1：9

【尺　　寸】 长4.8、宽3.9厘米

【形制描述】 野猪形。正面半浮雕野猪交媾纹，背面有桥形钮。

【发表出处】 [23] 第87页，图七：1

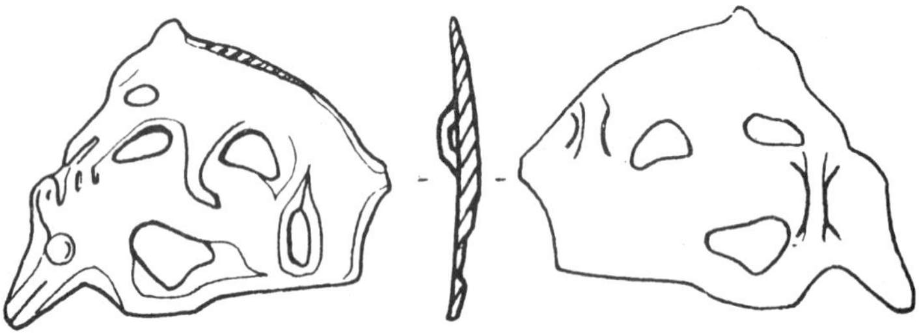

23

【出土地点】 忻州窑子M59：1

【尺　　寸】 长4.7、宽2.6厘米

【形制描述】 联排，整体呈纵长方形，有边框。框内透雕四只形态一致的回首状鹿。

【发表出处】 [22] 第150页，图九二：12；彩版三五：1、2

【备　　注】 原器名为鹿纹牌饰；位于骶骨骨面之上；墓主为45岁左右北亚女性。

24

【出土地点】 桃红巴拉M5：7

【尺　　寸】 长4.4、宽3.2厘米

【形制描述】 联排，整体呈纵长方形，有边框。框内透雕三只马，二马头向一致，另一马头向相反。

【发表出处】 ［10］第211页，图六：1；图版五八：3

【备　　注】 原器名为长方形饰牌。

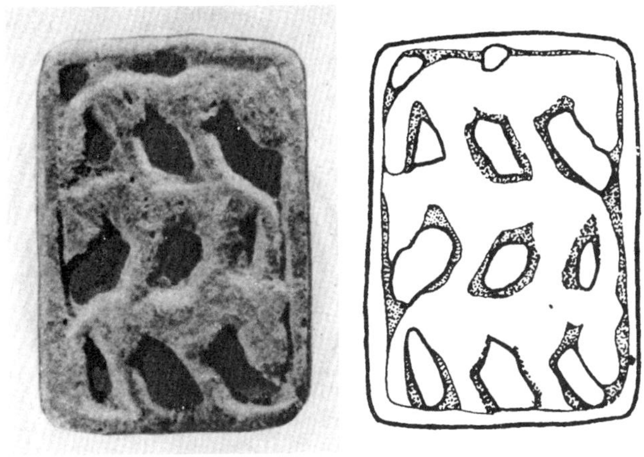

十一、管状饰

1①

【出土地点】 忻州窑子M45：6

【尺　　寸】 长2.6、口径0.8、腹径1厘米

【形制描述】 圆管状，束颈，端口外敞呈敞口状，中部圆鼓。

【发表出处】 ［22］第124页，图七〇：15；彩版二七：10

【备　　注】 包括M45：6～8共3件；位于肩胛骨、肋骨及腰部附近；墓主为25～30岁男性。

① 与该器形制相近的还有：

1-1；忻州窑子M13：10；长2.6、口径0.95、腹径1.1厘米；圆管状，束颈，端口外敞呈敞口状，中部圆鼓；［22］第69页，图三〇：3；位于腰部附近，墓主为儿童。

1-2；忻州窑子M49：18；长2.2、口径0.75、腹径0.9厘米；圆管状，束颈，端口外敞呈敞口状，中部圆鼓；［22］第136页，图八一：5；位于腰部附近，墓主14～16岁。

1-3；忻州窑子M56：24；长1.6、口径0.7、腹径0.75厘米；圆管状，束腰，端口外敞呈敞口状，中部圆鼓；［22］第146页，图八八：10；位于填土内，墓主为35～40岁北亚男性。

2①

【出土地点】 井沟子M20：9

【尺　　寸】 长1.5、口径约0.7、腹径约0.55厘米

【形制描述】 圆管状，束颈，端口外敞呈敞口状，中部圆鼓。

【发表出处】 ［24］第100页，图五三：8

【备　　注】 各处直径根据图中比例尺估算；位于人骨右手腕处。

① 与该器形制相近的还有：

2-1；井沟子M20：10；长2、口径约0.7、腹径约0.7厘米；圆管状，束颈，端口外敞呈敞口状，中部圆鼓；［24］第100页，图五三：9；各处直径根据图中比例尺估算，位于人骨右手腕处。

2-2；井沟子M20：8；长1.3、口径约0.55、腹径约0.7厘米；圆管状，束颈，端口残缺、外敞呈敞口状，中部圆鼓；［24］第100页，图五三：4；各处直径根据图中比例尺估算，位于人骨右手腕处。

2-3；井沟子M20：11；残长1.1、口径约0.7、腹径约0.7厘米；圆管状，束颈，端口外敞呈敞口状，中部圆鼓，一端残；［24］第100页，图五三：5；各处直径根据图中比例尺估算，位于人骨右手腕处。

2-4；井沟子M25：10-25；长1.7、口径约0.5、腹径约0.6厘米；圆管状，束颈，端口外敞呈敞口状，中部圆鼓，两端略细；［24］第121页，图六六：19左数第12件；直径根据图中比例尺估算，报告归为项饰的组成部分，散落于颈下。

2-5；井沟子M25：10-26；长1.6、口径约0.68、腹径约0.75厘米；圆管状，略残，束颈，端口外敞呈敞口状，中部圆鼓，两端略细；［24］第121页，图六六：19左数第11件；各处直径根据图中比例尺估算，报告归为项饰的组成部分，散落于颈下，另有M25：10-27～37共11件无图。

2-6；井沟子M33：55；长1.7、口径约0.65、腹径约0.9厘米；圆管状，束颈，端口外敞呈敞口状，中部圆鼓；［24］第152页，图八五：9；各处直径根据图中比例尺估算。

2-7；井沟子M34：18；长1.65、口径约0.57、腹径约0.7厘米；圆管状，束颈，端口外敞呈敞口状，中部圆鼓；［24］第159页，图八八：5；各处直径根据图中比例尺估算。

2-8；井沟子M34：19；长1.6、口径约0.64、腹径约0.78厘米；圆管状，束颈，端口外敞呈敞口状，中部圆鼓；［24］第159页，图八八：6；各处直径根据图中比例尺估算。

2-9；井沟子M34：20；长1.6、口径约0.64、腹径约0.7厘米；圆管状，束颈，端口外敞呈敞口状，中部圆鼓；［24］第159页，图八八：3；各处直径根据图中比例尺估算。

2-10；井沟子M34：21；长1.65、口径约0.57、腹径约0.7厘米；圆管状，束颈，端口外敞呈敞口状，中部圆鼓；［24］第159页，图八八：4；各处直径根据图中比例尺估算。

2-11；井沟子M45：7-1；长1.7、口径约0.8、腹径约0.84厘米；圆管状，束颈，端口外敞呈敞口状，中部圆鼓；［24］第190页，图一一二：9；各处直径根据图中比例尺估算，共4件，长1.7～1.8厘米，位于人骨颈部周围。

2-12；井沟子M47：36-4；长1.6、口径约0.57、腹径约0.7厘米；圆管状，束颈，端口外敞呈敞口状，中部圆鼓；［24］第200页，图一一八：12右下；各处直径根据图中比例尺估算，包括M47：36-4～6共3件，串饰的组成部分。

2-13；井沟子M58：10；长2、口径约0.8、腹径约0.73厘米；圆管状，束颈，端口外敞呈敞口状，中部圆鼓；［24］第250页，图一四八：8；各处直径根据图中比例尺估算，项饰的组成部分，位于B号人骨颈部。

3

【出土地点】 忻州窑子M45 ∶ 9

【尺　　寸】 长1.7、口径0.7、腹径0.8厘米

【形制描述】 圆管状，束颈，两端口部略内收，中部圆鼓。

【发表出处】 ［22］第124页，图七〇 ∶ 16

【备　　注】 散落在上肢；墓主为25～30岁男性。

4

【出土地点】 井沟子M56 ∶ 11

【尺　　寸】 长1.9、口径约0.57、腹径约0.71厘米

【形制描述】 圆管状，口微敛，中部微鼓。

【发表出处】 ［24］第239页，图一四二 ∶ 16

【备　　注】 各处直径根据图中比例尺估算；项饰的组成部分，其余为绿松石珠。

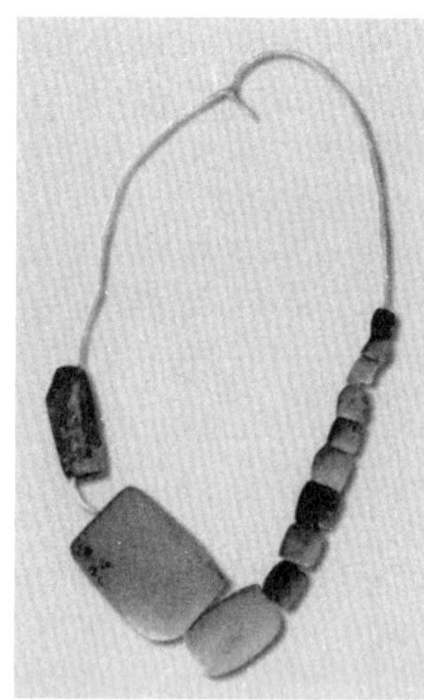

2–14；井沟子M58 ∶ 12–3；长1.7、口径约0.7、腹径约0.58厘米；圆管状，束颈，端口外敞呈敞口状，中部圆鼓；［24］第250页，图一四八 ∶ 12；各处直径根据图中比例尺估算，腕饰的组成部分，另有4件无图。

2–15；井沟子H5 ∶ 16；长2、口径约0.7、腹径约0.78厘米；圆管状，束颈，端口外敞呈敞口状，中部圆鼓；［24］第265页，图一五七 ∶ 3；各处直径根据图中比例尺估算。

2–16；井沟子H5 ∶ 17；长1.5、口径约0.7、腹径约0.78厘米；圆管状，束颈，端口外敞呈敞口状，中部圆鼓；［24］第265页，图一五七 ∶ 4；各处直径根据图中比例尺估算。

2–17；井沟子H5 ∶ 18；长1.45、口径约0.57、腹径约0.64厘米；圆管状，束颈，端口外敞呈敞口状，中部圆鼓；［24］第265页，图一五七 ∶ 6；各处直径根据图中比例尺估算。

2–18；井沟子H5 ∶ 19；长1.3、口径约0.71、腹径约0.85厘米；圆管状，微束颈，端口外敞呈敞口状，中部圆鼓；［24］第265页，图一五七 ∶ 7；各处直径根据图中比例尺估算。

2–19；井沟子H5 ∶ 20；长1.5、腹径约0.85厘米；圆管状，中部圆鼓，两端稍残；［24］第265页，图一五七 ∶ 5；各处直径根据图中比例尺估算。

5①

【出土地点】 忻州窑子M56：25

【尺　　寸】 长1.2、口径0.6、腹径0.9厘米

【形制描述】 圆管状，两端敛口，中部微鼓。

【发表出处】 ［22］第146页，图八八：15

【备　　注】 包括M56：25～28共4件；对称分布于腰椎左右、髋骨上侧的腹腔内；墓主为35～40岁北亚男性。

6

【出土地点】 井沟子M25：10-9

【尺　　寸】 长1、直径约0.2厘米

【形制描述】 圆管状，两端略细，口部不规则。

【发表出处】 ［24］第121页，图六六：19左数第14件

【备　　注】 直径根据图中比例尺估算；另有M25：11-9～23共15件无图。

① 与该器形制相近的还有：

5-1：忻州窑子M59：15；长1.2、口径0.6、腹径0.9厘米；圆管状，两端敛口，中部微鼓；［22］第150页，图九二：6；另有M59：13无图，位于腰部附近，墓主为45岁左右北亚女性。

5-2：忻州窑子M62：9；长1.1、口径0.6、腹径0.9厘米；圆管状，两端敛口，中部微鼓；［22］第153页，图九六：6；该墓出土各种制形的管状饰共7件，位于填土、右髋骨骨面及盆骨下方，墓主为25岁左右男性。

7[①]

【出土地点】 井沟子M50：19

【尺　　寸】 残长1.2、直径约0.45厘米

【形制描述】 圆管状，直口，由铜片卷成，一端略残。

【发表出处】 ［24］第215页，图一二七：6

【备　　注】 直径根据图中比例尺估算。

8

【出土地点】 井沟子M58：12-4

【尺　　寸】 长1.9、直径约0.7厘米

【发表出处】 圆管状，直口，粗细均匀。

【发表出处】 ［24］第250页，图一四八：13

【备　　注】 直径根据图中比例尺估算；腕饰的组成部分；另有2件无图。

① 与该器形制相近的还有：

7-1；井沟子M25：10-24；长1.8、直径约0.6厘米；圆管状，直口，由铜片卷成；［24］第121页，图六六：19左数第13件；直径根据图中比例尺估算，报告归为项饰的组成部分，散落于颈下。

9

【出土地点】 井沟子M47：36-7

【尺　　寸】 长2.1、直径0.45～0.7厘米

【形制描述】 圆管状，直口，由较细的一端向另一端均匀加粗。

【发表出处】 ［24］第200页，图一一八：12中下

【备　　注】 包括M47：36-7、8共2件；直径根据图中比例尺估算；串饰的组成部分；位于墓底东北。

10

【出土地点】 西园M4：3

【尺　　寸】 长0.8、直径1厘米

【形制描述】 短圆管状，中部微鼓，壁很薄。

【发表出处】 ［15］第18页，图五：6

【备　　注】 该墓地出土形制相似的小圆管共40件；成排分布于腰部左侧、左臂里侧。

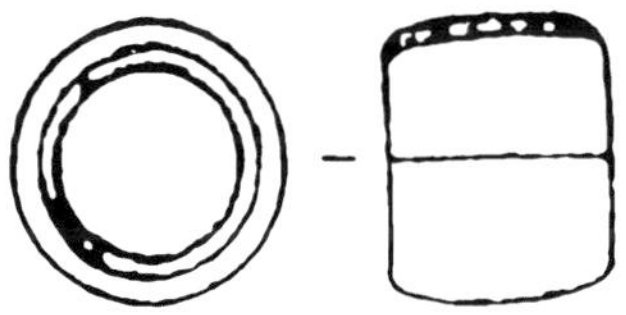

11

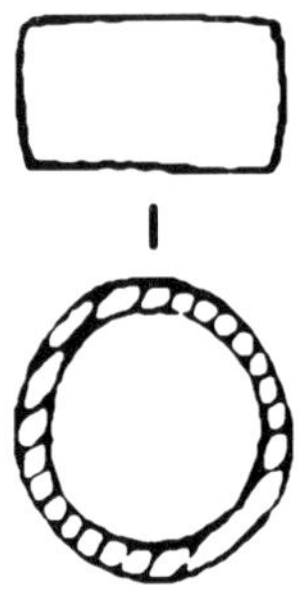

【出土地点】 忻州窑子M33 ： 24

【尺　　寸】 长0.3、直径0.8厘米

【形制描述】 短圆管状，中部微鼓，两端敛口。

【发表出处】 ［22］第39页，图九 ：33

【备　　注】 位于颈部附近；墓主为45岁左右男性。

12

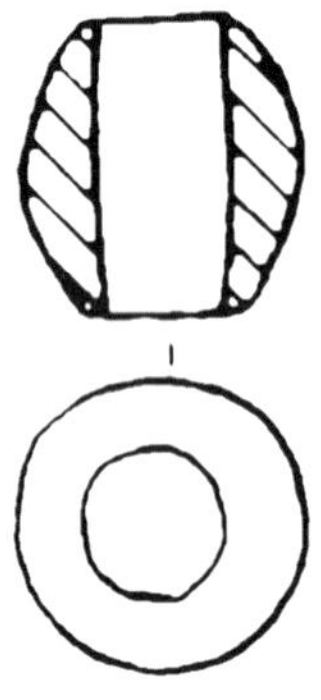

【出土地点】 忻州窑子M28 ： 44

【尺　　寸】 长1.2、口径0.5、腹径1.1厘米

【形制描述】 短圆管状，圆形管口，中部凸起。

【发表出处】 ［22］第100页，图五三 ：5

【备　　注】 位于腰部附近；墓主为25～30岁北亚男性。

13[①]

【出土地点】 忻州窑子M66：9

【尺　　寸】 长2.2、直径0.8厘米

【形制描述】 细长圆管状，通体饰弦纹。

【发表出处】 ［22］第163页，图一〇四：8；彩版二七：9左

【备　　注】 包括M66：9～11共3件；位于腰部附近；墓主为35岁左右东亚男性。

① 与该器形制相近的还有：

13-1；忻州窑子M66：12；长2.2、直径0.8厘米；细长圆管状，通体饰弦纹；［22］第163页，图一〇四：12；位于腰部附近，墓主为35岁左右东亚男性。

13-2；忻州窑子M2：11；长2.9、直径0.7厘米；细长圆管状，通体饰弦纹；［22］第51页，图一六：7；位于两臂骨内侧或呈一字形摆放在腰部，墓主为10岁左右儿童。

13-3；忻州窑子M4：24、26；长2.7、直径0.6厘米；细长圆管状，通体饰弦纹；［22］第56页，图二〇：2、3；包括M4：22～30共9件，位于右肱骨内侧肋骨之下或呈链状分布于盆骨上端，墓主为45岁左右东亚男性。

13-4；忻州窑子M5：12；长2.7、直径0.6厘米；细长圆管状，壁较厚，通体饰弦纹；［22］第59页，图二二：4；另有M5：14无图。

13-5；忻州窑子M5：13；长2.7、直径0.6厘米；细长圆管状，壁较厚，通体饰弦纹；［22］第39页，图九：25；包括M5：12、13在内共3件，位于颈部附近及骶骨前端腰椎之上，墓主为25～30岁北亚男性。

13-6；忻州窑子M10：16；长2.1、直径0.6厘米；细长圆管状，通体饰弦纹；［22］第64页，图二七：8；位于腰部附近，墓主为25～30岁北亚女性。

13-7；忻州窑子M20：22；长2.3、直径0.5厘米；细长圆管状，通体饰弦纹；［22］第84页，图四二：11；包括M20：20～23共4件，位于左侧髋骨附近，墓主为7～8岁儿童。

13-8；忻州窑子M22：21；长2.3～2.6、直径0.5～0.6厘米；细长圆管状，通体饰弦纹；［22］第39页，图九：24；位于左侧髋骨附近，墓主为20岁左右东亚男性。

13-9；忻州窑子M22：27；长2.3～2.6、直径0.5～0.6厘米；细长圆管状，通体饰弦纹；［22］第84页，图四二：18；包括M22：22～28共7件，位于左侧髋骨附近，墓主为20岁左右东亚男性。

14[①]

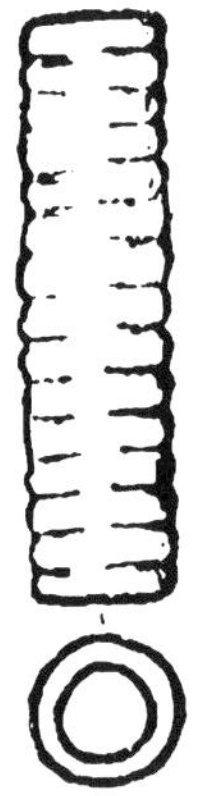

【出土地点】 崞县窑子M24 ∶ 2-2[②]

【尺　　寸】 长2.3、直径0.6厘米

【形制描述】 细长圆管状，通体饰弦纹。

【发表出处】 ［13］第66页，图一一 ∶ 27

【备　　注】 位于右侧肱骨外侧。

15

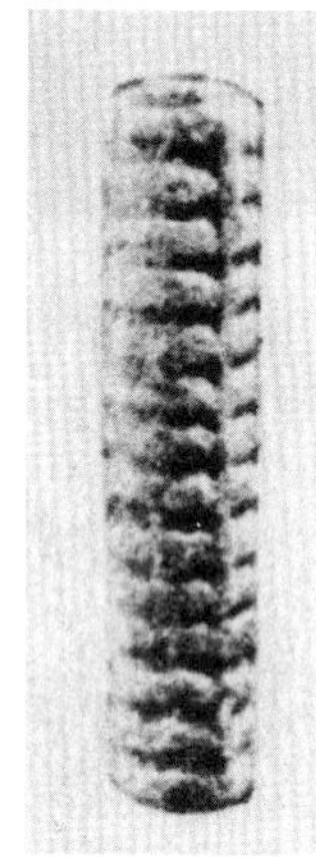

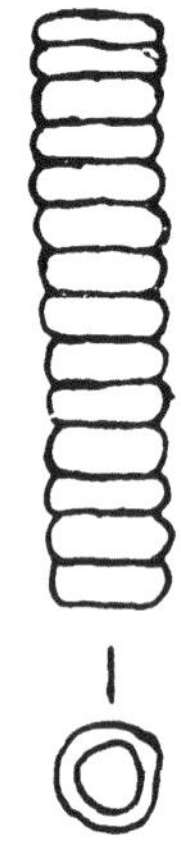

【出土地点】 桃红巴拉M1 ∶ 38

【尺　　寸】 长3.5、直径0.5厘米

【形制描述】 细长圆管状，通体饰弦纹。

【发表出处】 ［4］第136页，图六 ∶ 9

【备　　注】 另有5件无图；位于腰部与胸部之间。

13-10；忻州窑子M26 ∶ 14；长3.1、直径0.4 ～ 0.7厘米；细长圆管状，通体饰弦纹；［22］第96页，图五〇 ∶ 7；散落在上身各处，墓主为35 ～ 40岁北亚男性。

13-11；忻州窑子M34 ∶ 11；长2.2、直径0.5厘米；细长圆管状，壁较厚，通体饰弦纹；［22］第114页，图六二 ∶ 3；另有M34 ∶ 12无图，位于右侧指骨附近及左侧股骨头外侧，墓主为20 ～ 25岁东亚女性。

13-12；忻州窑子M36 ∶ 13；长2.4、直径0.5厘米；细长圆管状，通体饰弦纹；［22］第114页，图六二 ∶ 5；位于腰部附近，墓主为6 ～ 7岁儿童。

① 与该器形制相近的还有：

14-1；崞县窑子M21 ∶ 2；长2.9、直径0.7厘米；细长圆管状，通体饰弦纹；［13］第66页，图一一 ∶ 28；该墓地另有11件无图，位于髋骨两侧。

② 从报告上看，管状饰14崞县窑子M24 ∶ 2-2与管状饰25崞县窑子M24 ∶ 2-2虽编号相同，但形制不同，不是同一件器物。

16

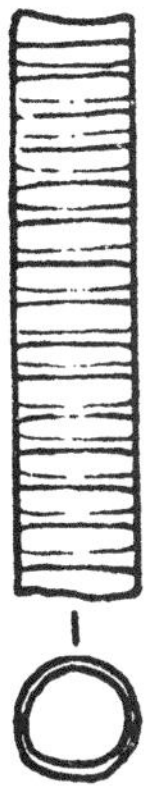

【出土地点】　毛庆沟M55 ：8

【尺　　寸】　长约3.2、直径约0.7厘米

【形制描述】　细长圆管状，通体饰弦纹。

【发表出处】　[11] 第284页，图四六：2

17①

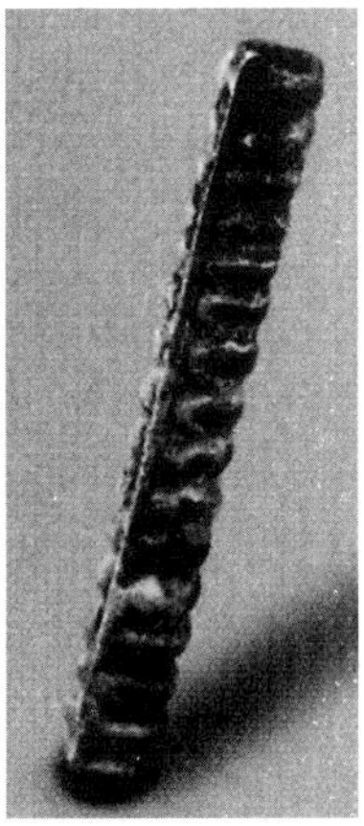

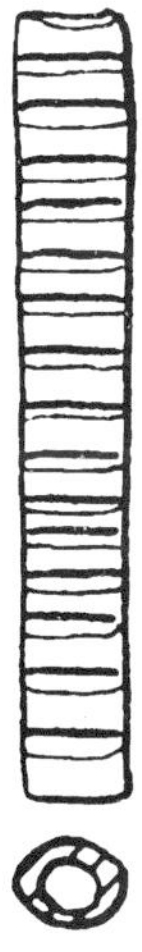

【出土地点】　小双古城M3 ：11

【尺　　寸】　长4.8、直径0.6厘米

【形制描述】　细长圆管状，通体饰弦纹。

【发表出处】　[21] 第190页，图一一八：5；彩版四〇：1

【备　　注】　散落在髋骨左侧；墓主为20～25岁东亚女性。

---

① 与该器形制相近的还有：

17-1；小双古城M9 ：17；长4、直径0.7厘米；细长圆管状，通体饰弦纹；[21] 第202页，图一二七：13；位于右股骨外侧。

17-2；小双古城M5 ：6；长3.3、直径0.8厘米；细长圆管状，通体饰弦纹；[21] 第194页，图一二一：3；位于填土中或右膝骨外侧近墓壁处，墓主为45岁以上北亚男性。

18

【出土地点】 忻州窑子M67：20

【尺　　寸】 残长1.8、直径0.7厘米

【形制描述】 细长圆管状，表面饰两道弦纹。

【发表出处】［22］第166页，图一〇六：4

【备　　注】 位于腰部附近；墓主为45～50岁男性。

19①

【出土地点】 毛庆沟M6：7③

【尺　　寸】 长3.1、直径0.7厘米

【形制描述】 细长圆管状，通体饰弦纹。

【发表出处】［11］第284页，图四六：3；图版八六：6

【备　　注】 位于右臂外侧。

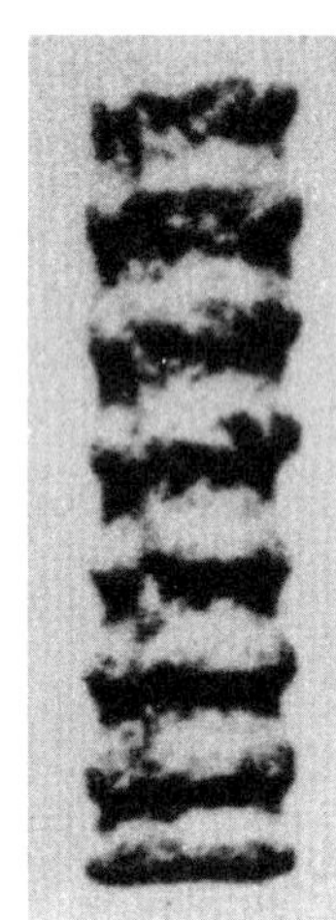

① 与该器形制相近的还有：

19-1；毛庆沟M6：7①；长约5、直径约0.8厘米；细长圆管状，通体饰弦纹；［11］第284页，图四六：1，图版八六：2；该墓地出土包括上文16号M55：8、19号M6：7③在内形制相似的管状饰共14件，位于右臂外侧。

20

【出土地点】 明安木独

【尺　　寸】 长2.6、管径0.4、球径约1厘米

【形制描述】 两端呈圆管状，饰凹弦纹，中部为素面球形。

【发表出处】［16］第80页，图四：3

【备　　注】 共11件；球径根据器物比例估算。

21

【出土地点】 明安木独

【尺　　寸】 长3.5、管径0.4、球径约1.1厘米

【形制描述】 两端呈圆管状，饰凸弦纹，中部为素面球形。

【发表出处】［16］第80页，图四：1

【备　　注】 共5件；球径根据器物比例估算。

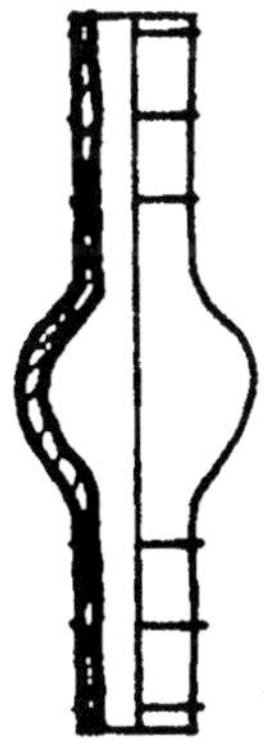

22

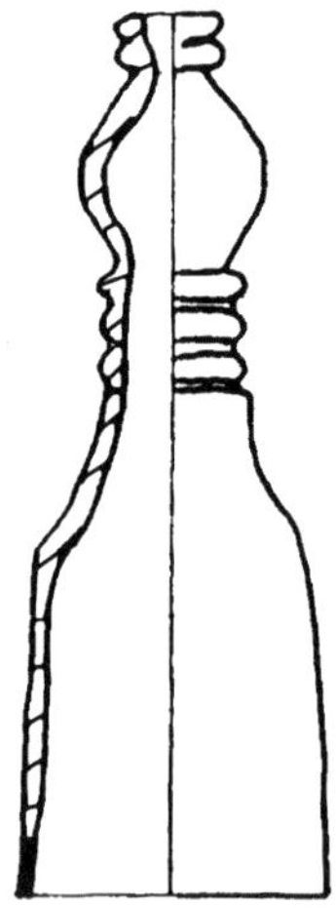

【出土地点】 明安木独

【尺　　寸】 长5.5、管径约0.74、球径约1.2、筒径约2厘米

【形制描述】 上端为两端饰弦纹中部为素面球形的圆管，下接一喇叭筒形物。

【发表出处】 ［16］第80页，图四：2

【备　　注】 共2件；管径、球径根据器物比例估算。

23

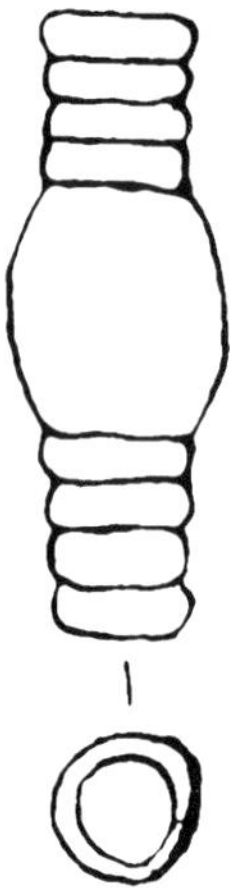

【出土地点】 桃红巴拉M1：37

【尺　　寸】 长约2.2、管径约0.6、球径约1厘米

【形制描述】 两端呈圆管状，饰弦纹，中部为素面球形。

【发表出处】 ［4］第136页，图六：8；照片由内蒙古文物考古研究所提供

【备　　注】 形制相同的共35件；管径根据图中比例尺估算；位于腰部附近。

24①

【出土地点】 忻州窑子M59：12

【尺　　寸】 长3.4、管径0.7、球径1.1厘米

【形制描述】 两端呈圆管形，饰弦纹，中部为素面球形。

【发表出处】 ［22］第150页，图九二：8；彩版二七：8左

【备　　注】 照片包括M59：12、14共2件，另有M59：13无图；位于上肢各处；墓主为45岁左右北亚女性。

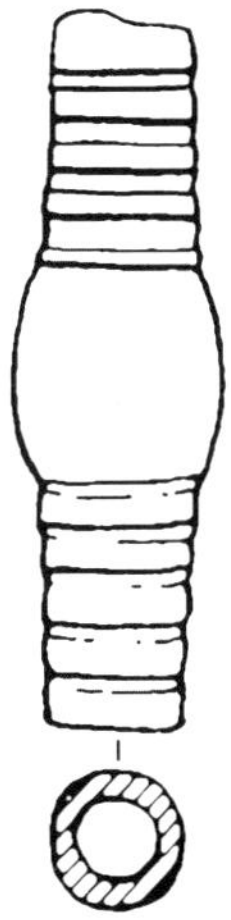

① 与该器形制相近的还有：

24-1；忻州窑子M2：10；长2.8、管径0.6、球径0.9厘米；两端呈圆管形，饰弦纹，中部为素面球形；［22］第51页，图一六：4；位于两臂骨内侧或呈一字形摆放在腰部。

24-2；忻州窑子M4：13；长2.8、管径0.6、球径0.9厘米；两端呈圆管形，饰弦纹，中部为素面球形；［22］第56页，图二〇：4。

24-3；忻州窑子M4：15；长2.8、管径0.6、球径0.9厘米；两端呈圆管形，饰弦纹，中部为素面球形；［22］第56页，图二〇：5；包括M4：13～21共9件，位于右肱骨内侧肋骨之下或呈链状分布于盆骨上端，墓主为45岁左右东亚男性。

24-4；忻州窑子M10：13；长3.1、管径0.6、球径1.1厘米；两端呈圆管形，饰弦纹，中部为素面球形；［22］第64页，图二七：14；另有M10：15无图。

24-5；忻州窑子M10：14；长3.1、管径0.6、球径1.1厘米；两端呈圆管形，饰弦纹，中部为素面球形；［22］第64页，图二七：5；包括M10：13～15共3件，位于颈椎及左侧股骨头之上，墓主为25～30岁北亚女性。

24-6；忻州窑子M20：15；长3、管径0.7、球径1.1厘米；两端呈圆管形，饰弦纹，中部为素面球形；[22]第84页，图四二：4；包括M20：12～19共8件，位于左侧髋骨附近，墓主为7～8岁儿童。

24-7；忻州窑子M21：3；长约2.6、管径约0.6、球径约1厘米；两端呈圆管形，饰弦纹，中部为素面球形；[22]第39页，图九：18；尺寸根据图中比例尺估算，位于腰部附近，墓主为25岁左右北亚女性。

24-8；忻州窑子M21：4；长2.6、管径0.6、球径1厘米；两端呈圆管形，饰弦纹，中部为素面球形；[22]第80页，图三九：8；位于腰部附近，墓主为20岁左右北亚女性。

24-9；忻州窑子M22：12；长2.6、管径0.6、球径1厘米；两端呈圆管形，饰弦纹，中部为素面球形；[22]第84页，图四二：24；另有M22：13～17尺寸相同无图，M22：18～20尺寸略有不同无图，位于左侧髋骨附近，墓主为20岁左右东亚男性。

24-10；忻州窑子M23：23；长约3、管径约0.6、球径约1厘米；两端呈圆管形，饰弦纹，中部为素面球形；[22]第39页，图九：22；尺寸根据图中比例尺估算，另有M23：24、26～34共10件无图，位于右侧髋骨骨面、骨盆盆腔内、右股骨头内外及盆骨下端两股骨之间，墓主为35岁左右北亚女性。

24-11；忻州窑子M23：25；长2.8、管径0.6、球径1厘米；两端呈圆管形，饰弦纹，中部为素面球形；[22]第91页，图四六：10。

24-12；忻州窑子M26：8；长2.6、管径0.6、球径1厘米；两端呈圆管形，饰弦纹，中部为素面球形；[22]第39页，图九：19；另有M26：9尺寸相同无图，墓主为35～40岁北亚男性。

24-13；忻州窑子M26：10；长2.6、管径0.6、球径1厘米；两端呈圆管形，饰弦纹，中部为素面球形；[22]第96页，图五〇：10；另有M26：11、12尺寸相同无图，M26：13尺寸略有不同无图，位于上肢各处及腰部附近，墓主为35～40岁北亚男性。

24-14；忻州窑子M28：39；长约2.8、管径约0.7、球径约1厘米；两端呈圆管形，饰弦纹，中部为素面球形；[22]第39页，图九：23。

24-15；忻州窑子M28：40；长2.8、管径0.7、球径1厘米；两端呈圆管形，饰弦纹，中部为素面球形；[22]第100页，图五三：9；包括M28：33～43共11件，位于右肱骨内外、左右胸腔、左肱骨外侧及左尺骨内侧，墓主为25～30岁北亚男性。

24-16；忻州窑子M34：10；长2.1、管径0.5、球径0.9厘米；两端呈圆管形，饰弦纹，中部为素面球形；[22]第114页，图六二：4；位于腰部附近，墓主为20～25岁东亚女性。

24-17；忻州窑子M36：8；长2.9、管径0.6、球径1.1厘米；两端呈圆管形，饰弦纹，中部为素面球形；[22]第114页，图六二：6；包括M36：6～12共7件，位于骶骨、两侧股骨头与髋骨相接处、两侧股骨之间及左侧股骨中段，墓主为6～7岁儿童。

24-18；忻州窑子M37：13；长2.7、管径0.6、球径1厘米；两端呈圆管形，饰弦纹，中部为素面球形；[22]第119页，图六六：16；位于骨盆空隙处。

24-19；忻州窑子M40：2；长3、管径0.6、球径1.1厘米；两端呈圆管形，饰弦纹，中部为素面球形；[22]第124页，图七〇：9。

24-20；忻州窑子M40：4；长2.4、管径0.6、球径0.9厘米；两端呈圆管形，饰弦纹，中部为素面球形；[22]第124页，图七〇：10；包括M40：2～4共3件，位于左桡骨前端外侧及右股骨中段外侧，墓主为25～30岁北亚男性。

24-21；忻州窑子M43：11；长3、管径0.7、球径1厘米；两端呈圆管形，饰弦纹，中部为素面球形；[22]第124页，图七〇：17；包括M43：10～13共4件，分别位于腰椎右侧腹腔之内、腰椎与骶骨连接处、髋骨与骶椎连接处、两股骨之间右髋骨下端及两股骨之间，墓主为8～9岁儿童。

24-22；忻州窑子M48：6；长3.2、管径0.65、球径1.1厘米；两端呈圆管形，饰弦纹，中部为素面球形；[22]第132页，图七七：11；位于髋骨附近，墓主为25岁左右男性。

24-23；忻州窑子M49：15；长3.1、管径0.6、球径1.1厘米；两端呈圆管形，饰弦纹，中部为素面球形；[22]第136页，图八一：4；另有M49：16、17无图，分别位于胸椎和腰部附近，墓主14～16岁，性别不详。

24-24；忻州窑子M54：24；长3、管径0.7、球径1.1厘米；两端呈圆管形，饰弦纹，中部为素面球形；[22]第146页，图八八：14；另有M54：25无图，位于腰部附近，墓主为35～40岁北亚男性。

25[①]

【出土地点】 崞县窑子M24：2-2[②]

【尺　　寸】 长2.3、管径0.65、球径1厘米

【形制描述】 两端呈圆管形，饰弦纹，中部为素面球形。

【发表出处】 ［13］第66页，图一一：29

【备　　注】 报告有两个M24：2-2，形制不同，推测应是M24：2-1；该墓地出土包括25-1号M1：4-3在内形制相似的管状饰共31件。

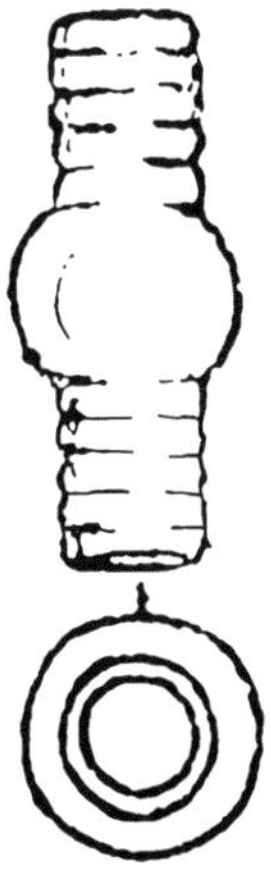

26

【出土地点】 毛庆沟M10：5

【尺　　寸】 长3.3、球径1.2厘米

【形制描述】 两端呈圆管形，饰弦纹，中部为素面球形。

【发表出处】 ［11］第284页，图四六：4

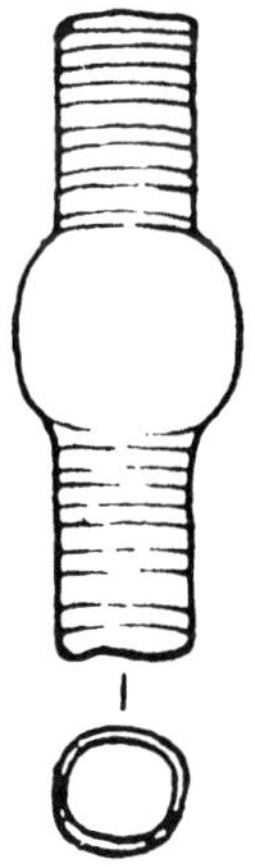

① 与该器形制相近的还有：

25-1；崞县窑子M1：4-3；长2.9、管径0.9、球径1.2厘米；两端呈圆管形，饰弦纹，中部为素面球形；［13］第66页，图一一：30；墓主为20～22岁男性。

② 从报告上看，管状饰25崞县窑子M24：2-2与管状饰14崞县窑子M24：2-2虽编号相同，但形制不同，不是同一件器物。

26-1

【出土地点】 毛庆沟M6：4①

【形制描述】 两端呈圆管形，饰弦纹，中部为素面球形。

【发表出处】 ［11］图版八六：1

【备　　注】 尺寸未发表；该墓地出土包括上文26号M10：5在内形制相似的管状饰共10件。

27

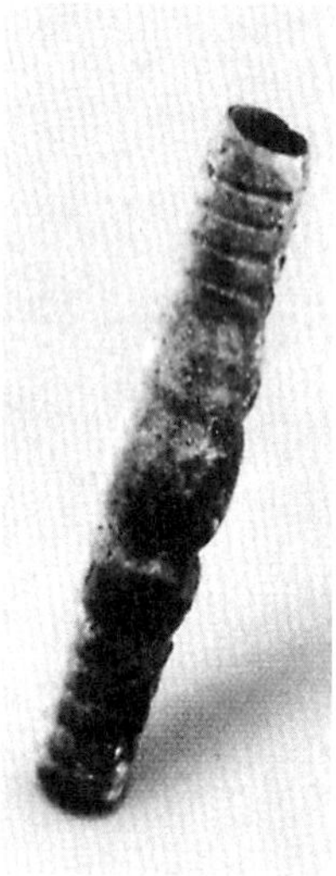

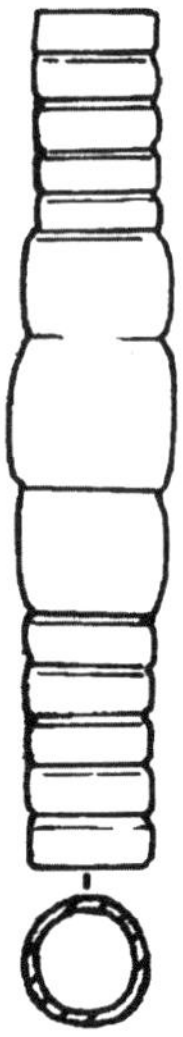

【出土地点】 小双古城M5：7

【尺　　寸】 长4.9、管径0.7、球径1厘米

【形制描述】 两端呈圆管状，饰弦纹，中间素面微鼓呈竹节状

【发表出处】 ［21］第194页，图一二一：8；彩版四〇：2

【备　　注】 位于右腿外侧靠近墓坑边缘；墓主为45岁以上北亚男性。

28

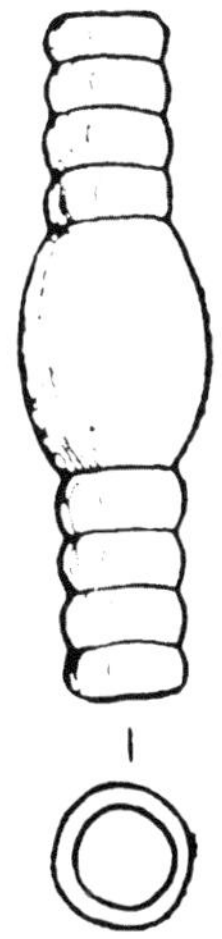

【出土地点】 呼鲁斯太M2：9～15

【尺　　寸】 长2.1～3.1、管径0.2～0.3、球径0.4～0.5厘米

【形制描述】 两端呈圆管形，饰弦纹，中部为素面球形。

【发表出处】 [8]第11页，图一：2

【备　　注】 共7件；尺寸根据器物比例尺估算。

29

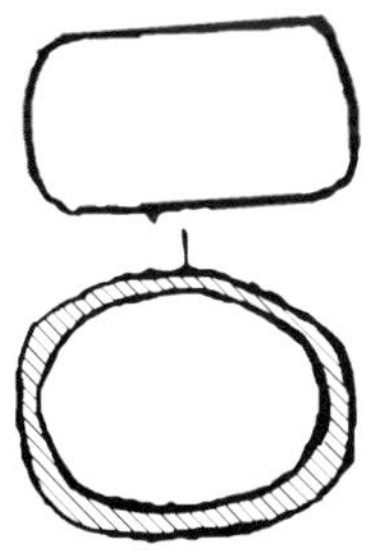

【出土地点】 崞县窑子M6：4-2

【尺　　寸】 长0.5、长轴1、短轴0.7厘米

【形制描述】 扁圆管状，横截面呈椭圆形，中部微鼓，壁很薄。

【发表出处】 [13]第66页，图一一：26

【备　　注】 共8件；均出自M6，位于腰部附近、左臂外侧。

30

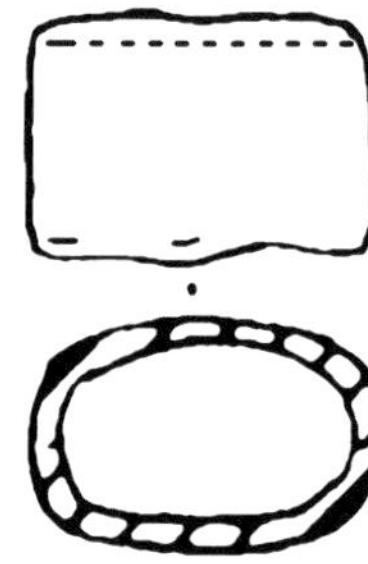

【出土地点】 忻州窑子M13：3

【尺　　寸】 长1.1、宽0.7～0.8厘米

【形制描述】 扁圆管状，横截面呈箍形，素面。

【发表出处】 ［22］第69页，图三〇：17

【备　　注】 位于腰部附近；墓主为儿童。

31

【出土地点】 忻州窑子M20：11

【尺　　寸】 长0.7、长轴1.9、短轴0.9厘米

【形制描述】 扁圆管状，正面微鼓，背面略平，素面。

【发表出处】 ［22］第84页，图四二：7

【备　　注】 位于左侧髋骨附近；墓主为7～8岁儿童。

32

【出土地点】 忻州窑子M39 ： 17

【尺　　寸】 长2.1、长轴0.95、短轴0.7厘米

【形制描述】 扁圆管状，正面微鼓，背面略平，两件连铸，中间镂空。

【发表出处】 ［22］第119页，图六六 ： 13

【备　　注】 位于髋骨下侧骨面上；墓主为25岁左右东亚男性。

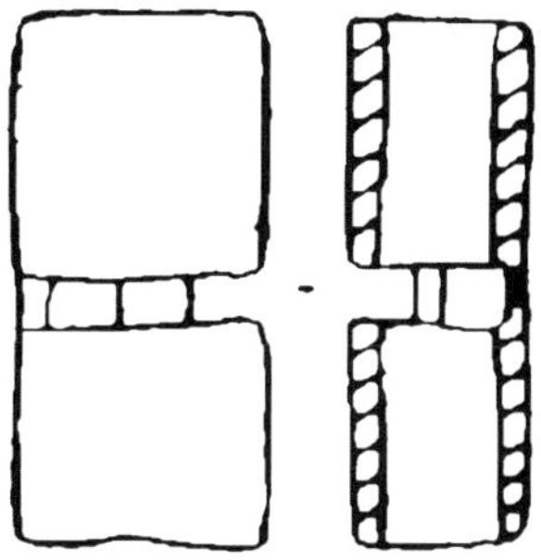

33

【出土地点】 井沟子M48 ： 7

【尺　　寸】 长1.2、长轴0.7、短轴0.4厘米

【形制描述】 扁圆管状，横截面呈椭圆形，两件连铸。

【发表出处】 ［24］第204页，图一二〇 ： 6

【备　　注】 原器名为铜箍；共2件。

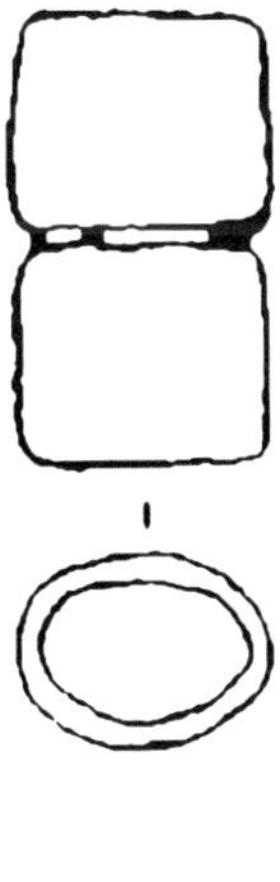

34

【出土地点】 崞县窑子M22：9-1

【尺　　寸】 长2、长轴1.4、短轴0.8厘米

【形制描述】 扁圆管状，一面微鼓，一面略平，两件连铸，中间镂空。

【发表出处】 [13] 第66页，图一一：25

【备　　注】 共39件；均出自M22，位于腰部；墓主为20～22岁女性。

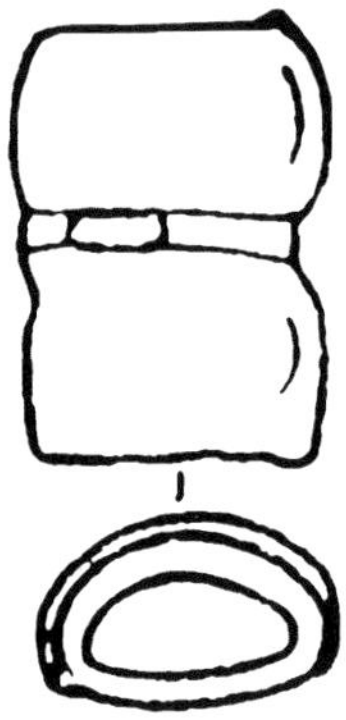

35

【出土地点】 毛庆沟M2：5

【尺　　寸】 长2.4、长轴1.4、短轴约0.3厘米

【形制描述】 扁圆管状，五件连铸，中间镂空。

【发表出处】 [11] 第285页，图四七：6

【备　　注】 原器名为扁联环饰；位于腰部右侧。

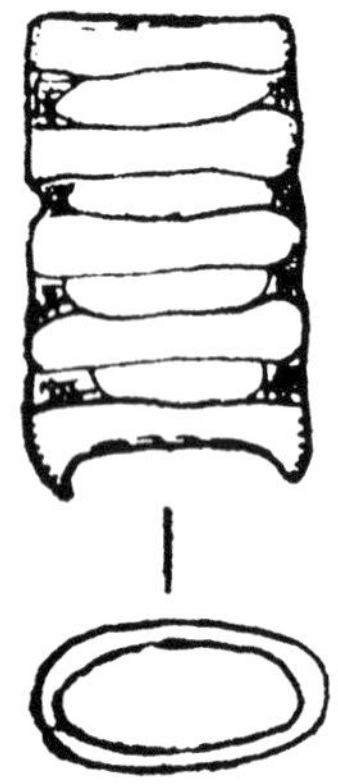

36[①]

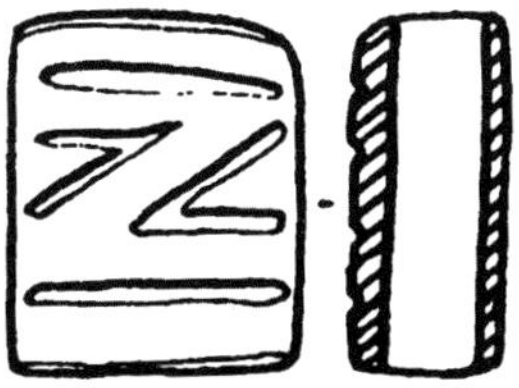

【出土地点】 忻州窑子M2：4

【尺　　寸】 长2、长轴1.6、短轴0.9厘米

【形制描述】 扁圆管状，正面微鼓，饰“Z”字形纹，背面略平，鼓面厚于平面，单件铸造。

【发表出处】 ［22］第51页，图一六：8；彩版二七：3[②]

【备　　注】 包括M2：4～8共5件；位于两臂骨内侧或呈一字形摆放在腰部。

---

① 与该器形制相近的还有：

36-1；忻州窑子M12：2；长0.8、长轴1.3、短轴0.8厘米；扁圆管状，正面微鼓，饰“Z”字形纹，背面略平；［22］第69页，图三〇：16；位于左侧肩胛骨上部，墓主为7岁左右儿童。

36-2；忻州窑子M26：5；长0.9、长轴1.3、短轴0.7厘米；扁圆管状，正面微鼓，饰“Z”字形纹，背面略平；［22］第96页，图五〇：5；散落在上肢各处，墓主为35～40岁北亚男性。

36-3；忻州窑子M28：32；长0.8、长轴1.6、短轴0.8厘米；扁圆管状，正面微鼓，饰“Z”字形纹，背面略平；［22］第100页，图五三：6；另有M28：31无图，位于上肢各处。

36-4；忻州窑子M43：6；长0.8、长轴1.5、短轴0.8厘米；扁圆管状，正面微鼓，饰“Z”字形纹，背面略平；［22］第124页，图七〇：4；包括M43：6～9共4件，位于腰部附近。

36-5；忻州窑子M44：2；长0.95、长轴1.4、短轴0.6厘米；扁圆管状，正面微鼓，饰“Z”字形纹，背面略平；［22］第124页，图七〇：5；另有M44：3无图，位于右侧髋骨及骶骨上。

36-6；忻州窑子M52：3；长0.7、长轴1.6、短轴0.7厘米；扁圆管状，正面微鼓，饰“Z”字形纹，背面略平；［22］第141页，图八四：13；另有M52：2无图，位于右尺骨与桡骨之间、腰部附近。

36-7；忻州窑子M69：1～3；长0.8、长轴1.6、短轴0.75厘米；扁圆管状，正面微鼓，饰“Z”字形纹，背面略平；［22］第166页，图一〇六：3；包括M69：1～3共3件，征集品。

36-8；忻州窑子M22：6；长1、长轴1.3、短轴0.6厘米；扁圆管状，正面微鼓，饰“Z”字形纹，背面略平；［22］第84页，图四二：15；包括M22：5～9共5件，位于左侧髋骨附近。

36-9；忻州窑子M32：2；长0.8、长轴1.45、短轴0.7厘米；扁圆管状，正面微鼓，饰“Z”字形纹，背面略平；［22］第109页，图五九：17；另有M32：3无图，位于腰椎与骶骨交接处及右桡骨中段外侧近墓壁处。

36-10；忻州窑子M29：7；长0.8、长轴1.4、短轴0.8厘米；扁圆管状，正面微鼓，饰“Z”字形纹，背面略平；［22］第103页，图五五：11；包括M29：7～11共5件，位于右尺骨骨端之下、腰椎右侧骶骨上侧、骶骨骨面及盆骨下。

36-11；忻州窑子M61：3；长0.7、长轴1.6、短轴0.8厘米；扁圆管状，正面微鼓，饰“Z”字形纹，背面略平；［22］第153页，图九六：4；另有M61：4无图，位于右尺骨内侧肋骨外侧及腰椎右侧髋骨上方腹腔内。

36-12；忻州窑子M62：4；长0.7、长轴1.6、短轴0.9厘米；扁圆管状，正面微鼓，饰“Z”字形纹，背面略平；［22］第153页，图九六：5；包括M62：3～8共6件，位于填土、右髋骨骨面及盆骨下方。

36-13；忻州窑子M68：1；长0.8、长轴1.6、短轴0.75厘米；扁圆管状，正面微鼓，饰“Z”字形纹，背面略平；［22］第166页，图一〇六：8；征集品。

36-14；忻州窑子M64：9；长0.8、长轴1.5、短轴0.7厘米；扁圆管状，正面微鼓，饰“Z”字形纹，背面略平；［22］第159页，图一〇一：11；位于左髋骨骨面或呈链状分布于右髋骨骨面。

② 从报告上看，线图与照片形制相同，是同一件器物，彩版注释有误。

37[①]

【出土地点】 忻州窑子M67 ：11

【尺　　寸】 长0.8、长轴1.6、短轴0.75厘米

【形制描述】 扁圆管状，正面微鼓，饰折线纹，背面略平。

【发表出处】 ［22］第166页，图一〇六 ：2

【备　　注】 包括M67 ：10 ～ 19共10件；位于左右尺骨内侧、右髋骨骨面、骶骨下端与右髋骨结合面、盆骨下方及右股骨头内侧髋骨下侧；墓主为45 ～ 50岁男性。

---

① 与该器形制相近的还有：

37-1；忻州窑子M5 ：11；长0.8、长轴1.6、短轴0.9厘米；扁圆管状，正面微鼓，饰折线纹，背面略平；［22］第59页，图二二 ：7；位于颈部附近或骶骨前端腰椎之上。

37-2；忻州窑子M33 ：19；长0.8、长轴1.6、短轴0.9厘米；扁圆管状，正面微鼓，饰折线纹，背面略平；［22］第109页，图五九 ：14；另有M33 ：20、21无图，位于颈部附近、左锁骨上方、腰部附近。

37-3；忻州窑子M15 ：2；长0.8、长轴1.6、短轴1厘米；扁圆管状，正面微鼓，饰折线纹，背面略平；［22］第75页，图三五 ：8。

37-4；忻州窑子M15 ：7；长0.8、长轴1.5、短轴0.8厘米；扁圆管状，正面微鼓，饰折线纹，背面略平；［22］第75页，图三五 ：15；包括M15 ：2 ～ 12共11件，位于盆骨以上腰椎附近、骶骨与腰椎连接处、左侧髋骨边缘桡骨内侧、左股骨头内侧及盆骨之下。

37-5；忻州窑子M54 ：16；长0.6 ～ 0.8、长轴1.4 ～ 1.7、短轴0.65 ～ 0.85厘米；扁圆管状，正面微鼓，饰折线纹，背面略平；［22］第146页，图八八 ：12；包括M54 ：11 ～ 22共12件，位于腰椎左侧髋骨之上腹腔内、左髋骨外侧指骨附近、左髋骨骨面、右髋骨骨面下方和外侧、右股骨上端。

37-6；忻州窑子M59 ：9；长0.8、长轴1.6、短轴0.9厘米；扁圆管状，正面微鼓，饰折线纹，背面略平；［22］第150页，图九二 ：5；包括M59 ：5 ～ 11共7件，位于右桡骨上端外侧、左髋骨上腹腔内、右股骨头、左股骨与髋骨间及左指骨骨面。

37-7；忻州窑子M64 ：8；长0.9、长轴1.5、短轴0.8厘米；扁圆管状，正面微鼓，饰折线纹，背面略平；［22］第159页，图一〇一 ：9；位于髋骨骨面。

38

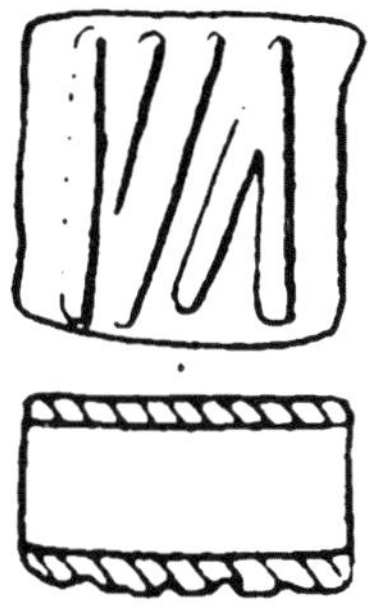

【出土地点】 忻州窑子M13 ：9

【尺　　寸】 长1.5、长轴1.35、短轴0.9厘米

【形制描述】 扁圆管状，略残。正面微鼓，饰斜向弦纹，背面略平。

【发表出处】 ［22］第69页，图三〇 ：11

【备　　注】 可能非单件铸造，另有M13 ：8无图；位于骨盆至右股骨处；墓主为儿童，性别不详。

39

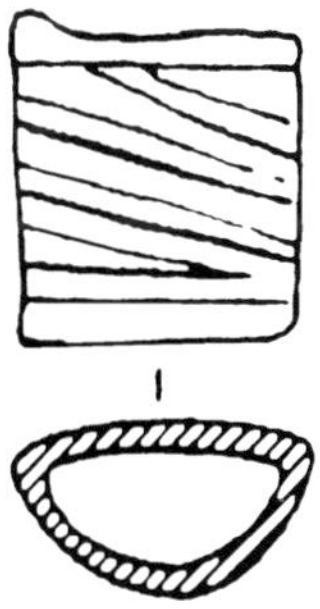

【出土地点】 忻州窑子M54 ：23

【尺　　寸】 长1.4、长轴1.1、短轴0.8厘米

【形制描述】 扁圆管状，正面微鼓，饰四道斜线纹，背面略平。

【发表出处】 ［22］第146页，图八八 ：8

【备　　注】 位于腰部附近；墓主为35 ～ 40岁北亚男性。

40

【出土地点】 忻州窑子M13：4

【尺　　寸】 残长1.1、宽1.6厘米

【形制描述】 扁圆管状，横截面呈箍形，正面饰纵向V字形纹。

【发表出处】 ［22］第69页，图三〇：15；彩版二七：2

【备　　注】 位于骨盆至右股骨处；墓主为儿童，性别不详。

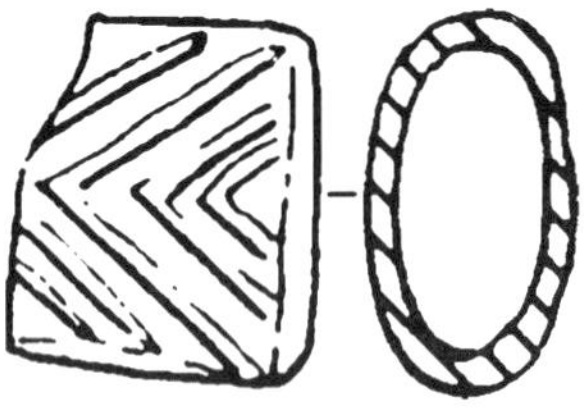

41

【出土地点】 忻州窑子M22：4

【尺　　寸】 长1.1、宽1.4厘米

【形制描述】 扁圆管状，横截面呈箍形，正面饰方格纹。

【发表出处】 ［22］第84页，图四二：28；彩版二七：1

【备　　注】 位于左侧髋骨附近；墓主为20岁左右东亚男性。

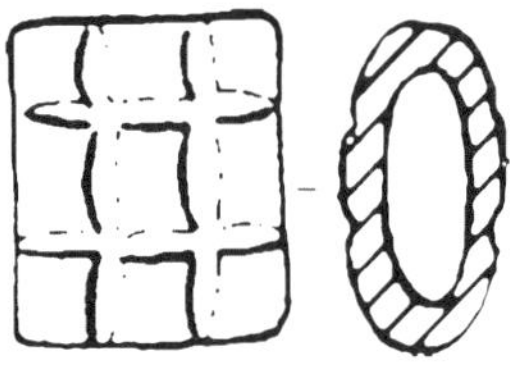

42

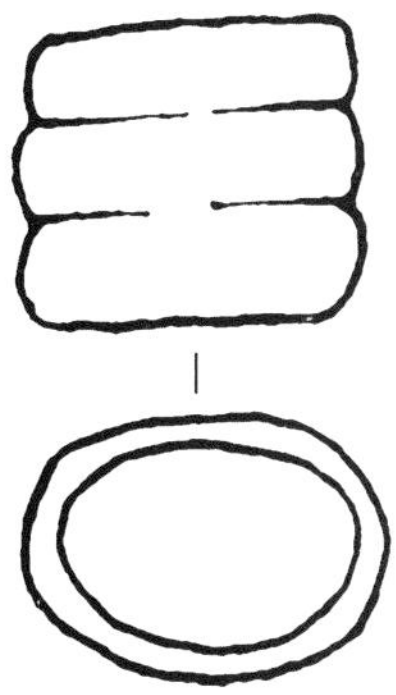

【出土地点】 桃红巴拉M1 ：27

【尺　　寸】 长约1.2、外径1.5、内径1.2厘米

【形制描述】 扁圆管状，横截面呈椭圆形，饰凹弦纹。

【发表出处】 ［10］第210页，图五 ：7

【备　　注】 共25件；长度根据图中比例尺估算；内有铁锈；位于马面饰附近；墓主为35岁左右男性。

43

【出土地点】 崞县窑子M9 ：4-1

【尺　　寸】 长轴1.3、短轴0.7、长2.2厘米

【形制描述】 扁圆管状，正面微鼓，饰"Z"字形纹，背面略平，两件连铸，中间镂空。

【发表出处】 ［13］第66页，图一一 ：24

【备　　注】 该墓地形制相同的共68件；墓主为30～35岁女性。

44①

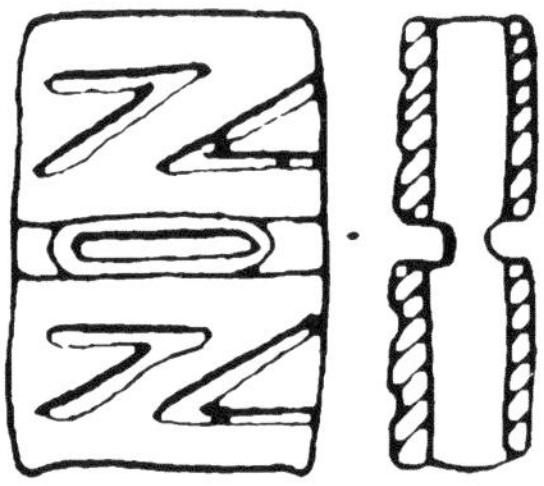

【出土地点】 忻州窑子M44：1

【尺　　寸】 长1.95、长轴1.45、短轴0.7厘米

【形制描述】 扁圆管状，正面微鼓，饰"Z"字形纹，背面略平，两件连铸，中间镂空。

【发表出处】 ［22］第124页，图七〇：11

【备　　注】 位于髋骨附近；墓主为30岁左右北亚男性。

---

① 与该器形制相近的还有：

44-1；忻州窑子M2：9；长1.8、长轴1.5、短轴0.7厘米；扁圆管状，正面微鼓，饰"Z"字形纹，背面略平，两件连铸，中间镂空；［22］第51页，图一六：5；位于两臂骨内侧或呈一字形摆放在腰部。

44-2；忻州窑子M3：4；长1.9、长轴1.1、短轴0.9厘米；扁圆管状，正面微鼓，饰"Z"字形纹，背面略平，两件连铸；［22］第56页，图二〇：14；位于小臂附近。

44-3；忻州窑子M13：5；长1.7、长轴1.35、短轴0.8厘米；扁圆管状，正面微鼓，饰"Z"字形纹，背面略平，两件连铸，中间镂空；［22］第69页，图三〇：10；另有M13：6无图，位于盆骨至右股骨处。

44-4；忻州窑子M21：2；长1.9、长轴1.4、短轴0.6厘米；扁圆管状，正面微鼓，饰"Z"字形纹，背面略平，两件连铸，中间镂空；［22］第80页，图三九：11；位于腰部附近。

44-5；忻州窑子M22：10；长1.8、长轴1.3、短轴0.7厘米；扁圆管状，正面微鼓，饰"Z"字形纹，背面略平，两件连铸，中间镂空；［22］第84页，图四二：16；包括M22：10、11共2件，位于左侧髋骨附近。

44-6；忻州窑子M26：7；长1.8、长轴1.3、短轴0.7厘米；扁圆管状，正面微鼓，饰"Z"字形纹，背面略平，两件连铸，中间镂空；［22］第96页，图五〇：11。

44-7；忻州窑子M29：12；长2.05、长轴1.5、短轴0.75厘米；扁圆管状，正面微鼓，饰"Z"字形纹，背面略平，两件连铸，中间镂空；［22］第103页，图五五：6；位于腰部附近。

44-8；忻州窑子M31：4；长2、长轴1.3、短轴0.7厘米；扁圆管状，正面微鼓，饰"Z"字形纹，背面略平，两件连铸，中间镂空；［22］第103页，图五五：14；位于右股骨头上侧。

44-9；忻州窑子M39：18；长2、长轴1.3、短轴0.8厘米；扁圆管状，正面微鼓，饰"Z"字形纹，背面略平，两件连铸，中间镂空；［22］第119页，图六六：7；位于髋骨下侧骨面之上。

44-10；忻州窑子M43：5；长1.8、长轴1.65、短轴0.9厘米；扁圆管状，正面微鼓，饰"Z"字形纹，背面略平，两件连铸，中间镂空；［22］第124页，图七〇：2；位于腰部附近。

44-11；忻州窑子M46：2；长1.75、长轴1.3、短轴0.7厘米；扁圆管状，正面微鼓，饰"Z"字形纹，背面略平，两件连铸，中间镂空；［22］第132页，图七七：3；位于腰椎骨骨面上。

44-12；忻州窑子M48：4；长1.8、长轴1.4、短轴0.8厘米；扁圆管状，正面微鼓，饰"Z"字形纹，背面略平，两件连铸，中间镂空；［22］第132页，图七七：7；另有M48：4无图，位于右侧髋骨外侧及骶骨之下。

45[1]

【出土地点】 忻州窑子M47：3

【尺　　寸】 长2、长轴1.65、短轴0.9厘米

【形制描述】 扁圆管状，正面微鼓，饰折线纹，背面略平，两件连铸，中间镂空。

【发表出处】 ［22］第132页，图七七：6

【备　　注】 另有M47：2无图；位于尺骨内侧及腰部附近；墓主为25～30岁北亚男性。

44-13；忻州窑子M54：4；长1.7～2、长轴1.6、短轴0.9厘米；扁圆管状，正面微鼓，饰"Z"字形纹，背面略平，两件连铸，中间镂空；［22］第146页，图八八：13；包括M54：4～8共5件，位于腰部附近。

44-14；忻州窑子M59：4；长2、长轴1.5、短轴0.5厘米；扁圆管状，正面微鼓，饰"Z"字形纹，背面略平，两件连铸，中间镂空；［22］第150页，图九二：7；另有M59：3无图，位于腰部附近。

44-15；忻州窑子M65：4；长1.7、长轴1.5、短轴0.9厘米；扁圆管状，正面微鼓，饰"Z"字形纹，背面略平，两件连铸，中间镂空；［22］第159页，图一〇一：6；包括M65：2～4共3件，位于腰部附近。

44-16；忻州窑子M67：10；长2、长轴1.4、短轴0.7厘米；扁圆管状，正面微鼓，饰"Z"字形纹，背面略平，两件连铸，中间镂空；［22］第166页，图一〇六：7；位于腰部附近。

44-17；忻州窑子M49：10；长0.9、长轴1.3、短轴0.6厘米；扁圆管状，上部残，正面微鼓，饰"Z"字形纹，背面略平；［22］第136页，图八一：6；包括M49：10～14共5件，位于胸椎、右髋骨边缘骨面、骶骨骨面、左髋骨骨面及左股骨头。

① 与该器形制相近的还有：

45-2；忻州窑子M51：5；长2、长轴1.6、短轴0.9厘米；扁圆管状，正面微鼓，饰折线纹，背面略平，两件连铸，中间镂空；［22］第141页，图八四：5；包括M51：5～7共3件，位于右侧残存股骨上端及两股骨之间。

45-3；忻州窑子M45：3；长0.7、长轴1.6、短轴0.6厘米；扁圆管状，上部残，正面微鼓，饰折线纹，背面略平；［22］第124页，图七〇：6；包括M45：3～5共3件，位于肱骨内侧肩胛骨下方、左肋骨骨隙、左肩胛骨、腰椎及腰椎左侧髋骨上端。

45-4；忻州窑子M51：8；长0.7、长轴1.7、短轴0.85厘米；扁圆管状，上部残，端口出棱，正面微鼓，饰折线纹，背面略平；［22］第141页，图八四：12；位于股骨附近。

45-5；忻州窑子M52：5；长0.9、长轴1.3、短轴0.6厘米；扁圆管状，上部残，端口出棱，正面微鼓，饰折线纹，背面略平；［22］第141页，图八四：16；包括M52：4～6共3件，位于右尺骨与桡骨之间、骶骨骨面及盆骨下。

45-6；忻州窑子M47：5；长0.7、长轴1.4、短轴0.6厘米；扁圆管状，上部残，端口出棱，正面微鼓，饰折线纹，背面略平；［22］第132页，图七七：10；包括M47：4～7共4件，位于右尺骨下端、右尺骨内侧、尾骨骨面及左股骨头骨面。

45-1

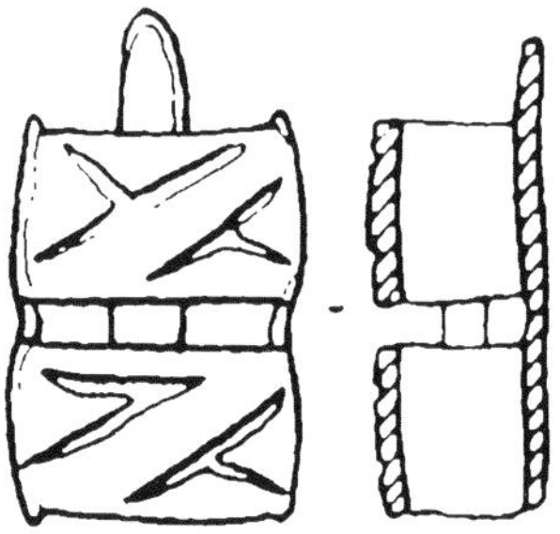

【出土地点】 忻州窑子M49：9

【尺　　寸】 长2、长轴1.4、短轴0.8厘米

【形制描述】 扁圆管状，正面微鼓，饰折线纹，背面略平，两件连铸，中间镂空。

【发表出处】 ［22］第136页，图八一：10

【备　　注】 包括M49：7～9共3件；位于胸椎及腰部附近；墓主14～16岁。

46[①]

【出土地点】 忻州窑子M64 ：7

【尺　　寸】 长3.3、长轴1.35、短轴0.75厘米

【形制描述】 扁圆管状，正面微鼓，饰“Z”字形纹，背面略平，三件连铸，中间镂空。

【发表出处】 ［22］第159页，图一〇一 ：2；彩版二七 ：5

【备　　注】 位于髋骨附近；墓主为30 ～ 35岁男性。

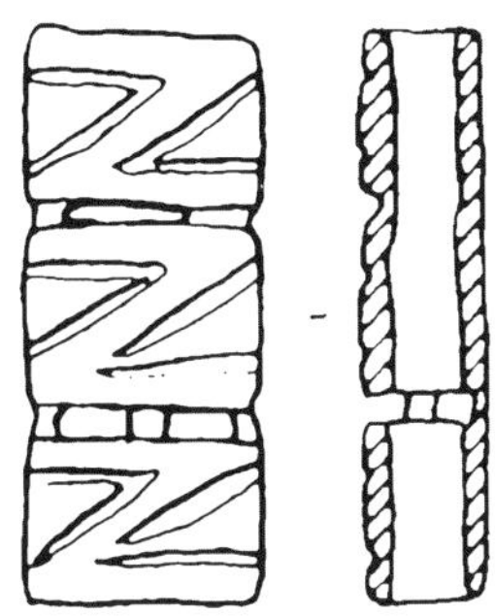

① 与该器形制相近的还有：

46-1；忻州窑子M29 ：13；长3.2、长轴1.3、短轴0.65厘米；扁圆管状，正面微鼓，饰“Z”字形纹，背面略平，三件连铸，中间镂空 ;［22］第103页，图五五 ：13；位于腰部附近。

46-2；忻州窑子M54 ：10；长3.1、长轴1.4、短轴0.7厘米；扁圆管状，正面微鼓，饰“Z”字形纹，三件连铸，中间镂空 ;［22］第146页，图八八 ：9；另有M54 ：9无图，位于腰部附近。

46-3；忻州窑子M13 ：7；长2.7、长轴1.35、短轴0.7厘米；扁圆管状，正面微鼓，饰“Z”字形纹，背面略平，鼓面略厚于平面，三件连铸，中间镂空 ;［22］第69页，图三〇 ：6；位于盆骨至右股骨处。

46-4；忻州窑子M65 ：5；长2.7、长轴1.5、短轴0.85厘米；扁圆管状，正面微鼓，饰“Z”字形纹，背面略平，三件连铸，中间镂空 ;［22］第159页，图一〇一 ：3；位于腰部附近。

47[1]

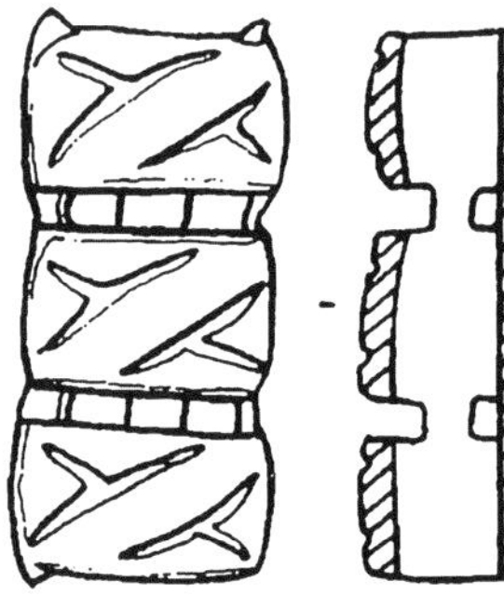

【出土地点】 忻州窑子M33：23

【尺　　寸】 长3.1、长轴1.6、短轴1厘米

【形制描述】 扁圆管状，正面微鼓，饰折线纹，背面略平，三件连铸，中间镂空。

【发表出处】 ［22］第109页，图五九：11

【备　　注】 该墓出土各种形制的管状饰共50件；分别位于颈部附近、左锁骨上方、右髋骨骨面及两侧髋骨之间；墓主为45岁左右男性。

47-1

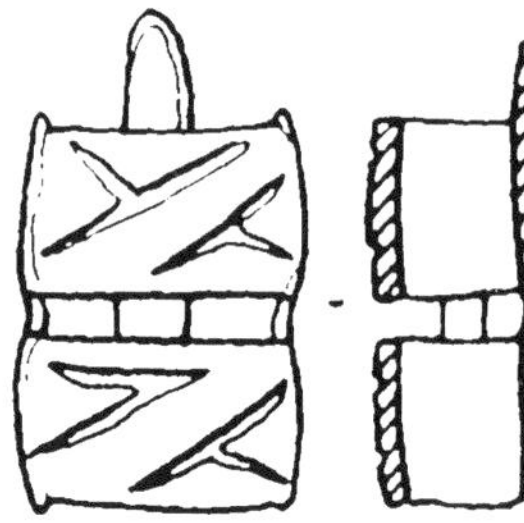

【出土地点】 忻州窑子M64：2

【尺　　寸】 长1.9、长轴1.6、短轴0.9厘米

【形制描述】 扁圆管状，上部残，端口出棱。正面微鼓，饰折线纹，背面略平。

【发表出处】 ［22］第159页，图一〇一：7；彩版二七：4

【备　　注】 包括M64：2～6共5件；位于左髋骨骨面或呈链状分布于右髋骨骨面；墓主为30～35岁男性。

① 与该器形制相近的还有：

47-2；忻州窑子M33：22；长1.9、长轴1.6、短轴0.9厘米；扁圆管状，上部残，端口出棱，正面微鼓，饰折线纹，背面略平；［22］第109页，图五九：18。

47-3；忻州窑子M15：10；长1.9、长轴1.5、短轴1厘米；扁圆管状，上部残，端口出棱，正面微鼓，饰折线纹，背面略平；［22］第75页，图三五：5；位于腰部附近，墓主为45岁左右北亚男性。

48[①]

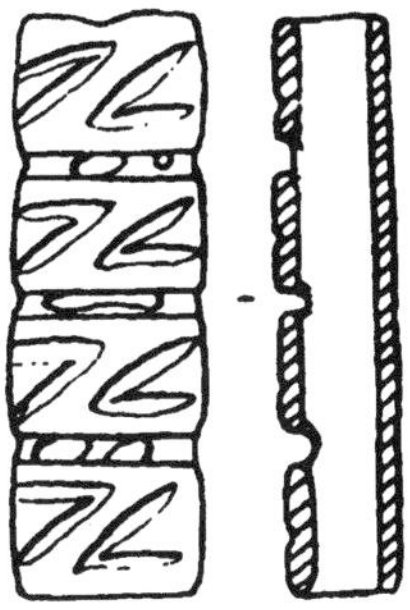

【出土地点】 忻州窑子M65 ：6

【尺　　寸】 长4、长轴1.4、短轴0.7厘米

【形制描述】 扁圆管状，正面微鼓，饰“Z”字形纹，背面略平，四件连铸，中间镂空。

【发表出处】［22］第159页，图一〇一 ：4；彩版二七 ：6

【备　　注】 另有M65 ：7～15无图；位于右髋骨骨面、骶骨尺骨之间、盆骨之下及左股骨前端内外。

49

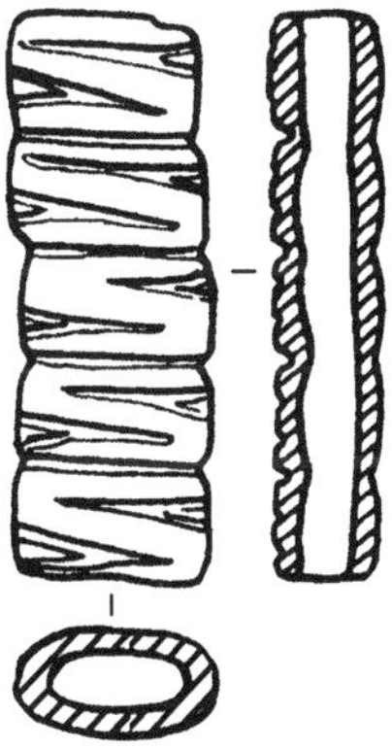

【出土地点】 忻州窑子M66 ：8

【尺　　寸】 长4、长轴1.5、短轴0.8厘米

【形制描述】 扁圆管状，正面微鼓，饰“Z”字形纹，背面略平，五件连铸。

【发表出处】［22］第163页，图一〇四 ：5

【备　　注】 另有M66 ：7三管连铸，无图；位于腰部附近；墓主为35岁左右东亚男性。

---

① 与该器形制相近的还有：

48-1；忻州窑子M47 ：8；长4.2、长轴1.5、短轴0.9厘米；扁圆管状，正面微鼓，饰“Z”字形纹，背面略平，四件连铸，中间镂空 ;［22］第132页，图七七 ：2；位于腰部附近，墓主为25～30岁北亚男性。

48-2；忻州窑子M15 ：13；长3.3、长轴1.5、短轴1厘米；扁圆管状，上部残，端口出棱，正面微鼓，饰折线纹，背面略平，四件连铸，中间镂空 ;［22］第75页，图三五 ：11；位于腰部附近，墓主为45岁左右北亚男性。

50

【出土地点】 宝亥社

【尺　　寸】 长3.7、宽0.9厘米

【形制描述】 长方形管状，正面横向饰成排凸起的小圆点，背面饰横槽纹。

【发表出处】 ［12］第82页，图六：9

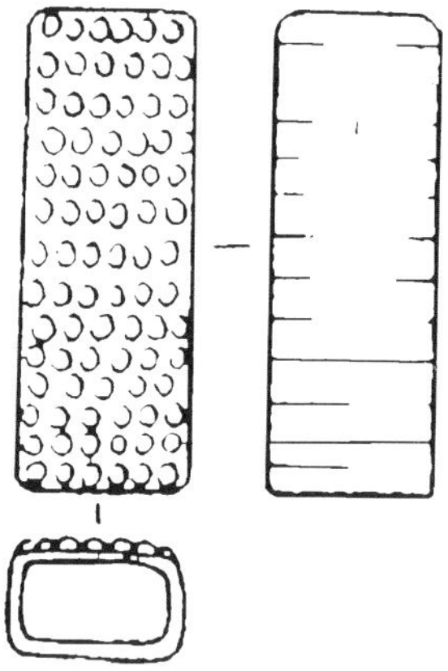

51

【出土地点】 忻州窑子M51：9

【尺　　寸】 长2.4、宽1.5厘米

【形制描述】 长方形管状，表面饰三道平行弦纹。

【发表出处】 ［22］第141页，图八四：3；彩版二七：7

【备　　注】 位于股骨上端附近。

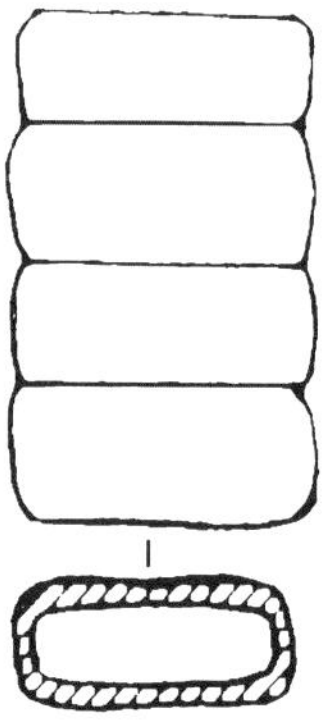

52

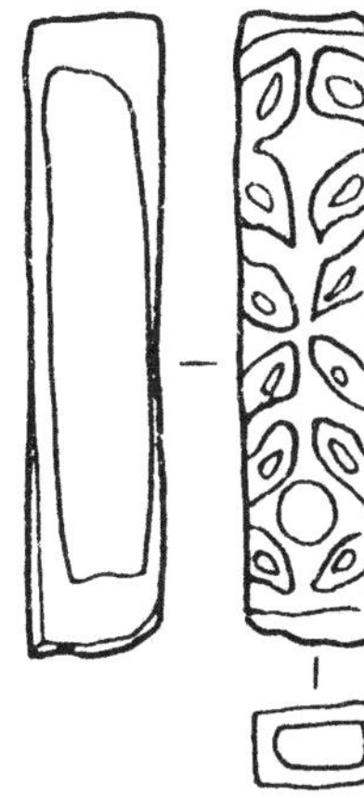

【出土地点】　桃红巴拉M5 ：12

【尺　　寸】　长约3.6厘米

【形制描述】　长方形管状，正面有纹饰，背镂空。

【发表出处】　［4］第136页，图六 ：5

【备　　注】　尺寸根据图中比例尺估算。

52-1

【出土地点】　桃红巴拉M3 ：5

【形制描述】　长方形管状，有纹饰。

【发表出处】　［10］图版八六 ：14

【备　　注】　尺寸未发表。

52-2

【出土地点】 桃红巴拉M3：2

【形制描述】 长方形管状，有纹饰。

【发表出处】 ［10］图版八六：19

【备　　注】 尺寸未发表。

53

【出土地点】 桃红巴拉M5：8

【形制描述】 长方形管状，正面有纹饰，背镂空

【发表出处】 ［4］第136页，图六：4

【备　　注】 尺寸未发表。

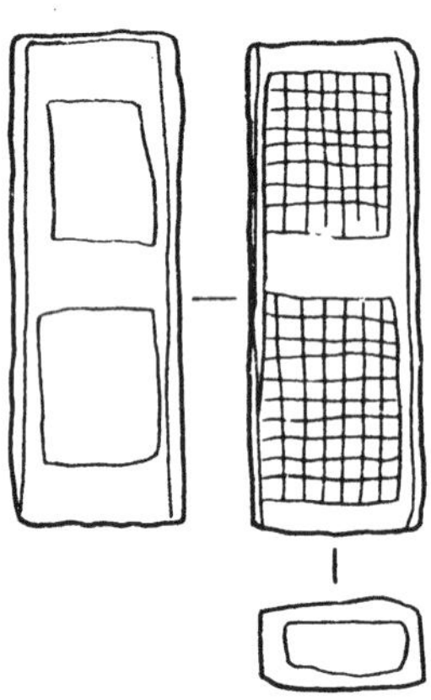

53-1

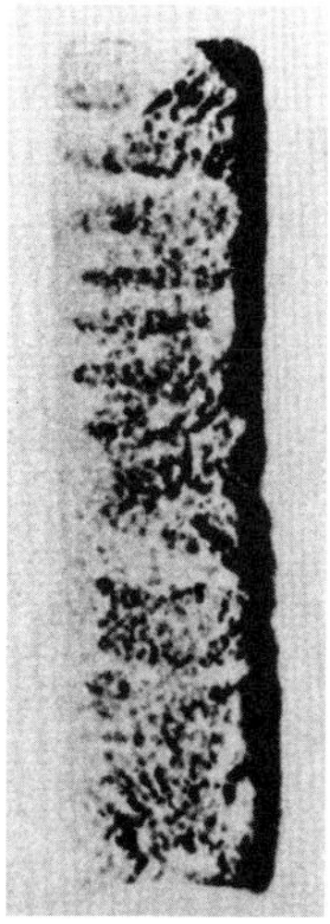

【出土地点】 桃红巴拉M1：39

【形制描述】 长方形管状，有纹饰。

【发表出处】 ［10］图版八六：18

【备　　注】 尺寸未发表；墓主为35岁左右男性。

54

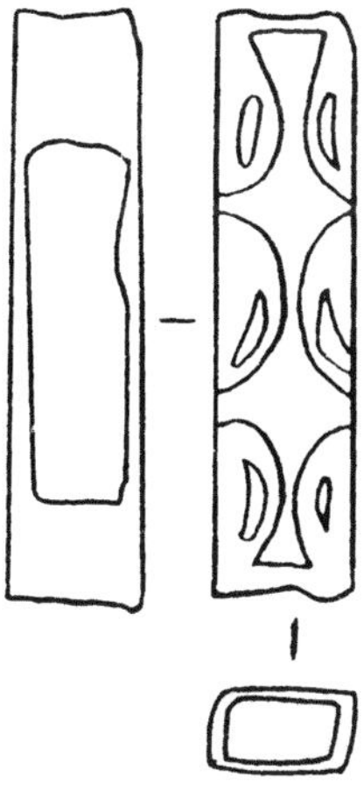

【出土地点】 西沟畔M3：21

【尺　　寸】 长3.3、宽1厘米

【形制描述】 长方形管状，正面有纹饰，背镂空。

【发表出处】 ［7］第5页，图七：2

十二、环形饰

1

【出土地点】 明安木独

【尺　　寸】 环外径7.4、内径约6.4厘米

【形制描述】 扁平圆环状，环身横截面近长方形，接口明显。

【发表出处】 ［16］第80页，图六：5

【备　　注】 内径根据图中器物自身比例估算。

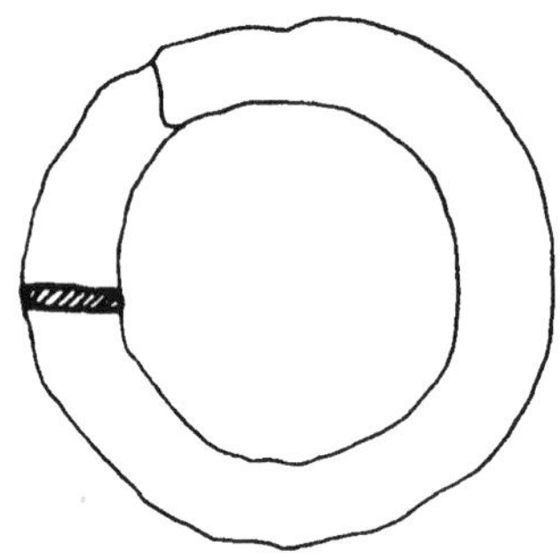

2

【出土地点】 宝亥社

【尺　　寸】 环外径4.8、内径2.8厘米

【形制描述】 扁平圆环状，环身横截面近方形，环内缘凸起。

【发表出处】 ［12］第82页，图六：6

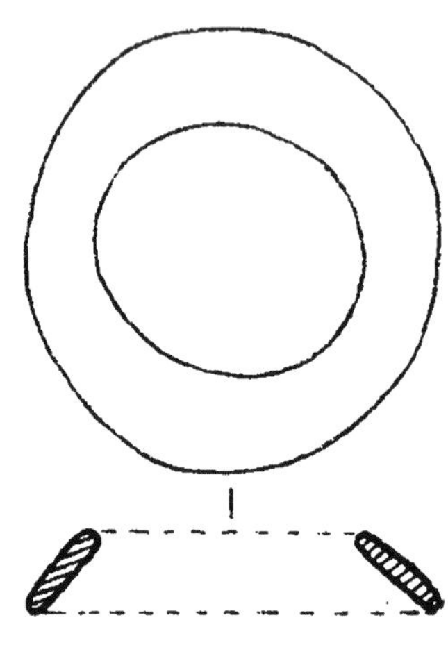

3

【出土地点】 忻州窑子M67：9

【尺　　寸】 环外径5.8、内径约4.6、环钮直径1.5厘米

【形制描述】 扁平圆环状，环身横截面呈长方形，环上部外缘附一半圆形钮，圆形钮孔。

【发表出处】［22］第166页，图一〇六：11；彩版二八：4

【备　　注】 位于右侧髋骨面；墓主为45～50岁男性。

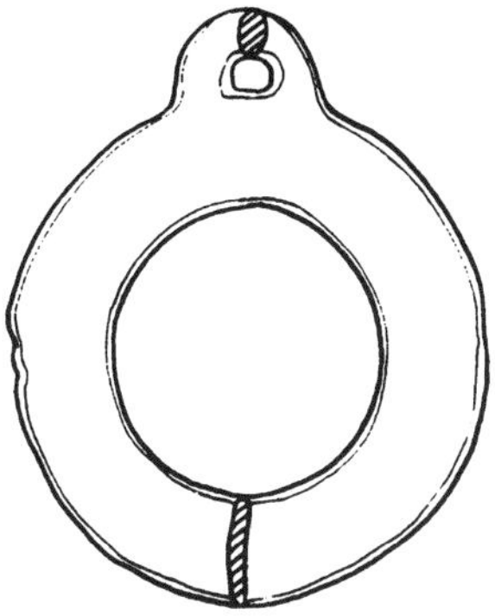

4

【出土地点】 忻州窑子M25：2

【尺　　寸】 环外径2～2.5、内径1厘米

【形制描述】 平面呈圆角方形，扁平环状，中部有圆形穿孔。

【发表出处】［22］第91页，图四六：13；彩版三〇：5

【备　　注】 原器名为扣形饰；位于骶骨下；墓主17～18岁。

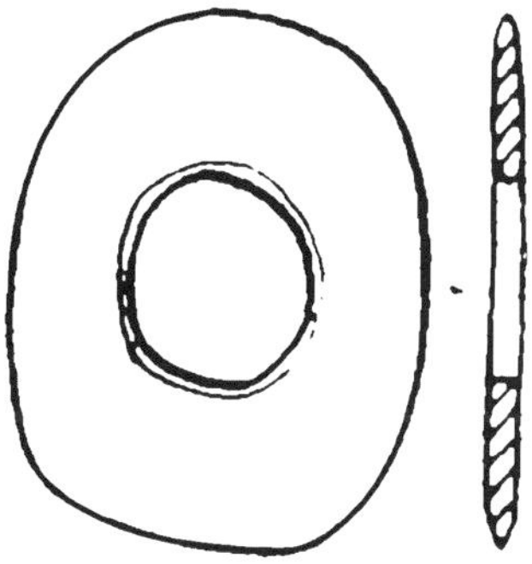

5

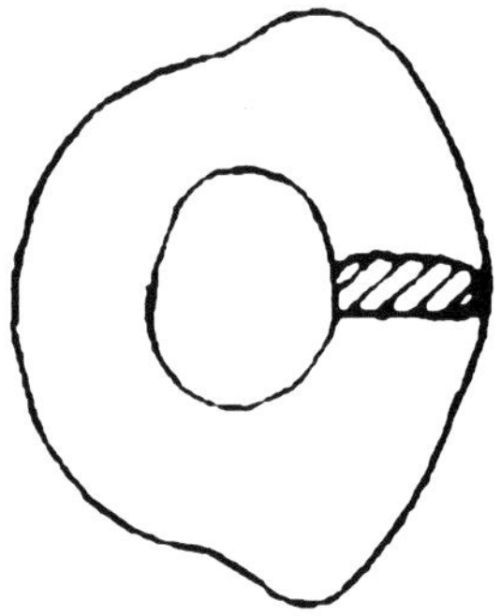

【出土地点】　井沟子M3 ∶ 4

【尺　　寸】　环外径1.9、内径约0.8厘米

【形制描述】　平面近圆形，扁平环状，体扁平两侧各出一圆凸，中部有圆形穿孔。

【发表出处】　［24］第41页，图一四 ∶ 22

【备　　注】　内径根据图中比例尺估算。

6

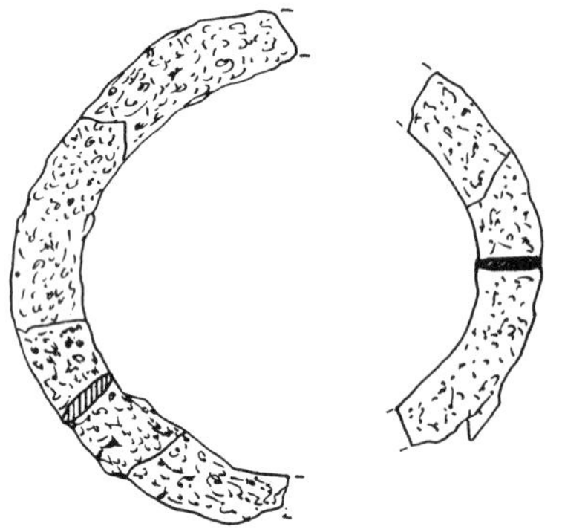

【出土地点】　水泉M29 ∶ 13

【尺　　寸】　外径8.8、宽1.6、厚0.5厘米

【形制描述】　横截面为长方形，锈蚀严重且锈裂多段。

【发表出处】　［25］第259页，图一七二 ∶ 2

【备　　注】　铁质。

7

【出土地点】 桃红巴拉M1 ：33

【尺　　寸】 环外径约4.5、内径约1.8厘米

【形制描述】 扁平圆环状，环身横截面近长方形，环面饰交错弧形纹。

【发表出处】 ［4］第136页，图六：22；图版二：18

【备　　注】 尺寸根据图中比例尺估算；墓主为35岁左右男性。

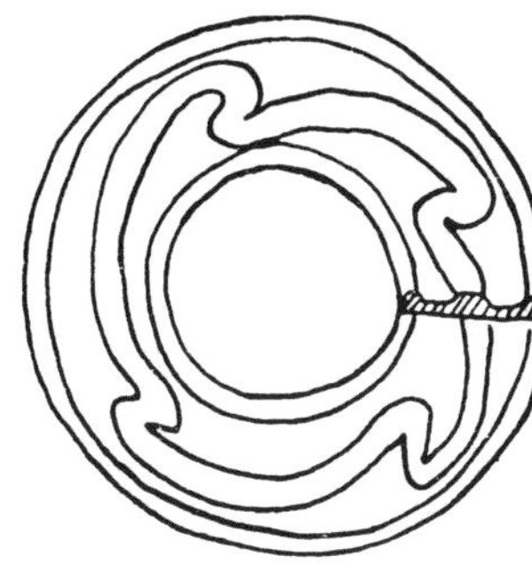

7-1

【出土地点】 桃红巴拉M5 ：3

【形制描述】 扁平圆环状，环身横截面近长方形，环面饰交错弧形纹。

【发表出处】 ［10］图版七六：4

【备　　注】 尺寸未发表。

7-2

【出土地点】 桃红巴拉M1 ：34

【形制描述】 扁平圆环状，环身横截面近长方形，环面饰交错弧形纹。

【发表出处】［4］第135页；［26］第63页，图八三：左数第2件

【备　　注】 尺寸未发表；墓主为35岁左右男性。

8

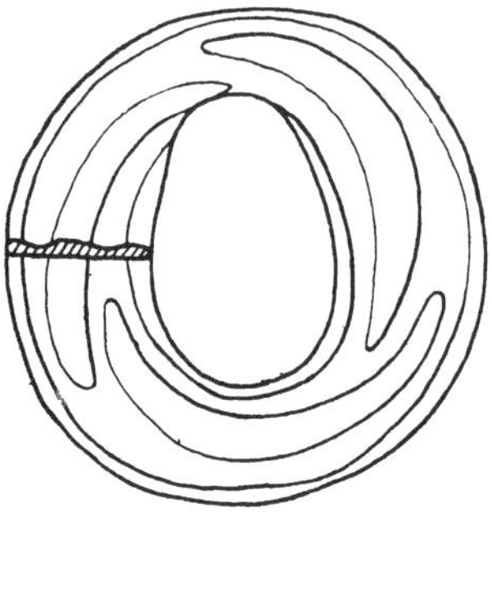

【出土地点】 毛庆沟M66 ：4

【尺　　寸】 环外径4.6～5.1、内径1.7～2.1厘米

【形制描述】 扁平圆环状，环身横截面近长方形，内环近椭圆形，环面饰交错弧形纹，使用痕迹明显。

【发表出处】［11］第270页，图三九：1；图版七七：8

【备　　注】 另有M9：3形制相似，无图。

9

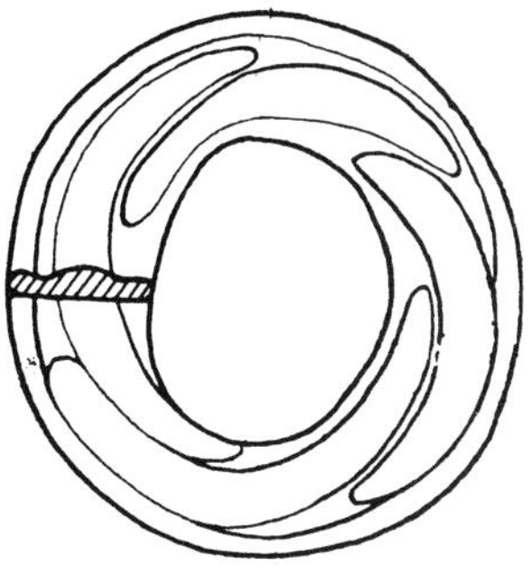

【出土地点】 毛庆沟M63 ：3

【尺　　寸】 环外径4.6～5.1、内径1.7～2.1厘米

【形制描述】 扁平圆环状，环身横截面近长方形，内环近椭圆形。环面饰交错弧形纹，使用痕迹明显。

【发表出处】 ［11］第270页，图三九：3；图版七七：6

【备　　注】 位于左股骨上端内侧，墓主为55岁以上男性。

9-1

【出土地点】 毛庆沟M55 ：6

【尺　　寸】 环外径4.6～5.1、内径1.7～2.1厘米

【形制描述】 扁平圆环状，环身横截面近长方形，内环近椭圆形。环面饰交错弧形纹，使用痕迹明显。

【发表出处】 ［11］图版七七：3

10

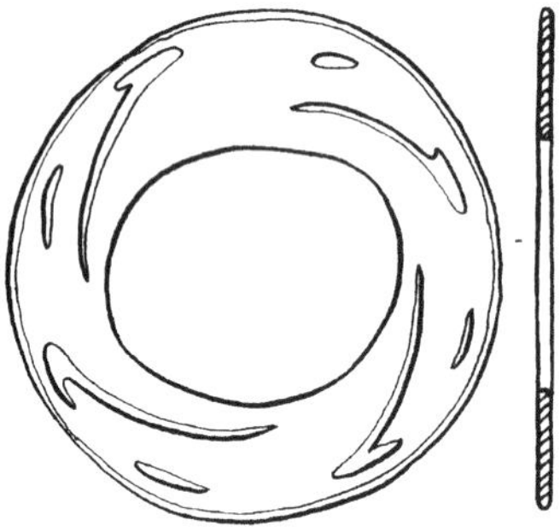

【出土地点】 小双古城M9：11

【尺　　寸】 环外径6.4、内径3.2～3.9厘米

【形制描述】 扁平圆环状，环身横截面近长方形，环面饰涡纹

【发表出处】 ［21］第202页，图一二七：6；彩版四〇：7

【备　　注】 位于左髋骨外侧。

11

【出土地点】 桃红巴拉M5：6

【形制描述】 扁平圆环状，环身横截面近长方形，环面饰连续S纹

【发表出处】 ［10］图版七六：1

【备　　注】 尺寸未发表。

12

【出土地点】 桃红巴拉M2：2

【形制描述】 扁平圆环状，环身横截面近长方形，环面饰交错弧形纹，一侧有球状凸起。

【发表出处】 ［10］图版七六：3

【备　　注】 尺寸未发表。

13①

【出土地点】 忻州窑子M30：13

【尺　　寸】 环外径2.4、内径0.6厘米

【形制描述】 平面呈圆形，环状，正面圆弧，饰弧线弦纹，底面平直，中部有圆形穿孔。

【发表出处】 ［22］第103页，图五五：9

【备　　注】 原器名为扣形饰；位于左髋骨骨面之上；墓主为45～50岁女性。

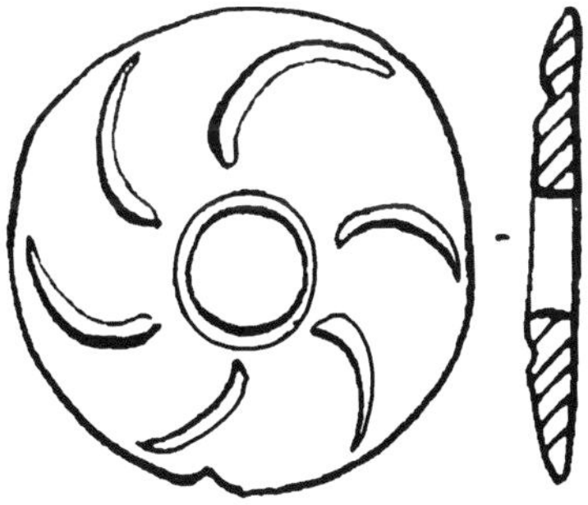

① 与该器形制相近的还有：

13-1；忻州窑子M22：46；外径2.1、内径约0.85厘米；平面呈圆形，环状，正面圆弧，有刻划痕迹，底面平直，横截面近圆角长方形；［22］第84页，图四二：20；原器名为扣形饰，内径根据图中比例尺估算，位于左侧髋骨附近，墓主为20岁左右东亚男性。

14

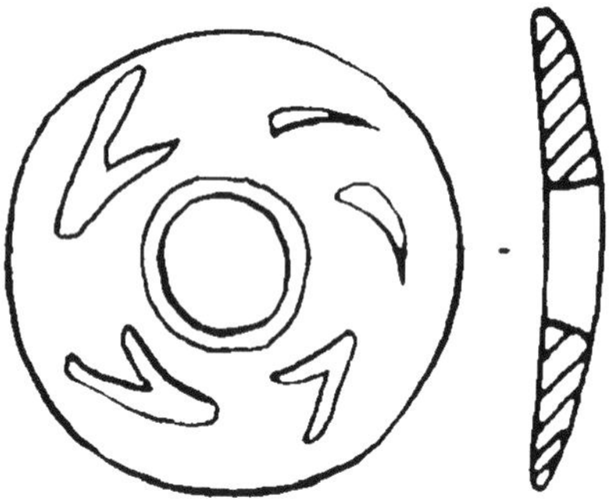

【出土地点】 忻州窑子M61 ：6

【尺　　寸】 外径2.3、内径0.85厘米

【形制描述】 平面呈圆形，环状，正面略圆弧，底面平直，中部有圆形穿孔，环绕穿孔饰漩涡纹。

【发表出处】 ［22］第153页，图九六：7；彩版三〇：6

【备　　注】 原器名为扣形饰；另有M61：5形制相同，无图；位于腰椎左侧髋骨之上的腹腔内。

15

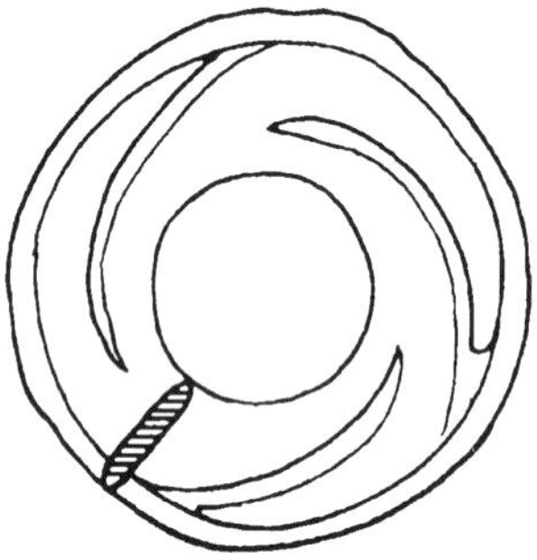

【出土地点】 水泉M21 ：2

【尺　　寸】 外径5、内径2.3、厚0.3厘米

【形制描述】 平面呈圆形，环状，表面锈蚀严重，正面饰交错弧形纹。

【发表出处】 ［25］第250页，图一六四：21

16

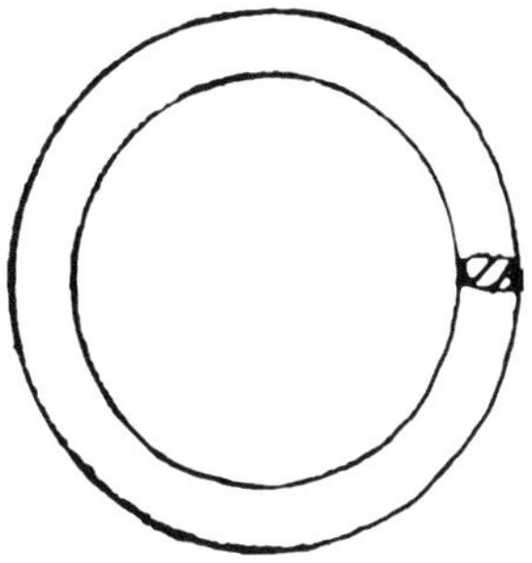

【出土地点】 西园M3 ：7

【尺　　寸】 环径3.6、横截面径约0.4厘米

【形制描述】 圆环状，环身横截面呈椭圆形。

【发表出处】 ［15］第18页，图五 ：4

【备　　注】 横截面径根据器物自身比例估算；墓主为女性。

17

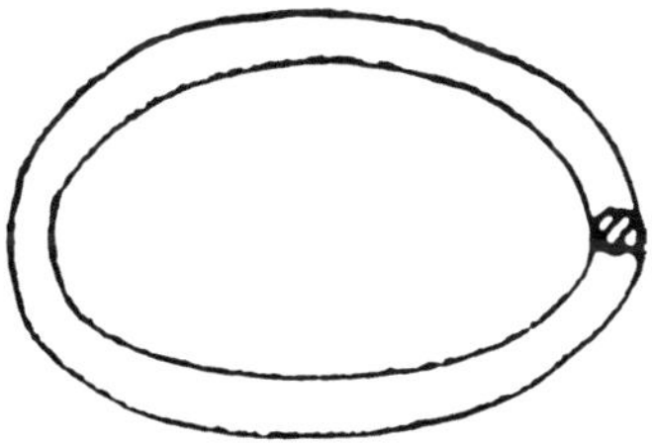

【出土地点】 西园M6 ：3

【尺　　寸】 环径2.26 ～ 3.4、横截面径约0.2厘米

【形制描述】 椭圆环状，环身横截面近椭圆形，铜丝绕成。

【发表出处】 ［15］第18页，图五 ：5

【备　　注】 该墓地形制相似的共3件；尺寸根据器物自身比例估算；墓主为25 ～ 30岁男性。

18

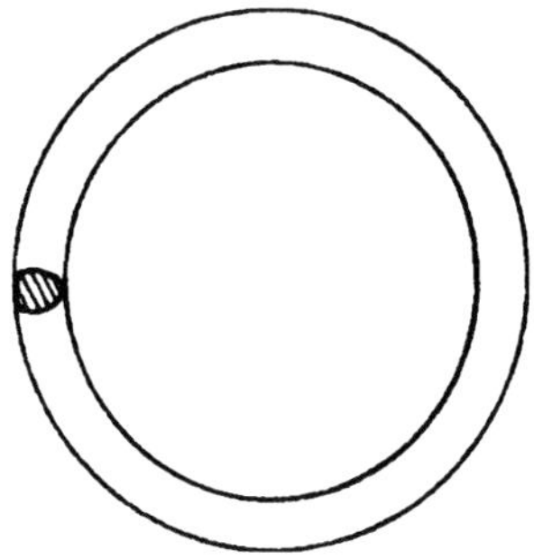

【出土地点】 宝亥社

【尺　　寸】 环径6.2、横截面径约1.2厘米

【形制描述】 圆环状，环身横截面略呈椭圆形。

【发表出处】［12］第82页，图六：14

【备　　注】 横截面径根据器物自身比例估算。

19

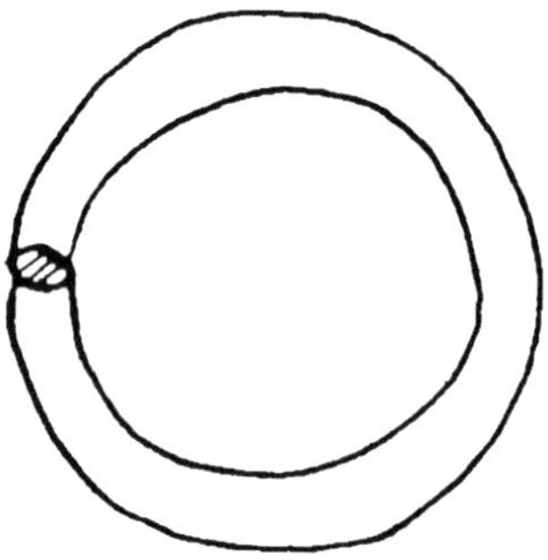

【出土地点】 明安木独

【尺　　寸】 环径5、横截面径约0.64厘米

【形制描述】 圆环状，环身横截面近圆形。

【发表出处】［16］第80页，图六：4

【备　　注】 横截面径根据器物自身比例估算。

20

【出土地点】 毛庆沟M39：4

【尺　　寸】 环径2.4、横截面径0.3厘米

【形制描述】 圆环状，环身横截面呈圆形。

【发表出处】 ［11］第270页，图三九：2；图版七七：5

【备　　注】 横截面径根据图中比例尺估算。

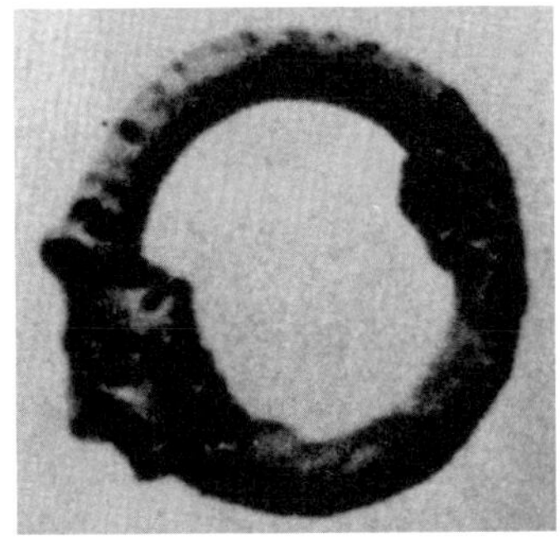

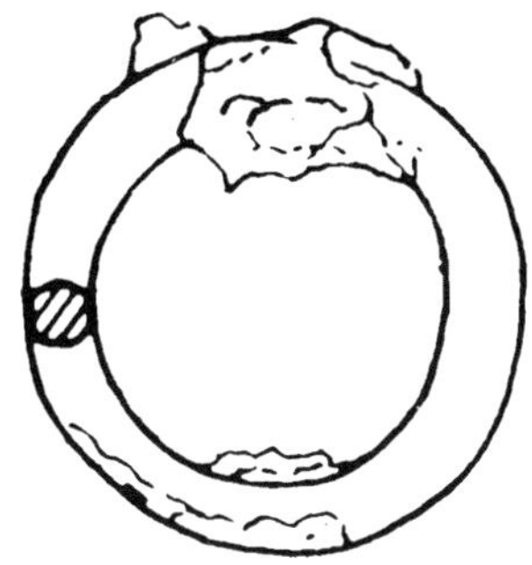

21[①]

【出土地点】 忻州窑子M67：7

【尺　　寸】 环径8.8、横截面径0.5厘米

【形制描述】 圆环状，环身横截面近圆形。

【发表出处】 ［22］第166页，图一〇六：6

【备　　注】 位于右侧髋骨骨面；墓主为45～50岁男性。

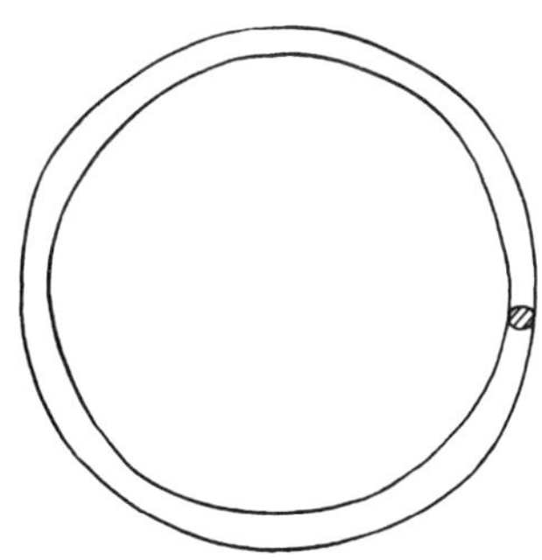

① 与该器形制相近的还有：

21-3；忻州窑子M49：3；环径7.2、横截面径0.55厘米；圆环状，环身横截面近圆形；［22］第136页，图八一：7；位于腰部附近，墓主为14～16岁少年。

21-4；忻州窑子M13：10；环径5、横截面径0.5厘米；圆环状，环身横截面近圆形，制作工整；[22]第69页，图三〇：7；位于左侧肱骨端近肘部，墓主为儿童。

21-5；忻州窑子M15：14；环径8.3、横截面径0.5厘米；圆环状，环身横截面近圆形，制作工整；[22]第75页，图三五：10。

21-6；忻州窑子M15：16；环径5、横截面径0.5厘米；圆环状，环身横截面近圆形，制作工整；[22]第75页，图三五：2；包括M15：14～17共4件，左右桡骨内侧髋骨之下各随葬2件，墓主为45岁左右男性。

21-7；忻州窑子M28：47；环径5.7、横截面径0.6厘米；圆环状，环身横截面近圆形；[22]第100页，图五三：8；另有M28：48无图，分别位于右髋骨骨面、骶骨骨面，墓主为25～30岁男性。

21-8；忻州窑子M31：8；环径2.9、横截面径0.2～0.4厘米；圆环状，环身横截面近圆形；[22]第103页，图五五：22；位于颅骨下，墓主为7岁左右儿童。

21-9；忻州窑子M33：70；环径9.5、横截面径约0.5厘米；圆环状，环身横截面近扁圆形；[22]第109页，图五九：8；另有M33：69无图，位于腰部附近，墓主为45岁左右男性。

21-10；忻州窑子M50：16；环径3.1、横截面径0.1～0.4厘米；圆环状，环身横截面呈椭圆形，使用痕迹十分明显；[22]第136页，图八一：16；位于左侧腓骨外侧，墓主为25岁左右东亚女性。

21-11；忻州窑子M51：3；环径6.5、横截面径0.5厘米；圆环状，环身横截面呈椭圆形；[22]第141页，图八四：2。

21-12；忻州窑子M51：4；环径5.8、横截面径0.55厘米；圆环状，环身横截面呈椭圆形；[22]第141页，图八四：8；包括M51：2～4共3件，其中2件位于右侧股骨上端，1件位于左侧股骨骨面。

21-13；忻州窑子M54：26；环径4.8、横截面径0.4厘米；圆环状，环身横截面呈椭圆形；[22]第146页，图八八：2；位于右髋骨外侧，墓主为35～40岁北亚男性。

21-14；忻州窑子M56：22；环径7.6、横截面径0.5厘米；圆环状，环身横截面呈椭圆形；[22]第146页，图八八：16；包括M56：20～23共4件，左右两侧尺骨与髋骨骨隙之间各2件，墓主为35～40岁北亚男性。

21-15；忻州窑子M59：18；环径8.3、横截面径0.5厘米；圆环状，环身横截面呈椭圆形；[22]第150页，图九二：4。

21-16；忻州窑子M59：19；环径5.9、横截面径0.2厘米；圆环状，环身横截面呈椭圆形；[22]第150页，图九二：14；包括上文21-15号M59：18在内共2件，位于颅骨顶骨右侧及右侧股骨头外侧，墓主为45岁左右北亚女性。

21-17；忻州窑子M65：16；环径6、横截面径0.45厘米；圆环状，环身横截面呈椭圆形；[22]第159页，图一〇一：14；位于左股骨骨面之上。

21-18；忻州窑子M66：13；环径7、横截面径0.5厘米；圆环状，环身横截面近扁圆形；[22]第163页，图一〇四：3。

21-19；忻州窑子M66：14；环径5.2、横截面径0.6厘米；圆环状，环身横截面近扁圆形；[22]第163页，图一〇四：4。

21-20；忻州窑子M66：15；环径5、横截面径0.4厘米；圆环状，环身横截面近扁圆形；[22]第163页，图一〇四：11；包括M66：13～15共3件，1件位于右侧桡骨下端内侧与髋骨骨隙之间，2件位于左侧股骨头与髋骨连接处，墓主为35岁左右东亚男性。

21-21；忻州窑子M67：8；环径5.2、横截面径0.3厘米；圆环状，环身横截面近圆形；[22]第166页，图一〇六：10；位于右侧髋骨骨面，墓主为45～50岁男性。

21-22；忻州窑子M49：4；环径6.1、横截面径0.5厘米；圆环状，环身横截面近圆形；[22]第136页，图八一：9；位于左髋骨下方，墓主为14～16岁少年。

21-1

【出土地点】 忻州窑子M67：6

【尺　　寸】 环径10、横截面径0.6厘米

【形制描述】 圆环状，环身横截面呈椭圆形。

【发表出处】 ［22］彩版二八：3

【备　　注】 位于右侧髋骨骨面；墓主为45～50岁男性。

21-2

【出土地点】 忻州窑子M49：5

【尺　　寸】 环径7.6、横截面径0.65厘米

【形制描述】 圆环状，环身横截面近圆形。

【发表出处】 ［22］彩版二八：2

【备　　注】 位于腰部附近；墓主为14～16岁少年。

22

【出土地点】 崞县窑子M1：2

【尺　　寸】 环径5.3、横截面径0.6厘米

【形制描述】 圆环状，环身横截面呈椭圆形。

【发表出处】 [13]第69页，图一二：5

【备　　注】 墓主为20～22岁男性。

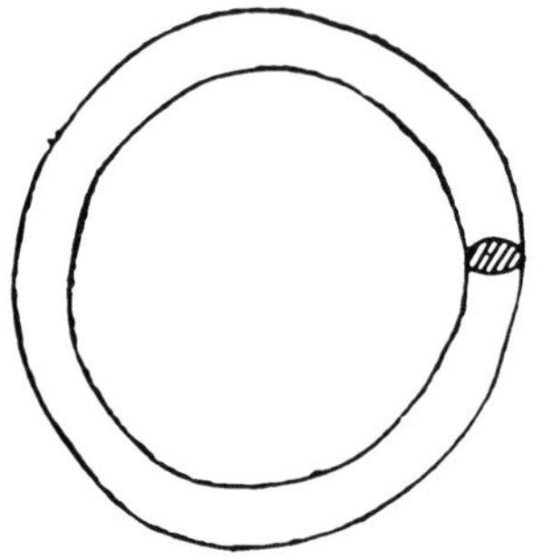

23

【出土地点】 毛庆沟M59：8

【尺　　寸】 环径6.5、横截面径约0.6厘米

【形制描述】 圆环状，环身横截面呈圆形。

【发表出处】 [11]图版七七：4

【备　　注】 横截面径根据器物比例估算；位于墓底中部短剑下方。

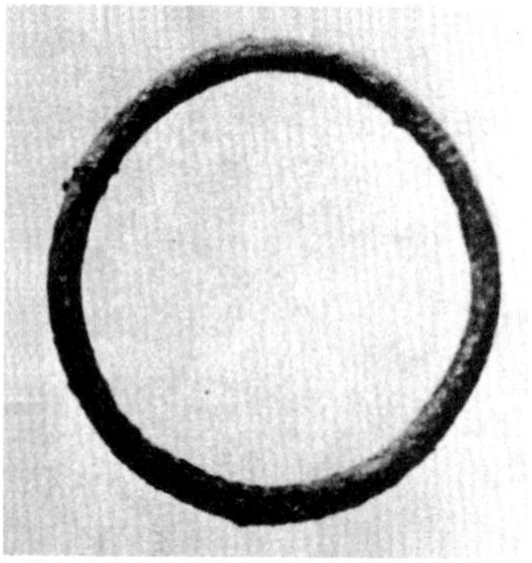

24[①]

【出土地点】 井沟子M58：12-1

【尺　　寸】 环径6.2、横截面径约0.4厘米

【形制描述】 圆环状，环身横截面呈椭圆形。

【发表出处】 ［24］第250页，图一四八：10

【备　　注】 腕饰的组成部分，位于左手腕处，出土时套在管状饰组成的圈上。

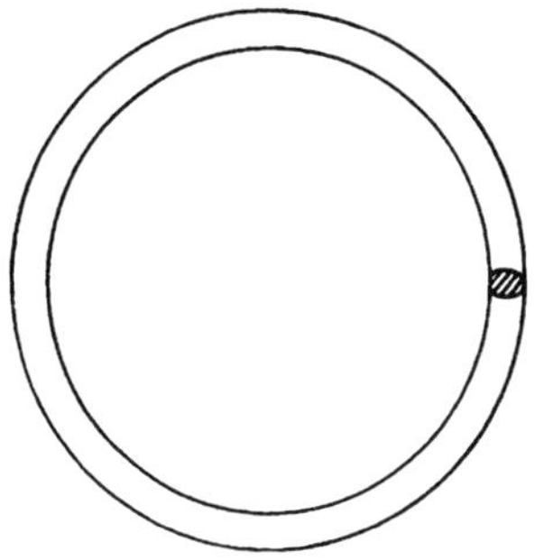

25

【出土地点】 新店子M41：5

【尺　　寸】 环外径7.2、横截面径约1.4厘米

【形制描述】 圆环状，环身横截面近椭圆形。

【发表出处】 ［20］第9页，图八：13

【备　　注】 横截面径根据图中比例尺估算。

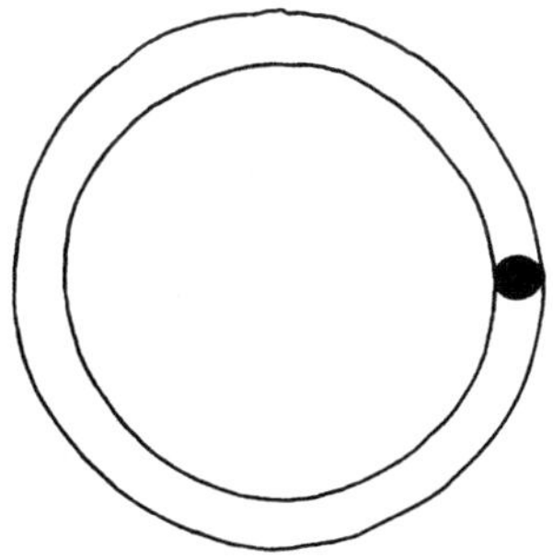

① 与该器形制相近的还有：

24-1；井沟子M58：12-2；外径6.4、横截面径约0.4厘米；圆环状，环身横截面呈椭圆形；［24］第250页，图一四八：11；腕饰的组成部分，位于左手腕处，出土时套在管状饰组成的圈上。

26

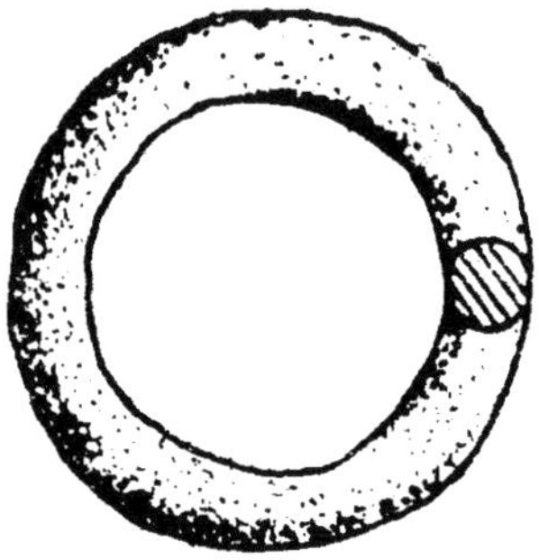

【出土地点】　饮牛沟82EM10：2

【尺　　寸】　环径2.9、横截面径约0.2厘米

【形制描述】　圆环状，环身粗细不一，横截面近圆形。

【发表出处】　［9］第30页，图八：5

【备　　注】　横截面径根据图中比例尺估算。

27①

【出土地点】　水泉M24：13

【尺　　寸】　直径8.2、横截面径1.1厘米

【形制描述】　残，锈裂为多段。横截面为圆形。

【发表出处】　［25］第256页，图一六九：5

【备　　注】　铁质。

① 与该器形制相近的还有：

27-1；水泉M21：12；直径7.1、横截面径0.8厘米；残，锈裂为多段，横截面为圆形；［25］第250页，图一六四：4。

27-2；水泉M21：13；直径8.6、横截面径0.7厘米；残，锈裂为多段，横截面为圆形；［25］第250页，图一六四：7。

28[①]

【出土地点】 忻州窑子M39 ： 4

【尺　　寸】 直径8、横截面径0.6厘米

【形制描述】 圆环状，环身外侧有一凸起，横截面呈圆形。

【发表出处】 ［22］第119页，图六六 ： 19

【备　　注】 另有M39 ： 3无图；位于右侧桡骨前端及左侧股骨头与髋骨相接处；墓主为25岁左右东亚男性。

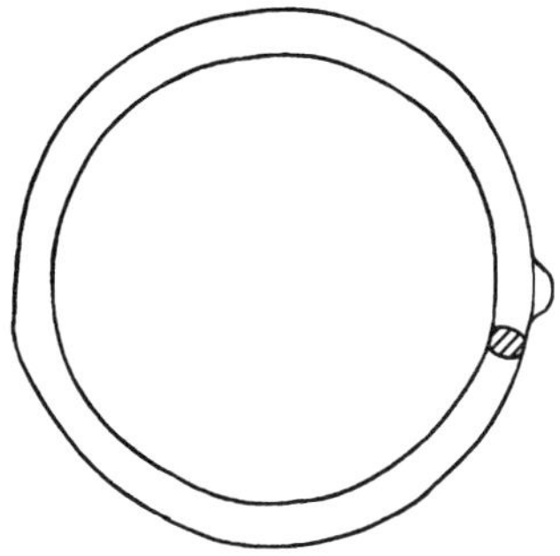

29

【出土地点】 崞县窑子M8 ： 11

【尺　　寸】 环径2.7 ～ 3.6、横截面径约0.2厘米

【形制描述】 椭圆环状，环身有舌状凸起，横截面呈椭圆形。

【发表出处】 ［13］第69页，图一二 ： 7

【备　　注】 横截面径根据图中比例尺估算；墓主为22 ～ 24岁女性。

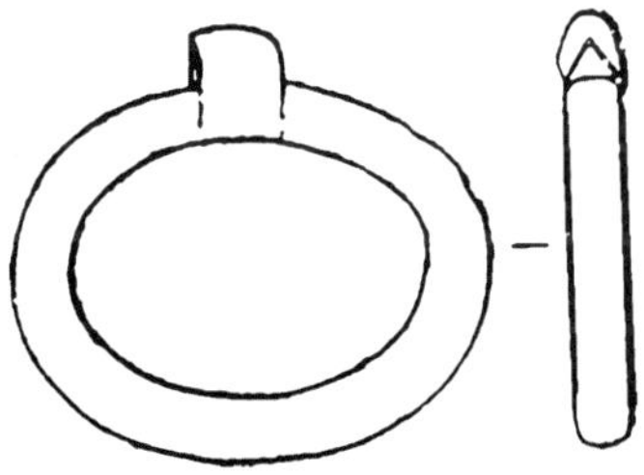

① 与该器形制相近的还有：

28-1；忻州窑子M33 ： 71；环径6.2、横截面径约0.5厘米；圆环状，环身外侧有一凸起，横截面呈圆形；［22］第109页，图五九 ： 12；位于腰部附近，墓主为45岁左右男性。

28-2；忻州窑子M51 ： 2；环径6.3、横截面径约1.5厘米；圆环状，环身外侧有一凸起，横截面呈圆形；［22］第37页，图一一 ： 20；横截面径根据图中比例尺估算，位于左侧股骨骨面之上。

30[①]

【出土地点】 井沟子M47 ：36-1

【尺　　寸】 外径4、横截面径约0.6厘米

【形制描述】 圆环状，环身外侧有一凸起。

【发表出处】 ［24］第200页，图一一八 ：12左

【备　　注】 串饰的组成部分；横截面径根据图中比例尺估算；位于墓底东部。

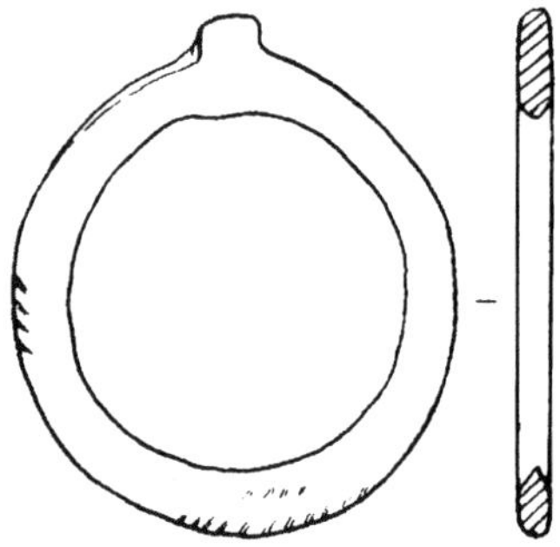

31

【出土地点】 明安木独

【尺　　寸】 环径约6.2、横截面径约1厘米

【形制描述】 圆环状，环身横截面呈椭圆形，环面饰折线弦纹。

【发表出处】 ［16］第80页，图六 ：6

【备　　注】 尺寸为估算。

① 与该器形制相近的还有：

30-1；井沟子M47 ：36-2；长径3、横截面径约0.4厘米；椭圆环状，环身一侧有小凸钮，另一侧横截面呈方形的钮残断；［24］第200页，图一一八 ：12中上；串饰的组成部分，出土时套于M47 ：36-1之内，横截面径根据图中比例尺估算，位于墓底东部。

32[①]

【出土地点】 忻州窑子M64 : 10

【尺　　寸】 环径6.1、横截面径0.45厘米

【形制描述】 圆环状，环身横截面呈圆形，环面饰斜向弦纹。

【发表出处】 ［22］第159页，图一〇一 : 16；彩版二八 : 1

【备　　注】 位于左尺骨骨端内侧；墓主为30～35岁男性。

33

【出土地点】 崞县窑子M31 : 3

【尺　　寸】 环径6.3、横截面径0.5厘米

【形制描述】 圆环状，环身横截面呈椭圆形，表面饰均匀弦纹。

【发表出处】 ［13］第69页，图一二 : 12

【备　　注】 共2件。

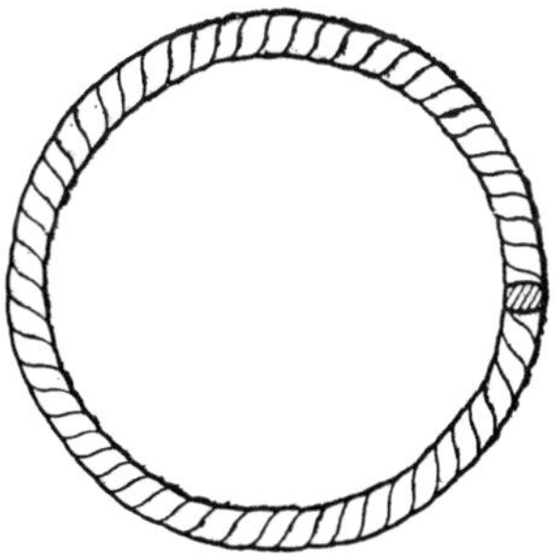

① 与该器形制相近的还有：

32-1；忻州窑子M31 : 7；环径6.4、横截面径0.6厘米；圆环状，环身横截面呈椭圆形，表面饰斜向弦纹；［22］第103页，图五五 : 15；位于右侧股骨头骨面之上，墓主为7岁左右儿童。

34

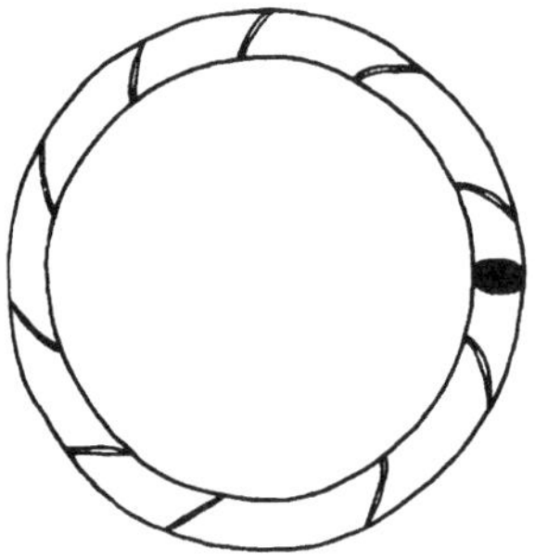

【出土地点】 新店子M29：4

【尺　　寸】 环径5.5、横截面径约1厘米

【形制描述】 圆环状，环身横截面近椭圆形，表面饰稀疏弦纹。

【发表出处】 ［20］第9页，图八：5

【备　　注】 横截面径根据图中比例尺估算。

35

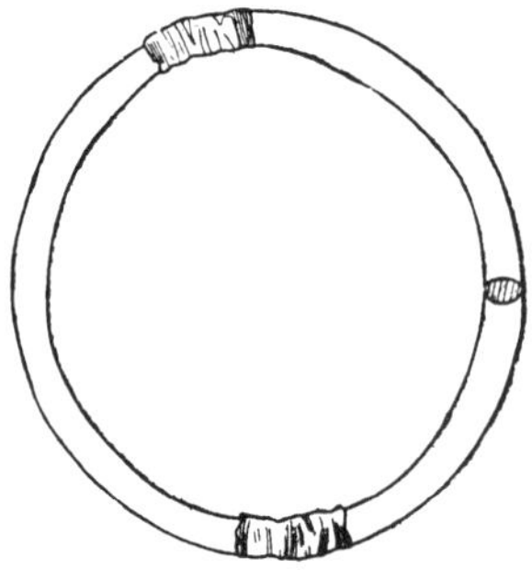

【出土地点】 崞县窑子M22：4-4

【尺　　寸】 环径8.2、横截面径0.65厘米

【形制描述】 圆环状，环身横截面呈椭圆形，两个对称的接口均饰横向弦纹。

【发表出处】 ［13］第69页，图一二：13

【备　　注】 该墓地形制相似的共8件；其中4件出自M22，位于髋骨、股骨两侧；墓主为20～22岁女性。

36

【出土地点】 崞县窑子M12：3-2

【尺　　寸】 环径5.8、横截面径0.7厘米

【形制描述】 圆环状，环身横截面呈椭圆形，接口处饰横向弦纹。

【发表出处】 ［13］第69页，图一二：4

【备　　注】 该墓地形制相似的共4件；墓主为少年男性。

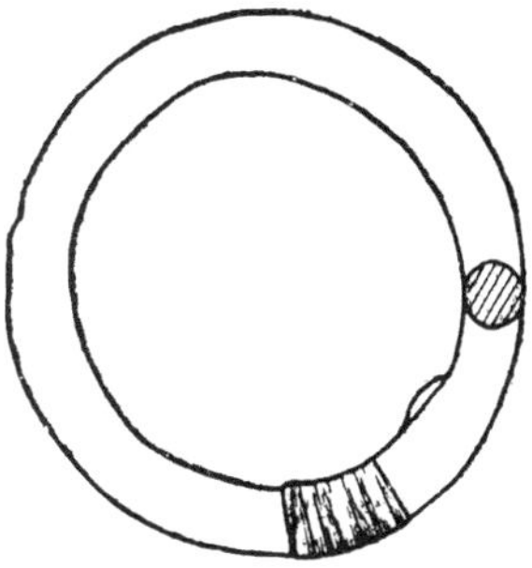

37

【出土地点】 新店子M41：3

【尺　　寸】 环径3.6、横截面径约1厘米

【形制描述】 圆环状，环身横截面近圆形，表面饰弦纹。

【发表出处】 ［20］第9页，图八：3

【备　　注】 横截面径根据图中比例尺估算。

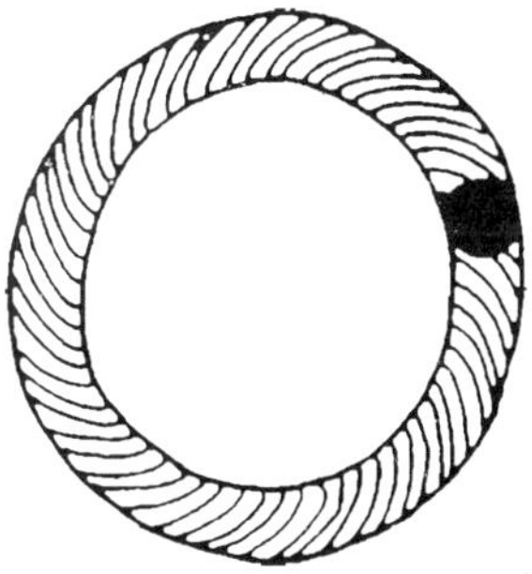

38

【出土地点】 水泉M18：1

【尺　　寸】 直径3.5、横截面径0.3厘米

【形制描述】 圆环状，环身横截面近圆形，表面光滑且刻划有斜向弦纹。

【发表出处】 [25]第222页，图一三八：15

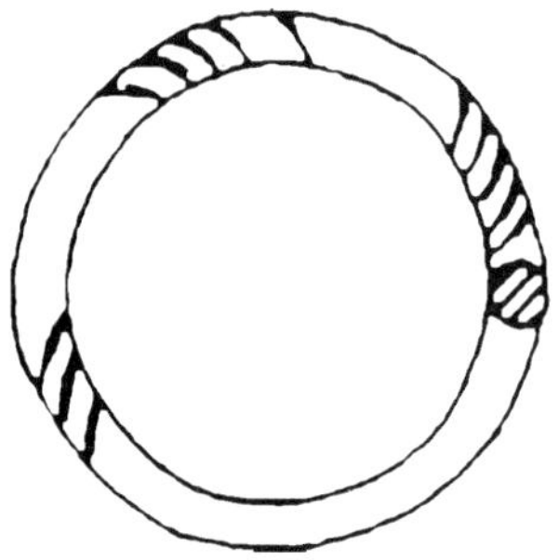

39

【出土地点】 玉隆太2217：4

【尺　　寸】 环径3.4、横截面径约0.5厘米

【形制描述】 圆环状，环身横截面呈椭圆形，表面饰弦纹。

【发表出处】 [5]第113页，图三：9

【备　　注】 横截面径根据图中比例尺估算。

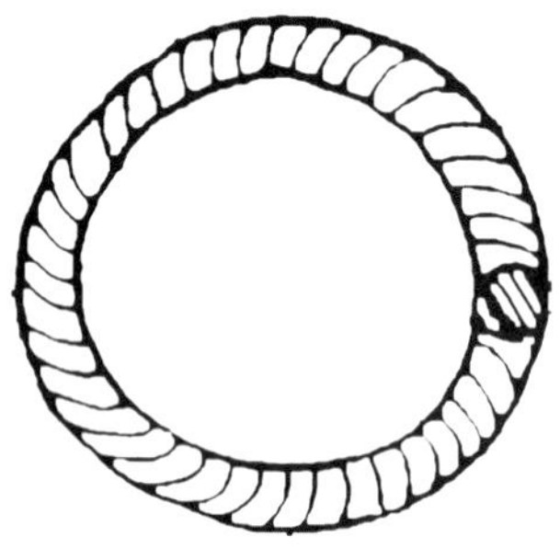

十三、连环饰

1

【出土地点】 宝亥社

【尺　　寸】 长2.8、宽约0.9厘米

【形制描述】 三个扁平圆环相连，圆形穿孔。

【发表出处】 ［12］第82页，图六：8；第83页，图八：4

【备　　注】 原器名为扁平连珠形饰；共5件；宽度根据器物比例估算。

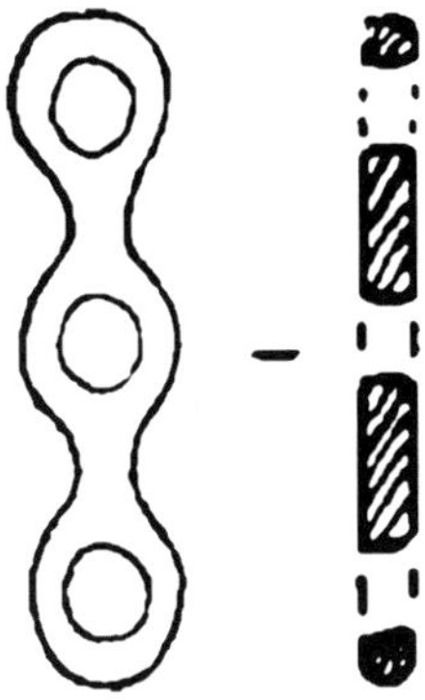

2

【出土地点】 忻州窑子M25：3

【尺　　寸】 长2.5、宽0.8厘米

【形制描述】 三个圆环相连，圆形穿孔。

【发表出处】 ［22］第91页，图四六：9；彩版二八：8

【备　　注】 位于右股骨头内侧；墓主17～18岁，性别不详。

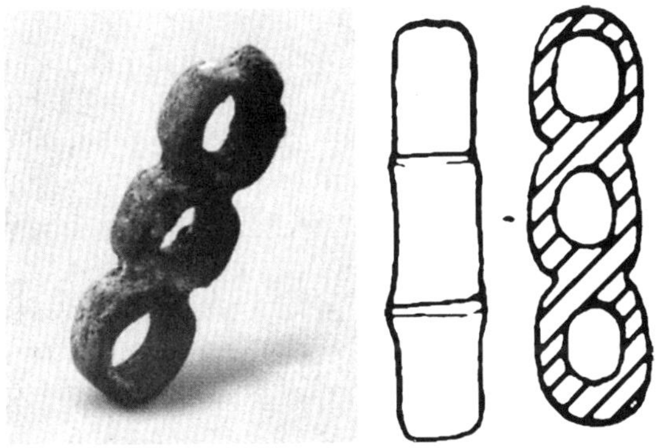

3

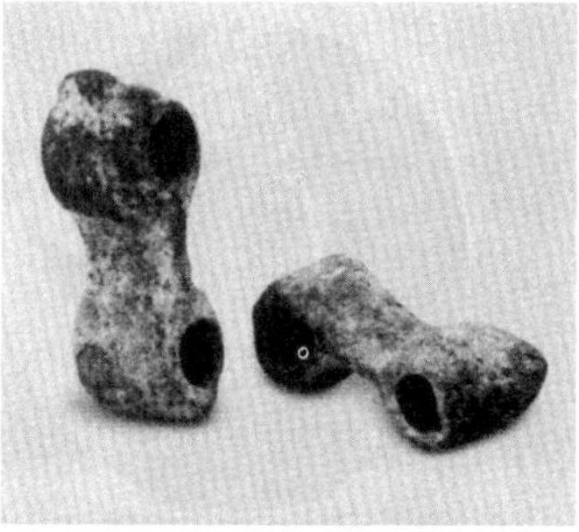

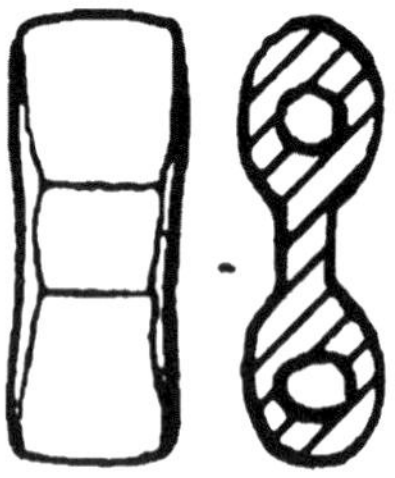

【出土地点】 忻州窑子M28：46

【尺　　寸】 长2.1、宽0.75厘米

【形制描述】 两个圆环相连，环间连接面与环同宽；两端呈圆管状。

【发表出处】 ［22］第100页，图五三：10；彩版二八：9

【备　　注】 包括M28：45、46共2件；一件位于左肱骨内侧肋骨外侧，一件散落于左膝骨外侧近墓壁处；墓主为25～30岁北亚男性。

4①

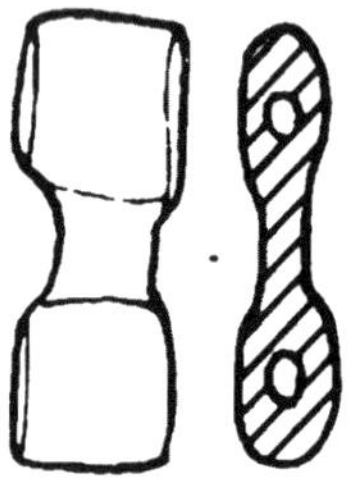

【出土地点】 忻州窑子M22：45

【尺　　寸】 长2.4、两端宽0.8、中部宽0.45厘米

【形制描述】 两个圆环相连，环间束腰，呈扁哑铃形；两端呈长方形，扁圆形穿孔。

【发表出处】 ［22］第85页，图四二：19；彩版二八：10

【备　　注】 散落于腹部及盆骨之下，墓主为20岁左右男性。

---

① 与该器形制相近的还有：

4-1；忻州窑子M20：26；长2.4、两端宽0.7、中部宽0.35厘米；两个圆环相连，环间束腰，呈扁哑铃形，两端呈长方形，扁圆形穿孔；［22］第42页，图一一：9；位于右股骨中段内侧，墓主为7～8岁儿童。

4-2；忻州窑子M20：27；长2.4、两端宽0.7、中部宽0.35厘米；两个圆环相连，环间束腰，呈扁哑铃形，两端呈长方形，扁圆形穿孔；［22］第84页，图四二：9；位于左股骨上端内侧，墓主为7～8岁儿童。

4-3；忻州窑子M29：14；长2.3、两端宽0.8、中部宽0.5厘米；两个圆环相连，环间束腰，呈扁哑铃形，两端呈长方形，扁圆形穿孔；［22］第103页，图五五：3；包括M29：14～30共17件，分别位于填土内、墓圹东南角、头骨右侧、左侧肱骨下端、右桡骨外侧、右尺骨内侧腹腔之内、左尺骨内侧髋骨外侧、左侧桡骨骨面及其外侧和骨盆下方，墓主为16～17岁女性。

5①

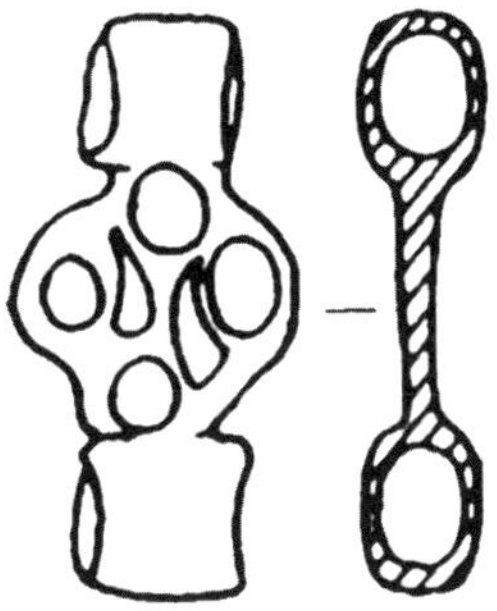

【出土地点】 井沟子M25 ： 10-5

【尺　　寸】 长2.5 ～ 2.8、宽约1.35厘米

【形制描述】 两个圆环相连，环间连接面呈菱形，表面饰三个相连的鸟首；两端呈扁圆管状。

【发表出处】 ［24］第121页，图六六 ：19左数第5件

【备　　注】 原器名为变体鸟首形饰；包括M25：10-1 ～ 5共5件；均为项饰的组成部分；宽度根据图中比例尺估算。

6

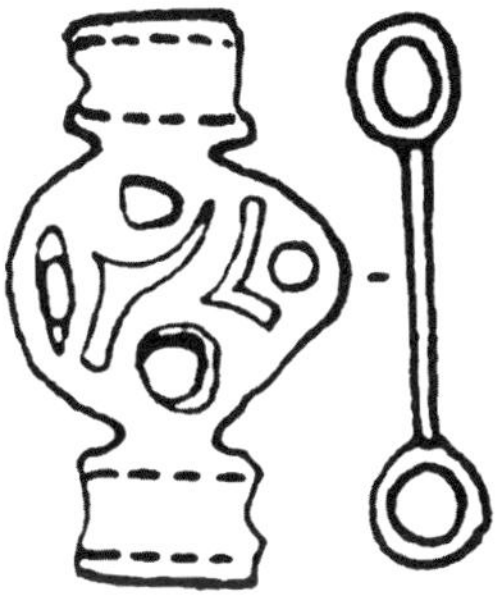

【出土地点】 铁匠沟M2 ： 11

【尺　　寸】 长2.4、宽1.4厘米

【形制描述】 两个圆环相连，环间连接面呈菱形，表面饰三个相连的鸟首；两端呈圆管状。

【发表出处】 ［23］第87页，图七 ：6

【备　　注】 原器名为鸟纹饰牌；共8件；同出于M2。

---

① 与该器形制相近的还有：

5-1；井沟子M25 ：10-1；长2.5 ～ 2.8、宽约1.35厘米；两个圆环相连，环间连接面呈菱形，表面饰三个相连的鸟首，两端呈扁圆管状；［24］第121页，图六六 ：19左数第1件；原器名为变体鸟首形饰，包括M25：10-1 ～ 5共5件，均为项饰的组成部分，宽度根据图中比例尺估算。

5-2；井沟子M25 ：10-2；长2.5 ～ 2.8、宽约1.35厘米；两个圆环相连，环间连接面呈菱形，表面饰三个相连的鸟首，两端呈扁圆管状；［24］第121页，图六六 ：19左数第2件；原器名为变体鸟首形饰，包括M25：10-1 ～ 5共5件，均为项饰的组成部分，宽度根据图中比例尺估算。

5-3；井沟子M25 ：10-3；长2.5 ～ 2.8、宽约1.35厘米；两个圆环相连，环间连接面呈菱形，表面饰三个相连的鸟首，两端呈扁圆管状；［24］第121页，图六六 ：19左数第3件；原器名为变体鸟首形饰，包括M25：10-1 ～ 5共5件，均为项饰的组成部分，宽度根据图中比例尺估算。

5-4；井沟子M25 ：10-4；长2.5 ～ 2.8、宽约1.35厘米；两个圆环相连，环间连接面呈菱形，表面饰三个相连的鸟首，两端呈扁圆管状；［24］第121页，图六六 ：19左数第4件；原器名为变体鸟首形饰，包括M25：10-1 ～ 5共5件，均为项饰的组成部分，宽度根据图中比例尺估算。

5-5；井沟子M13 ：29；残长2.1、宽约1.35厘米；两个圆环相连，环间连接面呈菱形，表面饰三个相连的鸟首，两端管状穿残；［24］第77页，图三八 ：27；原器名为变体鸟首形饰，宽度根据图中比例尺估算，位于C号人骨头骨周围。

7

【出土地点】 新店子M10：5

【尺　　寸】 长3.3、宽1.2厘米

【形制描述】 两个圆环相连，环间连接面近方形，表面饰对称的重圈纹，两端呈圆管状。

【发表出处】 ［20］第9页，图八：11

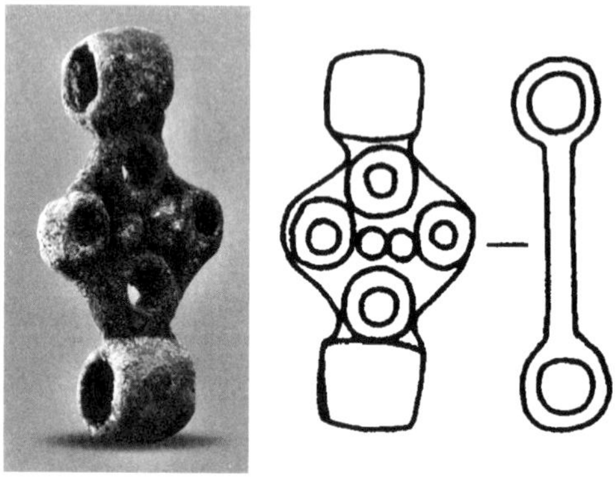

8

【出土地点】 玉隆太2222

【尺　　寸】 长3.4、宽1.6厘米

【形制描述】 两个扁环相连，两环连接处呈圆环状，两端呈长方形，表面饰几何纹，长方形穿孔。

【发表出处】 ［5］第113页，图三：6

【备　　注】 原器名为几何纹形牌饰。

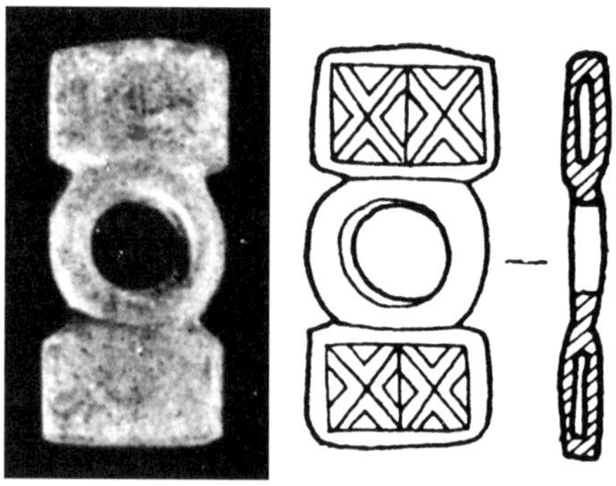

十四、镜形饰和圆牌饰

1

【出土地点】 崞县窑子M22：6-1

【尺　　寸】 长9.5、直径7.7、孔径约0.75厘米

【形制描述】 镜形饰。扁方形钮状柄；圆形镜面，面微鼓，边缘渐薄。

【发表出处】 ［13］第66页，图一一：34

【备　　注】 原器名为有柄饰牌；共2件；孔径根据图中比例尺估算；均出自M22，分别位于左右腿骨外侧；墓主为20～22岁女性。

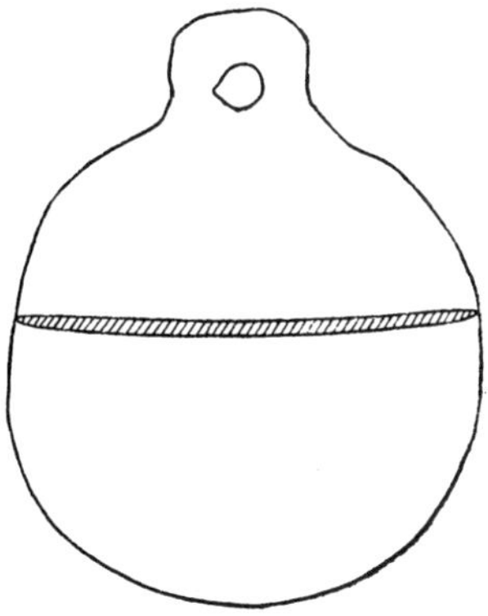

2

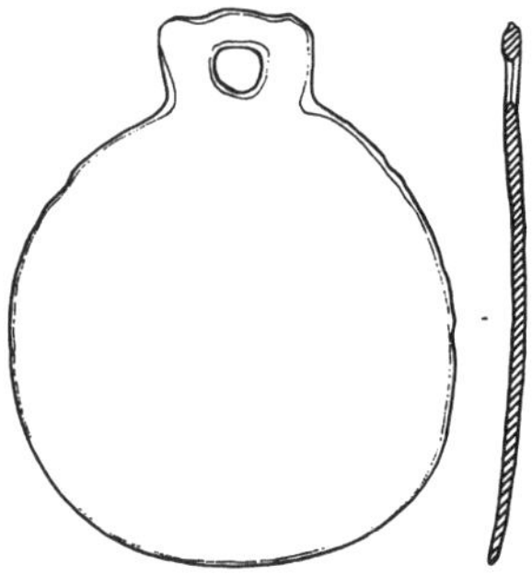

【出土地点】 忻州窑子M23 ：3

【尺　　寸】 长9.9、直径8.2、厚0.2、孔径0.7厘米

【形制描述】 镜形饰。方形钮状柄；圆形镜面，面微鼓，边缘渐薄。

【发表出处】 ［22］第91页，图四六 ：1

【备　　注】 位于盆骨下端、两股骨之间；墓主为35岁左右北亚女性。

2-1

【出土地点】 忻州窑子M23 ：2

【尺　　寸】 长9.9、直径8.2、厚0.2、孔径0.7厘米

【形制描述】 镜形饰。方形钮状柄；圆形镜面，面微鼓，边缘渐薄。

【发表出处】 ［22］彩版三〇 ：3、4

【备　　注】 位于盆骨下端、两股骨之间；墓主为35岁左右北亚女性。

3

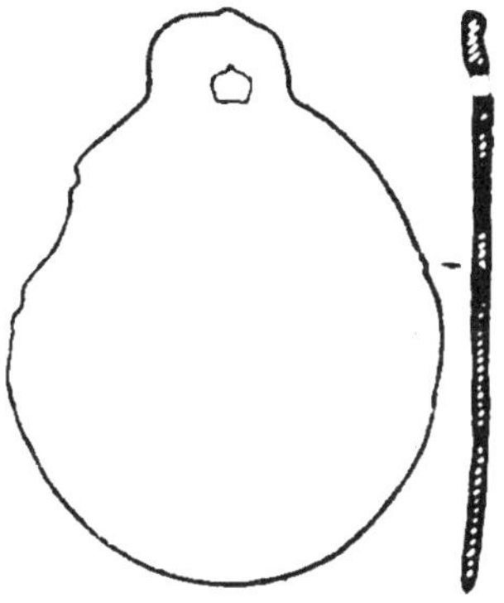

【出土地点】 玉隆太2258

【尺　　寸】 长7.2、直径5.7、孔径约0.3、厚0.2厘米

【形制描述】 镜形饰。近方形钮状柄；圆形镜面，面稍内凹。

【发表出处】 ［5］第112页，图二：3

【备　　注】 原器名为椭圆形牌饰；孔径根据图中比例尺估算。

4

【出土地点】 忻州窑子M1：2

【尺　　寸】 长6.4，直径4.6，上部宽2、长2.4厘米

【形制描述】 镜形饰。圆牌状柄，背面附一拱形钮，存留横穿痕迹；圆形镜面。

【发表出处】 ［22］第51页，图一六：2；彩版三〇：1、2

【备　　注】 征集品。

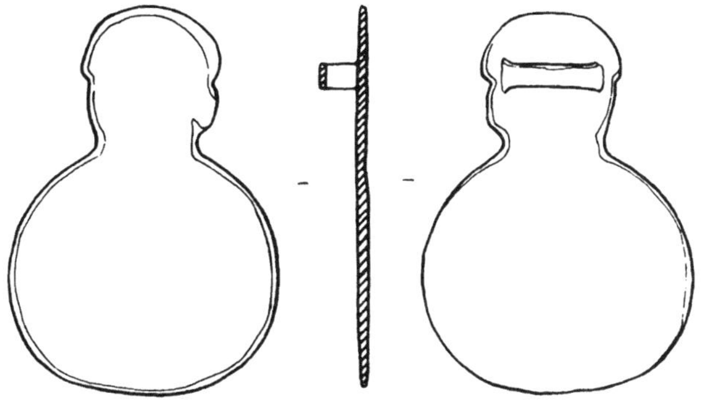

5

【出土地点】 呼鲁斯太M2：16

【尺　　寸】 长9.5、直径4.9厘米

【形制描述】 镜形饰。透雕立鹿形柄，鹿头上有枝状角联接尾部；圆形镜面，背面有钮。

【发表出处】 ［10］第224页，插图：6

【备　　注】 原器名为立鹿形饰牌。

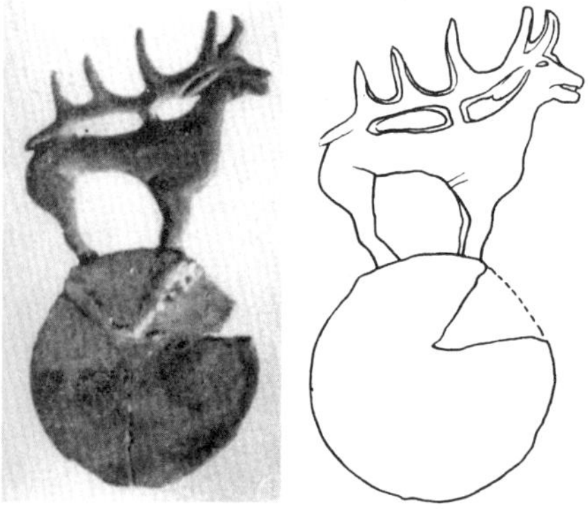

6

【出土地点】 小双古城M3：2

【尺　　寸】 直径9，厚0.4，钮长3.2、厚0.6厘米

【形制描述】 圆牌饰。正面微凸，厚度均匀，背面有对称的双拱形钮。

【发表出处】 ［21］第190页，图一一八：10；彩版三八：5、6

【备　　注】 原器名为镜形饰；位于左侧尺骨内侧腹腔之内；墓主为20～25岁东亚女性。

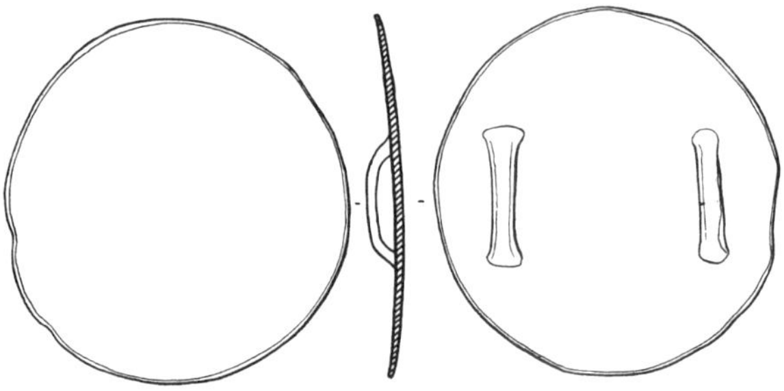

7

【出土地点】 崞县窑子M22：5-4

【尺　　寸】 直径5.7厘米

【形制描述】 圆牌饰。面微鼓，中部有圆形凸起，边缘渐薄，背面中央有拱形钮。

【发表出处】 ［13］第66页，图一一：23

【备　　注】 包括M22：5-1 ～ 4共4件；位于下肢两侧，对称各有2件；墓主为20 ～ 22岁女性。

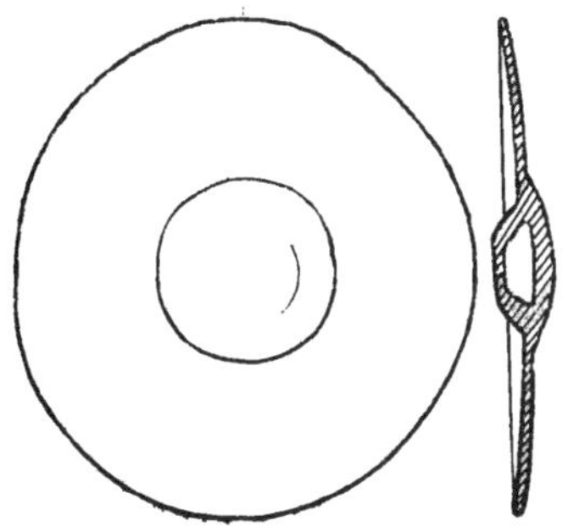

8

【出土地点】 忻州窑子M67：5

【尺　　寸】 直径5.7、高0.7厘米

【形制描述】 圆牌饰。正面中部凸起，边缘平折，背面中部有拱形钮。

【发表出处】 ［22］第166页，图一〇六：9；彩版二九：2

【备　　注】 原器名为泡饰；位于腰椎骨面之上；墓主为45 ～ 50岁男性。

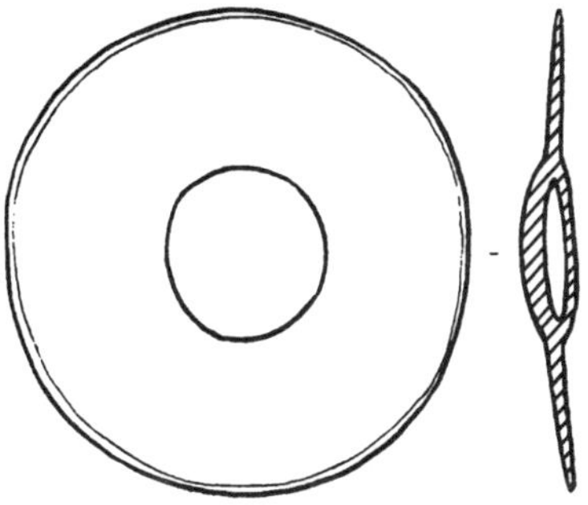

十五、铃形饰

1[①]

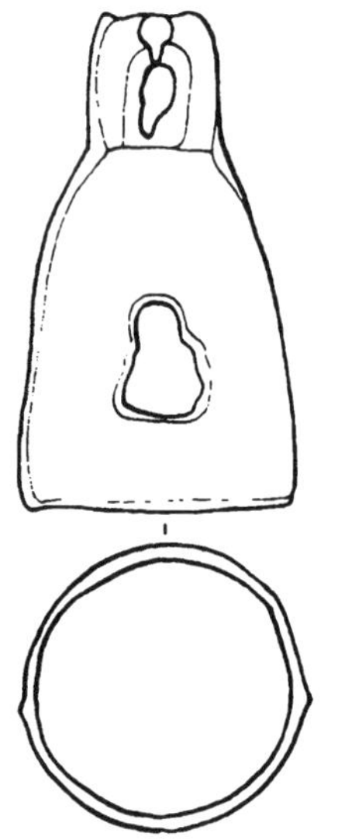

【出土地点】 忻州窑子M20 ：2

【尺　　寸】 铃口直径3.2、高5.2厘米

【形制描述】 长方形钮，铃口呈圆形。铃体中部两侧有对称近三角形孔，铃上端有孔。

【发表出处】 ［22］第84页，图四二 ：13；彩版三四 ：8

【备　　注】 包括M20 ：2、3共2件；分别位于左桡骨骨端及右股骨头外侧；墓主为7～8岁儿童。

① 与该器形制相近的还有：

1-2；忻州窑子M36 ：2；铃口直径2.9、高5.2厘米；长方形钮，铃口呈圆形，铃体中部两侧有对称近三角形孔，铃上端有孔；［22］第114页，图六二 ：8；位于两侧股骨之间，墓主为6～7岁儿童。

1-3；忻州窑子M2 ：2；铃口直径2.1、高4厘米；长方形钮，铃口呈圆形，铃体中部有对称椭圆形孔，铃上端有孔；［22］第51页，图一六 ：9；位于头部右侧，墓主为10岁左右儿童。

1-1

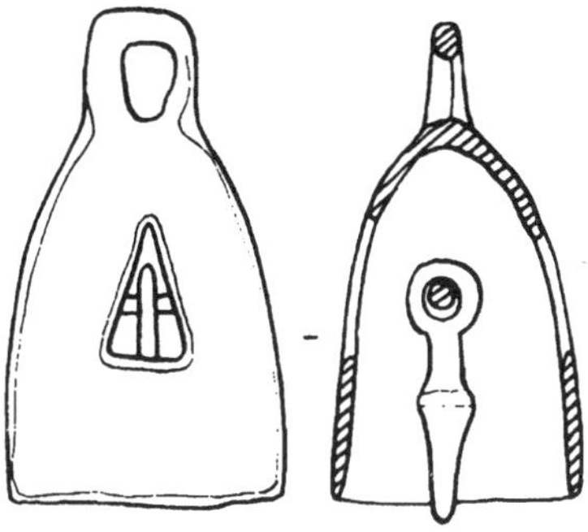

【出土地点】 忻州窑子M22：2

【尺　　寸】 铃口直径2.9、高5.2厘米

【形制描述】 长方形钮，铃口呈圆形。铃身中部两侧有对称近三角形孔，铃上端有孔，无横梁，悬挂近菱形舌。

【发表出处】 ［22］第84页，图四二：14；彩版三四：7

【备　　注】 包括M22：1、2共2件；一件位于右股骨中段内侧，挂在一串管状饰下方，另一件位于人骨上方牛头骨右侧牛角之下；墓主为20岁左右东亚男性。

2

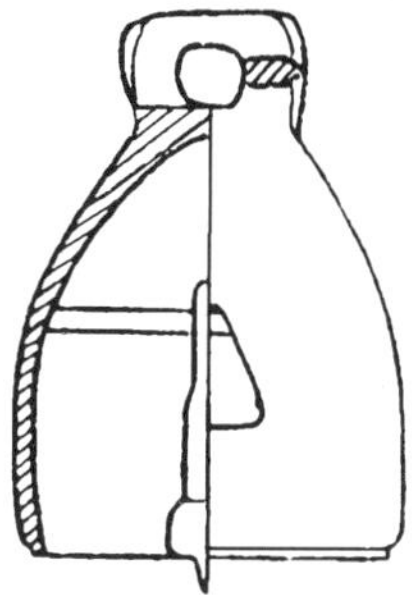

【出土地点】 崞县窑子M22：7

【尺　　寸】 铃口直径3.1、高4.8厘米

【形制描述】 扁长方形钮，铃口呈椭圆形。铃身中部有对称三角形孔，体内存有横梁，铃舌下端粗大，摇之有声。

【发表出处】 ［13］第66页，图一一：33；图版一六：3

【备　　注】 位于盆骨下方，两股骨之间；墓主为20～22岁女性。

3

【出土地点】 崞县窑子M8：4

【尺　　寸】 铃口直径2.6、高4.7厘米

【形制描述】 扁平方形钮，铃口呈椭圆形。铃身中部有对称三角形孔，铃上端有孔，绳索挽系状铃舌。

【发表出处】 ［13］第66页，图一一：32；图版一六：2

【备　　注】 共2件；均出自M8；墓主为22～24岁女性。

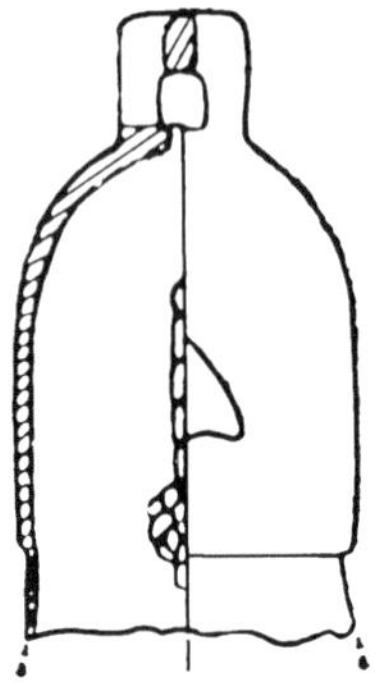

4

【出土地点】 井沟子M55：30-2

【尺　　寸】 铃口直径约1.57、高3.2厘米

【形制描述】 方形钮，铃口呈椭圆形，铃身有两个对称梯形镂孔。

【发表出处】 ［24］第232页，图一三八：6左上

【备　　注】 口径根据图中比例尺估算。

5

【出土地点】 毛庆沟M39：6

【尺　　寸】 铃口直径2、高3.9厘米

【形制描述】 弧形钮，铃口呈圆形，两侧有对称长方形孔。

【发表出处】［11］第285页，图四七：3；图版九〇：10

【备　　注】 位于胸部。

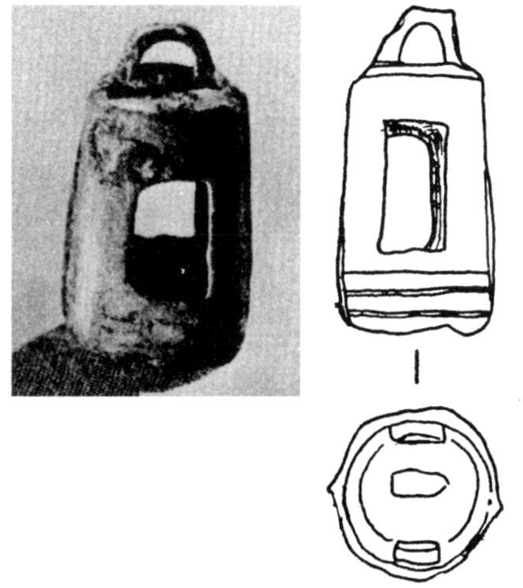

6①

【出土地点】 忻州窑子M31：2

【尺　　寸】 铃口直径2.75、高3.45厘米

【形制描述】 弧形钮残，铃口呈圆形。铃体中部有对称近三角形孔，铃上端有孔，无横梁，有悬铃舌，舌体下端呈椭圆形环状。

【发表出处】［22］第103页，图五五：16、17（铃舌图）

【备　　注】 位于右侧股骨头上端之下；墓主为7岁左右儿童。

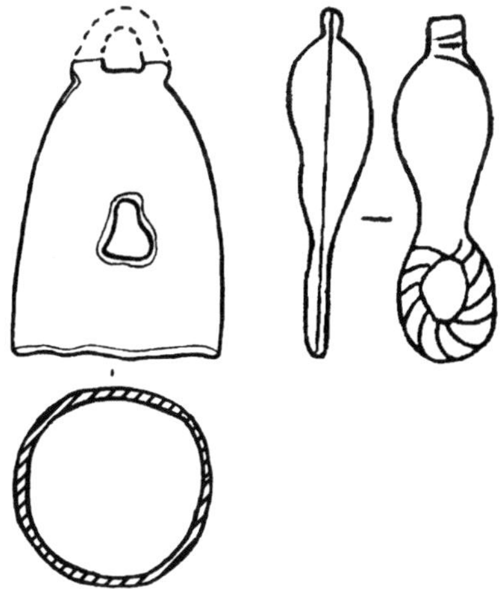

① 与该器形制相近的还有：

6-1；忻州窑子M13：2；铃口直径2.8、高4.2厘米；弧形钮，铃口呈近圆形，铃体中部一侧有圆形孔，对侧为近三角形孔，铃上端有孔，梁下悬舌，舌下端为一圆球，摇之有声；[22] 第69页，图三〇：4；位于右侧股骨上端，墓主为儿童。

7

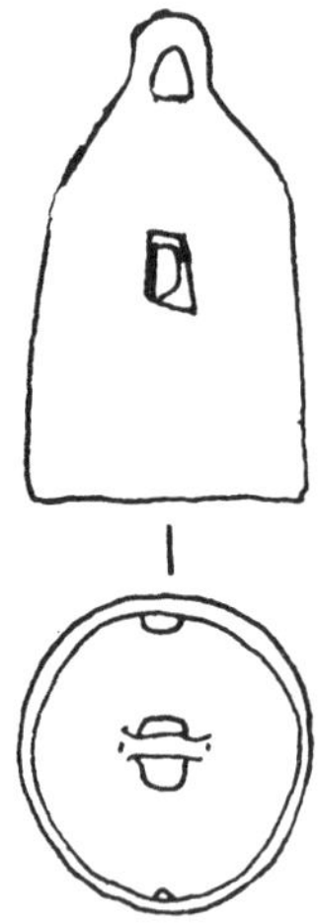

【出土地点】 毛庆沟M39：5

【尺　　寸】 铃口直径2.3、高3.7厘米

【形制描述】 弧形钮，铃口呈圆形，铃身两侧有对称长方形孔。

【发表出处】［11］第285页，图四七：2；图版九〇：8

【备　　注】 位于胸部。

8①

【出土地点】 井沟子M3：46

【尺　　寸】 铃口直径约1.8、高3.8厘米

【形制描述】 弧形钮，铃口呈圆形。铃身有四个竖向长条形镂孔，铃口有交错。

【发表出处】［24］第41页，图一四：2

【备　　注】 口径根据图中比例尺估算。

---

① 与该器形制相近的还有：

8-1；井沟子M3：45-1；铃口直径约1.5、高4.8厘米；弧形钮，铃口呈圆形，铃身大半残缺，器身扁圆；［24］第41页，图一四：3；另有M3：45-2无图，口径根据图中比例尺估算。

8-2；井沟子M17：2；铃口直径1.5、高3.5厘米；弧形钮，铃口呈圆形，铃身有对称三角形穿孔；［24］第88页，图四六：4；位于B号人骨头骨周围。

8-3；井沟子M25：18；铃口直径约2.84、高3.4厘米；弧形钮，铃口呈圆形，铃身残损近半，余两个长条形镂孔；［24］第121页，图六六：10；口径根据图中比例尺估算，位于左手处。

8-4；井沟子M33：20；铃口直径约2、高3.6厘米；弧形钮，铃身残半；［24］第152页，图八五：3；口径根据图中比例尺估算。

8-5；井沟子M33：35；铃口直径约1.42、高2.9厘米；弧形钮，铃身残半；［24］第152页，图八五：4；口径根据图中比例尺估算。

9

【出土地点】 水泉M21 ：1

【尺　　寸】 铃口直径2.7～3、高4厘米

【形制描述】 弧形钮，铃口呈近圆形。铃身中部有四个对称不规则形镂孔。

【发表出处】 ［25］第250页，图一六四 ：5

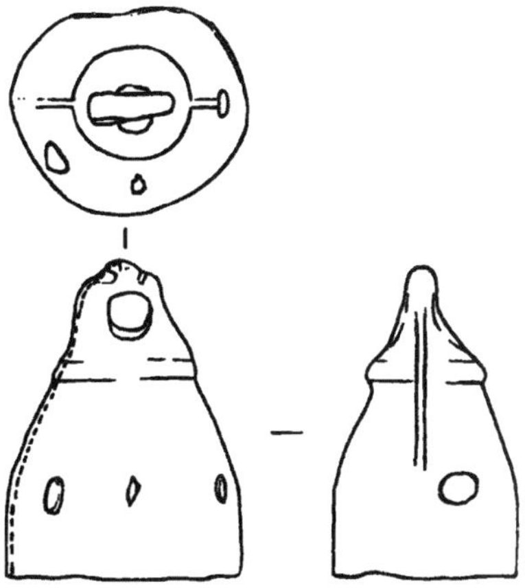

10①

【出土地点】 小双古城M3 ：3

【尺　　寸】 铃口直径1.4～2、高3厘米

【形制描述】 弧形钮较细高，铃口呈圆角方形。铃身两侧有对称的穿孔，顶端存有圆形舌孔，舌下端为一残铜锸，其上部为饰有弦纹的柱状体。

【发表出处】 ［21］第190页，图一一八 ：3、8（铃舌）；彩版四○ ：6

【备　　注】 包括M3 ：3、4共2件；分别位于墓圹填土中及髋骨左侧；墓主为20～25岁东亚女性。

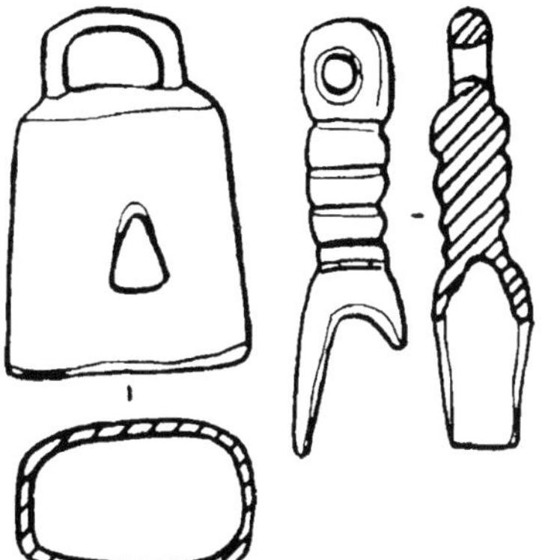

① 与该器形制相近的还有 ：

10-1 ；小双古城M3 ：4；铃口直径1.2～2、高3厘米；弧形钮较细高，铃口呈圆角方形，无铃舌，铃身一侧凹陷 ;［21］彩版四○ ：6。

11

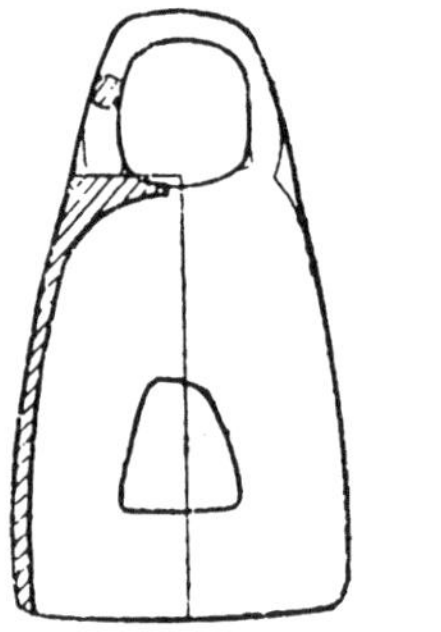

【出土地点】 崞县窑子M3 ：2

【尺　　寸】 铃口直径2.9、高5厘米

【形制描述】 弧形钮较细高，铃口呈椭圆形。铃身两侧有对称梯形孔。

【发表出处】 ［13］第66页，图一一 ：31；图版一六 ：1

12①

【出土地点】 井沟子M34 ：17

【尺　　寸】 铃口直径约1.7、高3.6厘米

【形制描述】 弧形钮，铃口呈椭圆形。铃身两侧有对称三角形镂孔。

【发表出处】 ［24］第160页，图八九 ：1

【备　　注】 口径根据图中比例尺估算。

---

① 与该器形制相近的还有：

12-1；井沟子M33 ：15-2；铃口直径约2、高约3.9厘米；弧形钮，铃口呈椭圆形，铃身残损；［24］第152页，图八五 ：1上排左数第2件；口径根据图中比例尺估算，为腰饰的组成部分。

12-2；井沟子M33 ：44-1；铃口直径约2.4、高4厘米；弧形钮，铃口呈椭圆形，铃身有对称三角形镂孔；［24］第152页，图八五 ：2左数第1件；口径根据图中比例尺估算，位于D号人骨头骨之下。

12-3；井沟子M33 ：44-2；铃口直径约1.85、残高3.2厘米；弧形钮残，铃口呈椭圆形；［24］第152页，图八五 ：2左数第2件。

12-4；井沟子M33 ：44-3；铃口直径约1.4、高3.5厘米；弧形钮，铃身残；［24］第152页，图八五 ：2左数第3件。

12-5；井沟子M33 ：44-4；高3.9厘米；弧形钮，铃身残；［24］第152页，图八五 ：2左数第4件。

12-6；井沟子M33 ：44-5；残高3厘米；弧形钮，铃身残；［24］第152页，图八五 ：2左数第5件。

12-7；井沟子M33 ：15-1；铃口直径约2.2、高3.9厘米；弧形钮，铃呈椭圆形，铃身残半，有近三角形镂孔；［24］第152页，图八五 ：1上排左数第1件；口径根据图中比例尺估算，为腰饰的组成部分。

12-8；井沟子M55 ：30-1；铃口直径约2.3、残高3.7厘米；弧形钮，铃口呈椭圆形，铃身有两个对称梯形镂孔；［24］第232页，图一三八 ：6右；口径根据图中比例尺估算。

13

【出土地点】 井沟子M20 ： 22

【尺　　寸】 铃口直径约3、高3.7厘米

【形制描述】 弧形钮，铃口呈椭圆形。内顶有半环形梁，下系铃舌，铃身饰仿钟身的枚篆结构。

【发表出处】 ［24］第100页，图五三 ： 7

【备　　注】 位于人骨右手腕处。

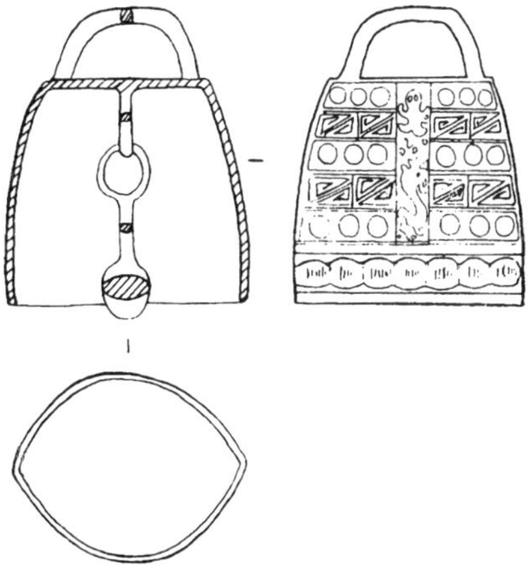

14

【出土地点】 井沟子M26 ： 17

【尺　　寸】 铃口直径约3.8、残高7.9厘米

【形制描述】 弧形钮，口残、略呈圆角方形。铃身有浇不足所留下的几处沥孔，铃身内顶并不见挂环，出土时内有两枚角质铃舌。

【发表出处】 ［24］第125页，图六八 ： 6；图版一九 ： 5左

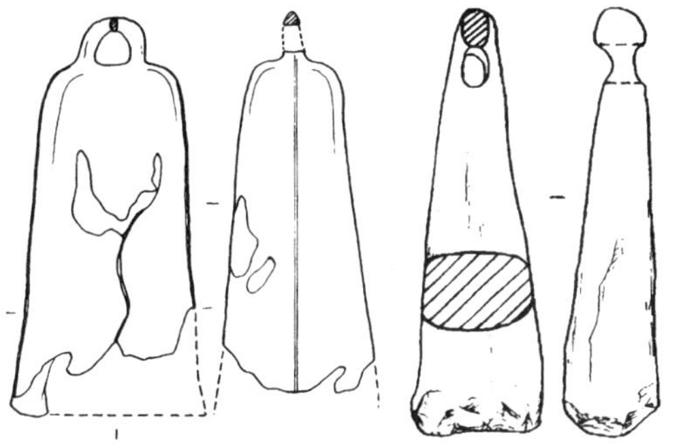

15

【出土地点】　井沟子M33：42

【尺　　寸】　铃口直径约0.8、高2.7厘米

【形制描述】　弧形环钮，铃口呈圆角方形。近口部稍残，器身两侧有三角形凹缺。

【发表出处】　[24]第152页，图八五：11

【备　　注】　直径根据图中比例尺估算。

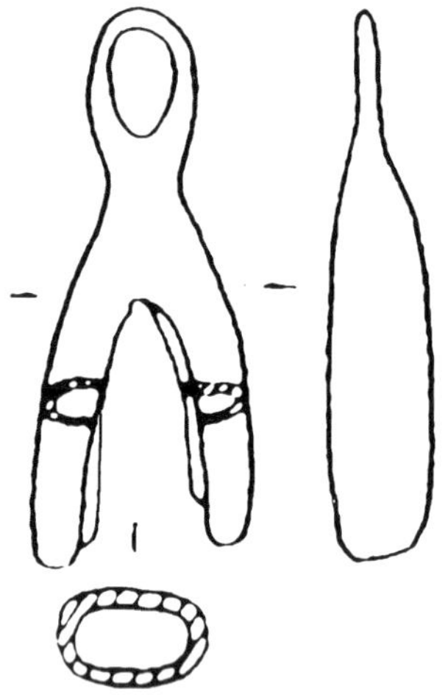

16

【出土地点】　西园M6：6

【尺　　寸】　铃口直径1.5、高3.5厘米

【形制描述】　不规则形钮，铃口呈圆形。铃身中部有对称的四个条形镂孔。

【发表出处】　[15]第19页，图六：6

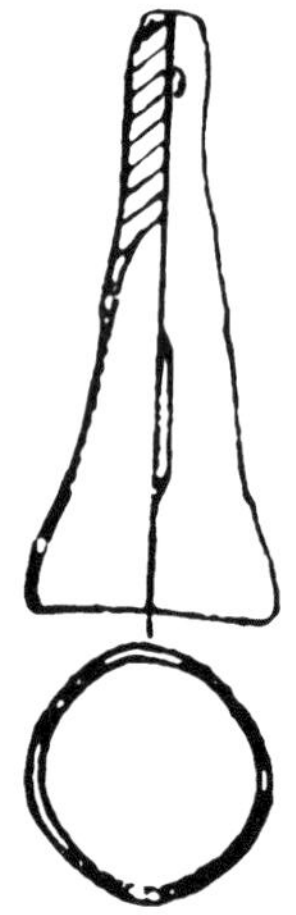

17

【出土地点】 铁匠沟AM2 ：6

【尺　　寸】 铃口直径1.3、高3厘米

【形制描述】 不规则形钮，铃口呈圆形。铃身两侧有圆形穿孔。

【发表出处】 ［23］第88页，图八 ：7

【备　　注】 共5件；均出自AM2。

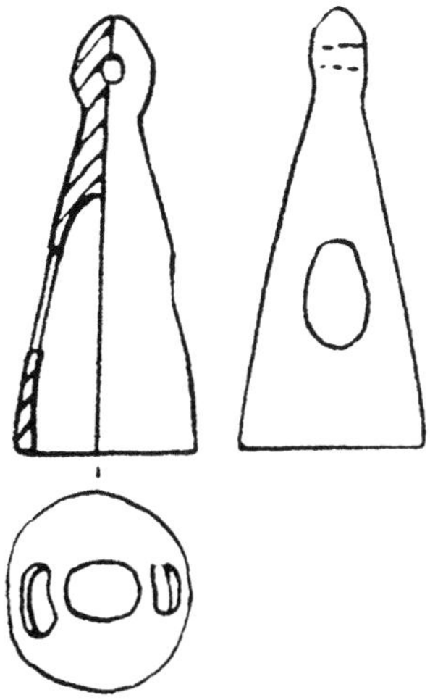

18

【出土地点】 毛庆沟M65 ：2

【尺　　寸】 铃口直径0.5、高2.5厘米

【形制描述】 不规则形钮，铃口呈圆形。铃身整体呈球状。

【发表出处】 ［11］第285页，图四七 ：4

【备　　注】 与串珠相连，报告认为应为项饰。

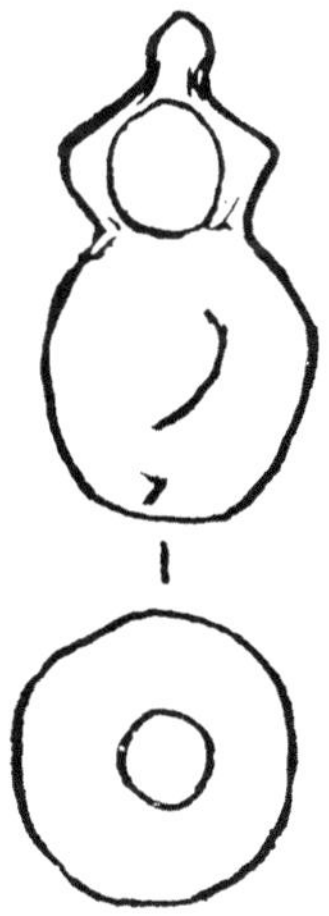

19

【出土地点】 小双古城M6：6

【尺　　寸】 直径1.4、钮径1、高2.4厘米

【形制描述】 不规则形钮，呈圆环形。铃口呈圆形。铃身整体呈球状，中空，内存滚珠。

【发表出处】 ［21］第194页，图一二一：2；彩版四〇：15

【备　　注】 原器名为铜珠；位于右髋骨面右侧下方；墓主为16～17岁女性。

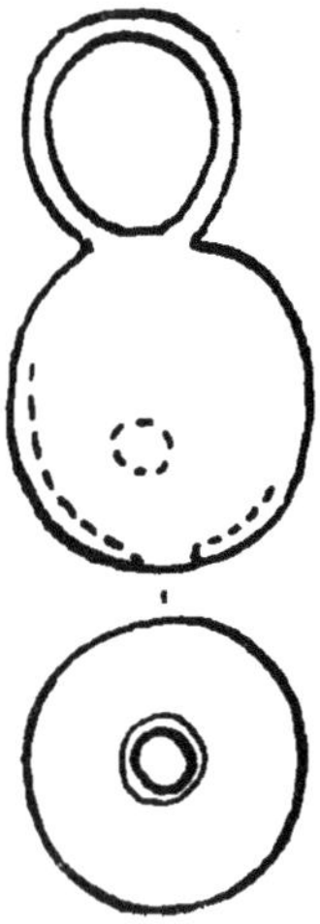

20

【出土地点】 毛庆沟M62：1

【尺　　寸】 铃口直径约2.4、高4.6厘米

【形制描述】 不规则形钮，呈三角形。铃口呈椭圆形。铃身有不规则圆孔。

【发表出处】 ［11］第285页，图四七：1；图版九〇：9

【备　　注】 口径根据图中比例尺估算。

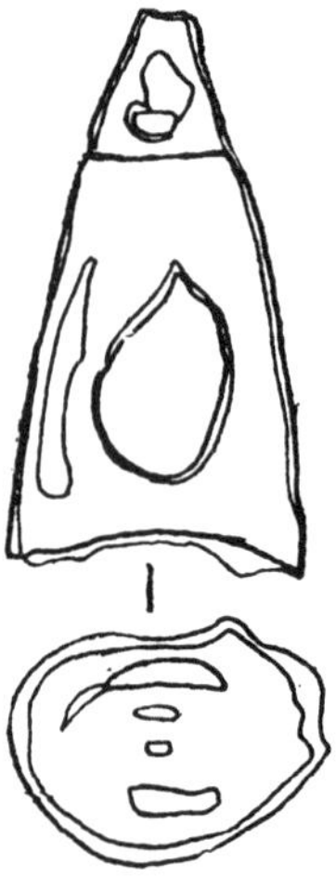

十六、贵金属饰品

1

【出土地点】　西沟畔M2 ：48

【尺　　寸】　长48、宽3厘米

【形制描述】　细长条形片饰，饰三只屈肢前伸、头长枝状长角的怪兽。饰片上部凸出一块，上有圆孔，孔上装饰有金泡。

【发表出处】　［7］第6页，图九 ：2；图版五

【备　　注】　剑鞘金饰片；薄金片压成，重27克。

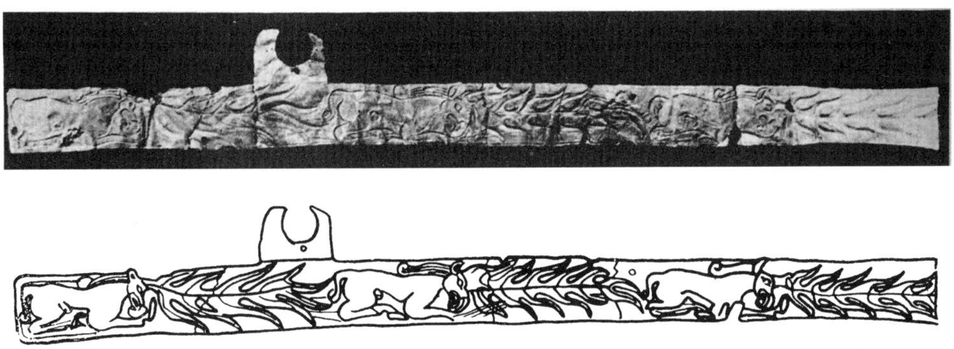

2

【出土地点】 西沟畔M2 ∶ 56

【尺　　寸】 长19.8、宽2.5厘米

【形制描述】 长条形片饰，饰双蛇相纠纹。

【发表出处】 ［7］第3页，图四 ∶ 9

【备　　注】 出土时包在砺石外面；金质，重6克。

3

【出土地点】 西沟畔M2 ∶ 57

【尺　　寸】 上边长7.9、下边长9.3、高6.3厘米

【形制描述】 矩形片饰。有边框，框内饰三兽咬斗纹。

【发表出处】 ［7］第2页，图三 ∶ 2；图版三 ∶ 1

【备　　注】 剑鞘金饰片；薄金片压成，重8克。

4

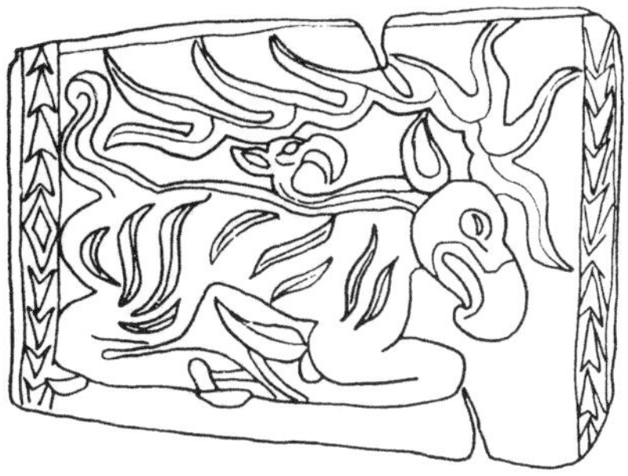

【出土地点】 西沟畔M2：60

【尺　　寸】 长9、宽6厘米

【形制描述】 矩形片饰，一端宽，另一端窄。两端有箭镞形花边，中间饰卧状怪兽纹。

【发表出处】 ［7］第2页，图三：4；图版二：5

【备　　注】 剑鞘金饰片；薄金片压成，重8克。

5

【出土地点】 西沟畔M2：49～55

【尺　　寸】 长7.6、宽7厘米

【形制描述】 矩形片饰。有边框，框内饰对卧兽形图案。

【发表出处】 ［7］第3页，图四：1、2；图版三：3、5

【备　　注】 共7件；剑鞘金饰片；薄金片压成，共重75克。

6

【出土地点】 西沟畔M2：46

【尺　　寸】 长10.9、宽7.9厘米

【形制描述】 矩形片饰，分上下两部分，中部有折叠痕迹。有边框，框内饰鹿形图案，四肢内屈，头上枝状角直至尾部。

【发表出处】 [7]第2页，图三：6；图版三：2

【备　　注】 剑鞘金饰片；薄金片压成，重16克。

7

【出土地点】 西沟畔M2 ： 61 ～ 65

【尺　　寸】 长9.6、宽5.5厘米

【形制描述】 矩形片饰，银片压成。有边框，框内饰卧马图案。

【发表出处】 ［7］第3页，图四 ：7；图版二 ：6

【备　　注】 共5件；银质。

8

【出土地点】 西沟畔M2 ： 74

【尺　　寸】 长3.4、宽3.4厘米

【形制描述】 矩形片饰。有边框，框内饰一身体反转的马纹，后肢朝上。

【发表出处】 ［7］第3页，图四 ：4

【备　　注】 剑鞘金饰片；金片压成，重2克。

9

【出土地点】 西沟畔M2 ：47

【尺　　寸】 长11.7、宽5.7厘米

【形制描述】 矩形片饰，中间有折叠痕迹。有边框，框内饰双马对卧纹，四肢内屈。

【发表出处】 ［7］第2页，图三 ：5；图版二 ：4

【备　　注】 剑鞘金饰片；薄金片压成，重13克。

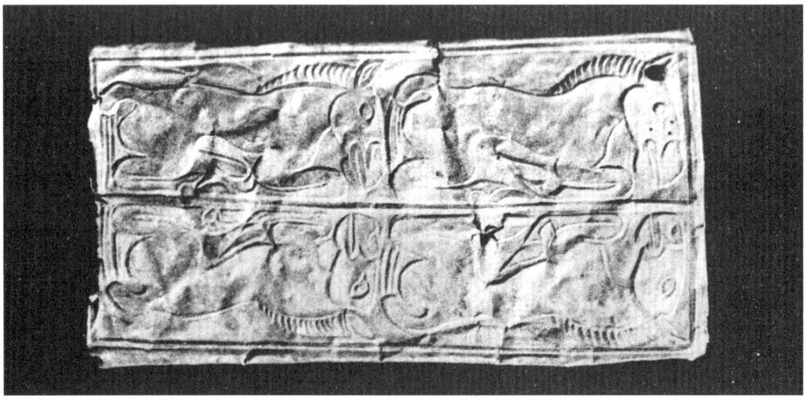

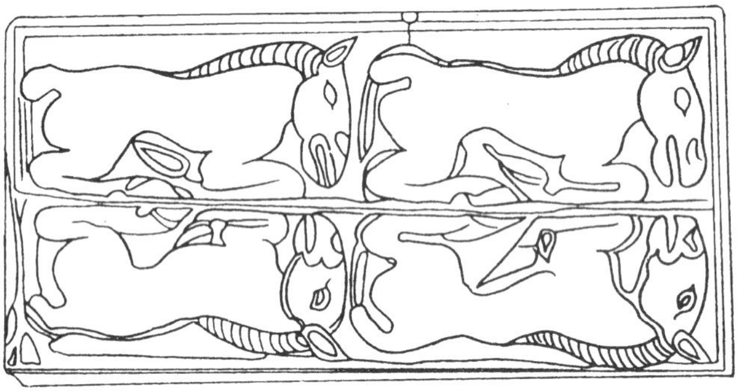

10

【出土地点】 西沟畔M2 ：59

【尺　　寸】 长9、宽3.4厘米

【形制描述】 矩形片饰，有边框，框内饰头部相对的双马纹。一端有圆形孔，孔上有钉眼，上压金泡形饰。

【发表出处】 ［7］第3页，图四 ：5；图版三 ：4

【备　　注】 剑鞘金饰片；薄金片压成，重4克。

11

【出土地点】 西沟畔M2：58

【尺　　寸】 长9.1、宽4.1厘米

【形制描述】 矩形片饰，饰双兽咬斗图案。两端有圆形孔，孔上饰圆金泡。

【发表出处】 ［7］第3页，图四：3；图版三：6

【备　　注】 剑鞘金饰片；薄金片压成，重5克。

12

【出土地点】 西沟畔M2：29

【尺　　寸】 长12、高10.2厘米

【形制描述】 动物形片饰。用圆形金片剪成直立怪兽形，头上有连续环状角直达尾部，在角部、身体边缘有钉孔若干。

【发表出处】 ［7］第2页，图三：3；图版二：3

【备　　注】 原器名为直立怪兽纹金饰片；金质，重12克。

13

【出土地点】 阿鲁柴登

【尺　　寸】 长3.9、高2.8厘米

【形制描述】 动物形片饰。薄金片压成虎形，虎身上下有四个圆形小孔。

【发表出处】 ［6］第335页，图三：6；图版一一：2

【备　　注】 原器名为虎形饰片；共21件；金质，每件重2克。

14

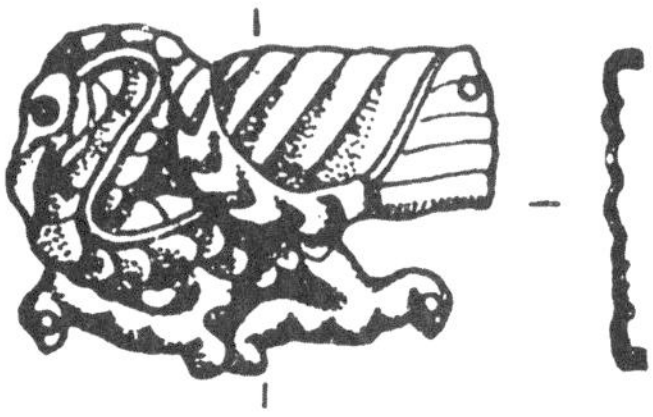

【出土地点】 阿鲁柴登

【尺　　寸】 长3.2、高2.2厘米

【形制描述】 动物形片饰。薄金片压成鸟形，四角有圆形小孔。

【发表出处】 ［6］第335页，图三：3；图版一一：3

【备　　注】 原器名为鸟形饰片；共12件；金质，每件重2克。

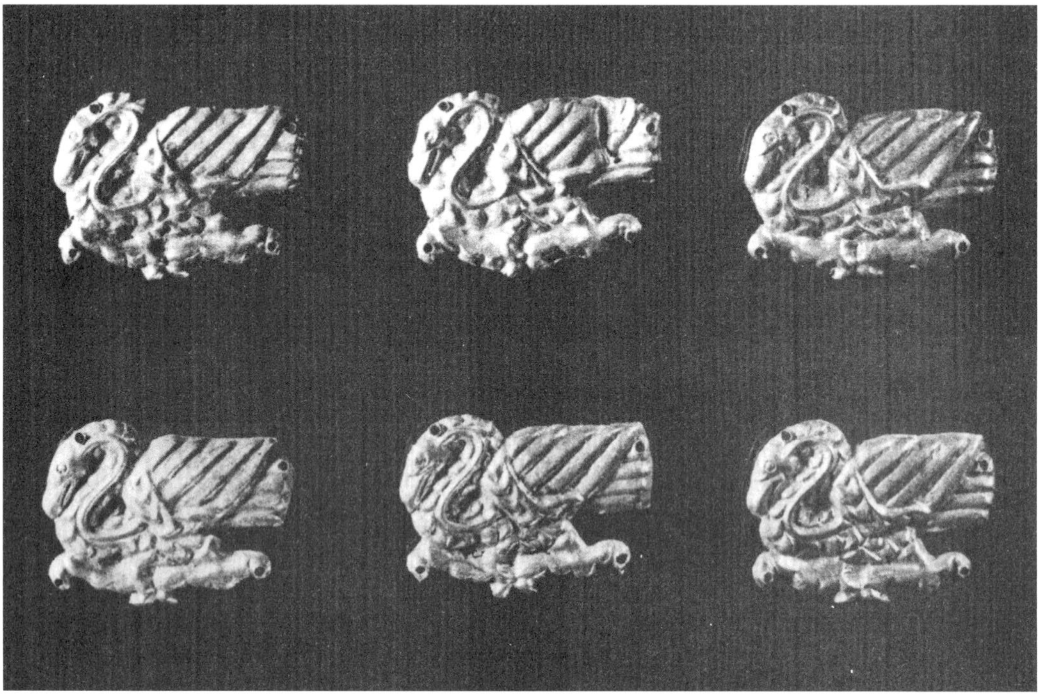

15

【出土地点】 阿鲁柴登

【尺　　寸】 长2、高1.3厘米

【形制描述】 动物形片饰。薄金片压成盘角羊形，前后肢均内屈，羊头回顾，作卧状。

【发表出处】［6］第335页，图三：7

【备　　注】 原器名为羊形饰片；共2件；金质，每件重2.3克。

16

【出土地点】 阿鲁柴登

【尺　　寸】 长4.5、高2.3厘米

【形制描述】 动物形片饰。银片压成狼背鹿形，背面两端有桥形钮。

【发表出处】［6］第335页，图三：5；图版一二：1

【备　　注】 原器名为银饰牌；共3件；银质，每件重3.3克。

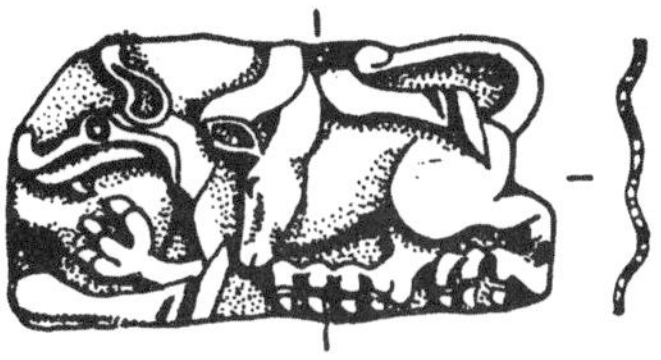

17

【出土地点】 西沟畔M2：32～38

【尺　　寸】 长4.7、宽3.4厘米

【形制描述】 动物形片饰。金片压成鸟形，类似鹰鹫，上有图形钉孔。

【发表出处】 ［7］第3页，图四：6

【备　　注】 原器名为鸟形饰片；共7件；金质，共重22克。

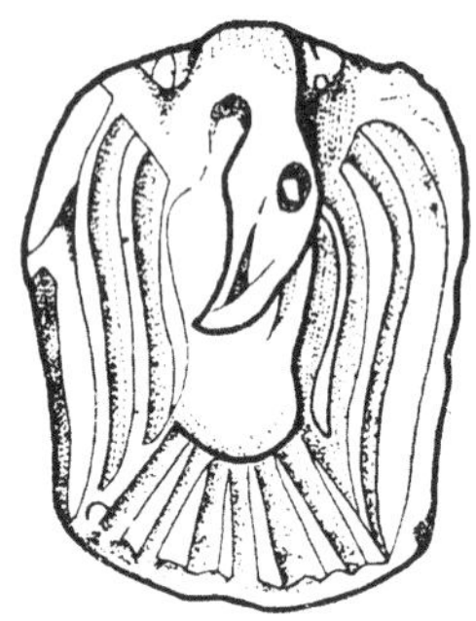

18

【出土地点】 西沟畔M2：39

【形制描述】 涡纹片饰，形状不规则。金片压成，上有涡状纹。

【发表出处】 ［7］第7页，图一七

【备　　注】 金质，重5克。

19

【出土地点】 阿鲁柴登

【尺　　寸】 直径1.8厘米

【形制描述】 圆形片饰。薄金片压成，正面有羊形图案，羊身后半部反转构成圆形，周边有四个小圆孔。

【发表出处】 ［6］第335页，图三：8；图版一一：4

【备　　注】 原器名为羊形圆饰片；共5件；金质，每件重0.66克。

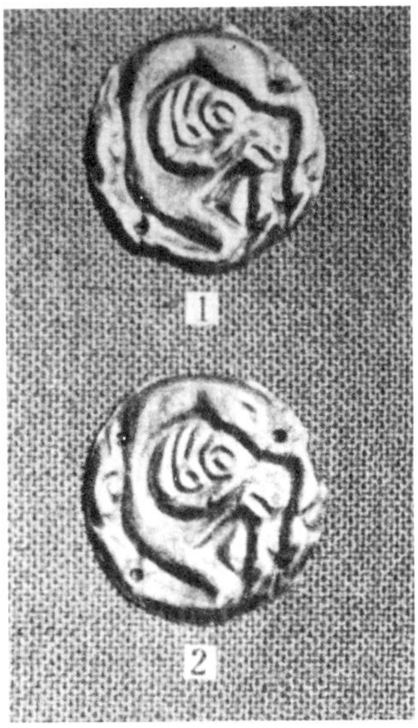

20

【出土地点】 碾房渠

【尺　　寸】 长5.3、宽4.8厘米

【形制描述】 圆角方形片饰。薄金片压成，表面浮雕两个相互缠绕的龙纹图案，四角各有一小孔，个别角有双孔。

【发表出处】 ［14］第406页，图三：3；图版四：5

【备　　注】 原器名为双龙纹金饰片；共7件；金质，共重59.5克。

21

【出土地点】 碾房渠

【尺　　寸】 长1.1、宽1.5厘米

【形制描述】 梯形连管状饰。由六个并排的圆管相连而成，圆管一头粗、一头细。

【发表出处】 ［14］第407页，图四：22

【备　　注】 金质。

22

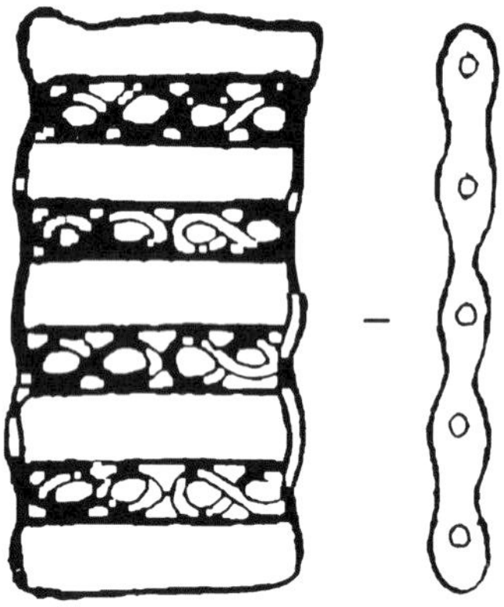

【出土地点】 碾房渠

【尺　　寸】 长2.7、宽1.4、厚0.35厘米

【形制描述】 长方形连管状饰。由五个并排的圆管连接而成，圆管间用两个“8”形金丝相连。

【发表出处】 ［14］第407页，图四：1

【备　　注】 共3件；金质。

23

【出土地点】 碾房渠

【尺　　寸】 长2.9、宽1.3、厚0.35厘米

【形制描述】 长方形连管状饰。由六个并排的圆管连接而成，圆管间用小圆柱相连。

【发表出处】 ［14］第407页，图四：2

【备　　注】 金质。

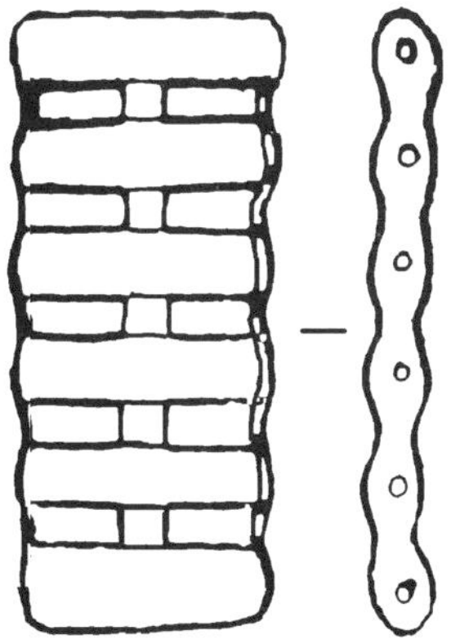

24

【出土地点】 阿鲁柴登

【尺　　寸】 长1.6、宽1.2厘米

【形制描述】 兽头形泡饰。黄金铸成，然后雕刻成眼、耳及花纹。兽头两面相同，眼、耳镶嵌的绿松石已脱落。嘴部为方形銎。

【发表出处】 ［6］第335页，图三：2；图版一二：16

【备　　注】 原器名为兽头形饰件；共2件；金质。

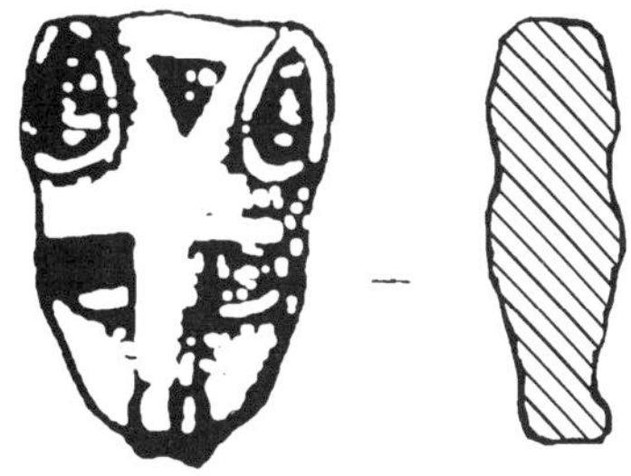

25

【出土地点】 阿鲁柴登

【尺　　寸】 高2.8、宽4厘米

【形制描述】 虎头形泡饰。白银铸成，下颌做成圆孔。

【发表出处】［6］第335页，图三：13；图版一二：13

【备　　注】 共2件；银质，每件重16.4克。

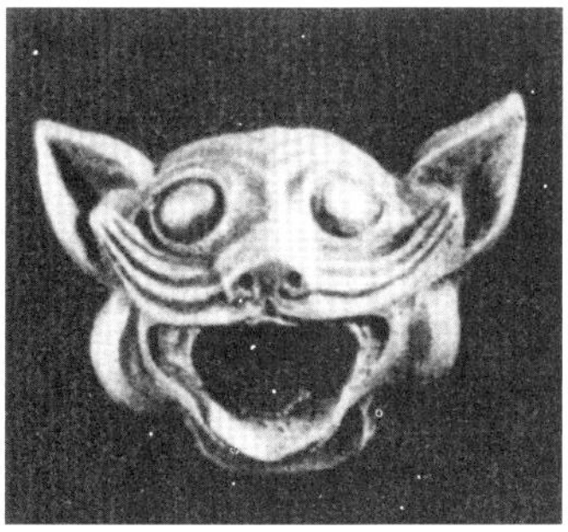

26

【出土地点】 石灰沟

【尺　　寸】 孔 径1.1～0.75、长3.8、宽4.5～4.7、高1.35厘米

【形制描述】 长方形泡饰。饰半浮雕双虎咬斗纹，虎后身有对称双孔。

【发表出处】［17］第92页，图一：1;［30］第173页

【备　　注】 原器名为双虎咬斗纹饰牌；共2件；银质，重量分别为26.5克、27.4克。

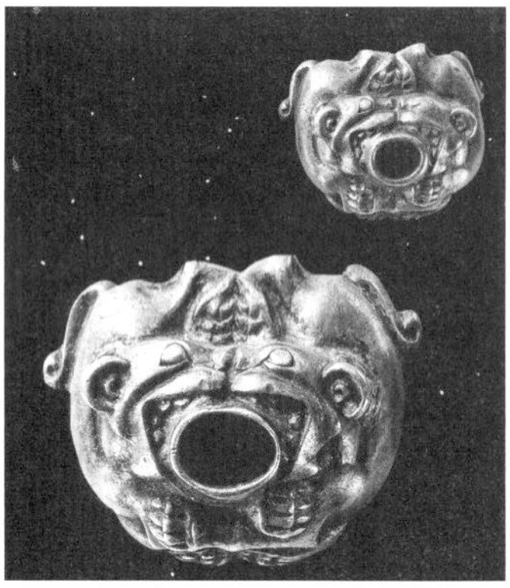

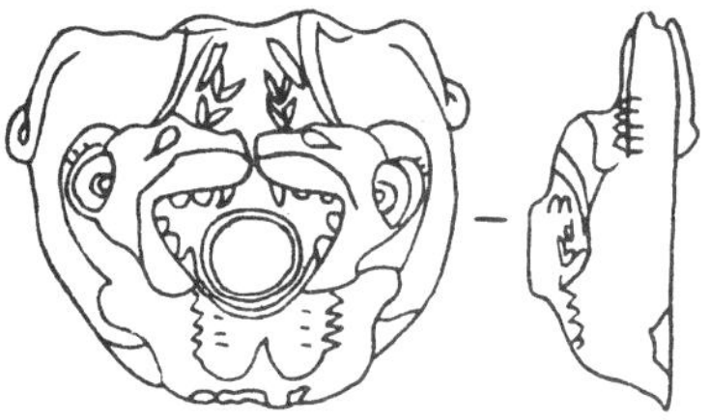

27

【出土地点】　碾房渠

【尺　　寸】　长2.65、下宽1.95厘米

【形制描述】　兽头形泡饰。金片锤鍱成猫头形，口中衔环，环上饰梅花状纹饰。

【发表出处】　［14］第407页，图四：4

【备　　注】　原器名为兽头形饰；包金铁心，重6.5克。

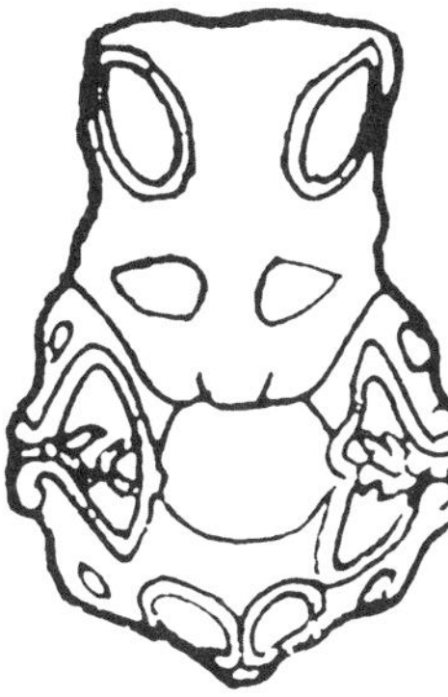

28

【出土地点】　阿鲁柴登

【尺　　寸】　长3、宽2.4厘米

【形制描述】　兽头形泡饰。黄金铸成，然后雕刻成眼、耳和环上的三角形几何图案。口中衔环，兽头顶部中间有长方形銎。

【发表出处】　［6］第335页，图三：10；图版一二：9

【备　　注】　原器名为兽头形饰件；金质。

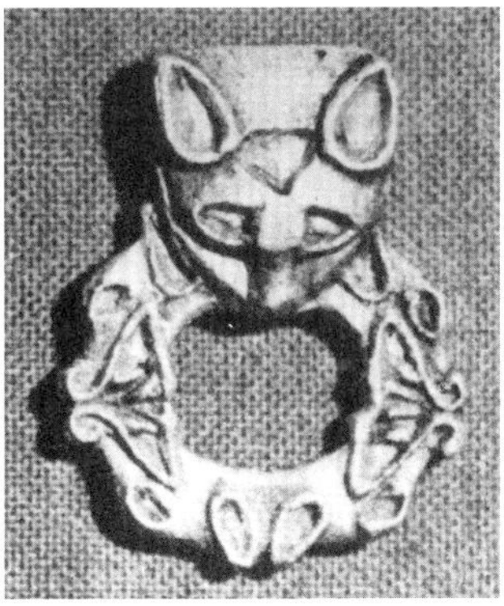

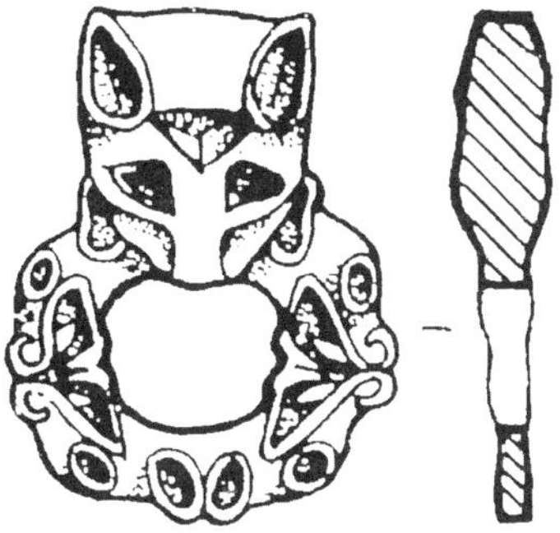

29

【出土地点】 石灰沟

【尺　　寸】 长8.65～8.85、宽2.35～3.15、厚0.2厘米

【形制描述】 近长方形泡饰。饰半浮雕双虎咬斗纹，虎身中间各有一穿孔。

【发表出处】 ［17］第92页，图一：6；［30］第177页

【备　　注】 原器名为双虎咬斗纹扣饰；共2件；银质，重量分别为43.1克、49.5克。

30

【出土地点】 石灰沟

【尺　　寸】 环外径5.3，内径2.85，厚2.01，龟厚1.95、长3.35厘米

【形制描述】 近圆形泡饰。扁形环上立三个等距离圆柱，柱顶为龟形。

【发表出处】 ［17］第92页，图一：4；［30］第222页

【备　　注】 原器名为龟形饰；铜质，嵌铁鎏金。

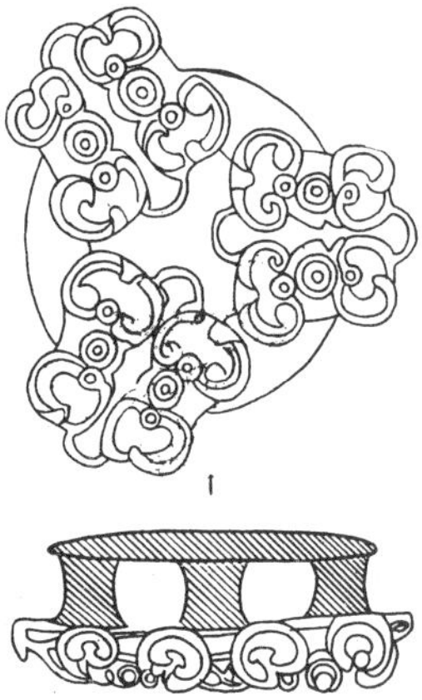

31

【出土地点】 石灰沟

【尺　　寸】 直径3.3、高1.9厘米

【形制描述】 中空半球形泡饰，模压。饰六羊聚首纹，吻部聚点为圆心，盘角为圆边，散作莲花状；背面边缘有对称双钮。

【发表出处】［17］第92页，图一：2；［30］第174页：上

【备　　注】 原器名为羊纹扣饰；共5件；银质，重量分别为23.6克、24.7克、25.9克、26.2克、29.1克；其中一件边缘穿孔。

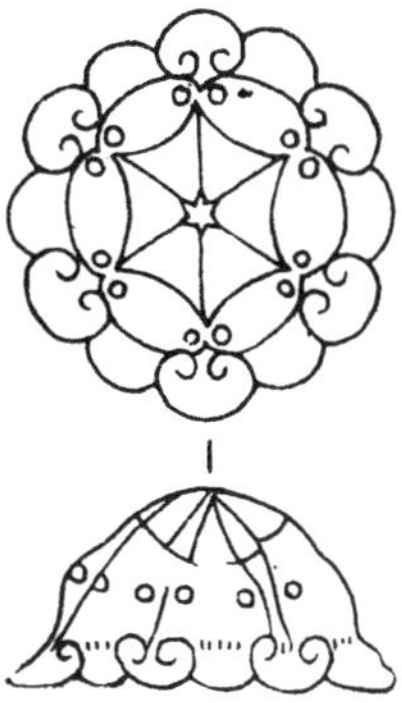

32

【出土地点】 阿鲁柴登

【尺　　寸】 高1.6、长4.5厘米

【形制描述】 立体刺猬形泡饰，金片压成。腹中空，身上压有花纹。

【发表出处】［6］第335页，图三：12；［29］第40页

【备　　注】 原器名为刺猬形饰件；共10件；金质，每件重8.2克。

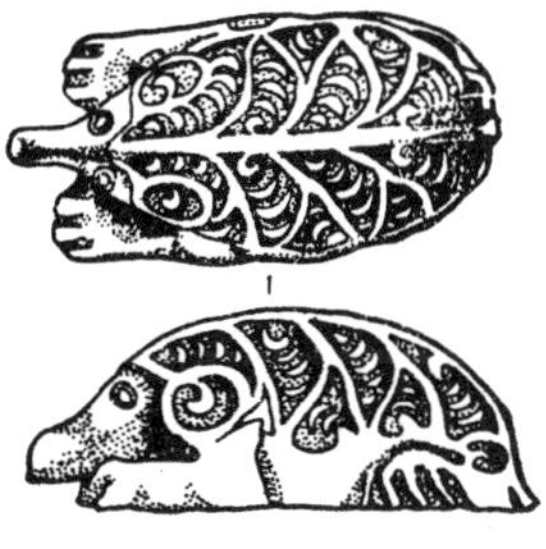

33

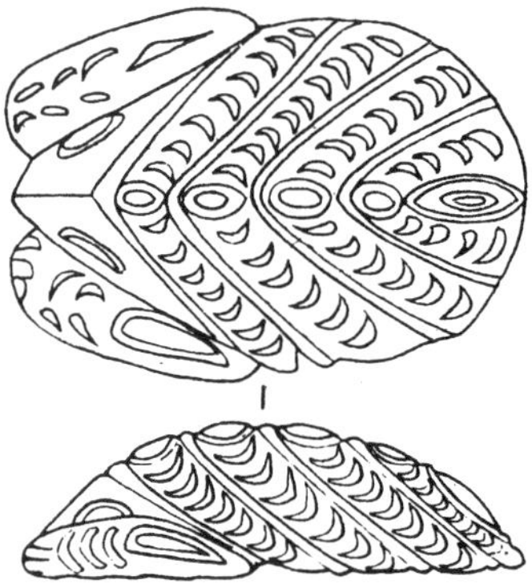

【出土地点】 石灰沟

【尺　　寸】 长6.8、宽4.4～4.7厘米

【形制描述】 立体刺猬形泡饰，银片压成。腹中空，身、足部压有花纹。

【发表出处】 ［17］第92页，图一：3；图版四：4

【备　　注】 原器名为刺猬形饰件；共4件；银质，重量分别为9.2克、9.7克、10.3克、10.25克；其中一件足残。

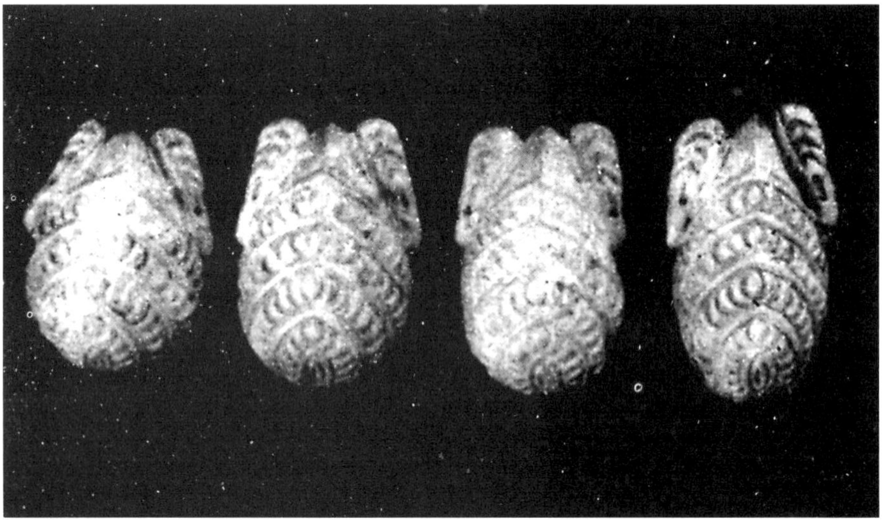

下 编

器物研究

第一章

类型划分与分期演变

第一节　分期依据

内蒙古地区东周北方青铜器的年代和文化属性已有许多学者进行了研究。1983年，田广金在《近年来内蒙古地区的匈奴考古》[①] 一文中将内蒙古中南部地区商周至秦汉时期的考古资料划分为青铜时代、早期铁器时代和铁器时代三个阶段，并对各时期文化内涵进行了分析。

1986年国内第一部北方系青铜器综合研究专著《鄂尔多斯式青铜器》[②] 出版。该书对鄂尔多斯式青铜器进行了系统的分类和分期，并探讨了它的起源和族属问题，迄今为止仍是研究内蒙古地区北方系青铜器和青铜文化最基本的材料和参考，开创了鄂尔多斯式青铜器研究的先河。

1992年乌恩发表《东周时期北方少数族文化遗存试析》[③]，将河西走廊东段至燕山地区划分为五个地区，并从墓葬结构、埋葬习俗、随葬品等方面对其异同作初步分析。

1993年，田广金发表《内蒙古长城地带诸考古学文化与邻境同期文化相互影响规律的研究》[④]，将内蒙古中南部各遗址划分为西园、毛庆沟、桃红巴拉三个类型。

1993年，林沄发表《关于中国对匈奴族源的考古学研究》[⑤]，将内蒙古地区东周时期遗存分为内蒙古阴山东段的山前地区、内蒙古河套内的东北地区和内蒙古阴山西段地区三个区，并划为不同的考古学文化。

1997年，田广金发表《中国北方系青铜器文化和类型的初步研究》[⑥]，将内蒙古

---

① 田广金：《近年来内蒙古地区的匈奴考古》，《考古学报》1983年第1期。

② 田广金、郭素新：《鄂尔多斯式青铜器》，文物出版社，1986年。

③ 乌恩岳斯图：《东周时期北方少数族文化遗存试析》，《北京文物与考古》（第三辑），北京市文物研究所，1992年。

④ 田广金：《内蒙古长城地带诸考古学文化与邻境同期文化相互影响规律的研究》，《内蒙古文物考古》1993年第1—2期合刊。

⑤ 林沄：《关于中国对匈奴族源的考古学研究》，《内蒙古文物考古》1993年第1—2期合刊。

⑥ 田广金：《中国北方系青铜器文化和类型的初步研究》，《考古学文化论集（四）》，文物出版社，1997年。

中南部青铜文化命名为“鄂尔多斯式青铜器文化”，并对西园、毛庆沟、桃红巴拉三个类型的内涵、相互关系和族属问题进行了探讨。

2002年，乌恩在《关于北方草原早期铁器时代文化的若干问题》[①] 一文中提出应将相当于东周时期的文化遗存划归早期铁器时代文化而不是青铜文化，并将内蒙古中、南部遗存分别命名为毛庆沟文化、桃红巴拉文化。

2004年，杨建华出版《春秋战国时期中国北方文化带的形成》[②]，将东周时期内蒙古中南部遗存划分为东西两区，并在对各区文化遗存进行详细分期的基础上，阐述了各区的特点、相互关系及其在北方文化带形成过程中的地位和作用。

2007年，乌恩出版《北方草原考古学文化研究——青铜时代至早期铁器时代》[③]，对“桃红巴拉文化”和“毛庆沟文化”遗物进行了分期和介绍，就装饰艺术、经济形态、相邻文化之间的关系和族属流向等问题进行了探讨。并于次年出版《北方草原考古学文化比较研究——青铜时代至早期匈奴时期》[④]，将具有代表性的器物与欧亚草原相邻地区相关文化器物进行比较研究，探讨各地区不同考古学文化之间的文化联系及其代表性器类的演进、起源等问题。

本书的分期以较为晚近和全面的《春秋战国时期中国北方文化带的形成》（以下简称《形成》）一书为依据，将内蒙古西部地区各墓地以随葬品组合和器物形制变化为标准分为三期五段（表一）。其中第一段为早期，不见短剑、铜管和S形饰牌；中期包括第二段和第三段，进入短剑、饰牌阶段；四、五段为晚期，第四段以立体动物为主，第五段流行浮雕装饰。

表一　内蒙古西部地区墓葬分期表

早　期		宝亥社、西园、水涧沟门、明安木独
中　期	早　段	桃红巴拉、公苏壕
	晚　段	呼鲁斯太、西沟畔M3
晚　期	早　段	玉隆太、瓦尔吐沟、速机沟
	晚　段	西沟畔M2、阿鲁柴登、碾房渠、石灰沟

① 乌恩岳斯图：《关于北方草原早期铁器时代文化的若干问题》，《21世纪中国考古学与世界考古学》，中国社会科学出版社，2002年。
② 杨建华：《春秋战国时期中国北方文化带的形成》，文物出版社，2004年。
③ 乌恩岳斯图：《北方草原考古学文化研究——青铜时代至早期铁器时代》，科学出版社，2007年。
④ 乌恩岳斯图：《北方草原考古学文化比较研究——青铜时代至早期匈奴时期》，科学出版社，2008年。

早期的年代为春秋晚期；中期的年代上限为春秋晚期至战国早期，下限为战国中期左右；战国中期是中期和晚期的分界线，晚期年代应在战国晚期至秦代。需要强调的是，西区的墓葬年代不早于春秋中期，东部地区的墓葬年代相当于西部地区的中期，对它们的分期是以毛庆沟墓地为基础建立的。毛庆沟墓地分为早晚两期，崞县窑子、沟里头、范家窑子墓地的年代相当于毛庆沟早期，即中期早段；饮牛沟墓地相当于毛庆沟晚期，即中期晚段。根据相当于中期早段的毛庆沟M58和范家窑子出土的戈推断，中期的年代上限应为春秋晚期至战国早期，下限个别墓葬的年代可进入战国晚期，主要是那些具有中原文化性质，随葬带钩的墓葬。因此西部地区属于中期的各遗存结束时间早于东区。

蒋刚根据内蒙古东部地区新发表的忻州窑子、小双古城、水泉和新店子墓地的报告和简报，对内蒙古东部地区的东周北方文化墓地进行了分期①。根据陶器（主要是带耳罐和无耳罐）的演变将忻州窑子、崞县窑子墓地分为三期，将毛庆沟、小双古城、饮牛沟墓地分为五期；根据随葬带钩的演变将毛庆沟、饮牛沟墓地分为三期。综合这三种分期将东部地区墓葬分为六期，其中Ⅰ、Ⅱ、Ⅲ期相当于《形成》划分的中期早段；Ⅳ、Ⅴ、Ⅵ期相当于《形成》的中期晚段。两者对于东部地区墓葬年代的判断也是一致的。

忻州窑子报告把这个墓地的年代定为春秋晚期至战国早期，相当于中期早段偏早的年代。小双古城报告把这个墓地的年代定为战国初年或稍早，大体相当于中期早段偏晚的年代。水泉报告把这个墓地的年代定为战国中晚期阶段，相当于东部中期的下限。新店子简报认为这个墓地的主要年代属于春秋晚期，下限到战国早期，相当于东部地区的中期早段。井沟子墓地和铁匠沟墓地的报告和简报都将墓地年代定为春秋晚期到战国早期，即东部地区的中期早段。

综合以上的分析，我们可以将内蒙古地区东周北方青铜文化墓葬分为三期五段。

早期只见于西区，年代为春秋晚期左右；中期开始于春秋晚期至战国早期，下限以晚期年代为参考可以定在战国中期左右，东部地区中期晚段的年代要比西部地区中期结束的年代更晚；晚期主要见于西区，早段年代为战国晚期偏早，晚段为战国末期至秦代。

---

① 蒋刚、陆韵语：《河套东部地区春秋战国时期墓地的分期及相关问题》，《考古与文物》2013年第4期。

表二　内蒙古地区东周北方青铜文化墓葬分期表

分期		西部地区	东部地区
早期		宝亥社、西园、水涧沟门、明安木独	
中期	早段	桃红巴拉、公苏壕呼鲁斯太、西沟畔M3	毛庆沟早段、沟里头、范家窑子、崞县窑子、忻州窑子、小双古城、井沟子、铁匠沟、新店子
	晚段		毛庆沟晚段、饮牛沟、水泉
晚期	早段	玉隆太、瓦尔吐沟、速机沟	↓（个别延续到晚期）
	晚段	西沟畔M2、阿鲁柴登、碾房渠、石灰沟	

第二节　类型划分与分期图

一、兵器工具类

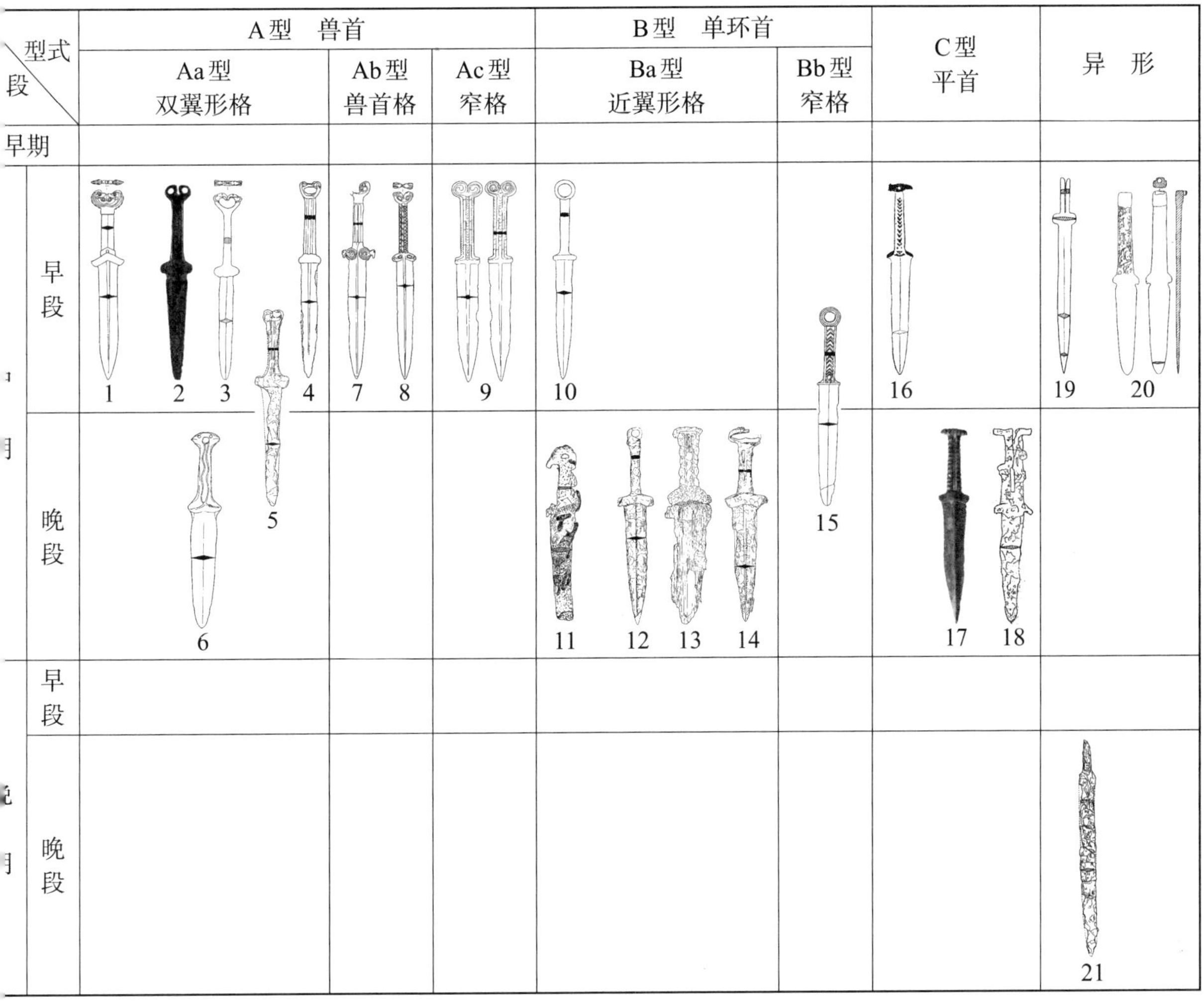

型式
段
A型　兽首
Aa型
双翼形格
Ab型
兽首格
Ac型
窄格
B型　单环首
Ba型
近翼形格
Bb型
窄格
C型
平首
异　形
早期
早段
晚段
早段
晚段
1 2 3 4 5 6 7 8 9 10 11 12 13 14 15 16 17 18 19 20 21

图一：1　短剑类型与分期图

Ⅰ式：1　Ⅱ式：2～11、15～16　Ⅲ式：12～14、17～18　未归入：19～21

1. 毛庆沟M59：2　2. 范家窑子　3. 公苏壕M1：5　4. 毛庆沟M45：3　5. 毛庆沟M6：12　6. 西沟畔M3：1　7. 毛庆沟M58：4　8. 毛庆沟M70：3　9. 毛庆沟M60：6　10. 毛庆沟M55：5　11. 水泉M23：8　12. 毛庆沟M29：1　13. 毛庆沟M18：4　14. 毛庆沟M38：4　15. 新店子M41：1　16. 沟里头　17. 呼鲁斯太M1：3　18. 饮牛沟M1：2　19. 井沟子M3：6　20. 井沟子M19：6　21. 西沟畔M2：20

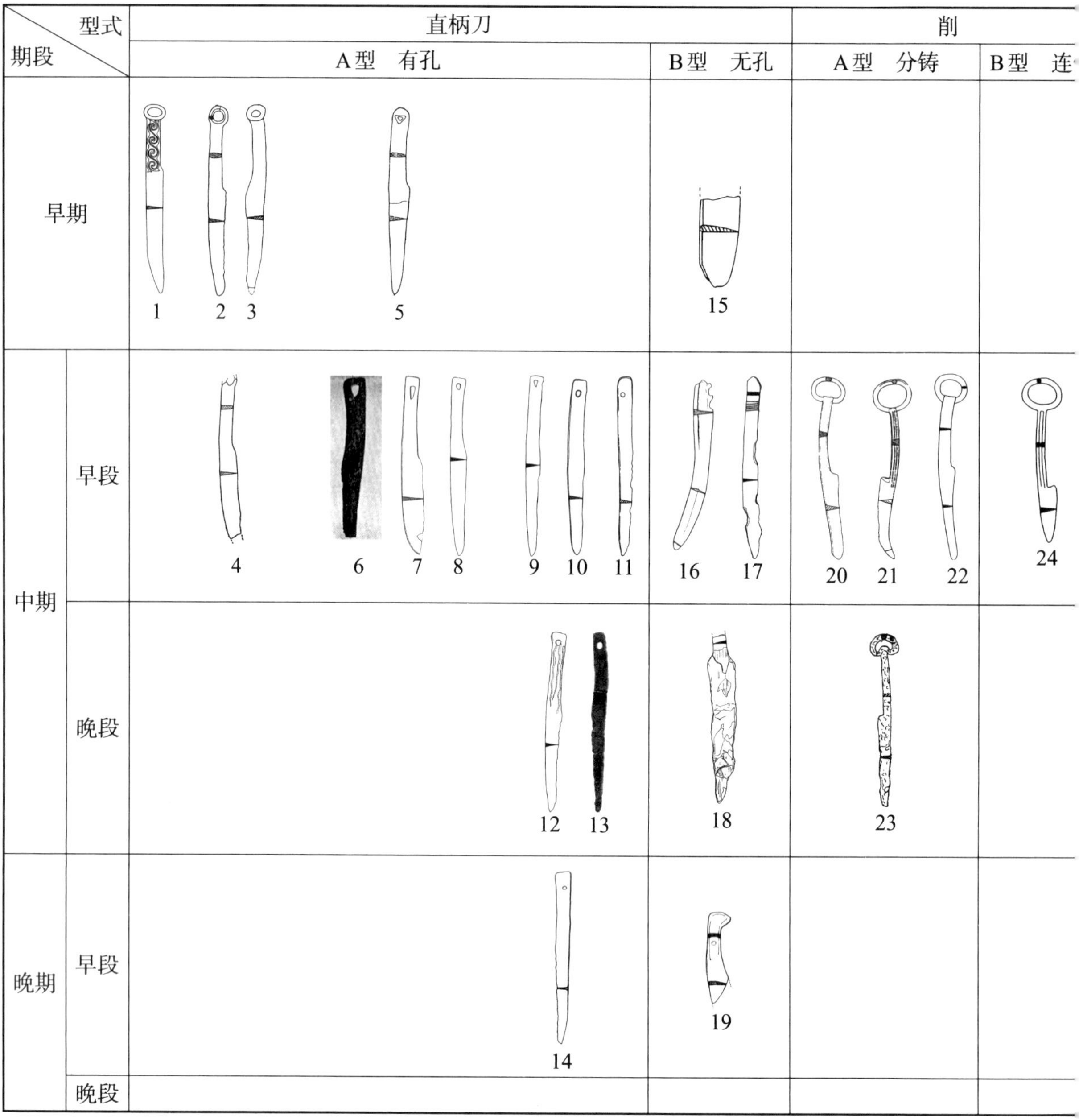
型式
期段
直柄刀
削
A型　有孔
B型　无孔
A型　分铸
B型　连
早期
中期
早段
晚段
晚期
早段
晚段
1 2 3 5
15
4 6 7 8 9 10 11
16 17
20 21 22
24
12 13
18
23
14
19

图一：2　刀类型与分期图

A型直柄刀：Ⅰ式：1～8　Ⅱ式：9～14

1. 宝亥社　2. 水涧沟门　3. 明安木独　4. 崞县窑子M8：9　5. 水涧沟门　6. 范家窑子　7. 小双古城M2：1　8. 桃红巴拉M5：1　9. 公苏壕M1：6　10. 小双古城M9：3　11. 小双古城M15：1　12. 西沟畔M3：2　13. 呼鲁斯太M2：4　14. 玉隆太2215　15. 西园M7：2　16. 井沟子M23：3　17. 毛庆沟M75：9　18. 毛庆沟M27：3　19. 玉隆太2214　20. 小双古城M12：1　21. 铁匠沟AM1：2　22. 新店子M24：1　23. 饮牛沟M1：4　24. 新店子M25：1

期段 \ 型式		A型　两端扁刃	B型　一端扁刃一端鹤嘴
早期		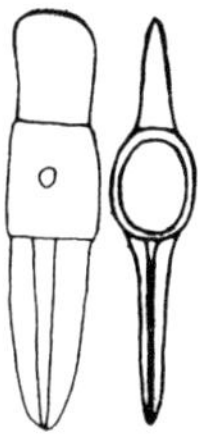 1	
中期	早段	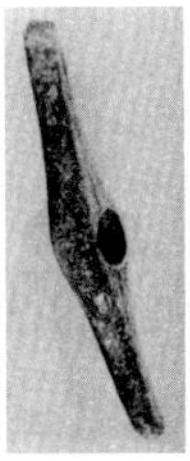 2	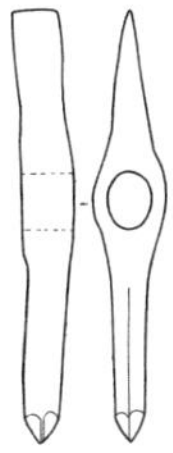 3
	晚段		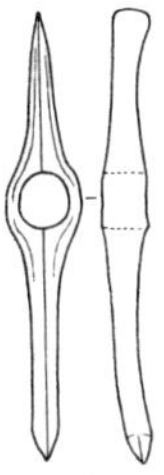 4  5 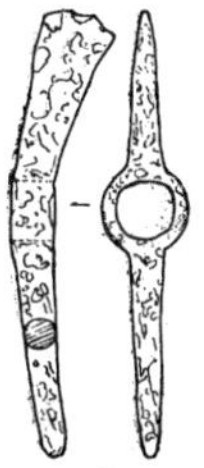 6 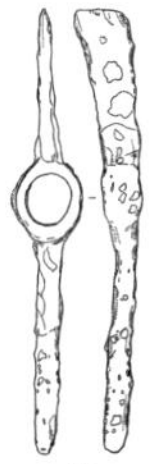 7
晚期	早段		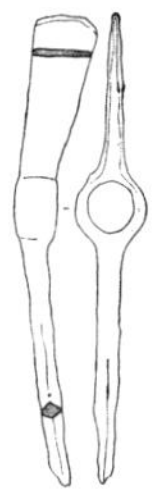 8
	晚段		

图一：3　鹤嘴斧类型与分期图

Ⅰ式：1　Ⅱ式：2～4　Ⅲ式：5～8

1. 明安木独　2. 桃红巴拉M1：2　3. 公苏壕M1：1　4. 呼鲁斯太M2：1
5. 水泉M23：9　6. 饮牛沟82EM1：3　7. 毛庆沟M38：1　8. 玉隆太2264

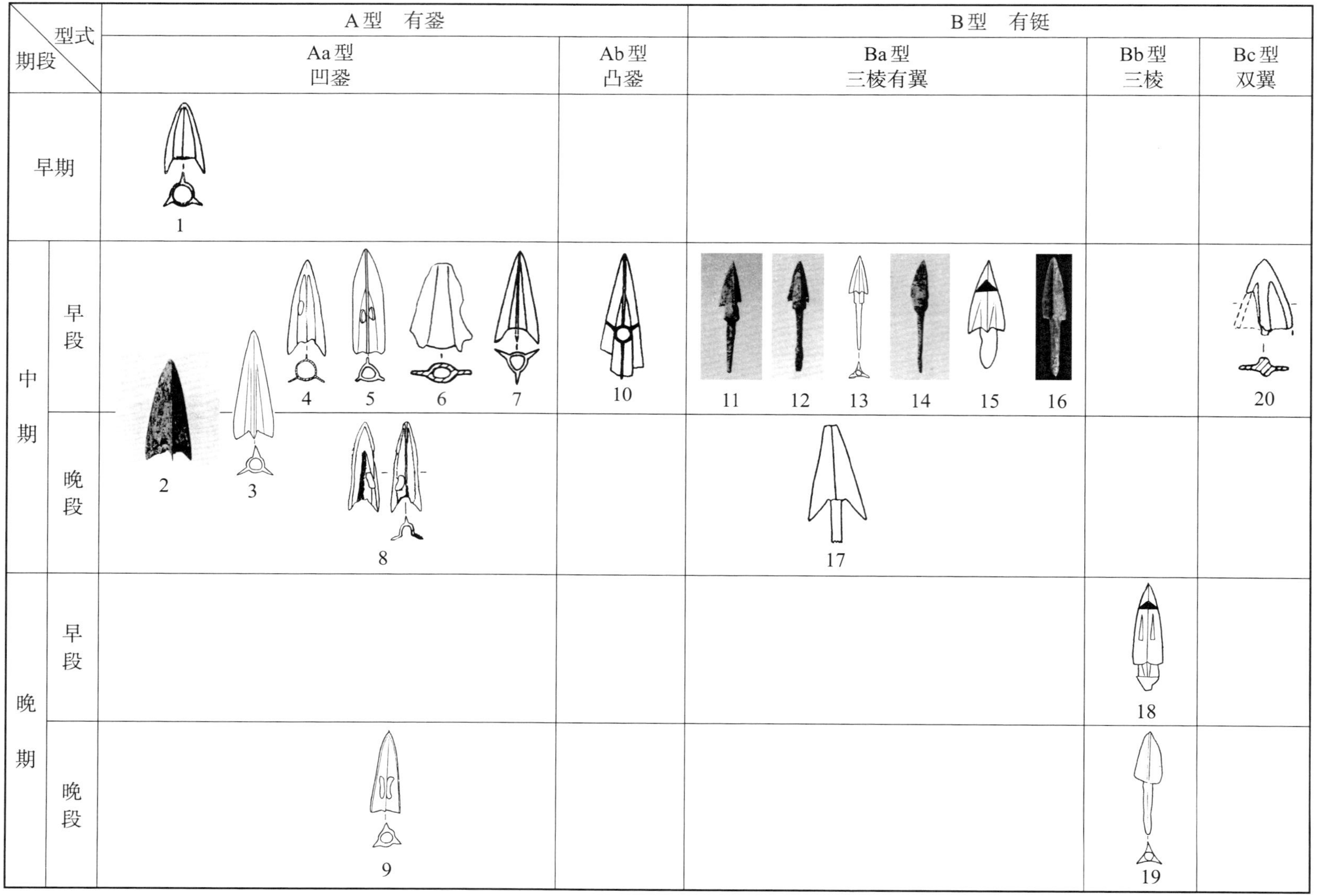

图一：4 镞类型与分期图

1. 西园M5：18 2. 毛庆沟M6：5① 3. 毛庆沟M6：5② 4. 井沟子M26：20 5. 铁匠沟采 6. 铁匠沟采 7. 新店子M43：4 8. 饮牛沟M1：5 9. 西沟畔M2：5 10. 新店子M41：4 11. 毛庆沟M59：5① 12. 毛庆沟M59：5② 13. 毛庆沟M59：5③ 14. 毛庆沟M59：5④ 15. 毛庆沟M70：2

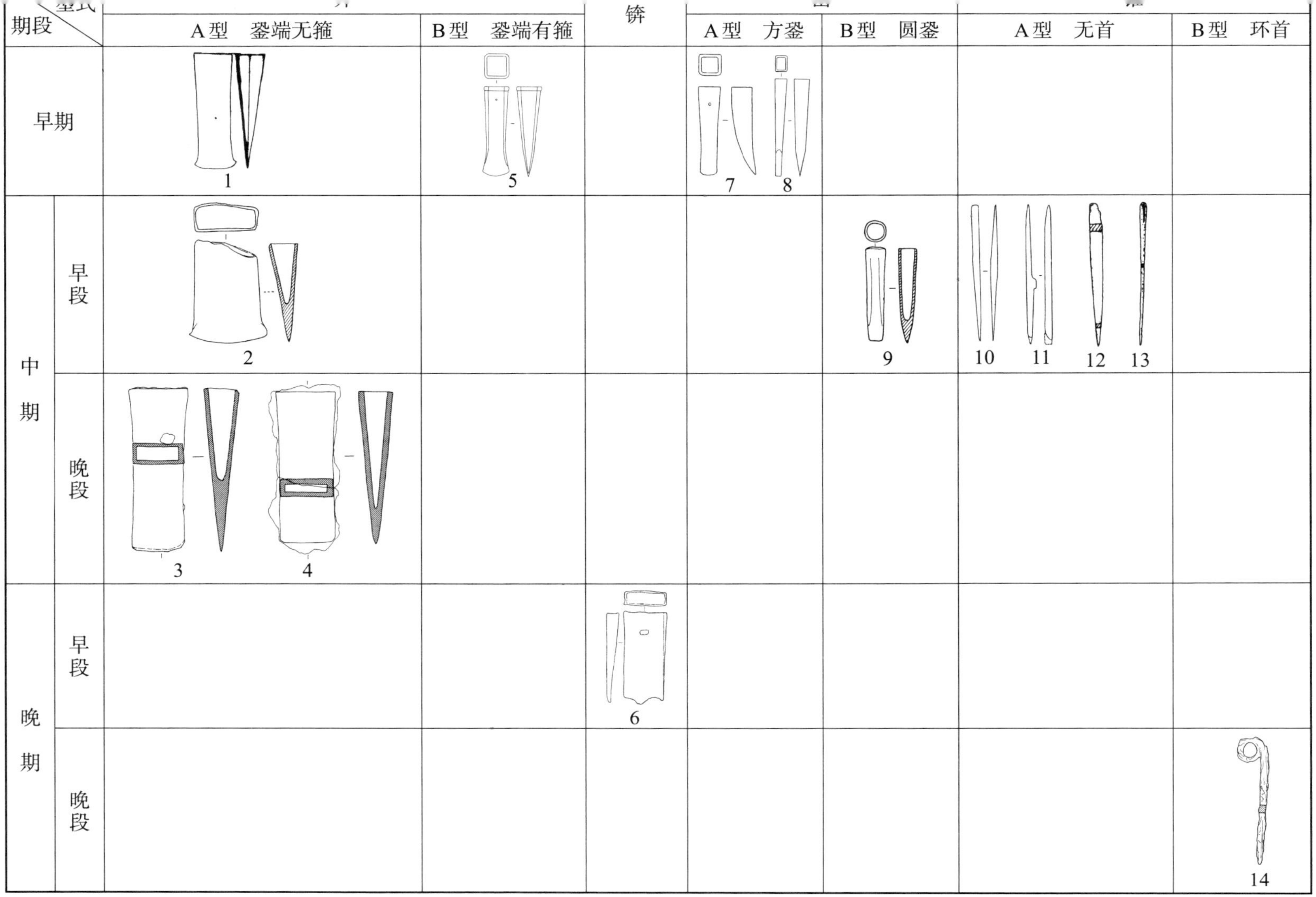

图一：5 斧锛凿锥类型与分期图

1. 明安木独 2. 公苏壕M1：3 3. 饮牛沟97YM8：1 4. 饮牛沟97YM22：1 5. 宝亥社 6. 玉隆太2252 7. 宝亥社 8. 宝亥社 9. 公苏壕M1：4 10. 桃红巴拉M1：4 11. 公苏壕M1：2 12. 井沟子M5：15 13. 水泉M6：1 14. 西沟畔M2：22

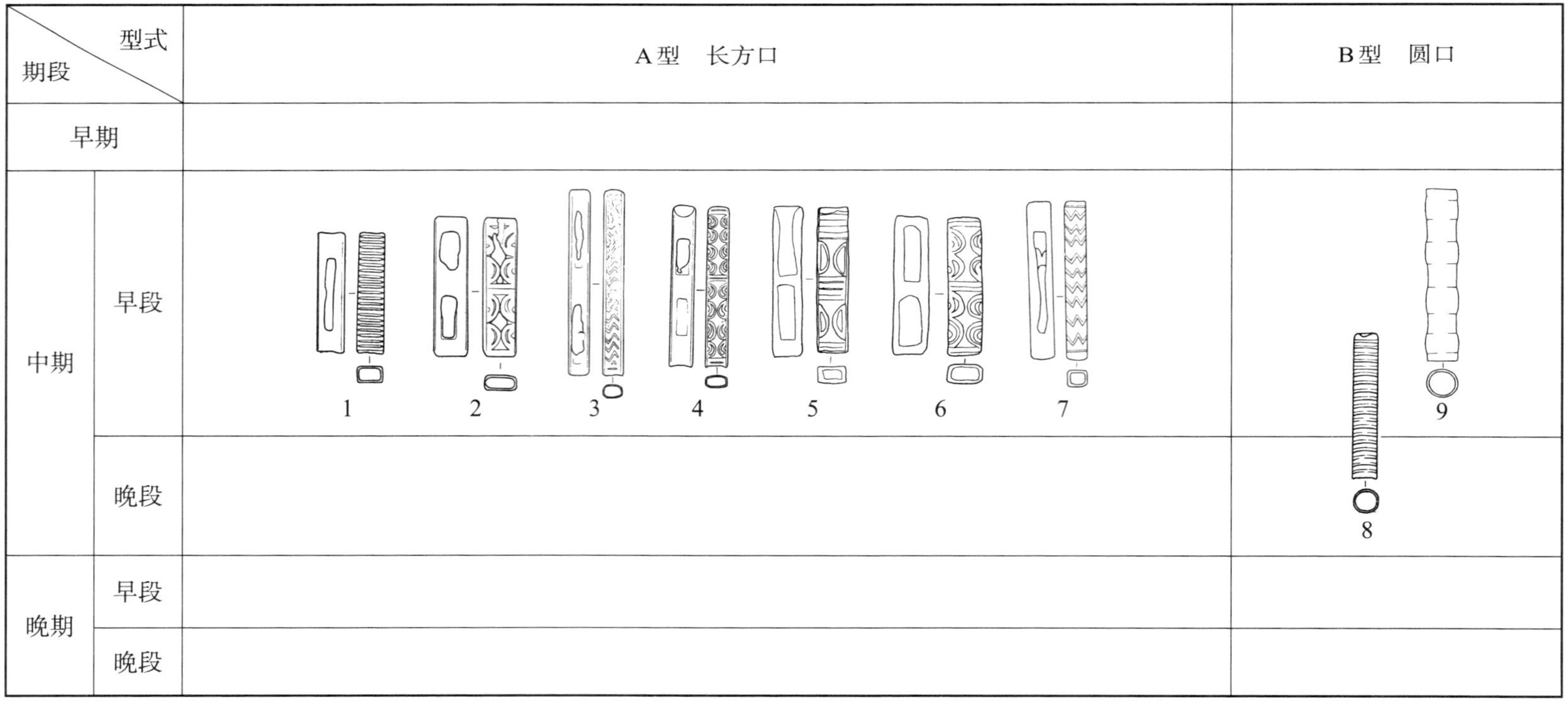

图一：6　针管类型与分期图

1. 毛庆沟M66：6　2. 毛庆沟M9：2　3. 毛庆沟M5：5　4. 毛庆沟M10：4①　5. 桃红巴拉M5：9
6. 桃红巴拉M1：35　7. 桃红巴拉M1：36　8. 毛庆沟M6：7①　9. 新店子M35：4

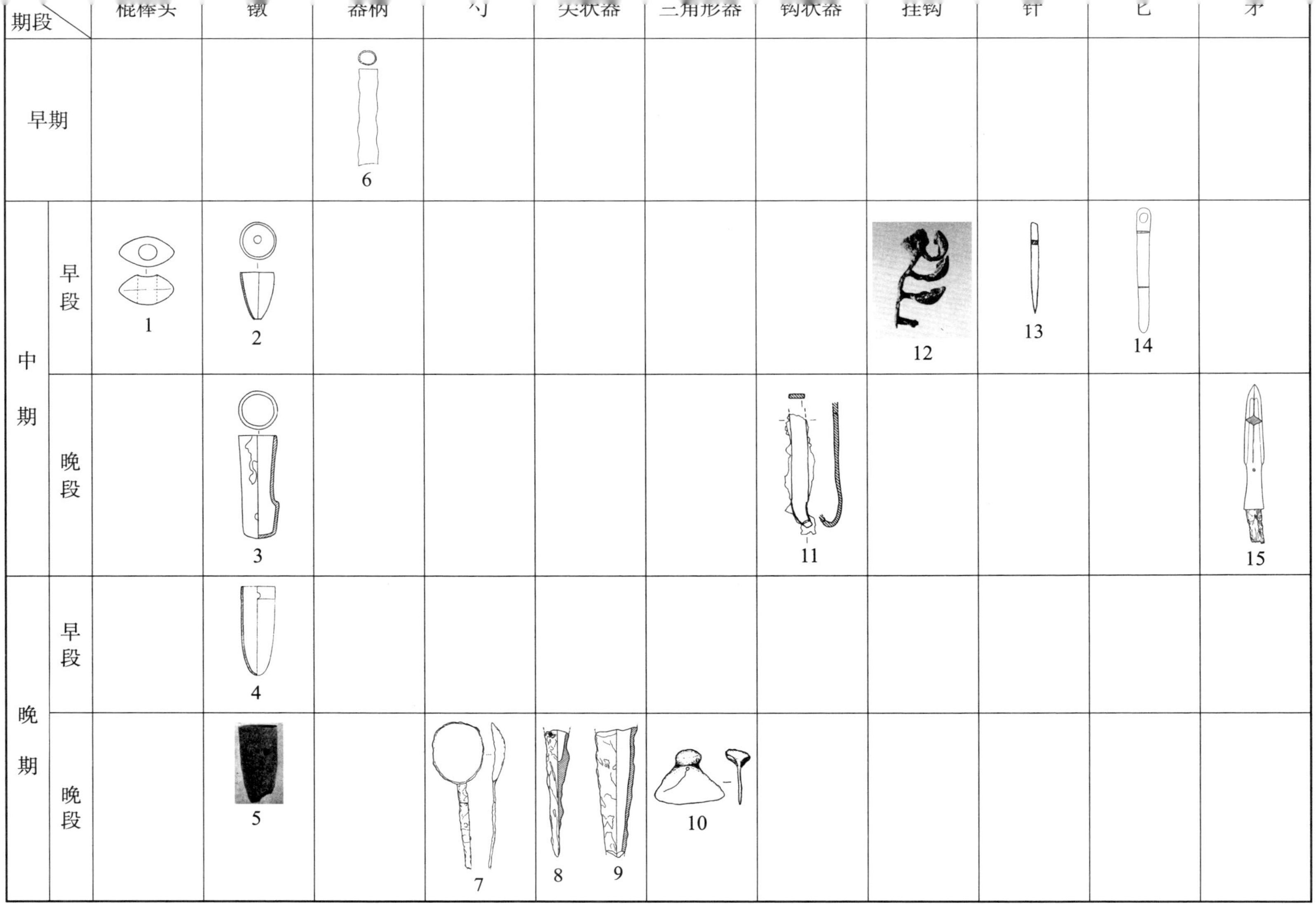

期段
棍棒头
镦
器柄
勺
尖状器
三角形器
钩状器
挂钩
针
匕
矛
早期
中期
早段
晚段
晚期
早段
晚段
1
2
3
4
5
6
7
8
9
10
11
12
13
14
15

图一：7　其他兵器工具分期图

1. 桃红巴拉M2：3　2. 公苏壕M1：7　3. 呼鲁斯太M2：49　4. 玉隆太2271：2　5. 西沟畔M2：71　6. 水涧沟门　7. 西沟畔M2：21　8. 西沟畔M1：3　9. 西沟畔M1：2　10. 西沟畔M2：66　11. 饮牛沟97YM22：1　12. 毛庆沟M58：3　13. 井沟子M12：3　14. 井沟子M41：38　15. 毛庆沟M27：2

二、车马器类

1. 车器

期段 \ 型式		竿头饰			
		A型　动物形			B型　泡形
		Aa型　立兽	Ab型　鹤首	Ac型　狼首	
早期					
中期	早段				
	晚段				
晚期	早段	 1  2 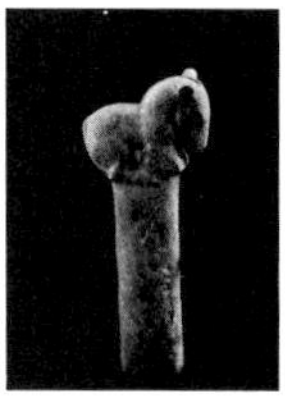 3  4 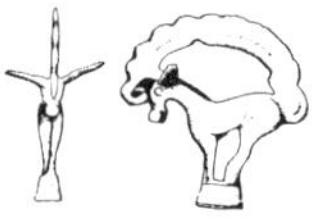 5	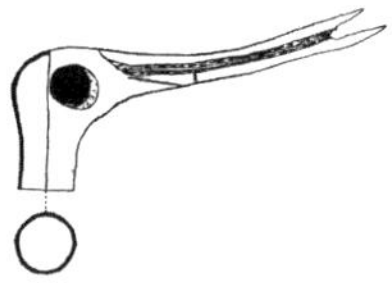 6  7	 8	
	晚段				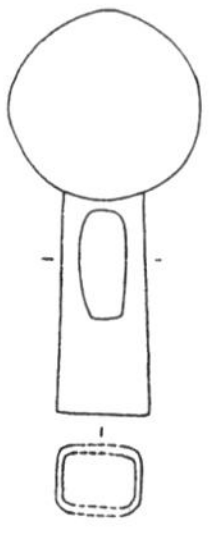 9

图二：1-1　竿头饰、车辕饰、车軎类型与分期图

1. 玉隆太 2245：1　2. 玉隆太 2265：1、2　3. 速机沟　4. 玉隆太 2266　5. 西沟畔 M2：9 ～ 12　6. 速机沟　7. 速机沟　8. 速机沟　9. 石灰沟　10. 玉隆太 2244　11. 速机沟　12. 石灰沟　13. 速机沟　14. 石灰沟　15. 西沟畔 M2：72　16. 速机沟　17. 呼鲁斯太 M2：17　18. 玉隆太 2249：1

车辕饰				车軎
A型　动物形			B型　筒形	
Aa型　羊首	Ab型　立兽	Ac型　鹤首		
 10  11	 13		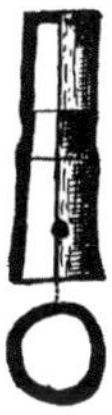 16  17	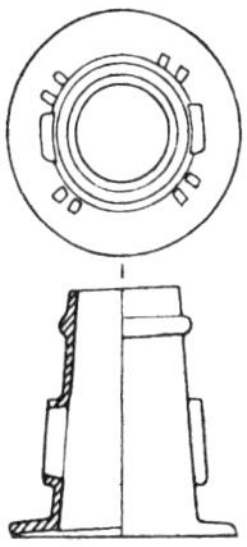 18
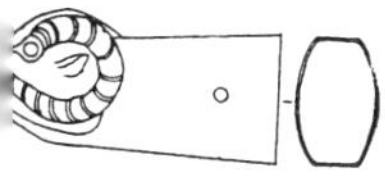 12		 14  15		

期段 \ 型式		A型　鹿形
		Aa型　卧式
早期		
中期	早段	
	晚段	
晚期	早段	 1  2  3 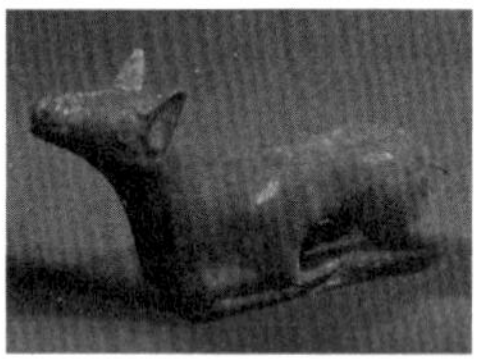 4  5 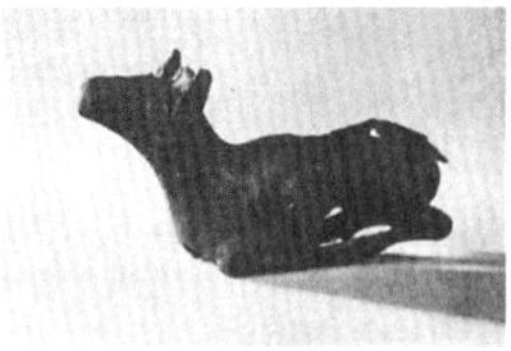 6
	晚段	 7

图二：1-2　立体动物饰类型与分期图

1. 玉隆太2247　2. 速机沟　3. 玉隆太2248：2　4. 速机沟　5. 瓦尔吐沟　6. 瓦尔吐沟　7. 石灰沟　8. 水涧沟门　9. 速机沟　10. 速机沟　11. 瓦尔吐沟　12. 瓦尔吐沟

	B型　羊形	
Ab型　立式	Ba型　卧式	Bb型　立式
 8		
  9　10	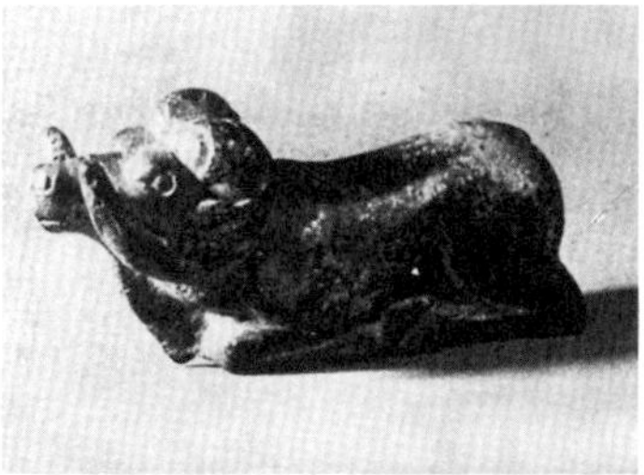 11	 12

2. 马具

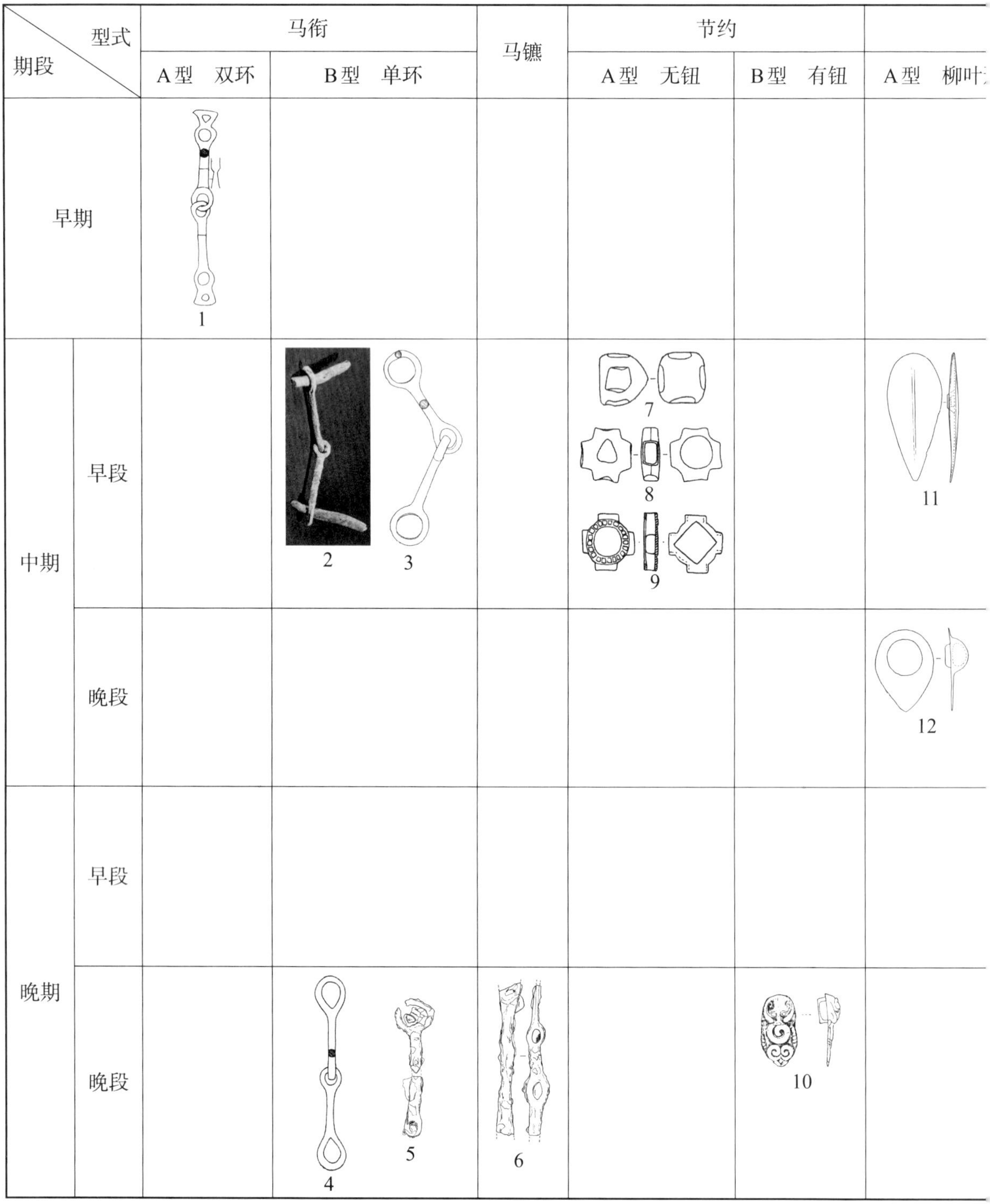

型式
期段
马衔
A型 双环
B型 单环
马镳
节约
A型 无钮
B型 有钮
A型 柳叶
早期
中期
早段
晚段
晚期
早段
晚段
1
2
3
4
5
6
7
8
9
10
11
12

图二：2 马具类型与分期图

1. 明安木独 2. 桃红巴拉M1：17 3. 毛庆沟M59：3 4. 石灰沟 5. 西沟畔M2：23 6. 西沟畔M2：25 7. 毛庆沟M59：4② 8. 新店子M37：9 9. 忻州窑子M59：16 10. 西沟畔M2：13～19 11. 公苏壕M1：8 12. 呼鲁斯太M3：18 13. 桃红巴拉M1：12 14. 桃红巴拉M1：20 15. 呼鲁斯太M2：33～45 16. 速机沟 17. 玉隆太2254：1 18. 桃红巴拉M1：14 19. 呼鲁斯太M2：46、47 20. 速机沟 21. 速机沟 22. 明安木独 23. 宝亥社 24. 玉隆太2250：2

马面饰		铃		其他
B型　圆形	C型　复合型	A型　平口	B型　弧形口	
			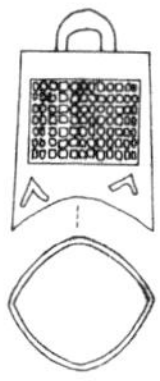 22	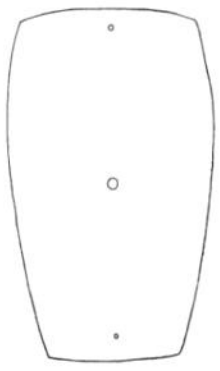 23
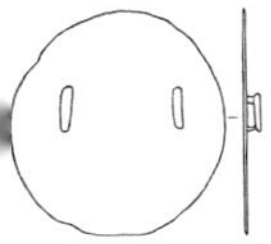 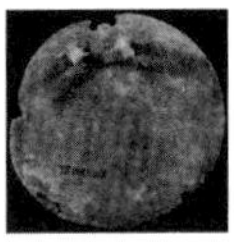 13　14	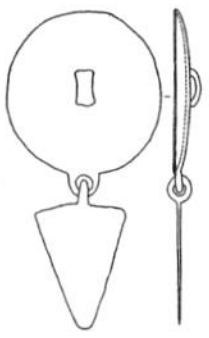 18			
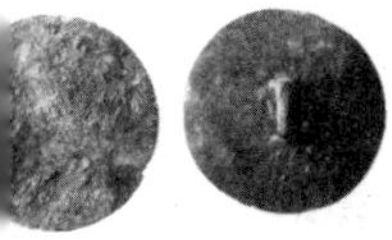 15		 19		
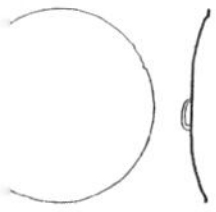 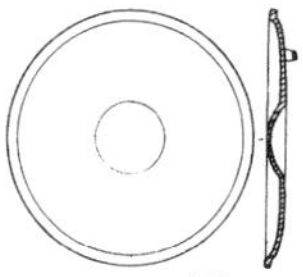 16　17		  20　21		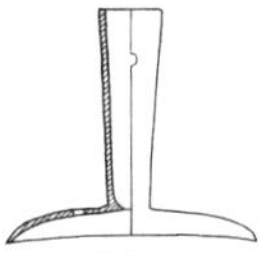 24

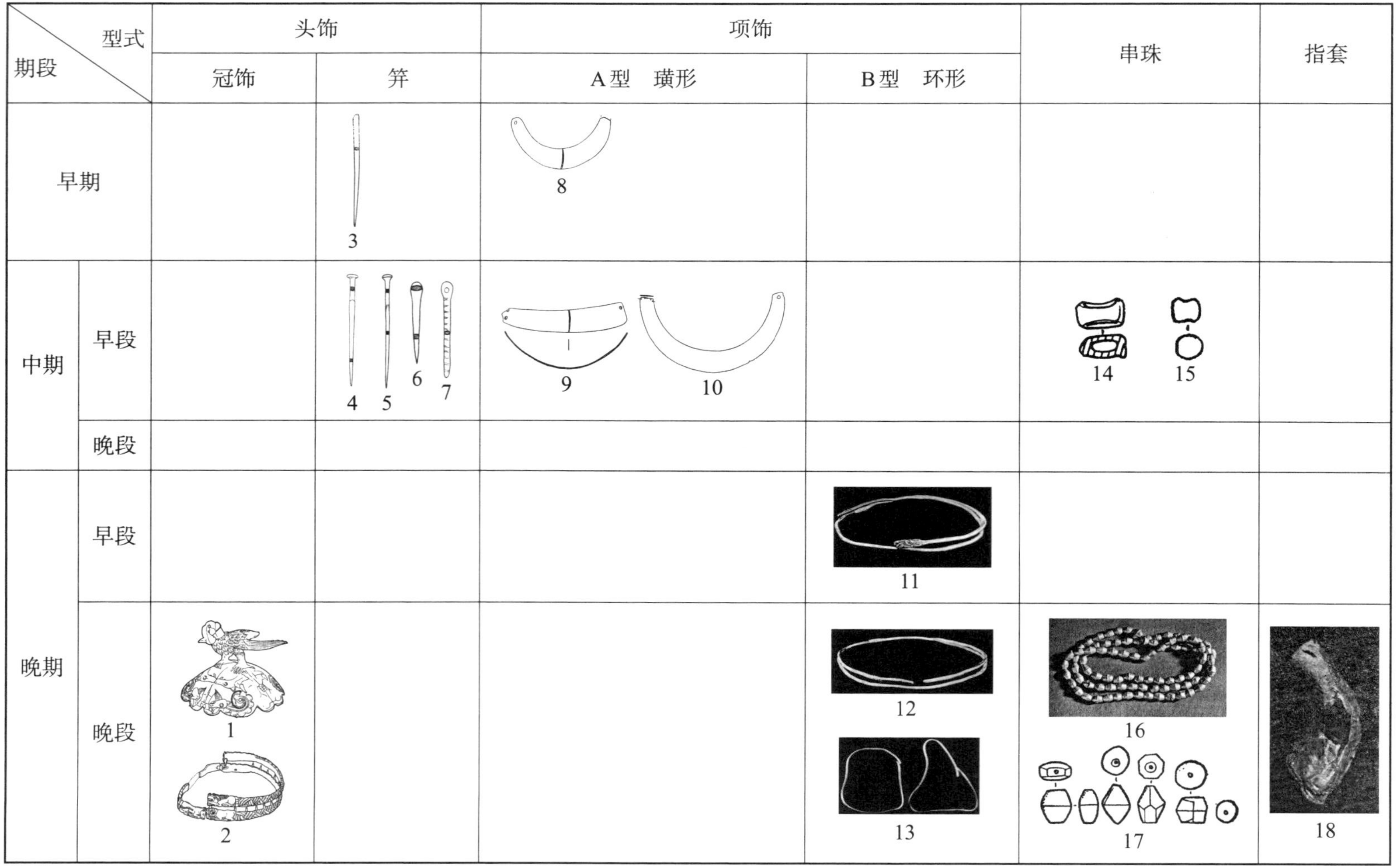

图三：1 头饰、项饰、串珠、指套类型与分期图

1. 阿鲁柴登 2. 阿鲁柴登 3. 西园M3：2 4. 小双古城M12：2 5. 新店子M37：1 6. 井沟子M14：6 7. 井沟子M55：17 8. 西园M5：3 9. 小双古城M6：2 10. 新店子M43：1 11. 瓦尔吐沟 12. 西沟畔M2：28 13. 阿鲁柴登 14. 铁匠沟AM1：28 15. 井沟子M36：15 16. 阿鲁柴登

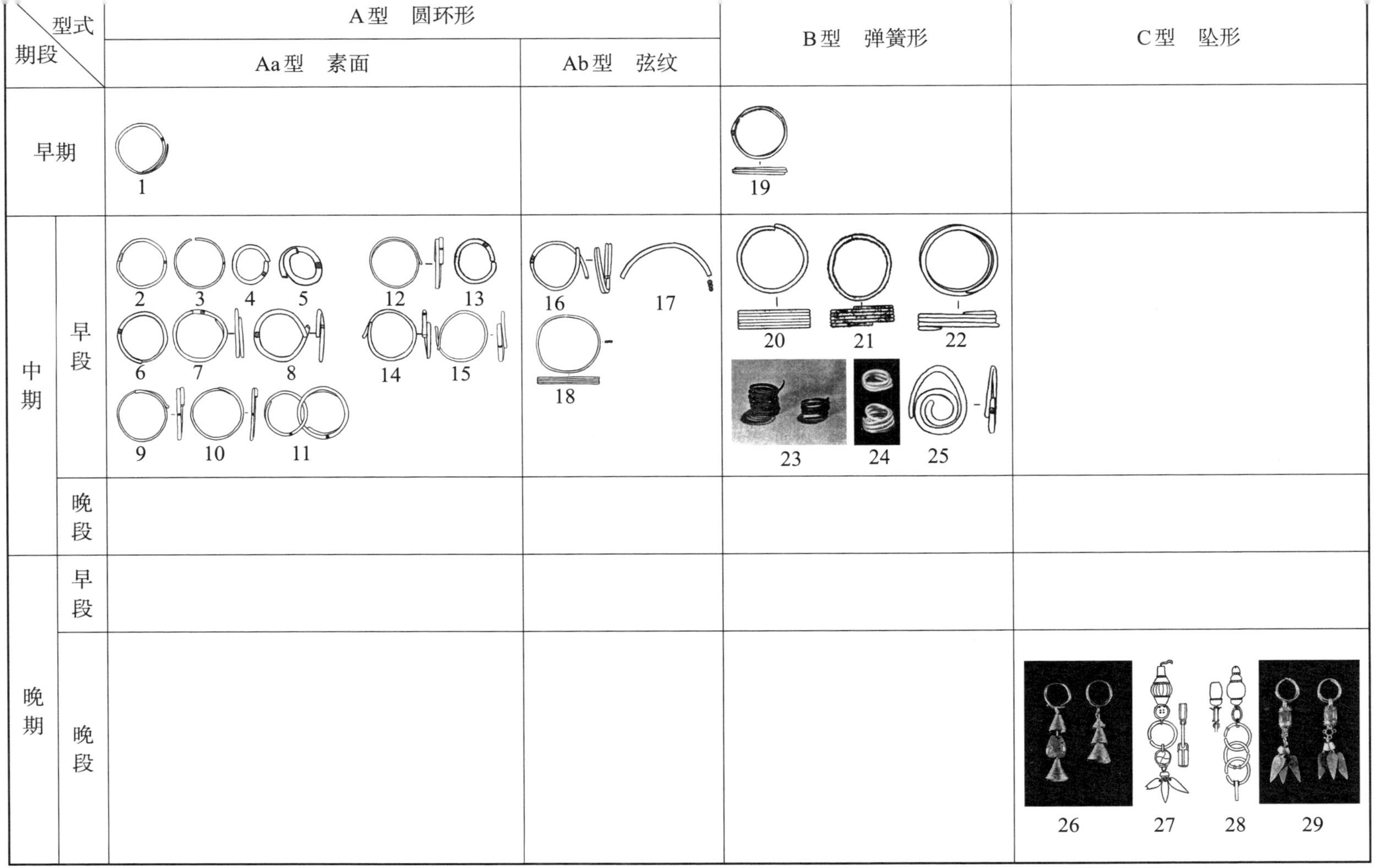

图三：2　耳饰类型与分期图

1. 西园M5：1　2. 崞县窑子M9：2–2　3. 崞县窑子M22：2–1　4. 崞县窑子M21：8　5. 小双古城M10：4　6. 铁匠沟AM2：23　7. 铁匠沟AM2：27　8. 忻州窑子M46：3　9. 井沟子M47：33–3　10. 井沟子M47：34–3　11. 新店子M26：5　12. 井沟子M51：8　13. 崞县窑子M31：4　14. 井沟子M31：15–2　15. 井沟子M41：39　16. 忻州窑子M46：4　17. 忻州窑子M59：20　18. 忻州窑子M32：4　19. 西园M3：4　20. 崞县窑子M19：2–2　21. 崞县窑子M24：3　22. 新店子M34：5　23. 毛庆沟M63：8①、②　24. 桃红巴拉M1：49　25. 井沟子M31：10　26. 西沟畔M2：31　27. 碾房渠　28. 碾房渠　29. 阿鲁柴登

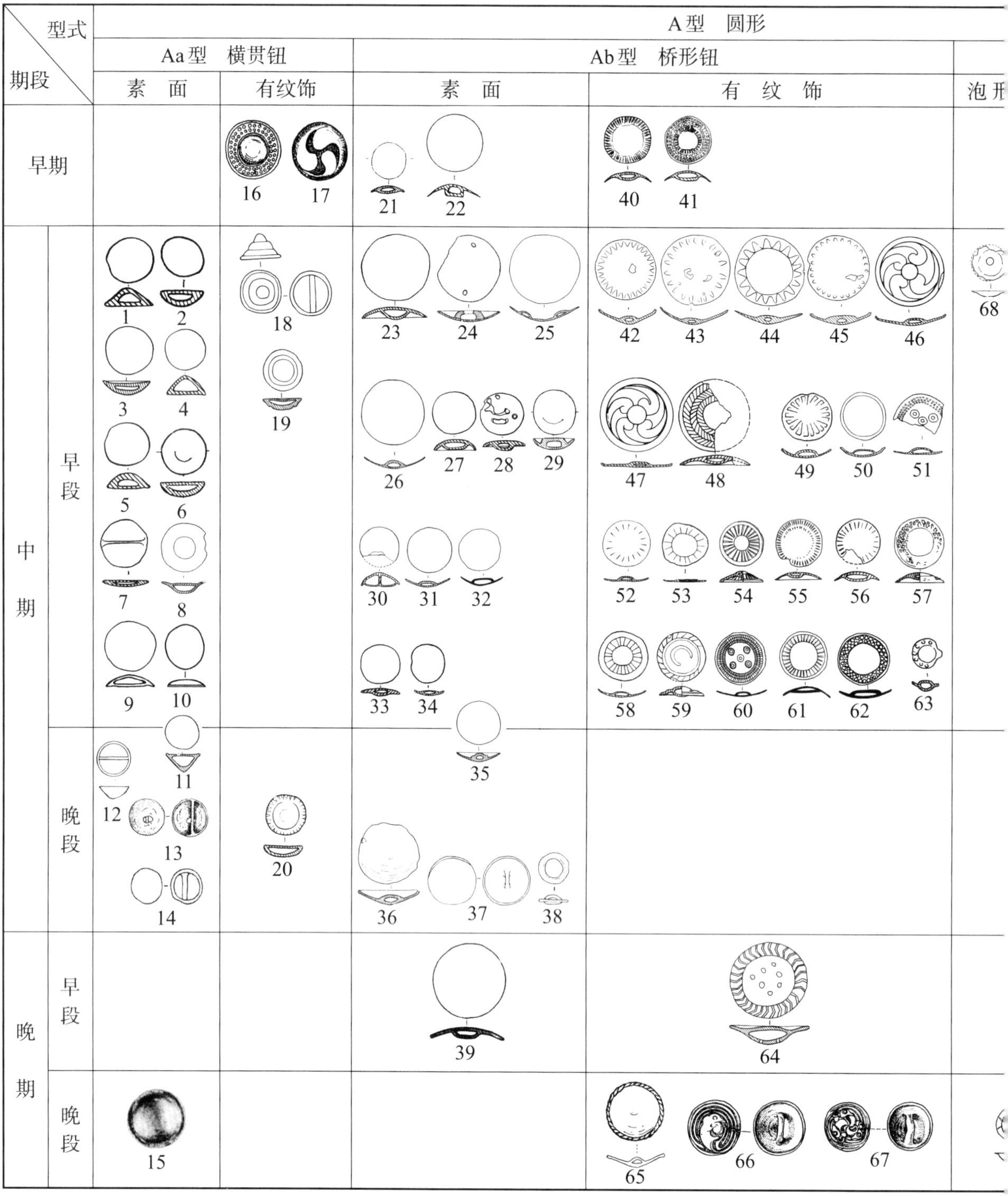

图三:3　泡饰类型与分期图

1. 忻州窑子M28:26　2. 毛庆沟M8:2①　3. 毛庆沟M8:2②　4. 小双古城M6:5　5. 小双古城M11:8　6. 崞县窑子M12:4-4　7. 井沟子M17:8-1　8. 井沟子M15:9-1　9. 铁匠沟AM1:25　10. 新店子M41:7　11. 毛庆沟M6:15①　12. 沟里头　13. 饮牛沟82EM5:2　14. 水泉M21:4　15. 阿鲁柴登　16. 水涧沟门　17. 水涧沟门　18. 公苏壕M1:23　19. 毛庆沟M6:14　20. 西沟畔M3:10、11　21. 宝亥社　22. 西园M4:1　23. 忻州窑子M2:14　24. 崞县窑子M6:7-2　25. 井沟子M47:20　26. 井沟子M45:14　27. 忻州窑子M28:29　28. 小双古城M4:3　29. 崞县窑子M12:4-3　30. 铁匠沟AM3:4　31. 井沟子M5:3　32. 新店子M53:7　33. 忻州窑子M16:9　34. 井沟子M12:19　35. 毛庆沟M6:13　36. 西沟畔M3:4～9　37. 水泉M21:3　38. 水泉M23:1　39. 玉隆太2219　40. 西园M3:3　41. 西园M6:10　42. 井沟子M7:3　43. 井沟子M3:18　44. 井沟子M47:21　45. 井沟子M7:2　46. 井沟子M56:5-2　47. 井沟子M56:5-3　48. 铁匠沟AM3:3　49. 井沟子M7:1　50. 井沟子M56:13-1　51. 井沟子M44:2　52. 井沟子M22:6-1　53. 井沟子M44:6　54. 铁匠沟AM1:23　55. 铁匠沟AM3:2　56. 铁匠沟AM2:10　57. 铁匠沟AM1:24　58. 井沟子M45:6-1　59. 铁匠沟AM1:22　60. 新店子M3:2　61. 新店子M34:4

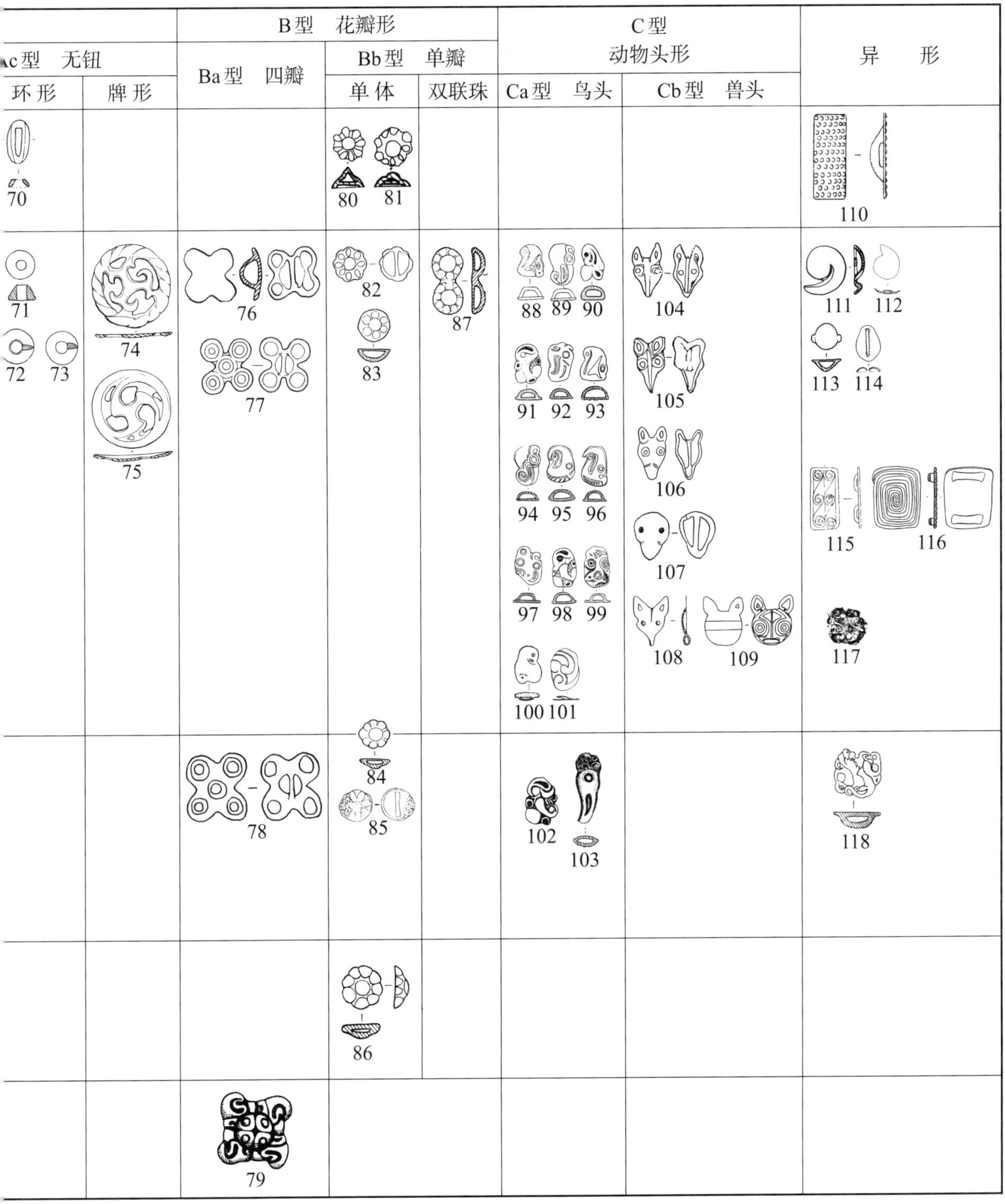

62. 新店子M10∶7　63. 忻州窑子M60∶2　64. 玉隆太2270　65. 西沟畔M2∶1～4　66. 阿鲁柴登　67. 阿鲁柴登
68. 崞县窑子M6∶6　69. 西沟畔M2∶75～79　70. 宝亥社　71. 忻州窑子M28∶18　72. 崞县窑子M2∶7
73. 忻州窑子M50∶17　74. 铁匠沟AM1∶14　75. 铁匠沟AM1∶15　76. 忻州窑子M9∶9　77. 桃红巴拉M1∶30
78. 呼鲁斯太M2∶7、8　79. 阿鲁柴登　80. 明安木独　81. 明安木独　82. 桃红巴拉M1∶36　83. 毛庆沟M47∶9
84. 毛庆沟M6∶2　85. 水泉M23∶2　86. 玉隆太2226　87. 毛庆沟M8∶1　88. 崞县窑子M8∶3　89. 崞县窑子M12∶4-5
90. 毛庆沟M59∶7②　91. 毛庆沟M61∶3②　92. 忻州窑子M19∶2　93. 忻州窑子M45∶1　94. 忻州窑子M27∶3
95. 忻州窑子M54∶2　96. 忻州窑子M28∶5　97. 忻州窑子M20∶4　98. 毛庆沟M65∶6　99. 毛庆沟M8∶2
100. 沟里头　101. 忻州窑子M62∶2　102. 西沟畔M3∶19　103. 西沟畔M3∶17、18　104. 毛庆沟M2∶7
105. 毛庆沟M66∶1　106. 桃红巴拉M1∶29　107. 桃红巴拉M6∶9　108. 井沟子M47∶19-1　109. 新店子M43∶11
110. 宝亥社　111. 忻州窑子M28∶28　112. 井沟子M3∶3　113. 毛庆沟M71∶7　114. 井沟子M7∶11　115. 崞县窑子M24∶8
116. 忻州窑子M5∶3　117. 范家窑子　118. 饮牛沟M9∶3

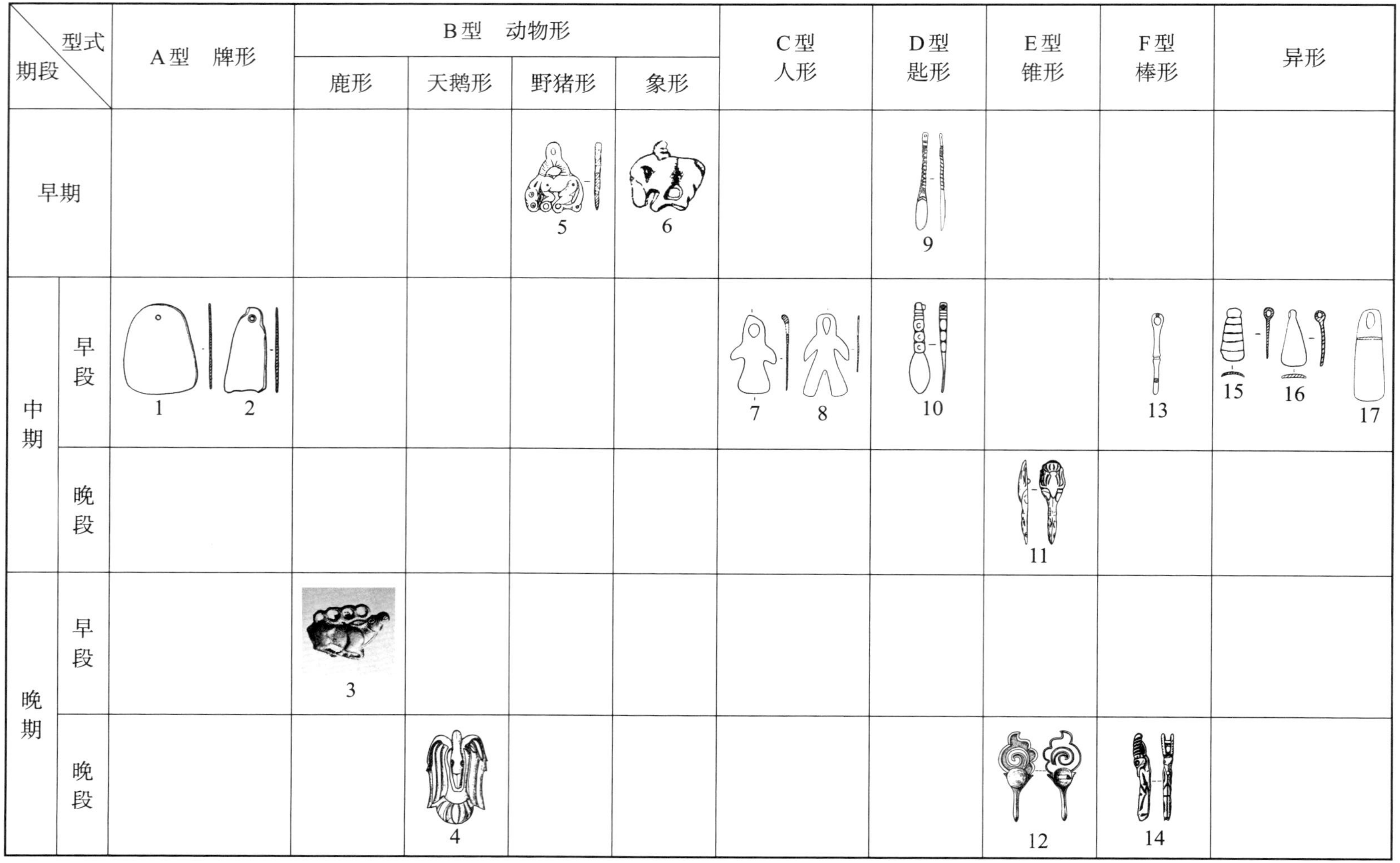

期段
型式
A型 牌形
B型 动物形
鹿形
天鹅形
野猪形
象形
C型 人形
D型 匙形
E型 锥形
F型 棒形
异形
早期
中期
早段
晚段
晚期
早段
晚段
1
2
3
4
5
6
7
8
9
10
11
12
13
14
15
16
17

图三：4 坠饰类型与分期图

1. 小双古城M6：7 2. 小双古城M3：13 3. 瓦尔吐沟 4. 西沟畔M2：41～45 5. 西园M3：6 6. 水涧沟门 7. 井沟子M8：2 8. 井沟子M55：31 9. 西园M6：2 10. 新店子M47：12 11. 西沟畔M3：16 12. 阿鲁柴登 13. 小双古城M11：10 14. 阿鲁柴登 15. 井沟子M17：5-1 16. 井沟子M47：19-11

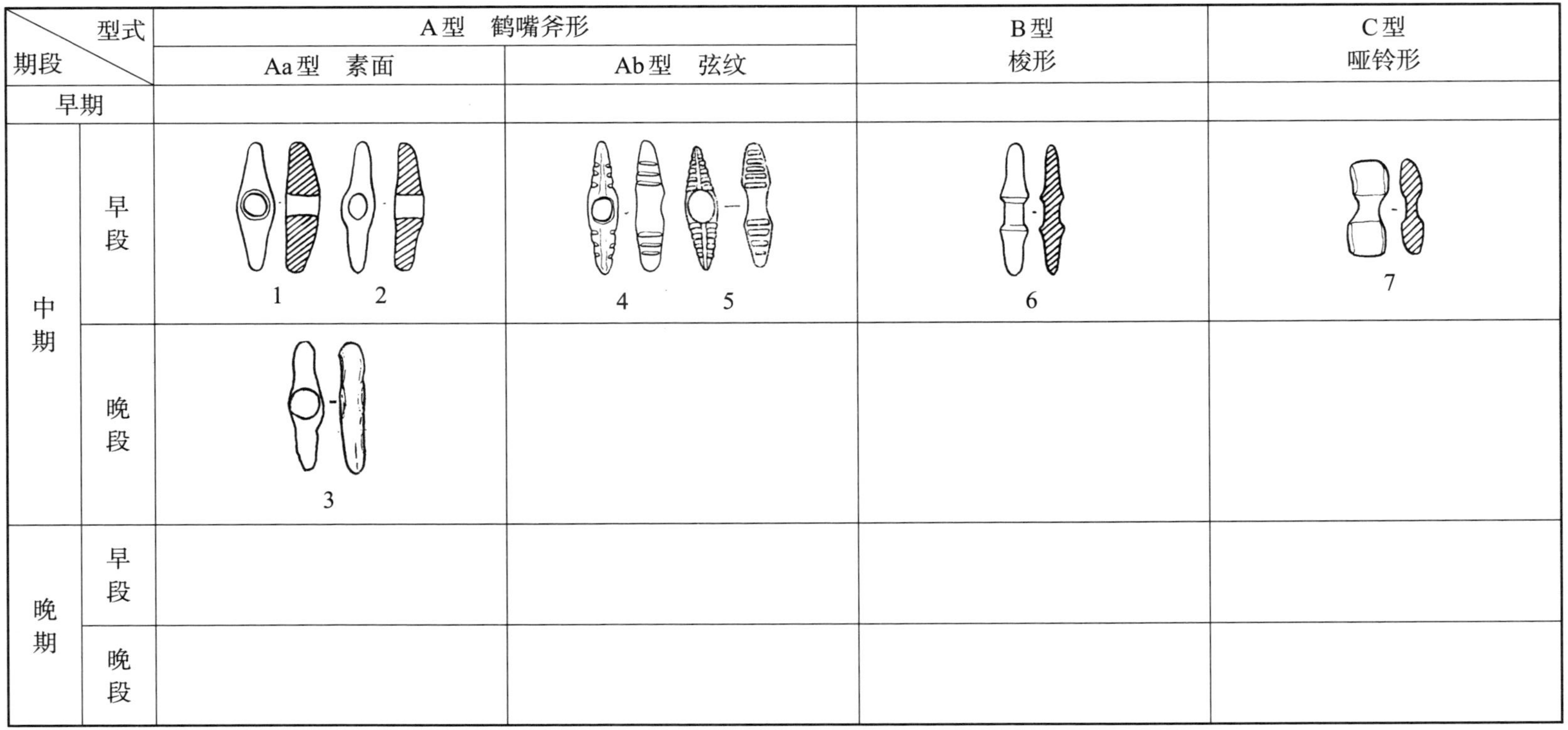
型式
期段
A型　鹤嘴斧形
Aa型　素面
Ab型　弦纹
B型
梭形
C型
哑铃形
早期
中期
早段
晚段
晚期
早段
晚段
1
2
3
4
5
6
7

图三：5　别针类型与分期图

1. 忻州窑子M2：3　2. 忻州窑子M33：72　3. 毛庆沟M11：5　4. 忻州窑子M10：12　5. 崞县窑子M5：7　6. 忻州窑子M6：1　7. 忻州窑子M9：10

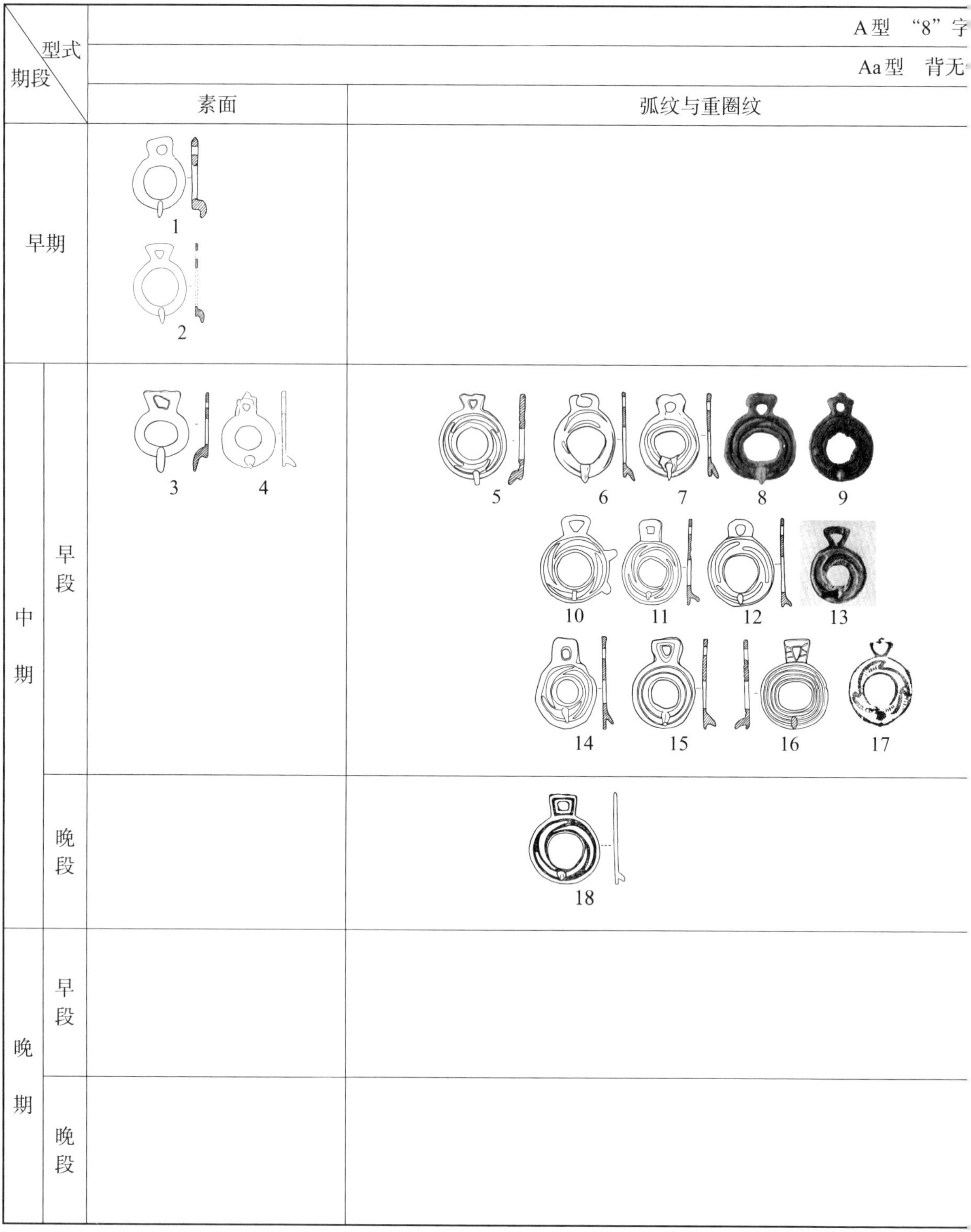
型式
期段
A型 “8”字
Aa型 背无
素面
弧纹与重圈纹
早期
1
2
中期
早段
3
4
5
6
7
8
9
10
11
12
13
14
15
16
17
晚段
18
晚期
早段
晚段

图三：6　带扣类型与分期图

Ⅰ式：1～3、5、19～21、26、30、32～34　Ⅱ式：4、6～18、22～25、27～29、31、35～37

1. 西园M4：4　2. 宝亥社　3. 忻州窑子M45：2　4. 崞县窑子M12：5　5. 忻州窑子M28：2　6. 毛庆沟M63：2　7. 毛庆沟M59：9　8. 桃红巴拉M6：2　9. 桃红巴拉M1：36　10. 桃红巴拉M2：6　11. 毛庆沟M12：2　12. 毛庆沟M9：10　13. 毛庆沟M43：2　14. 毛庆沟M45：5　15. 毛庆沟M55：7　16. 忻州窑子M18：1　17. 沟里头　18. 西沟畔M3：14　19. 明安木独　20. 崞县窑子M5：6　21. 忻州窑子M5：10　22. 崞县窑子M31：5

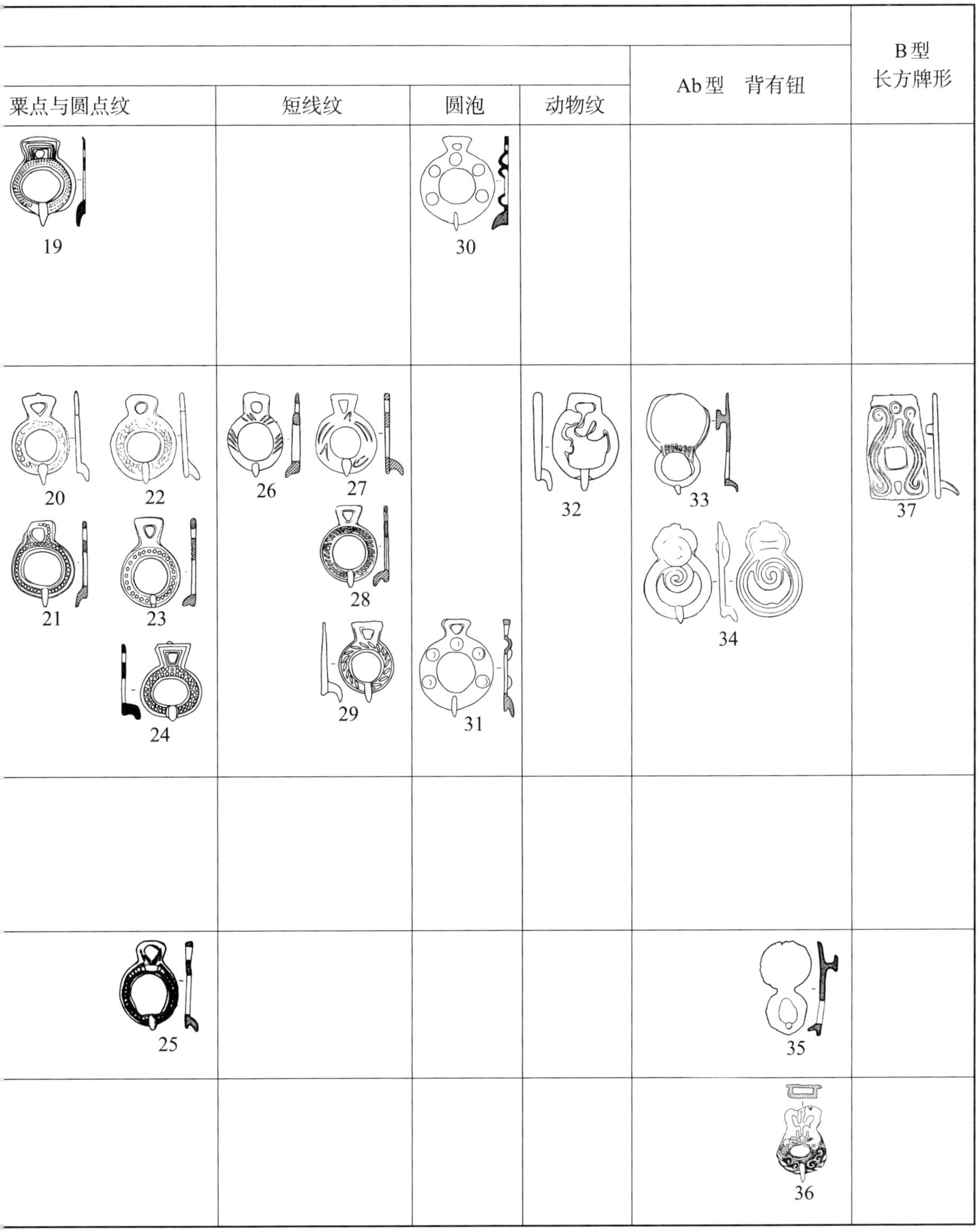

B型
长方牌形
Ab型　背有钮
粟点与圆点纹
短线纹
圆泡
动物纹
19
30
20
22
26
27
32
33
37
21
23
28
34
24
29
31
25
35
36

23. 忻州窑子M47：1　24. 新店子M41：2　25. 玉隆太2218　26. 忻州窑子M66：2　27. 忻州窑子M26：2
28. 忻州窑子M39：2　29. 新店子M20：1　30. 明安木独　31. 毛庆沟M6：4　32. 新店子M13：1
33. 毛庆沟M11：6　34. 崞县窑子M3：4　35. 玉隆太2257　36. 西沟畔M3：20　37. 崞县窑子M8：5

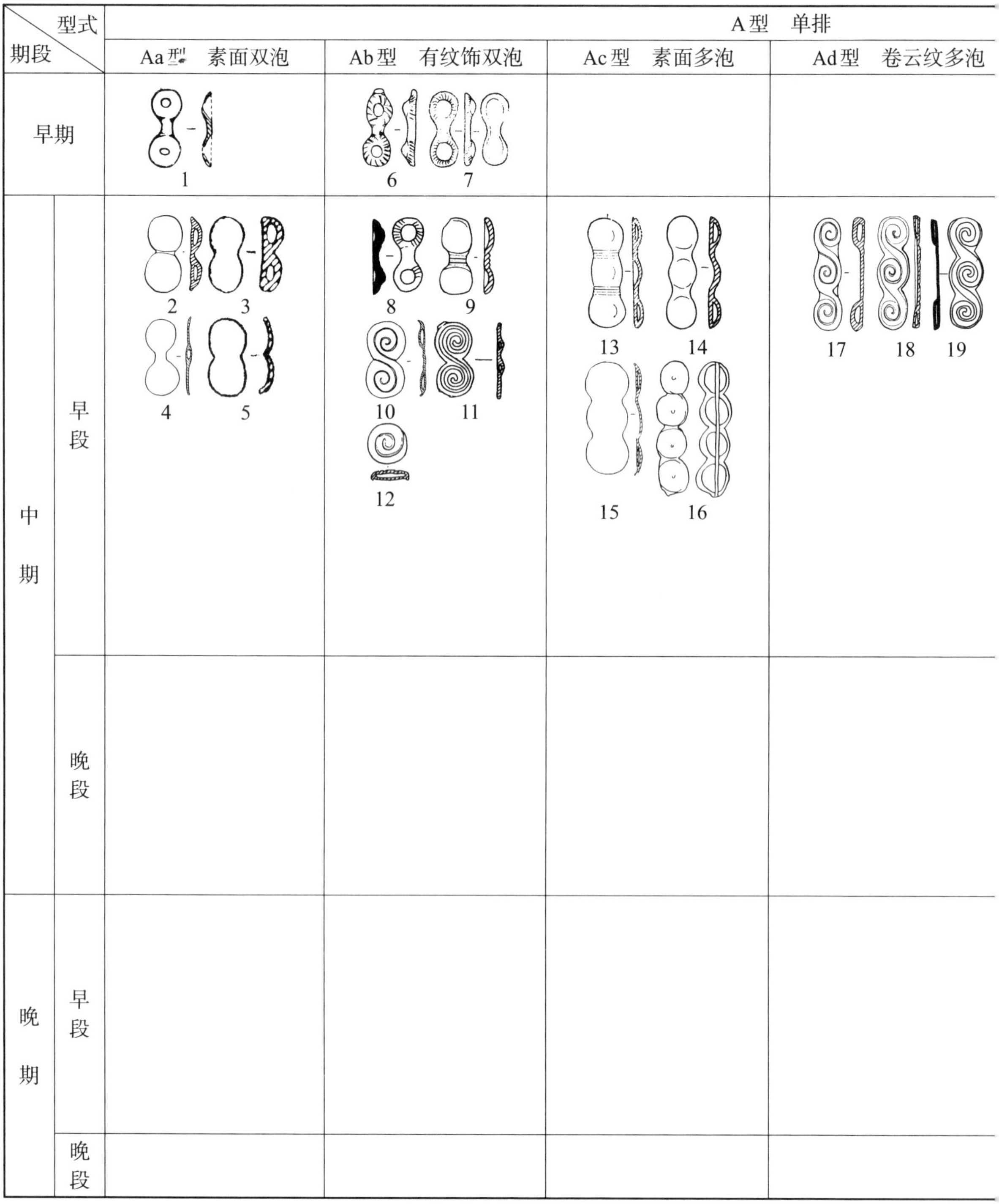
型式
期段
A型　单排
Aa型　素面双泡
Ab型　有纹饰双泡
Ac型　素面多泡
Ad型　卷云纹多泡
早期
中期
早段
晚段
晚期
早段
晚段
1
6
7
2
3
8
9
13
14
17
18
19
4
5
10
11
12
15
16

图三：7　联珠饰类型与分期图

1. 西园M6：6　2. 忻州窑子M34：8　3. 井沟子M17：6−1　4. 井沟子M33：24　5. 井沟子M47：10　6. 西园M2：4　7. 宝亥
8. 新店子M50：11　9. 忻州窑子M43：2　10. 井沟子M13：33　11. 毛庆沟M2：10　12. 忻州窑子M13：11　13. 崞县窑子M22：
14. 忻州窑子M33：17　15. 井沟子M37：1　16. 桃红巴拉M1：40　17. 井沟子M55：18　18. 铁匠沟AM：17　19. 新店子M29
20. 毛庆沟M2：4　21. 忻州窑子M38：4　22. 忻州窑子M38：3　23. 忻州窑子M33：6　24. 忻州窑子M33：4　25. 忻州窑子M66：
26. 忻州窑子M9：6　27. 崞县窑子M22：8−2　28. 崞县窑子M9：3−1　29. 新店子M18：10　30. 新店子M41：7　31. 玉隆太22
32. 西园M6：11　33. 崞县窑子M30：1−2　34. 井沟子M31：7　35. 忻州窑子M9：8　36. 毛庆沟M2：8　37. 忻州窑子M9
38. 忻州窑子M37：6　39. 崞县窑子M30：1−1　40. 忻州窑子M50：4　41. 忻州窑子M34：2　42. 忻州窑子M9：7
43. 忻州窑子M53：7　44. 毛庆沟M10：2⑤　45. 毛庆沟M10：2④　46. 饮牛沟82EM11：1

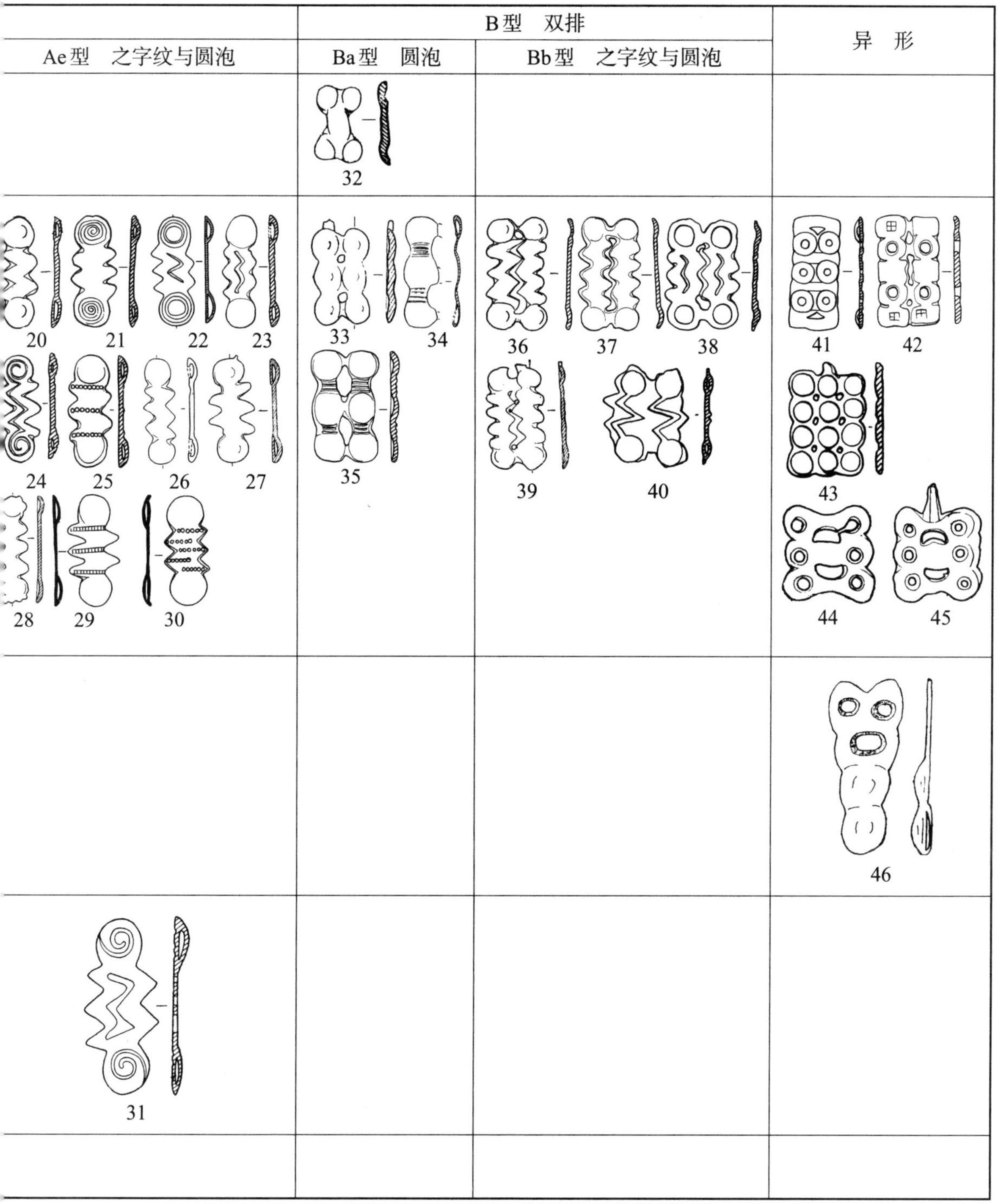
B型　双排
Ae型　之字纹与圆泡
Ba型　圆泡
Bb型　之字纹与圆泡
异　形
32
20
21
22
23
33
34
36
37
38
41
42
24
25
26
27
35
39
40
43
28
29
30
44
45
46
31

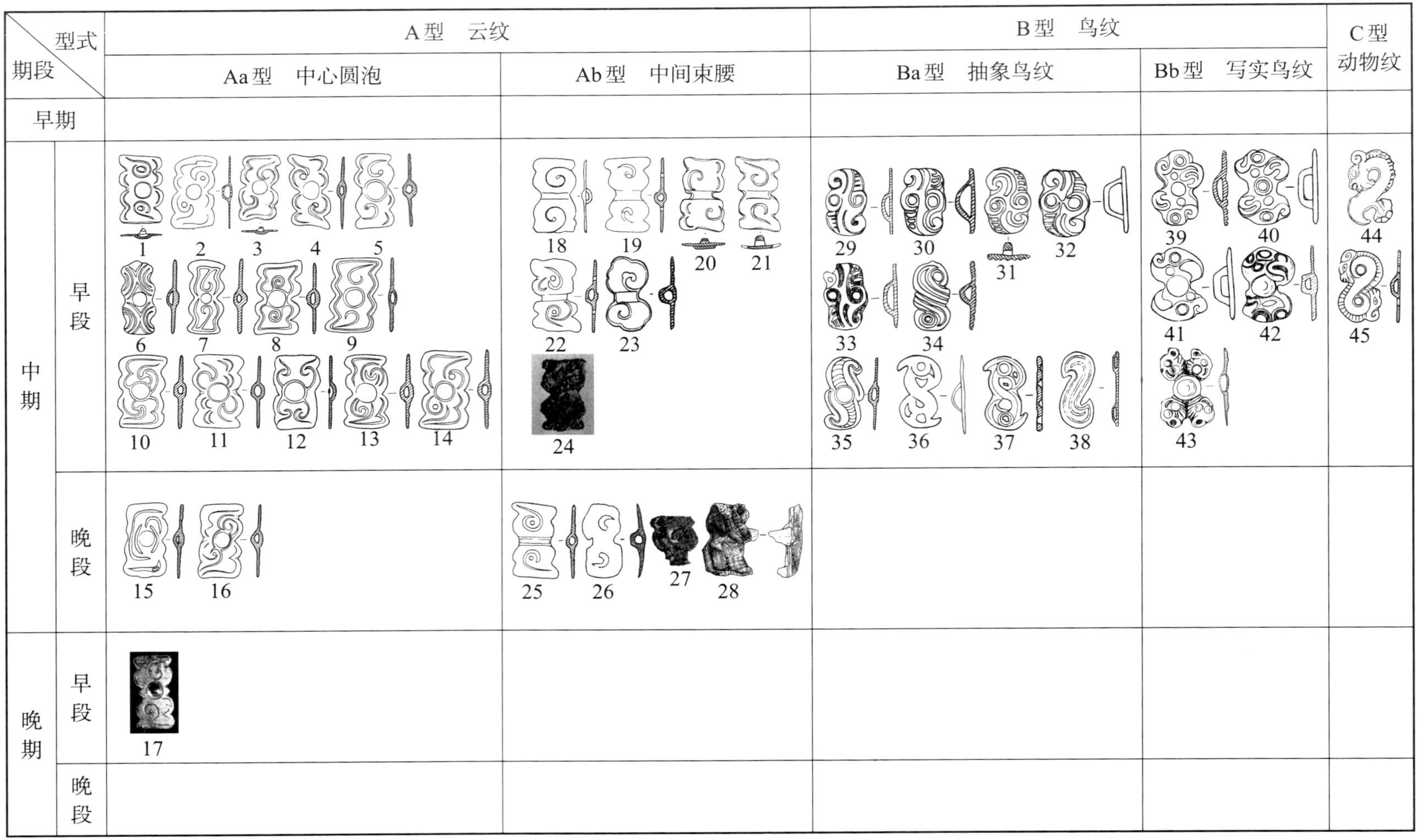

图三：8　S形饰牌类型与分期图

1. 小双古城M1：4　2. 小双古城M9：4　3. 小双古城M9：8　4. 毛庆沟M63：1⑦　5. 毛庆沟M63：1①　6. 毛庆沟M61：2①　7. 毛庆沟M61：2②　8. 毛庆沟M12：1①　9. 毛庆沟M63：1⑥　10. 毛庆沟M63：1③　11. 毛庆沟M63：1⑩　12. 毛庆沟M71：4①　13. 毛庆沟M71：4③　14. 毛庆沟M43：1⑤　15. 毛庆沟M37：2⑤　16. 毛庆沟M37：2①　17. 玉隆太2221　18. 公苏壕M1：8　19. 毛庆沟M45：1　20. 小双古城M2：2　21. 小双古城M5：2　22. 毛庆沟M61：1⑩　23. 忻州窑子M39：7　24. 毛庆沟M63：5①　25. 毛庆沟M31：1②　26. 水泉M19：2　27. 毛庆沟M27：4①　28. 水泉M23：14　29. 毛庆沟M47：8①　30. 忻州窑子M28：10　31. 忻州窑子M61：2　32. 崞县窑子M2：1　33. 毛庆沟M9：4　34. 忻州窑子M36：5　35. 毛庆沟M2：13⑥　36. 桃红巴拉M1：31　37. 毛庆沟M7：2⑥　38. 井沟子M6：2　39. 忻州窑子M4：6　40. 崞县窑子M1：5　41. 崞县窑子M5：3　42. 毛庆沟M17：3①

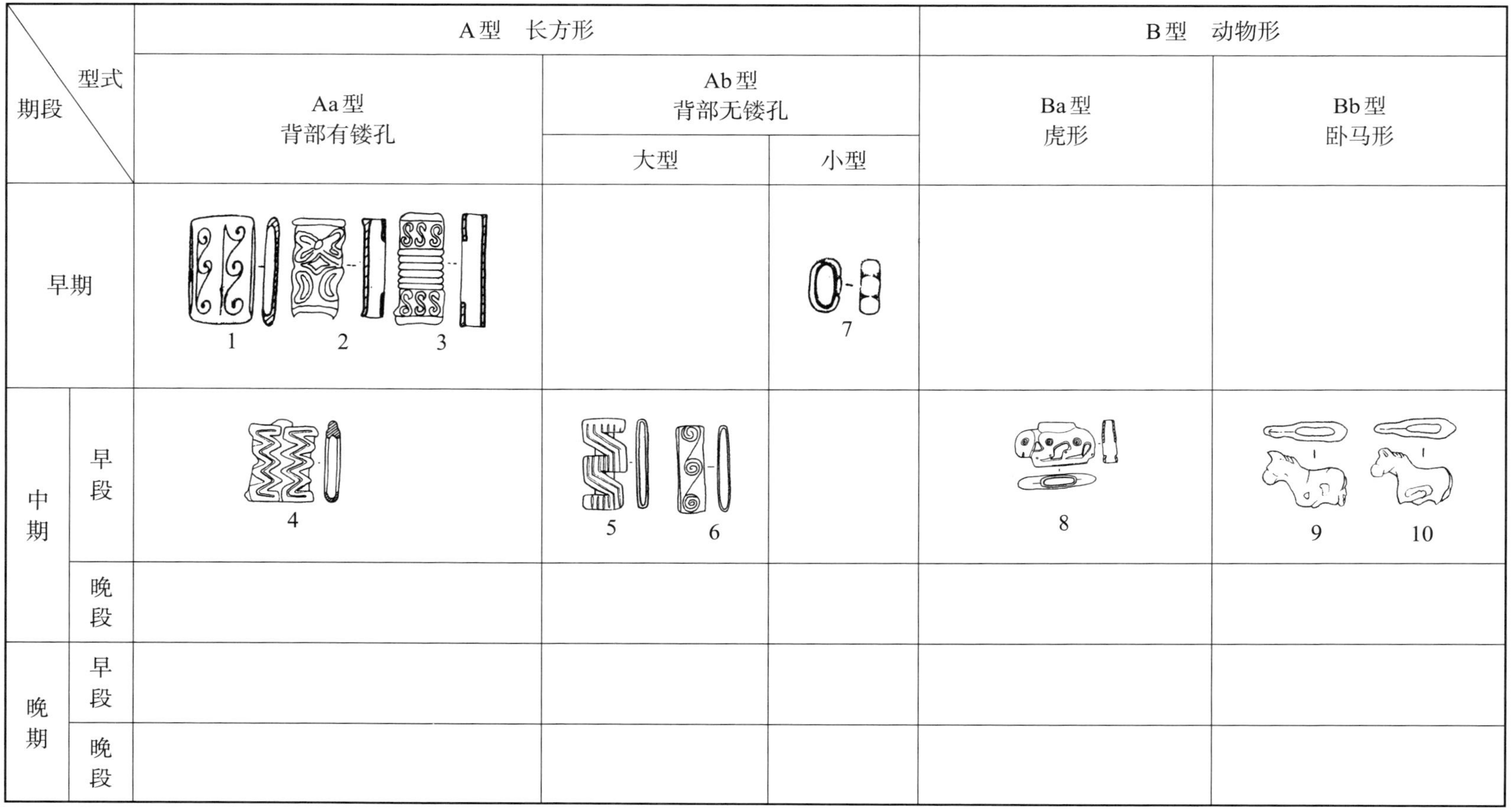
A型 长方形
B型 动物形
型式
期段
Aa型
背部有镂孔
Ab型
背部无镂孔
大型
小型
Ba型
虎形
Bb型
卧马形
早期
中期
早段
晚段
晚期
早段
晚段
1
2
3
7
4
5
6
8
9
10

图三：9　带卡类型与分期图

1. 西园M5：14　2、3. 明安木独　4. 忻州窑子M20：9　5. 铁匠沟AM2：22　6. 新店子M30：9　7. 西园M4：10　8. 铁匠沟AM1：11
9、10. 井沟子M41：1、M41：2

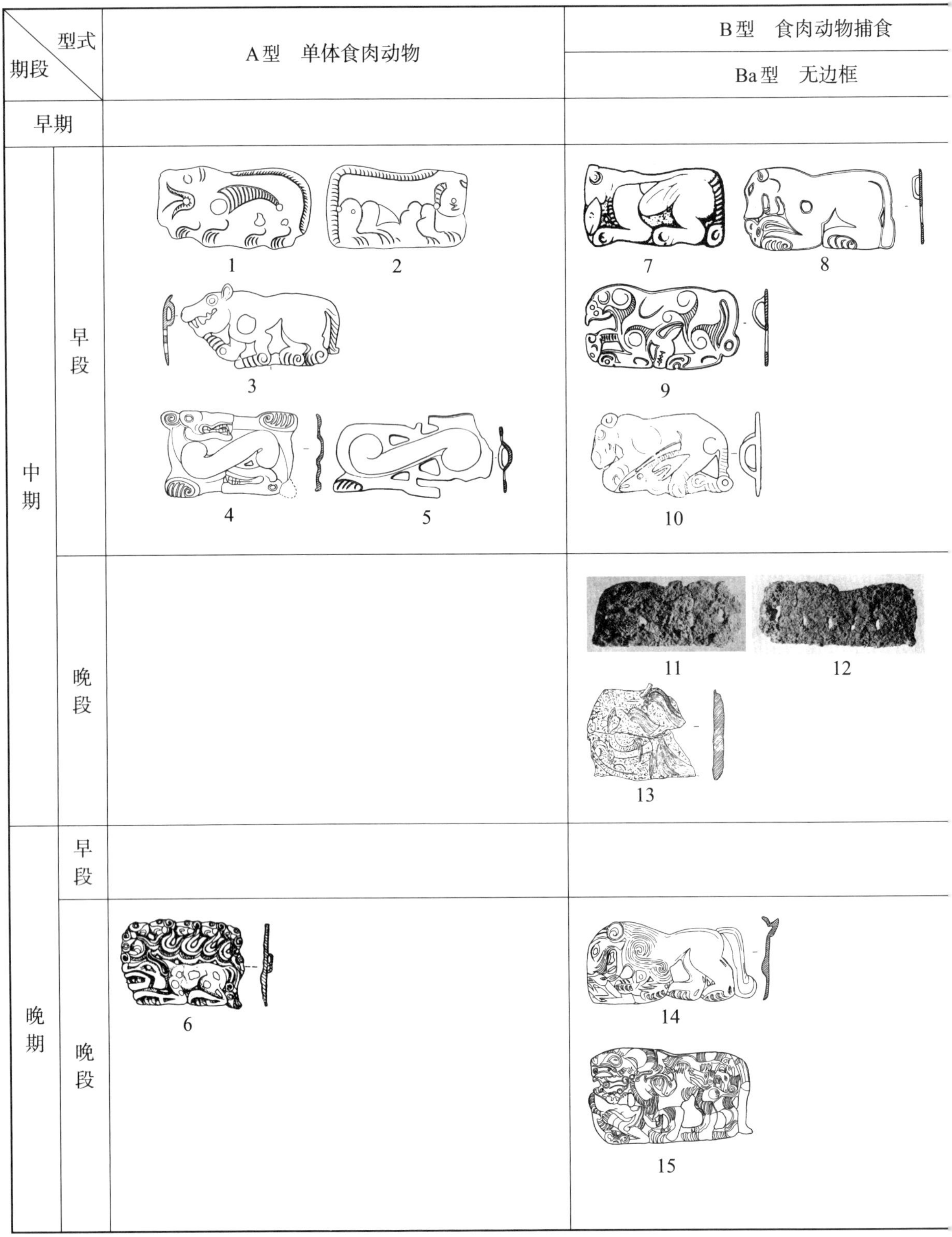

图三：10 动物纹饰牌类型与分期图

1. 毛庆沟M74：5 2. 毛庆沟M5：6① 3. 毛庆沟M55：4 4. 小双古城M13：2 5. 小双古城M3：1 6. 阿鲁柴登 7. 范家窑子 8. 小双古城M11：2 9. 崞县窑子M12：2-2 10. 小双古城M9：2 11. 毛庆沟M27：4① 12. 毛庆沟M3 13. 水泉M23：13 14. 石灰沟 15. 碾房渠 16. 西沟畔M2：26 17. 西沟畔M2：27 18. 阿鲁柴登 19. 阿鲁柴登 20. 铁匠沟AM1：6 21. 铁匠沟AM1：3 22. 铁匠沟AM1：9 23. 忻州窑子M59：1 24. 桃红巴拉M5：7

	C型 野猪形		D型 联排	
Bb型 有边框	Ca型 单体	Cb型 交媾	Da型 鹿纹	Db型 马纹
	 20  21	 22	 23	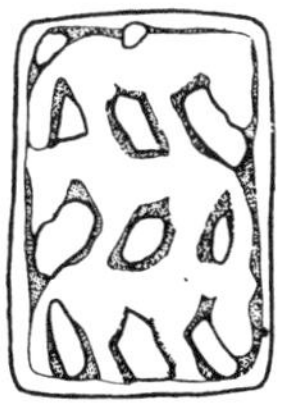 24
 16  17  18  19				

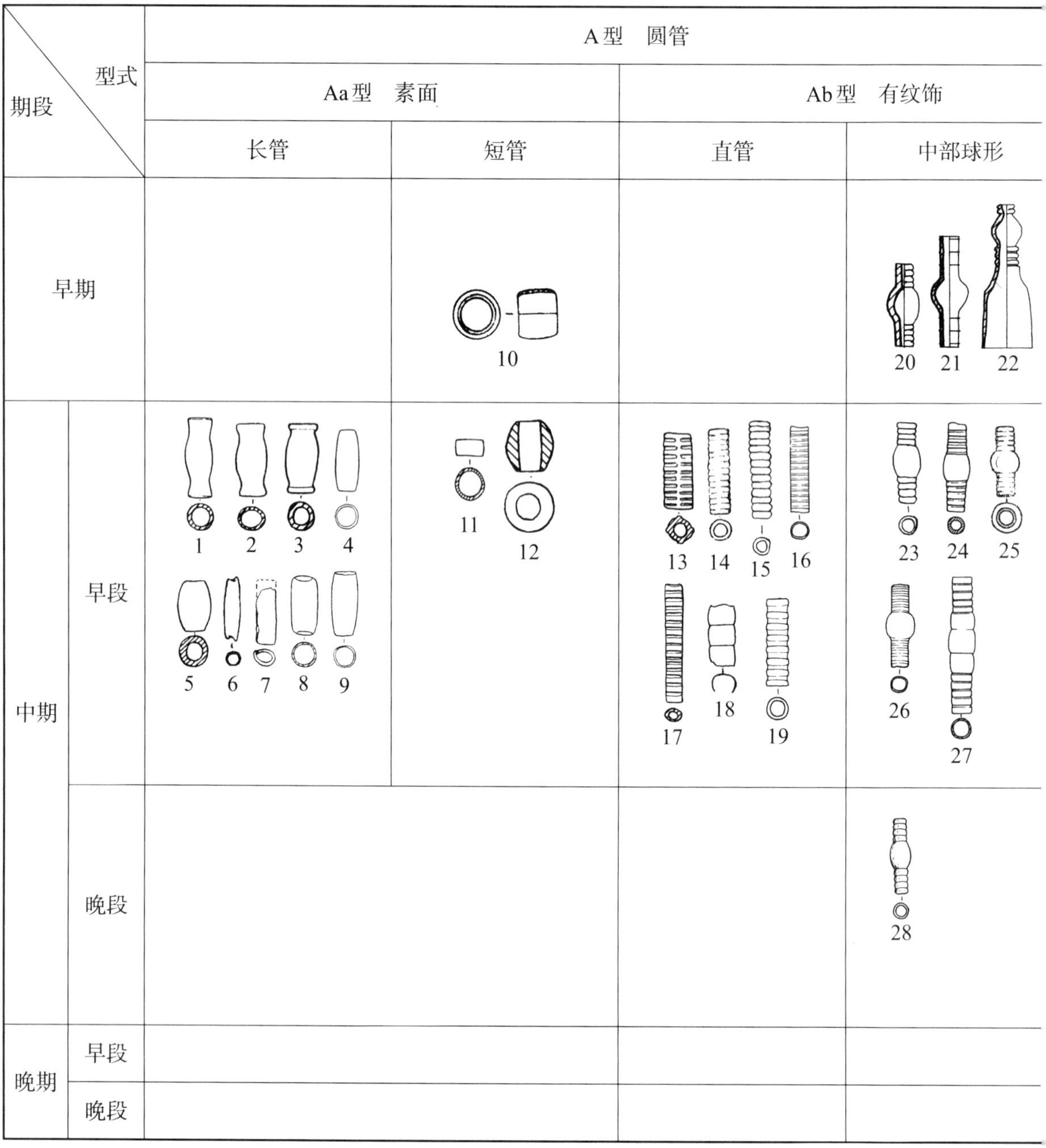
型式
期段
A型　圆管
Aa型　素面
Ab型　有纹饰
长管
短管
直管
中部球形
早期
中期
早段
晚段
晚期
早段
晚段
1
2
3
4
5
6
7
8
9
10
11
12
13
14
15
16
17
18
19
20
21
22
23
24
25
26
27
28

图三：11　管状饰类型与分期图

1. 忻州窑子M45：6　2. 井沟子M20：9　3. 忻州窑子M45：9　4. 井沟子M56：11　5. 忻州窑子M56：25　6. 井沟子M25：1
7. 井沟子M50：19　8. 井沟子M58：12-4　9. 井沟子M47：36-7　10. 西园M4：3　11. 忻州窑子M33：24　12. 忻州窑子M28
13. 忻州窑子M66：9　14. 崞县窑子M24：2-2　15. 桃红巴拉M1：38　16. 毛庆沟M55：8　17. 小双古城M3：11
18. 忻州窑子M67：20　19. 毛庆沟M6：7③　20～22. 明安木独　23. 桃红巴拉M1：37　24. 忻州窑子M59：12
25. 崞县窑子M24：2-2　26. 毛庆沟M10：5　27. 小双古城M5：7　28. 呼鲁斯太M2：9～15　29. 崞县窑子M6：4-2
30. 忻州窑子M13：3　31. 忻州窑子M20：11　32. 忻州窑子M39：17　33. 井沟子M48：7　34. 崞县窑子M22：9-1
35. 毛庆沟M2：5　36. 忻州窑子M2：4　37. 忻州窑子M67：11　38. 忻州窑子M13：9　39. 忻州窑子M54：23
40. 忻州窑子M13：4　41. 忻州窑子M22：4　42. 桃红巴拉M1：27　43. 崞县窑子M9：4-1　44. 忻州窑子M44：1
45. 忻州窑子M47：3　46. 忻州窑子M64：7　47. 忻州窑子M33：23　48. 忻州窑子M65：6　49. 忻州窑子M66：8
50. 宝亥社　51. 忻州窑子M51：9　52. 桃红巴拉M5：12　53. 桃红巴拉M5：8　54. 西沟畔M3：21

B型　扁圆管				C型　方管
Ba型　素面		Bb型　有纹饰		
单体	连铸	单体	连铸	
				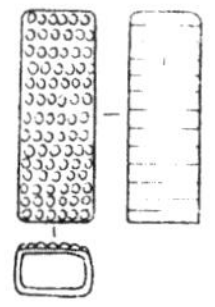 50
 29 30 31	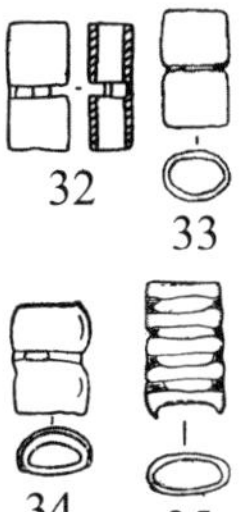 32 33 34 35	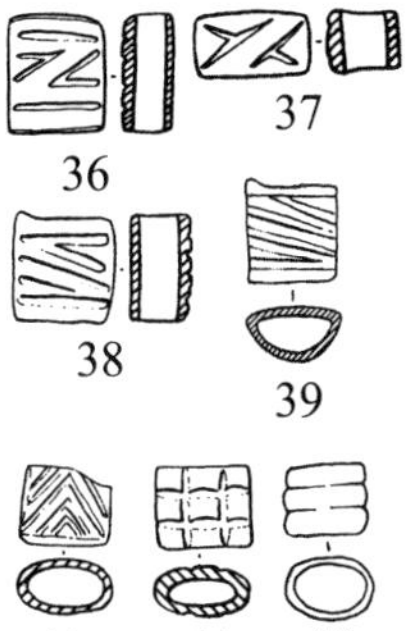 36 37 38 39 40 41 42	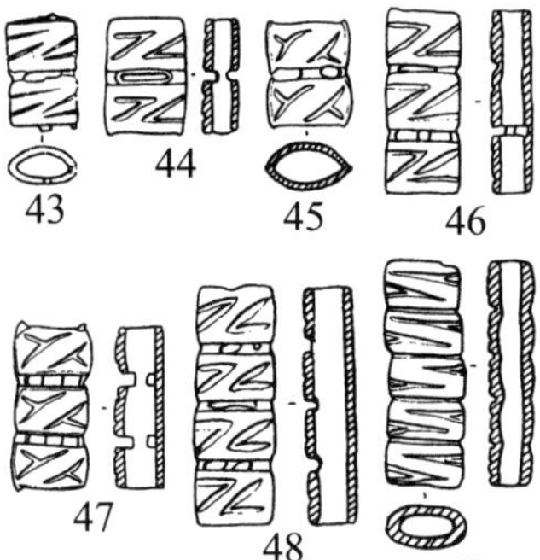 43 44 45 46 47 48 49	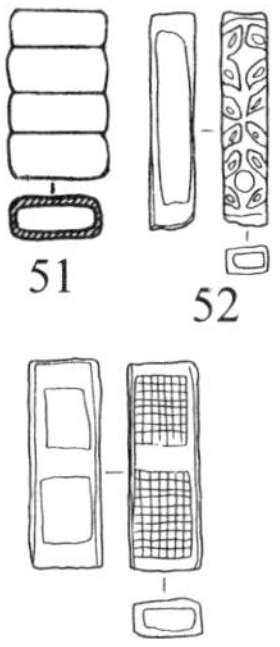 51 52 53
				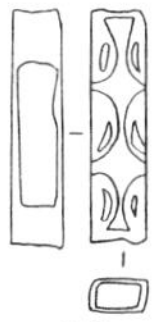 54

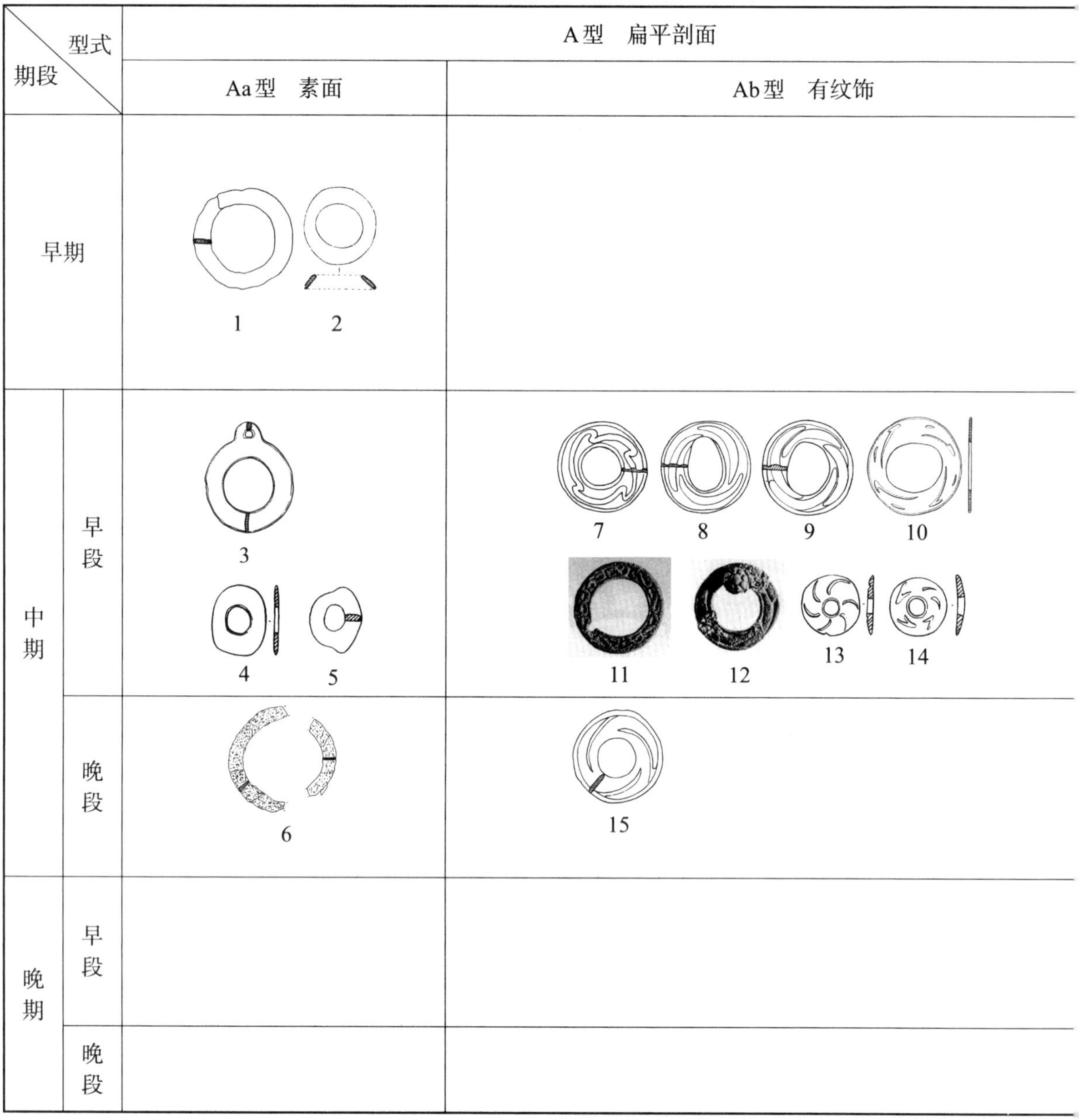
型式
期段
A型　扁平剖面
Aa型　素面
Ab型　有纹饰
早期
中期
早段
晚段
晚期
早段
晚段
1
2
3
4
5
6
7
8
9
10
11
12
13
14
15

图三：12　环形饰类型与分期图

1. 明安木独　2. 宝亥社　3. 忻州窑子M67：9　4. 忻州窑子M25：2　5. 井沟子M3：4　6. 水泉M29：13　7. 桃红巴拉M1：
8. 毛庆沟M66：4　9. 毛庆沟M63：3　10. 小双古城M9：11　11. 桃红巴拉M5：6　12. 桃红巴拉M2：2　13. 忻州窑子M30：
14. 忻州窑子M61：6　15. 水泉M21：2　16. 西园M3：7　17. 西园M6：3　18. 宝亥社　19. 明安木独　20. 毛庆沟M39：
21. 忻州窑子M67：7　22. 崞县窑子M1：2　23. 毛庆沟M59：8　24. 井沟子M58：12-1　25. 新店子M41：5　26. 饮牛沟82EM10：
27. 水泉M24：13　28. 忻州窑子M39：4　29. 崞县窑子M8：11　30. 井沟子M47：36-1　31. 明安木独　32. 忻州窑子M64：1
33. 崞县窑子M31：3　34. 新店子M29：4　35. 崞县窑子M22：4-4　36. 崞县窑子M12：3-2　37. 新店子M41：3
38. 水泉M18：1　39. 玉隆太2217：4

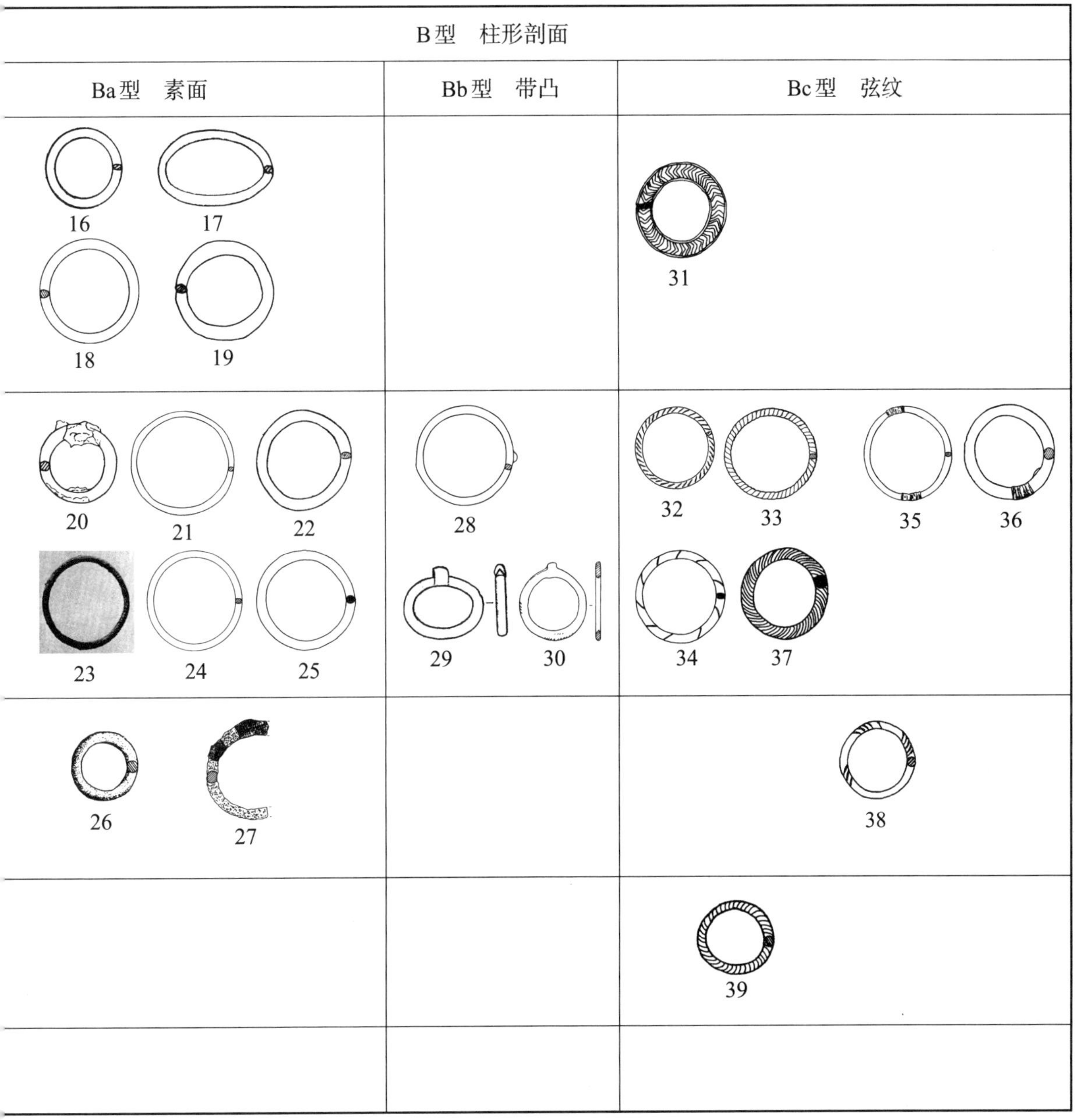
B型　柱形剖面
Ba型　素面
Bb型　带凸
Bc型　弦纹
16
17
18
19
31
20
21
22
28
32
33
35
36
23
24
25
29
30
34
37
26
27
38
39

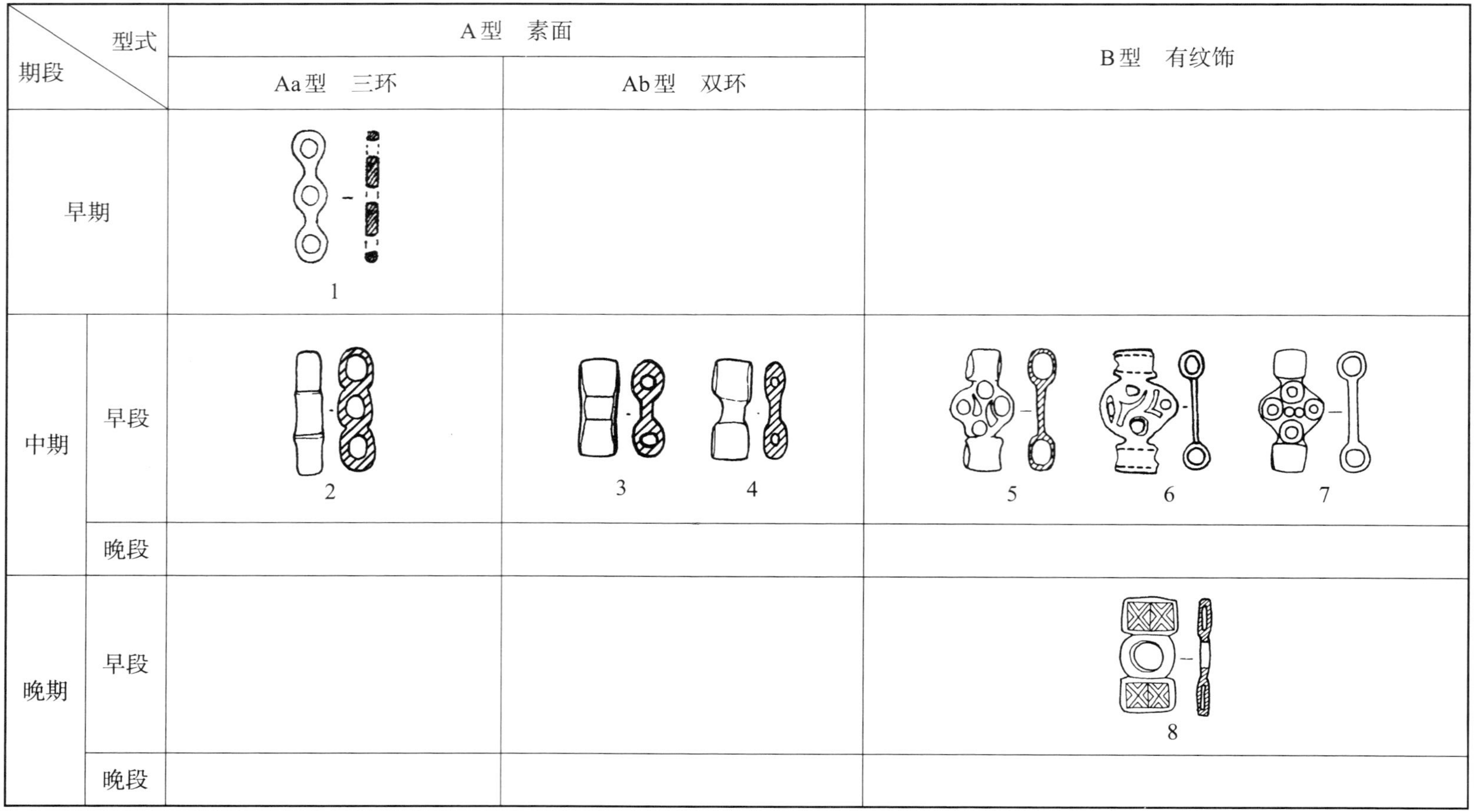

图三：13　连环饰类型与分期图

1. 宝亥社　2. 忻州窑子M25：3　3. 忻州窑子M28：46　4. 忻州窑子M22：45　5. 井沟子M25：10–5　6. 铁匠沟M2：11　7. 新店子M10：5　8. 玉隆太2222

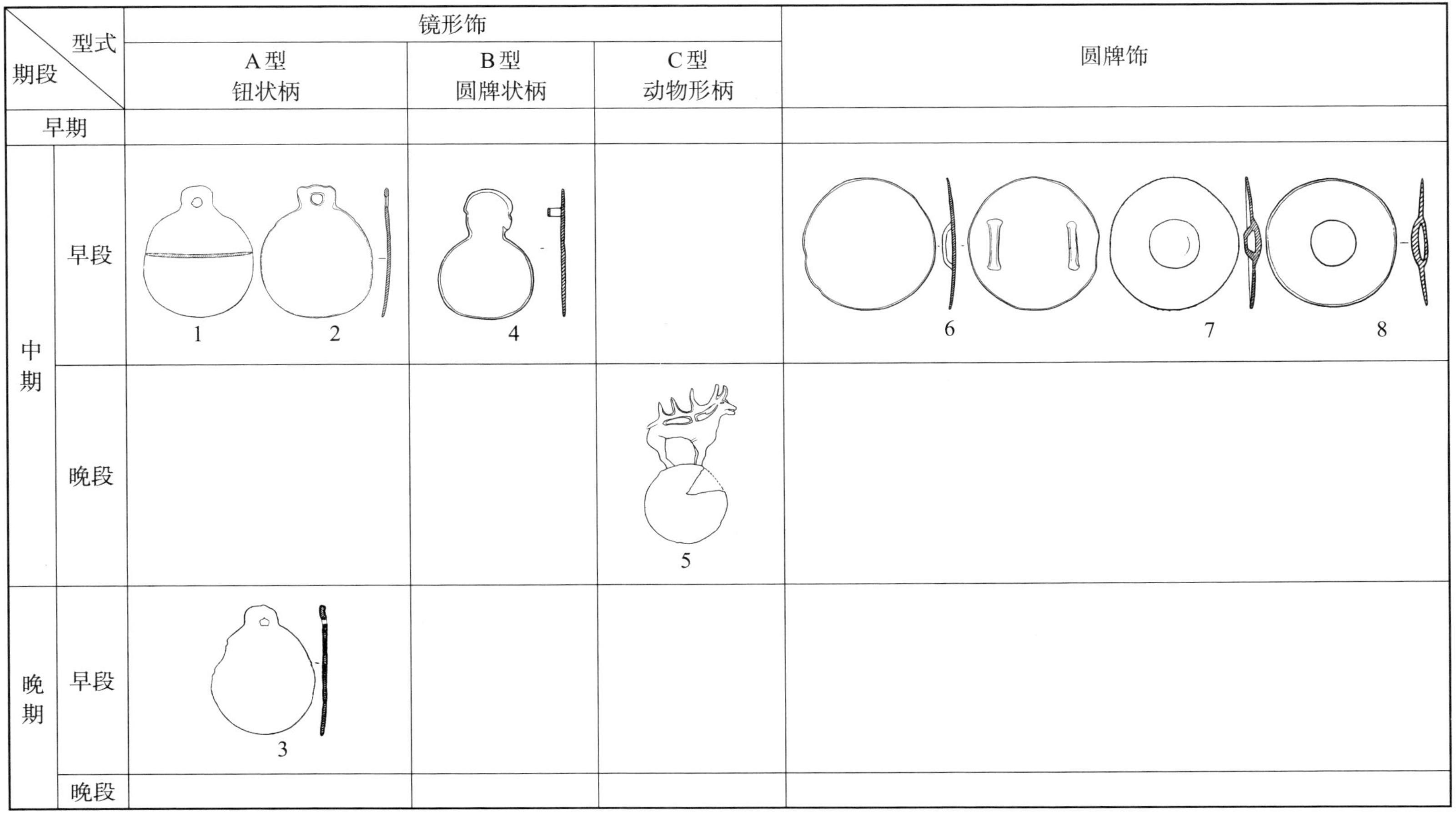

图三：14　圆牌饰和镜形饰类型与分期图

1. 崞县窑子M22：6–1　2. 忻州窑子M23：3　3. 玉隆太2258　4. 忻州窑子M1：2　5. 呼鲁斯太M2：16　6. 小双古城M3：2　7. 崞县窑子M22：5–4
8. 忻州窑子M67：5

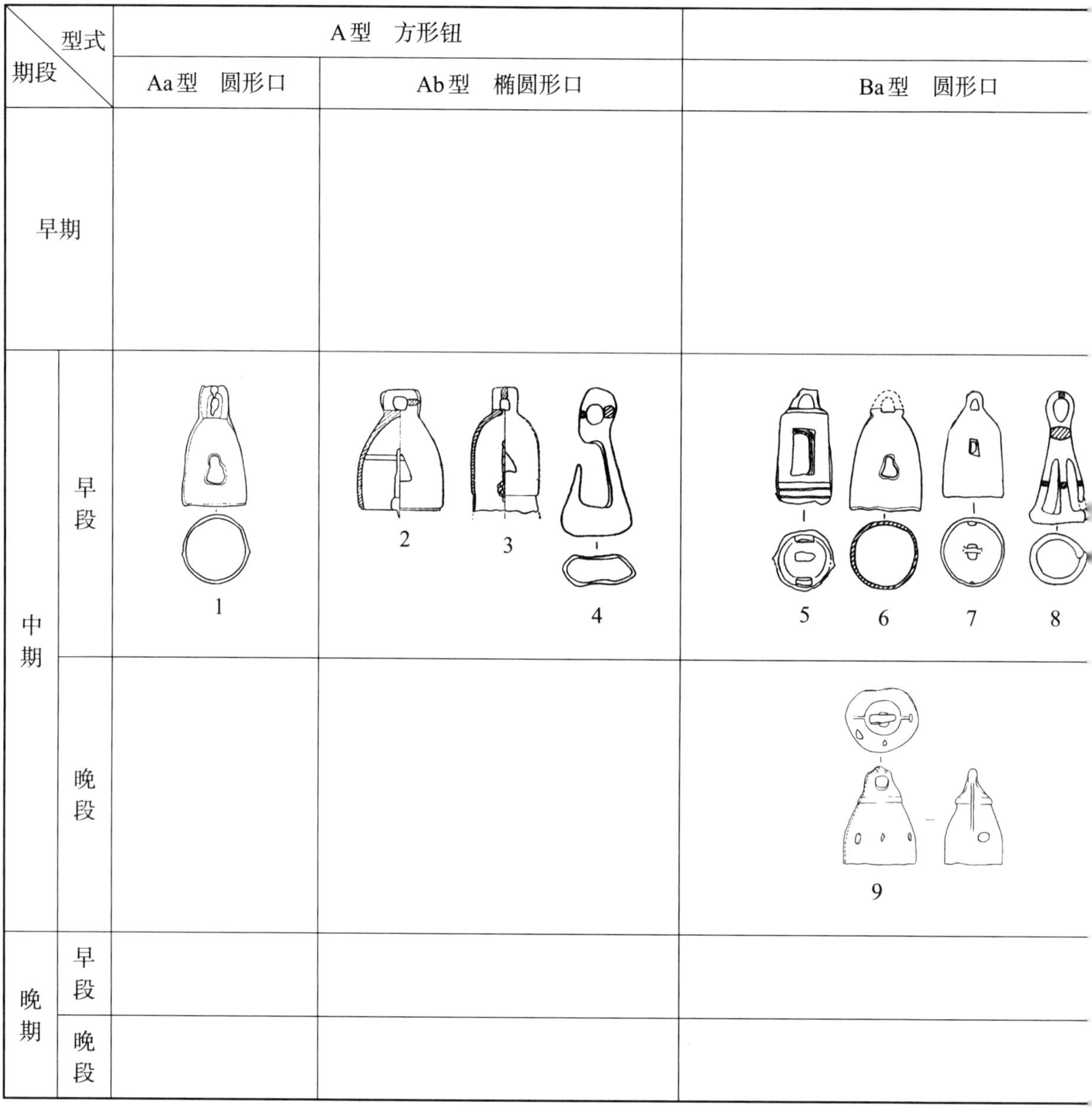
型式
期段
A型　方形钮
Aa型　圆形口
Ab型　椭圆形口
Ba型　圆形口
早期
中期
早段
1
2
3
4
5
6
7
8
晚段
9
晚期
早段
晚段

图三：15　铃形饰类型与分期图

1. 忻州窑子M20：2　2. 崞县窑子M22：7　3. 崞县窑子M8：4　4. 井沟子M55：30–2　5. 毛庆沟M39：6　6. 忻州窑子M31：
7. 毛庆沟M39：5　8. 井沟子M3：46　9. 水泉M21：1　10. 小双古城M3：3　11. 崞县窑子M3：2　12. 井沟子M34：17
13. 井沟子M20：22　14. 井沟子M26：17　15. 井沟子M33：42　16. 西园M6：6　17. 铁匠沟AM2：6　18. 毛庆沟M65：
19. 小双古城M6：6　20. 毛庆沟M62：1

B型　弧形钮		C型　不规则钮	
Bb型　椭圆形口	Bc型　圆角方形口	Ca　圆形口	Cb型　椭圆形口
		 16	
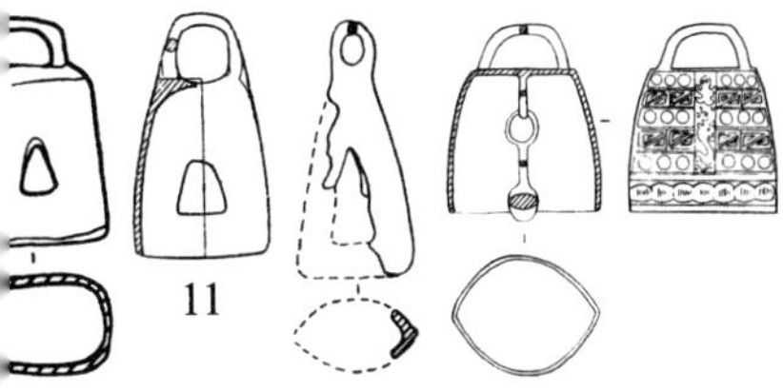 10 11 12 13	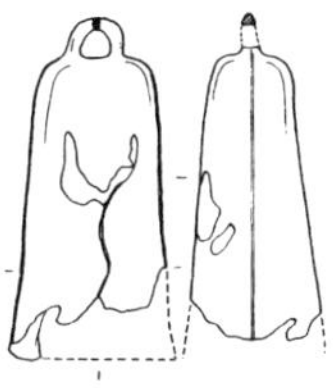 14 15	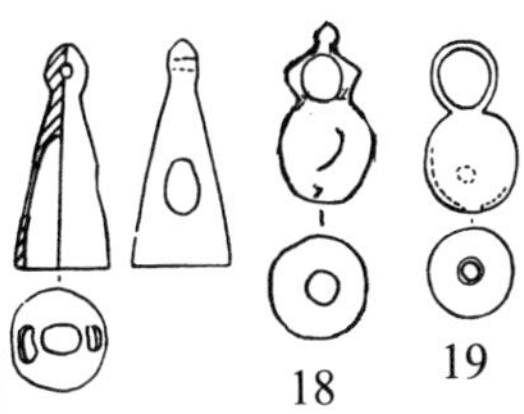 17 18 19	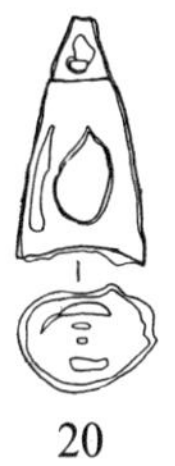 20

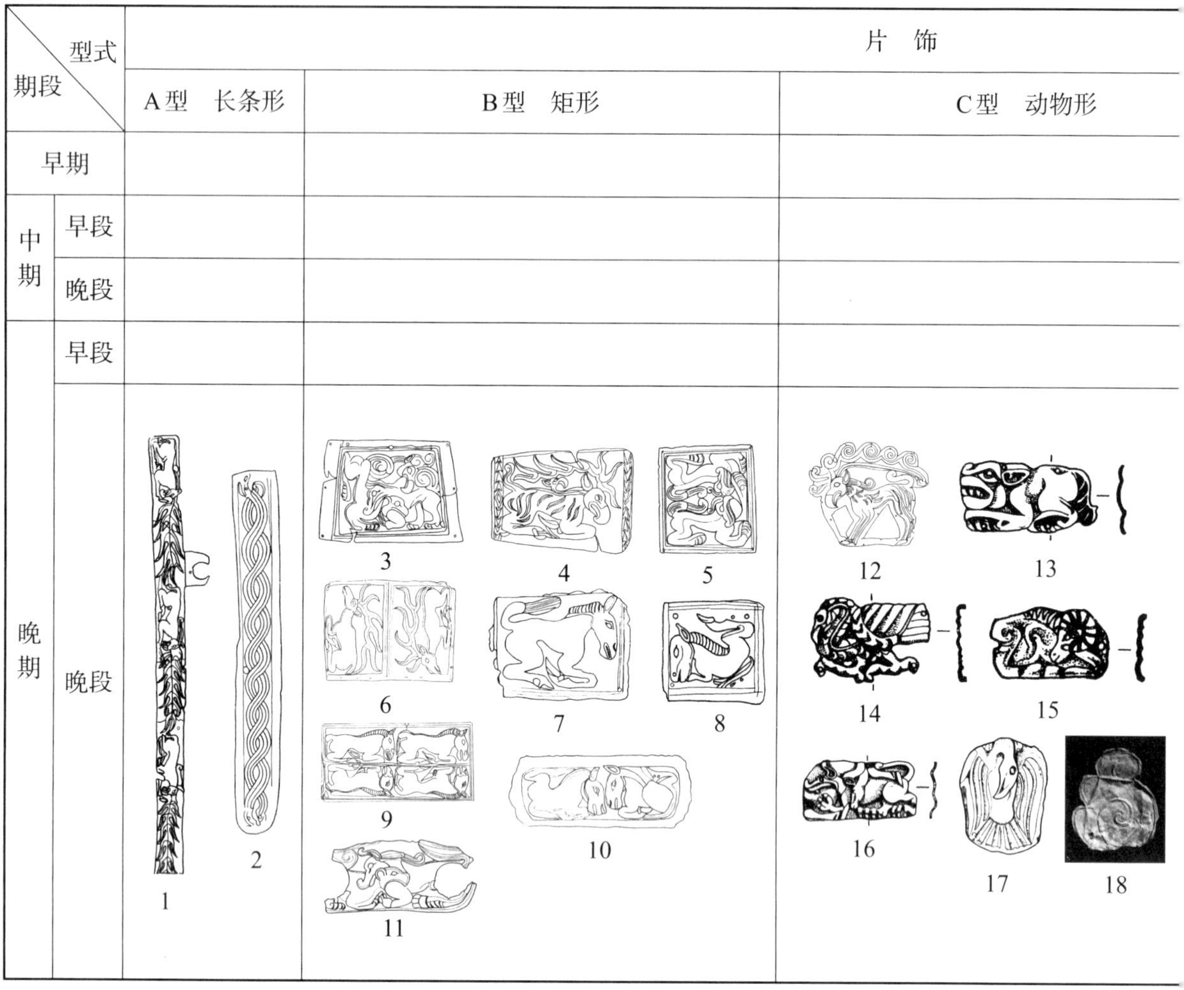

图三：16　贵金属饰品类型与分期图

1. 西沟畔M2：48　2. 西沟畔M2：56　3. 西沟畔M2：57　4. 西沟畔M2：60　5. 西沟畔M2：49～55　6. 西沟畔M2：46　7. 西沟畔M2：61～65　8. 西沟畔M2：74　9. 西沟畔M2：47　10. 西沟畔M2：59　11. 西沟畔M2：58　12. 西沟畔M2：2　13～16. 阿鲁柴登　17. 西沟畔M2：32～38　18. 西沟畔M2：39　19. 阿鲁柴登　20～23. 碾房渠　24、25. 阿鲁柴登　26. 石灰沟　27. 碾房渠　28. 阿鲁柴登　29～31. 石灰沟　32. 阿鲁柴登　33. 石灰沟

D型　近圆形	连管状饰	泡　饰
 19  20	 21 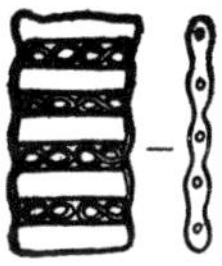 22 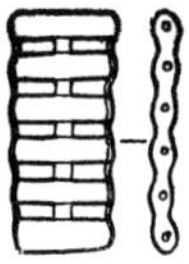 23	 24  25 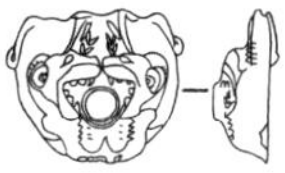 26  27  28  29 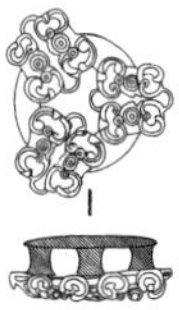 30 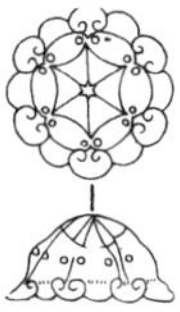 31 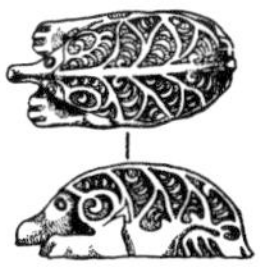 32 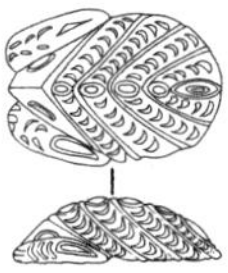 33

第三节　类型划分与分期演变分析

内蒙古东周北方青铜器可以分为三大类：兵器工具、车马器以及服饰品。这时期的中国北方长城文化带乃至整个欧亚草原的考古遗存都是以墓葬为主，随葬的金属器有青铜器和一定量的铁器，也分为这三大器类。这时的草原又被叫做“斯基泰时代”，而斯基泰时代[①] 最典型的就是所谓的兵器、马具和动物纹构成的三要素，这反映了这时期整个欧亚草原盛行的武装性、游动性和动物崇拜的信仰体系。

一、兵器工具类

兵器中短剑最为重要，其主要特点是剑格为贯通式，凸出于剑柄与剑身，剑格为双翼形。根据剑首的差别可以分为不同的型。这些型的短剑统一分式，分为剑格两端上翘的Ⅰ式，近“一”字形的Ⅱ式和两端下垂的Ⅲ式，这种变化代表了短剑的早晚演变规律和不同的时期，Ⅰ式出现于早期并延续到中期，Ⅱ式主要流行于中期并延续到晚期，Ⅲ式是晚期特有的。Ⅰ式的数量较少，说明内蒙古地区短剑的出现年代不早，缺乏最早形态的短剑。Ⅱ式短剑的剑格形态较多，整体基本为“一”字形，是内蒙古短剑最鼎盛的时期。Ⅲ式短剑形制单纯，是短剑由青铜变为铁器的时期，并且开始逐渐消亡。

铜刀的数量比较多，从男女都随葬的现象看，很可能主要作为工具使用。Ⅰ式刀的特点是大环首，刀柄较宽，柄与身的分界较明显。Ⅱ式刀的刀首为不规则孔，柄身分界仍然能够看出来。Ⅲ式刀的柄身成一线，界线基本消失，整体形状更加细长。此外还有削，主要出自东部地区，与冀北地区的影响有关。

鹤嘴斧数量不多，但是变化明显。Ⅰ式数量少，其形态与商周时期的管銎戈有些相似，是中国北方自身发展的结果。Ⅱ式是典型的鹤嘴斧，与米努辛斯克和图瓦地区的有明显承继关系，是草原对中国北方的影响。Ⅲ式是Ⅱ式的延续，已经多为

---

① 关于草原参见杨建华、邵会秋、潘玲：《欧亚草原东部的金属之路》，上海古籍出版社，2016年。

铁质，整体更加瘦长，两端下垂。

内蒙古的镞是北方的特点，剖面为三角形。根据安装箭杆的方式分为两型，即有銎镞和有铤镞。有銎镞的出现早于有铤镞，这种变化与欧亚草原是一致的。但是有铤镞出现后，有銎镞仍然延续了一段时间。

斧、锛、凿、锥是墓葬中随葬的工具。早期的刃部两角外侈，略呈扇形；晚期长度与宽度差距加大，剖面更加宽扁和规范。

针管根据剖面形状分为矩形和圆形两种，以前者为主，而且年代集中在中期早段。

二、车马器类

车器有车辕饰和车軎。车辕饰用立体动物装饰，是晚期早段的特点。车軎基本与中原的相同。下部有銎座的动物立兽竿头饰是用立体动物作为装饰，是晚期早段的特点。由于这些器物没有明确的出土位置，推测可能用于车上架子的顶端，防止雨淋和日晒。我们暂时把与竿头饰相似的立体动物饰也归入车器。速机沟征集到很多立体动物饰，共存的是作为马具的铜铃，这也增加了动物形饰作为车器的可能性。这些车器的年代都集中在晚期早段。

马具有衔、镳、节约、马面饰、铃等。早期马衔两端是双环首，中晚期是圆形单环首。马镳数量很少。东部发现的节约为十字形，受中原影响；西部很有特点，虽然上面有战国文字，但是形态和纹饰具有北方自身特点。马面饰集中出现在中期，与固原地区的相似，是受西部的影响。东西部的铜铃形态差异较大，年代也不同。

三、服饰品类

内蒙古的服饰品数量多，种类齐全，在北方文化带中最为发达。早中期和晚期的变化很大，不仅器类发生更迭，而且质地也有很大变化。内蒙古晚期的北方墓葬仅见于西部地区，而东部地区已经成为赵国的领地。还有一个重要的现象，晚期的墓葬基本都是零星发现的，很少经过正式发掘，而且多是随葬金银器等贵金属和宝石的贵族墓葬。这也是造成内蒙古西部早晚差别的一个重要原因。

人体装饰有头饰、项饰和耳饰。头饰均为晚期，有冠顶和冠带，装饰风格与草原的非常相似。项饰分为璜形、环形和串珠状，璜形属于早中期，其余见于晚期。耳饰分耳环和耳坠，耳环为圆环形和弹簧形，年代为早中期；耳坠由贵金属和宝石组成，年代在晚期晚段。

泡饰是数量最多的服饰品。分圆形、花瓣形和动物形三种。圆形泡饰分素面和带放射形纹饰两种，有纹饰的大部分出自东部地区的井沟子和铁匠沟，这是继承更早的夏家店上层文化的结果。圆形和花瓣形的形态变化不大，动物形铜泡只见于中期。

坠饰数量不多，形态各异。顶部有穿孔的动物形坠和匙形坠，与更早的夏家店上层文化有明显的继承关系，都出现于早中期。晚期的天鹅形坠与阿尔泰地区的器物相似，应该是受草原的影响。

别针分为穿孔和带钮两种。前者流行于中期，后者出现在中晚期，两者差别很大。

带扣数量多，主要是双环的“8”字形，由扣钮、扣环、扣钩（也叫扣舌）三部分组成。I式扣舌位于扣环外缘并下垂，扣舌小。II式扣舌位于扣环下部，舌尖外凸。I式流行于早期，延续到中期，II式流行于中期。还有少量背部有钮的带扣，是“8”字形带扣的变体。

联珠饰分为单排与双排，两个圆泡构成的单排双联珠饰只见于早期，与夏家店上层文化相同。从中期开始，内蒙古北方特有的联珠饰形成，即联珠饰与“之”字纹的结合。双排联珠饰是在单排“之”字形基础上发展而来的，质地单薄。

S形饰牌种类复杂，分为云纹、鸟纹和动物纹。云纹饰牌数量最多，分为中心圆泡和中心束腰两种，上面有刻划的细线纹。中心圆泡饰牌的纹饰写实丰富，束腰饰牌上的纹饰简化，所以中心圆泡饰牌应该比束腰饰牌出现早，尽管没有期别的不同。鸟纹饰牌分为抽象和写实两种，动物纹饰牌数量最少。S形饰牌集中出现在中期早段，说明这时腰带饰最为发达，中期晚段明显减少。

带卡分为整体为长方形和动物形两种，它们的共性是穿过中间的孔来固定。长方形带卡是横穿固定，动物形带卡是纵穿固定。这种穿孔的固定方法在冀北和新疆都比较常见，而内蒙古是以背部带钮的联珠饰和S形饰牌为主。

动物纹饰牌分为单体动物纹和多体动物纹，单体早于多体。在单体牌中，毛庆沟M5的饰牌最为原始，整体为平板，上面阴刻细密的纹饰，边框不是动物形而是近长方形。由此可以看出，毛庆沟墓地是整个中国北方动物纹饰牌的发源地，也就是“胡服”的起源地。多体动物牌的正面已经向上凸出，剖面呈弧形。晚期晚段是动物纹饰牌最为发达的时期，艺术造型达到了精美的程度，既有上一阶段发展来的多体动物饰牌，也有新的阿尔泰风格的饰牌，例如有夸张鹿角的造型，有线纹细密写实的纹饰，也有边框方正的饰牌。野猪形和联排动物牌数量较少。从照片（尤其是背面的照片）和饰牌出土的位置，可以确认动物纹饰牌是作为带扣使用的，一般都出在随葬品丰富的墓葬中，说明它是有地位和财富的人使用的带扣。

管状饰数量多，而且种类各异，根据剖面形状分为圆形、扁圆形和方形。有些管状饰的形状与针管相似，但是尺寸较小，而且从出土位置和数量来看，都不可能是针管。

环形饰有大小的区别，素面和有纹饰不同，横截面也不一样，分扁平状和柱状。虽然各期都有，但是最发达的还是中期早段，有纹饰的精致环形饰都出现在这个时期。

连环饰数量较少，主要流行于中期早段。

镜形饰和圆牌饰数量不多，都主要出现在中期早段。

铃形饰按器钮可以分为方形钮、弧形钮和不规则钮，绝大多数都出现在中期早段。

贵金属饰品主要是片饰，锤锲而成，四角有孔用于缝缀或固定在物品上。上面的图案都是具有阿尔泰风格的对称动物纹（图三：16，5、6、9、10）、后肢呈180°翻转的动物纹样（图三：16，7）、有突出大角的动物纹（图三：16，4、12）和天鹅纹样（图三：16，17），年代都在晚期晚段。这时期其他的服饰品已经衰退了，阿尔泰风格影响到内蒙古西部。

从以上对器物的分期可以看出，内蒙古地区东周时期北方文化中，相当于中原春秋晚期到战国早期的中期早段是青铜器数量和种类最多的时候，也是质地最好的时候。早期处于萌芽阶段，是游牧经济的形成期。中期是游牧化普及阶段，它的文化也达到鼎盛，武士贵族在为争夺草场的战争中逐渐形成。这时期吸收外来文化的器物主要是用于战争的短剑与鹤嘴斧，它们来自米努辛斯克和图瓦草原，也有源自当地上一阶段夏家店上层文化的联珠饰牌，还有在中原青铜器纹饰基础上形成的S形饰牌。中期晚段是早段的延续。到了晚期，中原文化继续北上，北方文化带只保留了内蒙古西部地区，这时的文化发生很大变化，至少是在贵族墓中流行起了具有米努辛斯克风格的动物立兽和阿尔泰风格的贵金属动物纹装饰，而北方原有的多体动物纹饰牌继续流行和发展，之后成为了匈奴文化的代表性器物。所以，北方文化晚期中国北方和草原的联系进入了新的阶段，为丝绸之路的形成和匈奴联盟的兴起奠定了基础。正是这个时期，中国楚国的丝织品和山字纹镜也流入阿尔泰的贵族墓葬。

第二章
器物出土位置与功能分析

第一节　兵器工具类

在内蒙古东周时期北方文化的墓葬中，兵器基本都属于春秋晚期到战国早期，也就是说，这个时期的人们普遍用兵器表示地位，应该是武士贵族兴起的时期，以青铜短剑为典型代表。但是这个时期也不是每个墓地都随葬兵器，是否随葬兵器是由当地族群的习俗决定的。在西部的鄂尔多斯地区，男性随葬兵器是比较常见的，其中桃红巴拉墓群和西园墓地发表了墓葬随葬品位置图。在东部的和林格尔和岱海地区，各墓地在是否使用兵器作为随葬品方面有很大不同。新店子墓地、毛庆沟墓地、小双古城墓地以及饮牛沟墓地有使用兵器随葬的习俗，忻州窑子和崞县窑子则不见青铜兵器，只有骨质弓弭和镞，这个特点与后来的匈奴墓葬是一致的。崞县窑子墓地除骨弓弭和骨镞外还随葬青铜刀，从女性墓中常见青铜刀来看，铜刀应该是工具。

短剑有8件有明确出土位置，均属于毛庆沟墓地，都位于人骨腰部，其中有5件在左侧，只有1件在右侧（彩版一）。这说明短剑都是挂在腰上的，如毛庆沟M60短剑挂在腰侧的铜环上（彩版二）。

刀的位置大多也是在腰部，右侧较多（彩版三、四），随葬刀的墓葬墓主性别男女均有。只有西园M3在人骨头部附近（彩版五），两名女性死者头部均有严重创伤，死者尸体都经过摆放。值得注意的是，男性墓葬短剑和刀基本不共出。

鹤嘴斧有的在腰部（彩版六），有的在头骨两侧（彩版三、七），很可能是由柄的长短与使用方式决定的[①]。

镞的位置大多是在人骨的下肢，有些很集中（彩版二、四、八），推测有箭囊悬挂在腰间；有些很分散，如毛庆沟M6的铜镞和骨镞（彩版九）。

工具类数量和种类都很少，主要有锥、针管（彩版三）和挂钩（彩版一〇），

① 孟琦、彭博：《鹤嘴斧的功能及相关问题探讨》，《北方文物》2015年第2期。

大多也都在腰部，说明内蒙古确实有把工具挂在腰上的习俗。

兵器类基本出自男性墓，工具类男女均有。

总之，随葬的兵器工具可以简单总结为：短剑挂在腰左侧，鹤嘴斧在头骨两侧或腰部，刀、锥、针管等其他工具也挂在腰间。

第二节 车马器类

内蒙古地区的车马器比起甘肃宁夏地区，不太发达，尤其是东部地区。在墓葬中有明确出土位置的更加少见，有明确马具出土位置的仅有三座墓葬，车器多是根据与周边地区的比较或者是根据形状推测的。内蒙古西部的桃红巴拉、呼鲁斯太、速机沟和玉隆太的马具与宁夏固原地区的相似，例如柳叶形、圆形以及复合形的马面饰，应该是受到西边的影响。桃红巴拉M1的马具出自人骨上方的马头两侧或佩戴在马嘴上（彩版一一），这个习俗与宁夏固原地区的不同。内蒙古东部没有车器，马具的数量也很少，种类只有中原传统的马衔与十字形节约（彩版一二、一三），散在人骨各处。

第三节　服饰品类

内蒙古地区的服饰品最为丰富，年代也早，应该是“胡服”的发源地。服饰品在墓葬中的位置等资料也很全面。这些服饰品可以分为人体装饰和服装配饰两类。

一、人体装饰

头部的装饰有冠饰和笄（彩版一四），颈部装饰有璜形项饰（彩版一五）。环形饰和串珠没有具体位置，推测也应在颈部附近，串珠可能还有手链等多种用途。出土项饰的墓葬中西园M5的墓主人是一位年轻男性，可见其并不是女性专属的饰品。耳饰有明确出土位置的有西园、桃红巴拉、忻州窑子、小双古城、崞县窑子、毛庆沟和井沟子墓地，均在头骨两侧或附近，应是下葬时随身佩戴的（彩版一四）。从墓葬的统计结果看，耳饰的佩戴者不分年龄、性别，是一种十分普遍的饰品。

总之，人体装饰主要包括头饰、项饰、耳饰、覆面、手链、指套，类似现在意义上的首饰。

二、服装配饰

泡饰具有出土数目庞大、种类繁多、延续时间长的特点。从出土位置的统计结果来看，分布于全身各处，排除扰乱现象后可大致归纳为三种情况：

第一种情况是位于上肢各处，多散落在胸腔、腹腔内外、腰部和两臂附近。典型的如忻州窑子M22（彩版一六），在腰部以上各处都有泡饰；有些鸟头形泡饰纵向分布在胸椎一线，用作装饰或起到纽扣的作用，如忻州窑子M63在胸椎上均匀分布3件鸟头形泡饰（彩版一七）、毛庆沟M71的4件圆形泡饰分布在胸椎两侧（彩版一八）。处在这些位置的泡饰应是缝缀在衣物上的装饰，其分布和排列缺少规律，是最多也最普遍的情况。第二种情况是分布在腰部附近，装饰腰带。如忻州窑子M19的5件单鸟头泡呈带状分布在腰部（彩版一九），小双古城M6用1件圆泡置于腰部正中作为腰部装饰，忻州窑子M22髋骨上有6件圆泡。第三种情况见于东北地区附近的井沟子（彩版二〇），圆泡位于人骨眼窝处，背面常有麻布印痕，应是覆面在织物腐烂后落于眼眶内。

坠饰有位于颈部附近的，如小双古城M6（彩版一五）；也有缝缀在衣物上的，多位于上肢各处或腰部，如小双古城M3的3件牌形坠饰分布在髋骨两侧和腰椎右侧（彩版二一），西园M3出土的动物形坠饰位于腰部（彩版一四）。从其出土位置可以推断，坠饰一是位于颈下作为项饰使用；二是缝缀在腰部等处作为衣物装饰。

别针主要见于忻州窑子墓地，均在腰部、下肢附近，并且多是单独使用，如位于右侧髋骨骨面的M2和位于股骨内侧的M4（彩版二二、二三）。应是缝缀在衣物上或悬挂在腰部的服饰品。

腰带具是内蒙古服饰品中最为重要的，应该是与骑射方式有关。腰带具以带扣为中心，周边的皮革腰带上装饰各种金属牌，即腰带饰。带扣分为“8”字形双环带扣和动物纹饰牌两种，一般都位于人骨腰部附近，骶骨、髋骨、腰部正中腰椎下端等处。“8”字形双环带扣多和腰带饰一同使用，如毛庆沟M43（彩版二四）；动物纹饰牌有成对使用（彩版二五）和单独使用（彩版二一）的，以单独使用为主。腰带饰有背部有钮的联珠饰，如毛庆沟M3和忻州窑子M33（彩版二六、二七）；S形饰牌，如毛庆沟墓地M5、M43和M71（彩版二五、二四、一八）；还有从中间穿过的长方形带卡和动物形带卡，以及铜泡、小管状饰等。动物形带卡只见于东部的铁匠沟和井沟子墓地，和玉皇庙墓地的十分相似；井沟子出土的Ba型菱面连环饰也主要见于以玉皇庙墓地为代表的冀北地区，这说明内蒙古这两处墓地应该属于冀北文化传统。上文提到的井沟子墓地的覆面也是当地的传统，不见于内蒙古其他墓葬。葬俗是文化中最不易受其他文化影响的，因此最能够体现文化归属。联珠饰和S形饰牌的云纹饰牌除毛庆沟墓地外，是不共出的，应该是不同族群的标识物。流行联珠饰的墓地有忻州窑子、崞县窑子、新店子，流行云纹饰牌的墓地有小双古城、饮牛沟。毛庆沟墓地以云纹饰牌为主，也有一定数量的联珠饰，而且每座墓随葬的腰带饰都在几十件，几乎整个腰带都装饰着青铜带饰。有些墓地腰带饰只随葬不到十件，在一个皮革腰带上只是点缀式使用，间距很远装饰一个青铜饰牌。有可能毛庆沟墓地的使用者是最典型的“胡服”穿戴者。

管状饰根据位置的不同有三种用途。第一种：多位于上肢各处，散落在胸腔、腰部或两臂内外，用作缝缀在衣物上的装饰。如忻州窑子M28（彩版三一），5件散落在胸腔各处，6件纵向均匀分布在两臂内侧，还有2件散落在外侧；忻州窑子M45出土的管状饰也分布在手臂内侧、肋骨和腹腔（彩版三二）。第二种：位于颈部、腕部附近，作为项饰或腕饰使用，多成组出现。如忻州窑子M33（彩版二七），颈部有用31件素面小圆管与绿松石、玛瑙饰品组成的项饰；忻州窑子M5在颈部随葬2件圆管状饰和1件扁圆管状饰作为项饰（彩版三三）；有的位于腕部附近用作腕饰，如井沟子M58（彩版三四），人骨手腕处随葬圆管状饰、圆环组成的手链。第三种：位于腰部。有的如忻州窑子M2和M67在腰部附近（彩版二二、三五），应是作为腰带饰使用的；有的如忻州窑子M64由7件扁圆管状饰穿成一串作为挂饰悬挂在腰间（彩版三六）。需要注意的是，尺寸在5～12厘米之间、位置在腰部附近的中空铜管，应当是工具类的针管，有些在出土时还带有骨针。

环形饰的尺寸有大有小，小者环径在2.5～5厘米之间，大的可达8～10厘米。位置多在腰部附近，毛庆沟M60位于腰部左侧用于悬挂短剑（彩版二），忻州窑子M64也位于腰部左侧（彩版三六），忻州窑子M33髋骨至股骨中间有3件环形饰与管状饰组合（彩版二七）。大型环形饰位于腕骨附近应属于腕饰，如忻州窑子M5（彩版三三）；井沟子M58的2件环形饰出土时套于管状饰组成的圈上。环径小于6厘米的铜环位置大多不清楚，发掘者认为是串饰的组成部分（彩版三四）。

连环饰仅见于忻州窑子、小双古城和井沟子三处墓地，有的悬挂在腰部，如忻州窑子M20（彩版二八），2件连环饰对称分布在左右股骨内侧，应是悬挂在腰部，垂坠在腿侧的腰间挂饰；也有作为项饰的组成部分位于颈部附近，如井沟子M25（彩版二九）。此外还有一些用途不明的，如忻州窑子M29出土的连环饰呈纵向整齐排列在墓坑边缘或两臂外侧，推测可能是下葬后摆放的（彩版三〇）；忻州窑子M28，1件连环饰、1件S形饰牌位于墓坑边缘，远离人骨。

镜形饰均位于腰侧、下肢两侧或盆骨附近、股骨之间，应当是悬挂在腰间的装饰。崞县窑子M22，2件镜形饰分别位于左右腿骨外侧，管状饰、环形饰、圆牌饰之下，应是挂在腰侧，垂坠下来的一组饰品中坠在最下方的一件（彩版三七）；忻州窑子M23的2件镜形饰位于盆骨下方股骨之间（彩版三八）。随葬镜形饰的墓主均为成年女性。

圆牌饰的位置有两种，一种位于下肢两侧，作为腰间挂饰使用，墓主为成年女性，如崞县窑子M22（彩版三七）；一种位于腰腹处，如忻州窑子M67（彩版三五），墓主为成年男性，圆牌饰位于腰部正中腰椎骨面之上，用途与位于腰部正中的圆泡类似，应是装饰腰带的。

作为服饰品的铃形饰一般尺寸在5厘米以下（尺寸在5～20厘米之间的大型铃形饰应当属于马具中的铜铃），主要集中在腰部及以下，如小双古城M3、崞县窑子M22（彩版二一、三七）；还有将铃形饰坠于一串服饰品尾部挂在腰间的现象，如崞县窑子M22（彩版三七）。

服装配饰主要指带扣等服装配件和腰带饰、泡饰等缝缀在衣物上的装饰，按位置和功能差异可以分为三种。

（1）衣物缀饰。

缝缀在衣服上的装饰，器型主要有泡饰、坠饰、别针、管状饰、圆牌饰和贵金属饰品等。这些青铜缀饰，色泽亮丽美观，缝缀在衣物上能代替织染花纹和刺绣，有极好地装饰作用。缝在手臂沿线可以遮挡制衣痕迹，位于胸椎沿线的泡饰也能用作纽扣。由于金属制品坚硬、不易损坏，遍布上身各处也能起到一定的防护作用，且比传统的铠甲负重轻得多，极有可能是游牧民族战争智慧的遗留。

（2）腰带饰

主要是带扣、动物纹饰牌等腰带部件和装饰腰带的联珠饰、S形饰牌、带卡、带饰等，有些泡饰和管状饰等缀饰也可作为腰带饰使用。几乎每座墓葬都会出土至少一件腰带饰，是当地最普遍和主要的服饰品。这些腰带饰不仅起到装饰作用，有些还用来悬挂工具和武器，这种重视腰部装饰的习俗是最能体现游牧民族特色的服饰传统。腰带饰的组合并不是固定的，可以是一种或几种器物共同组成。通过对几种腰带饰出土位置的分析，可以将其分为以下几种情况。

① 由单独器类组成，不见带扣，可分为两种：

一种是小型器物作为腰带饰，如忻州窑子M19用6件鸟头形泡饰呈带状分布作为腰带饰使用；忻州窑子M2用管状饰作腰带饰，由6件扁管状饰和2件圆管状饰组成。

另一种是由多件联珠饰或S形饰牌组成，如忻州窑子M33用多件联珠饰；毛庆沟M71用多件S形饰牌。这里的联珠饰和S形饰牌功能一致，但不在同一墓葬共出，两者的差别或许是不同人群间的标识。

② 由多种器物组合而成，分为两种：

一种不与带扣搭配。常见的器类有泡饰、管状饰、S形饰牌等，组合方式灵活多变：如忻州窑子M43用圆泡和多件连铸的扁管状饰（彩版三九）；忻州窑子M4用S形饰牌和圆管状饰。

另一种由带扣或动物纹饰牌与S形饰牌组成：用带扣作带具的，如毛庆沟M43、毛庆沟M60的腰带饰由带扣和S形饰牌组成；忻州窑子M5随葬品虽有位移，仍能分辨出腰带饰由中部的带扣和分布在两侧的回纹饰牌组成；忻州窑子M28的随葬品也发生位移，腰带饰的组成可能是带扣、S形饰牌和鸟形泡饰。用动物纹饰牌作带扣配合S形饰牌的有毛庆沟M5，小双古城M3、M6等。

（3）腰间挂饰

在统计位置的过程中，我们发现服饰品有很多在腰间及腰部以下成组出现的情况，通过分析它们之间的位置关系，我们发现这些器物在使用时应该是挂在腰间的，可以统一概括为腰间挂饰。其组合并不是固定的，可以由一种或几种器物随机组成，常见的用于腰间挂饰的服饰品主要有连环饰、管状饰、环形饰、圆牌饰、镜形饰和铃形饰几种。可以大致分为两种情况：

① 由管状饰、环形饰、圆牌饰、镜形饰、铃形饰等中的几种组合在一起，串成一线，挂在腰侧，腰间悬挂铃形饰。典型的如崞县窑子M22，墓主为年轻女性，腰部两侧分别悬挂由管状饰、环形饰、圆牌饰和镜形饰组成的成套挂饰，两套挂饰的组成和排列基本相同，腰部中间悬挂铃形饰。有学者对这种单独悬挂或串成串链的腰铃进行过研究，认为其与萨满教传统有关，随葬它们的墓主多为年老的女性萨满[①]。这种成套的挂饰组成复杂，且圆牌饰、镜形饰的尺寸较大，并不适合日常生产和骑射活动。从随葬者的性别、腰间悬挂的铃铛、圆牌和镜子来看，更可能是从事宗教活动的人员。

② 由多件管状饰与其他器物组合串成一串，下方挂铃形饰或别针。也有单独用管状饰和下方不挂器物的情况。典型的如忻州窑子M22，在腰部附近发现由22件管状饰、1件环形饰和1件铃形饰组成的服饰品，报告中称为腰铃，显然是一种

① 冯恩学：《考古所见萨满之腰铃与饰牌》，《北方文物》1998年第2期。

挂在腰间的装饰。统计墓主人的年龄及性别发现，除忻州窑子M22的墓主为20岁左右男性外，其余均为儿童或年轻女性。与萨满所用腰铃不同的是，这些串链并不是以铃形饰为核心的，有些挂别针等其他小型器物，甚至不挂，因此我们推测这种腰间挂饰可能并不具备实用功能，与中原地区挂在腰间的玉佩相似，是一种纯装饰用品。

综上所述，内蒙古地区的兵器放置的位置比较固定，与功能是相符的。工具数量少，位置不固定。车马器在内蒙古东西部差别很大，西部受固原地区影响，东部有明显的中原因素。服饰品是内蒙古地区最具特色的青铜器，数量和品种多，分为人体装饰和服装配饰两大类，又可根据在人体的位置分为更具体的种类。在长城沿线的北方文化带，内蒙古地区的青铜器与冀北地区差别较大，而与固原地区代表的甘宁地区比较接近。但是，内蒙古地区的带饰比固原地区出现早，在晚期就基本被金银等贵金属制品所取代，器形也完全是来自阿尔泰山的异域风格，而晚期的固原地区仍然沿用内蒙古中期以来的带饰。两地另一个区别是，内蒙古地区的随葬品是死者下葬时就佩戴的，而固原地区的随葬品很多是下葬后放置进去的，所以会在身体一侧发现集中的带饰，这说明带饰的实用功能在减退，象征性在增强[①]。

位置研究是功能研究的一个重要基础，对器物功能的研究又是通向“透物见人”的一个重要途径。这个研究一方面提供了一些初步的结论，希望将内蒙古北方青铜器的研究上升到对当地人群以及社会的研究层面；另一方面这个初步的结论为今后的发掘提供了一个参考，同时也需要用更多的资料来印证其正误。

① 杨建华、李宜峰：《东周时期北方腰带饰的起源与传播》，《西域研究》2018年第2期。

彩版

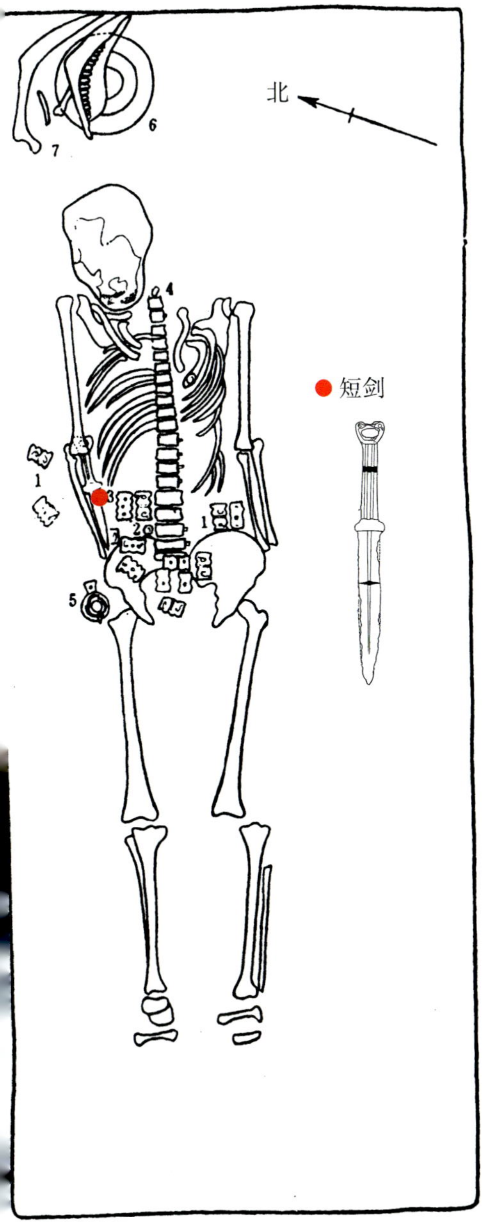

彩版一　毛庆沟M45兵器工具

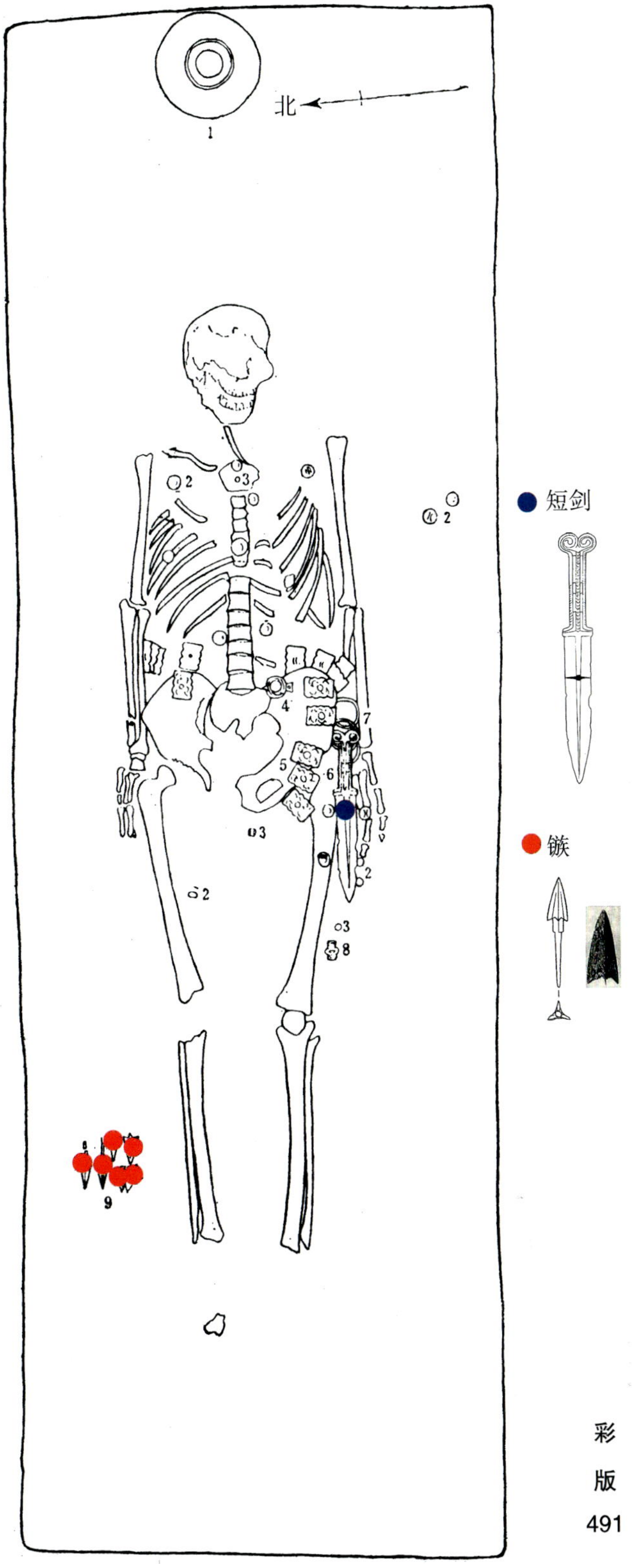

彩版二　毛庆沟M60兵器工具位置

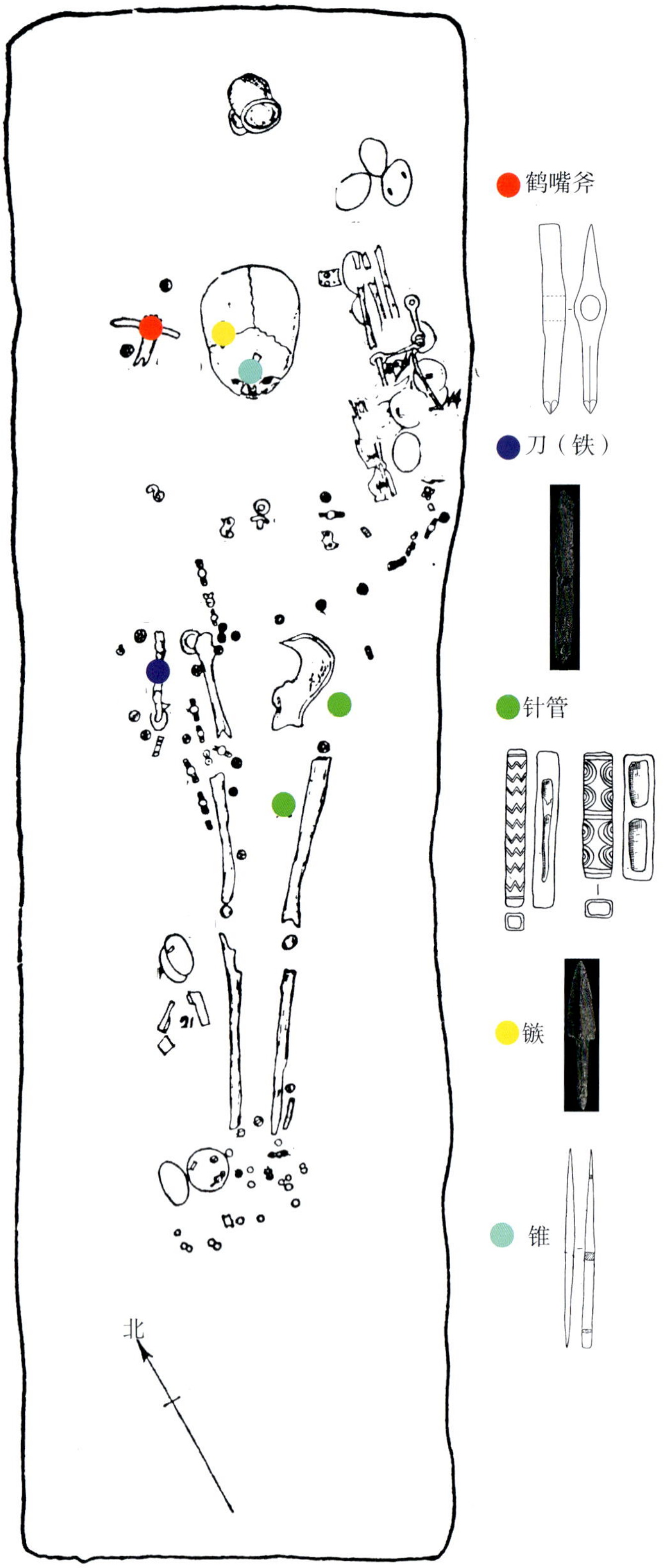

彩版三　桃红巴拉M1兵器工具位置

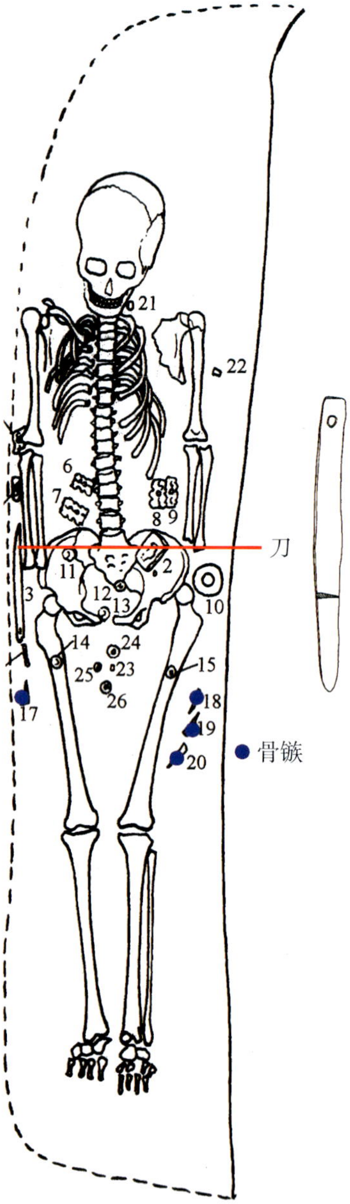

彩版四　小双古城M9兵器工具位置

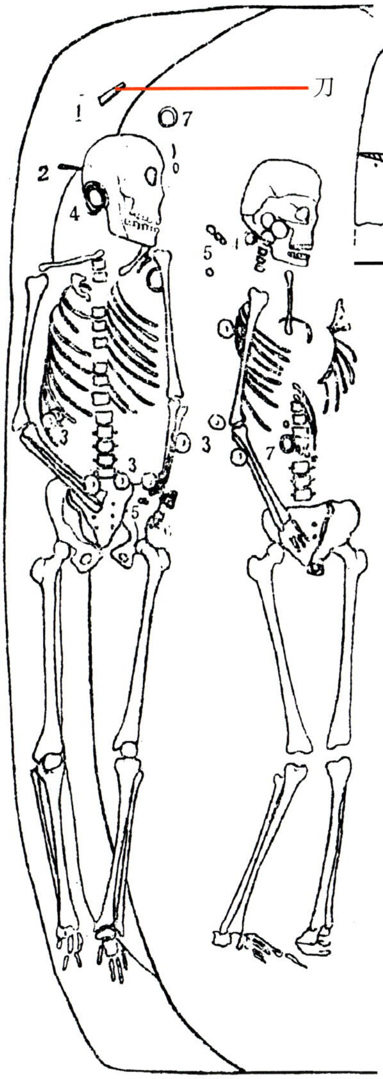

彩版五　西园M3兵器工具位置

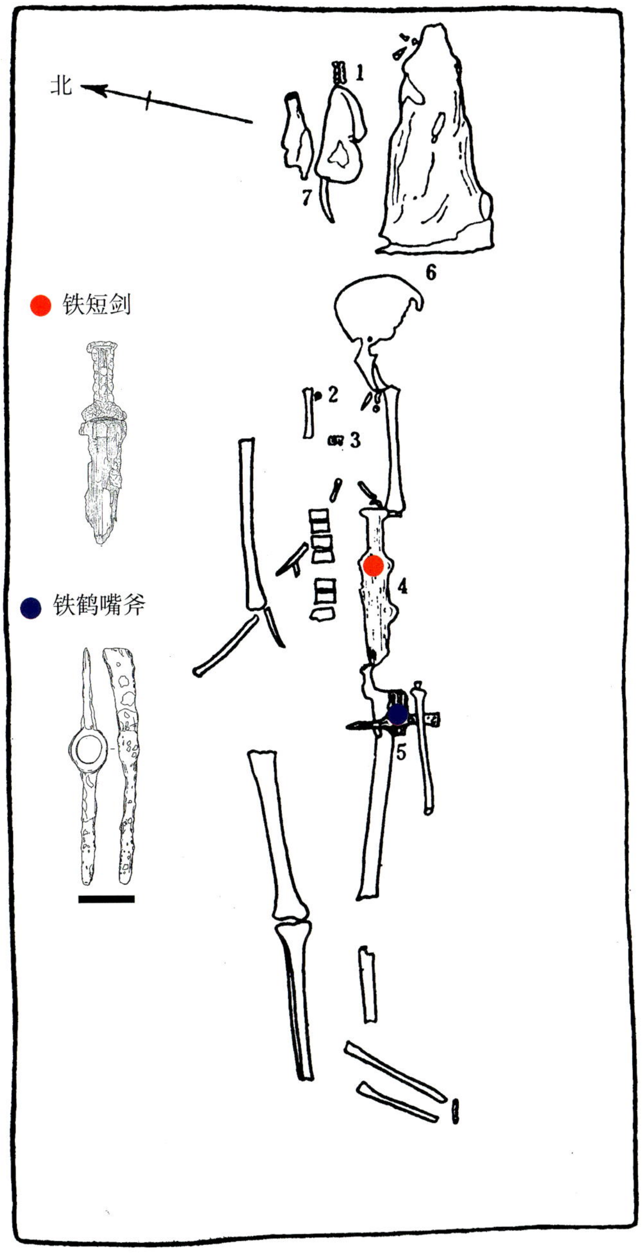

彩版六　毛庆沟M18兵器工具位置

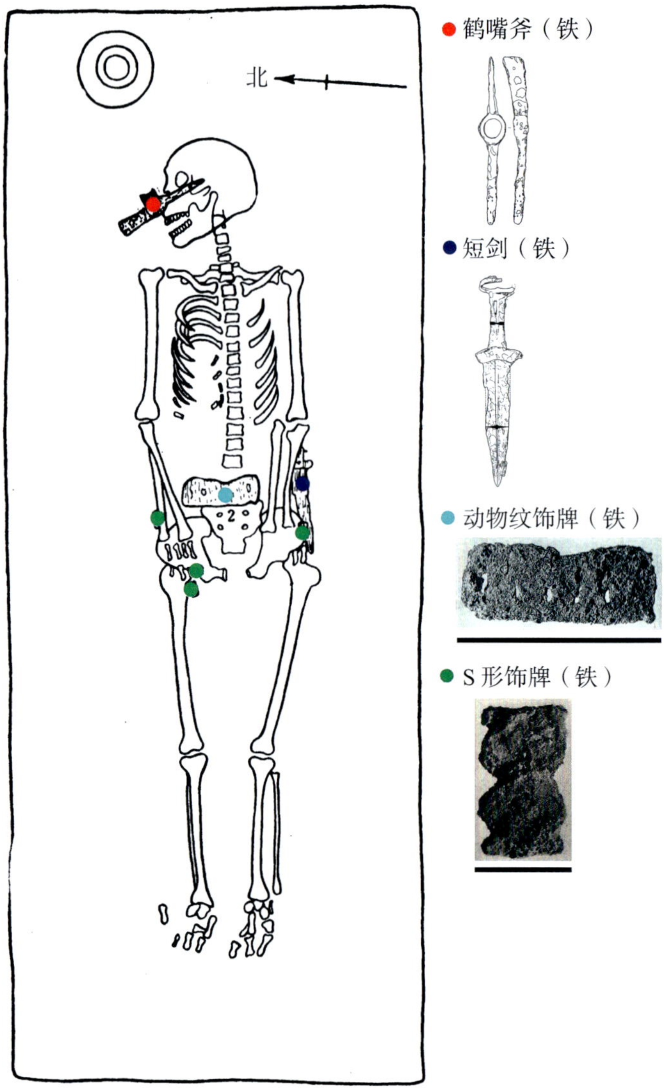

彩版七　毛庆沟M38兵器工具

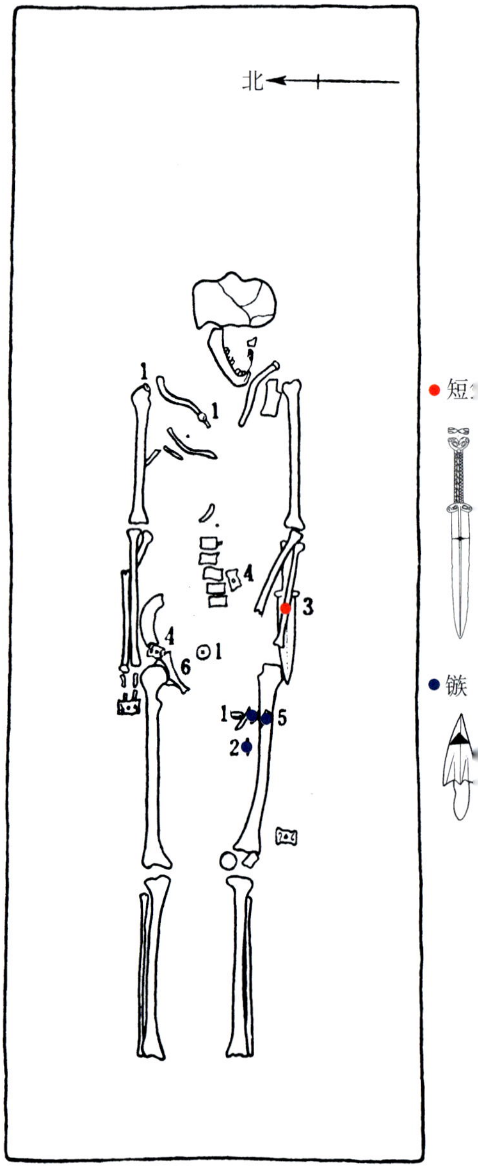

彩版八　毛庆沟M70兵器工具位置

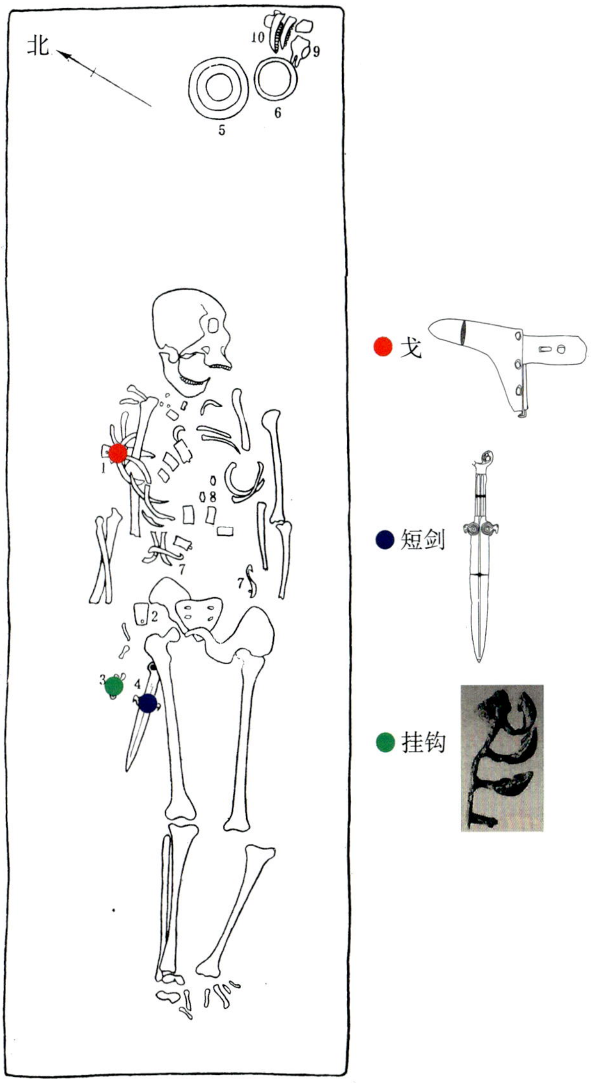

彩版一〇　毛庆沟M58兵器工具

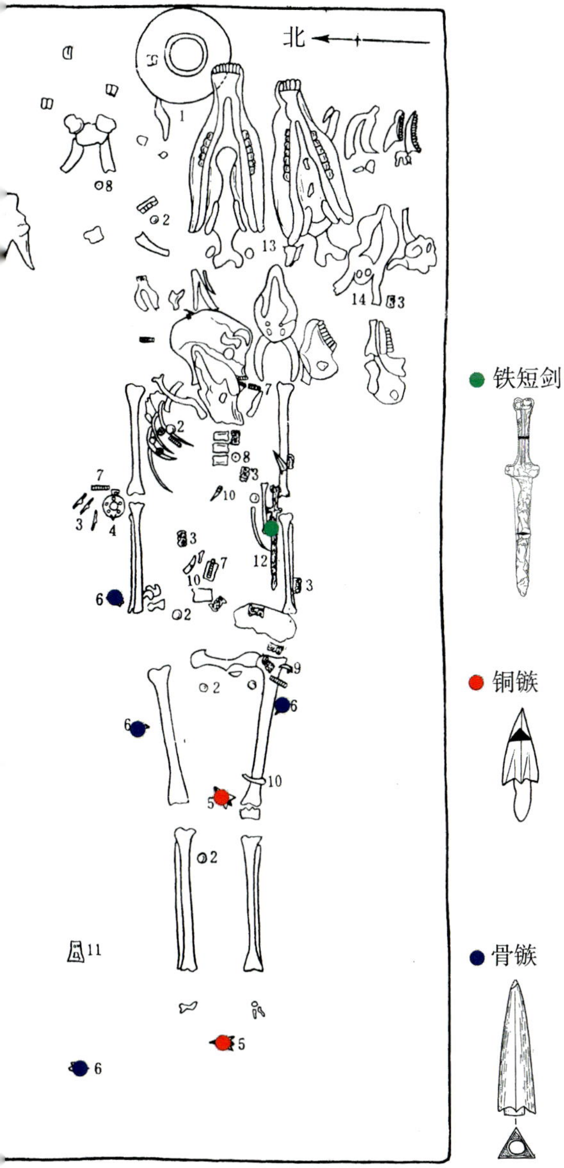

彩版九　毛庆沟M6兵器工具位置

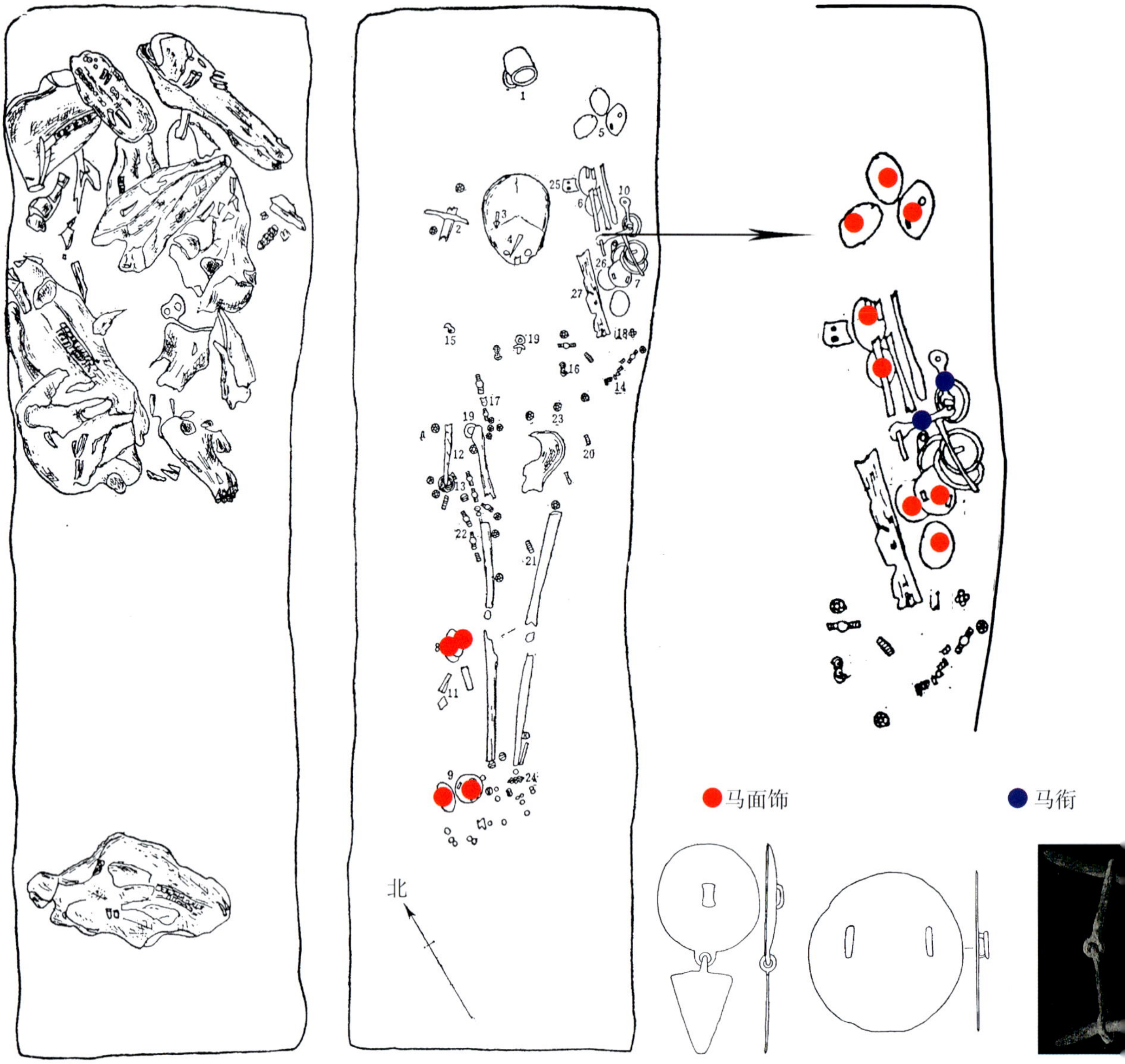

彩版一一　桃红巴拉M1马具

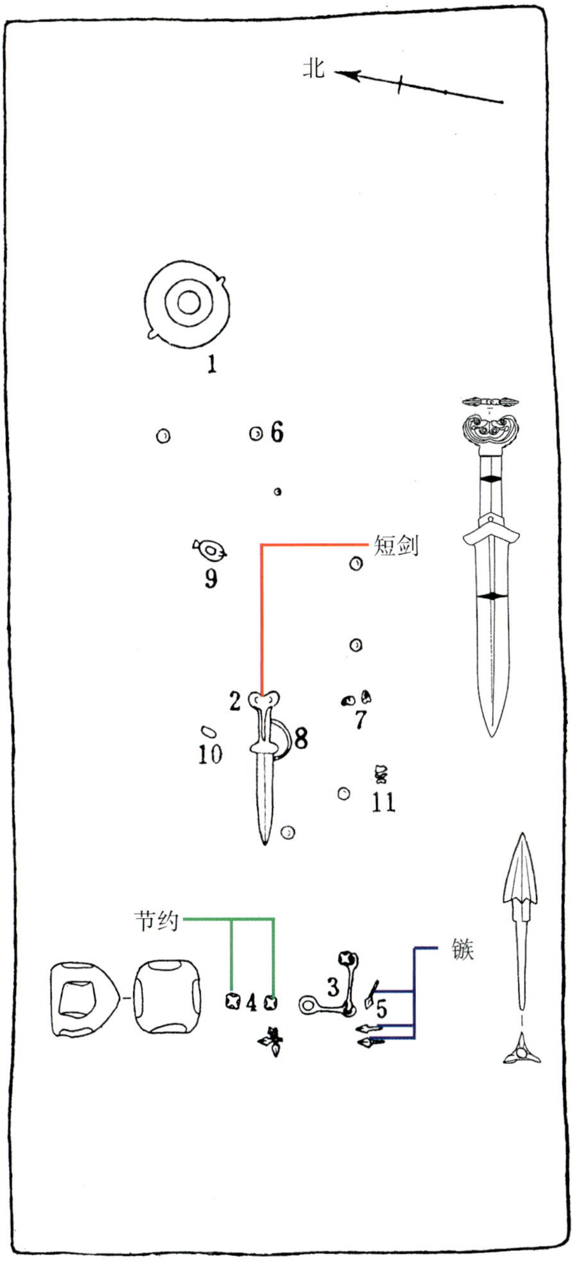

彩版一二　毛庆沟M59兵器工具车马器位置

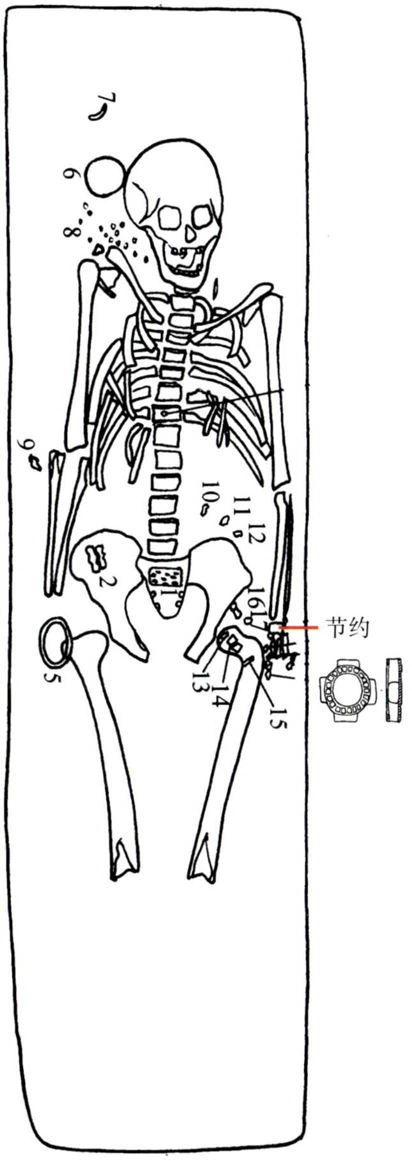

彩版一三　忻州窑子M59车马器位置

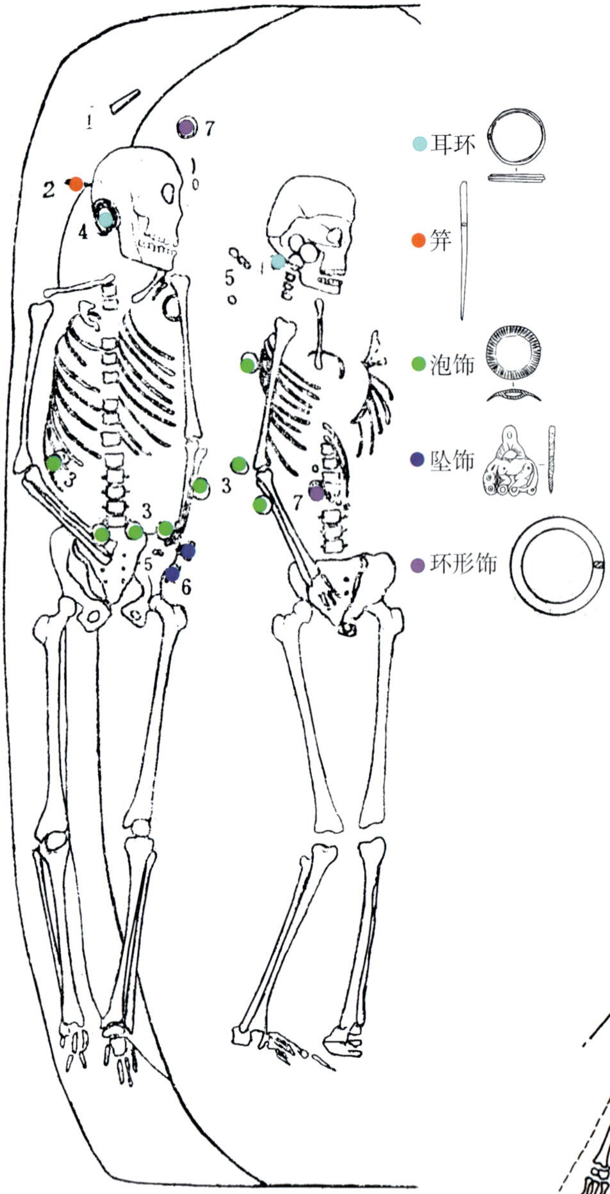

彩版一四　西园 M3

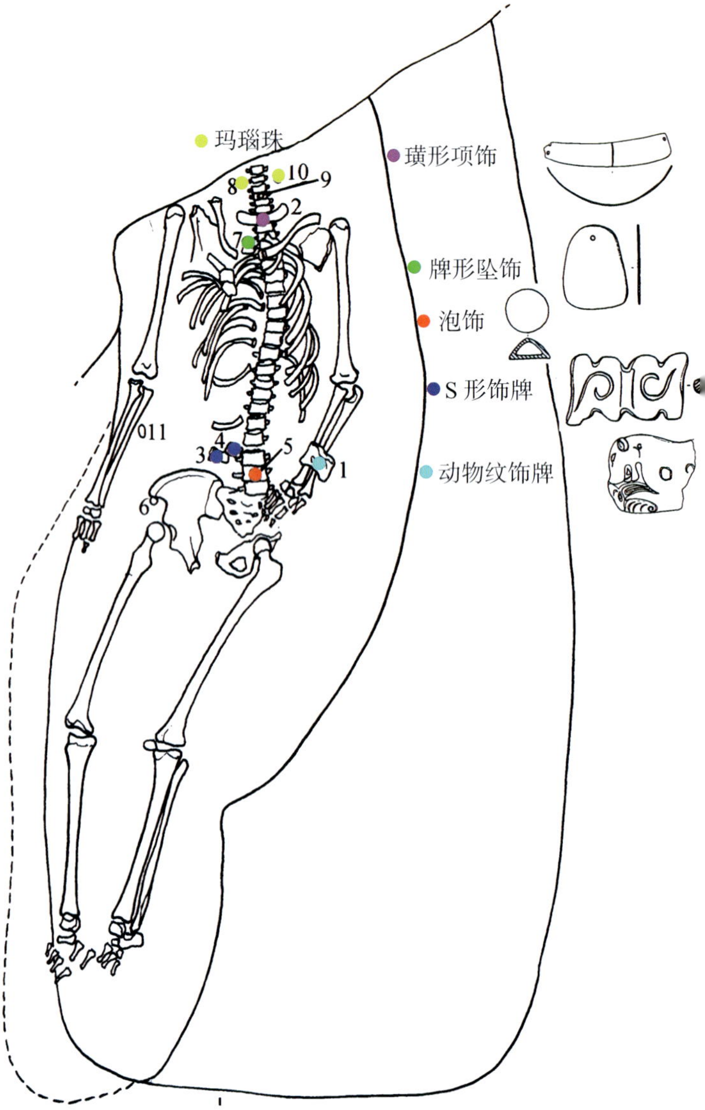

彩版一五　小双古城 M6

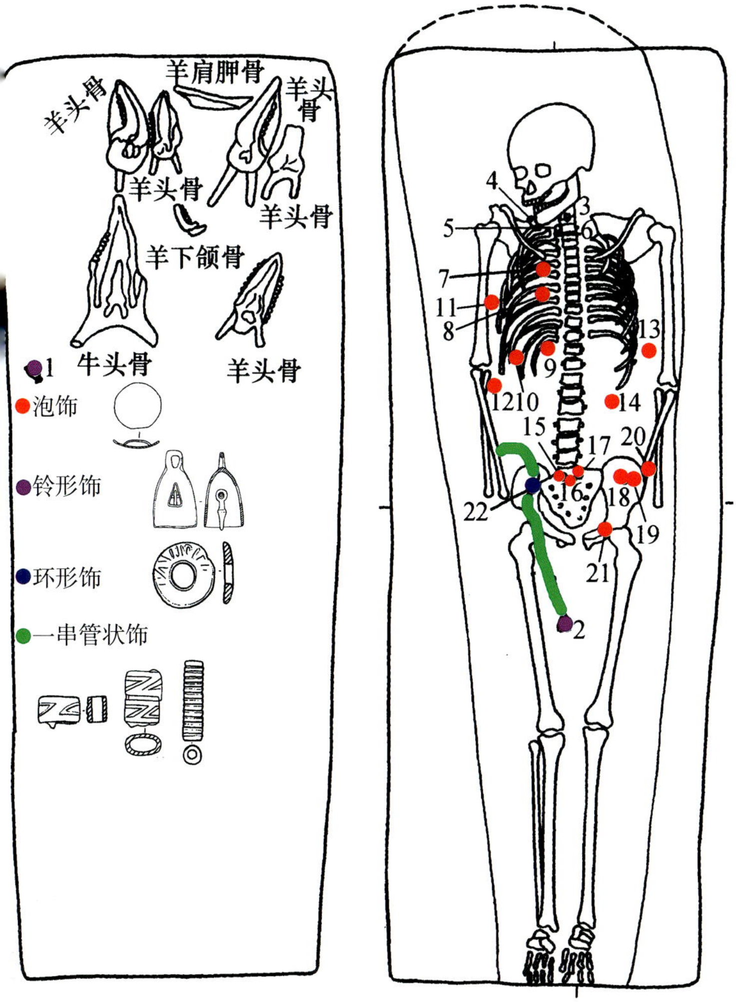

彩版一六　忻州窑子 M22

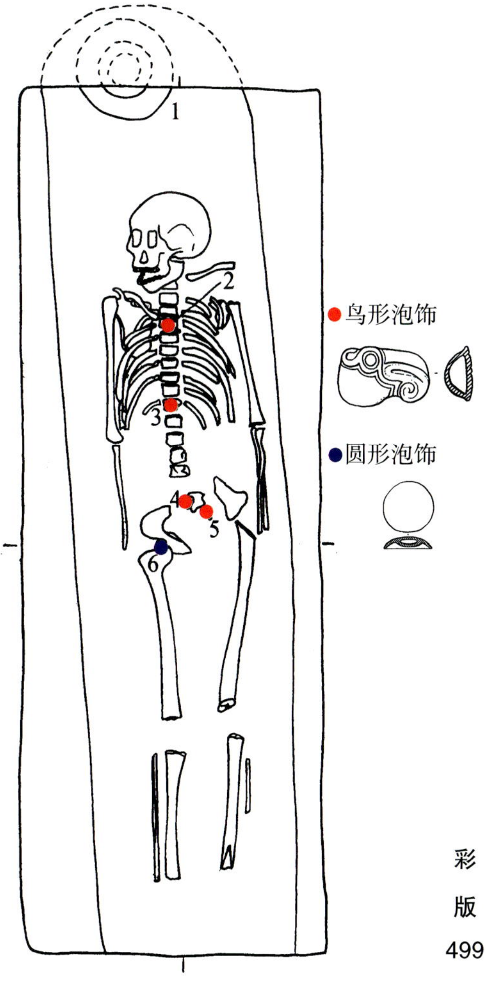

彩版一七　忻州窑子 M63

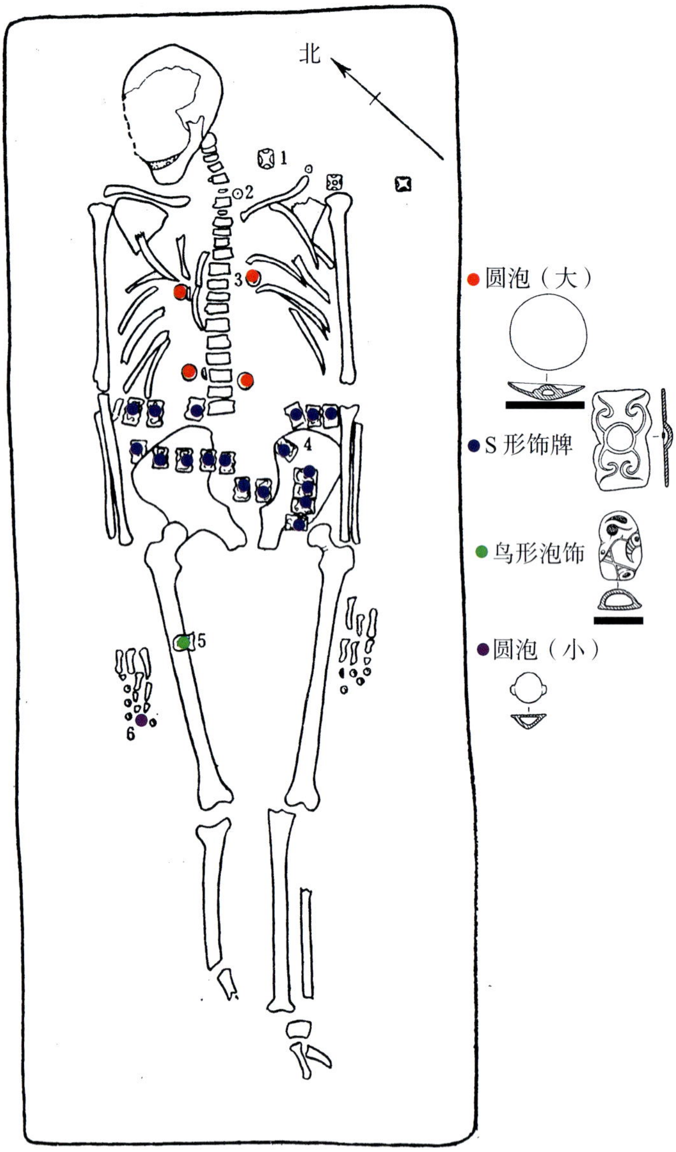

彩版一八　毛庆沟M71

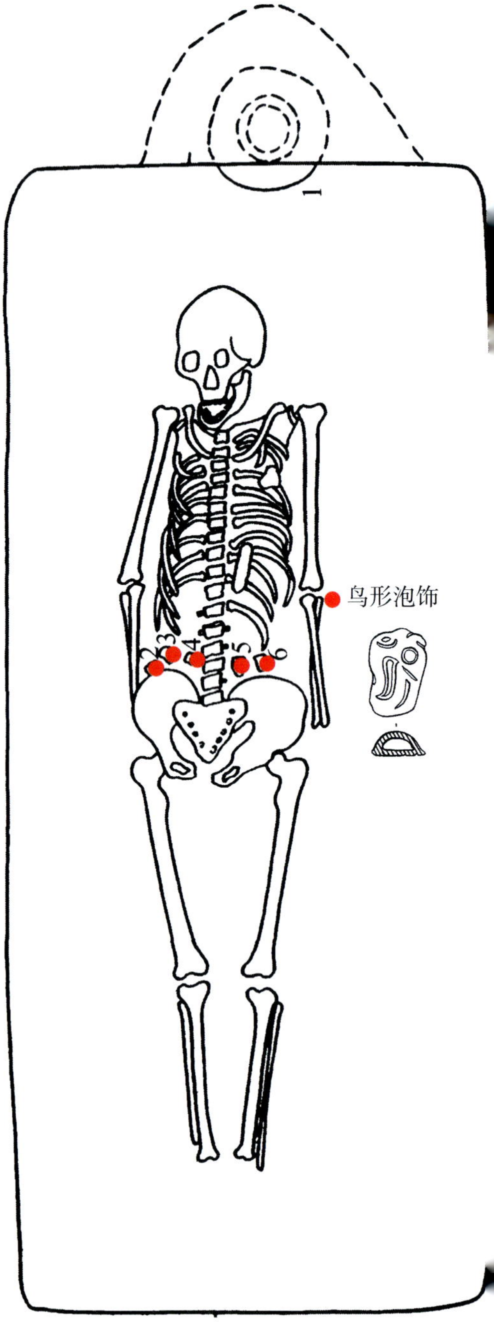

彩版一九　忻州窑子M19

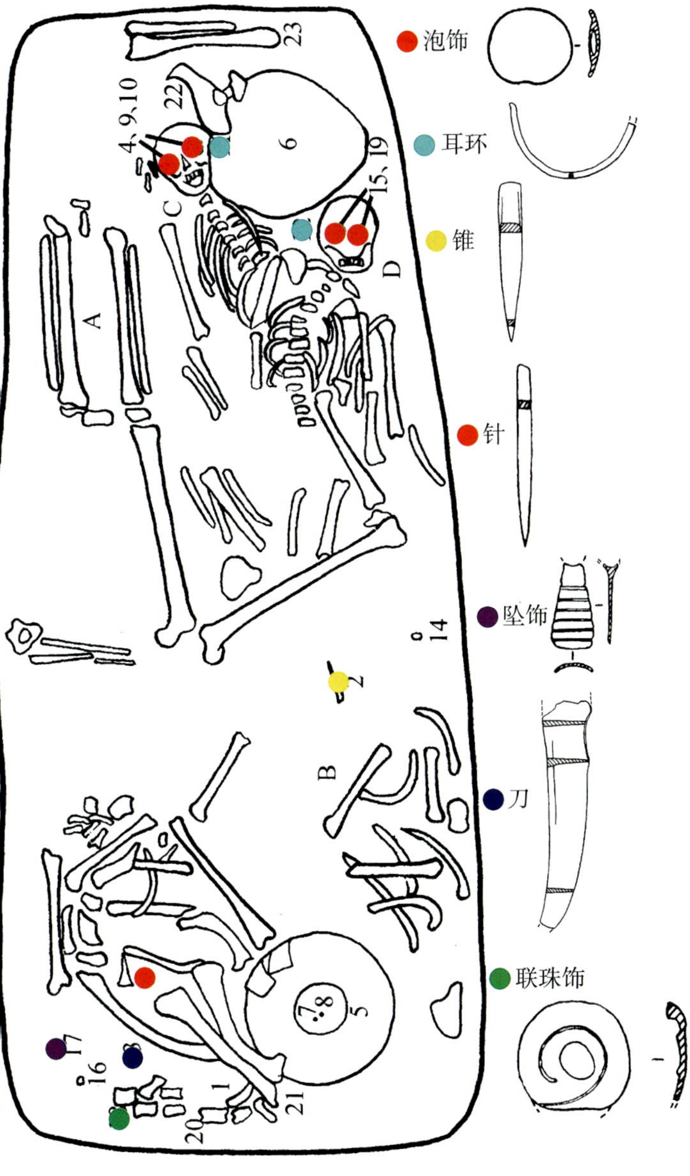

彩版二〇　井沟子M12随葬品位置

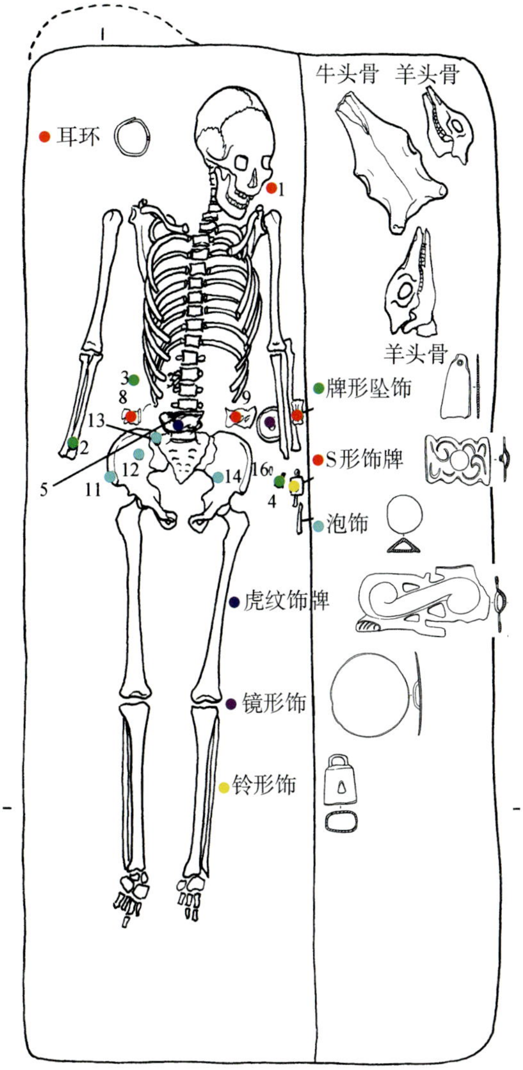

彩版二一　小双古城M3

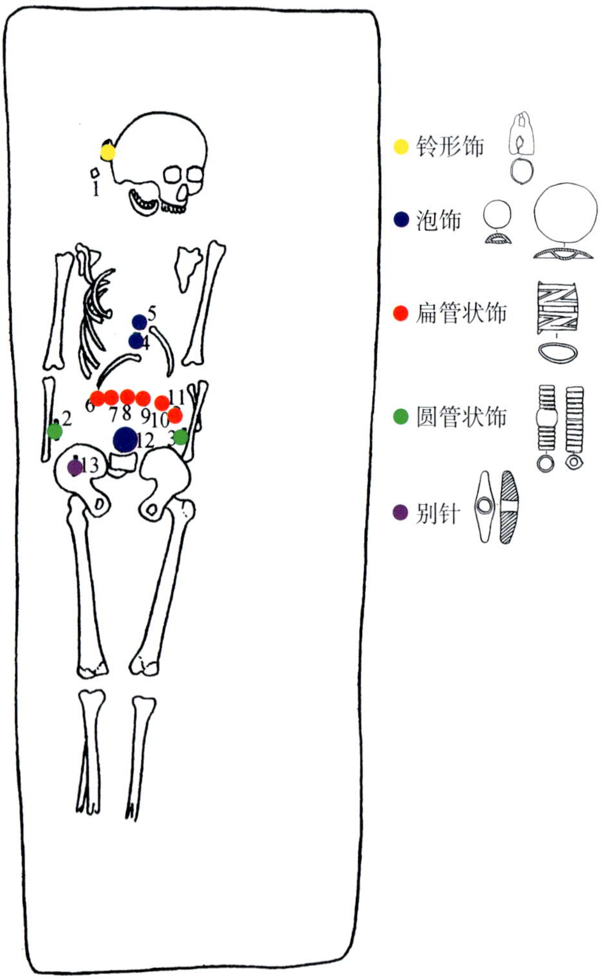

彩版二二　忻州窑子M2

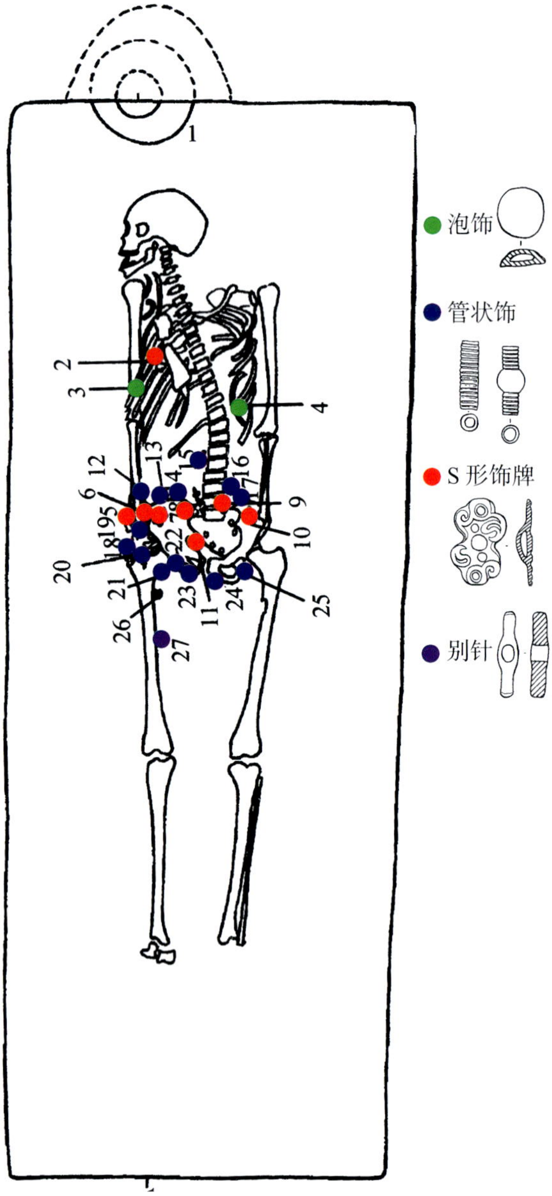

彩版二三　忻州窑子M4

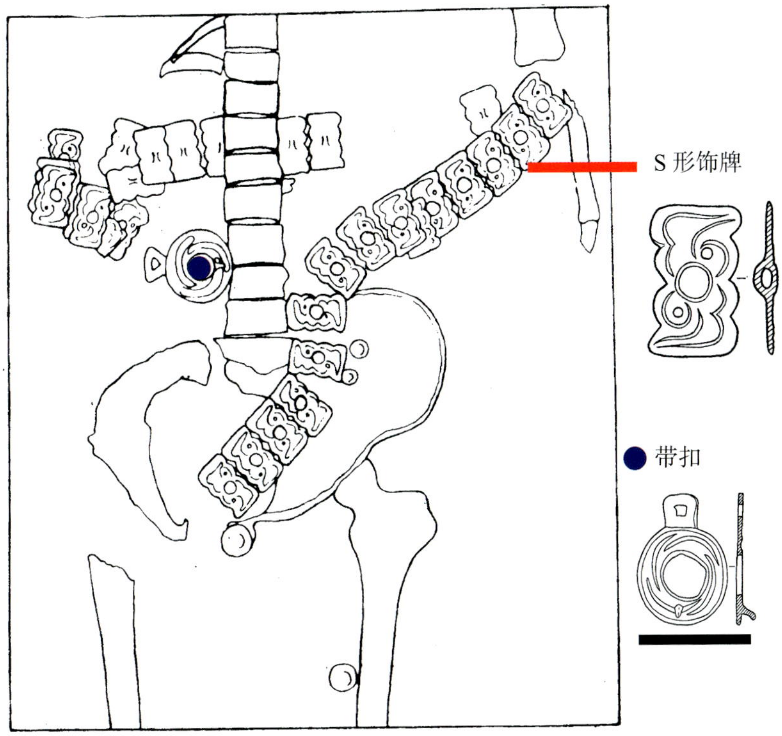

彩版二四　毛庆沟 M43

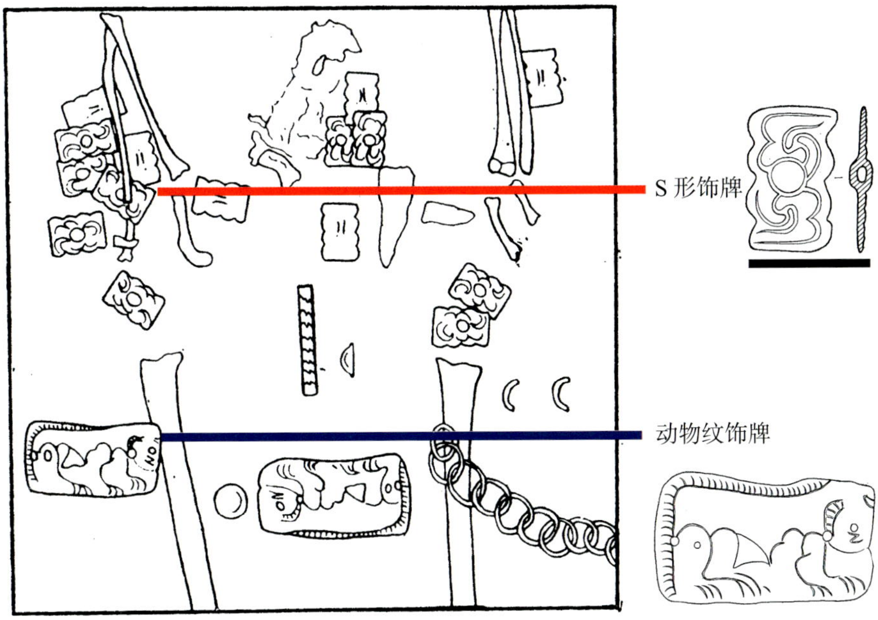

彩版二五　毛庆沟 M5

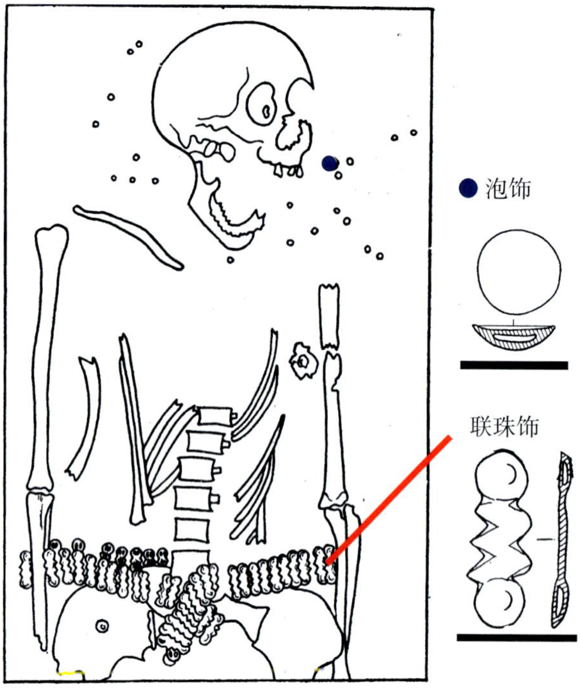

彩版二六　毛庆沟M3

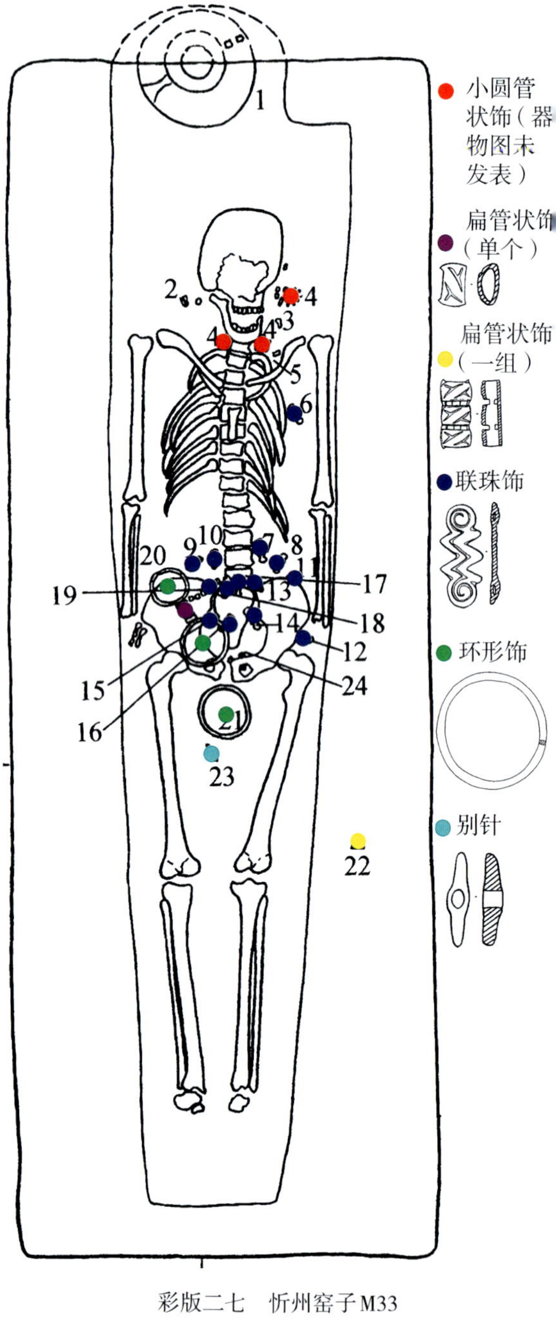

彩版二七　忻州窑子M33

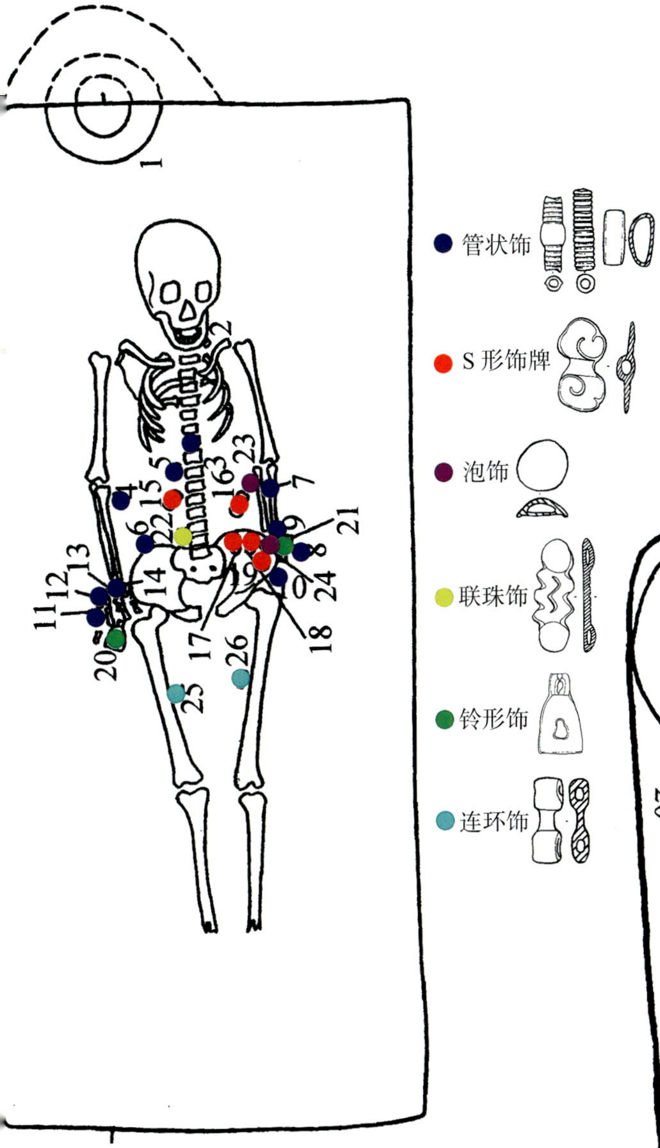

彩版二八　忻州窑子 M20

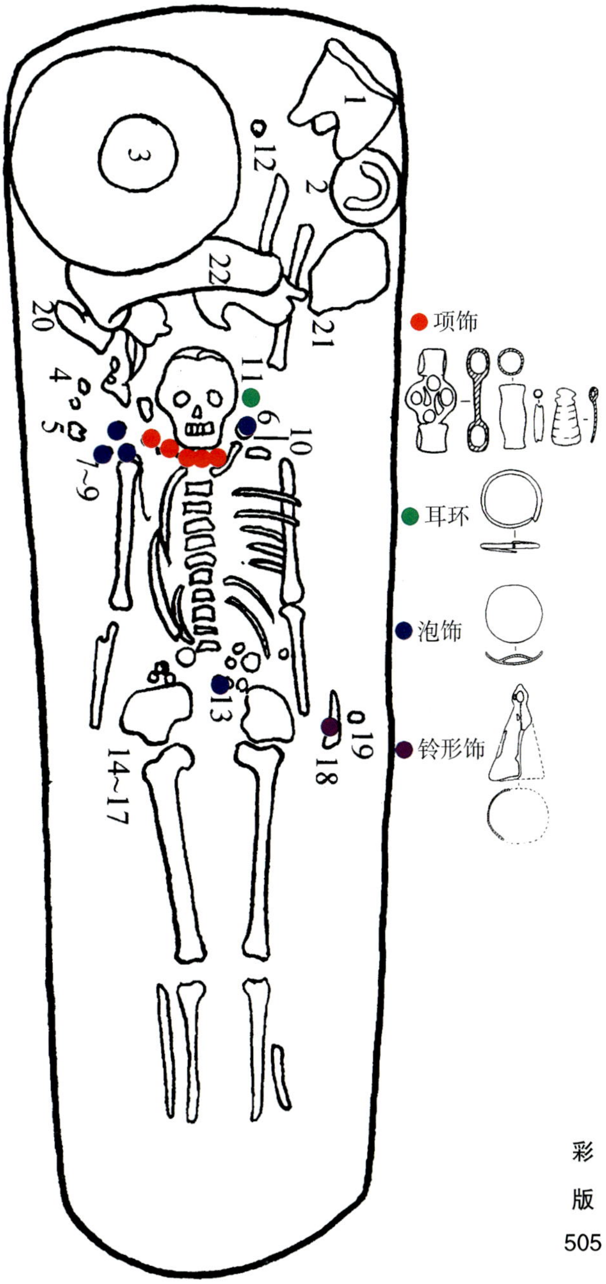

彩版二九　井沟子 M25 服饰品位置

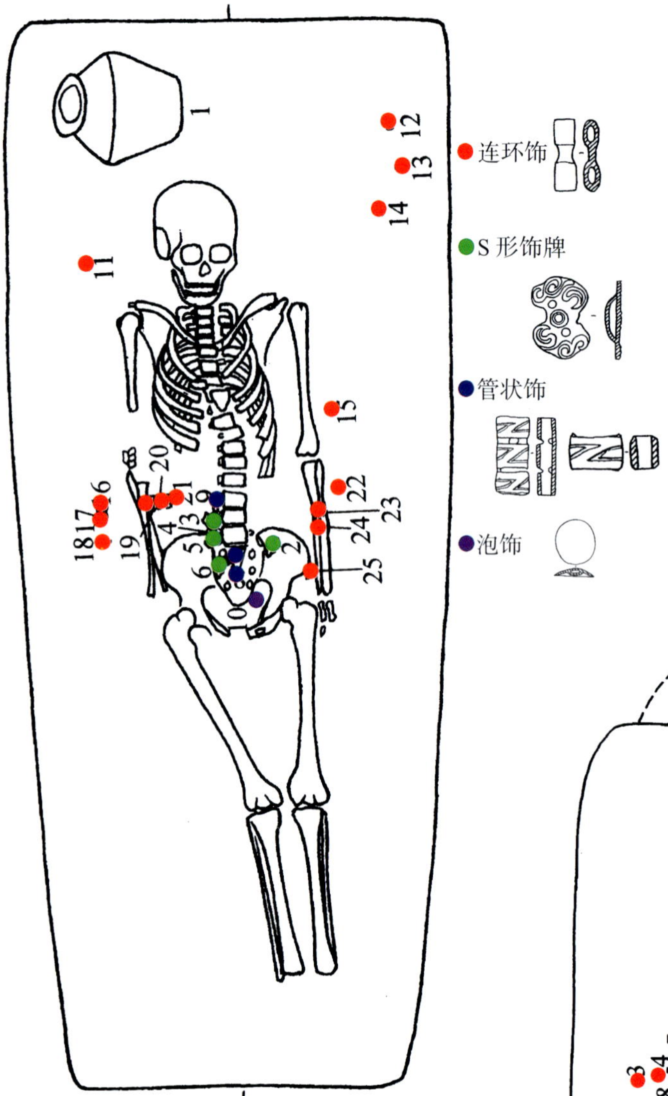

彩版三〇　忻州窑子 M29

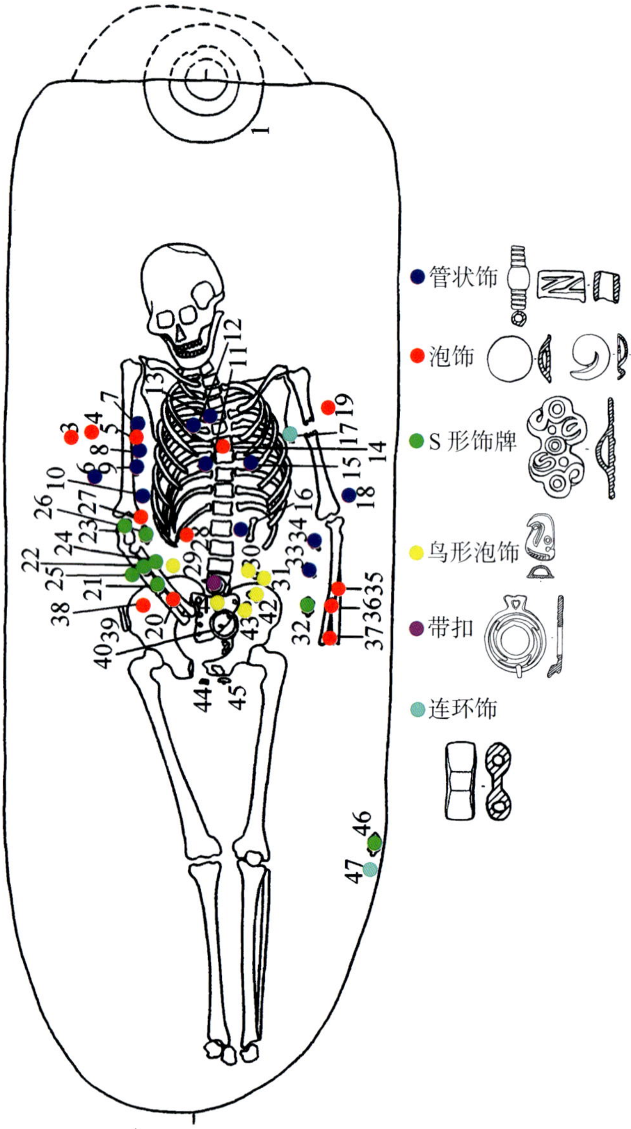

彩版三一　忻州窑子 M28

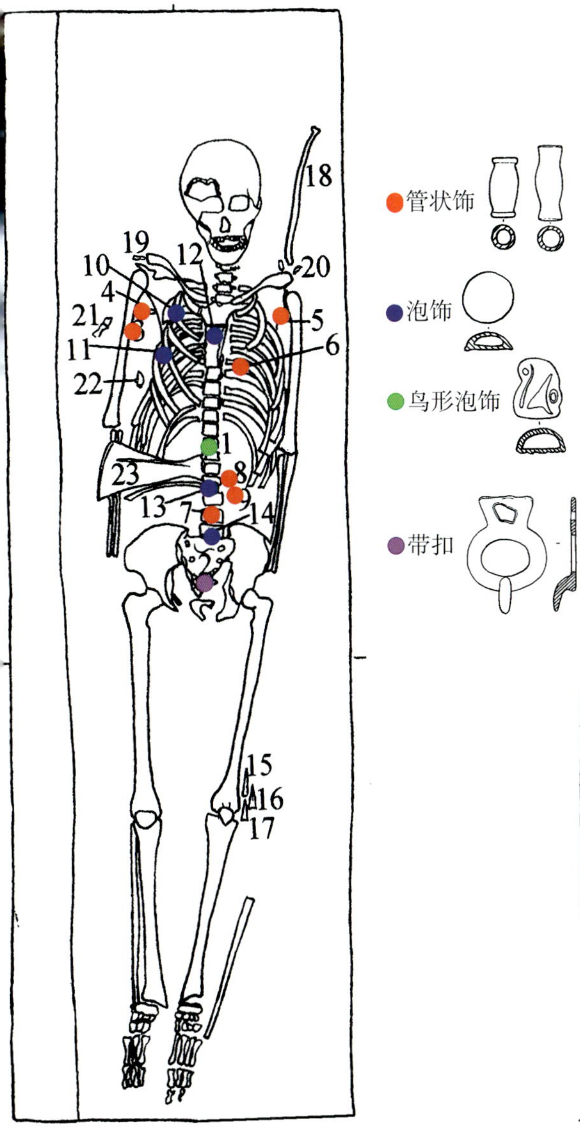

彩版三二　忻州窑子 M45

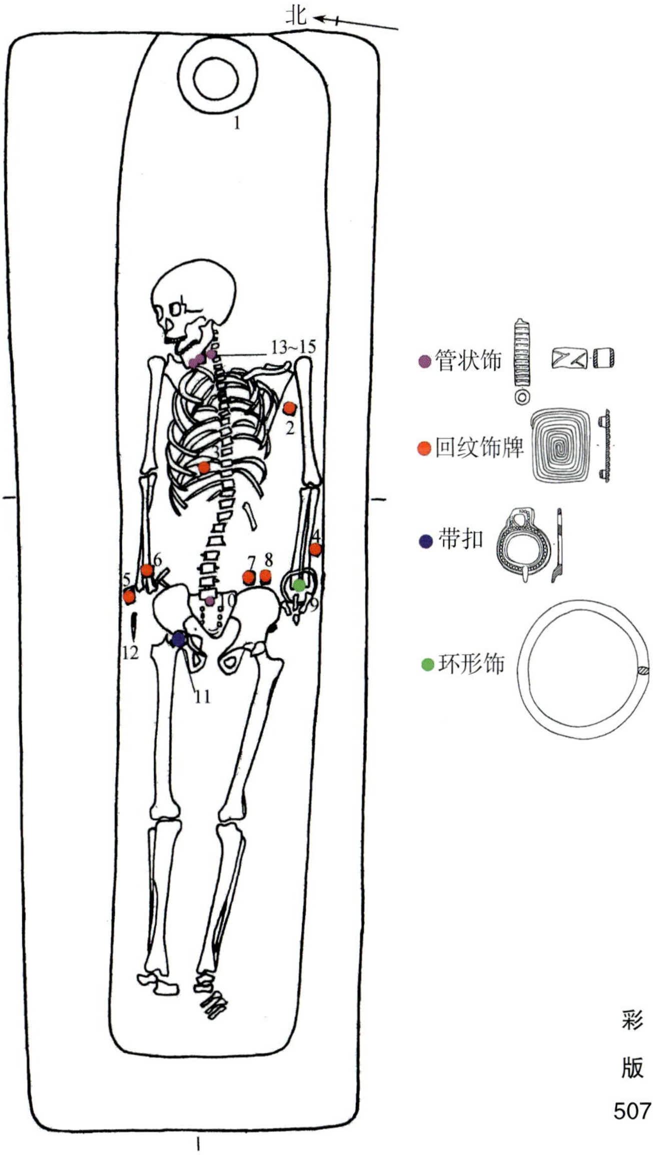

彩版三三　忻州窑子 M5

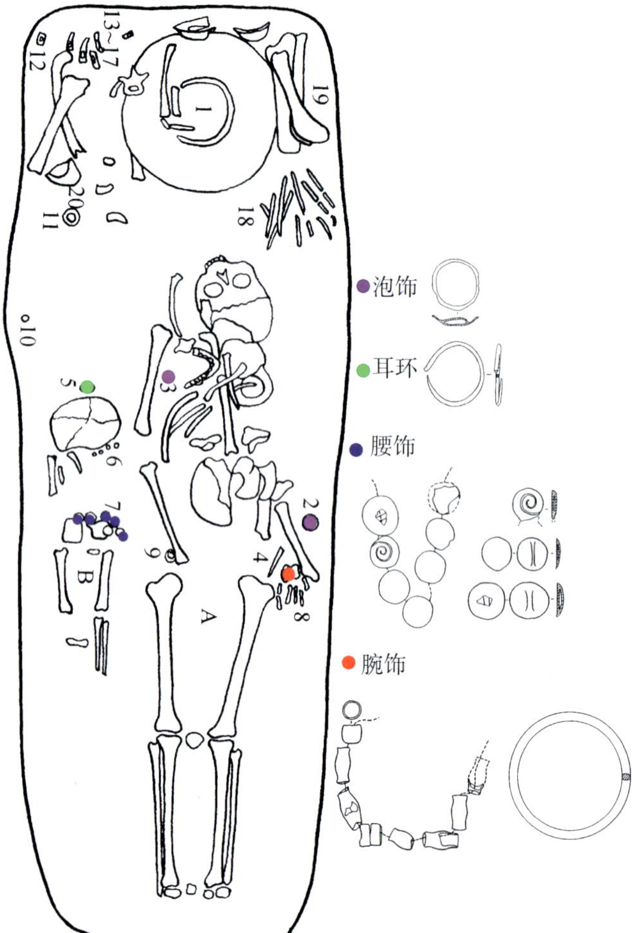

彩版三四　井沟子M58服饰品位置图

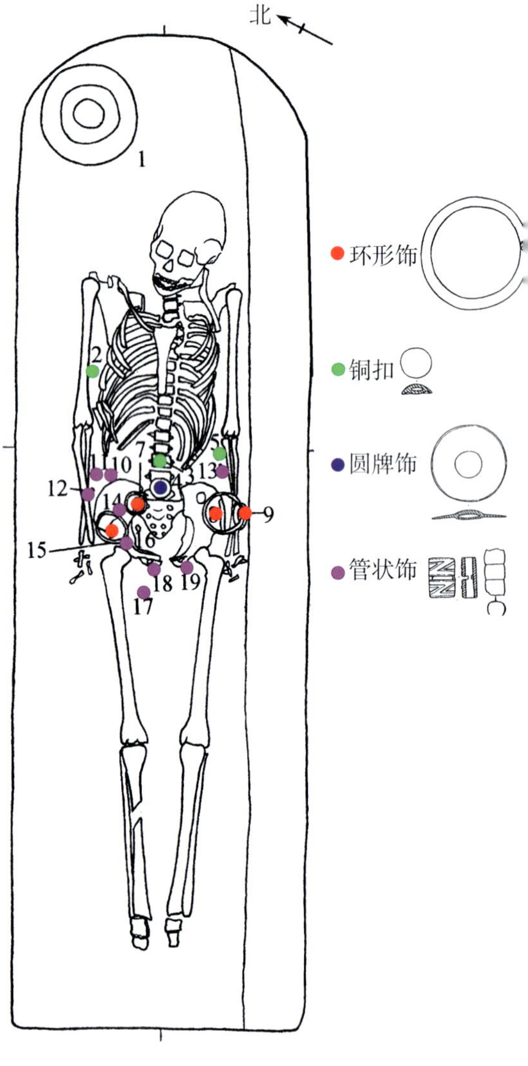

彩版三五　忻州窑子M67

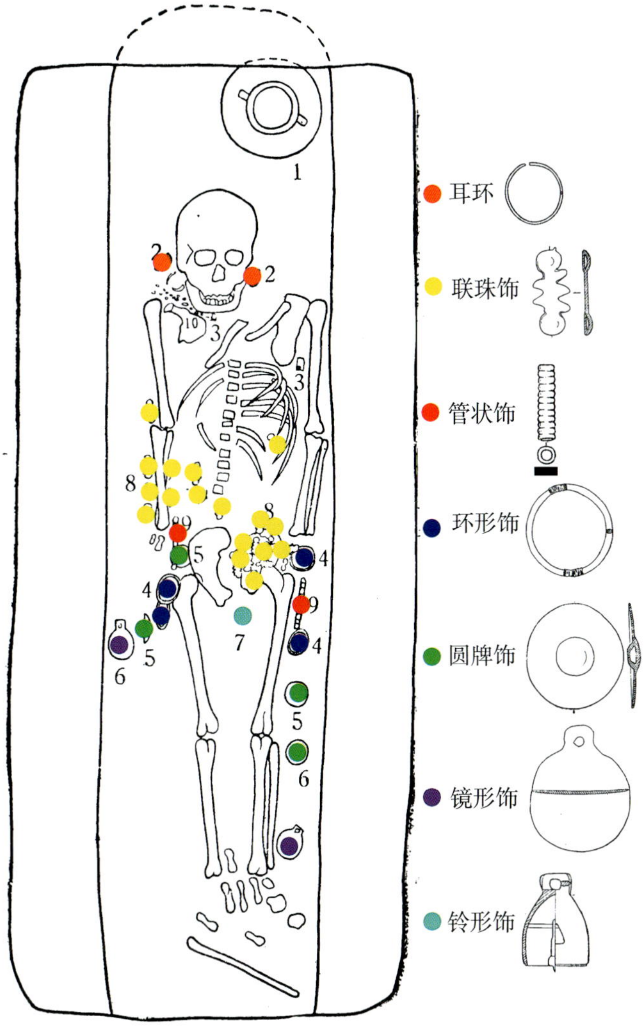

彩版三七　崞县窑子 M22

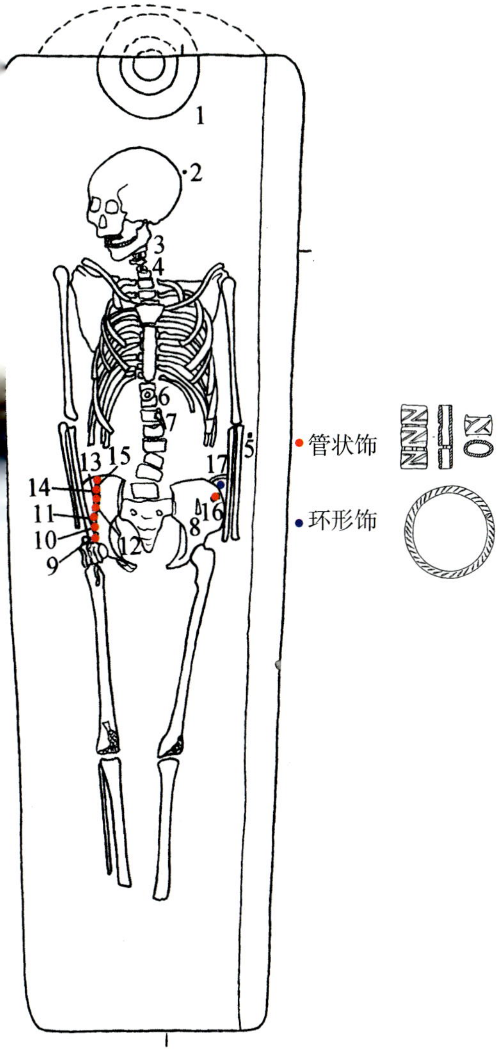

彩版三六　忻州窑子 M64

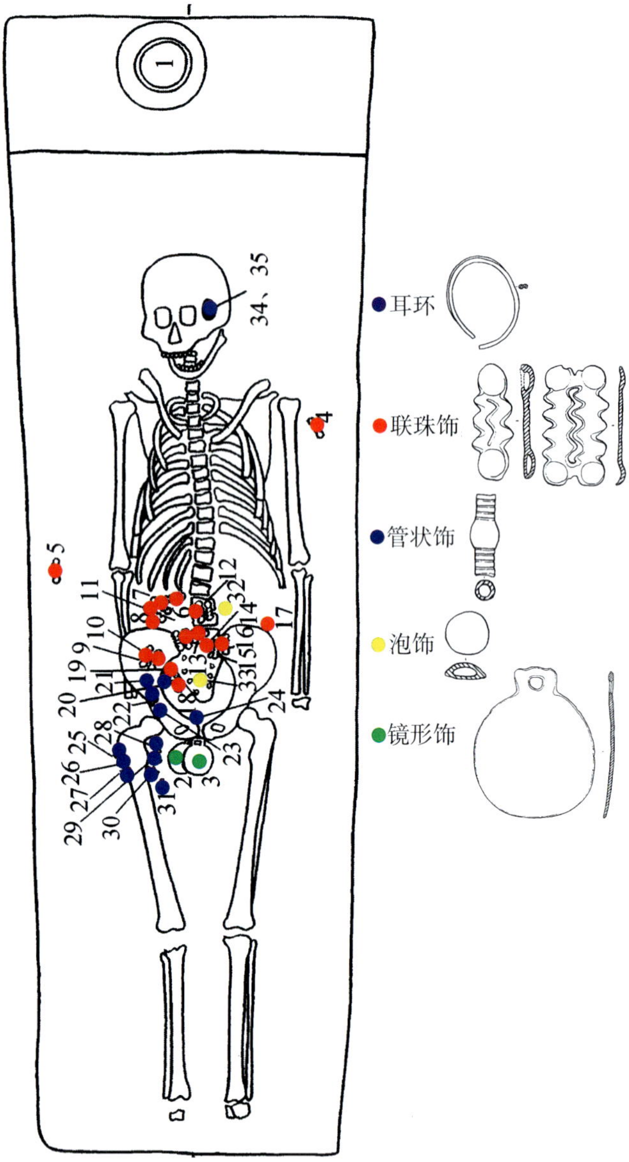

彩版三八　忻州窑子 M23

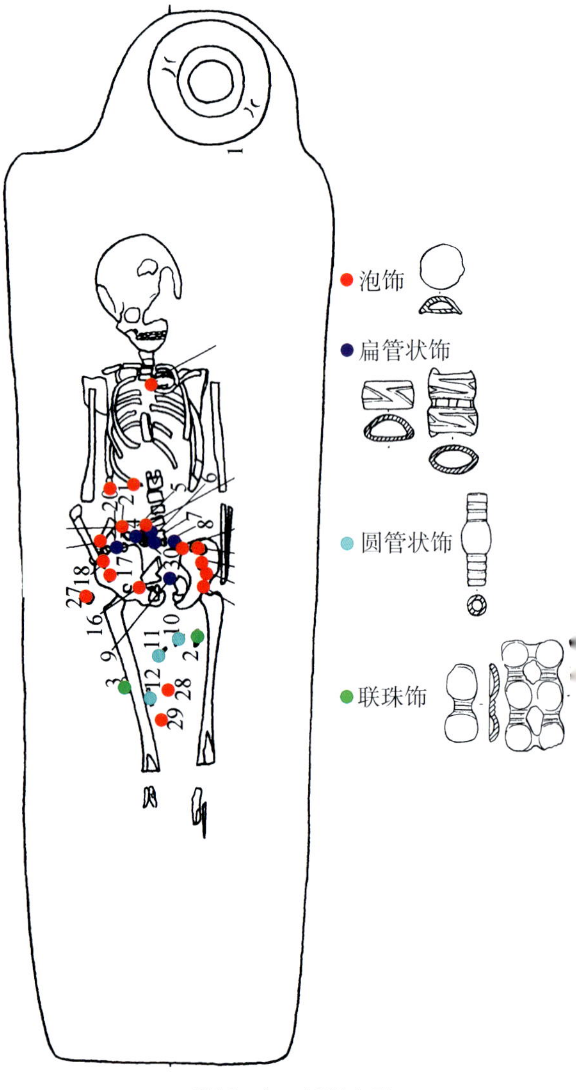

彩版三九　忻州窑子 M43

短剑 1. 毛庆沟 M59 ： 2

短剑 2. 范家窑子

短剑 3. 公苏壕 M1 ： 5

短剑 6. 西沟畔 M3 ： 1

短剑 7. 毛庆沟 M58 ： 4

短剑 17. 呼鲁斯太 M1 ： 3

刀6.范家窑子

刀8.桃红巴拉M5：1

刀12.西沟畔M3：2

刀20.小双古城M12：1

鹤嘴斧3.公苏壕M1：1

镞16. 桃红巴拉M1 ：3

针管9. 新店子M35 ：4

车器1. 玉隆太2245：1

车器2. 玉隆太2265 ：1

车器3. 速机沟

车器 5. 西沟畔 M2 ： 9

车器 10. 玉隆太 2244

车器 12. 石灰沟

车器 13. 速机沟

立体动物饰1.玉隆太2247

立体动物饰3.玉隆太2248：2

立体动物饰9.速机沟

立体动物饰7.石灰沟

立体动物饰12.瓦尔吐沟

马具8.新店子M37：9

马具11.公苏壕M1：8

马具18.桃红巴拉M1：14

马具12.呼鲁斯太M3：18

头饰1、2.阿鲁柴登金冠饰

项饰10.新店子M43 ：1

耳环29.阿鲁柴登

泡饰1.忻州窑子M28 ： 19 ～ 27

泡饰103.西沟畔M3 ： 17

泡饰107.桃红巴拉M6 ： 9

坠饰1.小双古城M6 ： 7

坠饰10.新店子M47 ： 12

坠饰14.阿鲁柴登

别针1.忻州窑子M2 ： 3

带扣5.忻州窑子M28 ：2

带扣23.忻州窑子M47 ：1

联珠饰2.忻州窑子M34 ：8

联珠饰19-1、2.新店子M43 ：5、6

联珠饰23.忻州窑子M33 ：6正面

联珠饰23.忻州窑子M33 ：6背面

联珠饰38-1.忻州窑子M37 ：12正面

联珠饰38-1.忻州窑子M37 ：12背面

S形饰牌2.小双古城M9 ： 4正面

S形饰牌31-1.忻州窑子M17 ： 6

S形饰牌37.毛庆沟M7 ： 2⑥

S形饰牌20.小双古城M2 ： 2

S形饰牌39.忻州窑子M4 ： 6正面

S形饰牌39.忻州窑子M4 ： 6背面

动物纹饰牌3.毛庆沟M55 ：4

动物纹饰牌8.小双古城M11 ：2

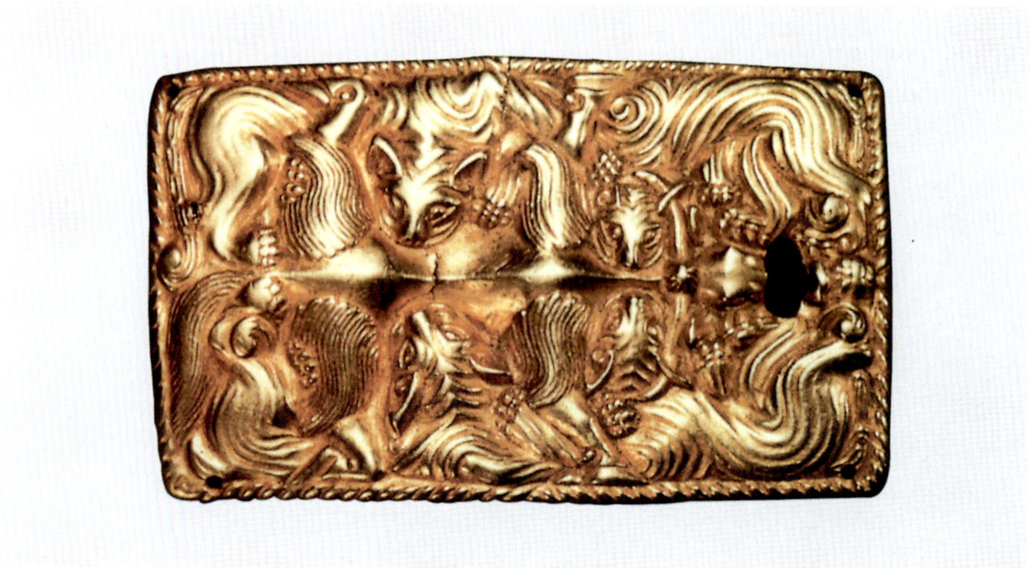

动物纹饰牌19.阿鲁柴登

连环饰2.忻州窑子M25 ：3

连环饰7.新店子M10 ：5

管状饰23.桃红巴拉M1 ：37

管状饰24.忻州窑子M59 ：12、14

管状饰48.忻州窑子M65 ：6

环形饰14.忻州窑子M61 ：6

镜形饰2.忻州窑子M23 ：3背面

圆牌饰8.忻州窑子M67 ：5

铃形饰1.忻州窑子M20 ：2、3

贵金属饰品29. 石灰沟

贵金属饰品26. 石灰沟

贵金属饰品30. 石灰沟

贵金属饰品31. 石灰沟

贵金属饰品32. 阿鲁柴登